中国社会科学院创新工程学术出版资助项目

 **全球信息技术报告译丛**

总主编：陈佳贵
副主编：杨世伟

2007~2008

全球信息技术报告

THE GLOBAL INFORMATION TECHNOLOGY REPORT

——网络就绪度与国家创新

Fostering Innovation through Networked Readiness

苏米特拉·杜德(Soumitra Dutta)
艾琳·米亚(Irene Mia)◎主编
何瑛 佟博◎译

经济管理出版社
ECONOMY & MANAGEMENT PUBLISHING HOUSE

北京市版权局著作权合同登记：图字：01-2012-2856 号

The Global Information Technology Report 2007-2008, 7th Edition by Soumitra Dutta and Irene Mia

First published in English by Palgrave Macmillan, a division of Macmillan Publishers Limited under the title The Global Information Technology Report 2007-2008, 7th Edition by Soumitra Dutta and Irene Mia. This edition has been translated and published under licence from Palgrave Macmillan. The authors have asserted their right to be identified as the authors of this Work

图书在版编目（CIP）数据

全球信息技术报告：2007~2008 /（英）杜德等主编；何瑛等译. —北京：经济管理出版社，2011.10
ISBN 978-7-5096-1626-0

Ⅰ.①全… Ⅱ.①杜… ②何… Ⅲ.①信息技术—研究报告—世界—2007~2008 Ⅳ.①G202

中国版本图书馆 CIP 数据核字（2011）第 204600 号

出版发行：**经济管理出版社**
北京市海淀区北蜂窝 8 号中雅大厦 11 层
电话：(010)51915602　　邮编：100038

印刷：三河市延风印装厂　　　　　　经销：新华书店

责任编辑：张 艳 东 娇
责任印制：黄 铄
责任校对：李玉敏

| 880mm×1230mm/16 | 29 印张 | 875 千字 |
| 2012 年 3 月第 1 版 | 2012 年 3 月第 1 次印刷 | |

定价：298.00 元
书号：ISBN 978-7-5096-1626-0

《全球信息技术报告》翻译编辑委员会

目 录

第三部分　国家 / 经济体概况

第四部分　数据表

第五部分　附录

序

克劳斯·施瓦布 （Klaus Schwab）
世界经济论坛执行主席

信息与通信技术（ICT）在孕育创新和推动社会与经济发展方面起着重要的作用。ICT不仅以各种方式显著地提高生产率从而推动可持续发展，并且为全世界的人们提供更好的机会来提高他们的生活质量和业务增长。通过为身处发达国家和发展中国家的每一个人提供信息和知识的空前接入，互联网带来了一场涉及商业领域、教育领域乃至全球范围的互动方式领域的重大革命。除此之外，尤其是通过Web2.0技术，ICT使世界变得更小，推动了虚拟社区和社会网络的发展，并且促成了不同地域的个体之间信息和经验的共享。

电信发展所推动的进步同样令人印象深刻，移动电话的发展为小企业提供了进入新市场的机会，为偏远地区的农民提供了商品真实价格的实时信息，并且在贫困地区建立起新的创业形式，比如孟加拉国的乡村电话。并且，从更普遍的意义上讲，无论是对于忙于处理业务的执行官还是对于互发短信的青少年来说，移动电话都从根本上改变了个人之间沟通的方式。决策者和民间社会都已日渐明晰，ICT在推动增长、减少贫困以及改善民生方面具有显著的力量，于是推动ICT的发展已成为国家竞争战略和政策议程中的重要议题。许多国家，如新加坡、爱沙尼亚和伊拉克，已经展示了ICT如何成为经济竞争性转变的助推器，从而使这些国家实现发展阶段以及生产和出口结构的跨越式发展。

在世界经济论坛，我们早已深谙创新和ICT对于提高国家竞争力的重要作用，并且近年来，我们一直致力于通过我们的研究和活动，尤其是通过与欧洲工商管理学院合作出版的一系列《全球信息技术报告（GITR）》，提高公众对于该议题的认识。从2001年起出版的一年一度的GITR系列报告，展示了一个广泛的框架——网络就绪度指数（NRI），识别出国家推动ICT发展的促进因素，聚焦于三种主要社会角色的作用，即个人、企业和政府。NRI为经济体提供了一种独特的对标工具，随着时间的推移来监控它们的进展并进行相关的比较。NRI已经成为决策者、企业领导者以及其他利益相关者讨论和制定提高国家网络就绪度和竞争力蓝图和路径的一个权威平台。

《全球信息技术报告（2007~2008）》是该系列报告的第七期，内容涵盖了我们的研究最新成果，再一次提供了全球范围内网络就绪度情况的总览。我们一直致力于扩大该报告的覆盖面，今年我们对127个经济体进行了评估，占全球GDP的比重超过了95%。该报告同时展示了一个广泛的数据表格，涵盖了将近70个变量，连同论文和案例研究，特别关注了国家信息通信技术发展的许多故事。

在此，我们对于那些为该报告作出贡献的杰出学者和开拓者们表示衷心的感谢，他们为ICT发展的重点以及ICT推广方面的最佳实践和政策提供了建设性的意见和有价值的启发。我们特别要感谢该报告的编辑，欧洲工商管理学院的苏米特拉·杜德（Soumitra Dutta）和世界经济论坛的艾琳·米亚（Irene Mia），感谢他们为该项目付出的精力和长期的奉献。我们还要感谢战略洞察团队的带头人菲奥娜·保（Fiona Paua），以及全球竞争力网络的其他成员：詹妮弗·布兰克（Jennifer Blanke）、席亚拉·布朗（Ciara Browne）、奥古斯蒂娜·乔恰（Agustina Ciocia）、玛格丽特·杰涅克·阿努（Margareta Drzeniek Hanouz）、蒂埃里·盖革（Thierry Geiger）、珀尔·萨曼达尔（Pearl Samandari）、伊娃·特鲁吉罗·赫雷拉（Eva Trujillo Herrera）。最后，我们对于我们全球范围内的142个合作机构表示由衷的赞誉，如果没有它们的热情和辛劳，我们就不可能出色地完成年度执行意见调查以及这份报告。

前言

约翰·钱伯斯（John Chambers）
董事会主席兼CEO，思科系统

2008年世界经济论坛年度会议聚焦于"合作创新的力量"。我相信，我们成功驾驭技术和人力网络以帮助我们跨越地理区域、文化和工作角色而进行合作的能力，将推动新一轮的社会包容、生产率和经济的增长，这种影响将匹敌甚至超越我们在互联网第一个发展阶段所经历的一切变革。这已经不再是一对一的互动，而成为多对多的互动。社会和经济在飞速地发展变化，"我们"的力量变得比"你们"的力量更为重要。如果技术具备帮助一名医生更有效地治疗癌症，那么请想象，如果全球范围内数以千计的医生合作来治疗的话，癌症就有被治愈的可能。

我相信伟大的互联网第二阶段将聚焦于增大合作的力量——个体集群为一个共同的目标而一起工作。这一概念首先是由用户在使用一些创新的活动，如社会网络时开发并接受的，这一合作技术和行为的浪潮现在已经波及企业和政府，它们正使我们的社会互动、企业互动和政治互动开始发生变革。

这里举一个医学界的例子，诺贝尔奖获得者阿尔弗雷德·古尔曼（Alfred Gilman）医生，正致力于领导建立一个"虚拟单元"，该虚拟单元将使世界任何地方都可以虚拟化地在线进行药物测试和实验。他开设了他的医学研究中心，面向世界各地数以百计的同僚，取代了以往小团队紧密合作的模式。该项工作将有可能把临床前期试验的观察过程从几年缩短到几个月甚至几天，这将有助于实现一些治疗绝症的药物比以往更加迅速地投入市场的目标。这就是合作的力量——"我们的力量"。

驾驭这种潜力所需要的绝不仅仅是互联网第一阶段所带来的技术变革，这一阶段将需要人类行为方面更为显著的变革。企业和政府领导者将需要转变他们的领导方式，从传统的"命令和控制"的视角转变为一种"合作和团队"的思维方式。当我们在个人生活中采取这种合作的思维方式的时候，我们就开始把同样的期望带到我们的工作之中，促使工作中对于合作技术以及行为的需求大大增长。同样，对于这种合作行为的鼓励将要求我们教授学生和员工如何更好地共同工作，以制定更好的集体决策，然后奖励他们实现了的集体目标，而不仅仅奖励所实现的个人目标。

我们正处于我们这一时代一个伟大的转折点上。我们的机遇是构建一个连接人类的全球性网络，该网络能够使人们共同合作以解决我们这个时代重大的社会、经济和政治问题。作为领导者，我们的责任除了以身作则之外，还要鼓励和奖励这样的行为，并且欢迎能够使世界比以往联系更加紧密的创新行为。

我认为教育、创新性环境、政府支持以及宽带基础设施是全球竞争力的组成要素，特别是，教育和互联网是个人的全球平衡要素。因此，我们有责任在全球范围内努力实现宽带接入，以使我们能在全球范围内为团体和个人提供合作所需的必要平台。技术没有限制我们，限制我们的仅仅是我们的想象力以及我们是否愿意适应并且拥抱这一令人兴奋的新纪元。

思科非常乐意赞助《全球信息技术报告（2007~2008）》，包括网络就绪度指数的研究。我们希望这些将可以为我们提供更多的启示，即作为一个地球村的居民，我们如何更好地紧密合作以解决我们所面临的巨大挑战和机遇。

概述

苏米特拉·杜德（Soumitra Dutta），
欧洲工商管理学院

艾琳·米亚（Irene Mia），**世界经济论坛**

在过去的每一天里，世界正变得越来越网络化。不仅个体之间、企业之间、政府之间相互联络的程度不断加深，并且总体来看，人们对于连通性是公共基础设施的重要构成要素的认识也不断加强。① 新的定义将高带宽连通性描述为一种必需，这种必需甚至体现在公众订购饮用水的应用上。例如，芝加哥数字接入联盟（Chicago Digital Access Alliance）已经将普遍宽带接入的观念定义为一种公众权利。② 欧洲委员会（European Commission）也有相似的论调，它们将高带宽连通性定义为一种普遍经济利益服务。③ 供应商们也将宽带的流行定义为一种"普遍服务"。例如，2007 年 10 月，英国邮政局开始提供一项新的服务，该服务专门用来吸引那些尚未使用宽带服务的人们。

下一代技术，如 WiFi 和 WiMAX 正被迅速使用，大大提高了连通性。WiFi 从 WLAN 应用迅速演化而来，从为移动计算机提供室内的、小范围内的无线网络接入，演变成为一种无线宽带服务，该服务在全球范围内拥有许多机会。据北美地区官方的估计，在一座城市，至少有 45% 的城市员工使用无线网络。警察、消防、公共服务、公园、检查机构等需要每日获得实时的信息。因此，跨越美国和加拿大的城市已经建立起允许无线连接的网络。

许多发展中国家正在利用 WiMAX 部署来超越过去的铜线。截至 2007 年年初，摩托罗拉和 Wateen 电信——总部位于阿联酋的 Warid 电信的子公司，在巴基斯坦的 17 个主要城市部署了 WiMAX 网络。④ 在印度，WiMAX 发布的速度比 3G 移动技术快 30 倍，比无线数据传输率快 100 倍，人们期待 WiMAX 能够解决农村连通性的问题。WiMAX 被认为是印度农村地区互联网使用滞后的解决方案。在必须解决有限频谱的分配问题的情况下，WiMAX 是非常有吸引力的，因为它可以提高频谱的共享性。只要能够保证电力供应、个人电脑的供应、内容开发中本地语言的使用以及为人们提供计算机使用方面的培训，农村连通性问题就可以得到保障。⑤

增强区域内连通性的利益已经被记载在文献中，例如更好和更多样化的信息接入。很大程度上，它们作为一个要求公共投资的人力资本增长的平台，为数字化教育和传播作出贡献。⑥ 另外，增强连通性还会带来其他利益，虽然这些不是非常明显，但也是同样重要的，即在一个更广泛的社会环境中，人们认为连通性对于透明化、善政和民主具有非常大的促进作用。连通性的增强还有其他一些含义，而这些含义仍在被识别和定义，这些含义在城市系统、生活方式和生活质量方面体现得尤为明显。例如，根据美国圣保罗市 2006 年进行的一项技术需求评估和经济发展影响研究，在全球人才竞争加剧之际，高带宽连通性成为提高城市对于有创造性的知识工作者的吸引力的重要因素。⑦

全球范围内，增强的连通性也已成为增强和保持社会凝聚力理论中的一个显著性的要素。无论一国的信息通信技术整体的成熟度如何，对于全球范围内的公共部门来说，缩小城市和农村地区之间的数字鸿沟都是一项首要任务。该项议程可以用来安抚这样一种恐慌，即技术的迅猛增长和广泛采用将使城市获得利益，同时以牺牲那些本来已经落后于市场的地理区域的利益为代价。在这方面，政府对于中央、区域和直辖市政府连通性扩散所获得的利益方面的视野存在一定的差异。

《全球信息技术报告（2007~2008）》出版在这样的一个时代，即高带宽连接对于提高国家竞争力、促进可持续发展以及减少贫困方面的重要作用被广泛认同。多数发达国家和发展中国家已经将 ICT 的便捷接入和有效使用提上议程，在 ICT 基础设施升级和发展方面投入更多的资源。该报告是该系列的第七期，世界经济论坛和欧洲工商管理学院之间建立了长期的合作伙伴关系，并共同致力于对网络化准备和它的主要推动因素方面的深入理解和研究。

此报告包括四个主题部分。第一部分的内容涵盖2007~2008年度网络就绪度指数（NRI）的核心观点，以及一些关于网络就绪度指数问题的有深刻见解和洞察力的文章，这些文章重点研究网络就绪度指数如何促进创新。这些文章的主题涉及许多方面，包括创新和ICT的关系、创新的最新动态和趋势（如整合通信）以及新兴市场的电子技术和电信管制。

第二部分主要关注国家/区域的案例研究，展示了在培育网络就绪度方面的最佳政策和实践。今年的报告深入分析了新加坡、卡塔尔和欧洲的案例。

第三部分为报告中涵盖的127个经济体提供了具体的框架，勾勒了每个经济体网络就绪度现状的综合性轮廓，通过该部分现状的描述，可以对NRI的具体变量或者元素进行国际性或历史性的比较。

第四部分提供了构成今年NRI的68个变量中的每一个变量的全球排名数据表。

第一部分：网络就绪度相关问题

每年，《全球信息技术报告》都会对一些与国家网络就绪度相关的问题进行深入的分析和研究，并且会对最新的NRI发现进行报告。今年，我们涉及了如下领域：①向发展中国家作出ICT承诺的新兴的关系；②ICT对于创新的影响；③飞速发展的新的创新形式和特征；④整合通信；⑤信息时代电子技术的发展；⑥新兴电信市场的管制；⑦商业网络的变化及其对于全球经济的影响；⑧参与网络的创新及合作。

网络就绪度指数

1.1章："评估世界各国的网络就绪度状况——对2007~2008年度网络就绪度指数的理解"，报告了NRI的最新发现，这也是由世界经济论坛和欧洲工商管理学院自2002年联合发起的研究项目获得的主要成果。以国际权威组织搜集的数据为基础，NRI旨在衡量一个经济体利用ICT增强自身竞争力和促进自身发展的能力，这些数据来源有国际电信联盟（ITU）、世界银行、联合国，以及世界经济论坛进行的一年一度的执行意见调查等，当然也包括

这份报告。2007~2008年度NRI涵盖了全球共计127个发达国家和发展中国家以及地区，占全球GDP总量超过95%。

建立在NRI基础上的网络就绪度框架，自2002年起保持不变：

- 它通过对于ICT广泛的商业环境、某些管制视角以及软硬件设施，评估是否存在一种对于ICT发展的友好和有利的环境。
- 它评估ICT就绪度以及国家的三种主要利益相关者对于ICT应用的就绪度，即个人、商业部门和政府。
- 它评估以上三种利益相关者对于ICT的实际使用状况。

2007~2008年度的NRI排名显示丹麦连续第二年成为全球网络化程度最高的经济体，其网络化程度自2003年起呈持续上升趋势。其他北欧国家也显示了它们在利用ICT促进国家竞争力提升方面的优势，如瑞典、芬兰、冰岛和挪威，它们分别排名全球第2、第6、第8和第10。在排名前20的经济体中，瑞士上升了两个名次，排在第3，继续保持着上一年度显著的上升趋势；美国上升了3位，排名第4；韩国排名第9，上升了10位，在报告所涵盖的127个经济体中增长最显著。排在前20名中的其他亚洲经济体和地区包括：新加坡（第5）、中国香港（第11）、澳大利亚（第14）、中国台湾（第17）和日本（第19）。在亚洲新兴的市场中，印度下降了4位，排名第50，而中国上升了5位，排名第57。

今年，拉丁美洲和加勒比海地区的网络就绪度状况似乎不如2006~2007年度，其中，墨西哥（第58）、巴西（第59）和阿根廷（第77）都下降了几位，只有4个国家排在前50名：智利（第34）、巴巴多斯（第38），新加入者波多黎各（第39）和牙买加（第46）。

尽管过去10年中，撒哈拉以南的非洲经历了重要的发展，并且在ICT渗透方面取得了很大的进展，但是今年该区域大部分的经济体排名依然非常落后，只有南非（第51）和毛里求斯（第54）排在所有经济体的前半部分。

相比之下，北非地区的情况乐观得多，埃及和摩洛哥分别上升了17位和5位，分别排名第63和第74，成为该地区增长最快的经济体。中东地区

的大部分国家在排名方面显著增长，其中卡塔尔（第32）、巴林（第45）和约旦（第47）排在最前面，分别上升了4位、6位和11位。

本章还对NRI按整体时间序列进行了趋势分析，识别出从2001年以来全球范围内NRI排名上升最快的国家和地区，为这些国家提供了受益于ICT发展的动态变化描述。

利用ICT为发展中国家制定一种平衡的路径

建立普遍而繁荣的互联网文化，既要采用正确的技术，又要创造良好的商业环境，二者同样重要，缺一不可。不管是国家的、区域的还是地方性的政府，如果想要驾驭ICT的潜力，它们就必须既要投资于基础设施和支撑能力建设，又要做好准备去改变它们国家的相关机构设置——或者ICT生态系统，从而使得ICT发挥其变革性的作用。在《新兴的联系：实现信息与通信技术和网络的诺言以制定一个平衡路径的时机已经成熟》一章中，作者伊万·莫里森（Ewan Morrison）、罗伯特·佩珀（Robert Pepper）和恩里克·J.鲁埃达-塞巴特（Enrique J. Rueda-Sabater）（思科公司）介绍了一种包含两个维度和一种运用NRI构成指数的路径工具的诊断框架，该框架旨在帮助国家深入地了解如何能够设计一种平衡的路径，使ICT基础设施和生态系统达到平衡，以实现其社会包容与经济增长相结合的目标。

该框架能够提供基础设施投资与能力和ICT的生态系统相匹配的最佳路径。而理解一个国家根据这些因素的判断所处的位置，是筹划改进ICT应用和IP网络连接的良好基础。这两个维度分别是：

● ICT生态系统，指的是一些体制因素，这些因素能够支撑企业创新精神、服务提供的竞争态势以及经济利益分配的公平性。这些因素很难衡量，但是最重要的是ICT发展相关的法律框架，尤其是ICT管制的质量、在一国开展商业的便利性以及竞争和创新的存在和发展。

● ICT基础设施和能力，指的是一些资产，例如网络和其他通信连接基础设施以及能够有效地管理基础设施的技术技能和体系的存在和发展状况。

本章详细地解释了该诊断框架是如何运行的，并且提供了作者的创新观点。

为什么ICT对于创新非常重要

在《匪夷所思的关系：为什么ICT对创新来说至关重要？探讨信息通信技术对基于创新的竞争力的影响》一章中，作者从ICT如何推动创新的角度研究了信息和通信技术与创新的相关性，许多国家把创新和ICT政策视为不同领域的问题，从而失去了更好的机遇。

本章通过研究全球竞争力指数中的创新子指标，研究了创新和ICT的关系。结论进一步证明了对于ICT的使用越密集越成熟，其对于创新的影响就越明显，甚至考虑了一些背景因素，如智力所有权保护、本地风险投资可用性、出口企业在产业链不同阶段的参与程度以及每单位资本的收入水平等。

作者认为ICT使用的相关性因国家收入的高低差异而不尽相同，这与创新需要更高程度的ICT使用的观点是一致的。在高收入国家，ICT要素中与创新联系最紧密的是企业互联网应用，而低收入国家则展示了一种更为基础的方式，与创新关系更为密切的是政府和公民对于ICT的使用。高收入国家正处于发掘ICT对于创新的作用的阶段，而低收入国家则仍在建设基础设施。然而，低收入国家在低收入人群中推广ICT接入，是民主化的表现，也能够提高创新程度并且成为国家竞争力的源泉。作者认为正确的投资策略是建立激励机制鼓励基层创新。国家竞争力不仅仅基于处于金字塔顶端的企业如何表现，同时也取决于底层如何表现。然而，发展中国家的许多创新策略是为全球化的公司和成熟的创业者设计的。

创新在飞速发展

在《创新与生活同步》一章中，作者马特·布罗斯（Matt Bross）（英国电信）提出ICT的迅猛发展释放了对于创新和创造力有巨大影响的力量——"创新大爆炸"。

因此，现在消费者有了太多的产品和服务可以从中挑选，如果他们仍然不能够发现自己的需求，也不必担忧，因为创新正以前所未有的速度将产品或服务推向市场。对于所有的公司来说，都面临着巨大的挑战。要想在激烈的竞争中占据一席之地，就必须具有开放的精神和创新的意识，尽最大可能去得到大家的帮助，而不仅仅是得到少数利益方的帮助。

然而，笔者认为仅仅试图开放自己是远远不够的，创新正在保持着与消费者个人和职业生活相同的速度前进，不断缩小消费者寻找产品和购买产品之间的时间差。幸运的是，技术的快速进步有助于公司开放创新流程，并加速了创意转化为新产品上市的速度。公司在选择如何开放以及如何成为一个灵活敏捷的创新者方面拥有一定的自主权。在这种背景下，马特·布罗斯注意到在这个世界上充满了愿意提供自己新创意的人，公司如果想实现可持续发展必须不断挖掘这些人的潜能，创造更多的机会让更多的人参与到创新过程中，并且将创造的财富与他们共享。马特·布罗斯相信开放式的创新有助于消除数字鸿沟（数字鸿沟是指不同国家、不同地区、不同人群，在掌握、应用信息技术，特别是数字技术以及发展信息产业方面的差距，是信息富有者和信息贫困者之间的鸿沟）。

整合通信

良好的通信一直是衡量一个国家推动经济增长以及保护和提高公民福利能力的传统基准之一。随着通信技术的迅速发展，国家需要重新思考"良好的"通信的含义。

桑德尔·博伊森（Sandor Boyson）（马里兰大学罗伯特·H.史密斯商学院）和大卫·博耶（David Boyer）（Avaya 公司）的文章《整合通信：决策制定和经济发展的全球领先技术》为我们提供了将分散的通信渠道整合在一起的数字平台的扩散和发展的许多例子，也就是整合通信（UC）的例子。融合确实创造了一个整合通信的网络，它是能够将人和流程以前所未有的规模集成的一种革命性的服务平台。整合通信能够根据需要通过更好的通信方式，将人和人的专业知识带入商业及政府的进程中去。

该篇文章指出我们必须超越目前的通信框架而实现推动社会和商业协作的整合通信。整合通信可以被定义为优化商业流程的整合性的通信。作者相信国家迫切需要对公共和私人策略进行大胆的调整，以将整合通信作为促进新的经济和社会发展的催化剂。国家层面的成功关键在于推动跨越国界的协作和合作关系，打破政府和行业的界限以保证推动整合通信发展所需的开放性标准、商业流程定义以及管制机制的增长。为获得成功，一个广泛的领导联盟将为整合通信的潜力所驱动，致力于整合通信的快速增长和迅速扩散。

领导者们应该制定并驾驭一个多方面的政策议程，以利用整合通信的能力来改进公共的和私人的流程。作者坚信，如果这些政策得以实施，国家将会为捕捉下一代伟大技术驱动的经济增长高峰做好准备。

信息时代所需的电子技能

随着全球竞争的日益知识密集化，许多警示提醒公共和私人决策者们我们的经济可能不能够产生与之相适应的一定数量和水准的电子技能。布鲁诺·朗文（Bruno Lanvin）（欧洲工商管理学院电子实验室）和帕米拉·S.帕斯曼（Pamela S. Passman）（微软公司）的文章《建立信息时代所需的电子技能》指出，在同时追求创新、竞争力和就业能力的情况下出现的三个主要问题：①为什么对于电子技能的需求不断增长（这种增长速度有多快）；②这些技能的供给是如何产生的以及如何满足现有的和可预见的需求；③政府和商业组织应该优先采取哪些措施来解决即将出现的"电子技能短缺"问题。

现有的证据证明了电子技能是很普遍的，而且并非局限于 IT 专家；在各个部门和各个层级的创新活动和各学科之间的合作之中，电子技能对于提高竞争力的重要性日益凸显。在公共和私营部门，领导者们不仅需要电子解放，而且需要展示和培养"电子领导力"所需要的素质和能力。不仅如此，作者还指出，新兴且日益增长的全球知识经济将会显著地提高各个行业（不只是 IT 行业）以及公共部门的各个阶层（从非专业化的工作者到公司领导者）对于电子技能的需求。最终，电子技能将成为决定劳动者横向和纵向迁移灵活性的关键因素，因而决定劳动力市场的正常运作以及充分就业和包容性的水平。面对这些需求，我们的经济不能提供它们所必需的足够数量和层次的电子技能。现有的提供具备电子技能的工人和管理人员的教育系统的能力与知识密集型经济的需求之间存在差距。在一些行业和地域，这种差距尤为明显，因而需要教育体系的迅速调整和提高，以适应 IT 工作的需要。法律和管理体系迫切需要调整，以支撑劳动力市场的良好运作。

从政策的角度来看，解决可预见的电子技能短缺问题可能会产生显著的利益。作者认为，如果采用正确的策略和政策组合并且得到所有主要利益相关者的积极配合，现有的电子技能紧缺问题可能正是一种重要机遇，它使全球更多的人口参与到一个具备真正包容性的信息社会中来，并且从中受益。

新兴电信市场的管制

在斯科特·C.比尔兹利（Scott C. Beardsley）、艾克·毕扬（Ilke Bigan）、路易斯·恩里克斯（Luis Enriquez）、穆罕默德·古文迪（Mehmet Guvendi）、坎·肯迪（Can Kendi）、米盖尔·卢卡斯（Miguel Lucas）、奥列格·季姆琴科（Oleg Timchenko）、塞尔吉奥·桑多瓦尔（Sergio Sandoval）和阿什·莎玛（Ashish Sharma）（麦肯锡公司）的文章《新兴电信市场管制的重新思考》中，作者探讨了管制在促进新兴市场电信行业发展中至关重要的作用。一个考虑当地市场具体需求的健全的管制框架，不仅对于运营商捕获新的增长源来说至关重要，并且对于政府构建一个促进经济发展的基础性行业也是非常必要的。

作者指出，设计这样一个框架需要对于新兴电信市场的具体特征和需求有着深刻的理解。虽然它们远远称不上同质化，但是新兴市场在某些方面非常典型地区别于成熟的市场，例如人口分布、收入水平以及行业结构。忽视自身特点而照搬发达国家管制框架的发展中国家，将很难创建一个充满活力的部门来作为国家经济发展的引擎。

本章根据起点和特征的不同，简单地将新兴市场细分为三类。这种评估方式可以成为确定管制目标优先级、提出充分的政策以及对未来行业结构进行定义的第一步。

商业网络变革与全球经济一体化

在孔翰宁（Henning Kagermann）（思爱普公司）、菲利普·雷（Philip Lay）和杰弗里·摩尔（Geoffrey Moore）（均来自 TCG 管理咨询公司）的文章《商业网络转型：全球经济关系的再思考》中，作者们研究了企业如何通过利用解除管制、进入全球市场以及技术的战略性应用等网络化商业模式获得竞争优势。他们指出企业正关注它们自身的优势并且在全球范围内挖掘人才和思想的补充来源，以抵御商品化和破坏性创新。通过在全球化的商业网络中运作，企业花在复制和模仿上的时间变少了，而花在创新上的时间变多了，这提高了差异化的程度，增强了顾客支付额外费用的意愿，因而增加了资本投资的收益。

由于创新不断地在商业网络中发生，作者们认为公司管理者们需要从"基业长青"模式转变为

"按需调整"的模式，从而为提升价值链位置和在商业网络中承担新的角色做好准备。在这种变革的压力下，商业领导者们正被迫重新审视战略、结构、体系和方式上长远的设想，从而更好地协调各项工作，并且改善与客户、合作伙伴甚至竞争对手之间的协同。本章提出了在商业环境中审视这一变化的极佳视角，并且分析了商业网络运作的两种模式。同时，本章还探讨了商业网络动力学在市场导入、成长、成熟、衰退过程中是如何演进的，什么样的原则和实践可以成为向商业网络新领域进军的指导。最后，本章还研究了管理 ICT 系统投资的网络化商业模式。

参与网络的创新

在萨沙·翁施-文森特（Sacha Wunsch-Vincent）和格雷汉姆·维克瑞（Graham Vickery）（均来自经合组织）的文章《参与型网络：创新与合作》中，作者描述了用户创造内容的快速增长并指出其在世界通信中的作用日益凸显，并且提出了一些政策建议。

作者意识到在提供广泛和高速接入的基础设施建设的基础上，宽带应用和数字内容方面的创新成为数字经济发展的主要驱动力。互联网确实改变了信息生产的性质和信息生产经济学。内容创造和传播的进入壁垒已经从根本上降低了，因而鼓励了用户对于媒体内容生产的更广泛参与、用户自治程度的提高、多样化程度的提高，并且改变了对于广播模式和海量内容传播的其他单向模式的简单和被动使用。一些定义例如参与网络描述了一个被智能网络服务日益影响的互联网，这些服务建立在新技术的基础上，这些新技术不断提高用户在互联网内容开发、评估、协作和传播过程中，以及开发和定制互联网应用方面的贡献（用户创造内容）。

作者们指出参与网络为技术、商业、组织和社会的变革提供了一个低成本的测试平台。新的商业和企业活动是参与网络的一个主要特征，如今的企业面临调整其商业模式以适应这种新环境的压力和挑战。不仅如此，参与网络具备帮助实现教育、政治和社会目标的潜力。

作者们还强调了一些商业和政治方面需要解决的议题，例如日益显著的版权争端问题、用户创造内容的平台以及用户问题。由于受欢迎的平台往往成为网络钓鱼和其他行为的攻击对象，用户创造内容的平台也将需要解决用户和管理者的隐私方面的担忧。内容质量、网络安全以及用户更完善的自我

管理也将成为亟待解决的问题。随着用户对于内容创造平台的越来越多的关注和参与，如何对于内容进行把关日益成为重要的商业和政策问题。

第二部分：利用信息通信技术和创新来提升竞争力：选定的个案研究

今年的报告研究了新加坡、卡塔尔和欧盟的与创新和网络就绪度相关的三个案例。我们希望这些案例研究可以为充分利用 ICT 和创新提高竞争力提供最佳政策和最佳实践方面的启示。

新加坡——一个智能化的国家

作为一个自然资源匮乏的岛国，ICT 成为新加坡经济基础设施的重要组成部分，对于其经济增长起着至关重要的作用。吴雪径（Ng Cher Keng）、李宛陵（Ong Ling Lee）、庄唐（Tanya Tang）（新加坡资讯通信发展管理局）和苏米特拉·杜德（Soumitra Dutta）（欧洲工商管理学院）的文章《新加坡：用信息通信技术构建智能国家》讲述了过去 26 年间新加坡的 ICT 发展历程。新加坡 ICT 的发展起步于 1981 年颁布的国家计算机化计划，该计划使新加坡采用当时的新技术提高生产率和经济竞争力。随着计算机化进程日见成效，新加坡政府利用 ICT 推动经济增长的信心日益增强，并且旨在增强 ICT 的能力。从利用 ICT 武装政府和职能部门，到将 ICT 推广至企业和民众，新加坡在国家范围内部署了高速的宽带连接，通过 ICT 使用对不同的经济部门进行变革。始于非常薄弱的基础，新加坡如今已经建立起一个富有活力的 ICT 产业，并且拥有相当多的技术居民。这些成就的取得建立在六个主要的 ICT 规划的制定和实施，每个规划都是以经济发展为导向的。"一个以 ICT 驱动的智能化国家和全球化城市"是新加坡最新的智能化国家 2015（或者简称"iN2015"）总体规划的愿景。iN2015 规划强调 ICT 本身作为一个产业，它是增强国家竞争力的战略促成器。新加坡旨在通过驾驭 ICT 的能量来建设一个包容性的数字社会，以确保持续的增长以及使经济保持活力。

新加坡关注于将 ICT 和战略目标以及最高级别政府的强有力的领导能力联系起来，为其他国家提供有用的远见，以帮助它们利用 ICT 的潜力来促进发展和提升竞争力。本章还重点叙述了新加坡在世界范围内都表现优异的两个 ICT 配置领域：电子政务和电子教育。

在卡塔尔建立一个知识型经济体

卡塔尔是世界上最富有的经济体之一，人均收入超过 62000 美元。尽管极其富有，但该国最近才刚刚开始它的现代化进程，并且将 ICT 视为关键推进器。该国旨在通过 ICT 建立一个竞争经济以及社会服务的普遍接入的核心引擎，并且建立一个知识型社会。另外，ICT 被认为在所有部门都有一种乘数效应，可以扩大政策改革的范围，并且帮助卡塔尔实现成为现代化的进步的国家这一目标。通过皇家法令颁布的这一进程中的第一主要阶段已于 2004 年完成。成立了卡塔尔 ICT 最高委员会（ictQATAR），它有一个清晰且权威的授权，即成为卡塔尔 ICT 部门的监管者和推进者。IctQATAR 已经在全国范围内成为 ICT 的热情高涨的倡导者，并且持续推动了 ICT 实施的整合性方法。它设法得到了其他政府机构和部门的合作及支持。

以 ICT 为焦点的效果已经有所显现。卡塔尔今年的 NRI 排名位于第 32 位，这是一个值得称赞的政绩。一个成熟的国家 ICT 规划已经到位，使许多地方都涌现出创新：政策改革；有关安全事务的改革措施；医疗保健、教育、电子政务和基础设施上的 ICT 创新；电信行业的放松管制。卡塔尔的 ICT 进程才刚刚开始。虽然起步较晚，但是该国已经成功地在世界网络就绪度地图上标上了自己的符号。

在哈莎·Al – 贾巴尔（Hessa Al –Jaber）（ictQATAR）和苏米特拉·杜德（Soumitra Dutta）（欧洲工商管理学院）的文章《卡塔尔：利用科技在中东建立一个知识型经济体》中，描述了卡塔尔向知识型经济体转变的概况，并且介绍了在整个国家中实现技术驱动的优秀实践的旗手。除概括了卡塔尔 ICT 议程的关键战略创新之外，该章还概括了卡塔尔面临的关键实施障碍，并且为其他国家在相似的进程中提供了经验和教训。

欧洲中小型企业利用 ICT 实现创新

很明显，目前 ICT 和电子商务模式已经前所未有地成为创新和竞争力的最重要的驱动力。ICT 已经改变并且将在未来持续改变业务模式。但是只有在有配套合适的组织变革、创新电子商务模式和技能投资之后，ICT 才能带来实质性的高生产力。然而，欧洲的中小型企业（SMEs）还未开发出 ICT 驱动的大部分商业模式的创新以及组织再造。因此，改善欧洲中小型企业的 ICT 整合创新将是未来几年政策制定者的主要挑战。在《中小型企业把握着欧洲竞争力的关键：如何帮助它们利用 ICT 和电子商务进行创新》一文中，来自欧洲委员会的达纳·埃莱夫泰里亚多（Dana Eleftheriadou）对委员会改善中小型企业公共政策以促进 ICT 应用的创新以及优秀实践交换的效果进行了全面概括：SMEs 的电子商务支持网络（eBSN）。这是一个"政策智能"创新，它可以观察政策发展并发现新趋势。作者认为，我们通过 eBSN 正在见证着三个主要趋势的结合：①SMEs 作为关键角色在实施促进增长和工作的里斯本战略中的经济重要性日益增加，并且 SMEs 作为全球参与者在新兴全球经济体中的潜力越来越大；②对 ICT 和新型电子商务流程有点无可置疑的认识，即认为其是创新、生产力和竞争力增长的主要推进器；③政府对促进企业，特别是 SMEs，采用 ICT、电子商务模式以及现代管理实践的大力支持。

在分析政府致力于促进电子商务模式更加深入的同时，eBSN 见证了政策从提升整体 ICT 意识，赞助并联合为 ICT 投资以及网络连接性融资，向促进 SMEs 开发 ICT 和电子商务创新潜力的转变。它们的目标是支持 SMEs 参与特殊商业部门的全球数字供应链。在几个欧盟成员国中特殊行业首创的扩散需要有效的政策合作，使得我们能够在欧盟水平上正确地对它们进行评价。

但是，埃莱夫泰里亚多提出供应链的结构复杂性，尤其是那些与不同产业部门打交道的公司的结构复杂性（被称做跨部门合作），代表了特殊部门电子商务创新面临的挑战。考虑一个价值链的部门特征是非常关键的，下一步就是识别和满足跨部门需求。因此，数据交换模型和跨不同商业部门的业务流程之间的和谐将会成为未来与 ICT 相关的关键问题之一，并且在未来几年内将被列入电子商务政策议程的首位。在其他政策领域，作者呼吁欧盟和成员国通力协作，实施相关电子商务政策，以促进欧洲向里斯本目标前进。

第三和第四部分：国家／经济体概况以及数据描述

第三和第四部分介绍了该报告涵盖的 127 个经济体的详细情况，并且给出了组成 NRI 的 68 个变量的全球排名数据表。在每个部分之前都提供了关于如何解读数据的介绍。在第四部分末的技术注释以及资料来源为包含在该报告内的每一个统计变量提供了详细的特征描述及资料来源。

注释

① Broadband can be provided as a fixed line or as a wireless connection. DSL and Packet Cable are the most popular types of fixed broadband connectivity options. WLAN（802.11）GSM/GPRS are the more popular wireless broadband modes. WiMax is an emerging wireless mode for broadband.

② CDAA 2007.

③ See http://ec.europa.eu/information_society/eeurope/2005/all_about/broadband/index_en.htm.

④ PriMetrica 2006.

⑤ Golilath 2006.

⑥ CDAA 2007.

⑦ St. Paul 2006.

参考文献

CDAA（Chicago Digital Access Alliance）. 2007. *Ten Principles for Digital Excellence*. February 28. Available at www.accesschicago.org/principles-for-digital-excellenc.

Goliath. 2006. "WiMAX Will Connect Rural India." *M2 Presswire*. November 10. Available at http://goliath.ecnext.com/coms2/browse_R_M045.

PriMetrica. 2006. WiMAX Market Tracker. Network News: 2nd Quarter. TeleGeography， July 2006. Available at http://www.telegeography.com/products/wimax/index.php.

St. Paul， Minnesota， City of. 2006. Broadband Technology Needs Assessment and Economic Development Impact Study. Final Report. May. Available at www.stpaul.gov/depts/ot/BITS5-23.pdf.

网络就绪度指数排名

2007~2008 年网络就绪度指数排名

排名	国家/经济体	评分	排名	国家/经济体	评分
1	丹麦	5.78	65	乌拉圭	3.72
2	瑞典	5.72	66	萨尔瓦多	3.72
3	瑞士	5.53	67	阿塞拜疆	3.72
4	美国	5.49	68	保加利亚	3.71
5	新加坡	5.49	69	哥伦比亚	3.71
6	芬兰	5.47	70	乌克兰	3.69
7	荷兰	5.44	71	哈萨克斯坦	3.68
8	冰岛	5.44	72	俄罗斯	3.68
9	韩国	5.43	73	越南	3.67
10	挪威	5.38	74	摩洛哥	3.67
11	中国香港	5.31	75	多米尼加共和国	3.66
12	英国	5.30	76	印度尼西亚	3.60
13	加拿大	5.30	77	阿根廷	3.59
14	澳大利亚	5.28	78	博茨瓦纳	3.59
15	奥地利	5.22	79	斯里兰卡	3.58
16	德国	5.19	80	危地马拉	3.58
17	中国台湾	5.18	81	菲律宾	3.56
18	以色列	5.18	82	特立尼达和多巴哥	3.55
19	日本	5.14	83	马其顿	3.49
20	爱沙尼亚	5.12	84	秘鲁	3.46
21	法国	5.11	85	塞内加尔	3.46
22	新西兰	5.02	86	委内瑞拉	3.44
23	爱尔兰	5.02	87	蒙古	3.43
24	卢森堡	4.94	88	阿尔及利亚	3.38
25	比利时	4.92	89	巴基斯坦	3.37
26	马来西亚	4.82	90	洪都拉斯	3.35
27	马耳他	4.61	91	格鲁吉亚	3.34
28	葡萄牙	4.60	92	肯尼亚	3.34
29	阿拉伯联合酋长国	4.55	93	纳米比亚	3.33
30	斯洛文尼亚	4.47	94	尼日利亚	3.32
31	西班牙	4.47	95	波斯尼亚和黑塞哥维那	3.22
32	卡塔尔	4.42	96	摩尔多瓦	3.21
33	立陶宛	4.41	97	毛里塔尼亚	3.21
34	智利	4.35	98	塔吉克斯坦	3.18
35	突尼斯	4.33	99	马里	3.17
36	捷克共和国	4.33	100	坦桑尼亚	3.17
37	匈牙利	4.28	101	冈比亚	3.17
38	巴巴多斯	4.26	102	圭亚那	3.16
39	波多黎各	4.25	103	布基纳法索	3.12
40	泰国	4.25	104	马达加斯加	3.12
41	塞浦路斯	4.23	105	利比亚	3.10
42	意大利	4.21	106	亚美尼亚	3.10
43	斯洛伐克共和国	4.17	107	厄瓜多尔	3.09
44	拉脱维亚	4.14	108	阿尔巴尼亚	3.06
45	巴林	4.13	109	乌干达	3.06
46	牙买加	4.09	110	叙利亚	3.06
47	约旦	4.08	111	玻利维亚	3.05
48	沙特阿拉伯	4.07	112	赞比亚	3.02
49	克罗地亚	4.06	113	贝宁	3.01
50	印度	4.06	114	吉尔吉斯共和国	2.99
51	南非	4.05	115	柬埔寨	2.96
52	科威特	4.01	116	尼加拉瓜	2.95
53	阿曼	3.97	117	苏里南	2.91
54	毛里求斯	3.96	118	喀麦隆	2.89
55	土耳其	3.96	119	尼泊尔	2.88
56	希腊	3.94	120	巴拉圭	2.87
57	中国	3.90	121	莫桑比克	2.82
58	墨西哥	3.90	122	莱索托	2.79
59	巴西	3.87	123	埃塞俄比亚	2.77
60	哥斯达黎加	3.87	124	孟加拉国	2.65
61	罗马尼亚	3.86	125	津巴布韦	2.50
62	波兰	3.81	126	布隆迪	2.46
63	埃及	3.74	127	乍得	2.40
64	巴拿马	3.74			

第一部分

网络就绪度相关问题

1.1 章

评估世界各国的网络就绪度状况
——对 2007~2008 年度网络就绪度指数的理解

艾琳·米亚（Irene Mia），
世界经济论坛

苏米特拉·杜德（Soumitra Dutta），
欧洲工商管理学院

国家竞争力是一个由多样化和相互关联的多种因素驱动的多维度的现象。在这些要素中，知识以及创造、吸收技术并使其适应国家发展需求的能力日渐成为国家竞争力的关键驱动因素。信息通信技术（ICT）对于提高国家竞争力和增强可持续发展的能力尤为重要，它影响部门和行业间生产流程的效率、加速以知识为基础的服务和行业的发展以及赋予了人们访问和进入前所未有的信息源和市场的力量。人们已经认识到 ICT 对于经济绩效确实有显著的影响，[①] 并且占总要素生产率增长的很大一部分，这种增长带来了过去 50 年间人均收入的增长。[②] 因此，许多国家，甚至发展中国家都大力投资于 ICT 建设并非偶然。[③]

同时，ICT 从根本上改变了个人生活、工作和学习的方式，提高了人们的生活质量并且创造了打破地域界限的社会网络和虚拟社区，从而为人们提供了社交和互动方面前所未有的机会。[④] 例如，公共和私营部门的许多组织正从宽带的使用中获得丰厚的收益。对于宽带的采用促成了灵活的工作方式，为许多跨国公司带来了财务上的收益。例如，英国电信有大约 8500 名员工通过宽带在家工作。平均而言，他们每人每年为公司节省的住宿成本约为 6000 英镑；同时他们使劳动生产率平均提高了约 20%，个人的提高幅度从 15% 到 31% 不等；每人平均每年请病假的时间只有 3 天，而该行业的平均值为每年 12 天。所有这些因素加起来为公司每年节省超过 6000 万英镑的成本。[⑤] ICT 还使得中小企业（SMEs）从中受益，主要体现在快速的在线内容访问和增值应用提高了劳动生产率的增长能力。

考虑到创新和技术就绪度对于国家竞争力的核心作用，世界经济论坛从 2002 年起便与欧洲工商管理学院合作，开展了一项研究，旨在确定各国为有效促进经济增长和繁荣在日常工作中充分利用 ICT 的驱动因素。该项目的主要成果即自 2001 年开始发布的《全球信息技术报告》（GITR）系列，[⑥] 如今已经发布了七期。

GITR 系列中提到的网络就绪度指数（NRI）为许多经济体建立起一个国家性的框架，该框架用于评估网络就绪度状况以及比较各经济体之间不同时期的网络就绪度。采用这种方式，可以识别出各个国家相关的竞争优势以及弱势领域，从而为政府和

作者对珀尔·萨曼达尔和蒂埃里·盖革对本章作出的卓越贡献表示诚挚的谢意。

公民社会提供一个独特的平台，以确定促进 ICT 渗透和应用的各项政策和创新活动的优先级。同时，NRI 系列报告为国家提供了一个检测自身 NRI 发展的宝贵工具。

不仅如此，近年来，GITR 系列报告已经成功地提高了人们对于 ICT 的力量与经济增长和繁荣之间联系的认识（如图 1 所示），并且已经成为全球最受关注的国家利用 ICT 提高竞争力的能力的国际性评价体系。

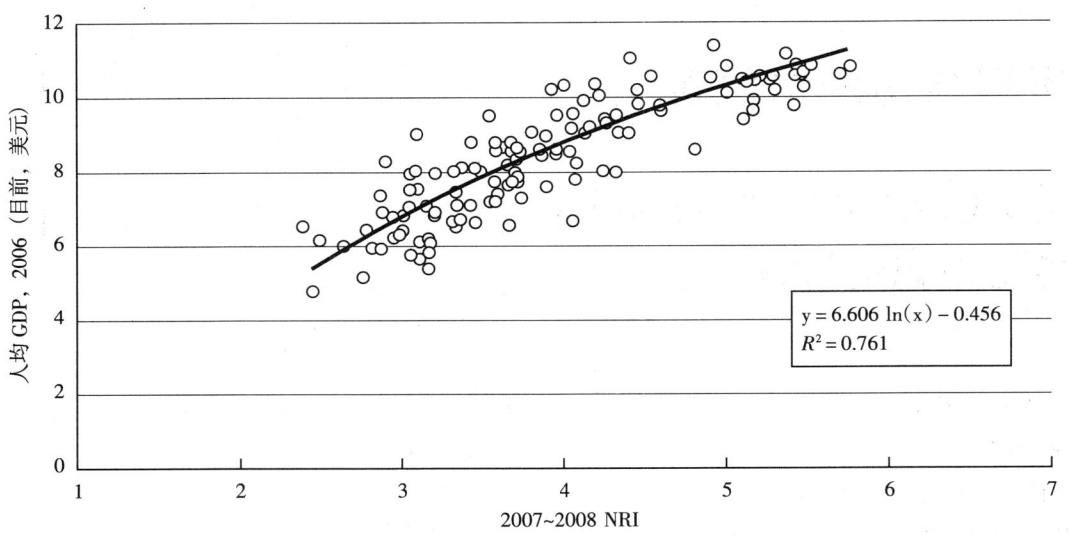

$$y = 6.606 \ln(x) - 0.456$$
$$R^2 = 0.761$$

图 1　网络就绪度与 GDP 的进展状况

资料来源：国际货币基金组织，World Economic Outlook Database（December 2007）；NRI 2007–2008。

与本报告的前几期一致，2007~2008 年度报告旨在加深对于 ICT 发展的驱动因素以及各国之间网络就绪度状况的理解，其研究覆盖面扩大到全球 127 个发达和发展中的经济体，占全球 GDP 的比重超过 95%。本章接下来的部分将发布 2007~2008 年度 NRI 的最新发现。首先，简要介绍 2007~2008 年度报告中所运用的网络就绪度框架；接下来介绍它的理论基础和主要组成要素，并深入分析 2007~2008 年度 NRI 的测算和评估结果，着重关注全球整体排名前十位的国家以及一些主要的区域特色；最后，本章还根据整体时间序列进行趋势分析，从而识别全球从 2001 年起，NRI 排名增长最快的国家和地区，这些国家和地区证明了自身在利用 ICT 优势方面充满活力。

2007~2008 年度网络就绪度指数：框架和方法论

与前几期报告一样，2007~2008 年度的 NRI 以 2002 年欧洲工商管理学院开发的网络就绪度框架为基础。[⑦] 该框架旨在评估全球范围内各国利用 ICT 促进经济增长和提高国家竞争力的程度，它基于如下三种理论基础：

1. *环境是一个关键因素*：建立一种有利于 ICT 发展的环境是一国充分利用 ICT 所带来的机会的一个必要前提条件。在这种情况下，必须存在合适的商业环境、管制框架以及基础设施，以使国家的利益相关者能够运用 ICT 促进发展。ICT 的发展不能存在于真空环境中，而是需要一个有驱动因素的环境。

2. *ICT 的利用取决于一种多方利益相关者的努力*：网络化最成功的经济体证明了 ICT 的成功是多方利益相关者联合努力的结果——政府、企业以及公民社会。政府需要通过明确 ICT 应用在国家议程中的优先级并且推动必要的软硬件基础设施的建立，在对于 ICT 渗透和创新对于整体竞争力的重要作用的认识中起到领导作用。然而，这样是远远不够的。中国台湾、新加坡、以色列和爱沙尼亚的成功经验强调了从实施数字化议程的早期，就应该调动企业部门和公民社会的积极性。

3. *ICT 就绪度推动 ICT 的使用*：ICT 的就绪度以及社会主要三大部门（政府、企业和个人）使用 ICT 的倾向与它们实际的 ICT 使用之间存在着明显的相关性，如图 2 所示。图 2 中的回归分析不仅证明了一个非常大的 R² 值，并且表明了 ICT 的使用随着 ICT 发展的就绪度而显著地增长。因而，一个

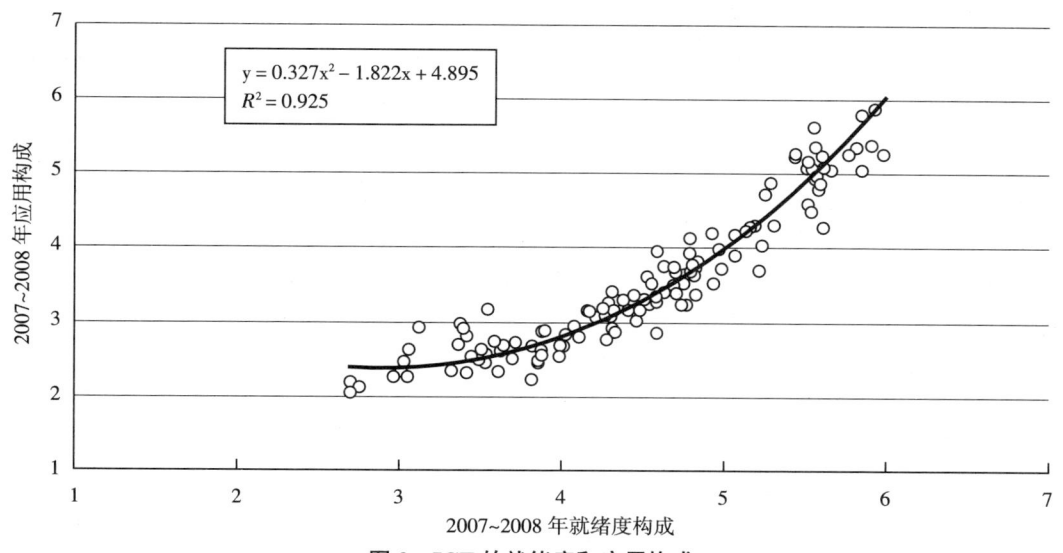

$$y = 0.327x^2 - 1.822x + 4.895$$
$$R^2 = 0.925$$

图 2　ICT 的就绪度和应用构成

已经为 ICT 使用做好准备的社会将更有可能成功地利用 ICT 的竞争力和发展潜力。

图 3 为我们展示了网络就绪度框架的三个维度，即环境、就绪度和应用。环境维度进一步细分为市场、政策和管制及基础设施，后两者包括三个主要的利益相关群体的准备和应用状况，即政府、企业和个人。

与上面提到的一致，NRI 由三个子指数构成，分别为环境、就绪度和应用，每个构成子指数又可以进一步划分为三个支柱，这三个支柱由 68 个变量构成。

1. 环境构成子指数：
   - 市场环境
   - 政策和管制环境
   - 基础设施环境

2. 就绪度构成子指数：
   - 个人就绪度
   - 企业就绪度
   - 政府就绪度

3. 应用构成子指数：
   - 个人应用
   - 商业应用
   - 政府应用

三个构成子指数在计算过程中都被赋予相同的权重，整体 NRI 就是三个构成子指数的简单平均值；基本假设是所有指数构成要素对于一国的网络就绪度的贡献是相同的。附件 A 为我们提供了 2007~2008 年度 NRI 构成要素和计算方法的详细描述。

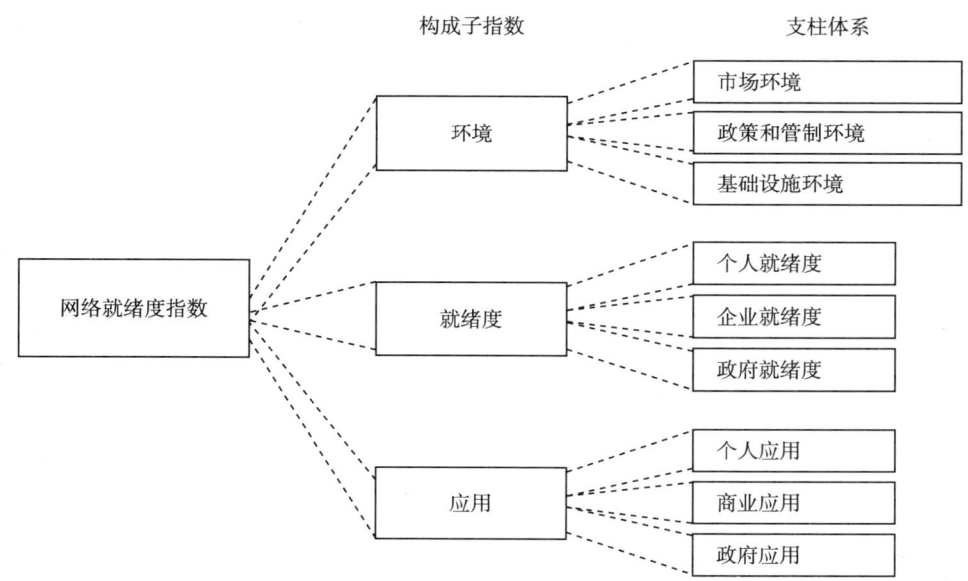

图 3　2007~2008 年度网络就绪度指数：框架构成

不同的构成指数、体系和变量的分数反映了每个经济体利用ICT方面的相关优势和劣势，从而帮助政府确定在它们的国家议程中哪些领域需要优先改进。

虽然网络就绪度框架从2002~2003年以后就保持不变，但是值得关注的是NRI中包含的变量的数量每年都略有变化。这是由于ICT领域创新的步伐不断加快，NRI必须成为适应这些变化、能够衡量国家网络就绪度状况的与时俱进的工具。网络就绪度框架的一致性保证了历年NRI结果的总体可比性。

下面是对于NRI的每个构成子指数和支柱体系的简要描述。

环境构成子指数

如前所述，只有存在一个适当的环境，政府、企业团体和个人才能充分利用ICT的竞争力和发展潜力：环境构成子指数旨在通过评估与市场环境、总体和ICT管制环境以及ICT发展的软硬件基础设施相关的30个变量，来捕捉一国ICT环境的孕育情况。

市场环境支柱体系（14个变量）衡量ICT发展的商业环境的友好性，包括许多方面，例如适当的资金来源（特别是风险投资）、商业成熟程度（审视集群的发展以及高新技术出口）、创新潜力（通过实用专利的数量来衡量）、从事商业的方便性（包括繁琐手续和财政费用的存在）、通过网络互通信息的自由度（通过新闻媒体自由度来衡量）以及今年最新引入的信息和通信技术产业融合的程度和相关数字内容的可获取性。

政策和管制环境支柱体系（9个变量）着眼于法律框架的效率和透明度，主要考虑一些总体的方面，如司法部门的独立性、法律制定流程的有效性、对于产权的保护以及ICT一些具体的方面，如存在适当的立法或对知识产权的保护。

基础设施环境支柱体系（7个变量）衡量ICT软硬件基础设施的发展程度。加上以前一些量化的方面，如高等教育入学率，从今年起，又融入了教育开支、该国科研机构质量评估以及科学家和工程师的可利用性等指标。基础设施的规模由各种可变因素的范围来估量，如电话线路和电子设备的数量。

就绪度构成子指数

一旦ICT的大环境准备就绪，如果一国的主要利益相关群体对于ICT的使用做好了充分的准备，并且具备使用ICT的兴趣与能力的情况下，ICT便可以得到发展和繁荣。就绪度构成子指数（23个变量）衡量人们是否已经具备了使用ICT的相关技能、企业和公民访问网络和承担ICT使用费用的程度以及政府在日常活动和组织中对于ICT所给予的优先级和使用状况。

个人就绪度支柱体系（9个变量）通过一系列变量来衡量公民对于ICT使用的倾向和准备情况，包括教育体系的质量（主要指数学和科学教育）、学校的互联网接入的可用性、居民电话连接的费用、宽带和电话注册费用以及移动电话费用。

企业就绪度支柱体系（10个变量）衡量企业将ICT与其日常运作和流程相结合的准备程度，包括对于其员工的培训程度、企业对于研发的支出、学院与产业的合作程度（这是一个集群成功运作的前提）、供应商的数量和质量以及企业与各级ICT引入者们对于ICT使用费用的负担能力状况。

政府就绪度支柱体系（4个变量）衡量政府对于ICT的重视程度以及政府对于推动ICT的使用和普及是否有一个明确的认识和规划。

应用构成子指数

应用构成子指数（15个变量）使用网络就绪度框架来评估三个主要的利益相关群体对于ICT的实际应用状况，暗示了ICT使用所带来的生产效率的潜在增长。

个人应用支柱体系（5个变量）衡量ICT在个人层面上的渗透程度，尤其指个人电脑和互联网。

企业应用支柱体系（5个变量）衡量企业开发和吸收技术的程度，主要关注一些变量如外国牌照的普及程度和创新的能力，以及企业在交易和日常运作中固定电话和互联网的可用性和实际应用状况。

政府应用支柱体系（5个变量）衡量政府对于ICT执行的情况（评估政府对于ICT推广和电子政务及电子民主的发展状况），以及政府自身对于ICT的应用状况（衡量政府通过将ICT引入到办公中，促使效率提高的程度）。

计算方法和数据

根据上一版报告和论坛的竞争力研究方法论，2007~2008年度NRI建立在统计数据和调研数据相结合的基础上，尽可能研究关于网络就绪度的所有方面和所有决定因素。68 个变量中的 27 个是统计数据，取自国际性权威组织机构，如国际电信联盟（ITU）、世界银行以及联合国。余下的 41 个变量更加定性化，采自论坛每年对于报告所涵盖的所有经济体的行政意见调查的结果。[⑧] 调研数据使一些与网络就绪度指数密切相关的重要变量能够被纳入模型维度，然而这些变量是没有统计数据支撑的。例如，一国对于 ICT 发展的愿景以及对于 ICT 的重视程度是其网络就绪度的重要驱动因素，而我们无法从任何国际性的数据库中获得这样的数据。然而，这些问题仍然包含在调查中，其结果也应用于 NRI 政府就绪度体系的计算中。附件 B 为我们提供了统计数据与调研数据相结合的方法论。

逐年扩大的调研范围推动了新的国家加入 NRI：表 1 展示了 NRI 的发展以及从报告开始到现在的调研覆盖面。2007 年调研涵盖的 131 个经济体中，黑山共和国、塞尔维亚、东帝汶以及乌兹别克斯坦这 4 个经济体无法继续被涵盖在 NRI 的计算中，这是由于可靠的统计数据的缺失。同时，8 个新的经济体今年第一次进入 NRI 的排名，它们是冈比亚、利比亚、阿曼、波多黎各、沙特阿拉伯、塞内加尔、叙利亚和塔吉克斯坦。[⑨]

表 1 网络就绪度指数覆盖范围的演化

年度	经济体数量
2001~2002	72
2002~2003	82
2003~2004	102
2004~2005	104
2005~2006	115
2006~2007	122
2007~2008	127

正如前面所强调的，由于 ICT 部门自身的活力，NRI 所包含的变量可能会随着时间的推移发生一些变化。为了使 NRI 能够提供一个与时俱进的国家网络就绪度状况的快照，以往的报告中所涵盖的那些具有时间敏感性但最近没有被相关国际组织更新的变量可能会在 NRI 的结构和计算中被排除。去年四个新的变量被引入到目前的 NRI 计算中，[⑩] 为统计数据、已有的定性变量或者捕捉新的定性维度作补充。今年新引入的统计数据变量为总体税率和教育支出水平；新引入的调研数据为数字内容的接入能力和供应商的数量。

与往常一样，我们特别关注今年 NRI 的一系列

变量所产生的结果与往年结果的广泛可比性。

2007~2008 年度网络就绪度指数：结果和区域显著性

该部分将展示 2007~2008 年度 NRI 的主要发现，重点围绕全球范围内表现最好的经济体以及各个区域内一些选定的经济体。表 2 描述了 2007~2008 年度 NRI 的排名和评分情况，并与 2006~2007 年度作了对比；表 3 和表 4 则通过 NRI 计算出的最佳表现者和自 2001~2002 年度以来前十名的变化情况，列示了全球网络就绪度程度最高的经济体。表 5、表 6 和表 7 展示了三大构成子指数和九大支柱体系中每项的排名和评分情况。

如表 2 所示，丹麦和瑞典继续领跑全球网络就绪度。这两个国家共同强调教育和创新，并且两个政府一致认识到 ICT 对于增强国家整体竞争力的重要性。

尤其突出的是丹麦，连续两年排名第 1，并且自 2003~2004 年度起就保持稳定的增长状态（如表 4 所示）。在丹麦网络就绪度成功的驱动因素中，值得一提的是支持 ICT 发展的总体环境（排名第 2），主要体现在该国为商业和 ICT 的发展提供了最好的管制框架之一（排名第 2）。丹麦在 ICT 立法发展以及应用法律框架解决争端的效率方面排名全球第 1。并且，丹麦正在向全世界其他国家展示其 ICT 应用状况，尤其是拥有最高的互联网带宽（每 10000 人 349mb/s）以及最高的互联网宽带渗透率（31.7%），并且拥有广泛的电子商务实践（在商业互联网应用程度中排名第 7）。丹麦的高 ICT 渗透率和三个方面密切相关，即政府对于 ICT 推广重要性的清晰认识、从早期开始便持续优先发展 ICT 部门以及政府动员公民使用 ICT 的能力。[⑪] 丹麦政府就绪度排名第 2、政府应用程度排名第 1；其在线服务的可用性排名第 3，电子参与程度排名第 3，证明了政府对于数字议程的执行力度。其他因素包括运作良好的、发达的内部市场，它们早期就为 ICT 产业发展提供大量的用户；还包括顶尖的教育体系、丹麦人的文化开放性以及开发、引领和使用新技术与新应用的才能。

除丹麦以外，其余北欧国家也证明了它们在利用 ICT 提高竞争力方面的力量，如瑞典、芬兰、冰岛和挪威，分别排名全球第 2、第 6、第 8、第 10。值得注意的是，它们对教育和创新的持续关注；高

表2　2007~2008年度与2006~2007年度网络就绪度指数的比较

国家/经济体	NRI（2007~2008）排名	NRI（2007~2008）评分	NRI(2007~2008)排名（与2006年相比）	NRI（2006~2007）排名	NRI（2006~2007）评分	国家/经济体	NRI（2007~2008）排名	NRI（2007~2008）评分	NRI(2007~2008)排名（与2006年相比）	NRI（2006~2007）排名	NRI（2006~2007）评分
丹麦	1	5.78	1	1	5.71	乌拉圭	65	3.72	62	60	3.67
瑞典	2	5.72	2	2	5.66	萨尔瓦多	66	3.72	63	61	3.66
瑞士	3	5.53	3	5	5.58	阿塞拜疆	67	3.72	64	71	3.53
美国	4	5.49	4	7	5.54	保加利亚	68	3.71	65	72	3.53
新加坡	5	5.49	5	3	5.60	哥伦比亚	69	3.71	66	64	3.59
芬兰	6	5.47	6	4	5.59	乌克兰	70	3.69	67	75	3.46
荷兰	7	5.44	7	6	5.54	哈萨克斯坦	71	3.68	68	73	3.52
冰岛	8	5.44	8	8	5.50	俄罗斯	72	3.68	69	70	3.54
韩国	9	5.43	9	19	5.14	越南	73	3.67	70	82	3.40
挪威	10	5.38	10	10	5.42	摩洛哥	74	3.67	71	76	3.45
中国香港	11	5.31	11	12	5.35	多米尼加共和国	75	3.66	72	66	3.56
英国	12	5.30	12	9	5.45	印度尼西亚	76	3.60	73	62	3.59
加拿大	13	5.30	13	11	5.35	阿根廷	77	3.59	74	63	3.59
澳大利亚	14	5.28	14	15	5.24	博茨瓦纳	78	3.59	75	67	3.56
奥地利	15	5.22	15	17	5.17	斯里兰卡	79	3.58	76	86	3.27
德国	16	5.19	16	16	5.22	危地马拉	80	3.58	77	79	3.41
中国台湾	17	5.18	17	13	5.28	菲律宾	81	3.56	78	69	3.55
以色列	18	5.18	18	18	5.14	特立尼达和多巴哥	82	3.55	79	68	3.55
日本	19	5.14	19	14	5.27	马其顿	83	3.49	80	81	3.41
爱沙尼亚	20	5.12	20	20	5.02	秘鲁	84	3.46	81	78	3.43
法国	21	5.11	21	23	4.99	塞内加尔	85	3.46	n/a	n/a	n/a
新西兰	22	5.02	22	22	5.01	委内瑞拉	86	3.44	82	83	3.32
爱尔兰	23	5.02	23	21	5.01	蒙古	87	3.43	83	90	3.18
卢森堡	24	4.94	24	25	4.90	阿尔及利亚	88	3.38	84	80	3.41
比利时	25	4.92	25	24	4.93	巴基斯坦	89	3.37	85	84	3.31
马来西亚	26	4.82	26	26	4.74	洪都拉斯	90	3.35	86	94	3.09
马耳他	27	4.61	27	27	4.52	格鲁吉亚	91	3.34	87	93	3.12
葡萄牙	28	4.60	28	28	4.48	肯尼亚	92	3.34	88	95	3.07
阿拉伯联合酋长国	29	4.55	29	29	4.42	纳米比亚	93	3.33	89	85	3.28
斯洛文尼亚	30	4.47	30	30	4.41	尼日利亚	94	3.32	90	88	3.23
西班牙	31	4.47	31	32	4.35	波斯尼亚和黑塞哥维那	95	3.22	91	89	3.20
卡塔尔	32	4.42	32	36	4.21	摩尔多瓦	96	3.21	92	92	3.13
立陶宛	33	4.41	33	39	4.18	毛里塔尼亚	97	3.21	93	87	3.25
智利	34	4.35	34	31	4.36	塔吉克斯坦	98	3.18	n/a	n/a	n/a
突尼斯	35	4.33	35	35	4.24	马里	99	3.17	94	101	2.96
捷克共和国	36	4.33	36	34	4.28	坦桑尼亚	100	3.17	95	91	3.13
匈牙利	37	4.28	37	33	4.33	冈比亚	101	3.17	n/a	n/a	n/a
巴巴多斯	38	4.26	38	40	4.18	圭亚那	102	3.16	96	98	3.01
波多黎各	39	4.25	n/a	n/a	n/a	布基纳法索	103	3.12	97	99	2.97
泰国	40	4.25	39	37	4.21	马达加斯加	104	3.12	98	102	2.95
塞浦路斯	41	4.23	40	43	4.12	利比亚	105	3.10	n/a	n/a	n/a
意大利	42	4.21	41	38	4.19	亚美尼亚	106	3.10	99	96	3.07
斯洛伐克共和国	43	4.17	42	41	4.15	厄瓜多尔	107	3.09	100	97	3.05
拉脱维亚	44	4.14	43	42	4.13	阿尔巴尼亚	108	3.06	101	107	2.87
巴林	45	4.13	44	50	3.89	乌干达	109	3.06	102	100	2.97
牙买加	46	4.09	45	45	4.05	叙利亚	110	3.06	n/a	n/a	n/a
约旦	47	4.08	46	57	3.74	玻利维亚	111	3.05	103	104	2.93
沙特阿拉伯	48	4.07	n/a	n/a	n/a	赞比亚	112	3.02	104	112	2.75
克罗地亚	49	4.06	47	46	4.00	贝宁	113	3.01	105	109	2.83
印度	50	4.06	48	44	4.06	吉尔吉斯共和国	114	2.99	106	105	2.90
南非	51	4.05	49	47	4.00	柬埔寨	115	2.96	107	106	2.88
科威特	52	4.01	50	54	3.80	尼加拉瓜	116	2.95	108	103	2.95
阿曼	53	3.97	n/a	n/a	n/a	苏里南	117	2.91	109	110	2.82
毛里求斯	54	3.96	51	51	3.87	喀麦隆	118	2.89	110	113	2.74
土耳其	55	3.96	52	52	3.86	尼泊尔	119	2.88	111	108	2.83
希腊	56	3.94	53	48	3.98	巴拉圭	120	2.87	112	114	2.69
中国	57	3.90	54	59	3.68	莫桑比克	121	2.82	113	115	2.64
墨西哥	58	3.90	55	49	3.91	莱索托	122	2.79	114	116	2.61
巴西	59	3.87	56	53	3.84	埃塞俄比亚	123	2.77	115	119	2.55
哥斯达黎加	60	3.87	57	56	3.77	孟加拉国	124	2.65	116	118	2.55
罗马尼亚	61	3.86	58	55	3.80	津巴布韦	125	2.50	117	117	2.60
波兰	62	3.81	59	58	3.69	布隆迪	126	2.46	118	121	2.40
埃及	63	3.74	60	77	3.44	乍得	127	2.40	119	122	2.16
巴拿马	64	3.74	61	65	3.58						

表 3　2007~2008 年度网络就绪度指数各支柱体系的最佳表现者

国家/经济体	市场环境	管制环境	基础设施环境	个人就绪度	企业就绪度	政府就绪度	个人应用程度	商业应用程度	政府应用程度
新加坡	1	1	26	2	12	1	18	15	4
爱尔兰	10	9	1	8	22	15	10	10	21
芬 兰	5	4	7	1	3	9	14	6	20
瑞 士	4	8	9	3	1	20	4	4	18
荷 兰	12	5	16	19	16	16	1	12	19
瑞 典	9	11	3	9	10	4	3	1	6
丹 麦	11	2	4	6	6	2	2	5	1

表 4　自 2001~2002 年度以来网络就绪度的变化情况

国家/经济体	2001~2002	2002~2003	2003~2004	2004~2005	2005~2006	2006~2007	2007~2008
国家/经济体数量	72	82	102	104	115	122	127
丹麦	7	8	5	4	3	1	1
瑞典	4	4	4	6	8	2	2
瑞士	16	13	7	9	9	5	3
美国	1	2	1	5	1	7	4
新加坡	8	3	2	1	2	3	5
芬兰	3	1	3	3	5	4	6
荷兰	6	11	13	16	12	6	7
冰岛	2	5	10	2	4	8	8
韩国	20	14	20	24	14	19	9
挪威	5	17	8	13	13	10	10

水平的技术就绪度也从整体上推动了它们综合竞争力的提高，使其在世界经济论坛的全球竞争力指数排名中名列前茅。[12]

瑞士的排名提高了两位，排在第 3，继续保持自去年开始的显著增长（2006~2007 年度比 2005~2006 年度提高了 4 位）。值得一提的是，瑞士在网络就绪度方面的优异表现似乎主要归功于企业和个人（就绪度分别排在第 1 位和第 3 位，应用程度均排在第 4 位），而非政府的 ICT 政策和愿景，因为政府的就绪状况和应用状况排名并不高（分别为第 20 位和第 18 位）。这在全球网络就绪度最高的经济体中是比较独特的，其他经济体的政府往往起到主导作用。瑞士排名位次的提升主要是受整体环境因素以及世界一流的教育体系所驱动。

新加坡下降了两位，排名第 5，向我们展示了最有利于 ICT 发展的市场和管制环境，其政府就绪度排名第 1，政府应用程度排名第 4，可以作为指导政府推动 ICT 发展的教科书。它通过综合性的 ICT 战略、对于教育和创新的持续关注以及良好的公共—私人关系来提高整体竞争力。本报告的 2.1 章将详细阐述新加坡政府所采取的成功的电子战略："新加坡：用信息通信技术构建智能国家"。

美国的排名提高了 3 位上升到第 4 位，继续从全球最高效的市场环境和 ICT 相关基础设施中获益。其中最为突出的是丰富的高素质人力资源库（科学家和工程师的可用性排名第 12）和顶尖的科研机构（排名第 2），为创新的繁荣和 ICT 产业的发展提供了坚实的基础设施。这使美国毫无争议地成为世界创新强国，其注册实用性专利的数量排名全球第一有力地证明了这一点。

不太乐观的是，一些官僚主义和僵化思想似乎阻碍了美国商业环境的发展，尤其是政府管制的负担和相对较高的税率（排名第 67）。不仅如此，管制框架排名第 22，再加上司法独立性（排名第 37）、解决争端的法律框架的效率（排名第 30）以及对于产权的保护（排名第 30），反映出一些错综复杂的问题。

排名第 9 的韩国在报告涵盖的 127 个经济体中增长最为显著（上升了 10 位）。这反映了该国在其高质量的教育体系、高素质劳动力的可用性（科学家和工程师的可用性排名第 13）以及领先的科研机构（第 11）方面的优势。这些因素与一个动态的成熟的商业部门相结合，⑬ 促进了创新的显著增长（韩国的注册实用性专利排名第8）以及世界一流跨国企业的兴起，尤其是高科技部门2005年的出口额占总出口额的25%（排名第7）。最后，值得强调的是，韩国政府在将ICT和创新作为发展战略基石的过程中始终发挥着统一和持续的作用（政府就绪度排名第3），并且政府通过成功地推动ICT的普及和应用来提高生产力和效率（政府应用程度排名第3）。

表3和表4通过展示NRI九个支柱体系的最佳表现者以及自2001~2002年度排名前十的经济体的变化情况，有力地补充了对于今年最突出的网络化经济体的观察和研究。

表3表明新加坡是九个支柱体系中排名第一最多的国家，分别为市场环境、管制框架以及政府就绪度。与其他最佳表现者相比，新加坡的表现更为突出，因为其他国家在九个支柱体系中均只有一项排名第一。这反映了新加坡在增强和调整网络就绪度推动因素方面持续的领先地位。

在其他体系中，冰岛展示了最佳的ICT基础设施，尤其体现在注册的电话线路（第3）、安全的互联网服务器以及电力生产（在127个国家中排名第1）。

芬兰和瑞典这两个北欧国家在个人就绪度和企业应用两个支柱体系中分别排名第1。芬兰的个人就绪度最高，主要体现在世界一流的教育体系（尤其是数学和科学）；由于企业具备非凡的创新潜力，瑞典的商业部门在使用ICT方面拥有最高的效率。

瑞士在企业就绪度支柱体系中表现最优，在该体系多个变量中名列前茅。

荷兰个人应用排名第1，其互联网和个人电脑的渗透率在世界范围内处于领先地位。

有趣的是，丹麦尽管NRI整体排名全球第1，却只在一个支柱体系中表现最优，即政府应用，但它的所有三个构成子指数均排在世界前列，应用、环境和就绪度排名分别为第1、第2和第2。

本章节的其余部分将重点阐述2007~2008年度NRI每个区域的主要发现，即欧洲、北美、亚太、拉美和加勒比海、撒哈拉以南的非洲、中东以及北非（MENA）。

欧洲和北美

欧洲仍然是今年网络就绪度的重要角色：不仅

丹麦排名NRI第1名，而且还有其他10个欧洲国家排在前20名，即瑞典（第2）、瑞士（第3）、芬兰（第6）、荷兰（第7）、冰岛（第8）、挪威（第10）、英国（第12）、奥地利（第15）、德国（第16）和爱沙尼亚（第20）。

如表4所示，北欧国家凭借显著的ICT渗透率和传播率在过去7年中持续排在前10名，前面已经具体讨论了这种优异表现的原因，其共同的特点是：对于教育的持续关注促成了世界一流的教育体系；公共和私营部门采用新技术的倾向产生了一种创新的文化氛围；有利于商业发展的市场和管制环境。

在前几年，欧盟15国的网络就绪度状况参差不齐。⑭ 北欧国家荷兰、英国、德国、奥地利、法国（第21）、爱尔兰（第23）和比利时（第25）的网络就绪度较高，并且从ICT中受益明显。而一些国家，如希腊（第56）、意大利（第42）则持续落后并且比2006~2007年度有所下降。

在过去的20年间，新加盟欧盟的12个国家中，⑮ 爱沙尼亚（第20）、斯洛文尼亚（第30）、立陶宛（第33）、捷克共和国（第36）和匈牙利（第37）等国在网络就绪度方面进展显著，同时在综合竞争力方面也有显著提升。Skype的故乡——爱沙尼亚，得益于政府明智的电子领导，这种电子领导推动了创新和ICT的应用，从而增强了综合竞争力。⑯ 另一个波罗的海国家立陶宛，实现了去年欧洲地区最显著的增长（上升了6个位次）。

波兰（第62）和保加利亚（第68）较为落后，尽管后者由于应用，特别是公民应用（今年第46，去年第53）⑰ 显著提高，在2006~2007年度实现了非常显著的增长。波兰在政府就绪度（第96）、政府应用程度（第103）以及管制环境（第90）方面显现出弱势，说明政府在促进ICT发展方面的作用不尽如人意。

土耳其排在第55，NRI的三个构成子指数中排名比较平均，在就绪度构成子指数（第61）方面有较大的提升空间，特别是ICT的接入、教育质量以及政府在ICT传播方面的规划和电子领导力。

俄罗斯的排名大致不变，今年排在第72。它的网络就绪度主要依靠高质量的教育和研究机构以及企业的创新潜力。尽管如此，其市场环境（第88）和管制环境（第92）的质量低下以及政府议程中对ICT的重视程度不够（政府就绪度和应用不足，分别排名第89和第101），仍然是需要关注和

表5 环境构成子指数

排名	国家/经济体	评分	排名	评分	排名	评分	排名	评分
	环境构成		市场环境		政策和管制环境		基础设施环境	
1	冰岛	5.69	10	5.15	9	5.80	1	6.12
2	丹麦	5.51	11	5.14	2	5.96	4	5.44
3	芬兰	5.50	5	5.45	4	5.89	7	5.17
4	瑞典	5.50	9	5.15	11	5.76	3	5.58
5	美国	5.46	3	5.49	22	5.29	2	5.60
6	瑞士	5.43	4	5.49	8	5.80	9	5.02
7	挪威	5.30	19	4.89	13	5.73	6	5.29
8	加拿大	5.30	16	5.08	19	5.42	5	5.40
9	新加坡	5.23	1	5.58	1	6.13	26	3.98
10	英国	5.22	13	5.12	12	5.73	11	4.80
11	德国	5.17	17	5.01	3	5.93	14	4.57
12	澳大利亚	5.17	21	4.80	7	5.84	10	4.86
13	荷兰	5.14	12	5.13	5	5.86	16	4.43
14	新西兰	5.07	27	4.64	15	5.53	8	5.03
15	爱尔兰	5.01	15	5.09	17	5.46	15	4.49
16	中国香港	5.01	2	5.51	10	5.77	33	3.74
17	韩国	4.99	7	5.18	20	5.37	17	4.42
18	日本	4.97	14	5.12	14	5.55	21	4.24
19	以色列	4.97	8	5.18	25	5.06	13	4.66
20	奥地利	4.96	22	4.78	6	5.84	20	4.25
21	中国台湾	4.84	6	5.36	42	4.42	12	4.72
22	法国	4.83	25	4.68	16	5.46	18	4.35
23	卢森堡	4.67	20	4.86	18	5.44	35	3.71
24	爱沙尼亚	4.66	23	4.78	24	5.18	24	4.02
25	比利时	4.64	26	4.67	23	5.19	22	4.07
26	马来西亚	4.57	18	4.97	21	5.32	41	3.42
27	巴巴多斯	4.36	59	3.91	27	4.89	19	4.27
28	葡萄牙	4.34	32	4.36	30	4.84	27	3.83
29	马耳他	4.34	34	4.33	28	4.87	29	3.81
30	塞浦路斯	4.21	40	4.18	33	4.65	30	3.80
31	波多黎各	4.19	28	4.59	34	4.63	43	3.36
32	匈牙利	4.18	38	4.27	40	4.46	28	3.83
33	西班牙	4.15	43	4.13	36	4.54	31	3.79
34	立陶宛	4.12	47	4.10	37	4.50	32	3.75
35	智利	4.10	30	4.43	31	4.71	50	3.16
36	科威特	4.09	29	4.46	51	4.22	37	3.60
37	斯洛文尼亚	4.07	58	3.93	48	4.26	23	4.03
38	突尼斯	4.07	41	4.16	29	4.84	47	3.22
39	阿拉伯联合酋长国	4.05	24	4.73	45	4.35	56	3.08
40	南非	4.05	35	4.28	26	5.00	66	2.86
41	泰国	4.02	31	4.39	35	4.61	58	3.04
42	捷克共和国	4.01	46	4.12	54	4.19	34	3.72
43	卡塔尔	4.00	48	4.09	32	4.65	46	3.25
44	拉脱维亚	4.00	45	4.12	43	4.40	40	3.47
45	沙特阿拉伯	3.93	37	4.27	53	4.19	45	3.34
46	希腊	3.93	77	3.64	55	4.17	25	3.98
47	斯洛伐克共和国	3.90	36	4.27	50	4.23	48	3.20
48	毛里求斯	3.90	33	4.34	41	4.45	62	2.90
49	约旦	3.85	54	4.00	38	4.49	57	3.06
50	巴林	3.80	42	4.15	57	4.16	54	3.09
51	土耳其	3.79	51	4.06	44	4.35	60	2.96
52	克罗地亚	3.73	61	3.87	63	3.97	44	3.36
53	牙买加	3.73	39	4.19	52	4.20	73	2.80
54	印度	3.73	49	4.09	47	4.26	71	2.82
55	意大利	3.72	71	3.74	75	3.79	36	3.63
56	阿曼	3.72	44	4.12	46	4.30	76	2.73
57	巴拿马	3.62	50	4.07	66	3.94	69	2.83
58	波兰	3.61	74	3.72	90	3.58	38	3.54
59	哈萨克斯坦	3.58	72	3.74	67	3.92	55	3.09
60	埃及	3.57	66	3.85	61	4.01	64	2.86
61	哥斯达黎加	3.57	70	3.78	71	3.80	52	3.13
62	墨西哥	3.54	57	3.96	70	3.83	67	2.84
63	罗马尼亚	3.53	60	3.90	77	3.78	61	2.91
64	俄罗斯	3.53	88	3.52	92	3.54	39	3.53
65	博茨瓦纳	3.52	63	3.86	49	4.25	93	2.44
66	中国	3.51	69	3.79	58	4.15	86	2.58
67	摩洛哥	3.50	65	3.85	65	3.95	78	2.70
68	纳米比亚	3.48	85	3.53	39	4.46	92	2.45
69	乌拉圭	3.48	83	3.58	60	4.02	68	2.84
70	乌克兰	3.46	94	3.45	94	3.52	42	3.40
71	保加利亚	3.43	82	3.59	89	3.58	53	3.13
72	蒙古	3.37	95	3.44	97	3.51	51	3.16
73	越南	3.37	80	3.60	59	4.03	91	2.46
74	印度尼西亚	3.36	52	4.03	81	3.68	99	2.35
75	斯里兰卡	3.36	64	3.85	72	3.80	95	2.41
76	阿塞拜疆	3.34	81	3.60	74	3.79	83	2.62
77	菲律宾	3.33	56	3.96	80	3.72	101	2.32
78	萨尔瓦多	3.33	53	4.02	79	3.79	106	2.18
79	格鲁吉亚	3.32	68	3.83	91	3.56	85	2.58
80	哥伦比亚	3.32	96	3.43	79	3.75	74	2.78
81	特立尼达和多巴哥	3.31	67	3.84	108	3.26	70	2.83
82	马其顿	3.27	93	3.46	101	3.39	59	2.97
83	多米尼加共和国	3.27	62	3.86	68	3.85	108	2.09
84	肯尼亚	3.24	98	3.41	88	3.59	77	2.72
85	马里	3.22	78	3.63	73	3.80	103	2.23
86	巴西	3.22	116	3.12	86	3.64	63	2.89
87	坦桑尼亚	3.19	90	3.51	62	3.99	110	2.06
88	洪都拉斯	3.17	76	3.66	85	3.65	104	2.21
89	摩尔多瓦	3.17	114	3.16	82	3.66	79	2.70
90	危地马拉	3.17	55	3.98	95	3.52	115	2.02
91	尼日利亚	3.15	73	3.72	78	3.76	120	1.98
92	阿根廷	3.15	118	3.08	115	3.18	49	3.18
93	乌干达	3.14	101	3.30	87	3.59	88	2.52
94	卢比亚	3.14	103	3.28	56	4.17	122	1.96
95	布基纳法索	3.13	92	3.47	69	3.85	109	2.07
96	塔吉克斯坦	3.11	121	2.97	64	3.95	97	2.40
97	阿尔及利亚	3.09	117	3.09	96	3.51	80	2.67
98	秘鲁	3.08	79	3.62	109	3.25	98	2.37
99	赞比亚	3.07	87	3.52	83	3.66	113	2.04
100	亚美尼亚	3.07	102	3.29	107	3.26	81	2.67
101	巴基斯坦	3.07	75	3.68	93	3.54	118	2.00
102	莱索托	3.06	113	3.22	114	3.19	75	2.77
103	塞内加尔	3.04	84	3.58	110	3.25	102	2.30
104	吉尔吉斯共和国	3.03	115	3.15	103	3.33	84	2.60
105	叙利亚	3.03	107	3.26	106	3.31	87	2.52
106	马达加斯加	3.02	91	3.49	99	3.39	105	2.19
107	圭亚那	2.99	112	3.24	112	3.22	89	2.51
108	贝宁	2.97	109	3.25	84	3.66	117	2.01
109	利比亚	2.97	123	2.77	102	3.33	72	2.81
110	尼泊尔	2.96	86	3.53	100	3.39	121	1.97
111	波斯尼亚和黑塞哥维那	2.95	104	3.28	116	3.13	94	2.44
112	毛里塔尼亚	2.90	108	3.26	98	3.43	116	2.01
113	玻利维亚	2.88	120	2.99	120	3.02	82	2.63
114	巴拉圭	2.87	89	3.51	125	2.77	100	2.34
115	阿尔巴尼亚	2.87	106	3.26	111	3.24	107	2.10
116	尼加拉瓜	2.86	97	3.43	117	3.12	114	2.03
117	委内瑞拉	2.85	124	2.74	121	2.97	65	2.86
118	埃塞俄比亚	2.80	105	3.27	113	3.20	124	1.94
119	柬埔寨	2.79	99	3.39	105	3.31	127	1.66
120	莫桑比克	2.77	111	3.24	104	3.33	126	1.73
121	厄瓜多尔	2.76	110	3.24	119	3.04	119	1.99
122	津巴布韦	2.72	125	2.71	122	2.96	90	2.50
123	孟加拉国	2.70	100	3.39	124	2.77	123	1.95
124	喀麦隆	2.69	122	2.95	118	3.08	112	2.04
125	苏里南	2.68	119	3.04	127	2.61	96	2.41
126	布隆迪	2.50	126	2.58	123	2.85	111	2.06
127	乍得	2.30	127	2.49	126	2.61	125	1.79

表6 就绪度构成子指数

全球信息技术报告（2007~2008）——网络就绪度与国家创新

12

排名	国家/经济体	评分	个人就绪度 排名	个人就绪度 评分	企业就绪度 排名	企业就绪度 评分	政府就绪度 排名	政府就绪度 评分
1	新加坡	5.98	2	6.52	12	5.52	1	5.89
2	丹麦	5.93	6	6.36	6	5.67	2	5.77
3	韩国	5.91	7	6.36	11	5.62	3	5.76
4	瑞典	5.85	9	6.29	10	5.64	4	5.63
5	芬兰	5.85	1	6.52	3	5.74	9	5.29
6	瑞士	5.82	3	6.46	1	5.96	20	5.04
7	美国	5.77	14	6.17	4	5.72	5	5.41
8	奥地利	5.66	10	6.28	5	5.71	23	4.98
9	中国台湾	5.62	12	6.27	17	5.40	11	5.20
10	挪威	5.61	17	6.14	20	5.34	6	5.37
11	马来西亚	5.61	22	6.10	18	5.38	7	5.36
12	日本	5.60	27	6.01	9	5.64	14	5.14
13	德国	5.59	21	6.10	2	5.83	27	4.85
14	以色列	5.57	18	6.12	13	5.52	17	5.08
15	中国香港	5.57	4	6.42	19	5.24	19	5.05
16	法国	5.57	15	6.17	15	5.47	18	5.06
17	荷兰	5.56	19	6.11	16	5.45	16	5.12
18	冰岛	5.55	8	6.31	22	5.22	15	5.13
19	爱尔兰	5.54	16	6.15	8	5.66	28	4.80
20	加拿大	5.52	11	6.27	19	5.35	25	4.95
21	英国	5.52	23	6.09	14	5.47	22	4.99
22	比利时	5.52	5	6.37	7	5.66	35	4.52
23	爱沙尼亚	5.44	26	6.03	31	4.93	8	5.36
24	澳大利亚	5.44	13	6.23	24	5.16	26	4.93
25	阿拉伯联合酋长国	5.31	33	5.90	37	4.80	10	5.22
26	卢森堡	5.29	24	6.07	38	4.79	21	5.01
27	新西兰	5.26	20	6.10	26	5.05	30	4.63
28	卡塔尔	5.24	28	5.99	41	4.78	24	4.96
29	突尼斯	5.22	25	6.05	32	4.90	29	4.69
30	马耳他	5.19	30	5.98	49	4.45	13	5.14
31	葡萄牙	5.17	45	5.62	44	4.71	12	5.18
32	斯洛文尼亚	5.13	29	5.98	29	4.96	37	4.44
33	捷克共和国	5.07	31	5.95	25	5.08	49	4.18
34	西班牙	5.07	36	5.73	27	5.01	36	4.46
35	泰国	4.99	40	5.69	43	4.73	32	4.56
36	智利	4.97	53	5.53	35	4.81	33	4.56
37	印度	4.94	46	5.62	28	4.97	45	4.23
38	立陶宛	4.93	35	5.81	48	4.53	38	4.43
39	匈牙利	4.84	42	5.67	47	4.61	44	4.26
40	巴巴多斯	4.83	34	5.88	65	4.27	39	4.35
41	阿曼	4.83	49	5.57	46	4.68	46	4.22
42	克罗地亚	4.82	44	5.65	45	4.70	54	4.11
43	波多黎各	4.82	60	5.39	23	5.17	72	3.90
44	斯洛伐克共和国	4.81	39	5.69	42	4.74	62	4.01
45	塞浦路斯	4.80	32	5.94	60	4.33	52	4.13
46	意大利	4.79	47	5.61	39	4.78	64	3.98
47	巴林	4.79	41	5.67	79	4.12	31	4.57
48	哥斯达黎加	4.77	52	5.54	34	4.83	66	3.95
49	沙特阿拉伯	4.75	71	5.13	40	4.78	40	4.34
50	毛里求斯	4.74	54	5.51	57	4.36	41	4.34
51	南非	4.71	72	5.12	30	4.96	59	4.06
52	约旦	4.71	55	5.47	77	4.13	34	4.53
53	拉脱维亚	4.70	37	5.73	50	4.43	67	3.94
54	中国	4.70	59	5.42	58	4.35	42	4.32
55	巴西	4.64	77	5.07	36	4.81	61	4.04
56	罗马尼亚	4.63	43	5.66	61	4.32	69	3.92
57	希腊	4.59	50	5.56	63	4.29	70	3.92
58	印度尼西亚	4.59	38	5.71	33	4.86	111	3.20
59	牙买加	4.59	65	5.26	54	4.38	55	4.11
60	科威特	4.58	48	5.57	64	4.38	80	3.79
61	土耳其	4.56	63	5.31	52	4.41	65	3.96
62	阿塞拜疆	4.55	78	5.07	56	4.38	47	4.20
63	墨西哥	4.53	67	5.20	64	4.27	53	4.12
64	哥伦比亚	4.52	74	5.12	55	4.38	57	4.07
65	波兰	4.51	51	5.55	59	4.35	96	3.62
66	越南	4.48	80	4.98	74	4.17	43	4.28
67	俄罗斯	4.46	56	5.45	69	4.23	89	3.70
68	萨尔瓦多	4.45	70	5.14	78	4.13	56	4.09
69	保加利亚	4.45	61	5.38	84	4.05	71	3.92
70	埃及	4.42	83	4.89	73	4.19	48	4.19
71	巴拿马	4.42	64	5.29	71	4.20	82	3.78
72	乌克兰	4.40	58	5.42	80	4.09	91	3.69
73	乌拉圭	4.38	73	5.12	82	4.08	68	3.92
74	阿根廷	4.37	66	5.26	51	4.42	106	3.42
75	马其顿	4.33	69	5.14	81	4.09	84	3.75
76	摩洛哥	4.32	79	5.04	76	4.14	79	3.79
77	博茨瓦纳	4.32	62	5.34	90	3.91	88	3.72
78	哈萨克斯坦	4.31	96	4.57	72	4.20	50	4.16
79	多米尼加共和国	4.31	82	4.93	92	3.85	51	4.15
80	斯里兰卡	4.30	88	4.85	87	3.97	58	4.07
81	危地马拉	4.29	84	4.89	70	4.21	83	3.76
82	特立尼达和多巴哥	4.28	57	5.42	99	3.67	86	3.73
83	阿尔及利亚	4.28	81	4.97	86	3.99	74	3.87
84	委内瑞拉	4.26	75	5.11	83	4.07	97	3.62
85	秘鲁	4.21	89	4.84	67	4.24	101	3.56
86	塞内加尔	4.18	94	4.62	75	4.15	81	3.78
87	菲律宾	4.17	87	4.86	88	3.95	90	3.70
88	蒙古	4.11	92	4.75	103	3.53	60	4.04
89	巴基斯坦	4.08	103	4.13	68	4.24	73	3.87
90	洪都拉斯	4.03	95	4.61	89	3.93	102	3.55
91	波斯尼亚和黑塞哥维那	4.01	68	5.17	97	3.72	114	3.15
92	格鲁吉亚	4.00	76	5.09	109	3.44	104	3.47
93	圭亚那	3.99	91	4.76	95	3.76	105	3.44
94	尼日利亚	3.90	108	3.73	62	4.30	92	3.68
95	肯尼亚	3.89	107	3.73	66	4.25	93	3.68
96	塔吉克斯坦	3.88	99	4.40	104	3.52	87	3.72
97	厄瓜多尔	3.88	90	4.79	94	3.82	122	3.03
98	利比亚	3.86	93	4.70	98	3.71	113	3.17
99	阿尔巴尼亚	3.86	86	4.87	119	3.22	103	3.48
100	纳米比亚	3.82	98	4.41	91	3.87	112	3.17
101	苏里南	3.82	85	4.87	85	4.01	124	2.57
102	摩尔多瓦	3.72	102	4.14	107	3.46	100	3.56
103	亚美尼亚	3.70	101	4.16	101	3.57	107	3.38
104	马达加斯加	3.64	112	3.55	102	3.55	77	3.82
105	玻利维亚	3.63	100	4.34	110	3.43	116	3.14
106	吉尔吉斯共和国	3.61	97	4.42	115	3.32	119	3.08
107	坦桑尼亚	3.59	114	3.31	100	3.65	78	3.80
108	毛里塔尼亚	3.55	17	3.16	114	3.49	63	3.99
109	柬埔寨	3.54	110	3.66	114	3.33	94	3.64
110	喀麦隆	3.53	109	3.70	93	3.82	120	3.08
111	叙利亚	3.51	111	3.62	117	3.28	95	3.63
112	尼加拉瓜	3.49	105	4.06	121	3.12	110	3.29
113	赞比亚	3.45	106	3.94	113	3.35	121	3.06
114	布基纳法索	3.42	120	2.99	96	3.72	99	3.57
115	巴拉圭	3.42	104	4.10	116	3.29	123	2.86
116	马里	3.40	118	3.07	118	3.28	75	3.85
117	冈比亚	3.38	115	3.23	124	3.08	76	3.84
118	贝宁	3.37	119	3.06	108	3.45	98	3.61
119	尼泊尔	3.32	113	3.52	112	3.36	118	3.08
120	乌干达	3.13	126	2.19	106	3.47	85	3.73
121	莫桑比克	3.06	125	2.69	120	3.13	108	3.38
122	莱索托	3.05	116	3.18	126	2.83	117	3.14
123	埃塞俄比亚	3.03	124	2.69	123	3.09	109	3.32
124	孟加拉国	2.97	121	2.85	125	2.92	115	3.14
125	乍得	2.75	123	2.69	122	3.11	127	2.46
126	津巴布韦	2.70	127	2.17	111	3.41	126	2.52
127	布隆迪	2.70	122	2.74	127	2.81	125	2.54

表7 应用构成子指数

排名	国家/经济体	评分	个人应用 排名	评分	商业应用 排名	评分	政府应用 排名	评分
1	丹麦	5.89	2	5.71	5	5.96	1	5.99
2	瑞典	5.80	3	5.69	1	6.14	6	5.58
3	荷兰	5.62	1	6.20	12	5.76	19	4.89
4	韩国	5.38	15	4.30	7	5.87	3	5.96
5	中国香港	5.36	5	5.04	19	5.51	7	5.54
6	瑞士	5.35	4	5.14	4	6.00	18	4.90
7	新加坡	5.27	18	4.16	15	5.71	4	5.94
8	爱沙尼亚	5.27	11	4.56	23	5.29	2	5.96
9	美国	5.26	17	4.21	8	5.87	5	5.70
10	挪威	5.24	8	4.81	14	5.73	12	5.16
11	澳大利亚	5.23	7	4.94	21	5.38	9	5.37
12	英国	5.17	6	5.01	11	5.76	22	4.73
13	中国台湾	5.08	19	4.15	17	5.67	8	5.42
14	冰岛	5.07	10	4.59	10	5.81	21	4.80
15	加拿大	5.07	12	4.46	16	5.69	15	5.05
16	芬兰	5.05	14	4.33	6	5.93	20	4.89
17	奥地利	5.05	16	4.22	13	5.76	17	5.16
18	以色列	4.99	13	4.43	9	5.86	24	4.67
19	法国	4.93	23	3.88	18	5.54	10	5.36
20	卢森堡	4.87	9	4.72	27	5.18	25	4.70
21	日本	4.86	22	4.02	3	6.03	31	4.52
22	德国	4.79	21	4.06	2	6.06	38	4.26
23	新西兰	4.72	24	3.86	24	5.26	14	5.05
24	比利时	4.59	20	4.09	20	5.49	41	4.19
25	爱尔兰	4.50	26	3.67	28	5.12	24	4.71
26	马耳他	4.30	39	2.77	37	4.91	11	5.22
27	阿拉伯联合酋长国	4.30	36	2.97	32	5.00	17	4.92
28	马来西亚	4.28	45	2.52	22	5.36	16	4.97
29	葡萄牙	4.28	33	3.02	29	5.10	23	4.71
30	斯洛文尼亚	4.22	27	3.56	34	4.94	42	4.16
31	立陶宛	4.19	30	3.25	42	4.81	32	4.51
32	西班牙	4.18	29	3.43	40	4.83	37	4.27
33	意大利	4.12	25	3.68	45	4.68	47	4.00
34	卡塔尔	4.03	40	2.75	46	4.66	27	4.67
35	智利	3.99	48	2.34	31	5.01	28	4.62
36	牙买加	3.95	28	3.49	58	4.50	52	3.85
37	捷克共和国	3.91	31	3.20	25	5.23	92	3.29
38	匈牙利	3.81	38	2.81	41	4.81	54	3.81
39	巴林	3.80	43	2.64	56	4.52	39	4.25
40	斯洛伐克共和国	3.79	34	3.01	38	4.88	78	3.47
41	巴西	3.75	64	1.84	36	4.91	33	4.51
42	波多黎各	3.75	52	2.15	30	5.02	45	4.07
43	泰国	3.73	70	1.74	35	4.93	30	4.53
44	拉脱维亚	3.73	35	2.98	55	4.52	61	3.68
45	突尼斯	3.70	66	1.80	33	4.97	35	4.33
46	塞浦路斯	3.69	37	2.86	54	4.54	63	3.66
47	约旦	3.68	63	1.85	39	4.87	36	4.30
48	克罗地亚	3.64	41	2.69	52	4.56	62	3.67
49	墨西哥	3.61	62	1.89	63	4.39	29	4.55
50	巴巴多斯	3.60	32	3.12	66	4.33	87	3.36
51	印度	3.53	109	1.20	26	5.18	40	4.21
52	土耳其	3.52	57	2.00	43	4.80	56	3.77
53	沙特阿拉伯	3.52	56	2.02	49	4.59	51	3.95
54	中国	3.50	80	1.60	59	4.47	34	4.45
55	罗马尼亚	3.41	44	2.58	80	4.11	73	3.55
56	多米尼加共和国	3.41	72	1.74	62	4.41	44	4.08
57	南非	3.40	67	1.79	44	4.72	60	3.68
58	萨尔瓦多	3.38	77	1.62	64	4.37	43	4.16
59	阿曼	3.38	69	1.78	67	4.32	46	4.04
60	科威特	3.35	47	2.36	51	4.57	97	3.13
61	乌拉圭	3.31	55	2.07	73	4.26	70	3.60
62	希腊	3.30	50	2.31	69	4.29	91	3.31
63	波兰	3.30	42	2.66	70	4.28	103	2.96
64	哥伦比亚	3.29	65	1.81	74	4.23	53	3.84
65	危地马拉	3.27	81	1.59	47	4.61	69	3.61
66	阿塞拜疆	3.27	90	1.45	65	4.38	48	3.99
67	阿根廷	3.26	51	2.19	82	4.10	76	3.51
68	保加利亚	3.25	46	2.52	97	3.80	82	3.44
69	哥斯达黎加	3.25	61	1.90	76	4.20	64	3.65
70	毛里求斯	3.25	59	1.91	71	4.27	72	3.57
71	乌克兰	3.23	54	2.09	90	3.96	67	3.63
72	埃及	3.22	94	1.35	57	4.52	55	3.79
73	委内瑞拉	3.20	60	1.90	83	4.10	71	3.59
74	毛里塔尼亚	3.18	98	1.32	72	4.27	50	3.95
75	越南	3.17	92	1.40	79	4.13	49	3.99
76	巴拿马	3.17	85	1.57	53	4.55	84	3.39
77	摩洛哥	3.17	71	1.74	68	4.30	77	3.47
78	菲律宾	3.16	88	1.52	60	4.45	75	3.51
79	哈萨克斯坦	3.14	76	1.67	86	4.05	58	3.70
80	塞内加尔	3.14	101	1.29	61	4.41	57	3.72
81	斯里兰卡	3.09	104	1.25	50	4.59	83	3.43
82	秘鲁	3.08	75	1.69	77	4.19	88	3.36
83	特立尼达和多巴哥	3.08	49	2.34	89	4.00	106	2.89
84	俄罗斯	3.04	53	2.09	87	4.04	101	2.99
85	冈比亚	2.98	103	1.25	85	4.06	65	3.64
86	巴基斯坦	2.95	102	1.27	75	4.21	85	3.38
87	乌干达	2.93	119	1.08	84	4.07	68	3.63
88	博茨瓦纳	2.92	87	1.52	96	3.81	80	3.44
89	马里	2.91	118	1.08	91	3.95	59	3.69
90	尼日利亚	2.90	107	1.23	81	4.10	86	3.37
91	肯尼亚	2.89	105	1.25	78	4.18	95	3.24
92	马其顿	2.88	58	2.00	102	3.65	100	2.99
93	印度尼西亚	2.87	97	1.32	48	4.59	112	2.70
94	洪都拉斯	2.84	100	1.30	94	3.87	89	3.34
95	蒙古	2.82	91	1.41	105	3.58	79	3.47
96	布基纳法索	2.81	121	1.06	98	3.74	66	3.64
97	阿尔及利亚	2.78	79	1.61	108	3.54	96	3.20
98	坦桑尼亚	2.75	115	1.12	93	3.88	94	3.24
99	摩尔多瓦	2.74	83	1.58	104	3.59	99	3.06
100	格鲁吉亚	2.70	89	1.46	99	3.73	105	2.92
101	波斯尼亚和黑塞哥维那	2.70	68	1.79	100	3.69	116	2.61
102	贝宁	2.70	110	1.19	113	3.39	74	3.51
103	纳米比亚	2.69	93	1.35	88	4.03	113	2.69
104	马达加斯加	2.69	120	1.06	107	3.56	81	3.44
105	莫桑比克	2.64	117	1.10	106	3.58	93	3.33
106	叙利亚	2.63	99	1.32	95	3.86	110	2.72
107	厄瓜多尔	2.63	73	1.72	112	3.40	109	2.76
108	玻利维亚	2.62	96	1.32	121	3.21	90	3.33
109	柬埔寨	2.56	122	1.06	109	3.50	98	3.13
110	塔吉克斯坦	2.56	125	1.03	101	3.67	102	2.98
111	赞比亚	2.54	111	1.16	92	3.91	120	2.55
112	亚美尼亚	2.52	106	1.24	103	3.62	111	2.70
113	尼加拉瓜	2.50	95	1.33	116	3.29	107	2.89
114	圭亚那	2.50	78	1.62	119	3.23	114	2.65
115	利比亚	2.48	84	1.58	117	3.28	117	2.57
116	阿尔巴尼亚	2.47	82	1.59	118	3.27	119	2.56
117	埃塞俄比亚	2.47	127	1.00	110	3.45	104	2.95
118	喀麦隆	2.46	114	1.13	114	3.36	108	2.87
119	尼泊尔	2.36	124	1.03	111	3.44	115	2.62
120	吉尔吉斯共和国	2.34	112	1.16	115	3.34	122	2.52
121	巴拉圭	2.33	86	1.53	124	3.04	125	2.41
122	莱索托	2.27	113	1.14	122	3.13	121	2.54
123	孟加拉国	2.27	116	1.11	120	3.22	124	2.47
124	苏里南	2.24	74	1.71	123	3.07	127	1.95
125	布隆迪	2.20	126	1.01	125	3.02	118	2.57
126	乍得	2.14	123	1.03	127	2.88	123	2.50
127	津巴布韦	2.06	108	1.22	126	2.95	126	2.02

改进的因素。

在北美，美国和加拿大排名分别为第4和第13，属于全球网络化程度领先的经济体。本章前面已经对美国的表现进行了分析。加拿大的NRI中就绪度相对来说需要提高，排名第20，尤其是企业就绪度（第19）和政府就绪度（第25）。

亚太地区

对于亚太地区的网络就绪度评估结果也是非常多样化的，各个经济体利用ICT的能力差异非常大。排名前20位的经济体中有6个亚太地区国家和地区，即新加坡（第5）、韩国（第9）、中国香港（第11）、澳大利亚（第14）、中国台湾（第17）、日本（第19）；而柬埔寨（第115）、尼泊尔（第119）、孟加拉国（第124）继续排在NRI的落后行列，反映了它们在网络就绪度方面的诸多弱势。

前面已经对新加坡和韩国的表现进行了评论。中国香港从去年开始排名大致比较稳定，继续从ICT应用（整体排名第5）的较高水平中获益，尤其是公民（第5）和政府（第7）的应用；另外，其ICT的友好的市场环境（第2）在世界范围内处于领先地位。

中国台湾虽然今年的排名有所下降（4位），[18]但是仍然排名第17位，表现出其作为全球最大的ICT出口和生产（高新技术占出口总额的比例排名第1）地区之一以及领先的创新者（注册实用专利数量排名第3）的弹性。中国台湾的发展可以作为一本教科书，讲述了一个资源匮乏的经济体如何在30年内依靠政府的电子领导力来促进ICT的渗透、创新和教育而实现了巨大的转变。[19]

日本下降了5位排名第19，主要是由于市场环境条件（从2006~2007年的第7名到今年的第14名）的恶化以及个人就绪度支柱（从去年的第14名下降到今年的第27名）的下降。市场环境的恶化是因为列入税率的新的统计数据（排名第91）。尽管如此，日本从复杂和创新性的商业部门对于ICT的高就绪度（第9）和高应用（第3）中获益。政府在推动ICT扩散方面起了主要的作用（政府对于ICT的重视程度排名第15），始终将ICT列为国家战略的重点并且从初期就采取了一种综合性的数字化议程。[20]

印度排名第50，比2006~2007年度下降了4位。尽管印度在商业环境、合格劳动力的可用性（科学家和工程师的可用性排名第4）以及创新潜

力方面得分较高，但是ICT基础设施（第71）和个人ICT的渗透率（第109）成为该国在经济和社会活动中充分利用ICT的严重障碍。

中国上升了5位，排名第57。[21]与印度的薄弱方面一样，在ICT基础设施（第86）和个人应用（第80）方面较为落后。然而，比较乐观的是，ICT渗透似乎在政府议程中占据相当核心的地位（政府就绪度排名第42）。不仅如此，政府的ICT战略已经取得了一定的成果，如ICT推广、电子政务以及政府的生产力和效率的提高（政府应用排名第34）。

阿塞拜疆排名第67，在中亚地区表现优异。紧随其后的是哈萨克斯坦，比去年上升了5位，排名第71。尽管排名有所提升，但是哈萨克斯坦还是在某些方面显得薄弱，尤其是个人就绪度（第96）、个人应用（第76）以及商业应用（第86）。

塔吉克斯坦今年重新进入排名，排在第98位。

拉丁美洲和加勒比海

2007~2008年度NRI所提供的拉丁美洲和加勒比海地区的网络就绪度状况似乎没有去年乐观，去年总体呈现上升趋势。这一地区的竞争优势主要体现在ICT部门的活力、在ICT扩散方面的显著进步以及创新的采用。

智利今年排名第34（比2006~2007年度下降3位），继续领跑该地区的网络就绪度，其三个构成子指数的表现比较平均，比较突出的是政府从早期就开始采用一种综合性的数字化议程来推动ICT的渗透和发展。该议程建立起世界一流的电子政务服务（第12）和先进的电子商务实践。[22]

在今年的最佳表现者中，一些加勒比海地区的经济体，如巴巴多斯（第38）、新加入者波多黎各（第39）和牙买加（第46），从ICT的发展中受益匪浅。巴巴多斯是网络就绪度的一个有趣的案例，其网络就绪度主要为其公民（个人就绪度和个人应用分别排名第34和第32）和促进ICT发展的管制框架（第27）与基础设施（第19）。政府议程中对于ICT的重视程度不够，反映在其政府应用的排名上（第87）。

墨西哥和巴西的排名今年都有所下降，分别排在第58和第59。两者下降的原因并非其表现的显著退步，[23]而是其他国家的显著进步。虽然这两个国家在企业和政府就绪度和应用程度方面实现了很大的进步，并且都将ICT列入政府议程的重要部

分，但是其过度管制的市场环境、落后的教育环境和低水平的研发投资仍然是阻碍其网络就绪度提高的严重障碍。

在排名的中间部分，巴拿马上升了 4 位，排名第 64；哥伦比亚下降了 2 位，排名第 69；阿根廷下降了 11 位，排名第 77，值得注意的是，该国的绝对分数与去年相同，没有发生变化。然而，该国薄弱的市场环境（排名第 118）和管制环境（排名第 115）以及政府议程中对于 ICT 的重视程度不够，是新政府亟须解决的问题。

秘鲁（第 84）和委内瑞拉（第 86）紧随其后，而玻利维亚（第 111）、尼加拉瓜（第 116）和巴拉圭（第 120）继续在该地区乃至全世界处于落后的地位。

撒哈拉以南的非洲、中东和北非

尽管撒哈拉以南的非洲近十年来在 ICT 渗透方面经历了迅猛的发展，该地区的电信接入水平已由 1991 年全球平均值的 10% 提高到 2004 年的 19%，[24] 然而该地区大部分的国家和地区在 NRI 排名中仍然非常落后。只有南非（排名第 51）和毛里求斯（排名第 54）今年排在排名的上半区。比较突出的是南非，比 2006~2007 年度下降了两位，继续把 ICT 的强大力量寄希望于具有传导力的 ICT 市场环境（第 35）和管制环境（第 26），以及引领 ICT 渗透和应用的先进的商业部门（企业就绪度排名第 30，商业应用排名第 44）。

博茨瓦纳，该地区传统的 ICT 冠军，今年下降了 8 位落到第 78 名。与前面对阿根廷的评论一致，该排名的下降需要引起重视，因为其绝对得分比去年仅上升了 0.03。塞内加尔今年进入了排名，排在第 85 位，紧随其后的是肯尼亚（第 92）、尼日利亚（第 94）和毛里塔尼亚（第 97）。

和以往一样，2007~2008 年度 NRI 排名的底层被撒哈拉以南的非洲所占据，尤其是喀麦隆（第 118）、莫桑比克（第 121）、莱索托（第 122）、埃塞俄比亚（第 123）、津巴布韦（第 125）、布隆迪（第 126）、乍得（第 127），再一次证明了该地区从 ICT 发展和提高竞争力潜力中获益所面临的挑战。缺乏广泛和功能良好的基础设施、过度管制和商业发展不足的环境以及政府和教育水准的低下是这些国家发展 ICT 的主要障碍。

2007~2008 年度的 NRI 对于北非的评估就乐观得多，比较突出的是埃及和摩洛哥分别提升了 17 位（该地区提高幅度最大的）和 5 位，分别排名第 63 和第 74；只有阿尔及利亚（排名第 88）排名有所下降。埃及在环境构成方面提高最为明显（从 2006~2007 年度的第 74 提高到今年的第 60），尤其是管制环境（从第 77 提高到今年的第 61）、政府就绪度（从第 81 提高到今年的第 48），这是由于政府在发展战略中对于 ICT 的重视程度不断提高。

北非表现最好的国家是突尼斯，排名第 35。它的优异表现主要是由于 ICT 友好的管制环境（第 29）、社会各个部门对于 ICT 的应用倾向和实际应用水平（第 29）、商业部门应用水平（第 33）和政府部门应用水平（第 35）。另外，在政府就绪度和应用方面得分也非常令人满意，反映出 ICT 在政府议程中的重要性，以及政府在 ICT 推广和传播过程中取得的成功。

今年中东地区的网络就绪度情况非常鼓舞人心，在海湾国家的引领下，取得了非常显著的进步。确实，海湾国家强调 ICT 在国家发展中的重要作用，既作为一个关键的基础设施，又作为一个使其石油经济实现多样化的有发展前景的部门。

该地区的大部分国家排名都得到了明显的提升，卡塔尔（第 32）、巴林（第 45）、约旦（第 47）走在前列，分别提升 4 位、6 位和 11 位。卡塔尔的有发展前景的政府电子战略和行动是本报告 2.2 章的主题："卡塔尔：利用科技在中东建立一个知识型经济体"。另外，科威特（第 52）比去年上升了 4 位。

以色列今年仍然排在第 18 位，继续领跑中东地区的网络就绪度，表现出卓越的技术发展和创新水平、世界一流的研究机构和教育体系以及出色的 ICT 渗透。该国展示了另一个资源贫乏的经济体在短短 30 年间转变成为一个 ICT 强大国家的成功案例，这主要归功于政府的有远见的电子领导和受过高等教育的有创业精神的公民。[25]

阿拉伯联合酋长国今年仍然排在第 29 位，继续领跑海湾国家的网络就绪度，这主要归功于政府在 ICT 推广中的领导作用，其政府就绪度排名第 10，应用排名第 17。迪拜的电子政府行动于 2000 年启动，推动了 ICT 在阿拉伯联合酋长国的发展，已经获得认可并纳入迪拜 2010 年愿景目标，该行动旨在利用旅游业、ICT、媒体、贸易和服务，把迪拜建成一个以知识为基础的经济体。

我们应该关注到该地区新加入的四个国家，沙特阿拉伯和阿曼以较高的排名进入了 NRI 排名行列，分别为第 48 和第 53，而利比亚（第 105）和叙利亚（第 110）似乎距离赶上该地区其他国家还有相当长的路要走。

关于中东地区国家表现情况的更多细节将在下面的部分详细介绍。

网络就绪度的一些历史趋势：2001~2007 年度发展最有活力的国家

NRI 的一个独特特性是它在过去七年中具有连续性，因而能够提供一个关于国家网络就绪度情况发展的长期的、丰富的数据来源。国家的数量由第一年（2001~2002 年度）的 72 个增加到今年的 127 个，我们对于这些国家在七年间基于十分位数的变化情况作出了分析。每年 NRI 中包含的国家都会得到十分位制的分数，我们对于它们七年间变量的得分情况进行了分析。

表 8 列出了在过去七年间得分排名上升了两位以上的国家。不过该表格并未列出那些在 2001~2002 年度就稳定地排在分数最高的行列的国家（这主要包括发达国家和地区，如北美和西欧）。从表 8 可以看出，四个金砖国家中的三个，即中国、印度和俄罗斯，在过去七年中实现了网络就绪度的显著提升。尤其是印度和中国所取得的进步，非常引人注目；这与在这两国观察所得出的结果一致，尤其是在 ICT 服务和商品领域。印度在全球 ICT 服务领域占据主要地位，其出口总额达到 600 亿美元，并且产生了 Infosys 和 Wipro 这样的全球性公司。中国超过美国和欧洲，成为全球最大的 ICT 商品出口国，主要为其增长的国内市场和全球化生产的成功所驱动。

表 8　自 2001~2002 年度到 2007~2008 年度国家十分位制排名的变化情况

国家/经济体	十分位		
	最早	最晚	差距
中国	9	5	4
埃及	8	5	3
危地马拉	10	7	3
印度	8	4	4
牙买加	8	4	4
约旦	7	4	3
立陶宛	6	3	3
罗马尼亚	9	5	4
俄罗斯	9	6	3
乌克兰	9	6	3
越南	10	6	4

立陶宛受到其邻国爱沙尼亚和芬兰成功案例的影响，在网络就绪度方面取得了长足的进展。其他新兴的经济体所采取的措施也非常值得关注，如越南和乌克兰，还有中东地区的约旦和埃及。由于 GDP 的发展与网络就绪度有着非常大的相关性（如图 1 所示），这些经济体未来的发展状况比较乐观。

表 9 展示了对于全球不同地区的网络就绪度发展变化情况的历史性分析。[20] 如前所述，全球领先的经济体变化很小。一些地区，如中欧和东欧、发展中的亚洲，在过去七年间实现了显著的进步。中欧和东欧的发展受到欧盟扩张的影响。随着该地区的国家加入欧盟，它们的市场和政策环境必须做出相应的改变，并且基础设施也必须得到改善。在发展中的亚洲地区，中国、印度和越南是推动发展和进步的主要动力。

表 9　自 2001~2002 年度到 2007~2008 年度区域十分位制排名的变化情况

区域	十分位		
	最早	最晚	差距
发达经济体	2	2	0
非洲	8.5	8	0.5
中欧和东欧	5.5	4	1.5
独联体和蒙古	9	7.5	1.5
发展中的亚洲	8	6.5	1.5
中东	7.5	4.5	3
西半球	7	6.5	0.5

然而，中东地区成为过去七年间网络就绪度进展最快的地区，整体上升跨越了 3 个分数组。在过去六年间，该地区的用户数增长最快，因为使用互联网的中东居民增长了 600%，是世界平均增长率的 3 倍。一些海湾地区国家，如阿拉伯联合酋长国，在 ICT 推广和应用方面成效显著。自 2000 年以来，阿拉伯联合酋长国的政策制定者就决心将本国建立成为信息丰富的社会。阿拉伯联合酋长国还采取了若干项技术密集型创新行动，如 2000 年 11 月发起的迪拜媒体城市（DMC）、迪拜互联网城市（DIC）以及知识村（KV）。耗资数十亿的 DMC、DIC 和 KV 的主要目标是创建一个包含教育工作者、物流公司、多媒体企业、电信公司、远程服务供应商、软件开发商和风险资本家在内的创新集群。迪拜互联网城市是该地区的第一个技术创新区域，被阿拉伯联合酋长国的决策者们认为是迪拜经济乃至全国经济的助推器。如今，数以百计的高科技公司

建立在 DIC。DMC 容纳了 550 多家媒体企业，包括全球巨头、区域性公司以及新兴公司。该区域的公司雇用了来自世界各地的 7000 多名知识工作者。

我们可以在中东地区的其他国家发现同样优秀的例子，包括比较富裕的海湾地区国家（见本报告 2.2 章卡塔尔），以及不太富裕的海湾地区国家，如约旦和埃及。约旦通过应用 ICT 在教育体系方面实现了创新。通过约旦教育计划（JEI），该国的主要目标是使学生在全球知识经济中具备竞争力，培训教师和管理者在教室里使用技术，并且通过判断思维和分析引导学生。如今，约旦教育计划已经被印度的拉贾斯坦邦（2005 年 11 月发起）、巴勒斯坦地区、巴林、埃及（2006 年 5 月发起）和其他国家所复制。

令人担忧的是，北非国家一直在排名的底层停滞不前。尽管一些北非国家，如突尼斯，表现很好，其他如埃及和摩洛哥也正在提高其排名，但是该地区整体（除南非以外）仍然赶不上世界其他地区快速发展的步伐。值得注意的是，该地区排名的停滞并非由于它们在 ICT 应用方面没有进展。许多国家大力投资 ICT 并且有明确的数字化战略，如前面着重阐述的埃塞俄比亚。然而，该地区进步的速度相对落后于世界其他地区。

结论

比互联网接入或者移动电话的增长更为重要的是公众和私营利益相关者及决策制定者对于 ICT 的认识，ICT 政策不应该被认为是可有可无的。一国的 ICT 能力会深刻影响到其创新能力和全球竞争力，并且能够改善弱势公民的社会经济前景。对于 ICT 更高层次的关注是将其作为创新的助推器，这已经被许多国家通过不同的方式所认可和表达，而一种根本的和有益的变化是这些议题如今已成为国家议程中的首要项目。

网络就绪度框架和 NRI 可以作为公共和私营部门领导者增强他们对于 ICT 投资与竞争力和发展提高之间关系的认识的重要工具。他们还能够为比较特定国家和地区在网络就绪度方面所取得的成就提供一种标准，并且有助于识别最佳实践者。虽然 NRI 与其基础数据存在一定的局限性，但是过去七年《全球信息技术报告》系列提供了一个网络就绪度的纵向数据的宝贵资料库。《全球信息技术报告》中的案例研究对于特定最佳实践者的定性分析补充

了实证性的数据。

注释

① See Kusakabe and Moffatt 2004.

② See Trajtenberg 2006.

③ A notable example in this area is Ethiopia, whose government is investing 10 percent of the country's GDP into modern ICT over the next five years. This investment is justified, Ethiopian officials believe, if they are to make investments in education, agriculture, health care, and the ceonomy pay off. To make dreams come true, Ethiopia is looking to Cisco th help build one of the most sophisticated IP networks in all of Africa. Ultimately, Ethiopia hopes to provide 450 secondary schools with email and Internet connectivity, and connect 600 local administrations with 11 regional government offices and the federal government. Also, Ethiopia aims at rolling out broadband to some 16,000 villages across the country—enough so that every citizen will be within http://emegingtimes.typepad.com/bestoftimes/country_transformation/indsx.html.

④ See Farnsworth et al. 2007.

⑤ BSG 2004.

⑥ A note of caution must be introduced when comparing the last six years of NRI results with the one featured in the very first edition of the Report in 2001 –2002. Since the NRI framework, in its current form, was developed by INSEAD in 2002, it is not strictly comparable to the one used in the first edition. For more information on the 2001 –2002 theoretical framework, see Kirkman et al. 2002.

⑦ For further details on the networked readiness framework and its theoretical conception, see Dutta and Jain 2003.

⑧ For a more in depth analysis of the Survey's process and methodology, see Browne and Geiger 2007.

⑨ Tajikistan, in particular, was included in the Survey and in the NRI computation for the first time in 2005–2006, but could not be included in the Report last year because of the many missing hard data points.

⑩ Until the 2005 –2006 GITR edition, factor analytical techniques were used to select the variables used to compute the NRI from a larger set of possible variables, Although this was a technically rigorous approach, it reduced the ability to easily explain the undelying logic for including specific variables and to make strict comparisons over time. As a consequence, starting from 2006 –2007, expert opinion has played a predominant role in selecting the variables, obviously with the benefit of previous experience in identifying appropriate variables for computing the NRI, thus aligning the NRI's to the

Forum's general competitiveness methodology. In this sense, the treatment of missing variables has also changed: whereas until 2005 –2006, those were estimated using analytical techniques such as regression and clustering, beginning in the calculation of the specific pillar to which they belong. Moreover, the scale used to compute the NRI and the variables that compose it has been aligned to the scale used (increasing) 1–7 scale, changing with respect to the scale used previously for a couple of years (i.e., positive and negative scores around a standardized mean of 0). For more detailed information on the old computation methodology and on the changes introduces in 2006-2007, see Dutta and Jain 2006 and Mia and Dutta 2007.

⑪ An important element of the government far–sightedness in promoting ICT diffusion has been the early liberalization of the telecommunications sector in 1996, well ahead most of the European Union. Incidentally, this also greatly contributed to the development of a world –class local high –tech industry, whose exports accounted in 2005 for 9.38 percent of total exports, representing 25th place in the sample.

⑫ See Sala–i–Martin et al. 2007.

⑬ Indeed, Korea displays one of the most developed cluster system in the world (3rd), characterized by an important degree of cooperation between academia and industry (5th) and by companies investing heavily in R&D (6th) and with a high innovation potential (7th).

⑭ Countries in the EU15 are Austria, Belgium, Denmark, Finland, France, Germany, Greece, Ireland, Italy, Luxembourg, the Netherlands, Portugal, Spain, Sweden, and the United Kingdom.

⑮ The 12 EU accession countries are Bulgaria, Cyprus, the Czech Republic, Estonia, Hungary, Latvia, Lithuania, Malta, Poland, Romania, Slovakia, and Slovenia.

⑯ For a full analysis of estonia's ICT development story, see Dutta 2007.

⑰ By referring to a country's performance in a "constant sample," we mean its ranking with respect to the same countries included in the GITR 2006-2007—that is, excluding the ones covered for the first time this year.

⑱ In particular, the regulatory environment seems to have experienced some deterioration from last year (from 31st in 2006-2007 to 42nd this year), as well as individual readiness (which dropped from 7th to 12th), notably with respect to some elements of ICT accessibility, for which Taiwan does not seem to have progressed as rapidly as other economies.

⑲ For a more detailed analysis of Taiwan's story, see Dahl and Lopez–Claros 2006.

⑳ See Shimizu et al. 2007.

㉑ As in previous years, one must keep in mind that India and China show both large regional disparities in general competitiveness as well as in the extent of ICT penetration and usage; disparities which tend to be partially hidden by the overall national NRI assessment.

㉒ For a full account of Chile's digital agenda, see Alvarez Voullième et al. 2005.

㉓ In this sense, Mexico and Brazil's respective 6–and 3–place drops in a constand sample correspond to a minor negative delta of 0.01 for Mexico and to a modest positive delta of 0.03 for Brazil in the respective scores.

㉔ Haacker 2007. The author also points out how the number of mobile telephone subscribers has grown at an impressive 91 percent annual average rate, while the total telephone subscribers has grown at a rate of 21 percent from 1991 to 2004 and at 31 percent from 1999 to 2004.

㉕ For a full account of lsrael's inspiring development story, see Lopez–Claros and Mia 2006.

㉖ The classification of countries by the International Monetary Fund (IMF) has been used as a basis for assigning acouries to specific regions.

参考文献

Alvarez Voullième, C., C. Capdevila de la Cerda, E Flores Labra, A. Foxley Rioseco and A. Navarro Haeussler. 2005. "Information and Communication Technologies in Chile: Past Efforts, Future Challenges." *The Global Information Technology Report 2005 –2006*. Hampshire: Palgrave Macmillan. 71–88.

Browne, C. and T. Geiger. 2007. "The Executive Opinion Survey: The Voice from the Business Community." *The Global Competitiveness Report 2007 –2008*. Hampshire: Palgrave McMillan. 85–96.

BSG (Broadband Stakeholder Group). 2004. "Impact of Broadband –Enabled ICT, Content, Applications and Services on the UK Economy and Society to 2010." *BSG Briefing Paper* 27. September. Available at http://www.broadbanduk.org/compo-nent/option.com_docman/task.doc_view/gid, 111/.

Dahl, A. and A. Lopez –Claros. 2006. "The Impact of Information and Communication Technologies on the Economic Competitiveness and Social Development of Taiwan." *The Global Information Technology Report 2005 –2006*. Hampshire: Palgrave Macmillan. 107–18.

Dutta S. 2007. "Estonia: A Sustainable Success in Networked Readiness?" *The Global Information Technology Report 2006 –2007*. Hampshire: Palgrave McMillan. 81–90.

Dutta, S., A. de Meyer, A. Jain, and G. Richter. 2006. *The Information Society in an Enlarged Europe*. Berlin: Springer–Verlag.

Dutta, S. and A. Jain. 2003. "*The Networked Readiness of Nations.*" *The Global Information Technology Report 2002 – 2003.* New York：Oxford University Press. 2–25.

——.2006. "Networked Readiness and the Benchmarking of ICT Competitiveness." *The Global Information Technology Report 2005~2006.* Hampshire：Palgrave Macmillan. 3–24.

Dutta, S., B. Lanvin, and F. Paua, eds. 2003. *The Global Information Technology Report 2002 –2003：Readiness for the Networked World.* New York：Oxford University Press.

Duma, S. and A. Lopez–Claros, eds. 2005. *The Global Information Technology Report 2004 –2005：Efficiency in an Increasingly Connected World.* Hampshire：Palgrave Macmillan.

Dutta, S., F. Paua, and B. Lanvin, eds. 2004. *The Global Information Technology Report 2003 –2004：Towards an Equitable Information Society.* New York：Oxford University Press.

Dutta, S., A. Lopez–Claros, and I. Mia, eds. 2006. *The Global Information Technology Report 2005 –2006：Leveraging ICT for Development.* Hampshire：Palgrave Macmillan.

Farnsworth R., L. Gibbons, T. Lewis and M. Powell. 2007. "Networks Changing the Way We Work, Live, Play, and Learn." *The Global Information Technology Report 2006– 2007.* Hampshire：Palgrave McMillan. 23–38.

Haacker M. 2007. "Access to Communications Services in Sub –Saharan Africa." *The Global Information Technology Report 2006–2007.* Hampshire：Palgrave McMillan. 91–106

IMF（International Monetary Fund）. 2007. *World Economic Outlook Database,* December 2007. Washington, DC：International Monetary Fund.

Kirkman, G., P. Cornelius, J. Sachs, and K. Schwab, eds. 2002. *The Global Information Technology Report 2001 – 2002：Readiness for the Networked World.* New York：Oxford

University Press.

Kusakabe M. and P. Moffatt. 2004. *Information and Communication Technology, Policy Reform and Rural Communication Infrastructure.* London： European Bank of Reconstruction and Development.

Lopez–Claros, A., L. Altinger, J. Blanke, M. Drzeniek, and I. Mia. 2006 "Assessing Latin American Competitiveness： Challenges and Opportunities." *The Latin America Competitiveness Review 2006.* Geneva： World Economic Forum. 1–36.

Lopez–Claros, A. and I. Mia. 2006. "Israel：Factor in the Emergence of an ICT Powerhouse." *The Global Information Technology Report 2005 ~2006.* Hampshire： Palgrave Macmillan. 89–105.

Mia, I. and S. Ditta. 2007. "Connecting the World to the Networked Economy：A Progress Report Based on the Findings of the Networked Readiness Index 2008 –2007. "*The Global Information Technology Report 2006 –2007.* Hampshite： Palgrave McMillan. 3–21.

Sala–i–Martin X., J. Blanke, M. Drneziek Hanouz, T. Geiger, I. Mia and F. Paua. 2007. "The Global Competitiveness Index： Measuring the Productive Potential of Nations. "*The Global Competitiveness Report 2007 –2008.* Hampshire： Palgrave McMillan. 3–50.

Shimizu H., K. Ogawe, and K. Fujinuma. 2007 "Information and Communication Technologies Policy in Japan： Meeting the Challenges Ahead. "*The Global Information Technology Report 2006–2007.* Hampshire：Palgrave McMillan. 107–116.

Trajtenberg, M. 2006. "Innovation Policy for Development：An Overview." Foerder Institute for Economic Research, WP 6–06, July.

19

附件 A：2007~2008 年度网络就绪度指数的技术构成和计算方法

2007~2008 年度的网络就绪度指数将环境因素从 ICT 就绪度和应用程度中分离出来，从而 NRI 由三个构成子指数组成，每个构成子指数可以进一步划分为三个支柱体系。NRI 计算中所用到的 68 个与 ICT 相关的变量分布在九个支柱体系中。

网络就绪度指数

网络就绪度指数 = 1/3 环境构成子指数 + 1/3 就绪度构成子指数 + 1/3 应用构成子指数

I . 环境构成子指数定义如下：

环境 = 1/3 市场环境 + 1/3 政策和管制环境 + 1/3 基础设施环境

支柱体系 1：市场环境

1.01 风险资本的可利用性

1.02 金融市场成熟度

1.03 新技术可用性

1.04 集群发展状况

1.05 实用性专利（统计数据）

1.06 高科技出口（统计数据）

1.07　政府监管负担

1.08　税收范围及影响

1.09　总体税率（统计数据）

1.10　创业所需时间（统计数据）

1.11　创业所需程序数目（统计数据）

1.12　当地竞争的激烈程度

1.13　新闻媒体自由度

1.14　数字内容的接入能力

支柱体系 2：政策和管制环境

2.01　立法主体的有效性

2.02　ICT 相关法律

2.03　司法独立性

2.04　知识产权保护

2.05　法律框架的效率

2.06　财产权

2.07　ISP 部门竞争质量

2.08　执行合同的程序数量（统计数据）

2.09　执行合同所需时间（统计数据）

支柱体系 3：基础设施环境

3.01　电话线（统计数据）

3.02　安全的网络服务器（统计数据）

3.03　发电量（统计数据）

3.04　科学家和工程师的可利用性

3.05　科研机构质量

3.06　高等教育入学率（统计数据）

3.07　教育支出（统计数据）

Ⅱ．就绪度构成子指数定义如下：

就绪度 = 1/3 个人就绪度 + 1/3 企业就绪度+ 1/3 政府就绪度

支柱体系 4：个人就绪度

4.01　数学和科学的教育质量

4.02　教育系统质量

4.03　校园互联网使用情况

4.04　买方成熟度

4.05　住宅电话连接费（统计数据）

4.06　住宅电话月租费（统计数据）

4.07　高速宽带月租费（统计数据）

4.08　宽带最低消费（统计数据）

4.09　移动电话费用（统计数据）

支柱体系 5：企业就绪度

5.01　员工培训程度

5.02　当地研究和培训能力

5.03　管理学院质量

5.04　公司研发支出

5.05　高校与产业合作研究

5.06　企业电话连接费用（统计数据）

5.07　企业电话月租费（统计数据）

5.08　当地供应商质量

5.09　当地供应商数量

5.10　计算机、通信和其他服务进口（统计数据）

支柱体系 6：政府就绪度

6.01　政府对 ICT 重视程度

6.02　政府对高科技产品的采购

6.03　政府未来愿景中 ICT 的重要性

6.04　电子政务就绪度指数（统计数据）

Ⅲ．应用构成子指数定义如下：

应用程度 = 1/3 个人应用 + 1/3 商业应用+ 1/3 政府应用

支柱体系 7：个人应用

7.01　移动电话用户数（统计数据）

7.02　个人电脑数（统计数据）

7.03　宽带用户数（统计数据）

7.04　互联网用户数（统计数据）

7.05　互联网带宽（统计数据）

支柱体系 8：商业应用

8.01　外国技术牌照的流行度

8.02　公司层面技术引进

8.03　创新能力

8.04　新电话线的可用性

8.05　互联网商用程度

支柱体系 9：政府应用

9.01　政府在 ICT 推广方面所获得的成功

9.02　政府在线服务能力

9.03　ICT 应用和政府效率

9.04　政府办公中 ICT 的使用

9.05　电子参与指数（统计数据）

附件B：方法论说明

统计数据和调研数据相结合

对于行政民意调查的回答构成了"调研数据"，回答范围从1到7。

正如本报告末尾的技术说明和资料来源所描述的那样，统计数据的来源非常多样化。NRI计算中使用的所有数据都可以在数据表中查到。将每个统计数据变量转换成为1~7分值的标准

公式如下：

6 ×（国家值 – 样本最小值)/(样本最大值 – 样本最小值) + 1

样本最小值和样本最大值是所有样本的最低和最高值。对于一些变量来说，一个较大的值代表一个比较坏的结果（例如，较高的移动电话注册成本比较低成本的结果要坏）。在这种情况下，我们从8分开始减少。在某些情况下，当数据出现异常极端值时需要作出一些调整。

1.2 章

新兴的联系：实现信息与通信技术和网络的诺言以制定一个平衡路径的时机已经成熟

伊万·莫里森（Ewan Morrison），**思科公司**

罗伯特·佩珀（Robert Pepper），**思科公司**

恩里克·J.鲁埃达-塞巴特（Enrique J. Rueda-Sabater），**思科公司**

建立一种普遍而繁荣的互联网文化不仅仅是采用合适的技术，更多的是创造合适的商业环境。无论是国家的、区域的还是市级的政府，如果想要驾驭信息和通信技术的潜力，就必须不仅投资于 ICT 基础设施和相应的支撑能力，并且要做好改变其国家的机构设置的准备，或者说是 ICT 生态系统，使 ICT 能够产生变革性的力量。利用一种反映两个维度的诊断性框架和一个采用 NRI 构成要素指标的工具，国家可以深入地了解到如何能够设计一种平衡的路径，使 ICT 基础设施和生态系统达到平衡，以实现其社会包容与经济增长相结合的目标。

一种诊断性的方法

新兴国家正处于经济和技术的大变革时期，我们所看到的是全球最大的经济变革，这种变革受 ICT 的引入和应用所驱动。

随着 ICT 的引入，新兴国家面临着前所未有的重大机遇，这些机遇可能会为经济变革提供最大的希望。互联网协议（IP）网络平台是这种转变的中心。新兴国家利用这些机遇的能力取决于他们建设和利用网络的能力。换言之，没有恰当的法律和管制环境的支持，技术不会发挥理想的作用，而国家需要法律和管制环境的支持以发挥 ICT 的作用。

一些新兴国家刚刚开始基本的宽带建设，连接居民和企业。其他国家已经进入了下一个阶段，通过移动电话和先进技术的采用来利用网络的力量赶上甚至超越发达国家。尽管目前它们仍然是新兴国家，但是其中最强大的国家未来将会发生变革。那些理解技术的力量并付诸行动的国家将率先达到目标。

当国家制定战略以达到普遍接入宽带的目标时，一种有用的预备行动是识别可能的推动力量并诊断可能存在的缺陷。宽带连接需要健全的 ICT 基础设施，然而这些基础设施并不足以满足保证经济利益的要求。只有当技术采用和应用的条件满足时，连接的利益才能够被保证。因而，考虑实现普遍连接目标的可能的行动的同时，必须考虑两方面的主要目标：一是经济和生产率的增长，另一个是社会包容性。

为了帮助新兴国家更好地理解可能的机遇并且付诸行动，我们必须为审视一个国家目前与 ICT 环境最佳实践相比所处的位置开发一个诊断基础。该框架能够提供一种路径，指明基础设施投资与能力和 ICT 的生态系统相匹配的最佳路径。理解一个国家根据这些因素的判断所处的位置，是制定改进 ICT 应用和 IP 网络连接的良好基础。这两个维度分别是：

●ICT 生态系统，指的是一些体制因素，这些因素能够支撑企业创新精神、服务提供的竞争态势以及经济利益分配的公平性。这些因素很难衡量，但是最重要的是 ICT 发展相关的法律框架，尤其是 ICT 管制的质量、在一国开展商业的便利性以及竞争和创新的存在和发展。

●ICT 基础设施和能力，指的是一些资产，例如网络和其他通信连接基础设施以及能够有效地管理基础设施的技术技能和体系的存在及其发展状况。

该框架主要表明了一个国家距离最优化的基础设施和生态系统越远，就越有可能丧失 ICT 所提供的机遇，从而也就在全球竞争行列中越来越落后，其发展经济和促进社会包容性的能力也随之降低。一个优秀的 ICT 生态系统和广泛普及的 ICT 基础设施和能力将会增加一国成功的可能性。

只关注于 ICT "硬资产"的狭隘观念是远远不够的。政府、企业、非政府组织（NGO）以及其他对创造 ICT 的可持续发展环境有兴趣的组织必须促进和投资 ICT 生态系统，即那些促进技术投资和应用的商业、法律、文化规则和管制。生态系统包括那些能够鼓励商业和投资友好环境的体制因素，它能够保障服务提供各个层级的竞争，为公共—私营合作创造潜力，推动支持创新和企业家精神的政策的制定，以满足一国公民和企业的需求。

本章将说明一个国家在这两个 ICT 投资维度——生态系统和基础设施——所处的位置，为我们提供一种衡量一个国家目前朝着提高连通性发展的技术变革现状的优秀的诊断方式。

一种真实的兴起

一个全球经济发展的趋势正在进行：新兴国家如今占全球 GDP 的将近 30%（按名义价值计算）；在未来三年里，GDP 的实际价值将会增长 5 万亿美元。新兴国家预计将在该 GDP 增量中贡献超过 2/3。[1] 并且，如该报告所述，一个主要的里程碑正在被跨越——新兴国家的互联网用户超过了发达国家（如图 1 所示）。[2]

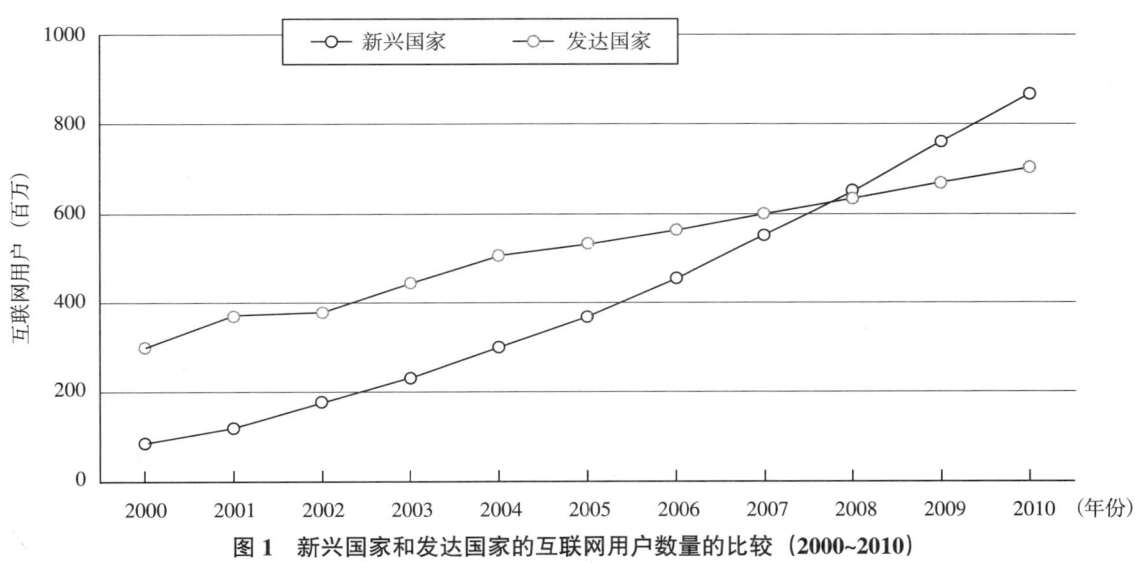

图 1　新兴国家和发达国家的互联网用户数量的比较（2000~2010）

资料来源：作者的计算，以 EIU、互联网世界统计和 BMI 提供的数据作为基础。

毫无疑问，这种趋势将很快被扭转。新兴国家拥有大量的矿产资源、超过全球 80% 的人口以及几乎全部的人口增长。但是，并非人口或者矿产资源能够驱动巨变，而是那些未经激发的企业创新能力结合投资的高比率，才能够推动从低速增长到高速增长的巨大变革。

人们可能会认为许多新兴国家的快速增长是由于大量的劳动力投入以及资本输入。为了实现可持续发展并且实现真正的全球化，这些国家必须提高劳动生产率，ICT 正是劳动生产率提高的重要推动力。虽然关于 ICT 对于劳动生产率的作用还没有明确的定量分析，但是其对于提高劳动生产率的作用是显而易见的。欧盟信息社会和媒体委员会委员 Viviane Reding 最近声明："我们了解 ICT 占据了发达国家一半的劳动生产率增长。"[3]世界经济论坛也表明了全球竞争力和网络就绪度指数之间的显著相关性。

美国的经验为我们提供了参考。学术研究已经强调了信息技术在美国 1995~2005 年经济增长中发挥的重要作用，最近，宽带的影响更加明显。对于技术投资的增加以及生产率的提高是比较核心的影响因素，IT 生产以及 IT 应用的行业（占 GDP 的不到 30%）在此期间对于经济增长的贡献超过一半。[4]尤其是宽带，不仅对于产出有重要作用，而且出乎意料地对于就业也有很大的促进作用。[5]

在韩国、朝鲜、爱沙尼亚，ICT 的应用已经在经济转型中发挥了重要作用。在其他国家，如印

度，它创造了经济增长的新领域。

尽管一些新的领导者已经在全球经济体系中取得了自己应有的地位，但许多新兴国家还仅仅只是处于 ICT 开发和应用的初始阶段。不过，现在已经看到了帮助这些国家在现行网络型全球化领域改善它们地位和获得最大化利益的机会。

在技术进步（如无线连接和其他低成本的连接方式）以及许多连接组件、设施价格下降（如计算机，它的价格在不到 20 年的时间里经历了八倍的下降，见图 2）的推动下，这些机会的利用变得比以前更为容易。[7]随着半导体成本的加速降低，这种价格下降的趋势在 20 世纪 90 年代晚期表现得更为明显。问题的关键是，那些隐藏在这些价格下降背后的多数影响因素，是否已经在自然地发展。

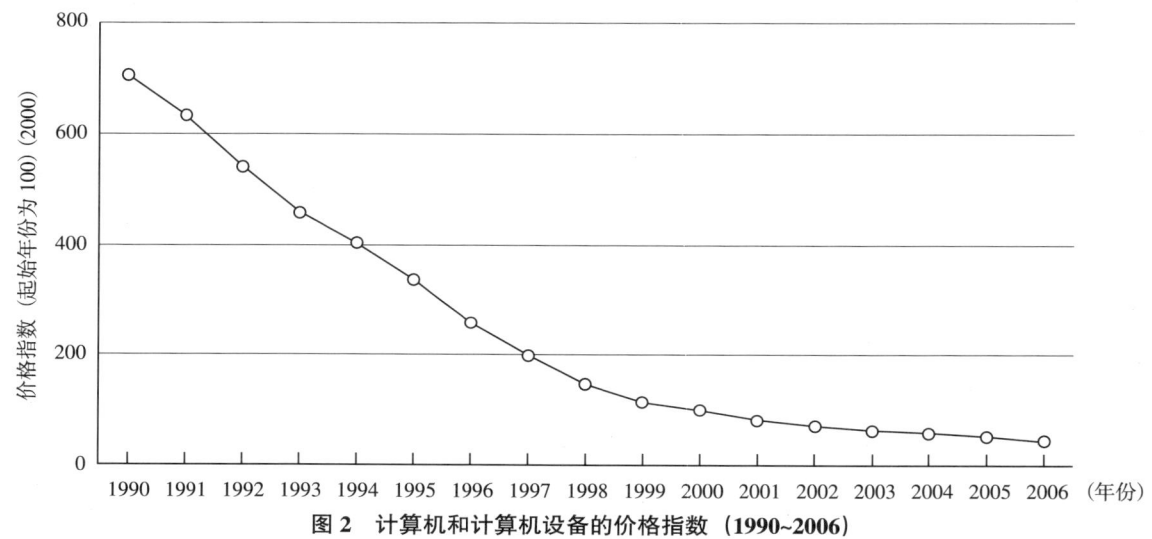

图 2　计算机和计算机设备的价格指数（1990~2006）

资料来源：作者的计算，根据美国经济分析局发布的国民收入和生产账户计算的不变质量价格。

落后的威胁也是一个重要的顾虑。国家、地区和地方政府必须考虑成为 ICT 的倡导者，以便创造性的私人企业和社会合作伙伴能够开发出持续的、可赢利的、合理的解决方案。

技术以何种速度被卷入，意味着从长期分析框架看，通过 ICT 的应用来提高竞争力的现有机会并非只有一个。随着国家竞争向下一阶段的发展，以及竞争的全球化，ICT 将继续成为一个重要的贡献者。在新兴国家，个人电脑的应用势不可当（巴西、中国与俄罗斯，在未来 10 年里，个人电脑的数量都将增加 10 亿台左右，而全球现在正在使用的个人电脑也只有 10 亿台）。[8]新兴国家已经占据了全球无线市场的 60%，而且还将占据从现在到

2010 年全球预计 15 亿无线用户的 87%。[9]

与经济发展早期的电、公路与水利系统一样，高速宽带连接迅速成为经济增长与竞争的必要基础，也是政府对国民福利与事务的贡献。大量新兴国家正在普遍地给予高速连接投资以优先地位。在实践中，这并不意味着每个人都拥有与互联网或电话相连接的电脑，但其目标应该是改善公民与企业连接互联网的潜在能力，以提高生活与生产率的标准。

对 ICT 的欢迎并不仅仅是受到实业界、学术界与政府对潜在利益认知的推动，还受到新兴国家个人与社会组织的影响。他们敏锐地觉察到了 ICT，尤其是拥有 IP 的互联网，能够潜在地强化信息进

入权、新的教育机会、更多的公众话语权和经济机会。

以下是一些具体的案例：

● 在印度，280 万农民通过当地建造的公共互联网亭 e-Choupals 来为他们的谷物查询市场价格。

● 在南非，1400 万没有银行账户的成年人以低于银行部门基础账户 30%~60% 的平均成本进入提供安全交易方式的销售终端设施进行储蓄与财务往来。

● 在孟加拉国，一个农村地区电力供应不稳定的国家，受到小额贷款支持的太阳能电池电话，找到了它们向成千上万农村女性销售电话服务的途径。

● 在摩洛哥，乡村农民通过视频设备与数千公里以外的医生进行连线，获得了医疗保健服务，他们中的很多人都是第一次获得医疗保健服务。⑩

这是一次酝酿于新兴世界的完美风暴：全球化使人们觉察到了改善他们生活的新机会；政府也更为关注 ICT 的变革能力；硬件、软件与应用也变得更为便宜、更方便使用，从人口稠密的城市到偏远的乡村。针对新兴国家大城市的研究表明，所有年龄与收入组都对互联网的发展潜力有几乎一致的认知（见专栏 1）。同时我们也知道，在大多数新兴国家获取个人电脑、高速连接、带宽与应用，远低于利用 IP 连接所要求的水平。

专栏 1：新兴市场城市的网络使用与需求

一项由 Illuminas Global LLC 公司 2007 年针对全球 24 个新兴市场城市的居民和企业所实施的调查表明，人们对互联网利用所带来的好处有广泛的认知。虽然在人口规模上存在差异，但中等城市居民对互联网使用所带来利益的认知与大城市几乎是一致的。在被调查的企业中，除了极少数的例外之外，互联网在所有国家的企业中被广泛运用（被调查企业不包括那些规模正趋向于变小的企业）。

这次调查包括阿根廷、巴西、墨西哥、波兰、俄罗斯和南非在内，城市人口规模在 50 万~2000 万；调查样本包括 6000 位居民和 1800 户企业。本次调查在所有国家和城市确认了相当大的、未满足的基于网络的不同形式服务需求。

与那些较少使用或当前不使用互联网的被调查者相比，互联网的经常使用者（以天为基础）对互联网在改善人们生活上的角色地位、PC 技能的重要性有更高的认知，并且对未来使用基于互联网的服务表现出更多的潜在兴趣。例外的是那些对互联网使用表示没有兴趣的人——典型的是年长者和较少受教育的人，同样，他们也表现出低的社会经济水平。

所有的互联网使用者（包括那些目前并不使用的人）都期望政府能够提供更多的信息和在线服务，期望政府付出更多努力以使互联网的使用变得更方便。

尽管互联网的使用者通常都在使用手机，但却只有极少数人认为拥有接入互联网的充分渠道。

受访企业与居民一样，对政府在推进基于互联网的服务中的作用有着很高的期望。在企业内，互联网的使用广泛存在；然而，在很多企业中，并不是每位员工都拥有一台与互联网连接的个人电脑，或者是与别人共同使用一台联网电脑。企业对它们商业环境中互联网的显著改善发挥了重要作用，也更广泛地在本国经济中发挥作用。由于许多企业已经开始使用互联网与顾客、合作伙伴、银行进行联系，它们开始展望互联网在这些领域或其他领域的延伸利用——显而易见的是电子商务以及与政府的交易。

政府合适的角色是什么？

政府角色是一个中心问题，因为与其他实体相比，政府既可以大规模驱动，也可以禁止 ICT 的发展。

正如我们所见到的新兴国家应用 ICT 的创造性的、多样化的方式，IP 连接的利益可以归为以下两大类：

● 经济增长：潜在利益包括生产效率的提高（例如，通过降低交易成本；规模化；快速、可靠的信息流）和创新能力的强化（通过在线协作工具和产品与服务销售的新方式）。这些就是在过去20年中对发达国家作出贡献的相同的生产效率收益，并且在从大企业向小企业、政府与非营利组织扩散的过程中强化了它们的影响。

● 社会融入：这一利益表现为通过把网络的潜能延展到社会来显著提高人们和社区对教育资源、保健服务提供者、政府救助和市场信息的共享。网络连接性拓宽了沟通渠道，以使个体更好地行使其作为公民的权利，在政治进程和社会动态（包括娱乐）领域中成为更活跃的参与者。

在未来10年里，IP网络外围设备的融合将获得推动力，上述潜在利益将增加，有关股票价格也将上涨。在这一机会窗口实现了显著增长的新兴经济体将有可能加速增长，缩小与领先国家的差距，甚至是实现超越。另一方面，反应迟钝者将会在国家竞争力、生产率、生活标准与公民关爱上落后得越来越远。

应用诊断

对广泛连通和它所带来利益的追求而言，确保ICT发展基础的正确是关键标准；没有任何可替代的标准。

对一个国家现有位置的理解，以及能够借助我们所建议的基础设施/生态系统规划（见图3）实现的认知，是最佳的起点。

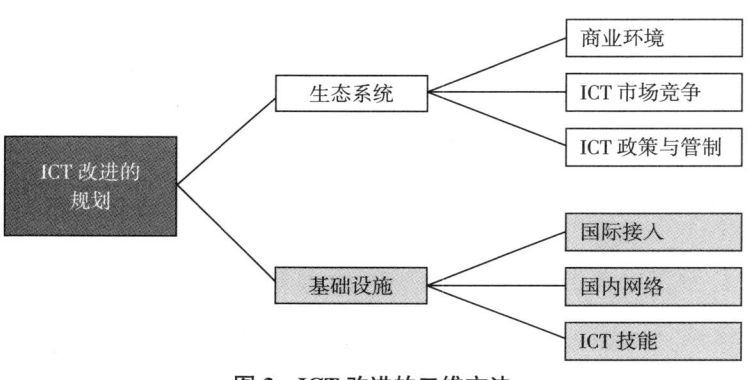

图3　ICT改进的二维方法

这个二维分析方法类似于一个分析工具，能够帮助我们制定一个高水平的改进方案，使得政府能够利用技术，来改善对教育、公共治理与保健服务的共享，以及刺激经济增长、竞争和创新。那些政府可以自由选择的规范化手段表现为一个广泛的分类排序菜单，从中他们可以选择解决方案来匹配他们的特定目标和资源的可得性。

尽管这种诊断作业只在概念层面上是有用的，但在我们的二维坐标体系中刻画国家相对位置时也具有特别的意义。这可以通过扩展NRI（其构成要素为刻画特定国家的位置和记载不同位置连通性影响提供了合理指标）来实现。图4具体展示了我们如何从NRI的组成要素中抽取变量构建了我们的ICT发展地图。在生态系统维度背后是八个NRI构成变量，在基础设施维度背后是另外八个变量。[⑪]尽管特定变量的选择体现了获取有效信息的务实方法，但我们相信，NRI的组成变量提供了一个记载

每一维度背后隐藏逻辑的好的基础，也是一个好的定量测量基础。

ICT的生态系统维度由下列要素组成：

● **商业环境**：尽管这一制度性构成要素并非ICT所特有，但它对确保创业活力和私人部门基于服务需求的投资而言是重要的。在这些服务中，与ICT相关的服务正变得越来越重要。而且，为变化的需求提供合适的连通组件、服务与应用程序，需要充满活力的中小型ICT商业群落。三个指标涵括了促进或阻碍其发展的商业环境的各个方面。

——创设企业的程序与便利性：在英国，最快只需要24小时就可以创设一个企业。在许多新兴国家，这一过程能持续几个月。

——强制执行合同的程序：如果在合同争议中能够获得法律体系的支持，投资者和商人将会更自信。

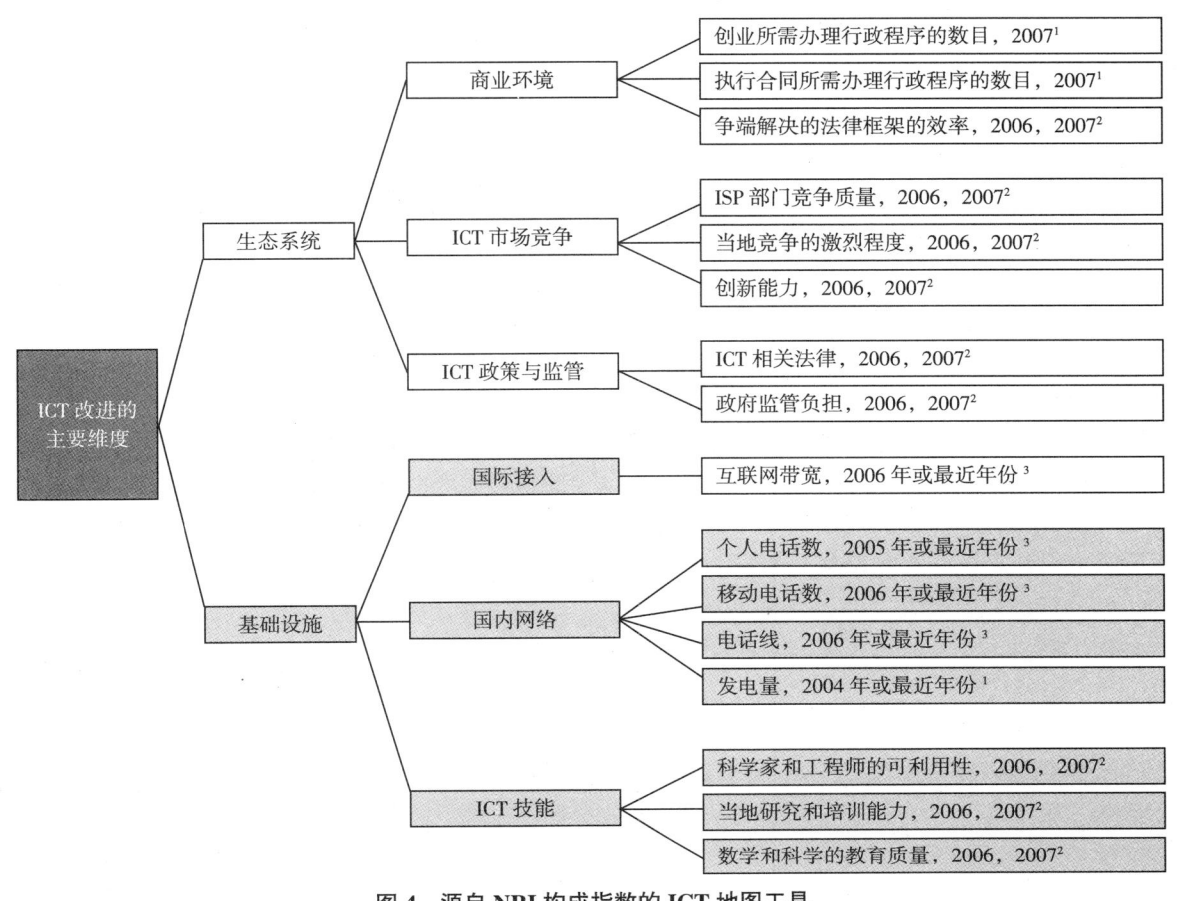

图4 源自 NRI 构成指数的 ICT 地图工具

注：1. 世界银行，2007；2. 世界经济论坛，执行意见调查，2006，2007；3. ITU，2006 年或者可获得数据的最近几年。

——法律框架的效率与效力：一个国家的法律体系对争议解决和挑战政府行为所提供的支持程度如何？对法律裁决数月或数年的等待和根本没有法律是一回事。

●**ICT 市场竞争**：显然，在 ICT 的技术进步和需求发展的变化环境中，健康竞争是确保机会利用效率的最佳手段。尽管我们缺乏对这一构成的直接测量，但三个 NRI 指标提供了一个可靠的理解：

——ISP 领域的竞争质量：在各个国家与领域，关于政府干预，一个来自经验的重要区别是，基础设施类的公共投资（如资本支出）可能成为促进角色，而试图直接补贴应用（如运营支出或经常性支出）则会阻碍应用的长期持续性。

——竞争强度：由于垄断环境人为地造成了高连通成本，竞争孕育了更多的供应，但却抑制了使用。

——创新能力：产业、法律与文化环境推动创新，同时也反映了一国企业的创新性。

●**ICT 政策与监管**：一个合理的监管环境象征着政府与企业之间的健康关系，而 ICT 特定法律的

质量则表明一个国家在多大程度上与该领域规则变化的需求保持一致。而这两个方面都被涵盖在 NRI 的指标之内：

——与 ICT 相关的法律：典型的，绝大多数人最初上网都是通过电话拨号，然后，宽带规则成为了语音电话规则的一个分支。与技术、应用程序的变化一样，宽带的冲击要求有不同的处理方法。当把连通性当做是基础设施而不是服务供应时，监管处理运行得很好。在这一领域具有较高水平的国家通常都有法律与规则来推动服务（内容、程序）从连通性中的分离。

——政府规则的负担：服从政府的管理要求有多难？与官僚习气一起，禁止性的税赋成为了产业发展的障碍，也抑制了 ICT 的运用、连通与技术的应用。

ICT 的基础设施维度包括：

●**国际接入**：这个指标测量带宽，反映在合理价位上与互联网、其他国家或地区进行全面连接的

光纤或其他具有充分带宽的连接方式。

● **国内网络**：这些网络提供了一个对ICT基础设施发展状况的良好把握。尽管缺乏单一的有效测量指标，但四个NRI指标提供了关于该关键特征的整体信息。

——个人电脑：个人电脑在有效连通需求的增长中扮演重要角色。随着新兴国家网络用户的增长，每一个PC终端都有许多互联网用户——这限制了广泛的和正常的连通。

——手机的渗透：实时移动服务的提供，可能成为扩展连通方式选择的一个好平台。

——电话线渗透：电话线通常是最初的，有时甚至是唯一的接入网络的方式（DSL）。具有全面固话网络的国家已经率先接入互联网。

——电力生产：如果没有电，你根本就不可能打开调制解调器，电是反映基本基础设施约束的可靠标志。

● **ICT技能**：由于不考虑基础设施的狭义定义，我们把ICT的相关技能视为一国基础设施能力的重要组成部分。三个NRI指标提供了关于这一组成部分的理解：

——科学家与工程师的可利用性：这是支持国内企业恰当应用技术和创新的能力的一个重要变量。

——当地特定研究与培训服务的可得性：优质的培训项目是投资（国内与境外都一样）的重要推动因素。

——数学与科学教育的质量：这是一个更进一步地反映一国在ICT相关领域保持现代化技能基础的能力的变量。

"对角线"方案

根据构思的二维分析框架，我们着手利用数据来对上述提及的NRI指标进行汇编，以制作连通性诊断地图。

如前面所讨论的，我们组合了每一个二维坐标背后的NRI构成指标，把每一个国家归入四个简单的分类（差、中等、好、优秀），根据二维坐标中的相对位置来放置所有国家。

然后，这些分类便以1/16的可能性来映射ICT的发展状况。不过，这16个分类中只有10个是有意义的（并不奇怪，没有国家被发现一方面具有良好的基础设施，另一方面生态系统极差，或者是反

之）。每条坐标轴上四个分类的临界点都反映了国家分布的必然转变，而不是平滑延伸归类。作为一个分类工具，每一个临界点都不可避免地被主观化和简单设定，而这通过观察不同分类中国家之间的差异被证明是有效的。

二维坐标图根据背景（不仅涉及新兴市场和邻近地区，也涉及发达国家）对国家进行归类。ICT地图中的绝对位置告诉我们，哪些领域的改进最为有效；而一国的相对位置则表明，相对更先进的国家能够成为最佳实践行动计划的资源。

我们首先进行了详细的分析，并且根据《全球信息技术报告（2006~2007）》所提供的数据，利用来自NRI的指标对模型进行了测试。然后，利用来自最新报告的NRI数据，对分析进行证实与更新。所看到的分析反映了这些最新的NRI数据。

我们会在后文对分析结果进行探讨，但有两点值得提前指出：

● "中等"与"好"分类之间的临界点最显著——比"差"与"中等"、"好"与"优秀"的临界点更显著。

● 对绝大多数国家来说，沿着对角线路径对基础设施与生态系统进行平衡改进，会获得最好的结果（尽管对一些异常者来说，沿着修正的不平衡前进意味着他们也许能够从垂直或水平路径获得更多）。

一个无网格图概括了结果，而一系列矩阵则反映了国家在总体NRI中以及连通进程特定指标的分类和差异中的10个活跃组合之中是如何分布的。图5中的圈点表示了NRI所覆盖的所有国家的位置。

如图所示，图中左下方的国家与右上方的国家之间有很大差异。向上的对角线记录了从低宽带渗透和高连通成本向对立面——高宽带渗透与低连通成本转变的过程。一国在ICT发展地图中的定位提供了一个其相对机能的良好说明，而且同时也考虑到了那些提供相对参考点和已经取得更好位置的国家身份的确认。

107个国家中只有30个国家的数据经编译后落入到"好/优秀"区域（见表1），连通性最好，而且ICT在生产率中的积极影响最大化。大多数，并非全部，都是高收入国家，而且所有这些国家很少表现出共同特征，这确认了在高网络化就绪度水

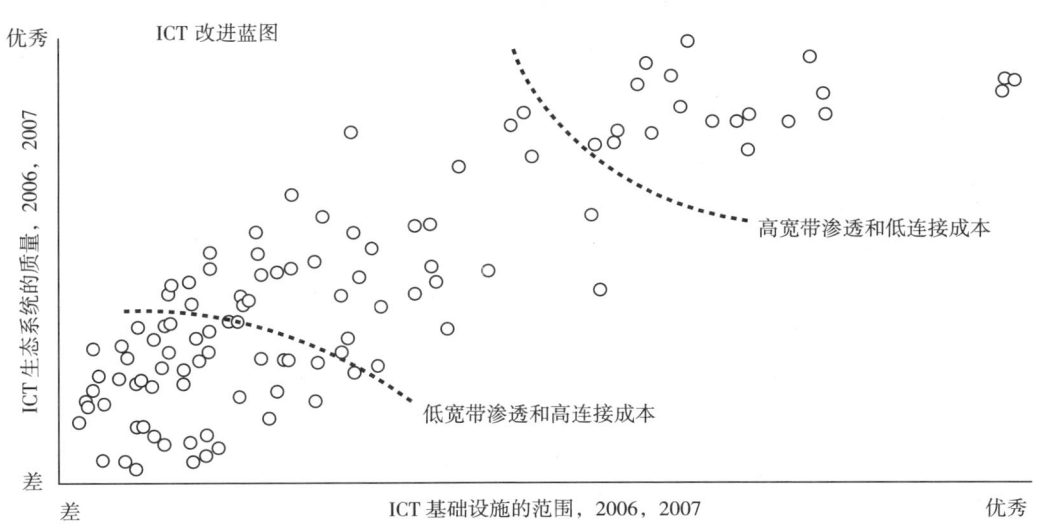

图5 国家地位和象征

资料来源：作者的计算。

平下不同因素的重要性。这些将在下文进行检验，但可以被分为四组：战略投资，技术与服务竞争，反映 ICT 平台融合的演化规则，一个由计算机与网络领域技术专家组成的、充满活力的 SMB 团体。

另一方面，58 个国家落在了其机能显著缺乏而限制它们 ICT 发展的差/中等区域。如果没有制胜性措施，它们将面临着被进一步拉大差距的风险，而其他国家则将会把它们的技术应用和网络连通转变为更强大的竞争力。

总体而言，NRI 评分是衡量国家准备从 ICT 中获取利益的一个显著标志。尽管被压缩的尺度（从 1 到 7，实际上，只分布在 3 到 6）可以减小差距，

但差异依然十分显著。NRI 中独立的一个点实际上代表着明显不同的网络就绪度水平和国家位置。ICT 地图交叉分类的平均 NRI（见表2）不仅仅表明了显著差异，而且也指出了平衡基础设施和生态系统的"对角"改进的价值。

基于国家的这一分类，并且仍然使用 NRI 架构（只包括那些没有包含在基础设施和生态系统维度内的要素），将有助于理解 ICT 不同发展点的含义。我们在此对它们进行说明，首先是通过把宽带渗透看做是生产率促进特征的标志（见表3），其次是通过把宽带使用成本看做是网络连通所面临的障碍标志（见表4）。

表 1

	差	中等	好	优秀	
生态系统	—	—	9	11	优秀
	—	6	9	1	好
	13	19	13	—	中等
	17	9	—	—	差
	基础设施				

表 3

	差	中等	好	优秀	
生态系统	—	—	20	25	优秀
	—	2	14	19	好
	<1	1	7	—	中等
	<1	1	—	—	差
	基础设施				

表 2

	差	中等	好	优秀	
生态系统	—	—	5.26	5.42	优秀
	—	4.22	4.77	4.92	好
	3.35	3.76	4.11	—	中等
	3.02	3.41	—	—	差
	基础设施				

表 4

	差	中等	好	优秀	
生态系统	—	—	50.0	52.8	优秀
	—	67.4	81.0	51.2	好
	380.8	185.1	88.6	—	中等
	931.2	906.3	—	—	差
	基础设施				

宽带渗透与成本成强逆相关，而且是平衡 ICT 发展价值的有效标志。ICT 发展地图中的一个较差位置表明，在这些国家的人们只有很少的机会使用互联网；如果他们使用了互联网，他们则需要支付更多的费用。其次（尤其是在一国进入好/优秀区域之前），最显著的改善来自交叉分类中的对角改进。

不是都和钱有关？

对这一分析的合理反映可能是：有趣的模型，

但可能隐藏了事实，较富裕的国家有更好的连通性，而且它们的市场通过规模经济推动了价格的下降。毋庸置疑，收入水平扮演了重要角色（右上角国家的人均 GDP 显然高于左下角）。但经济计量分析显示，收入变量并不能单独解释不同国家之间连通性差异的全部；而 ICT 立法的特性，无论是单独考虑，还是与收入水平组合，都是一个显著因子（如图 6 所示）。[12]

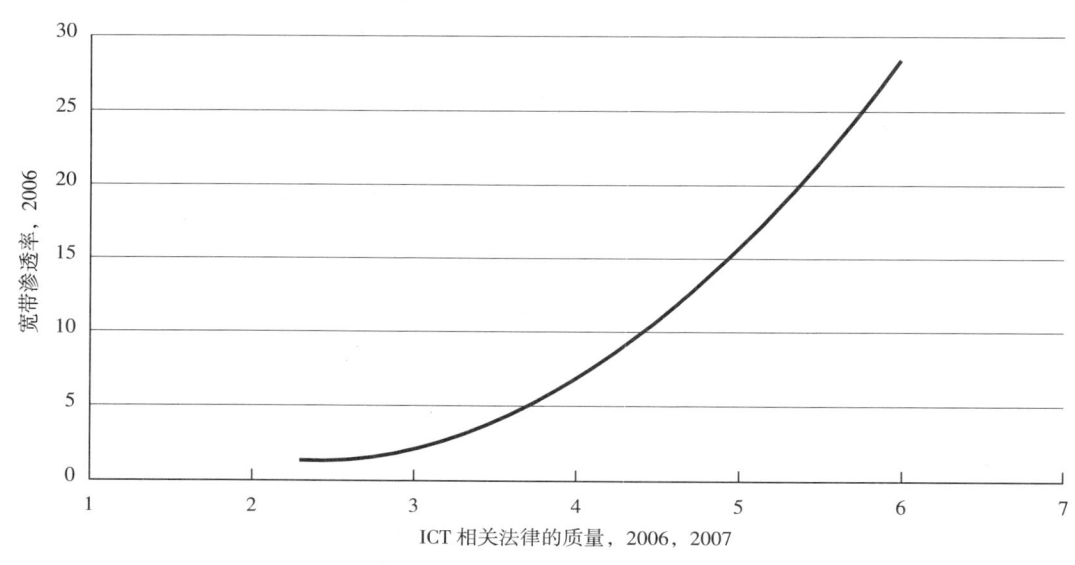

图6　ICT 相关法律与宽带渗透

注：以收入水平为控制变量的回归。
资料来源：作者的计算。

在一个 NRI 所包括的 127 个国家的回归分析中，收入水平单独解释了互联网使用和宽带渗透的变动量的 1/2~2/3（如 R^2 结果所暗示的一样）。ICT 法律/管制环境的质量——生态系统维度的一个重要构成变量——作为单独因子解释得更多。只有当两个因子同时置于多元回归分析中时，它们能够解释 80% 以上的变化量。

类似的，对欧洲（其收入差距明显小于全球收入差距）宽带渗透的分析表明，绝大多数的变化量可以归因于连通技术平台可靠性方面的差异，并且与 ICT 生态系统维度的另一个变量竞争密切相关。这是值得乐观的：连通性并不单纯决定于经济。

通过对 ICT 生态系统良好设计的改进，以及对基础设施的谨慎投资，一个国家（地区或城市）可以实现 ICT 的显著发展——这为低收入国家通过 ICT 应用与网络连通提高生产率与改善全球竞争态

势提供了潜在可能。

利用 ICT 达成经济与社会目标

我们利用 NRI 构成要素所设计的诊断应用模型提供了一个评估一国起始位置的良好基础。可能的希望是，政府可以运用这种观点，同时制定 ICT 渗透，尤其是 IP 网络改善计划，来提高生产率，推动经济增长和扩张社会内涵。在这一点上考察领先国家快速发展的最佳实践，能够得出一些政府与其他国家的领导人应当考虑的规则性选择。

从一开始我们就强调我们现在所要跨越的重要临界值：目前新兴国家比发达国家拥有更多的网络用户。让我们记住其他需要跨越的临界值：个人电脑的使用密度（这会影响到 IP 网络使用的频率）和无处不在的宽带（这将决定连接速度和生产率提

高以及保健和教育等其他领域需求应用所要求的带宽)。

我们现在把宽带视做进步中的短板,或者是标志。当我们分析规则性选择时,必须时刻关注以下三个方面:

1. 广泛的进入暗示了支持宽带连接的充满活力的国家ICT基础设施的深度与广度,包括全国范围的数字化高速、可扩展容量的基础。可能的特征有:

——多元宽带接入技术平台;

——支持多媒体应用软件的速度能力与先进服务(至少2mb的下载流量和1mb的上传流量);

——可承受的宽带接入设备的多种选择,如PC机与PDA。

2. 可承受性是关键——不仅仅是出于社会目的,同时也是为了确保激发强大网络效果需求临界点的实现:

——对许多细分市场而言,竞争是实现可承受性的最佳路径;而对那些难以进入的细分市场而言(基于市场或经济原因),可能需要政府的刺激和支持;

——选择的多样性,更多的是服务的价格而不是网络接入或收费方案,提供了更广范围参与的机会。

3. 增值应用与服务增加了网络平台的价值。这些包括:

——当地宽带容量的带宽范围、应用软件,以及针对个体与产业集群的服务;

——ICT技能发展,包括个人与企业(包括对年长一代人的ICT培训)。

成功的机制

问题是,政府管理者及合作伙伴应如何来实现这些条件。政府如何才能把这些广泛的目标转化成行动?什么是成功的关键要素?

● 规则:那些在宽带连通上取得较大进步的国家已经改变了它们的规则机制,正在从电信垄断机制向认可IP融合与推动竞争的机制演变。旧的电信规则基于语音,而且在产业内呈现出非常不同的成本结构——它在宽带中的应用产生了扭曲,甚至是反向激励的风险。

● 投资:为了建立私人投资与当地主动权发展

所需要的国家基础,战略投资是必要的(类似于主干道路或州际高速公路)。当投资致力于建立一个可持续的投资活力而不是被当做终端连通的补助时,投资被最佳杠杆化。

● 竞争:成功的国家已经找到了适合它们特定环境的、推进平台技术和服务供应多样化的道路。竞争是扩展网络接入、促进使用和确保可承受性的最有效方法。

● SMBs:基于它们自身的属性,当国家ICT单元由动态结构与网络组成时,IP网络得到了最好的利用。在一个ICT关联创业兴隆的环境中,创业SMB能够充分满足服务需求,以及提供企业和家庭使用的有效软件。

规则领域的思考通常受到电信产业遗留问题以及历史性规则环境的限制。实际上,在全球所有国家,传统电信产业都是围绕五个中心观念构建:①语音是基本服务;②价格、账单与规则的基本计量单位是分钟;③使用者的地理位置是重要的;④通话时长对成本与价格是敏感的;⑤电话网络是距离敏感的,并导致了距离敏感的价格。这些条件与部署电话网络的巨额资本支出一起,导致了一个高度规则化的市场,以及一个垄断性的环境。这维持了在许多国家过分高的电话服务成本,遏制了可能带来价格降低和用户增加的竞争。

这五个假设没有一个适用于宽带。新宽带IP对距离、时长、地理位置都敏感,充分利用基于分钟的微小价值来实现营业额的增长,并使反生产效应达到最小。语音服务只是最终用户大量应用中的一个方面。传统的基于语音的电话公司与ICT领域的提供者进行联合,在其中,竞争更为激烈,创新以更快的速度发生,大幅度的价格下降每天都在发生。

电话与宽带之间唯一的相似之处就是都需要资本支出以建立基本的物理传输网络。宽带也需要挖沟布线,这些政府工程的成本可以通过一个公平的固定比率计算出来(尽管光谱无线网络的出现可以大幅度地降低这些成本)。

规则改变——是什么?

在许多国家,如上所述,规则的改变似乎是一个必须的步骤,但并不是充分的——尤其是当我们考虑到追赶(或迷失)ICT浪潮形成中的利益关系时更是如此。值得庆幸的是，政府仍然有大量的工具来推动宽带的普及。政府能够通过针对用户或供应商的金融创新、有形激励和法律激励来快速缩小差距。

下面是一种审视政府应当从传统的供需角度来考虑缩小差距的方法：

供应方激励在农村地区更有效，在农村，推广宽带服务不仅费用高，而且低的人口密度降低了盈利回报的可能性。但政府能够通过协调基础设施部署来降低推广成本。

●协调基础设施的设计与启用：与今后再来挖沟布线相比，在道路建设的同时沿路布线的成本更低廉。即使是在道路建设时的一段时间内不需要网络，它们也应在下方设计空的管道或者是容易征用的地沟，以便电缆与光纤能够在今后以较低的成本来铺设。在巴黎，网络电缆被铺设在下水道中。对大都市和地方政府来说，基础设施的协调是一个可行的策略，因为这并不需要联邦政府的额外授权就能进行。

●利用现有基础设施与资产的优势：现有政府与教育机构的建筑物、设备可以用做发射塔以推进无线网络的部署。政府可以推出激励措施以推动宽带电缆铺设来利用现有的电线杆和建筑物。改造现有资产能够带来很大的价值。

●降低资本成本：除了考虑各种形式的补贴之外，政府可以通过提供低息贷款、政府公债或贷款担保的方式来降低私人投资者的资金成本。政府还可以通过前端付款成为结构化服务协议中的顾客，为新的网络服务提供商提供所需的初期现金流。更进一步的，政府可以从用来降低或分担风险的、制度完备的、成功的金融机制的传统表单中进行选择，或者是把卖方吸引到其他非盈利的或微利的项目。

●使用政府购买能力：在许多国家，政府是IT服务的最大买主。政府可以捆绑服务或对服务进行分类定价。政府能够在谈判过程中把宽带扩展项目拿到桌上来讨论，将缺乏吸引力的项目与盈利较好的项目捆绑在一起。

●分配新的和现有的射频频谱波长：电视从模拟向数字传输的迁移，正在进一步拓宽原本已经有效满足无线宽带网络需要的射频频谱带宽。作为频谱管理机构的一部分，政府能够确保被重置的频谱能够满足网络供应商的需要，特别是在频率上最佳

适应在众多新兴国家的崎岖地带和地貌传输信号的需要。无线宽带的传输将永远不会像光纤那样快，但这一局限性显然已经被可通达性和可承受性所弥补。在全球很多地方，无线传输是引入宽带服务的唯一方式，它是推动移动电话在全球范围内比统治了一个多世纪的固定电话更为普及的"跳跃技术"。

●平衡竞争力：简单投入和垄断使得创新和投资比竞争市场的竞争者更少。一个平衡的竞争环境将考虑现有经营者的需求和所花费的投资，同时为新进入者提供激励。如果规则无视现有投入或排斥竞争者，竞争将不会存在。移动电话市场是这一原理的一个优秀范例。一开始，移动电话市场被看做是机会市场，因而能够在监督管理机构的监管之外偷偷运行。这一自由使得竞争得到鼓励，结果迎来的是移动电话市场的快速投资和部署。移动电话市场的经历说明了竞争的好处，它推动创新和市场的快速扩张，同时为供应商提供合理的利润。那些在 NRI 指标上排在前列的国家，也拥有最好的竞争环境。

需求侧激励针对的是那些几乎或从来都不使用计算机或互联网的最终用户。非常低的收入水平显然是需求的大敌，但仍然有一些有效的工具与激励手段来推动需求。

●消除或减少压制需求的规则：那些鼓励垄断或阻碍创新的规则导致价格高企。在许多国家，为了保护电信现有经营者的传统收入流，IP 语音服务被认定是非法的。这一战略是达不到新兴经济增长和本章前述部分所设定的经济与文化目标的。旧规则与新的、隐蔽的放松管制的结合，将带来自相矛盾的影响。例如，在韩国，传统拨号上网的高价格帮助推动用户转向了单一费率的宽带服务。

●构建合适的需求创造平台：为什么用户会考虑使用宽带？如果他们能够通过上网来获得政务、教育与保健服务，或者是能够获得潜在的工作机会和收入来源，他们会更加关注网络服务。通过构建可以满足人们需求的应用平台，或者是鼓励私人部门去开发他们自己的需求创造平台，譬如本地语言的网络内容，政府可以推动网络服务需求。

●提高 PC 普及率：文献认为，在 PC 普及率与宽带使用之间存在强相关性。通常，在低的 PC 普及率下试图推动宽带使用，那是众所周知的本末

倒置。政府能够以很低的或补贴的成本提供 PC 机，或者是以很低的租金出租 PC 机。在韩国，人们可以以很低的价格从邮局租赁 PC 机，这克服了低收入家庭的网络使用障碍。埃及最近也开始实施了一项工程，允许低收入家庭以零首付或很低的首付款购买 PC 机；而且这些家庭的电话账单每个月只会增加很少的费用。通过这种方式，15.5 万个家庭成为了网络用户。PC 机的普及显著地扩展了网络市场。

● 在公共设施普及互联网：许多发展中国家的人们是在学校、图书馆、政府大楼、互联网咖啡馆、太阳能乡村公用电话亭第一次接触到互联网。通过推动公众场所网络的接入，政府能够很容易地通过展示这一技术的影响力来增加需求。

● 对前商业化研发进行支持：天才存在于每一个角落。发挥小规模投资杠杆效应的最好办法就是在方案研发的早期实验阶段对其进行投资。在每一个国家都有一些学者与企业家，他们有一些适合于他们国家或全球的解决方案。伟大的思想能够来自最不起眼的地方，创新投资无疑是使它产生的必由之路。

一旦宽带普及率达到 30%~35%，更多的激励成为可能，最可能的是广告。基于大规模的用户，服务与内容提供商能够利用广告收益来贴补流量成本，这很快成为发达国家所偏爱的一种收益创造方式。

城市：最佳的宽带普及进入点？

尽管迅速完成全国性的网络连通是一个宏伟的目标，但对众多新兴市场来说，它们一开始不可能实现这一目标。更合适的方式是一开始只集中在城市发展，尤其是随着发展中国家城市化的发展，城市的发展能够提供扩张网络连通的强大基础。

城市拥有大量关键的家庭和商业需求，这使得更多的商业化投资成为可能。城市通常具有更好的、需要政府支持的执行能力，而且城市可以在连通性与软件应用上提供更多的合作机会，至少在开始阶段是如此。

根据最新的研究（见专栏 1），新兴国家的城市居民已经充分认识到网络连通的潜在利益，他们愿意为网络所代表的价值进行支付。发展中国家网络推广的机会不仅仅存在于人口稠密的城市，也存在于大量偏远农村的地区中心；作为中心地点，网络连通的好处能够得到充分展示。

结论

新兴国家正处于关键节点；技术可以能够快速而有效地推动它们的经济转型。但只有当政府认识到，为了推进与维持宽带普及目标，ICT 基础设施的投资必须和通过共同努力来改变法律、规则、商业、文化生态系统的行为相匹配，经济转型才会发生。

本章所探讨的分析工具是一个很好的起点；它可以帮助国家与其他处于网络化进程中的国家进行比较与对照。这一工具是成功国家正在实施的正确行为的先行指标，也是发展中国家如何能够抓住机遇来改善教育、政府、健康服务的思想源泉；能提高收入水平和 GDP；享有连通世界的商业与社会利益。

注释

① Authors' calculations, based on nominal GDP data and real growth projections from the IMF's *World Economic Outlook*, October 2007, as updated in January 2008. For these calculations, we use—as for other calculations in this chapter—a broad definition of *emerging economies* (all economies except the United States and Canada, the EU15, Japan, Australia, New Zealand, Korea, and Singapore).

② Authors' calculations based on data compiled by EIU, Internet World Statistics, and BMI.

③ Reding 2005.

④ Jorgenson et al. 2005.

⑤ Crandall et al. 2007.

⑥ See, for instance, work by Waverman et al. 2005.

⑦ Based on constant -quality price index from the US Bureau of Economic Analysis' National Income and Product Accounts.

⑧ Forrester Research 2007.

⑨ Standard & Poor's 2007.

⑩ These examples are from Mohiuddin and Hutto 2006.

⑪ Please note that these indicators overlap with but are not the same as those that make up the NRI's infrastructure pillar.

⑫ The slope in the graph and the R^2 referred to in the following paragraph reflect the results of Cisco regression analyses using 2006 per capita GDP and the ICT laws measure used in the NRI 2007–2008.

参考文献

Crandall, R., W. Lehr, and R. Litan. 2007. "The Effects of Broadband Deployment on Output and Employment." *Issues in Economic Policy*, June. Available at http: //www.brookings. edu/reports/2007/06labor_Crandall.aspx.

Forrester Research. 2007. "Worldwide PC Adoption Forecast. 2007 to 2015." June 11.

ITU (International Telecommunication Union). 2007. *World Telecommunication Indicators* 2007.

IMF (International Monetary Fund). 2007. *World Economic Outlook*, October Washington. DC: International Monetary Fund. Available at http: //www.imf.org/external/pubs/ft/weo/2007/02/index.htm.

——.2008. *World Economic Outlook*, January 2008 Update. Washington. DC: International Monetary Fund Available at http: //www.imf.org/external/pubs/ft/weo/2008/update/01/index.htm.

Jorgenson, D. W., M. S. Ho, and K. J. Stiroh. 2005. *Productivity, Volume 3: Information Technology and the American Growth Resurgence*. Cambridge, MA: MIT Press.

Mohiuddin, S. and J. Hutto. 2006. "Connecting the Poor." PPI Policy Brief. Washington, DC: Progressive Policy Institute. Available at http: //www.ppionline.org/documents/Connecting_the_Poor_030106.pdf.

Reding, V. 2005. "How to Make Europe's Information Society Competitive." Speech to eEurope Advisory Group, Brussels, February 22. Available at http: //europa.eu/rapid/pressReleases Action.do? reference =SPEECH/05/107&type = HTML&aged=0&language=EN&guiLanguage=en.

Roeller, L. -H. and L. and Waverman. 2001. "Telecommunications Infrastructure and Economic Development: A Simultaneous Approach." American Economic Review 91 (4): 909–23.

Standard & Poor's 2007. *Telecommunications: Wireless Industry Survey*.

Waverman. L., M. Meschi, and M. Fuss. 2005. "The Impact of Telecoms on Economic Growth in Developing Countries." 2005. Vodafone Policy Paper Series 2. Available at http: //web.si.umich.edu/tpro/papers/2005/450/L% 20Waverman -% 20Telecoms%20 Growth%20in%20Dev.%20Countries.pdf.

US Department of Commerce, Bureau of Economic Analysis. Available at www.bea.gov/national/nipaweb.

World Bank. 2006. *2006 Information and Communications for Development: Global Trends and Policies*. Washington, DC: World Bank.

——.2007. *Doing Business 2008: Comparing Regulation in 178 Economies*. Washington, DC: World Bank.

World Economic Forum. 2006; 2007. Executive Opinion Survey.

1.3 章

匪夷所思的关系：为什么 ICT 对创新来说至关重要？探讨信息与通信技术对基于创新的竞争力的影响

卡洛斯·A.奥索里奥–乌尔苏亚（Carlos A. Osorio-Urzúa）

阿道夫·伊班奈兹大学管理学院和哈佛大学法学院伯克曼互联网与社会中心

2003 年 5 月，尼古拉斯·G.凯尔（Nicholas G. Carr）在其题为《IT 不重要》的论文中提出：随着信息与通信技术（ICT）在所有公司的普及，其不再作为战略分水岭。[1]他认为，信息管理可以抄袭，几乎不能增加竞争优势。

但是在本章，我们认为 ICT 还是有影响的。而且，我们认为 IT 对创新至关重要，而创新毋庸置疑是现在及未来竞争优势的源泉。

ICT 与生产力的关系曾一度是难以捉摸的。同样，ICT 与创新的关系似乎也不明朗。[2] ICT 通过以下四种方式改变创新的速度与经济效应：①降低实验费用；②提高失败率，通过加速设计测验循环从而加速发现次优选择；③提供更好的信息获取、管理及分析；④鼓励顾客创新从而公司从顾客创新中获利。

本章中，我们通过研究网络就绪度指数（NRI）与世界经济论坛《全球竞争力报告》系列中全球竞争力指数创新部分略改版之间的关系及 ICT 创新应用的各相关变量之间的关系，[3]探讨了这些变化给各国带来的影响。

本章首先对公司创新能力进行了简介，并观察了信息技术如何帮助企业提高创新能力。然后我们提出为什么总体上 NRI 排名高的国家是那些创新推动经济增长的国家。这帮助我们解释了全球竞争力指数与 NRI 之间的高度相关关系。[4]

本章得出的结论是：ICT 确实至关重要。一国的民众与企业 ICT 应用越广泛、越深入，ICT 越有可能提升创新流程的效果。创新流程是指帮助企业可预测、可持续地创新的方法。所以，是企业实力而不是运气导致了创新。企业越有创新精神，其国家的竞争力越有可能来源于创新。

创新流程的相关性

企业 ICT 应用的普及与成熟如何使一国建立基于创新的竞争力？回答这一问题需要理解创新流程、创新的核心能力及 ICT 的角色。这是因为，虽然它是一个国家的目标，但创新却发生在公司层面。

创新可以通过企业以外的事情培养或是受阻。风险资本及技术劳动力的可获得性、良好的劳工制度及鼓励从失败中学习的文化都是企业创新结果的环境因素。很多国家现在正在通过提高创新公共投入、改善国家创新体系、重组资本市场、建立长期规划体制以及重新制定创新政策等方法改善这些因素。尽管这些努力也起到了一定的作用，但其影响受到了本国企业的创新能力、创新知识、创新实践的限制。

实现更高水平的创新，即更多更好的创新，及加强基于创新的竞争优势需要改变、纠正企业的流程、文化、组织及管理。信息技术至少可以在其中的两方面起到作用：创新的流程和管理。在这种情况下，很多重要的研究都表明：公司可以通过创新流程学会更好更快地创新。总之，创新流程可以使企业可预测、可持续地更频繁、更高效地创新。[⑤]以出售高流量的创新流程为主的一个公司的例子就是IDEO，一家硅谷设计公司，其每年为 Apple、Prada、美国癌症学会等客户发明 90 多种新产品及服务。

这些类型的流程可以被理解为寻求和检测问题最佳解决方案（市场拉动方法）及新方案最佳市场领域（技术推动方法）所需信息的程序。正确信息的获取、分析及管理是其中的关键，而且由于信息是 ICT 的产物，所以 ICT 更关键。

实现更高水平的创新需要五大核心能力：

（1）学会识别创新来源；

（2）培养创造力；

（3）培养探索能力；

（4）学会尽可能早失败、多失败、代价较小的失败；

（5）提高执行力。[⑥]

ICT 可以提高上述所有的核心能力，并帮助企业更快、更好地识别创新来源。所以，公司可以通过关注未被充分满足的潜在需求和识别被过分关注的需求领域或不是很有效的解决方案来决定最佳的创新场所。[⑦]ICT 在搜寻、开发、分析及发现创新模式方面尤其有用。另外，摄影机、手机、录音机等泛在技术也是用来人种分析以发现和研究需求领域的有力工具。如果说需求是发明之母的话，ICT 应该是其"阿姨"。

培养创造力可以理解为置身事外思考并学会从不同的角度看待现实。[⑧]到处都是市场信息。尽管在全球经济条件下，所有的企业都面对同样的现实，但它们都有不同的理解。学会如何从不同的角度看待现实以及如何利用新角度创造竞争优势非常重要。比如，Gastón García，一家智利公司，发现了一种可以使葡萄丰收后保持新鲜的方法，从而彻底改变了葡萄出口业务。公司聚焦于如何避免水果的腐烂，而不是采用传统的使水果失去活性以保证安全的方法。他们借助自然，发明了一种方法，从酒中挑出葡萄，但葡萄表现得好像从来没离开过酒。

ICT 还可以通过提高公司的探索能力以及帮助它们尽可能早失败、多失败、代价较小的失败来培养创新流程。在这种情况下，失败是流程期望的结果并给企业带来什么不能做的信息。这通过定性与检测的不断循环实现。失败是学习的过程。公司越早知道什么不能做，就越能把更多的注意力放在可以带来成功的可选方案上，越能避免投资在不好的可选方案上。正如爱迪生发明电灯的过程以及托姆克（Thomke）和施拉格（Schroge）所言，[⑨]懂得发掘实验力量的公司可以更好、更快地创新，而 ICT 可以促成这样的实验。

ICT 是通过模拟和原型机制造增强探索能力从而加快创新的核心。比如，电子制表软件使得财务模拟很便宜并帮助在新服务上进行创新；实物期权分析帮助在新技术上有更多的投资。快速的原型制作使新产品的创新效率更高且越来越廉价，以至麻省理工学院教授尼尔·格申菲尔德（Neil Gershenfeld）的 FAB 实验室将原型制作带到了发展中国家的乡村学校。[⑩]基因序列分析和计算化学通过为样本的筛选及合成提供有效解决方案已成为生物技术的关键。

除了上述能力以外，增强执行力可进一步加强公司的创新。一个公司从创新中获利的能力很大程度上取决于其将创新引入市场并持续管理其生命周期的能力，这都要求工作流程与网络协作、管理系统、高效的生产及思考、管理知识及信息有高水平的协作。

通过 ICT 所有这些都可以被更好地实现。ICT通过减少原型制作、反馈、获取市场信息的时间及成本，缩短进入市场的时间，增加产品开发的灵活性等，从而在提高这些能力上扮演着重要的角色。

ICT 对创新重要吗？

尼古拉斯·凯尔（Nicholas Carr）指出，从战略角度来看，"IT 并不重要"，尽管 ICT 关乎一国目标，但"在公司层面已不再是优势的来源"。[⑪]然而，近几年的研究表明：信息技术对所谓的"新一代创新流程"有很大的战略重要性。"新一代创新流程"是指靠技术支撑的创新流程，这里的技术是指帮助提高更快更好创新所需信息的获取、转化、转移、控制的能力。[⑫]

企业差异化价值的创造反映了其 ICT 应用的强度与深度。ICT 应用的强度是指技术被应用了多少，而深度是指应用的特征、复杂度及所取得的卓越绩效。这就是为什么现成的坚决方案对由要素和效率驱动的公司来说是个不错的选择，而对由创新驱动的公司则不一定。如果公司把 ICT 当做商品的话，那么其竞争对手也可以获得该商品——这是发展中国家普通甚至顶级公司都会遇到的问题。将时间和资源投资用于开发其自己的解决方案的公司可以创造基于知识产权的竞争优势。在知识产权体制健全的情况下，这些公司可以保护其知识产权不会轻易被其竞争对手盗用、抄袭，从而创造市场价值。

在公司层面上，创新商务应用的强度与深度随着新产品、服务开发的设计、制造、协调解决方案的不同而不同。道奇森等（Dodgson et al.）认为，创新采用 ICT 后，公司提高了项目质量、盈利能力、产品灵活性、市场份额，而减少了废品、建立的时间、市场化的时间、劳动力需求等。[13] 这些都发生在公司层面。

在上述讨论的基础上，我们接着在国家层面上探讨 ICT 与创新的相关度。然而，这种相关需要结合其他重要的环境因素来理解（如风险资本的可得性、知识产权的保护、价值链的宽度等）。加入这些先决的因素，ICT 的影响是更强还是更弱？政府的 ICT 政策对创新有影响吗？我们在本章剩下的部分来分析这些问题。

网络就绪度与创新

ICT 在创新中的作用需要结合其他相关因素来理解。出于简化与前后一致的目的，我们将用世界经济论坛《2007~2008 年全球竞争力指数》创新部分的修正版来衡量一国的创新能力。这部分的修正版，在这里称作创新因子，是以下七个变量的集合：[14]

（1）一国的创新能力：用来衡量公司是通过颁发执照或模仿国外的公司获得技术，还是通过正规研究开发其自己的技术；

（2）科研机构的质量：有没有本领域全球最好的机构；

（3）公司有关国际研发的支出；

（4）大学与产业研究的合作；

（5）政府先进技术产品采购基于价格或技术绩效和创新的程度；

（6）本土科学家和工程师的可利用性；

（7）2006 年每百万人中认定的实用专利数。

ICT 与创新相关度的第一步分析中，我们用到了 2007~2008 年的网络就绪度指数及子指数。在此基础上，第二步的分析中，我们用到的是来自应用部分的特殊变量。

创新因子可以被看做是衡量一国经济依赖于创新的程度的指标。它既关注创新资源也关注创新结果。创新因子的得分从 1 到 7，1 是最低分，而 7 是最高分。如表 1 所示，低收入国家与高收入国家之间的差别是很大的：低收入国家创新因子的平均得分是 2.96（中低），而高收入国家的平均得分是 4.25（中高）。

表 1　汇总统计

维度	变量	平均数（标准差） 所有国家	低收入国家	高收入国家	备注
创新	创新因子	3.42（0.90）	2.96（0.45）	4.25（0.92）	创新因子改编自《2007~2008 年全球竞争力指数》创新部分
就绪度	网络就绪度指数	3.94（0.85）	3.42（0.48）	4.83（0.59）	2007~2008 年网络就绪度指数
	环境	3.76（0.83）	3.26（0.40）	4.63（0.64）	2007~2008 年环境构成子指数
	就绪度	4.50（0.82）	4.04（0.62）	5.30（0.45）	2007~2008 年就绪度构成子指数
	应用	3.55（0.97）	2.97（0.48）	4.56（0.74）	2007~2008 年应用构成子指数
来自应用构成子指数的变量	商务互联网应用程度	4.02（0.96）	3.52（0.60）	4.94（0.80）	公司买卖商品以及与顾客、供应商互动时的互联网应用（调查，2006，2007）
	政府 ICT 战略	4.01（0.85）	3.73（0.76）	4.52（0.78）	政府利用 ICT 提高国家整体竞争力的战略（调查，2006，2007）
	宽带普及率	5.46（7.72）	0.77（1.23）	13.00（7.78）	每 100 名居民中的互联网宽带用户，国际电信联盟，2007 年世界电信指标
环境变量	风险资本的可利用性	3.27（0.90）	2.79（0.57）	4.15（0.72）	公司为创新而不是风险项目融资时获得风险资本的难易（调查，2006，2007）
	知识产权保护	3.80（1.21）	3.12（0.70）	5.05（0.95）	国家知识产权保护力度（调查，2006，2007）
	价值链的宽度	3.79（1.06）	3.26（0.62）	4.78（0.98）	各种价值链关系中的出口公司（调查，2006，2007）
	人均 GDP（美元）	13952.67（12599.1）	5680.0（3862.3）	29151.1（8024.5）	人均 GDP（购买评价），国际货币基金组织世界经济概览，2007 年 4 月和 9 月版
	观察数目	122	79	43	

注：低收入国家是指人均 GDP（PPP）≤15000 美元的国家；高收入国家是指人均 GDP（PPP）>15000 美元的国家。调查，是指世界经济论坛的执行意见调查。

资料来源：作者的计算，根据表中所显示的不同来源的数据计算得出。

表1中还呈现了高收入与低收入国家之间网络就绪度指数及其构成子指数的差别。低收入国家网络就绪度指数的平均得分是3.42，高收入国家为4.83；低收入国家环境构成子指数的平均得分是3.26，高收入国家为4.63；低收入国家就绪度构成子指数的平均得分是4.04，高收入国家为5.30；低收入国家应用构成子指数的平均得分是2.97，高收入国家为4.56。

然而，创新因子与网络就绪度指数之间的偏回归分析表明：用创新因子来衡量的话，在人均GDP（购买力平价）影响相同的情况下，高水平的网络就绪度与高创新是连在一起的（见图1）。我们把国民收入——人均GDP（购买力平价）的影响考虑在内，一定程度上会得出：总的来说，发达国家的公司为创新投入更多、更好的资源。尽管经济资源很重要，但我们的结果表明：网络就绪度指数与创新因子相关性很强（$R^2=0.8161$）。

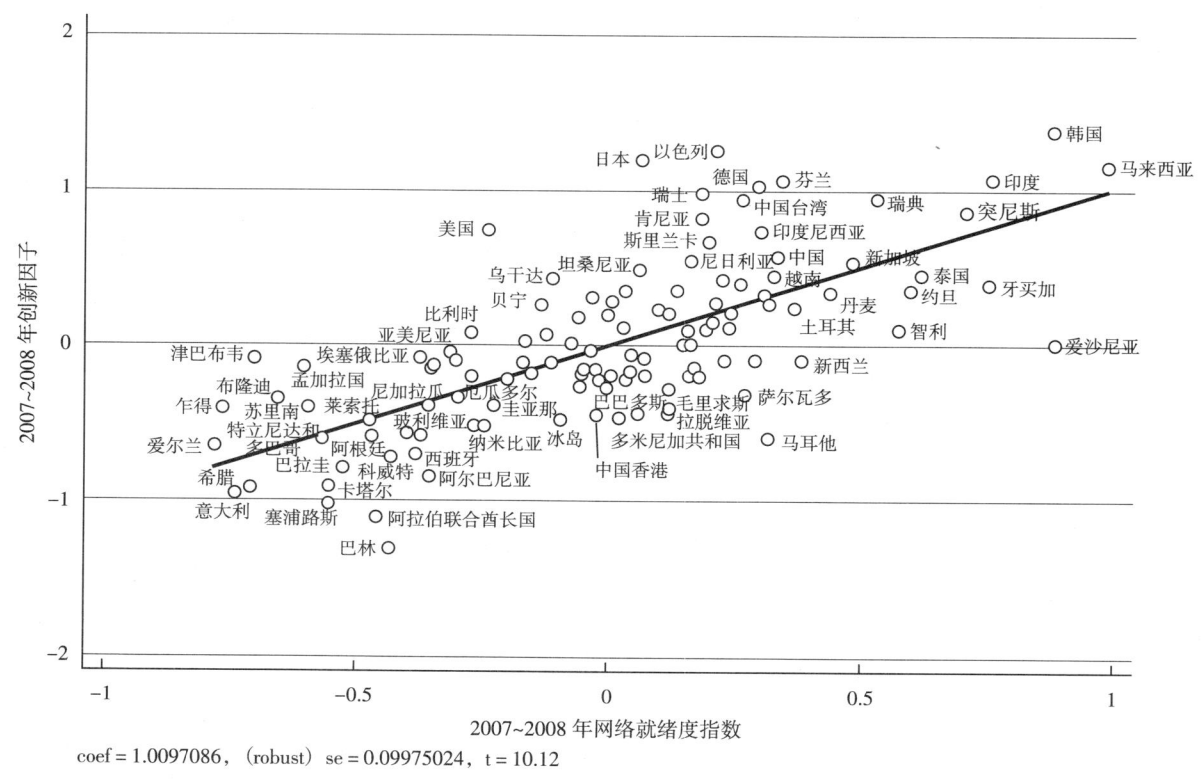

coef = 1.0097086，（robust）se = 0.09975024，t = 10.12

图1　网络就绪度指数与创新因子

注：偏回归，以人均GDP作控制变量（PPP）。
资料来源：作者的计算。

网络就绪度指数由三个构成子指数组成（环境、就绪度及应用）。研究ICT与创新因子的相关性需要排除既包含在NRI又包含在创新因子里的变量。实用专利数、科学家与工程师的可利用性及研究机构的质量也包含在环境构成子指数中，公司的研发支出、大学与产业的合作、政府对先进技术产品的采购包含在就绪度构成子指数中。最后，应用构成子指数包含了各种创新能力。

然而，基于前面的讨论，真正造成创新差异的是ICT的应用。因此，本章随后，我们将进一步用三个应用变量对个人、商业及政府进行分析。

如图2所示，应用构成子指数与创新因子之间的关系很强。结果表明：应用构成子指数变动1分，创新因子变动0.79分。考虑到其收入水平及网络就绪度指数，有些国家创新方面的表现突出，如日本、韩国、马来西亚、印度以及稍微不如它们的美国和哥斯达黎加。表现欠佳的国家有巴林、塞浦路斯、意大利、阿拉伯联合酋长国、马耳他和爱沙尼亚。

不出意料，这种关系在低收入和高收入国家之间是不同的。低收入国家中，应用构成子指数和创新因子之间的关系相对较弱；这是因为低收入国家的ICT应用没有高收入国家深入。低收入国家应用构成子指数增加1分，创新因子增加0.75分，而

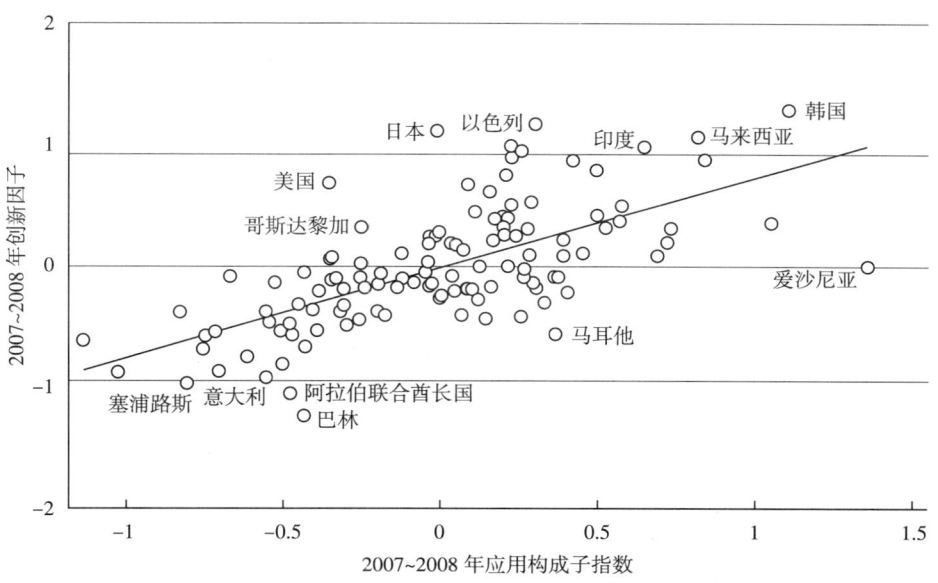

coef. = 0.79191482，（robust）se = 0.09688185，t = 8.17

图2 应用构成子指数与创新因子

注：偏回归，以人均 GDP（PPP）为控制变量。

资料来源：作者的计算。

不是 0.79 分，其 R^2 为 0.5886。

考虑其收入水平，在这一关系中，马来西亚和印度高于平均水平。阿尔巴尼亚、巴拉圭、玻利维亚、巴林、萨尔瓦多、毛里塔尼亚等国低于预期。高收入国家中，应用和创新的关系强一些。应用构成子指数每增加 1 分，创新因子增加 0.85 分，而且拟合优度也更高（0.7105）。考虑其应用和收入水平，韩国、日本、以色列、德国、芬兰、中国及中国台湾的这一关系高于平均值；中国香港、冰岛、荷兰和马耳他等低于预期。

这些初步结果表明了 ICT 应用与创新的关系。然而，仔细查阅应用部分子指数，我们会更好地理解其三个支柱（个人应用、商业应用及政府应用）与创新是否相关。

基于我们对创新流程角色的讨论，个人应用和商业应用与创新的关系应该比政府应用更强。分析（没在本章）也证明了这一点。个人和商业应用与基于 ICT 的创新之间关系十分密切，目的在于加速和推进创新过程、缩短新产品上市的周期以及增强新产品和服务提供的灵活性。

我们对政府应用与创新要素之间的关系进行了测试，发现与个人应用、商业应用和人均 GDP 不同，信息与通信技术在政府中的应用与创新无关，这一点并不令人感到奇怪。这可能是由于多种原因所致，当然主要是因为政府应用是由中央政府来考虑信息与通信技术的应用，而中央政府通常并不是创新的发起人。但是也有一些例外，例如智利，智利的网上政府采购系统，会得到来自联合国、美国州织织以及亚太经济合作组织的奖励。

本书的前面部分对于国家就绪度指数和创新要素之间关系的分析，如同与应用构成子指数及其三个支柱（个人应用、商业应用和政府应用）之间关系的分析一样，充分说明了 ICT 与创新要素之间关系的渊源。下面我们将对这一问题进行深入研究，更加清楚地表述信息和通信技术与创新之间的关系。

创新中的 ICT

本部分中，我们从每一个支柱中选取了一个变量继续我们的进一步分析。这些变量是：（1）互联网宽带用户数（来自个人应用），（2）互联网商业应用的程度（来自商业应用），（3）政府的 ICT 战略（来自政府应用）。

互联网商业应用的程度是用来衡量基于 ICT 的支撑公司内部流程解决方案（技术战略、营运管理、物流等）[15] 应用强度与深度的一个指标，特别是用来检测是否与创新有关。基于表 1 的汇总统计，我们得出：在我们的样本中，互联网商业应用的程度居中（4.02 分），但低收入国家与高收入国家之间的差异却很明显：低收入国家得分 3.52，而高收入国家是 4.94。

第二个与 ICT 相关的应用变量是政府提升国家竞争力的 ICT 战略。如果 ICT 与创新有关，ICT 政策应该有作用，我们期望看到这一政策与创新因子之间的一些关系。平均来看，ICT 政策的质量中等（4.01 分），但同样，低收入国家与高收入国家之间的差异却很明显，分别是 3.73 分（中低）和 4.52 分（中高）。

我们在这考虑的最后一个变量是来自个人应用部分的宽带普及率，一个衡量个人 ICT 应用的指标。随着基于 ICT 的支撑创新的解决方案越来越深入，宽带的需求也在不断增长。这样的解决方案和流程的实例有计算机辅助设计（CAD）及其文件的传送、远距离快速的原型制作、录像会议、及时物流及传送系统、远程快速生产等。低收入国家与高收入国家之间还有一些差异是令人不安的：低收入国家中平均每 100 名居民中的宽带用户为 0.77，而高收入国家为 13。

另外，分析 ICT 应用与创新之间的关系还需要考虑一些对创新很重要的环境变量。这是必要的，因为我们需要明白当考虑进这些环境变量的可能影响时，ICT 还重不重要。我们分析中用到的环境变量包括知识产权保护、风险资本的可得性、价值链的宽度及人均国民收入。接下来会解释选择它们的原因。

健全的知识产权保护制度是必要的，因为它可以确保创新者从其创新活动中获得适当的回报。平均来看，如表 1 所示，整个样本的知识产权体制得分略低于中等水平（3.8），但低收入国家与高收入国家平均得分之间的差异却很明显（3.12 和 5.05）。换句话说，高收入国家知识产权保护力度高于低收入国家。创新是有风险的，创新者为了成功需要承受高度的不确定性；这些是之所以要进行知识产权保护的其他原因。

接下来的问题是创新活动的筹资。由于传统的投资者是不会为这类项目投资的，所以我们分析中考虑的是当地风险投资公司的可得性。当地发达的风投产业可以为创业者的创新活动提供必要的资金支持。一般来说，公司为创新项目寻求风险资本比较困难（表 1 中 1~7 的得分范围，平均分仅为 3.27）。低收入国家和高收入国家之间获得风投的差异是巨大的（平均分分别是 2.79 和 4.15）。也就是说，高收入国家的公司获得成功的机会更大，因为它们的当地风投产业更为发达。

另外，创新很大程度上是一个基于网络的社会现象──这一话题已经被很多作者探讨过。[10] 根据他们的研究，我们得出：拥有占据价值链各个环节（产品设计、营销等）出口公司的国家更容易从其

网络中获得市场信息和资源，更可能识别出创新源，更容易去创新。低收入国家和高收入国家仍然是有差异的：低收入国家的平均分是 3.26（中低），而高收入国家是 4.78（中高）。

最后，如表 2 所示，低收入国家与高收入国家的人均 GDP 也是有差异的。那些创新因子得分高于 4.0 的国家 2006 年的人均 GDP（购买力平价）平均为 35949 美元，而得分低于 4.0 的国家为 9229 美元（显著性水平为 1% 时，人均收入与创新的 R^2 值为 0.7609）。

人均收入关系到很多方面（教育及基础设施等）的差异。我们分析中引入人均 GDP（购买力平价）以帮助获取这些差异并了解成为富裕国家对成为创新型国家可能有的影响。

从包含在创新情境里变量的角度来看这些与 ICT 相关的变量，提出以下三个问题：

（1）在创新情境下，公司 ICT 应用与创新相关吗？

（2）政府 ICT（会）对创新有影响吗？

（3）宽带以特殊的方式带来影响吗？

我们认为这些问题的答案是肯定的，接下来我们会从整个样本和低收入与高收入国家之间的差异两方面来探讨它们。

ICT 与创新的相关性

探讨 ICT 与创新的相关性使我们从理解公司层面创新过程和信息技术的角色转到基于世界经济论坛执行观点调查中公司给出的答案和各种来源的统计资料，检验国家层面 ICT 与创新的相关性。本部分，我们探讨考虑了环境变量的影响后，ICT 是否确实与创新有关。我们通过做多元回归分析来检测三个与 ICT 相关的变量是否确实与创新有关，还有简单的例子来论述如何利用 ICT 创造基于创新的价值。

商业互联网应用度

我们的分析结果表明：在本地风险资本可得性、知识产权保护力度、出口公司价值链宽度、人均 GDP、宽带普及率及政府 ICT 战略一定的情况下，企业商业互联网应用度对创新有积极的影响（见图 3）。结果还表明：在其他所有因素都相同的情况下，企业 ICT 应用更广泛、更深入的国家创新得分更高。

事实上，商业互联网应用度每增加 1 分，整体创新因子就增加 0.28 分。实践中，这意味着：在其他所有因素都相同的情况下，一个国家如斯洛文

表 2　2006 年的创新因子与人均 GDP（购买力平价）

经济体	创新因子	人均 GDP（购买力平价，美元）	经济体	创新因子	人均 GDP（购买力平价，美元）	经济体	创新因子	人均 GDP（购买力平价，美元）
美国	5.77	43259	智利	3.48	12889	保加利亚	2.96	9751
瑞士	5.74	37301	肯尼亚	3.47	1300	阿尔及利亚	2.95	7849
芬兰	5.67	34458	意大利	3.45	30824	布基纳法索	2.94	1377
日本	5.64	32531	立陶宛	3.45	16134	阿根廷	2.91	15884
以色列	5.57	30789	克罗地亚	3.43	13875	马其顿	2.88	7871
瑞典	5.53	34375	斯洛伐克	3.42	17596	亚美尼亚	2.87	5501
德国	5.46	30942	阿拉伯联合酋长国	3.37	31240	蒙古	2.86	2306
韩国	5.36	24074	阿塞拜疆	3.36	6159	博茨瓦纳	2.85	14153
中国台湾	5.24	30449	土耳其	3.36	8906	塔吉克斯坦	2.82	1452
丹麦	5.11	36734	约旦	3.34	5378	巴林	2.81	24354
新加坡	5.08	32996	巴巴多斯	3.32	18828	委内瑞拉	2.79	7103
加拿大	4.90	35474	俄罗斯	3.31	12122	秘鲁	2.78	6535
荷兰	4.88	34959	波兰	3.28	14724	洪都拉斯	2.75	3133
英国	4.79	35481	牙买加	3.27	4438	冈比亚	2.74	2080
奥地利	4.76	36308	塞浦路斯	3.25	28020	柬埔寨	2.69	3103
比利时	4.74	35062	摩洛哥	3.25	4728	喀麦隆	2.68	2430
法国	4.69	31873	马耳他	3.24	20318	多米尼加共和国	2.67	8508
挪威	4.60	43925	希腊	3.23	26079	津巴布韦	2.67	2182
爱尔兰	4.54	44454	尼日利亚	3.22	1353	萨尔瓦多	2.66	5517
冰岛	4.52	40573	乌克兰	3.22	7744	纳米比亚	2.66	8215
马来西亚	4.50	12130	越南	3.22	3330	格鲁吉亚	2.65	3556
澳大利亚	4.41	33341	埃及	3.17	4626	摩尔多瓦	2.62	2272
中国香港	4.34	37057	科威特	3.16	22013	埃塞俄比亚	2.61	989
卢森堡	4.18	74250	巴基斯坦	3.15	2624	苏里南	2.58	7218
新西兰	4.09	25810	坦桑尼亚	3.15	785	赞比亚	2.58	1081
突尼斯	4.02	8957	哥伦比亚	3.11	8174	孟加拉国	2.56	2288
捷克	3.95	23190	墨西哥	3.11	10817	厄瓜多尔	2.56	4826
印度	3.90	3715	哈萨克斯坦	3.10	9485	毛里塔尼亚	2.56	2307
爱沙尼亚	3.75	18842	乌干达	3.10	1623	莫桑比克	2.56	1488
斯洛文尼亚	3.75	23921	罗马尼亚	3.09	9887	波斯尼亚和黑塞哥维那	2.53	8653
葡萄牙	3.71	22807	拉脱维亚	3.08	15515	吉尔吉斯	2.53	2112
南非	3.71	12740	塞尔维亚和黑山共和国	3.08	6850	圭亚那	2.49	5260
哥斯达黎加	3.62	11611	菲律宾	3.03	5469	尼泊尔	2.49	1596
泰国	3.62	9219	毛里求斯	3.01	12713	尼加拉瓜	2.48	4058
匈牙利	3.61	19514	乌拉圭	3.01	10648	莱索托	2.31	2928
中国	3.60	7543	危地马拉	3.00	4711	布隆迪	2.29	666
西班牙	3.58	27994	特立尼达和多巴哥	3.00	17428	乍得	2.28	1640
斯里兰卡	3.58	4987	马达加斯加	2.99	952	玻利维亚	2.25	2974
印度尼西亚	3.56	4256	马里	2.98	1194	东帝汶	2.17	1753
卡塔尔	3.54	30772	贝宁	2.97	1232	巴拉圭	2.11	4954
巴西	3.50	9006	巴拿马	2.97	8349	阿尔巴尼亚	2.10	5795

资料来源：世界经济论坛，2007；国际货币基金组织，2007。

尼亚企业互联网应用得分是 5.58 而不是 4.58，则创新因子得分将是 4.03 而不是 3.75。

在这里，我们将表现突出的国家定义为考虑其商业互联网应用度水平和其他变量相关水平，创新因子突出的国家。图 3 所有国家中表现突出的国家和地区有阿尔及利亚、巴西、捷克、芬兰、以色

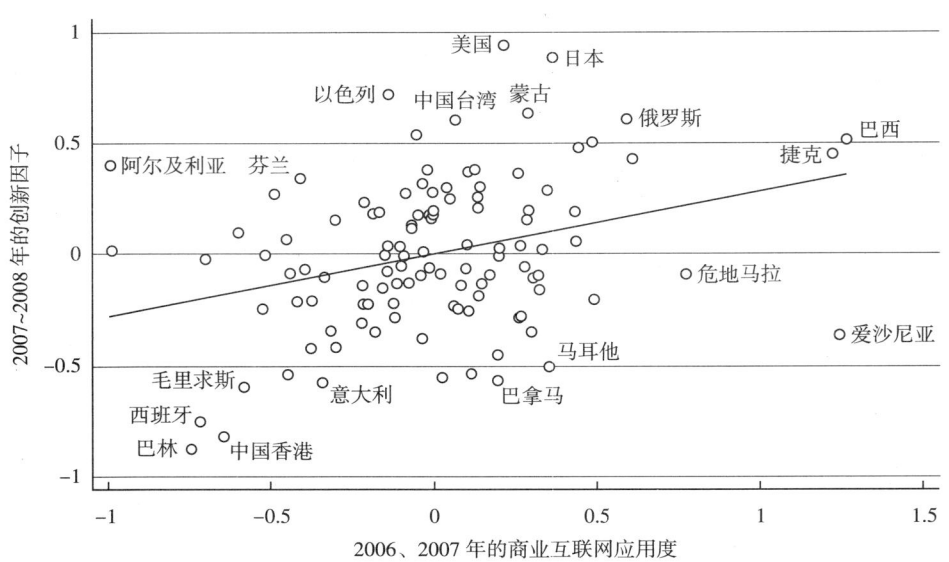

coef.= 0.2794919，（robust）se = 0.10335292，t = 2.7

图3　商业互联网应用度与创新因子

注：偏回归，控制变量为风险投资可利用性、知识产权保护、价值链的宽度、人均GDP、宽带普及率以及政府的ICT战略。

资料来源：作者的计算。

列、日本、蒙古、俄罗斯、中国台湾及美国；表现不好的有巴林、爱沙尼亚、危地马拉、中国香港、意大利、马耳他、毛里求斯、巴拿马和西班牙。此处我们考虑了与分析中所含变量相关的国家和地区的地位。

为什么是这样？这一指标评估了一国公司在电子商务及与消费者、供应商互动时是否广泛应用了互联网。从创新角度来看，最有趣的维度不是电子商务而是公司为解决问题、发现新问题、成为创新者而与其网络中的客户、消费者、供应商、合作伙伴以及竞争对手的互动方式。

为了利用基于互联网的工具在降低新产品、服务的创新成本的同时提高速度和加强效果，基于领先用户创新理论和Web 2.0的拓展工作正在开发中。这些开发与索罗维基（Surowiecki）提出的确认、协调、合作的新方法一起已不仅限于利用互联网与人分享领先用户的创新，[17]并为创新发明了新方法，如乔伊斯（Joyce）提出的brainsourcing。[18]Brainsourcing可被定义为积极的头脑风暴法，在这里，地理上分散的参与者不仅可以提供看法，还可以成为创新流程中积极的参与者和设计师。然而，这些方法很新、很先进，从ICT应用的角度，我们预期对高收入国家的公司影响更大。

对两类国家做相同的假设检验，我们发现低收入国家中，变量商业互联网应用度只有在20%的置信水平下才是显著的，且关联度很小（见图4，商

业互联网应用度每增加1.0，创新因子增加0.12）。这可以通过以下两点得到解释：第一，发展中国家通常寻求已经成熟的技术，如果在别的地方检测过的话，就直接引过来；第二，包括零售和金融部门在内，毫无例外地，发展中国家基于技术的商业模型更多是依赖于硬件设施的投资，而不是开发新的应用软件。低收入国家中，表现突出的有阿尔及利亚、巴西、哥斯达黎加、肯尼亚、蒙古和俄罗斯；表现不好的国家有萨尔瓦多、危地马拉、洪都拉斯、毛里求斯、巴拿马和巴拉圭。

然而，高收入国家中，这一关系更高、更显著。高收入国家商业互联网应用度每增加1.0，创新因子增加0.53（见图5）。这可以这样解释：发达国家中，企业早就意识到持续的竞争优势是建立在为市场创造价值及为公司创造回报的多种新颖方式的基础上。比如，在西门子，其收入的70%来源于上市不到5年的产品。[19]相反，发展中国家的大多数企业一直关注技术转移的效率和生产力增长以及其最成功的商业领域的开发，而不会考虑开发新收入源。

高收入国家中，如图5所示，表现突出的国家和地区都是那些创新水平高的国家和地区：日本、美国、中国台湾、以色列和希腊；表现不好的国家和地区有巴林、爱沙尼亚、英国、中国香港、意大利和西班牙。

因此，高收入国家与低收入国家的这一差异不仅仅是由不同的收入水平或不同的环境创新导向所

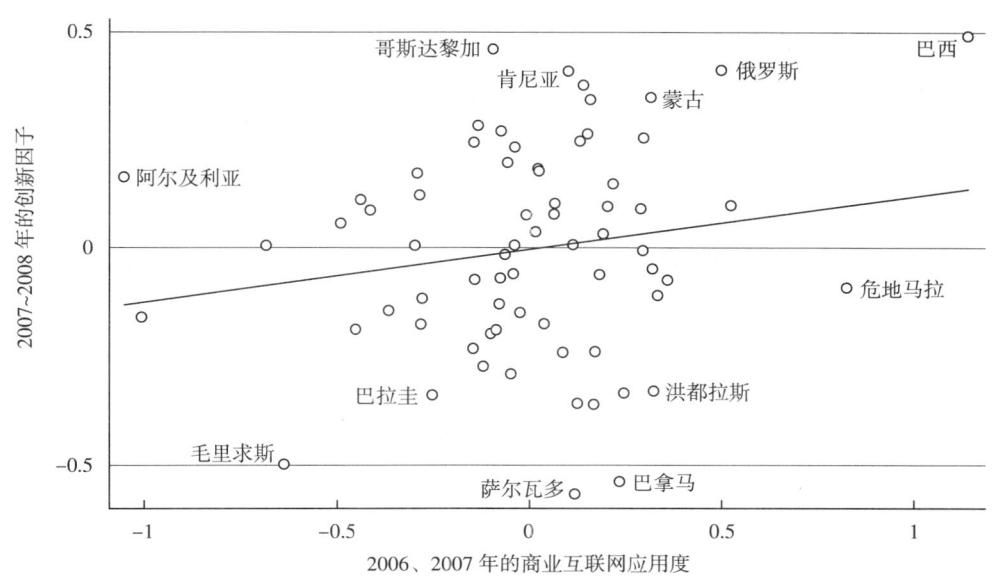

coef. = 0.12173905，（robust）se = 0.09080739，t = 1.34

图4　低收入国家的商业互联网应用度与创新因子

注：偏回归，控制变量为风险投资可利用性、知识产权保护、价值链的宽度、人均GDP、宽带普及率以及政府的ICT战略。
资料来源：作者的计算。

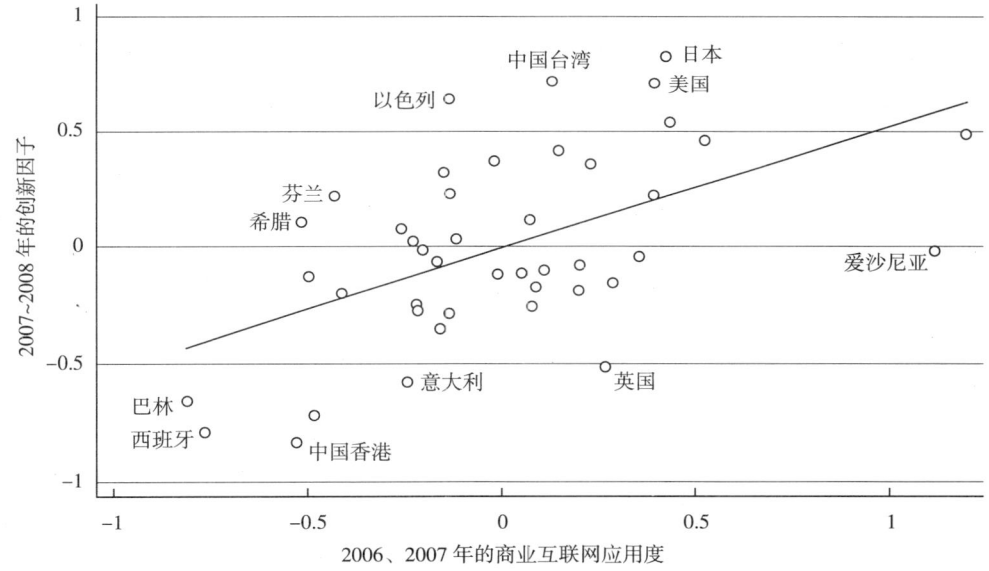

coef. = 0.5268041，（robust）se = 0.15903291，t = 3.31

图5　高收入国家的商业互联网应用度与创新因子

注：偏回归，控制变量为风险投资可利用性、知识产权保护、价值链的宽度、人均GDP、宽带普及率以及政府的ICT战略。
资料来源：作者的计算。

造成的，还由于其对创造基于各种技术独特应用的持续竞争优势的重视。

政府的ICT战略

第二个问题是在考虑了本地风险资本可利用性、知识产权保护力度、出口公司价值链宽度、人均GDP、商业互联网应用度、宽带普及率的情况下，政府的ICT战略是否可能对创新有重大影响。

如果ICT确实有影响，考虑到很多政府都在积极推进ICT以提高其国家竞争力，我们可以预期看到政府ICT战略与创新因子的一些关系。然而，由于高收入国家与低收入国家ICT战略的时机、深度、实施都有差异，政府ICT战略与创新因子之间的部分重要的关系或整个关系或许会不清晰。

事实上，图6的结果表明：整个样本中，政府ICT战略与创新因子的关系没有达到统计上的显著水平。然而，把样本分为高收入国家和低收入国家两类，如前所述，两类样本中政府ICT战略对创新的重要性的差异就显现出来了。

忽略统计不显著，我们可以通过图6找出高于平均水平或低于平均水平的国家。这样，德国、以色列、日本、蒙古、瑞士、中国台湾和美国是表现突出的国家和地区，而巴林、爱沙尼亚、马耳他、纳米比亚和巴拿马是表现不好的国家和地区。

专栏1：基于ICT的消费者创新

不只是软件公司进行ICT创新，食品、制造、运动等各行各业的公司都在做。这些部门的基于ICT创新已被很好地证明了。简单来讲，美国崔克公司（Trek）的一期项目是让消费者设计自己的自行车。耐克公司允许消费者设计、定制自己的运动鞋和齿轮。

托姆克和冯·希佩尔讨论了如何让各种公司利用ICT走出听取消费者意见来发现其所需的模式。而是允许消费者成为设计自己产品的积极参与者从而使信息传递更准确。[1]食品业，一个非常有趣的开发是利用ICT为口味和气味辨识这一主观问题提供客观性。

Bush Boake Allen（BBA）公司（于2000年被国际香料有限公司收购）在食品业，为诸如嘉吉（Cargill）和雀巢（Nestle）等著名食品公司提供食品。BBA面临一个问题。根据托姆克和冯·希佩尔，在客户满意一个新口味之前要反复很多次，但BBA只有在客户完全满意并对新口味下订单后才获得收入。根据他们的研究，平均只有15%的口味被消费者接受，只有5%~10%进入市场。

BBA通过发明了一个可以把顾客对口味很主观的评价翻译成化学公式的工具包解决了这一问题。与个人计算机的技术规范不同，一个专业口味的请求需要各种反复测试直到找到"正确的"口味令消费者满意。每反复一次需

要3~4周的时间，包括设计顾客口味、制造BBA样品，然后客户品尝测验后的接收反馈、分析结果，形成反馈。

这一工具包结合了新的独特的口味更廉价、快速开发的模拟和原型制作。利用整合了口味数据库和快速原型制作机器的互联网平台，顾客可以在互联网上创造制作的样本，这一样本随后会返给他们。这是一个在顾客而不是BBA手中循环进行设计、制作、检测新口味的试错过程。这一工具包还允许客户修改其原型从而成为设计者。工具包运行后，新流程的所有阶段都在顾客手中，反复时间减少了75%，自从公司可以降低其最低销售限额并可以接受小客户的订单之后，市场规模扩大了很多。

正如冯·希佩尔在其早期研究中所指出的，创新企业通过利用这些基于ICT的工具包，可以比利用传统的基于制造的工具更快速、更有效地创新。[2]企业通过开发基于ICT的工具包，可以使顾客成为创新者，但他们还需要改变其管理理念从而使其顾客具备必要的知识、经验、工具，成为积极的、有效的创新源。

注释：
①见托姆克和冯·希佩尔，2002。
②见冯·希佩尔，2001。

大多数高收入国家很早就制定了其长期的ICT战略，现在已经转为关注创新政策。另外，高收入国家ICT应用的相关问题已经从20世纪90年代早期的基础设施建设及21世纪初的隐私与安全转移到现在的社会网络与互联网创建Web 2.0。随着时间的推移，发达国家ICT政策的影响已经显现出来了，而低收入国家中，其诺言还有部分未履行。因此，高收入国家中，政府ICT战略的相关性没有创新政策及企业ICT应用深度的影响显著。

然而，低收入的发展中国家仍然还在创造良好的、有充足资金作支撑的、可持续的ICT长期战略，大多数重视基础设施、提前获得ICT以及寻找基本的效率提高方案。从这一角度，再基于发展中国家的大多数企业互联网应用不是很深入，我们预测低收入国家政府ICT战略的相关性更强。

我们的结果证实了这一观点。低收入国家中，政府ICT战略与创新因子之间的关系是显著的（见图7）。根据我们的分析，政府ICT战略得分相差

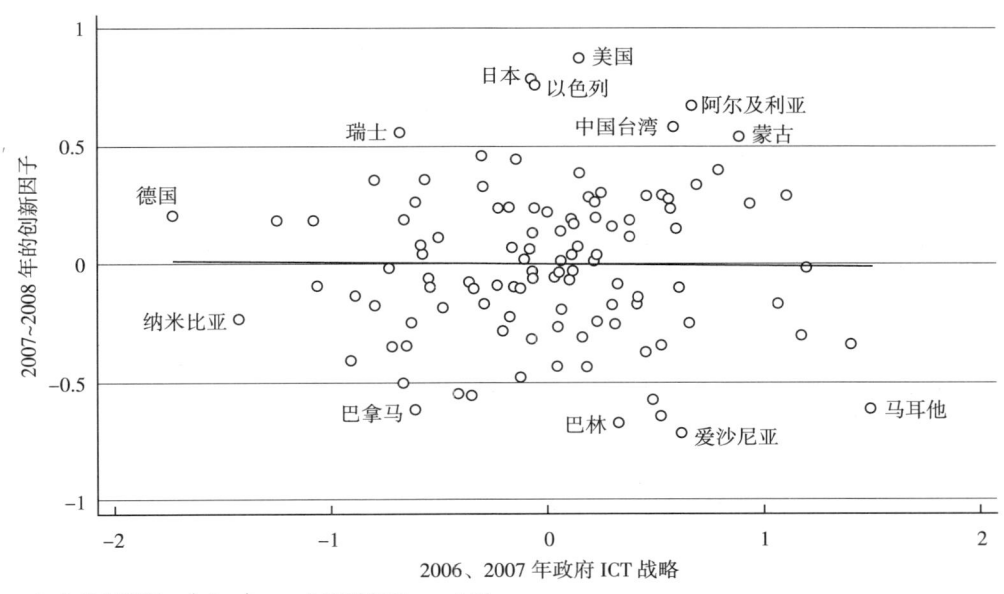

coef.= 0.12173905,（robust）se = 0.09080739,t = 1.34

图6 政府 ICT 战略与创新因子

注：偏回归，控制变量为风险投资的可利用性、知识产权保护、价值链的宽度、人均 GDP、宽带普及率以及商业互联网应用程度。

资料来源：作者的计算。

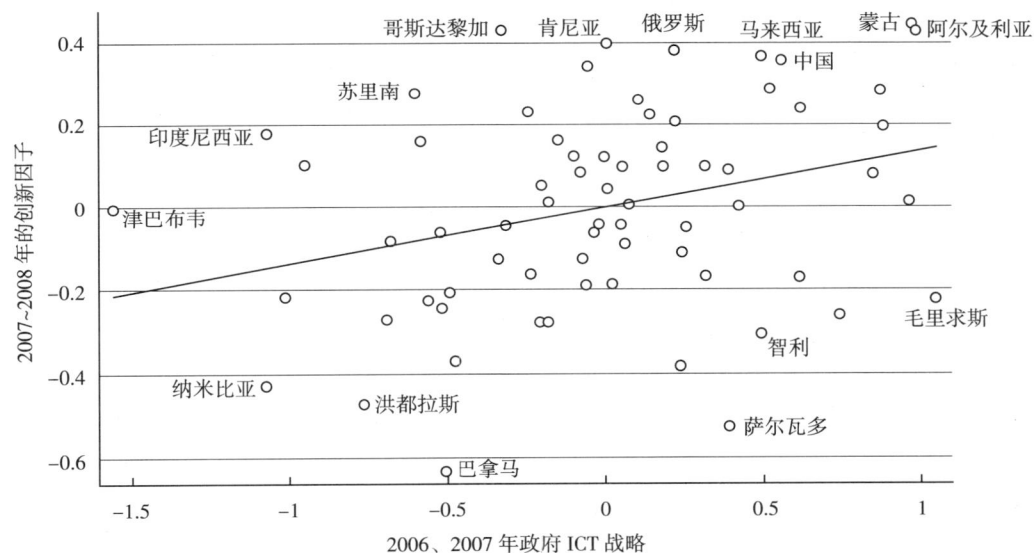

coef.= 0.13777692,（robust）se = 0.05908709,t = 2.33

图7 低收入国家政府 ICT 战略与创新因子

注：偏回归，控制变量为风险投资的可利用性、知识产权保护、价值链的宽度、人均 GDP、宽带普及率以及商业互联网应用程度。

资料来源：作者的计算。

1.0，创新因子几乎增加 0.14。

图7 中表现突出的国家有阿尔及利亚、中国、哥斯达黎加、印度尼西亚、肯尼亚、马来西亚、蒙古、俄罗斯、苏里南和津巴布韦；表现不好的国家有智利、萨尔瓦多、洪都拉斯、毛里求斯、纳米比亚和巴拿马。令人不安的是，大部分表现不好的国家都在拉丁美洲。

然而，高收入国家中，这一关系的显著性没有

了（见图8）。这是有原因的。一个可能的原因是焦点从长期 ICT 战略转到了长期创新战略，而创新战略可能对创新影响更大。另一个解释是时机与成熟度。高收入国家 10 多年前就制定了 ICT 战略，而这些战略可能已经对生产部门产生了很大的影响。

不考虑高收入国家结果的不显著，政府 ICT 战略表现突出者有以色列、日本、中国台湾、新加坡和瑞士；表现不好的有英国、爱沙尼亚、中国香

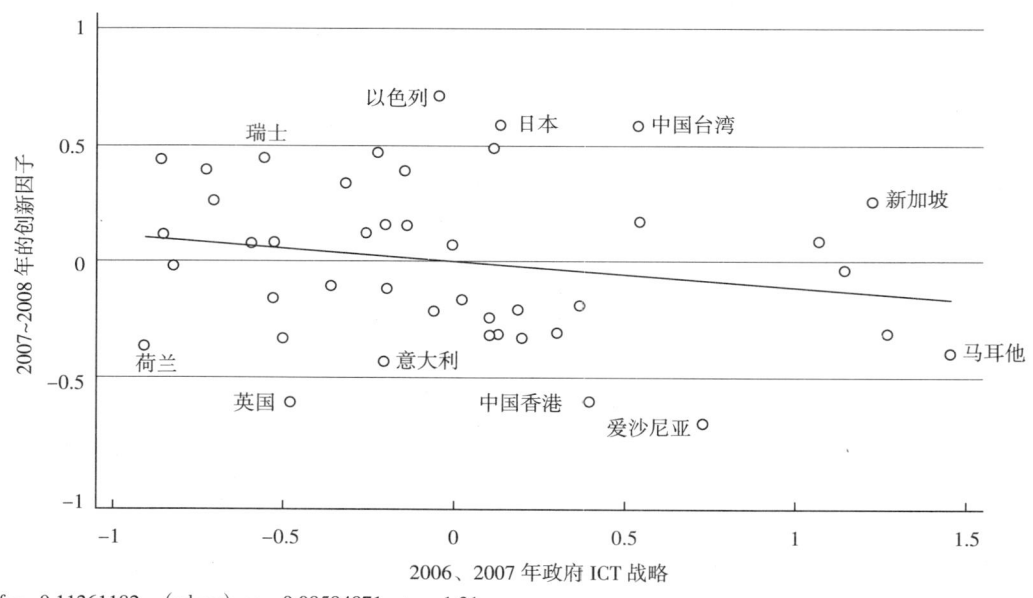

coef. = -0.11261182，（robust）se = 0.08584871，t = -1.31

图8 高收入国家政府ICT战略与创新因子

注：偏回归，控制变量为风险投资的可利用性、知识产权保护、价值链的宽度、人均GDP、宽带普及率以及商业互联网应用程度。
资料来源：作者的计算。

港、意大利、马耳他和荷兰。中国香港、英国和爱沙尼亚是创新因子最低的三个国家和地区。

高速互联网接入的相关性

正如前面提到的，我们使用高速互联网接入的普及率作为ICT个人应用的衡量指标。现在比以往任何时候，ICT应用的强度与深度更依赖于宽带的可用性。很多研究已经展示了经济发展与宽带可用性的关系。[20]

高速互联网应用的普及似乎也与创新有关。如图9所示，宽带普及率每相差1.0，创新因子相差几乎0.03——虽然很小，但却显著。上面已经讨论过一些原因：宽带与支撑协作、分工的创新工作越来越相关。

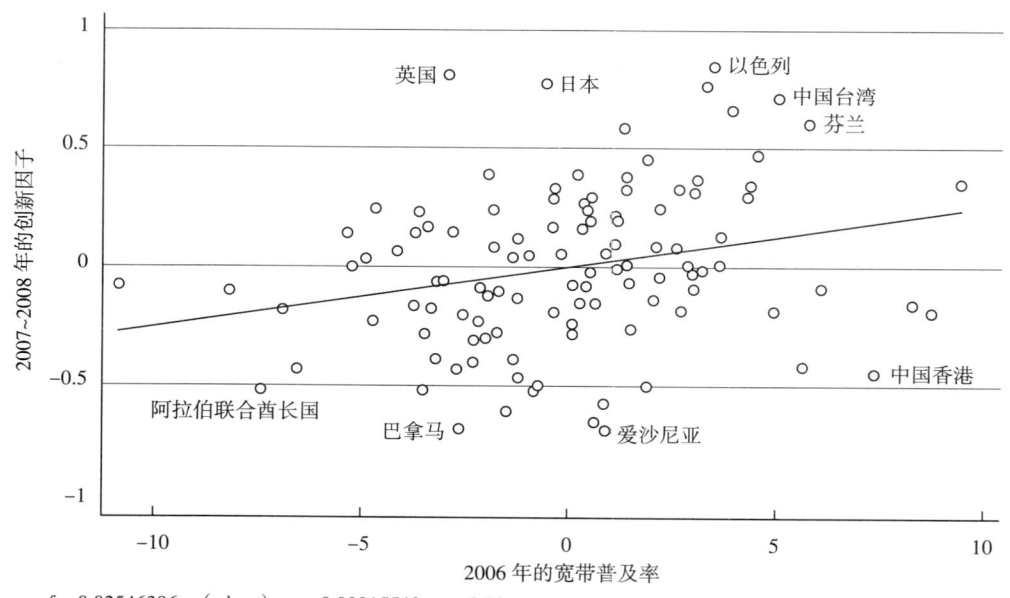

coef. = 0.02546396，（robust）se = 0.00915548，t = 2.78

图9 宽带普及率与创新因子

注：偏回归，控制变量为风险投资的可利用性、知识产权保护、价值链的宽度、人均GDP、商用程度以及政府ICT战略。
资料来源：作者的计算。

在其他所有因素都相同的情况下，基于宽带普及率，表现突出的国家和地区有美国、日本、以色列、中国台湾和芬兰；表现不好的国家和地区有爱沙尼亚、巴拿马、中国香港和阿拉伯联合酋长国。然而，分析时需要考虑一些问题。宽带互联网是全球的一个重要的政策问题。然而，平均来看，低收入国家的宽带用户比高收入国家低17倍（分别是每100名居民0.77和13.00）。有人可能认为，当

按收入水平分成两组后，宽带可得性也许由于以下两个原因与每一组都不相关：①低收入国家没有足够的宽带与创新建立关系；②把国家分为两组来进行解释时，高收入国家之间又会有很大的差异。这或许是由于宽带还没有如人所愿的无处不在。

事实上，将样本分为低收入国家和高收入国家两类后显示：我们所取的样本中，宽带和创新之间几乎没有关系（见图10和图11）。除了上述提到

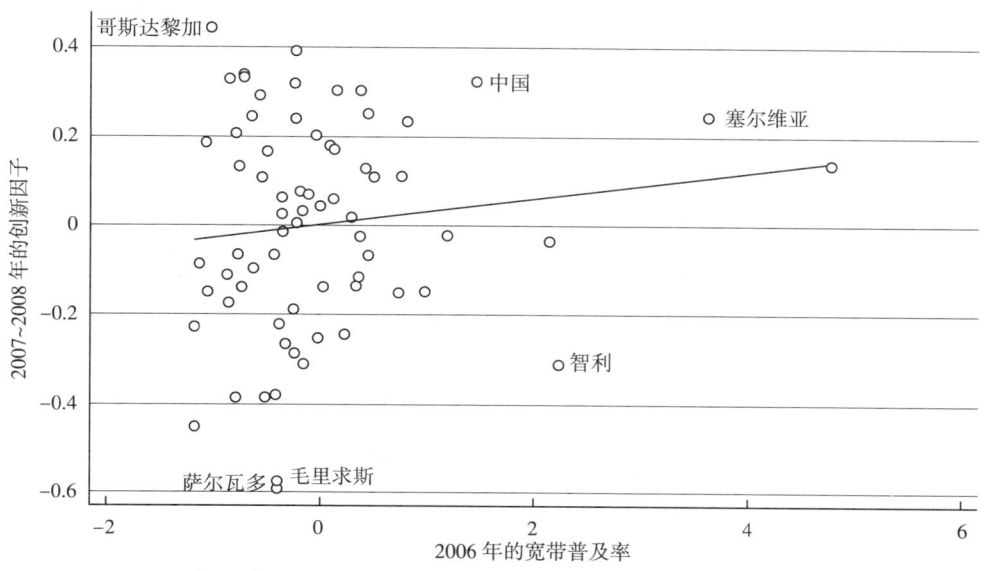

coef. = 0.02972282，（robust）se = 0.02395502，t = 1.24

图10　低收入国家和地区的宽带普及率与创新因子

注：偏回归，控制变量为风险投资的可利用性、知识产权保护、价值链的宽度、人均GDP、商用程度以及政府ICT战略。
资料来源：作者的计算。

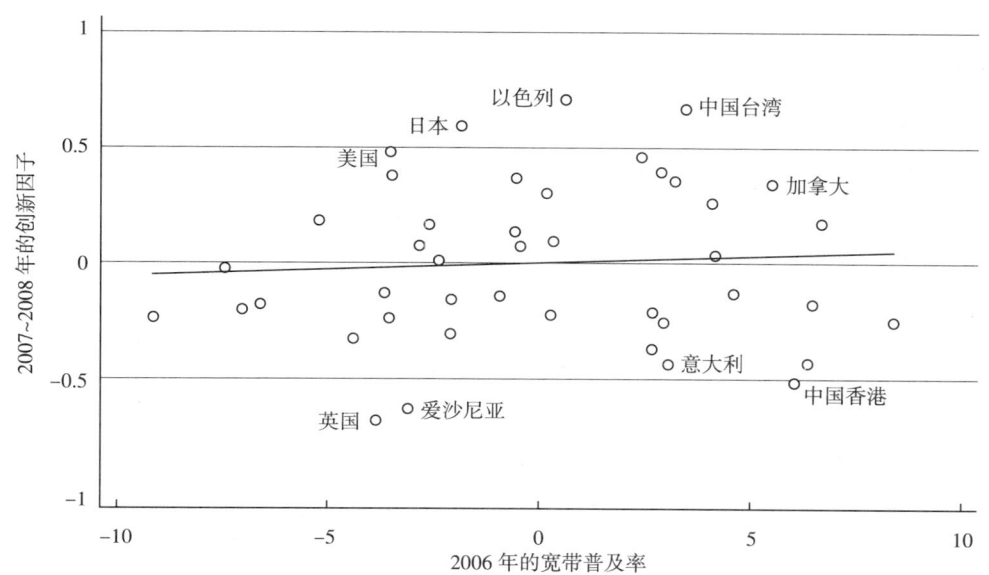

coef. = 0.00585252，（robust）se = 0.01215971，t = 0.48

图11　高收入国家和地区宽带普及率与创新因子

注：偏回归，控制变量为风险投资的可利用性、知识产权保护、价值链的宽度、人均GDP、商用程度以及政府ICT战略。
资料来源：作者的计算。

的原因以外，还有两个原因。

第一，低收入国家的平均宽带普及率很低，不可能表现出相关的总计结果。高收入国家中，高速互联网接入被普遍很好地利用，宽带普及率与商业互联网应用度高度相关（0.7807），几乎是低收入国家的2倍（0.4136）。[21]

因此，宽带可得性在高收入国家和低收入国家中都是个问题。差异或许表现在应用方式上。尽管低收入国家宽带短缺，但限制其潜在使用的方案和商业模式又加重了这一问题的恶化。在高收入国家，虽然宽带配置也不是无处不在，但其人民和公司对其应用比较广泛和深入。

专栏2：民众基于ICT的创新

缺少公司层面ICT应用的有关数据并不表明这样的事实：ICT不必与宽带有关，但与基础技术更相关，尤其在发展中国家。这一事实又引出另一个事实：有成千上亿的人与微型公司由于其收入水平而未包含在跨国公司的目标市场中。

自从C. K.普拉哈拉德（C. K. Prahalad）写了《来自金字塔底层的财富》后，很多公司和国家开始思考如何从金字塔的底层获利。下面的例子有助于理解利用ICT创造价值、提高位于金字塔底层公司的竞争力的潜能及发现ICT政策漏洞的潜力。

维罗妮卡·奥利维亚（Veronica Oliva）及其丈夫雨果·雷耶斯（Hugo Reyes）在一个名叫黑岛的智利太平洋滨海小镇上居住了好多年。在其第一个儿子维森特（Vicente）出生后，维罗妮卡和雨果就在找寻更好的谋生机会。于是，他们搬到了另一个滨海小镇——Llo-Lleo，一年后，为了追求更好的生活，他们又搬到了智利首都——圣地亚哥。

一到圣地亚哥，维罗妮卡就接管了她哥哥的一家小便利商店。这家商店位于罗埃米达（Lo Hermida）区，这个区及其相邻的帕姆罗兰（Penalolen）区都很穷。维罗妮卡和雨果都不知道如何经营小店、配置存货及管理应收账款。然而，雨果懂一点计算机。他们迫切需要解决这一问题来谋生，于是雨果通过经营这家店的维罗妮卡的各种反复试验发明了一个简单的软件。

软件的最终版，以其儿子的昵称命名为"El Vichito"，以所有主要的软件公司的标准来看都不先进，但是对大软件公司忽略的低端市场却十分有效。如今，来自圣地亚哥周边其他便利商店的订单像雪片般飞来，远远超出了维罗妮卡和雨果的预期。于是，他们的便利商店有了一个副产品——一家草根软件开发公司。[1]

通常，像维罗妮卡和雨果这样的微型公司被认为缺少使用ICT的条件，它们是方便推广ICT的公共政策的目标。然而，这个例子展现了政策制定者可能会忽略的地方：低端干扰的来源。来自位于阿默达巴德的印度管理协会、蜜蜂网络的创始人Anil Gupta已经对印度乡村诸如这样的例子进行过广泛的研究与记载。

注释：
①根据作者目前对民众和应用领导者创新的研究。

从全球来看，以宽带普及率来衡量的ICT个人应用的高水平似乎与高水平的创新相关。然而，不是所有人都能快速进入互联网，也不是所有宽带服务都一样。在像韩国这样的国家，宽带服务质量很好，但在像智利、百慕大这样的国家，带宽尚不足以运行发达国家的普通应用程序。

结论

本章的目标是探索对于创新来说，ICT至关重要的原因。我们通过研究NRI与摘自全球竞争力指数创新部分的创新因子之间的关系对这一问题尝试给出了初步的答案。我们发现，控制富裕国家的影响（以人均GDP（购买力平价）的水平来衡量较高）后，NRI与创新因子之间的关系非常密切。在其他因素都相同的情况下，NRI排名较高的国家，创新因子排名也较高。换句话说，准备越充分、ICT应用越广泛的国家，基于创新的竞争力潜力也越大。

然后我们把注意力转向NRI应用构成子指数，因为除一例外之外，包含在创新因子中的变量同时也被包含在 NRI 的环境和就绪度构成子指数中。还有一个更深层次的原因：分析 ICT 与创新之间的关系需要基于 ICT 应用。我们的分析发现：控制人均 GDP（购买力平价）的影响后，ICT 的个人应用和商业应用事实上都与创新密切相关。这一结果的相关性基于一个基本的事实：创新发生在公司和个人层面，所以只有 ICT 应用广泛、深入时，才能培养和加速创新过程，并帮助更好地创新。

然后我们拓展了我们的分析，包含了对应用关键的三个变量——商业互联网应用度、宽带普及率及政府 ICT 战略——应用构成子指数每一个支柱中的一个。在这点上，我们还证明了创新政策制定中常用的重要环境变量的相关性，这些变量包括：知识产权保护、本地风险资本的可利用性、产业价值链各环节出口公司的比例及人均收入水平。在所有情况下，我们的结果都表明 ICT 确实对创新有影响，但是高收入和低收入国家的影响方式不同。

高收入国家中，对创新影响最大的 ICT 相关因素是商业互联网应用度，主体是公司。有充足的证据表明，发达国家的公司通过获得更多更好的市场数据、加强原型制作和测试循环、增强其网络力量来调节其生态系统资源以及通过从失败中加强学习能力来利用 ICT 培养其创新。这些实践虽然对发展中国家的大型全球公司来说很普遍，但对其大多数公司来说仍然还处于起步阶段。

然而，低收入国家中，最相关的因素似乎是政府如何设计、制定和实施其 ICT 长期战略。有趣的是，很多政府把 ICT 和创新政策分开管理。比如，智利常被当做典型，其 ICT 和创新政策之间联系很少。高水平的一体化和协调性对提高发展中国家 ICT 和创新政策的效果有很大的帮助。

创新需要一个基本的培养环境，这个环境包括充分的知识产权保护、充足的本地创新资金来源以及通过其价值链拥有有价值的全球业务关系的公司。此外，政策制定者还应该注意以下的细节：

第一，国家利用 ICT 的程度与生产部门和个人吸收这些技术的水平紧密相关。然而，不只是技术重要，因为其应用的广度和深度与组织的实践、能力和资本紧密相关。[22] 从这个角度来看，ICT 和创新政策需要包括为取得更好的生产效益在这些能力上的投资以及基于创新竞争力的培养。

第二，公司只有以良好的、资金充足的政府 ICT 应用战略作为长期竞争力的基础，才能采用和发明新技术，并形成所需的新组织实践和能力。这不应该是一个只关注获得 ICT 而不注意创新政策的努力。相反，ICT 战略应该把重心放在以提高公司竞争力为目标而提高 ICT 应用的广度与深度及协调创新政策上。

第三，低收入国家大多把在穷人中推广 ICT 当做一个民主问题。在这里，我们认为它更是一个公平与国家竞争力的问题。已经证明：草根创新能够导致高度公平、增加草根创新者的财富，还能提高其所在地的竞争力。蜜蜂网络——由阿默达巴德印度管理协会的阿尼尔·古普塔（Anil Gupta）创建的草根创新网络——可以提供很多这样的例证。国家竞争力不只基于位于金字塔顶部的公司业绩，还基于位于金字塔底层的公司业绩。然而，大多数创新政策都是为跨国公司或先进公司设计的。未来创新的硕果需要今天更均衡地识别、帮助草根创新并为其提供资金支持。

第四，很显然，宽带是 ICT 更广泛、深入应用必要且关键的未来资产。还需要阐述一下与接入有关的政策问题。引用来自麻省理工学院计算机科学与人工智能实验室的大卫·D. 克拉克（David D. Clark）的话：以这样的目的定义宽带是"适应未来发展"的。[23] 在此，适应未来发展意味着什么？ICT 与创新及基于 Web 2.0 实践的丰富越来越相关已经使高速互联网接入成为创新的一个重要要求。协作、分散的创新实践越来越依赖于一些相关的拓宽带宽的应用。因此，不再以兆字节/秒来衡量，"适应未来发展"的宽带应该被理解为：考虑到创新的相关性，带宽不应该成为未来向前发展和变革的绊脚石。

注释

① Carr 2003.

② Jorgenson 2004.

③ See World Economic Forum 2007.

④ Mia and Dutta 2007.

⑤ See Cooper 1986; Osorio 2007; and Thornke 2001.

⑥ Osorio 2007.

⑦ This approach is based on the seminal work done by von Hippel 1988, 2002; von Hippel and Sonnack 1999.

⑧ See de Brandandere 2006.

⑨ See Thomke 2003; Schrager 2000.

⑩ Gershenfeld 2005.

⑪ See comment on Nicholas Carr's website: http://www.nicholas gcarr.com/articles/matter.html.

⑫ See Dodgson et al. 2007; Osorio 2007.

⑬ Dodgson et al. 2007.

⑭ The innovation pillar also includes a measure for intellectual property protection, which in this paper we consider to be more of a contextual variable for enabling innovation. For this purpose, we have pillar's variables, with the exception of intellectual property protection.

⑮ Various authors have discussed the relevance of IT for internal business efficiency and operations, in terms of the type of solutions used by firms. See Brynjolfsson et al. 2002; Forman et al. 2003; and Forman et al. 2005.

⑯ See Burt 1987; Chesbrough 2003; de Bresson and Amesse 1991; Lutje and Herstatt 2004; and von Hippel 1988.

⑰ See Surowiecki 2004.

⑱ See http://www.consciencedesign.ca/blog/.

⑲ Personal communication with Juan Ricardo Rothe, General Manager, Siemens Chile.

⑳ See Brough 2003; Crandall and Jackson 2001; and Lehr et al. 2006.

㉑ The pair-wise correlation between broadband penetration and extent of business Internet use among high-income nations is 0.79, while it is almost 0.41 for low-income countries.

㉒ For more about this, see Brynjolfsson et al 2002.

㉓ See NRC 2002.

参考文献

Brough, W. T. 2003. *State Economies Can Benefit from Broadband Deployment*. Washington, DC: CSE Freedom Works Foundation. Available at http://www.cse.org/reports/Broadband_Study.pdf.

Brynjolfsson, E., L. Hitt, and S. Yang, S. 2002. "Intangible Assets: Computers and Organizational Capital." *Brookings Papers on Economic Activity* 2002 (1): 137–45.

Burt, R. 1987. "Social Contagion and Innovation: Cohesion versus Structural Equivalence." *American Journal of Sociology* 92 (6): 1287–1335.

Carr, N. 2003. "IT Doesn't Matter." *Harvard Business Review* May: 5–17.

Chesbrough, H. 2003. Oper Innovation. Boston, MA: Harvard Business School Press.

Cooper, R. 1986. *Winning at New Products*. Reading, MA: Addison Wesley.

Crandall, R. and C. Jackson. 2001. The $500 Billion Opportunity: The Potential Economic Benefit of Widespread Diffusion of Broadband Internet Access. Mimeo. Washington, DC: Criterion Economics.

de Brandandere, L. 2006. "Perception and Creativity."

Working paper. *The Boston Consulting Group*.

de Bresson, C. and D. Amesse. 1991. "Networks of Innovators: A Review and Introduction to the Issue." *Research Policy* 20 (5): 363–79.

Dodgson, M., D. Gann, and A. Salter. 2002. "The Intersification of Innovation." *International Journal of Innovation Management* 6 (1): 53–83.

Forman, C., A. Goldfarb, and S. Greenstein. 2003. "The Geographic Dispersion of Commercial Internet Use." *Rethinking Rights and Regulations: Institutional Responses to New Communication Technologies*, ed. L. F. Cranor and S. S. Wildman. Cambridge, MA: MIT Press. 113–45.

———. 2005. "Geographic Location and the Diffusion of Internet Technology." *Electronic Commerce Research and Applications* 4: 1–113.

Gershenfeld, N. 2005. *Fab: The Coming Revolution on Your Desktop—From Personal Computers to Personal Fabrication*. New York: Basic Books.

IMF (International Monetary Fund). 2007. *World Economic Outlook Database*. April and September 2007. Washington, DC: International Monetary Fund.

Jorgenson, D. 2004. "Information Technology and the U.S. Economy." Updated. Harvard Institute of Economic Research Working Paper No. 1911. Dept. of Economics, Harvard University.

Lehr, W., S. E. Gillett, C. Osorio, and M. Sirbu. 2006. "Measuring Broadband's Economic Impact." Report prepared for the U.S. Department of Commerce, Economic Development Administration. Cambridge, MA: Massachusetts Institute of Technology's Communications Futures Program.

Lutje, C. and C. Herstatt. 2004. "The Lead User Method: An Outline of Empirical Findings and Issues for Future Research." *R&D Management* 34 (5): 553–68.

Mia, I. and S. Dutta. 2007. "Connecting the World to the Networked Economy: A Progress Report Based on the Findings of the Networked Readiness Index 2006–2007." *The Global Information Technology Report 2006–2007*. Hampshire: Palgrave Macmilan. 3–21.

NRC (National Research Council). 2002. *Broadband: Bringing Home the Bits*. Washington, DC: National Research Council, National academy Press.

Osorio, C. 2007. "Competencies for Innovation." AISM Working Paper No. 50. Santiago, Chile: Adolfo Ibañez School of Management.

Prahalad, C. K. 2005. *The Fortune at the Bottom of the Pyramid*. Upper Saddle River, NJ, Wharton School Publishing.

Schrager, M. 2000. *Serious Play: How the World's Best Companies Simulate to Innovate*. Cambridge, MA: Harvard University Press.

Surowiecki, J. 2004. *The Wisdom of Crowds: Why the Many Are smarter Than the Few and How Collective Wisdom Shapes Business, Economies, Societies and Nations.* Boston, MA: Little-Brown.

Thomke, S. 2001. "Enlightened Experimentation: The New Imperative for Innovation." *Harvard Business Review* 79 (2): 67-75.

Thomke, S. and E. von Hippel. 2002. "Customers as Innovators: A New Way to Create Value." *Harvard Business Review* April 1.

von Hippel, E. 1988. *The Sources of Innovation.* New York, NY: Oxford University Press.

——. 2001. "Perspectives: User Toolkits for Innovation." *Journal of Product Innovation Management* 18 (4): 247-57.

——. 2002. "Horizontal Innovation Networks—by and for Users." MIT School of Management Working Paper No. 4366-02, June. Available at http://web.mit.edu/evhippel/www/papers/UserInnovNetworksMgtSci.pdf (accessed November 1, 2007).

von Hippel, E. and M. Sonnack. 1999. *Breakthroughs to Order at 3M via Lead User Innovations.* Available at http://web.mit.edu/evhippel/www/papers/3M% 20Breakthrough% 20Art.pdf (accessed November 2 2007).

World Economic Forum. 2007. *The Global Competitiveness Report 2007-2008.* Basingstoke, UK and New York: Palgrave MacMillan.

1.4 章

创新与生活同步

马特·布罗斯（Matt Bross），**英国电信**

如果你感觉现在的世界转得太快，那么你的感觉是对的。变化一直在加速。

即使在全世界最富有的国家，大多数家庭从一根主电线中得到电也至少用了 50 年的时间。[①] 而在有些国家，宽带达到这样的水平用了不到 10 年。[②]

但是这样的推广速度与最近的在线服务相比仍然是小巫见大巫。比如，在韩国，赛我社区网站，据其创始人俞贤午（Yoo Hyun-oh）介绍，在 2005 年"几乎辐射到每一个韩国人"。这一令人震惊的成就仅用了 5 年多。[③]

全世界都发生着同样的事情。一旦它们抓住了公众的想象，创新就像野火一样蔓延。这让人眼花缭乱，新思想进入市场的速度也同样让人措手不及。而且创新不再只限于新技术。事实上，公司营运方式的创新比单独的新技术对其成功有更大的影响。

然而，无论其焦点是什么，创新毋庸置疑是一个连锁反应。从最开始起，人类的每一项进步都激励着其他的进步。

比如，以电信产业为例。奥斯特（Oersted）发现有电流的电线会使磁化的罗盘针偏斜，这导致了电报的发明。电报又导致发明了电话，使得总部办公室更容易协调不同工厂和办公室团队的工作。这样，又为我们今天所熟悉的跨国、多点的组织提供了条件。今天仍然如此，但是全球化和技术一起推进这个过程，激励新创意的出现并加速其进入市场的进程。然后，这一创意又引发新一轮的更快的创新循环。

结果就是创造力的不断探索，即创新大爆炸，人类历史上一件独特的事。[④]

创新大爆炸

过去的 10 年见证了信息与通信技术（ICT）在很多不同领域的巨大进步。比如，微处理机功能、磁盘驱动器容量的增强及数据网络带宽的增加。每方面都呈现指数级增长，使很多不可能变成了可能。

现在假设每一个进步的方向都是一个以其可能达到的长度为长度的向量。进一步想象这个向量集是可能性球体的半径。这样，所有分散的进步带来的影响就明显集中了起来。如果每一半径增加 10 个单位，整个球体将增大 1000 倍！

这一大爆炸对全球的公司来说是福是祸取决于你怎么看。

传统上，公司依赖其内部的研发（R&D）部门产生新创意并促使其走向市场。通常，这些部门是保密的。为了保持公司的竞争优势，直到这些创意受到知识产权的充分保护或是其产品或服务已经投产才被解密。公司实现严格的"按需知密"政策，外部人员几乎无从涉及。涉及的人员要求在一开始就签署保密协议。

这种方式产生的一个后果是阻碍了创新的步伐。固定的小组规模和目标在任何时间内只能产生一定数量的创意。毋庸置疑，大公司在研发上花费更多。

另一个或许更棘手的后果是公司很难"跳出来"进行思考。封闭的社区使得其只关注自己，有时甚至自己发明语言来描述技术或方法。这更加使其独立于世界。

这些内部的研发小组同样也会面临因兴趣不同而产生的冲突。制定其预算的人自己本身的观点和政策可能都有问题。在这种情况下，不难发现尽管需要改变已建立起来的规则，内部研发人员仍然不情愿改。相反，他们会将其创意隐藏。

当然，这些都不是新问题。但有这样的问题就会束缚创造力、降低竞争力，尽管过去后果没这么严重。比如，麦肯锡在20世纪80年代的研究发现，晚进入市场3~6个月，公司利润就会下降10%~33%。尽管问题的起因很明显，但仍没有人指出：拖延会拖垮公司。

大爆炸彻底地改变了这一切。只要涉及创新，业绩不好的概率就很小，且正在快速消亡。几乎没有什么正确创意的公司会很快发觉其业务的衰落。创意转为市场化的产品和服务慢的公司也一样。

摄影行业就是这样的例子。胶卷生产商惊讶于数码相机出售与在线照片交换之快。他们尚未准备好迎接新时代，所以其销售额暴跌。企业只有快速地、彻底地变革才能立足于世。

创新与生活同步

摄影行业的经验也突出了大爆炸所创造的机会。如果你有制胜的创意并能够将其快速转入市场，那么你很快就能占领一个甚至与你完全不同行业的市场。

不幸的是，领头的一般都短命。新创意可以产生于任何时候、任何地方，也就是你如何在第一时间"抢占"市场。再加上公司越来越容易模仿其竞争对手的产品，以及一些创意还不够好。为保持主动，还需要一个比过去更快的使创意进入市场的管道。你或许只领先竞争对手几周或几天的时间，所以除了一直前进你别无选择。

理想的情况或许是创新与生活同步，即想顾客所想并尽快将其转为他们所需的新产品和服务，保证你提供的正是顾客所需要的。所以关键是顾客提升其个人和专业生活的速度而不是发明新技术的速度。只有使顾客的日常生活确实有改善或其公司确实有进步，才算得上是成功的创新。

当然，这是一个理想的情况——可以达到却从来没有达到的水平。但是公司如果还用传统的创新方法是不可能接近这样的境界。为了跟上其顾客生活的步调，公司必须变革其创新的方式。

开放式创新

由于创新灵感来源于外部，公司只能改变其方式。这样做才会有很大的收获。根据亚瑟·D.利特尔（Arthur D. Little），"顶级创新者从其创新投资中获得2.5倍的销售额，多于10倍的收益"。[5]

但是公司如何准确地将其创意过程转化为其未来所需生产量呢？

答案随行业、业务的不同而有所不同。然而，很多公司的成功得出一个核心：开放式创新。

在开放式创新中，公司邀请其传统研发小组以外的人来参与创新。他们可能在公司做其他工作，如销售、市场或顾客支持；他们可能是大学研究学者、业务合作伙伴或供应商；他们甚至大部分是公司的顾客和普通公众。

同时，采用开放式创新的公司认识到，除了将其转为产品和服务或利用其提高自身效率外，还有很多方式可以从创新中获益。在自己业务中用不上的好创意可以授权给别的公司用或是再分拆出来专门的公司等等。

当然，这样的事情公司已经做了好多年了。很难有什么新的好建议，公司通常通过知识产权交易或合作来发掘新机会。但是直到亨利·切萨布鲁夫（Henry Chesbrough）建立了一个将这些方法的所有元素组合在一起的知识框架，开放式创新才受到重视。

切萨布鲁夫现在是加州大学伯克利分校哈斯商学院开放式创新研究中心主任。在研究施乐从其帕罗奥图研究中心（XEROX PARC）的创意中获利失败的案例中，他认识到，这并不是像很多人所讲的由管理失误所致，而是公司使用传统封闭的创新方法所致。切萨布鲁夫指出："寻找新突破、将其开发成产品、在其工厂生产这些产品并为这些产品分配、融资和服务——这构成了公司的四面墙。"[6]

相反，开放式创新在创意的形成和开发中融入了更广阔的社区，并通过很多途径使其创意进入市场并最终获利。

正如圣何塞州立大学商学院副教授乔尔·威斯特（Joel West）所讲："开放式创新意味着创新与其他所有东西一样，可以在公开市场上进行买卖，而不仅限于在本公司范围内生产、使用。"[7]

这一定义乍一看，似乎就是简单地把公司研发部门发展和利用的各种形式的关系组合到一块形成更正式的根基。

然而，通过这样，开放式创新打开了全世界管理者的思路。为什么你可以从顾客那征集创意却要限制员工提意见？为什么当你的创新你用不上而别人可以从中赚钱并给你分成，你还要坚持知识产权保护呢？一旦你认识到创新是可以交易的商品，就会有各种可选方案。

当然，问题是是否坚持这项业务，从开放式创新中能否赚到钱。

网络对其有很大的影响。互联网使得很多人很容易参与到创新中来——不只是商业伙伴和大学，还有很多公司不知道且从未谋面的人。关键是成本还不高。这样，开放式创新迈进了一个重要的阶段——从只是一个创意到创意来得正好。

多伦多的黄金公司就是这样一个典型的例子。其自身的地质人员在安大略湖雷德莱克公司所拥有的55000英亩基地中都未找到新的重大金矿，为此，其主席兼CEO感到很失望。于是，他决定试试看有没有别的人可以。

这样，黄金公司首先不得不将其机密地质数据公布给外面的"勘探者"。"黄金公司挑战杯"于2000年启动，有来自50个国家的1400多个公司、顾问、机构和大学参与。

这一挑战杯的裁判对这些参与者的创造力大为震惊。最终来自澳大利亚佩思的不规则型制图公司（Fractal Graphics）与来自昆士兰的泰勒·沃尔协会（Taylor Wall & Associates）构建了一个开采、识别矿藏的三维计算机模型而胜出。截至2002年，黄金公司已经对其指出的5处中的其中4处进行了钻探，并且每次都淘到了金。[8]

从开放式创新中获益的其他公司有食品公司卡夫，经营石油、天然气和化学原料的壳牌公司，[9]飞机制造商波音公司，[10]汽车制造商德国宝马汽车公司，电子巨头飞利浦公司[11]以及诸如英国电信等的ICT公司。[12]

德国宝马汽车公司是通过网站邀请顾客和其他人帮助解决问题的众多公司之一。自从其开发了一个允许顾客设计未来汽车外观的工具箱后，收到了成千上万的提议。其中一些提议已经投产。[13]

另一个这样做的公司是卡夫。其"与卡夫一起创新"网站欢迎公众的各种创意，被选中者还将获得5000美元的奖励。第一个通过这样上市的产品融合了意大利干酪和可任意使用的塑料干酪擦板。这一创意是由一家意大利的小杂货店提交给美国公司的。开放式创新还导致卡夫开发出了第一款微波热狗和小圆面包。[14]

正如卡夫例子所示，开放式创新不一定是重大发明。小的改进也可以创造好收益和竞争优势。开放式创新也不一定与企业研发部门（比如新技术及其应用）有关。公司从技术创新到顾客服务的所有领域都可用这种方法。

顾客服务就是其中之一，英国电信在这一方面利用开放式创新使自己名列前茅。其设计了"我的顾客"项目使员工重视顾客服务，而且让大家清楚所有人都在其中扮演着关键的角色，不只是在顾客界面的工作人员。公司每年都会组织名为"挑战杯"的比赛以鼓励各种背景的人们聚在一起产生会带来改进的新创意。2006年，来自公司各个部门的2500多人组成319个小组参加了比赛。

像其他采用开放式创新的有前瞻性眼光的公司一样，英国电信对结果非常满意。不仅提高了客户满意度，还有很多新产品和服务进入了市场。它还进一步实施了一个软件开发工具将创新机会交到了创新者手里，到目前为止这一工具已被下载了3000多次。[15] 2002~2006年，由供应商、合作伙伴和学者提供的创新生产的新产品和服务共创收5亿英镑。[16]

毋庸置疑，几乎没有人认为这样是夸大开放式创新。研究与技术执行委员会2006年的调查发现3/4的被调查者认为对这一方法的预期符合实际或偏低。[17]

ICT：开放式创新的燃料

开放式创新的特点之一就是其改变了创新流程

运作方式（尤其当其以先进的 ICT 为驱动时）。创意不再按部就班地由研究到开发设计再到传送。在开放式创新中，最开始阶段一般是一个与用户或顾客反复沟通的过程，因此，他们的观点决定了最终的解决方案。

由来自伦敦皇家学院的马克·道奇森（Mark Dodgson）、大卫·江恩（David Gann）及阿蒙·索尔特（Ammon Salter）开展的研究认为，开放式创新包括三个相辅相成的活动——"思考"、"设计"以及"实施"。[18] 其中，思考是形成创意和发现问题答案的创造性活动；设计包括利用快速原型制造和类似技术在一开始就知道用户或顾客的反馈；实施是指将创意转化成可以进入市场的东西。

无论你同不同意他们的分析，有一点是很明显的：ICT 在拓宽创新参与者、加速各个创新活动中发挥着重要作用。

促进参与

伟大的创新者都有一个共同点：渊博的知识。其思路不被人为的学科（比如物理、化学、生物、工程学或社会学）划分所限，所以他们可以用其对某一领域的理解在另一领域创新。

其他人也一样。比如，对科学家和工程师的研究表明：信息越广的人越富创造力。[19] 可以这样解释：如果创新是一个连锁反应，那么某人知道的创意越多，其越可能形成创意。

在这种情况下，万维网影响着能否有更多的人获得信息从而产生创意。曾经关在公司研发部门图书馆的知识现在免费或是很容易被任何上网的人获取，不论其所处何地，也不论其经济环境。2005年维也纳举办的联合国信息社会世界峰会的报告称："ICT 推动了信息革命，消除了实物媒介的界限，将人类的灵感从诸多形式和内容的限制中解放了出来。"[20]

拓宽了创新参与的现代 ICT 的另一个特点是其绩效的提高和成本的降低。当比尔·休利特（Bill Hewlett）和戴维·帕尔德（Dave Packard）1939 年决定进军电子产业时，他们需要一个放置设计和检测第一批产品的设备的车库。现在，我们不需要——强大的计算机和全球网络为创新提供了一个全球的平台。

产品不再需要在最后时刻才生产的例子越来越多。通过构建计算机模型、实施模拟可以预测产品的可能业绩。不必担忧这是否要很高的成本，比如

需要一台超级计算机。你可以在网上进行"分时操作"。比如，人们可以以每中央处理器（CPU）小时 1 美元的低价使用太阳公司的网络计算功能。这样算来，一个需要使用 1000 个中央处理器 1 分钟的计算只需花费 17 美元。[21]

生命科学公司应用生物系统就是利用太阳公司设施加速其创新的众多公司之一。通过使用其自身负担不起的强大的计算设施，其在数天内而不是数月内进行了成千上亿次新的染色体实验——研究者用以对人类 DNA 变异进行分类。[22]

达索，一家法国飞机制造商是另外一个惊人的例子。为了加速其 Falcon 7X 的开发，达索与 IBM 合作创建了一个虚拟的开发平台，这个平台使参与项目的 27 个人可以同时设计原型并实时分享信息。由于不用实物原型，装配时间和工具费用都下降了一半。[23]

促进协作

诚然，创新不会凭空产生。即使在公司研发部门内部，这也是个社会问题，人们彼此互相交换意见、一起解决创意难题。

当人们住在一起时，这样的互动是例行的。但当公司利用开放式创新在其创新过程中加入越来越多的人时，需要交换意见、共同设计的人们居住在一起的可能性就变得很小了。很有可能他们分布在世界各地。

因此，支撑人们远距离协作的技术就变得很重要。这些技术包括有音频、视频的网络会议服务；将这些服务与电子邮件、即时通信及办公自动化整合在一起的协作工具；维基百科以及其他在线共享工作空间。

维基百科及其他 Web 2.0 技术对协作便利的影响是很显著的。正如来自美国麻省理工学院（MIT）斯隆管理学院的彼特·葛鲁尔（Peter Gloor）和斯科特·库伯（Scott Cooper）所说，它们使协作的范围和速度达到了空前。它们"释放了大量的创造力，刺激了令人激动而有价值的创新"，这些创新"从创意形成、产品开发延伸到了具体开展业务"。[24]

维基百科就是这样一个例子，有超过 100000 名的志愿者参与其中。截至 2007 年 9 月，已有 250 多种语言写作的 8700000 篇文章。[25] 诚然，其中有些内容的正确度还有待商榷。一篇恶作剧记录导致几家英国报纸和电视频道错误地报道了一名已于 2007 年去世的优秀作家。但是 2005 年《自然》杂

志的研究发现：维基百科和世界知名的《大英百科全书》网络版都有很多错误。对其 50 个不同主题的文章进行检查，在维基百科发现了 162 处错误，在《大英百科全书》发现了 123 处错误。[26]

为创意创造市场

网络还可以为创意创造市场。

比如，意诺新是一个在线论坛，它为全世界的科学家提供了通过为诸如陶氏益农公司、美国礼来公司、宝洁等公司解决问题而赚大钱的机会。解决大多数问题可获得 10000~100000 美元的奖金，但是曾有一个要求设计一个可以测出汽车毛病的装置悬赏 100 万美元。这个网站创建于 2001 年，现在宣称公司可以在上面与"全世界最聪明的 125000人"取得联系。[27] NineSigma 和 InnovationXchange 也运营着类似的市场。

Yet2.com 则在别的方面。它帮助公司通过许可未充分利用或对其自己的业务不再关键的知识产权来创造新的收入。这些许可通过获取已通过检验的创意获利，而这些创意大多由全球顶尖的公司研发部门提供，不用自己开发。

除了这些例子，还有很多经营"创意"商店的公司，通常会让其顾客参与到创新过程中。比如，之前讨论过的德国宝马汽车公司和卡夫使用的网站。英国电信的网站也是一个例子。在 2007 年 10月，它悬赏 1000 英镑为基于 Symbian 运行系统的 Wi-Fi 智能话机开发应用程序。要求这一应用程序利用话机的 Wi-Fi 连接。[28]

加速检测、生产和传送

英国电信也是众多利用网站在创意开发早期就收到顾客反馈的公司之一。BT.com Beta 网站最近试行的一项服务是 BT BizBox。这是与 Tierlinear 网络应用程序公司合作开发的。它可以提供一整套基于网络的业务生产力工具。这一服务提供顾客关系管理工具、时间表、日历、行程工具及一个文件管理系统。[29]

沃达丰的 Betavine 网站也有类似的目的。它由公司的研发小组进行管理，用来评估创意的可能收益和接受原型应用和绩效的反馈情况。

英特尔的 CoolSW（cool software）网站与此有一定的不同。由于专业学者常常在判断软件应用程序将来是否有市场时出错，CoolSW 鼓励独立的开发者传递新软件试验的细节。然后让访问该网站的

网友投票选出其最喜欢的。开发者获得这些反馈，而英特尔也得以知晓新的独立软件供应商并识别有前途的创业者。[30]

在另一个完全不同的领域，图书出版商西蒙与舒斯特和媒体预测公司进行了合作。媒体预测公司是一家运营着一个通过市场预测来判断投资与开发值不值得的网站的公司。在西蒙与舒斯特的项目出版文学竞赛中，参与者获得很多钱来购买各种项目的期货合同。如现实市场一样，图书价格的升降取决于读者对其的评价。这帮助出版商确定意见。[31]

这些开放的反馈对开放式创新越来越重要。虽然这一过程还有待改进，但它确实能很快识别胜利者并取得快速进展。通过其第二版的测试网站开发软件，互联网巨头 Google 的 Google 地图从试验到上市只用了 8 个月。[32]

ICT 带来的另一个好处在传送方面：为新产品和服务的开发和销售准备节约了时间和成本。比如，很多机构使人们很容易利用其应用程序和数据作为新开发的基础。英国广播公司（BBC）就是其中之一，其后台网络允许开发商在原型中利用其公司内容。[33]

Marshups 是开发商基于已有创新快速获得创意的另一个例子，它将来源于多处的数据融合成一个单独的整合工具。维基百科网站利用来自 Google 地图的数据将位置信息加在了来自免费广告网站 Craigslist 的房地产数据，因此创造了一个新的、独特的、这两家公司最初都没注意到的网络服务。

软件公司现在还有的选择通过出租运营商数据中心的容量减少在计算机设施上的投资，而诸如 You Tube 这样的网站给予新的天才与已有电影制片商和电视公司获得全球观众的同等机会。

开放式创新：最前沿

总之，ICT 目前在开放式创新中的应用对拓宽全球创新管道、加速创新、为更多创新者提供成功机会有重大的影响。

但还只在初期。有些 ICT 的理论和应用仍处于起步阶段，还有一些距离其生命周期的最后还很远，还有很大的进步空间。

创新先驱的黎明

有些进展将通过以各种方式提高创新参与人数来实现。

采取开放式创新的公司将成为创新先驱。

为了保证其未来的供应,石油公司和开采业的勘探者一直在寻求新矿。谁第一个发现新油田,谁获益最大。类似的,采用开放式创新的公司一直在寻求创意和创新的新来源。比如,不同背景、文化下的人们有不同的经验,看待问题的方式也有很大的不同。他们提出的创意通常是公司正在搜寻的关键。

年轻一代就是一个典型的例证。"Y一代"——在1975~2000年出生的人,成长在信息时代。技术是其生活的必需,而不像上一代只是附属。他们接受创新很快,想象力很丰富,有时甚至以出乎意料的方式。比如,留言最初是秘书用来提醒其老板的。虽然还这样做,但是"Y一代"将其用到更多的地方,而且已经开发出了先进的留言服务。

因此,创新型公司很快跟上这些年轻人,让其想出制胜的创意。微软就是这样的例子。其"想象杯"现在已经举办了6届,是世界上规模最大的学生技术竞赛。每年,学生们组成小组来为一个特定的全球问题(比如,2006年和2007年聚焦在医疗保健和教育方面)提出新颖的解决方案,每年都能收到成千上万的提议。这些被选出来的胜利者继续参加创新加速器——一个持续两周的项目,学生们在这里可以得到微软及项目合作赞助商英国电信优秀人员的帮助将创意变成现实。[34]

毋庸置疑,"Z一代"——2001~2021年出生的人将成为新创意的后备军。但是只有发达国家的年轻一代是新创新源。还有很多生活在发展中国家,他们只能为改进现状做些有价值的贡献。

《经济学家》杂志最近指出:对很多中国和印度的年轻人来说,手机是其进入互联网的主要媒介。他们的需求与处处使用计算机的西方国家的年轻人可能有很大的不同。[35]它还指出,非洲和孟加拉国的居住在乡村的人们实现了从没有电话直接到拥有手机的技术跨越。它称"(创新的)民主解放了受限于独创性的全世界人民,可以帮助解决一些全球棘手的问题"。[36]

发展中国家面临的独特挑战激励着发展中国家的人们提出创新性解决方案。比如,"印度生命线"(Lifelines India)支撑着英国帮助发展中国家进入数字社会的千年发展目标。互联网还没有进入印度很偏远的地区,使人们无法获取农业、兽医建议及其他丰富其生活的信息。"生命线"通过几部在本地电话亭可用的陆上运输电话帮其解决了这一问题。[37]

另外一个在印度的项目是I-Shakti。在联合利华公司的支持下,它帮助妇女们建立了信息亭,使村民们可以获取教育和商业信息。[38]

非洲也有类似的服务。由国际通信发展协会赞助,爱康远程医疗项目使住在偏远地区的人们通过手机可以得到医疗建议,还使得地方医院的医生可以从在城市工作的优秀同事那得到建议。[39]

另一个受到发展中国家所面临问题启示的进展是XO——一款学生用的膝上电脑,价格在100美元左右。由每童一机(OLPC)倡议开发,XO通过几项根本性的创新降低了成本并考虑到了欠发达地区的实际情况。其中之一是一个名叫"糖"的独特用户界面。据IEEE频谱,OLPC团队舍弃桌上电脑即因为其已过时,又因为在这些地区桌子也很缺乏。"糖"展示了很多各个领域具有代表性的合作者。[40]

一旦用XO上了网,用户就可以联系到很多精通过去的创意和方案,又对未来的进展很渴望的人。

毋庸置疑,创新先驱会将这些人当做其创意的来源和反馈,但是同时他们不应该忽视发展中国家的潜力。比如,Your Encore创建了一个供已退休的科学家和工程师为公司提供其加速创新的经验。它声称"定位于帮助客户找回遗落的知识,使其利用各个领域的专家资源解决所面临的挑战"。[41]

实现创新与生活的同步

另一个取得了重大进展的领域是在节约创新进入市场的时间方面,即前面讨论过的"创新与生活同步"。

每一步都必须消除"瓶颈"和其他问题,尤其是当参与创新的人与顾客没有联系时。无论是好的创意在生产环节出了错,还是好的产品传送到市场时出了错,或者好的产品从公司传送没问题,但在市场上没能推广,所有的失败都对公司打击很大并会限制其创意的利用。

这是为什么灵活的开发方式如此吸引软件公司的原因之一。根据敏捷联盟,一个拥有大约4000个会员的全球组织,"软件开发的灵活方式……为组织和终端客户快速、高质量地传输了价值"。[42]它们通过改变从新开发机会的界定与评估到最可能成功的开发与传送的整个产品开发过程来实现。软件开发者、业务专家、市场人员及其他人员自始至终保持合作,兼顾所有与项目有关的专家意见以便更快地取得好结果。

对灵活性的需求也解释了为什么越来越多的大公司将其原来一手操控的资源分给各个小业务单元或是其他创新性的第三方。

亚马逊和英国电信是继微软之后通过软件开发工具（SDKs）开放其在线业务的公司。亚马逊的电子商务服务允许开发商用来出售亚马逊的产品以赚钱的新颖的应用程序。[43]英国电信的软件开发工具允许开发商将公司的电话和短信服务合并在一起。[44]英国电信的软件开发工具还有供开发商识别用户身份、管理进入权的功能。

培养领导能力

诚然，开放式创新不只需要新技术。其管理、领导新技能的培养对其成功也至关重要。

很多现在的管理者刚开始工作的公司部门界限划得很清楚，甚至无论其是否有意排斥，同一业务不同部分的同事也很难合作。在所有方面都鼓励竞争。比如，很多公司运行内部市场，公司与其顾客、供应商或竞争对手之间大门是紧闭的。

这即使在今天也不能完全避免。管理者经常不得不领导一些以传统观念来看其并不称之为"老板"的团队，他们或许不"拥有"完成工作所需的预算或其他资源。领导者不得不利用来自不同文化背景的人们的多样性给业务带来动力，尤其是在理解和满足世界各地消费者的需求时。

开放式创新将这些技能发挥到了极致。这一过程的管理者必须擅长整合很多创新者的工作，其中有很多是其未曾直接交流甚至未曾谋面的。他们需要懂得如何理清各种创意和答案。卓越的谈判技能也是必需的，比如使创意应用的财务和商务基础达成一致。像这样的挑战可能是人类最难解决的。

结论

毋庸置疑，开放式创新是未来的趋势。

回头来看，很明显，如果没有竞争，公司很容易丧失主创性并沉落。1917年第一次公布的财富100中的公司，现在有61家已经不存在了，只有18家现在还在榜上，其中又只有2家表现得比过去90年的平均业绩好。

大西洋也是类似的故事。1984年公布的富时100指数如今只有24家公司还在榜上。

创新大爆炸加快了这种变化。为了保持长期可持续、差异化的竞争力，公司现在必须跳出自己的研发部门和账簿来看。这个世界充满着渴望提供其创意的人们，公司为了生存需要成为这一无边才能宝库的杰出利用者。

对那些习惯依赖于自身资源的公司来说，这是一个重大的改变（理论和外观两方面）。但这是一个有丰硕收获的改变，不只对公司本身。通过为参与创新和分享所创财富的更多人创造机会，开放式创新帮助战胜数字鸿沟。

注释

① The first electricity networks in the United Kingdom date from around 1880 (see http://en.wikipedia.org/wiki/Electrical_power_industry). Thirty-three percent of homes had electricity in 1931 and 67 percent in 1939 (see http://homepage.ntlworld.com/paul.linnell/sso/ssointroduction.html).

② UK Office of National Statistics, 2007, quoted in http://www.tech.co.uk/computing/Internet-and-broadband/news/51-per-cent-of-uk-homes-have-broadband? articleid=717937052; "Broadband Markets: Europe, Asia and North America," IDATE, December 2003, http://www.idate.fr/fic/news_telech/117/IDATE_News_291VA.pdf.

③ Cameron 2005.

④ IEC 2007.

⑤ Arthur D. Little 2005.

⑥ Chesbrough 2005.

⑦ West 2007.

⑧ Australian Government 2001; Tischler 2002.

⑨ See Shell Chemicals 2003.

⑩ Business Innovation Insider 2006a.

⑪ Philips Research 2004.

⑫ BT 2006.

⑬ Gloor and Cooper 2007.

⑭ Business Innovation Insider 2006a.

⑮ BT, "Web21C SDK," http://web21c.be.com/.

⑯ Radjou 2006.

⑰ Research & Technology Executive Council survey, "A Crowding Market for Externally-Sourced Technology." January 2007.

⑱ Dodgson et al. 2005.

⑲ Kasperson 1978.

⑳ UN 2005.

㉑ See Sun Microsystems, "Sun Utility Computing," http://www.sun.com/service/sungrid/index.jsp. Data accurate as of November 1, 2007.

㉒ See Sun Microsystems, "Sun Helps Genomics R & D

Group in Leading Life Sciences Company Get Critical Research Tools to Market in Record Time," http://www.sun.com/customers/service/applied_biosystems.xml.

㉓ See IBM 2006.

㉔ Gloor and Cooper 2007.

㉕ See http://en.wikipedia.org/wiki/Wikipedia：About.

㉖ Giles 2005.

㉗ See the InnoCentive website, http://www.innocentive.com.

㉘ See BT, "Wi－Fi Developer Challenge," http://www.groupbt.com/Innovation.

㉙ BT BizBox, http://www.btbizbox.com/about/.

㉚ Intel Corportion, CoolSW website, http://coolsw.intel.com.

㉛ See Simon & Schuster 2007.

㉜ Musser et al. 2006.

㉝ See BBC Backstage website, http://backstage.bbc.co.uk.

㉞ See Microsoft, "The Imagine Cup," http://www.microsoft.com/about/inventors.mxpx.

㉟ The Economist 2007a.

㊱ The Economist 2007b.

㊲ See BT, "Lifelines India," available at http://www.btplc.com/Societyandenvironment/Videoandaudioclips/LifelinesIndia.htm.

㊳ I－Shakti website, http://www.hllshakti.com/sbcms/temp1.asp? pid=46802251.

㊴ Wray and Mayet 2007.

㊵ See Perry 2007.

㊶ YourEncore website, http://www.yourencore.com.

㊷ The Agile Alliance website, http://www.agilealliance.ort.

㊸ Amazon Web Services website, http://aws.amazon.com.

㊹ BT, "Web21C SDK," available at http://web21c.bt.com/.

参考文献

Arthur D. Little. 2005. Innovation Excellence Survey.

Australian Government, Department of Communications, Information Technology and the Arts. 2001. Media release, "Australian Company Wins International IT Competition," April. Available at http://www.dcita.gov.au/Article/0,,0_4－2_4008-4_15633, 00.html.

Business Innovation Insider. 2006a. "Boeing and the Art of Global Collaboration." April. Available at http://www.businessinnovation－insider.com/2006/04/boeing_and_the_art_of_global_c.php.

——.2006b. "Open Innovation at Kraft." June. Available at http://www.businessinnovationinsider.com/2006/06/open_innovation_at_kraft.php.

BT. 2006. "Embracing Open Innovation." Available at http://www.networked.bt.com/pdfs/Embracing_open_innovation.pdf.

——. "Lifelines India." Available at http://www.btplc.com/Societyandenvironment/Videoandaudioclips/LifelinesIndia.htm.

——. "Web21C SDK." Available at http://web21c.bt.com/

Cameron, D. 2005. "Koreans Cybertrip to a Tailor－Made World." The Age, May 9. Available at http://www.theage.com.au/articles/2005/05/06/1115092684512.html.

Chesbrough, H. W. 2003. *Open Innovation: The New Impeative for Creating and Profiting from Technology*. Boston: Harvard Business School Press.

Dodgson, M., D. Gann, and A. Salter. 2005. *Think, Play, Do: Technology, Innovation, and Organization*. Oxford University Press.

The Economist. 2007a. Special Report on Innovation, "Can Dinosaurs Dance?" October 8.

——. 2007b. Special Report on Innovation, "Someting New Under the Sun." October 4.

Giles, J. 2005. "Internet Encyclopaedias Go Head." Nature, December. Available at http://www.nature.com/nature/journal/v438/n7070/full/438900a.html.

Gloor, P. A. and S. M. Cooper. 2007. "The New Principles of a Swarm Business." *MIT Sloan Management Review*, Spring. Available at http://sloanreview.mit.edu/smr/issue/2007/spring/12/.

IBM. 2006. "Dassault Aviation Revolutionizes Aircraft Development with the Virtual Platform and PLM." Available at ftp://ftp.software.ibm.com/software/solutions/pdfs/ODB－0147－00.pdf.

IEC (International Engineering Consortium). 2007. "IEC and BT Discuss Innovation 'Big Bang.'" July. Available at http://www.iec.org/about/071207_big_bang.html.

Kasperson, C. J. 1978. "An Analysis of the Relationship Between Information Sources and Creativity in Scientists and Engineers." *Human Communication Research* 4 (2): 113-19.

Musser, J. with T. O'Reilly and the O'Reilly Radar Team. 2006. *Web 2.0 Principles and Practices*. O'Reilly Report. November. Sebastopol, CA: O'Reilly Media, Inc.

Perry, T. S. 2007. "The Laptop Crusade." *IEEE Spectrum. April.* Available at http://www.spectrum.ieee.org/apr07/4985.

Philips Research. 2004. "Open Innovation." *Password Magazine. July.* Available at http://www.research.philips.com/password/archive/19/index.html.

Radjou, N. 2006. "Transforming R&D Culture." Forrester Research Inc., March 20.

Shell Chemicals. 2003. "GameChanger Case Study." Available at http://www.shellchemicals.com/magzine/1,1098,894-article_id=146,00.html.

Simon & Schuster. 2007. "Touchstone Imprint of Simon & Schuster Teams With New Website Media Predict for its Project Publish Literary contest." May. Available at http://www.simonsays.com/content/feature.cfm? sid=33&feature_id=5903.

Sun Microsystems. "Sun Helps Genomics R & D Group in Leading Life Sciences Company Get Critical Research Tools to Market in Record Time." Available at http://www.sun.com/customers/service/applied_biosystems.html.

Tischler, L. "He Struck Gold on the Net (Really)." *Fast Company Magazine*. May. Available at http://www.fastcompany.com/magazine/59/mcewen.html.

UN (United Nations). 2005. UN World Summit on the Information Society, "Towards a Global Cooperation for Quality Content in the Information Society." Available at http://www.wsa-conference.org/data/viennaconclusions_051104.pdf.

West, J. 2007. "What is Open Innovation?" August 28. Available at http://blog.openinnovation.net/.

Wikipedia. "Wikipedia: About." For current statistics, go to http://en.wikipedia.org/wiki/Wikipedia: About.

Wray, R. and F. Mayet. 2007. "Upwardly Mobile Africa: Key to Development Lies in Their Hands." The Guardian. October 29: 27.

1.5 章

整合通信：决策制定和经济发展的全球领先技术

桑德尔·博伊森 (Sandor Boyson)，**马里兰大学罗伯特·史密斯商学院，大学园**

大卫·博耶 (David Boyer)，**亚美亚公司**

对于一个国家促进经济增长和保护并增强其公民良好生活水平能力的一个传统评价标准就是好的通信。随着通信技术的快速发展，投递能力已经打破了空间时间等许多障碍，国家也需要重新思考什么才是"好"的通信。

史无前例的，所有发达和发展中国家及地区都需要实施一项利用自身长处的通信战略以使它们的公民和企业可以更好地整合于全球经济体，同时也使政府和行业可以向各地区提供一系列先进的服务。

由整合通信领导的发展：一个国家就绪度和经济推动力的新模型

目前最新的通信进步就是可以整合到目前为止仍旧相互分离的各通信渠道的数字平台的发展和融合。它可以使网络和用户同时管理数据、视频和音频交换，这也为已经进行了 200 年的通信革命带来了另一个突破和激增的势头。

这种被称作整合通信的渠道融合足以吸引行业领先者和政策制定者的注意力。行业和政策分析师们目前主要关注于融合化网络基础设施的建设，比如互联网协议电话（VoIP）。直到最近，他们的注意力才开始转向网络应用软件以及诸如面向服务的架构（SOA）等整合基础设施管理服务的设计，其目的就是使消费者能够单点登录 VoIP 电话的门户网站、超前的电子信息以及"现场"信息。

这一融合已经创造了一个整合通信（UC）网络——能以前所未有的规模编排人力和流程的革命性服务平台。整合通信代表了技术能力的阶段性改变，并将真正实现人类智能和网络智能的联姻。

与以前的技术浪潮不同，这一次并不是要实现自动化进程将人类排除在进程之外，而是将人类放在一个更丰富、更有意义的决策制定的进程中。

按照需求，通过更好的通信把人及人的专业经验进入到企业和政府的流程中，国家和行业将会达成通信驱动的业务流程。

本篇文章强调我们必须超越现有的通信架构以达到一个更宽泛的概念：整合通信使社会和企业的合作成为可能。这些合作代表了通信革命的第三次浪潮，见表 1。

作者对斯基普·科恩，来自亚美亚教育和当地政府部门；帕德玛·萨布拉马尼安，来自亚美亚基于高级产品经理沟通的业务流程部的支持、指导和建议表示衷心感谢。

表1　通信革命：二次创新浪潮

关键特征	技术创新	影响维度
第一次浪潮： 个人信道发展 信道多样化 信息基础设施的发展和安装相分离	● 电报 ● 电话 ● 无线电广播 ● 电视 ● 视频	距离缩短：遥远的地方变得近在咫尺 通过数据语音和图像的同步传播将空间和时间压缩在一起 第一次能够广泛地协调分散的企业资产 媒体渗入到消费者家庭
第二次浪潮： 信道融合 整合通信 模拟信道数字化，转化为一种单一的数字平台	● 互联网协议网络 ● 能够整合数字音频/视频/数据的平台 ● 高接触的远地视在系统	单一网络管理的成本高效益化 混合现实与跨媒体的多样性（可以连接电视再进行通话） 用户情感共鸣和丰富的合作
第三次浪潮： 跨信道服务安排 高级整合通信 网络智能实现了终端到终端的业务和社会进程管理（比如舞蹈设计）	● 动态中间件/业务规则引擎 ● 工作流程自动化 ● 高度分化的企业智能软件架构 ● 智能在线和可用性	永远在线，持久稳定的"门户网站"将分散于全球的网络参与者联系在一起 即时多信道通信和丰富的实时数据分享压缩了决策和行动周期 CEBP（通信驱动和业务流程）：跨越企业价值链和社会网络生态系统内部实现人员流程和物资的大规模同步

资料来源：博伊森和博伊，2006。

通信驱动的国家的发展：历史背景

在讨论第三次通信改革浪潮如何能够促进全球决策制定和经济发展之前，我们应该审视一下以前的通信浪潮所带来的影响。正如贝尼格（Beniger）在他的著作《控制革命》中所说的：

控制革命明显地起源于19世纪末期的美国，它是技术进步的一个如果不是突然就是巨大的中断。事实上，即使是"革命"这个词也不足以充分地描述这次发展，在一个生命周期的长度内，几乎所有的基础通信技术在一个世纪后仍然在使用：电报和电话（19世纪30年代）、旋转动力印刷机（19世纪40年代）、打字机（19世纪60年代）、跨大西洋海底电缆（1866年）、电话（1876年）、电影（1894年）、无线电报机（1895年）、磁带记录（1899年）、广播（1906年）以及电视（1923年）。[①]

这些出现的通信技术进步首先在美国然后在其他国家都驱动了经济和社会发展。埋在公路路基两侧的电报和电话网是通信技术的先锋，带来了企业管理的变革。1922年的楼氏电子正是如此：

现在可以将全球的利息视为一个正在实施的大型业务进行控制。结果是这种结合的形成提高了生产效率。对于规模巨大的、国家级乃至国际级规模的公司来说，如果没有掌控一切的日常回馈，公司就不能正常运转。因此公司依赖于电报和电话的存在。[②]

通信革命带来的好处迅速从企业间的交易普及到了整个经济体范围内的交换。截至20世纪70年代，我们见证了先进经济体中信息部门的产生，该部门被通信媒介和信息服务所占据。到1977年，波拉特（Porat）和鲁宾（Rubin）为美国商务部提交了九卷研究报告，研究显示信息部门占据了国民生产总值（GNP）的46.2%。[③]

通信技术在发展中经济体中也是一个驱动力。在波多黎各，信息部门占GNP的比重从1972年的25.6%增长到了1987年的53.6%，同期的销售额从7020万美元爆炸式地增长到了5.549亿美元。[④]

这样的通信技术融合已经为许多国家的经济发展带来了巨大的影响。近期的跨国实证研究即旨在估测通信对国家发展的重要性。专栏1对该研究进行了总结。

贯穿整个通信历史，通信已经持续地证明了其促进国家经济和社会发展的力量。而整合通信正是这些力量中最近的一个。即使在地球上最遥远地方的人都可以使用移动和IP通信，使用这一新的接入方法产生了一项前所未有的机遇，其给发展带来了指数式增长的影响。

今天的第三次通信浪潮

现在让我们关注于更好地诠释和理解目前的通信浪潮：整合通信。从其最基础的水平出发，整合通信可以被定义为将通信整合与业务流程最优化过程中："UC将实时和非实时的通信整合入基于存在能力的业务流程以及要求，展示了一个始终如一的跨多设备和媒介形式的整合用户界面。"[5]

在以上基本的概括性定义之外，在关于整合通信定义的讨论中还有三种关键技术领域：在线、面向服务的架构以及通信驱动的业务流程。

在线：定义整合通信的第一个关键主题

在线这一主题对理解整合通信是非常关键的。在线，是指一种关于网络用户所获取的位置、偏好的通信模式（移动电话、PC 等）以及用户是否可

使用这些通信手段的时刻在线的信息流，并且这些信息提供可靠的网络信息和会议。在线是一种状态，其特点就是存在一种活跃的设备，通过该设备用户可以直接进行通信或者监测用户的在线状态。这种状态是针对某一特定的通信服务（电子邮件、即时信息）或者在线监测服务（视频/音频监测、蓝牙网络、热感应器等）的。在线服务时刻跟踪着用户可用的设备、应用和服务，同时也决定某一用户与其他不同用户和应用进行通信的流程。

专栏1：通信发展带来的影响

- 研究发现，如果一个国家每100人所拥有的电话数比与该国在同等收入水平的其他国家每100人拥有电话数多一部，那么该国每100美元的国内生产总值中外国投资占比要高出0.3%。[1]

- 一项关于孟加拉国郊区工厂的研究发现，拉设一条电话线减少了管理旅程量，因此而减少的相关旅程费用（汽油、薪金等）要比拉设这条电话线所需的费用高出13倍。[2]

- 在哥伦比亚和菲律宾的研究表明，通过使用电话服务为企业带来生产率的提高幅度超过了提供此项服务所需费用至少19倍。[3]

- 在泰国乡村引入电话，使得农民可以定时查看曼谷的农作物售价，这样能够显著提高农民收益。一个村长说在铺设了电话线的区域

农民的收入提高了一倍。[4]

- 在乌干达的乡村地区，太阳能电脑和无线电话系统使村民可以在互联网上追踪产品价格，以便寻找更好的时机去市场。并且可以使医生在新生儿出生前即发出电子邮件通知装运有一种治疗新生儿体内HIV病毒的药物奈韦拉平的船只离岸。目前，乌干达正在将17亿美元投资于光导纤维关联数据中心和技术公园。[5]

注释：
① 雷诺兹等，2001。
② ITU，1998。
③ 世界银行，1994。
④ ITU，1998。
⑤ 新世野网站，2007。

在线：21世纪的拨号音

正如 WR 研究公司所观察到的，数据和通信的融合带来了能够在多网络间进行点击通信的在线拨号音。[6] 目前的拨号音只能告诉我们这部电话是否运行正常。下一步将会使电话拨打方在打电话之前就知道电话的在线信息。这样你在打电话或者发送邮件等之前，就可以知道对方现在是空闲的。但是在线信息并不能代替拨号音。它在打电话前提供了更多信息，而不仅仅是直接拨号以期有最好结果。更智能的拨号音应该超越了提示在线的功能而是能够接通的拨号音。系统将会检查某一用户的行程表以确定该用户是否正在主持一个五分钟的会议，如果是的话，即使该用户目前是在线的，也不是一个接听电话的最佳时间。智能拨号音可以判断当前是

否是接听电话的好时间。

在线服务被预测为在 UC 市场增长中发挥了重要作用，如图1所示。

我们开始看到许多在线服务的应用。美国的大型通信公司已经开始提供与永久移动电话在线跟踪相关的产品和服务。Nextel 公司的 Loopt 服务可以在你附近有你的朋友时向你发送报告。Verizon 公司的 Chaperone 服务可以在你的孩子周围建立一个"地理篱笆"，如果你的孩子手里拿着电话，走到这个规定范围之外，该服务就会自动向你发送短信警报。[7]

服务导向的架构：第二个关键主题

整合通信的另一个关键主题就是总体的 SOA 思想。这是一个基于 XML 和简单对象访问协议的

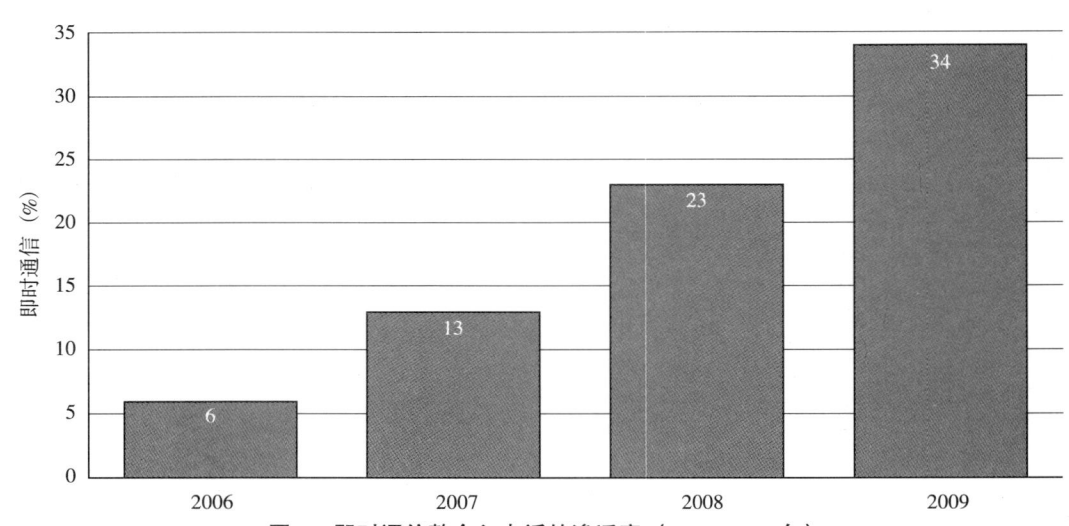

图 1　即时通信整合入电话的渗透率（2006~2009 年）

资料来源：Wainhouse 研究，2006。

开放性标准。这些开放性标准能够使数据和通信网络整合于一个公共系统架构，即"真正的共享服务设计"。[8]

SOA 把相互分离的语音、视频和数据服务置于一个整合的平台上。通过一个共同的标准服务接口，现有服务和新服务都是可用的。其结果就是用户在使用所有公司的通信解决方案时可以忽略其背后的服务所支持的不同协议，以获得一种无缝的用户体验。

由于 UC 网络对于许多设备具有普遍存在性和易于接入性，因此 UC 网络具有变革潜力。该网络将会保持用户与多渠道（电话、邮件、文本等）的链接以及配置加强版的 911（E911）位置服务以获取永久管理并保持用户在线。另外，UC 网络的设置都是可定制化的，并且植入了商业规则，因此可以将分布于全球的团队联系在一起，提供实时流程报告；多渠道、实时通信和决策数据以及执行触发。

遍布全球的公民可以通过不同种类的设备越来越容易地接入高级 UC 网络，这将会开启经济和社会发展的新机遇。

我们确信政府和行业的决策制定者越来越重视采取行动，并且设计和实施战略，通过驾驭 UC 网络的力量来帮助驱动跨企业和部门的增长和繁荣发展。

通信驱动的业务流程：第三个关键主题

通信驱动的业务流程（CEBP）动员了通信和合作，促进了业务流程、实时通信、会议和通知以及事件的升级。

2007 年的 Lippis 报告关于 CEBP（通信驱动的业务流程）的描述如下：

为了减少人员和系统延迟，CEBP 在业务流程中注入了通信，以期加速工作流并且提高某一组织对业务事件的反应速度。除了减少工作流延迟，行业内合作也将在 CEBP 被采纳的过程中发挥一定作用。比如，制造业、零售业和运输物流业已经联系起了价值链和（或）价值网。横跨多个企业实施的 CEBP 解决方案希望能够改善公司、他们的合作伙伴以及供应商的价值链，加快对市场需求的反应。

CEBP 对公司生产力和全球经济产生的影响是大还是小呢？CEBP 能够像 20 世纪 90 年代中后期的互联网一样通过提高生产力而成为全球经济的变革推动力吗？现在预测 CEBP 的巨大贡献还为时过早，但其确实是一个变革推动力。企业和 IT 的领导者需要去体验 CEBP，它可以利用他们对融合网络的投资来传播新型应用和能力的前景。在融合网络、信息基础设施、事件驱动的流程以及 SOA 规划的整合过程中，CEBP 获得了越来越多的企业价值。如果行业能够正确运用 CEBP，使其配置和获取价值相对简单，那么 CEBP 将会成为下一个生产力增长的变革驱动力。[9]

IDC（国际数据公司）预测基于如上所描述创新的整体 UC 市场将由 2007 年的 48 亿美元增长至 2011 年的 175 亿美元，展示出了它强劲的融合动力。[10]

总结一下：在线、SOA 和 CEBP 是 UC 基础设施和创造先进的增加价值的服务的关键因素。将其放到一起，这些创新使终端对终端的全球服务业编排成为可能，而这种编排支撑了业务公司、公共组织、个人消费者以及他们之间分散的合作。

整合的通信驱动的服务编排

整合通信已经形成了一种服务可能的编排的基础新设施。终端对终端实现了业务流程和植入业务规则的网络的自动化，以使其支持正在发展的业务。络世达网把这些进程流称为"安排"：

> 在网络上我们随时可见安排。这些应用包括互联网信用卡购买交易、确认购买需求、校验信用卡、确认购买、签订运输合同以及运输产品。只有当上述步骤都完成后交易才完成，这一过程也许会经历很长一段时间。早期的一个非常复杂的编排之一就来自旅游行业，因为旅游业的每一个交易都可能包括了航线、汽车租赁、旅馆和其他预约事项，这些事项发生于多个行业和组织之间。[11]

与这些早期的案例相比，整合通信驱动的安排在规划终端对终端的实施业务流程以及人员时展现出了巨大的进步。它们为开启企业、政府和社会之间合作活动的前所未有的规模带来了希望。这些安排成为了将定义明确的终端带给广泛分布的组织、团体和个人的"活化能量"。它们带来了前所未见的解决问题的新途径和新型的解决方案。表 2 展示了目前现实世界中这些服务安排的案例。

表 2　与通信驱动业务服务的结合

部门	结合描述	好处
制造业	事件和个例事件管理：存货为短缺通知，机器或系统的监管故障通知或者外部服务提供商通知 不受地域位置限制的问题解决专家的同步会议	操作回应的度量指数性加速，同时问题定位和解决速度也呈指数式加速
银行	移动货币交易者可以在移动电话上接收基于货币波动水平的警示 银行客户可以打电话给分支机构通过互动语音回应系统选择操作，该系统是根据可以帮助客户解决特定产品或问题的移动专家和意见建立的	高回报的"纳米—第二机会体制"服务循环时间/客户满意度的好处
石化业	基于事先建立的原则管道感应器可以实现远程诊断和管理，数据触发器定义了问题定位和服务活动的水平以及技术员的警告和活动网络	避免了供应的混乱并且保证了业务的连续性
政府灾难应急	对野外火险温度感应点、飓风路线和海底地震活动或海啸威胁的卫星/感应管理器可以对应急机构形成警告，并对指导疏散和缓解活动作出第一时间的响应；并且反过来发送 911 短信给个人、家庭和企业的有线及无线电话	社区灾难预防和缓解
健康服务	留守在家的人使用的一种与植于床铺中的感应器相连的移动电话。该电话感应器监护用户的生命迹象，并且将结果文件发送给值班的医生助理	实时感应和回应的健康服务
军队	战斗机引擎感应器可以向承包商的服务器发送有关压力/温度的数据，以用于实时数据挖掘。如果探测到异常，则表明某一部分发生了故障。然后替换部件将从仓库发出，运往飞机将要着陆并且有航线机修工为其安装替换部件的基地	建立了一个基于实时操作的扩大后的企业生态系统供应链的预见性物流

资料来源：博伊森和博耶，2006。

这些现实世界的案例突出了组织间和部门间的工作流整合通信后可以提高终端对终端流程的能力。

大约十年以来，位于大学园内的马里兰大学罗伯特·H. 史密斯商学院的 Netcentricity 实验室一直在与亚美亚公司合作开展一项延伸性的研究项目，来探究这些整合的通信驱动的安排。我们形成了一系列确定关键用户要求的 UC 案例情景以及标准安排。我们将展示这些情景中的两例来阐述这些新型技术如何解决问题。

情景 1：在医院中防止药物不良事件

药物不良事件（ADEs）是医疗事故的显著起源点。据估计，美国每年有 98000 人死于医疗事故。每一起 ADE 平均给医院带来 4700 美元的损失。

在药瓶和病人及其护理者之间建立的无线射频识别系统（RFID）能够用来监测人员身份的在线和认证情况，同时确认被送往某一病人处的药物。

我们建立了一种利用来自移动方面公司的与互联网相连的药物调配推车的模型，该模型植入了 RFID 读取器，它可以扫描调配给病人的药瓶，并且以在外部网络上张贴的药物互动表格为标准对这些药瓶进行检查。如果确认出一个互动问题，那么 UC 安排如下：

- 通知主治医生和医院以外的远处的专家并且合理地更新他们的日程表，通知必要的管理者、病人和日程表变动的同事。如果主治医生在接下来的半小时内安排了外科手术，或者他们刚结束了一个日程并且需要休息，该系统将通知值班医师而不通知主治医生。这就可以确定用户的当前状态和是否真正空闲，而不是打电话给他们，因为他们的基础在线数据显示他们目前没空。

- 把医院的雇员召集在一起商讨决定对策。
- 通过门户网站向与会者提供病人病历和 ADE 详情。
- 安排接下来的医生问诊，监控打电话期间的活动。合理更新医生的日程表，并且把变化通知给医生的管理者。

这项解决方案将通信整合入了公司应用和流程，以及安排新的高价值健康服务。图 2 展示了这个流程。

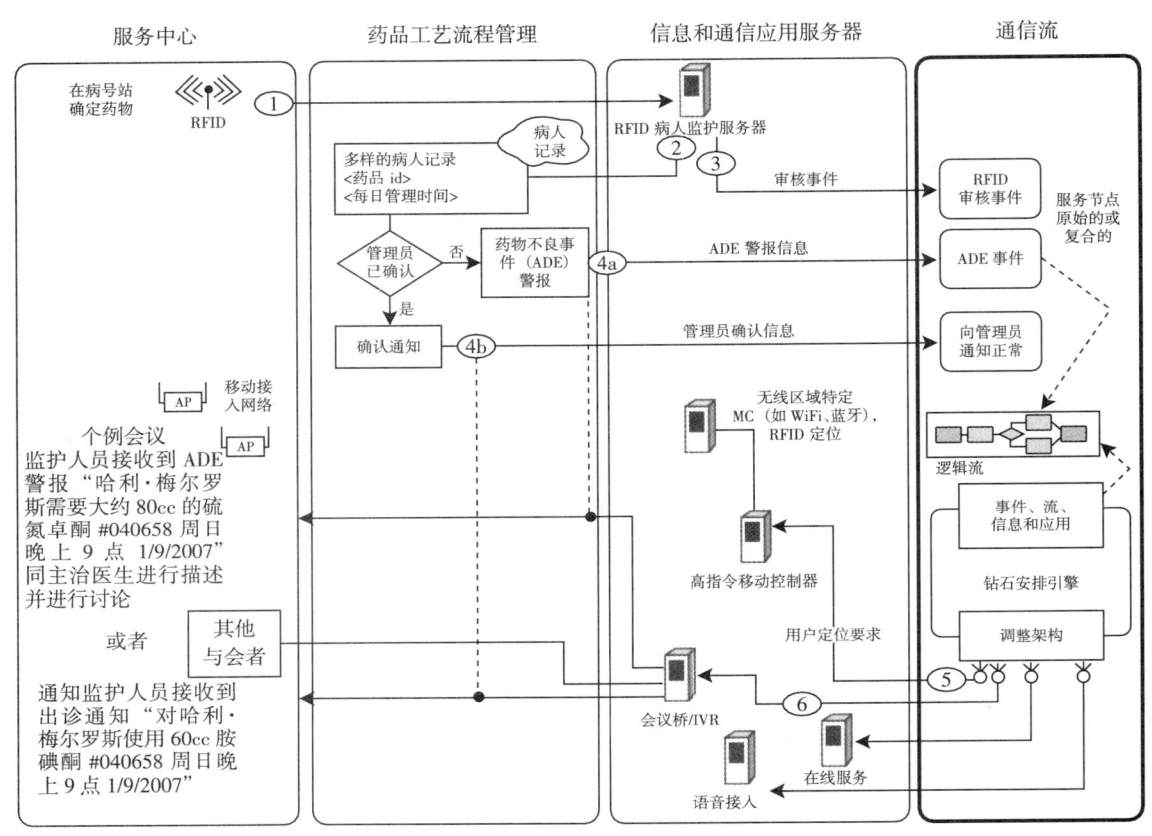

图 2　将通信整合入卫生保健的应用和流程中

资料来源：亚美亚。

情景 2：对海啸的感应和响应措施

2004 年 12 月的印度洋海啸造成 30 万人遇难，这是有记载的海啸造成的死亡人数最多的一次，它打乱了曾被称为"事件驱动的科学"的发展和增长。灾难过后，美国国家科学基金会发现为地震工程仿真网络计算机中心建立的基于圣地亚哥超级计算机中心的网络所支撑的 20 多个科学勘探队都在亚洲工作，收集数据以验证海啸行为的模型。[12]

2006 年 10 月，加州理工学院的地震学家在超级计算机上利用一种事件驱动的感应器系统记录并追踪了地震波。科学家们可以在 30 分钟内向媒体和公众发布指南。[13]

与通信相捆绑的超级计算机的实施接入系统在灾难事件中能够实现转换发送实施预警。托管在超级计算机上的海啸模型，可以根据来自海底的感应器传送的实时数据进行调整来预测影响。这种解决方案的架构是在我们的研究中设计出来的，见图 3。一个配备有地震活动探测感应器的附表监测到地震活动的强度，然后通过卫星向一个在线服务器发出

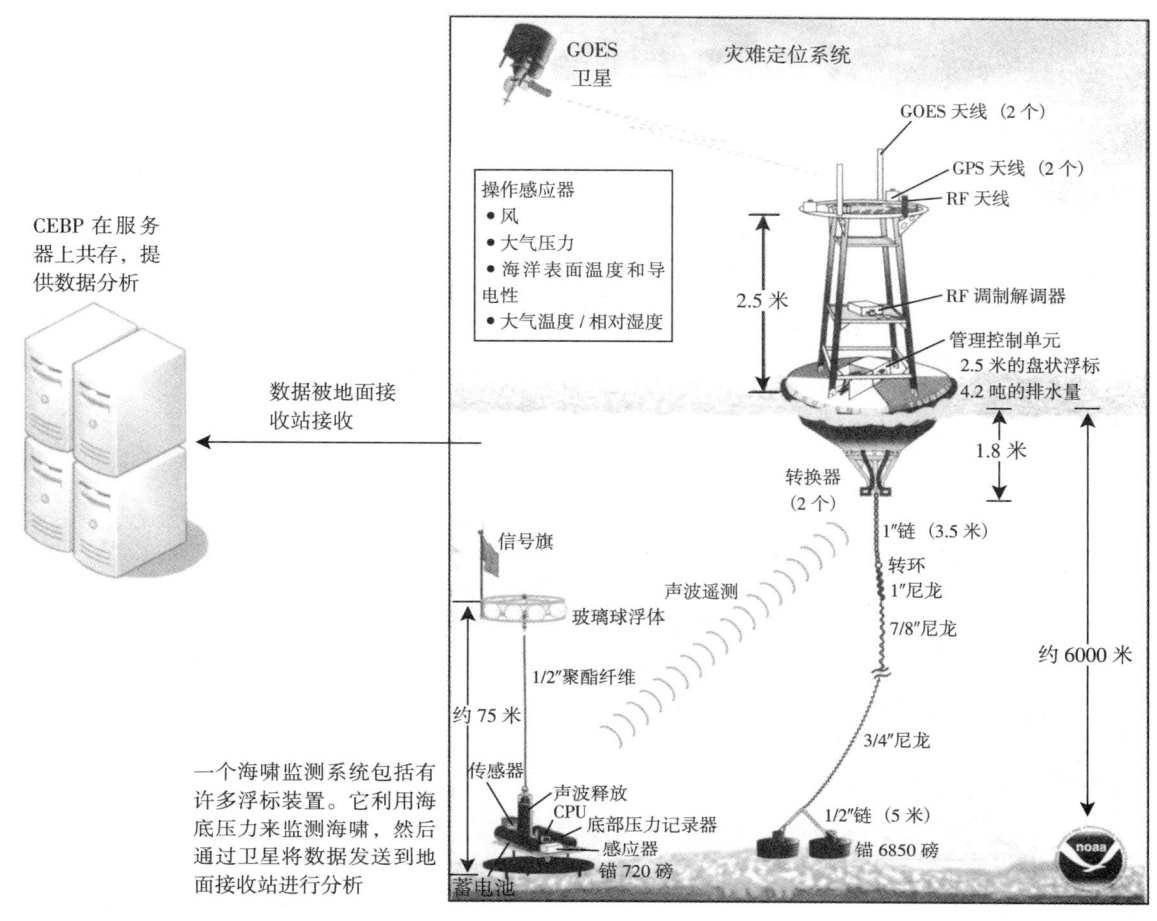

图中文字：

GOES 卫星

灾难定位系统

GOES 天线（2 个）
GPS 天线（2 个）
RF 天线

操作感应器
- 风
- 大气压力
- 海洋表面温度和导电性
- 大气温度 / 相对湿度

2.5 米

RF 调制解调器
管理控制单元
2.5 米的盘状浮标
4.2 吨的排水量

CEBP 在服务器上共存，提供数据分析

数据被地面接收站接收

1.8 米

转换器（2 个）

1"链（3.5 米）
转环
1"尼龙
7/8"尼龙

约 6000 米

信号旗

声波遥测

玻璃球浮体

1/2"聚酯纤维

约 75 米

3/4"尼龙

一个海啸监测系统包括有许多浮标装置。它利用海底压力来监测海啸，然后通过卫星将数据发送到地面接收站进行分析

传感器
声波释放
CPU
底部压力记录器
感应器
蓄电池
锚 720 磅

1/2"链（5 米）
锚 6850 磅

noaa

图 3　在一场灾难中提供实时警报的解决方案

资料来源：亚美亚。

并转播警报。

这个在线服务器包含了受影响区域内所有紧急救援队和主要决策制定者的位置信息。该在线服务器将需要获得公司和公众数据。专家列表将会包括当地的注册专家以及旅行至该地区的专家（为了应对紧急事件，专家公司将会分享其专家的位置信息，或者由公共系统来跟踪该信息），也包括那些没有在该地区但是在国际上享有一定知名度的具有专业技能的专家。系统向这些人同时发出通知，然后这些人将会动员大量民众撤离并且移民。建立于开放式 SOA 平台上的在线服务器还能够向受影响地区的家庭和企业发起反响的"911"警报，同时向社交网站（比如 Facebook）和由诸如雅虎或者谷歌等提供者赞助的当地网站发送信息。图 4 展示了这个流程。

这些关于生死攸关的情况下的 UC 案例研究使人们能够一览它在影响社会方面的强大力量和潜力。

动员起整合通信领导的发展：行动呼唤

今天，国家都急需果断地对驾驭整合通信的公共和私人战略进行调整，将整合通信视为经济和社会发展的新的催化剂。

国家成功的关键将在于动员跨界的合作和合伙，它切除了政府和行业间的界限，确保了开放性标准、业务流程的定义以及政府机制的发展，而这些正是推进整合通信发展所需要的。

为了获得成功，领导者的广大联合必须受整合通信的潜力驱动，并且承诺市场规模的快速增长和社会的快速融合。这些领导者将可能根据影响被划分为两个主要范畴：

- 战略执行者：他们是一些在引导本国经济和政府以及公民社会大力发展整合通信中颇具影响力的国家领导人。他们影响了整个国家在基础设施、人力资本和风险投资上的投资网络。他们将会建立管理地区内和跨地区的整合通信的监管政策。

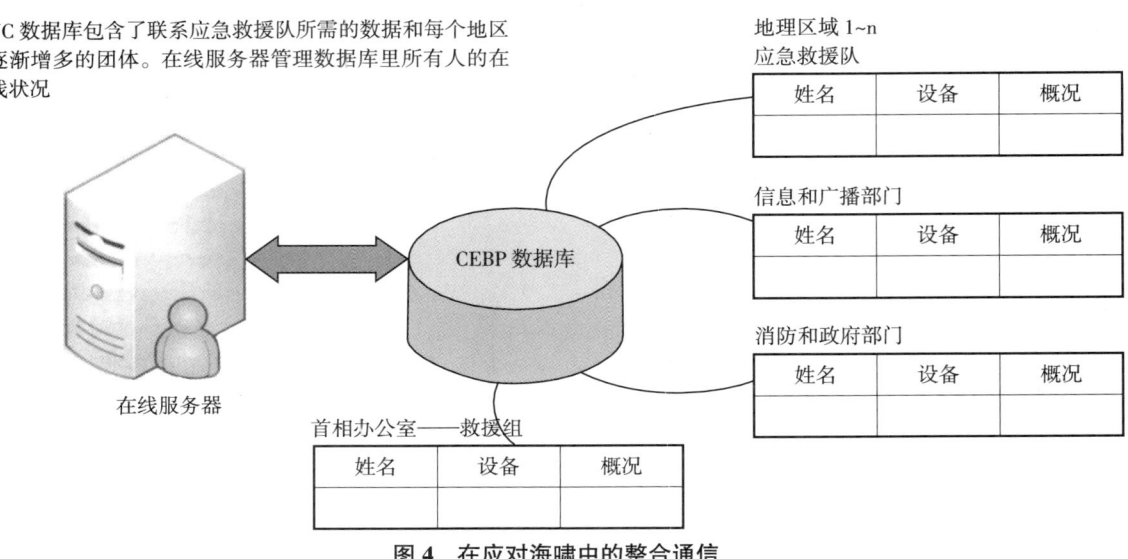

UC 数据库包含了联系应急救援队所需的数据和每个地区逐渐增多的团体。在线服务器管理数据库里所有人的在线状况

地理区域 1~n
应急救援队

姓名	设备	概况

信息和广播部门

姓名	设备	概况

消防和政府部门

姓名	设备	概况

CEBP 数据库

在线服务器

首相办公室——救援组

姓名	设备	概况

图 4　在应对海啸中的整合通信

资料来源：亚美亚。

• 管理执行者：这些人是把政策转化为关键项目组合的领导者，并且对大型 UC 系统的设计、实施和效果承担责任的人。他们的影响范围包括技术战略和规划、系统生命周期管理、业务流程整合、质量管理以及信息安全。[14]

这些领导者需要形成一种国家的 UC 观念以及领导团队，应该遵循如下目标负责规划和引导多层面的施政纲领：

• 建立日渐具有竞争力的跨渠道电信和企业应用市场，以使 UC 服务可以以可能的最低价格实现最广泛地渗透于社会中；

• 推动正式的企业价值网——就像美国的 RosettaNet 或者新加坡的 TradeNet 在先前的技术时代所做到的那样——把附属公司联合在一起，在 UC 规则设定和终端对终端安排上进行合作；

• 在企业和政府中培养受过较好培训具有特殊技术的精英来管理跨公司和电信应用日益复杂、扩大的 UC 网络；

• 教育大家一种以网络为中心的合作的理念以及位于社会每个层级的组织的业务实践的结合，通过较好的培训，加速 UC 的采纳进程；

• 扩大教育鼓励学习整合通信，加速国家和区域性课程变革以产出 UC 领导者和管理者，并且建立资助与 UC 相关的企业设立的种子基金以加速并保持新"网络时代"的增长——多媒体网络上培养出的年轻人——他们将成为整合通信的先锋用户。

当这些促进整合通信的政策到位时，国家就准备好了抓住下一个巨大技术及其驱动的经济浪潮。

注释

① Beniger 1986，p.7.

② Knowles 1922，p.210.

③ Porat and Rubin 1977.

④ Boyson 1993.

⑤ See http：//www.unifiedcommunicationscon.com/2007/boston/web/index.htm.

⑥ See http：//www.wainhouse.com/.

⑦ Washington Post 2007.

⑧ Business Communications Review 2007.

⑨ Schwarts 2007.

⑩ IDC 2007.

⑪ Drummond 2000，p.1.

⑫ Berman 2005.

⑬ San Diego Supercomputer Center,available at www.sdsc.edu/news/invision.html.

⑭ Hanna and Boyson 1993.

参考文献

Beniger, J. 1986. *The Control Revolution*. Cambridge, MA：Harvard University Press.

Berman, F. 2005. Envision. San Diego Supercomputer Center, Fall. Available at www.sdsc.edu/news/invision.html.

Boyson, S. 1993. "Technological Change& Development：The Case of Puerto Rico." *Technological Transformation in the Third World*, Vol.111：*Latin America*. S. Patel, ed. Aldershot, UK：Avebury Press, United Nations University/World Institute of Development Economics Research.

Boyson, S. and D. Boyer. 2006. " Communications – Enabling the Supply Chain." Presentation to World Bank E – Leadership Seminar, Robert H. Smith School of Business University of Maryland. College Park, June.

Business Communications Review. 2007. " SOA and Enterprise Voice Communications." August: p.8.

Drummond, R. 2000. "XML: The Only Chance for a Worldwide Standard." *e –Business Advisor Magazine*. April. Available at http: //e–businessadvisor.com/.

Grace.J., C. Kenny, and C. Z –W. Qiang. 2004. "Information and Communication Technologies and Broad–Based Development: A Partial Review of the Evidence." Working Paper No.12. Washington, DC: IBRD/World Bank.

Hanna, N. and S. Boyson. 1996. "Information Technology and the East Asian Miracle." Discussion Paper No.326. Washington, DC: World Bank.

IDC. 2007. *IDC's Definition of the Unified Communications Ecosystem*. Report, January. Available at 2007 Product Code IDC00166.

ITU (International Telecommunication Union). 1998. "Rural Telecommunications–Lessons Learned." Paper presented at the World Telecommunication Development Conference (WTDC–98), Valletta, Malta. March 23–April 1.

Knowles, L. C. A. 1922. *The Industrial & Commercial Revolutions in Great Britain During the Nineteenth Century*. London: George Rutledge & Sons.

The New Vision. 2007. "Uganda to Benefit from $1.7b ICT Project." October 17. Available at www.newvision.co.ug/D/8/220/592483.

Porat, Marc U. and M. R. Rubin. 1977. *The Information Economy*. Washington, DC: Government Printing Office.

PRNewswire. 2007. "Pulvermedia Announces the Unified Communications Conference in Boston, October 30–31, 2007." August 13. PRNewswire. Available at http: //sev.prnewswire.com/computer–electronics/20070813/LAM01413082007–1. html.

Reynolds, T., C. Kenny, and C. Qiang. 2001. "Networking and FDI." Mimeo. Washington, DC: World Bank.

San Diego Supercomputer Center. Available at www.sdsc.edu/news/invision.html.

Schwartz, N. 2007. *Lippis Report* Issue 86: Communications –Enabled Business Processes (CEBP): An Outlook. July 16. Available at http://lippisreport.com/2007/07/16/lippis –report –issue –86 –communications –enabled –business – processes–cebp–an–outlook/.

World Bank. 1994. " Infrastructure for Development (Initial Lessons Learned About Private Sector Participation in Telecentre Development, National Telephone Cooperative Association." *World Development Report 1994*. Available at http: //www.ntca.org/content documents/telecentredev.pdf.

Wainhouse Research Available at http: //www.wainhouse.com/.

Washington Post. 2007. November 23, p.A35.

1.6章

建立信息时代所需的电子技能

布鲁诺·朗文（Bruno Lanvin），

欧洲工商管理学院，电子实验室

帕米拉·S. 帕斯曼（Pamela S. Passman），

微软公司

70

在当今的全球才能竞争中，哪一项是用户家中所寻找的并且需要保持的呢？这些技能是怎样涉入的呢？它们能够被建立和发展吗？这些是世界上所有企业和国家面对的一些问题。私人部门很自然地在考虑它们建立并保持竞争优势的能力，这些竞争优势围绕着跨人力资源的合适的技能混合体。政府也把这些问题视为优先考虑的事项，不仅来自根据全球竞争的要求和挑战来调整国家教育和创新政策的观点，还来自创造就业机会及其他方面的考虑。

全球竞争变得越来越以知识为中心，因此与信息密集社会的具体需求相关的技能（电子技能）就越来越凸显其战略性。本章旨在提出与电子技能相关的三个主要问题：

（1）为什么我们需要不断提高电子技能？提高的速度需要有多快？

（2）这种技能的供给是如何形成的，它是否满足了目前以及可预见的需求？

（3）为了解决预期将会凸显的"电子技能危机"，政府和企业应该布置哪些主要优先事项？

我们将以企业和政府同时追求三个主要独立目标的必要性为背景（大部分在有关欧洲部分的文章里进行了描述）对这三个问题进行阐述。这些目标组成了"ICE三角"，包括创新、竞争力和就业能力。

● 创新：随着产品的生命周期不断缩短，技术越来越容易被传播、分享和复制，因此不管是在产品层面还是在流程层面，如果不能持续注入创新，就不能保持竞争优势。财务创新（包括私人—公共合伙制）和社会创新（比如Web2.0方式和多利益相关者合伙制）将联合起来使环境变得日益动态化。

● 竞争：在过去的几十年间，信息和通信技术（ICT）已经成为全球经济增长的核心贡献力；然而，目前人们普遍认识到技术和基础设施效率不高，如果不重视人力资本，信息革命的利益就不会完全形成或者被收集。在"全球搜索技能"不断增长的情况下，一个国家教育体制和劳动力市场要与其他国家竞争，并且建立个人、企业和政府的新规则。

● 就业能力：随着大多数国家都承认了市场经

本章的背景研究提供者为：马丁·克拉里克，欧洲工商管理学院电子实验室主任，阿布扎比；附加的政策和项目资料以及对先前版本的一些珍贵评论由埃琳娜·邦飞利，微软EMEA地区董事长处获得的。在此对他们做出的贡献表示诚挚的感谢。

济的准则，创造充足的工作和适当的技能容量已经成为一个共同关心的问题。同时，伴随着全球化而来的新的淘汰机制的建立，也需要在它们成为增长的严重阻碍物之前进行解决。信息技术（IT）和电子技能在这里还发挥了一个关键作用，因为（1）电子技能不仅成为进入公司所必需的技能，而且在被雇用后可以有利于升职以及水平调动；（2）"普遍服务"是在不平等竞争中应用于建立高级别竞争力的有力准则。

全球对电子技能的需求正在增长

为了确认并尽可能量化目前以及可预测的电子技能需求，我们需要尽可能精确地定义电子技能。然而任何对电子技能的定义都很快就受到其扩张的范围和目的的挑战，因为从行业和服务经济体到知识以及社会经验的快速变革使这些技能不仅无处不在而且极具包含性。

知识经济需要一个不断扩张的技能和电子技能。在日益扁平化的组织中，领导力本身（在私人和公共组织中）都不得不为了更好地建立和管理在许多不同时区工作的多文化团队而进行重新定义。此外，近年来在企业和政府全球化的逻辑中，创新都被放在了议程的第一位。因为创新始于人，属于劳动力的电子技能水平已经变得至关重要。研究表明，概括来讲电子技能成为了较好工作和被雇用的敲门砖。[①] 相应的，它们不仅成为了数字化的钥匙，还是被社会所容纳的钥匙。

定义电子技能

现有文献将电子技能宽泛地定义为与 ICT 相关的技能。2004 年的欧洲电子技能论坛提出了技能的三种不同类型的定义：

（1）ICT 用户技能：个人有效地使用 ICT 系统和设备所需要的技能；

（2）ICT 从业者技能：从事 ICT 系统的研究、开发和设计、管理、生产、咨询、市场营销、整合、组装和管理、维持、支撑以及服务工作的人所需要的技能；

（3）电子商务技能：开发由 ICT 尤其是互联网所提供的机遇，确认更有效率和效益的不同类型的组织，探究运作企业和组织流程的可能的新途径，以及建立新业务所需要的技能。[②]

几乎在所有的内容中，电子技能都被看做是更

宽战略的组成部分，这些战略就是通过培育竞争力、增长、就业、教育和终生培训以及社会容纳来建立知识经济体（电子经济）。除了行业政策、优先创新和中小型企业（SME）政策，欧盟委员会还把电子技能战略确定为里斯本战略的一个基本支柱，旨在将欧盟打造成为世界上最具竞争力的经济区。[③]

知识经济体需要宽泛的电子技能

加入到将自身建立成为世界领先知识经济体竞争中的国家数目越来越多。从全球看，知识型城市的建立来自临时文件（如沙特阿拉伯），或者被竞争者认为是"知识中心"。[④] 在欧洲，2000 年的里斯本议程给欧盟提出一个挑战，它提出到 2010 年欧盟要成为"世界上最具竞争力和动态性的知识经济体，能够在创造更多更好工作岗位的同时达到可持续的经济增长并增强社会凝聚力"。[⑤]

目前普遍认为这种基于知识的战略确保了一般技能尤其是电子技能形成的巨大优先权。例如，在希腊的塞萨洛尼基举行的欧洲电子技能 2006 会议上发表了声明，"里斯本战略的成功、欧洲产业的竞争力以及社会凝聚力依赖于对 ICT 以及欧洲劳动力和 ICT 从业者的知识、技能、竞争力以及创造力的有效利用"。[⑥]

然而，根据知识议程的内容确定电子技能需要对上述定义进行重要的扩展。技能种类不仅包括计算机技能以及驾驭和结合 IT 技能的能力，还包括对与某些能力相关的竞争力的更加普遍的设定，这些能力指跨文化和机构界限沟通的能力、团队（通常是遥远的）合作能力以及更为一般的创造和分享知识的能力。

围绕这一宽泛的定义，长期知识战略（比如欧盟的里斯本议程）将电子技能确认为促进创新、生产力和就业能力以及应对全球挑战的核心。欧盟委员会在这一点上走得更远，他们坚持认为还包括社会维度的挑战，并且已经承认了可以强调社会凝聚力、性别问题（包括鼓励女性选择从事 ICT 职业的人）、普遍服务的整合方法以及新 ICT 教授和技能的晋升。在 2007 年 11 月，议会接受了委员会的提案，即建立一个长期电子技能议程，以应对将电子技能作为促进基于知识密集型产品和服务的经济体以及更具包容性的社会的发展途径的需要（见专栏1）。它强调了需要快速实施该议程、改善合作和调动所有利益相关者，以及采纳最佳战略和实践以更好地应对全球竞争挑战。

专栏1：欧洲当局将电子技能确定为优先发展事项

有关电子技能的主题和讨论已经出现在欧盟议程和自 2002 年 10 月召开的欧洲电子技能峰会以来的与行业以及其他利益相关者的讨论之中，该次峰会是由丹麦轮值主席国、2002 年 12 月正式通过的议会结论以及欧盟委员会在 2003 年建立的欧洲电子技能论坛共同组织的。2006 年和 2007 年这一争论又得到了新动力，行业向流程提出了一些建议，特别是电子技能。

五年的工作和合作在 2007 年 11 月欧盟委员会提出关于"21 世纪的电子技能：促进竞争力、增长和工作"的政策沟通时达到了顶峰。沟通中形成的三个主要优先事项是：

（1）正式通过区域性的欧盟长期电子技能议程以促进竞争力、就业能力和劳动力的发展，减少电子技能鸿沟并且以更好的姿态迎接全球竞争的挑战是势在必行的；

（2）需要长期改善公众和私人部门的合作，以确保基于电子技能培训、职业和高级教育以及专业发展的架构的无缝连接；

（3）行业和政策制定者必须促进 ICT 工作及事业的专业化、形象和吸引力，以及推动更好的工作、就业条件和远景。

同时，在 2007 年，在竞争力委员会召开会议之际，欧盟委员会进一步强调了电子技能的重要性：

● 呼吁委员会、成员国和利益相关者实施在沟通中按欧洲标准所达成的五条行动方案，要求在 2010 年完成，同时保证新提案必须与现有项目和成员国的教育及培训责任相一致。

● 支持委员会的决议，继续做到：

（1）为交换最佳实践提供平台；

（2）促进电子技能的定期对话；

（3）与成员国和各利益相关者合作发展欧洲电子竞争力框架。

● 呼吁成员国：

（1）进一步发展长期电子技能战略，并要考虑到委员会提出的合理的关键构成要素和行动路线；

（2）在建立终生培训和技能的政策下，国家改革规划应包括电子技能战略；

（3）应该考虑到本领域内 SME 的特性和 ICT 的扩散对于 SME 竞争力的重要性。

● 鼓励行业、社会合作者和包括学术界在内的教育提供者动员自身，重视社会责任，为长期电子技能战略的实现做出贡献；

● 接受委员会的决议，在 2008 年举行一个会议用于报告已实现的进步，陈述行动的结果，讨论发展方向，基于独立评估和相关利益者的评定在 2010 年向委员会和欧洲议会发布报告；

● 承诺继续并拓宽该问题的讨论范围以实现整合，讨论社会凝聚力、性别问题，比如，鼓励女性选择 ICT 职业，电子融合运动，促进新 ICT 专业和技能发展。

资料来源：根据欧盟委员会协议，2007（available at http://www.consilium.europa.eu/ueDocs/cms_Data/docs/pressData/en/intm/97225.pdf）。

在全球，特别是在欧洲，行业和公共机构在推动新技能、培育知识经济和使人民为成为 21 世纪的劳动力做好准备等方面都发挥了关键的领导作用。私人部门已经并且正在和欧盟机构以及国家政府一起促进诊断学、提升关注度，并且在电子技能领域建立行动计划。例如，微软作为该领域的领先者，已经与其旗下世界范围的"无限制的潜力激发"一起积极地为几个成功的多利益相关者合作体（MSPs）做出了贡献，[⑦]比如，欧洲就业能力技能联盟和电子技能产业领导者董事会（见专栏5）。[⑧]

创新的重要性和全球人才引进

知识经济的兴起需要在全球范围内引进人才，因此电子技能和电子领导力就尤其处于高需求状态。

创新所需的电子技能

许多年以来，创新都是发达世界的保护区。欧洲、美国和日本的公司专注于它们国内的高端市场。在其他市场，创新具有很大的增值空间，但受限于要对产品进行调整使其满足当地需求。但是近期，创新和研发（R&D）国际化的逻辑已经发生改变。各公司开始遍布全球去进入有潜力的新兴市场，它们创新和研发活动的足迹更加国际化并且（或者）更加分散化。[9]

特别是在过去的五年中，印度和中国等快速兴起的经济体也同时发生了创新国际化的快速增长。与这些变化相关，全世界的公司都必须认识到知识和人才的分布日趋全球化并且必须对此做出应对。对于21世纪的组织来说，在创新、研发和管理等各层级上建立并保持一个强有力的内部和外部人才输送管道是非常重要的。[10]

领导者需要的电子技能

要想管理多文化（并且常常在地理位置上是分散的）团队，从远处吸引人才，行业和政府的领导者必须具备新的能力。此外，由于需要用一种能够激发他们的创造力、增强他们创新力的方式管理这种团队，因此传统上自上而下的组织结构并不是最有效的。知识经济需要的电子领导者的特点并不主要是完全透彻的技术知识；相反的，数字领导者的关键能力是对全球信息网络带来的组织、政治和社会影响的深刻理解。电子领导者还被期望着能够理解组织流程中的技术应用的渗透，并且能够将创新转化为生产力的提高。[11]

与此同时，调整首席信息官（CIO）的角色、概况和功能的努力也已经进行了一段时间，CIO变得越来越以战略为导向而不是专注于技术。在这一领域的领先者是IBM和该公司最近建立的CIO领导力中心。作为中心揭幕式的一部分，IBM进行了2007年全球CIO领导力调查。该调查（已经在进行扩展，对亚太地区的另一组500个CIO进行调查）揭示出CIO日益成为执行业务团队信任的成员。80%的CIO回答说他们是高级领导团队中有价值的成员，69%指出其在战略决策制定中发挥了重要作用。进一步地，CIO的战略参与水平高的组织在商业模式、产品、服务创新以及IT服务的共享

和中心化等方面都显示出较高水平。[12]

中间性总结1

由以上定义和观察可以得出三个初期结论：

（1）电子技能是无处不在的，它不限于IT专家；所有部门的所有活动层级都日益需要这种技能，在这些活动中创造力、创新和跨领域团队合作是提高竞争力的工具；私人和公共部门的领导者不仅应受过电子技能相关的教育，还应展示并增加电子领导力所需的新能力。

（2）正在兴起的全球知识经济将在所有的行业（不仅仅是ICT部门）和所有的公共部门内，显著地增加各层面对电子技能的需求（从非专业化工人到公司领导者）。

（3）电子技能将会成为决定雇员纵向和横向的工作变动的重要核心因素，这样劳动力市场会运转良好，就业岗位充足，服务水平较高。

这些结论可由图1中的供需图代表。

一方面考虑到电子技能预期使用的概况，一方面考虑到它们可用的来源（内部和外部），我们将会面临一系列其他问题。特别是这些问题与教育体制、IT工作的形象以及国家劳动力市场就业能力的决定因素有关。本章的下一节将会讨论这些问题。

为什么电子技能的供给不充足

当一个社会的发展需要新技能时，它自然地会首先向教育制度寻求帮助，形成配置文件和能力以满足发展中产生的新工作。然而，当社会经济开始加速时，教育体制反应和调整的速度相对要慢，典型的比如，小学/中学教育体制发生变化只有在10~20年后才能对工作市场产生影响；对于高等教育，这一延迟期也有5~10年。

专栏2：新的人才的国际分布

欧洲工商管理学院与英国电信联合提出的全球创新指数（GII）模型是一个形式化模型，它可以显示出某个国家和地区目前对创新挑战做出反应的程度。它不只是为了测定一个国家的相对反应能力，还从与创新相关的政策和实

践方面为国家提供了一个清晰的优势劣势图。GII模型的一个核心假设就是反应准备度直接与国家采纳领先技术、扩张人员能力、增加组织和运营能力以及改善机构绩效并从中获益的能力是直接相关的。GII框架中的八个创新支

柱可以划分为两个不同的范畴："投入"——支撑创新能力的因素，比如，机构和政策、人员能力、基础设施、技术成熟度和业务市场即资本；以及"输出"——国家从投入中获取的利益，比如，知识创造、竞争力和形成的财富。

在 2007 年的 GII 指标中，美国在投入和产出上均排名第一。相较于其他国家，很明显它既有一个较好的创新环境，同时在开发方面也更有效率。但是美国同样也面临着一些来自国内和国外的问题。它领先地位的核心就是它传统上建立起的吸引力，连续建立起的人力资本。截至目前，美国正在通过从海外吸引人才来弥补自身初级和中级教育的不足。现在美国面临着在本国培养更多科学家和工程师的需求。

一些新兴市场也效仿美国从海外吸引 ICT 人才。例如，在全球排名中位于第 14 的阿联酋，该国从其明确设计和实施的吸引技术工和技术密集型公司的政策中获益匪浅。

一方面是新兴的亚洲大国印度和中国（分别位于 23 位和 29 位），另一方面是金砖四国的另两个经济体巴西（40 位）和俄罗斯（54 位），这两者的 GII 排名有明显的差距。对这四个国家的测量发现产出要优于投入：在产出上印度位列第 7 位，中国位列第 9 位，都是因为较好的竞争力和较高的知识分数提升了它们的排名。

欧洲市场在 GII 的总体排名上表现良好，德国、英国和法国分别位列第 2、3、5 位。但是在人力资源领域，在大型欧洲经济体中只有法国进入了前十名。总体上说，这些国家在产出上的排名要高于投入。相反的，北欧经济体的投入要优于产出，在人力资源方面得分较高。

资料来源：杜德和考尔金，2007。

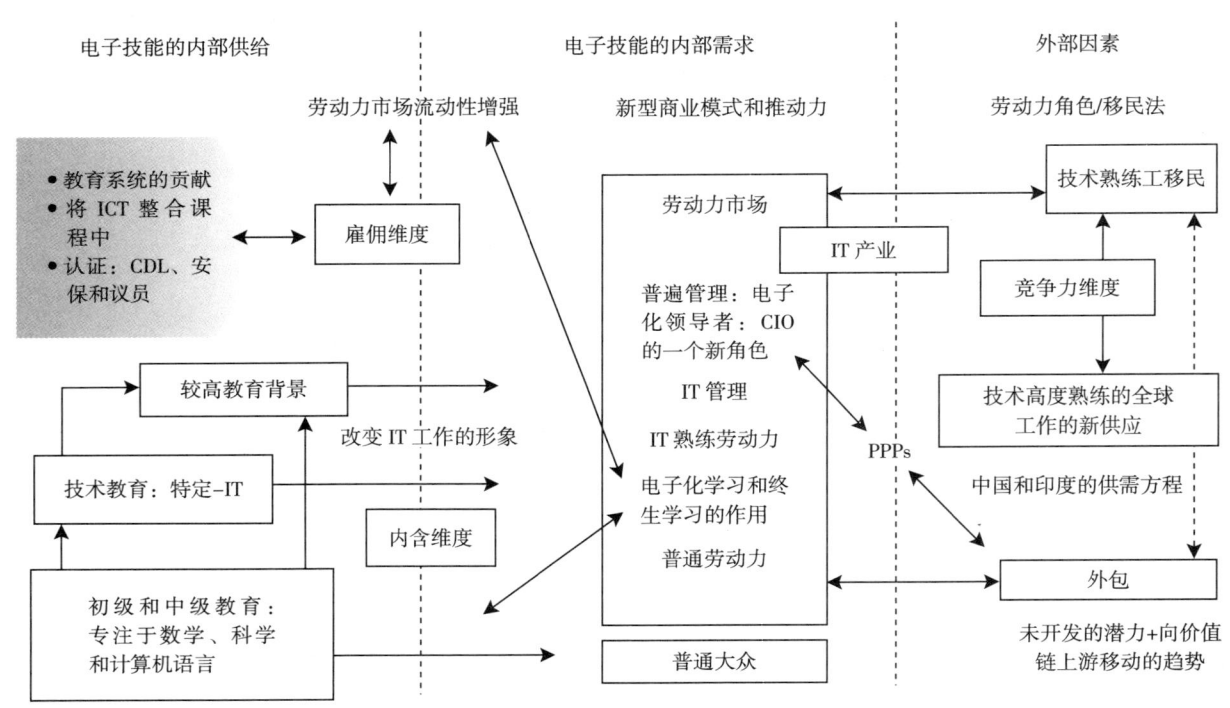

图 1　电子技能供需方程的要素

因此当给定过去 20 年间信息社会对自身进行彻底改造的速度时，发现教育系统仍然在产出远达不到需求的电子技能很低的工人，这不足为奇。然而，目前的电子技能鸿沟至少产生了三个问题：①现存的教育和培训体制在多大程度上满足了目前的电子技能需求；②要想在成熟经济体中提高 IT 工作的形象，应该怎样做；③如何通过电子技能的发展来改善整体就业能力。

改善教育体制的理由和途径

在大多数成熟经济体中，国家教育体制提供电子技能以满足生产和消费中日益增长的知识活动的需要的能力成为越来越受关注的问题。

例如在欧盟，数据显示：

- 学习ICT课程的学生数在逐渐减少。
- 电子技能的需求在增长，但是供给却在减少。
- 多于三分之一的欧洲人没有基本的ICT技能。[13]
- 性别问题依旧存在，在欧盟ICT的从业者中女性比例少于20%。[14]

然而，不仅在北美和欧洲等发达市场中出现了高质量的ICT专业者的短缺，同一现象还发生在了中东、俄罗斯市场，印度和中国市场更是日益凸显，这些市场曾经被视为拥有几乎无尽的工程人才资源。印度全国软件和服务公司协会（NASSCOM）预测到2010年技术部门的专业员工缺口将达到50万人。尽管该国每年都产出大约40万名工程师，最近一项NASSCOM的调查发现只有四分之一的工程师在毕业后被雇用。剩下的人都在必需的技术技能、英语的熟练度、团队合作能力或者基本口语表达方面有所欠缺。[15]

在中国，2007年麦肯锡的一项研究报告指出，平均来说，能够胜任一个外企的九个核心岗位之一的求职者所占的比例少于10%，九个岗位包括：工程师、财务工作者、会计、定量分析师、生命科学研究员、医生和后勤人员。造成这种结果的原因主要是因为他们缺乏项目和团队工作的经验。用这些估计对中国每年进入工程师行列的160万人进行计算，表明国家能够胜任跨国工作的年轻工程师数量只有16万——不大于英国的数目。[16]

因此，我们可以把这一问题考虑为两个方面全球资源缺乏：一方面是全球知识经济所需的电子技能的数量和质量，另一方面则是现存教育体制形成供给的能力。

由图1可以看出，要想解决这一全球性资源不足的问题，可以从教育的几个层级进行。在初级或者基础教育层级，计算机素养已经成为与读、写和算术同等重要的要求。然而还有另外一个挑战逐渐显现出来，就是基础教育中的数学和科学教育平均水平在逐渐下降，特别是在一些成熟的工业化经济体中（见专栏3）。

专栏3：数学和科学发生了什么？

2006年OECD的国际学生评价项目（PISA）对主要工业化国家的15岁学生的阅读水平、数学素养和科学素养进行了调查。PISA调查的一个特点就是与终生学习相关，每三年举行一次。

PISA是由OECD的教育委员会和OECD的成员国共同开发的，它的目的就是要评估学生在义务教育结束之前接受到了多少全面参与知识社会后所需的知识和技能。PISA是教育委员会工作的一个重要部分，它可以收集数据提供OECD成员国和其他成员国教育体制的比较指标。

通过使用基于计算机的评价软件，PISA除了监测学生在阅读、数学和科学三个主要学科领域的表现，还在其他学科中重点选择了深邃的政治远见这一项——不仅要衡量ICT素养技能，同时还要开发能够对学生的阅读、数学和科学知识技能进行有效评估的更加广泛的动态且互动的方法。

在2006年，以下经济体的分数高于OECD的平均分500分：芬兰（在2006年PISA的科学度量表中得分最高）、加拿大、日本、新西兰、中国香港、爱沙尼亚、澳大利亚、荷兰、韩国、德国、英国、捷克、瑞士、奥地利、比利时、爱尔兰、列支敦士登、斯洛文尼亚和中国澳门。

以上国家和地区中还有九个在2007~2008年的网络就绪度指数（NRI）中排在前15位，因此这表明在国家层面上建立可持续的网络就绪度需要对教育，特别是对科学和数学以及它们在解决问题中的应用，进行持续性的大力投资。这还证明了，相较于欧洲和美国的许多成熟经济体，新兴经济体在科学教育度量表上的排名正在上升。

资料来源：经济合作与发展组织（OECD），2007。

很明显，改善公民数学和科学基础教育的质量和程度将会成为达到接下来的几年中所需求的电子技能水平的主要因素。我们不能期望教育体制可以提供所有这些需要的因素。例如，逐渐灌输可以使整个社会更具创新力的必要能力要比好的教育要求更多（见专栏4）。

专栏4：创新与教育有关系吗？

知识经济指数（KEI）根据世界银行的知识评价方法（KAM）提供了一种进一步探究教育质量和创新能力之间相关性的有趣的方法。它提供的图与全球创新指数（GII）方法提供的图完全一致（见专栏2）。

对KEI排名较高的国家的相对创新和教育排名进行快速比较就能发现，尽管高质量的教育体制是建立充满生气的国家创新力的典型途径，但这两个指标并不总是成正相关（见图2）。从分布范围来看，瑞士在2007年的创新力排名中是第1名，但其教育仅排在了第34名。另一方面，尽管澳大利亚的教育体制质量排在第5名，但是该国的创新力子指标仅排第19名。

这表明，好的教育体系并不一定带来好的创新力产出，反之亦然。其他因素同样关键——例如，GDP的结构、风险投资是否可获得以及是否存在研发和创新集群。另外，方法和课程的变化，特别是如果在基础层级发生变化，在下一个10~20年都不会有可见的结果。

尽管如此，这一排名依旧显示出国家网络就绪度（由NRI衡量）和该国教育及创新积聚的优势（利用世界银行的KAM或者KEI）之间具有高度相关性：在KEI中排名前15的国家在NRI 2007~2008中依旧排名前15。个别国家在教育或者创新方面相对较弱，这显然阻碍了该国最大化利用知识经济与生俱来的机遇的反应就绪度。

注：KEI对知识经济的描述建立在四个支柱之上，即（1）经济刺激和机构管理（EIR）；（2）教育和培训；（3）创新和技术采纳；（4）ICT基础设施。见www.worldbank.org/kam。

资料来源：知识评价方法，世界银行，2007。

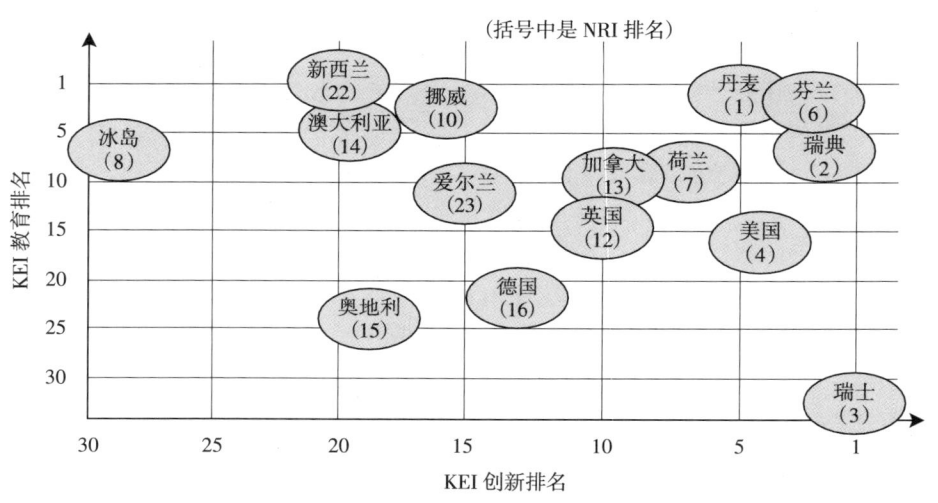

（括号中是NRI排名）

图2 世界排名前15位的知识经济体的创新和教育

资料来源：知识评价方法，世界银行，2007；世界经济论坛，NRI（2007~2008）。

此外，由于IT背景变化迅速，很明显今天的学生通过正规教育体系所学到的一系列电子技能当他们进入劳动力市场时就已经过时了。为了使电子技能能够具有远见、可扩充的、创业型的并且具有弹性可以跟随行业的创新趋势，正规教育体系需要通过职业培训和终生学习来建立一个电子技能的及时运送系统。

超越正规教育和培训：改善IT工作的形象

在学校和大学中缺乏适当的教育和培训——通过专业终生培训来实现始终是不充裕的——不是唯一的可以解释教育体系不能满足电子技能需求的原因。在许多情况下（特别是在成熟的工业化经济体中），IT培训招收到的学生数量正在下降。这一奇怪现象的主要原因就是IT和与IT相关的工作的形象问题。IT工作的形象受到2000~2001年网络泡沫破灭的严重损毁，并且在至少两个趋同的现象上形象还在下降：

（1）目前"编码工厂"和大公司的"IT部门"提供了大量的IT工作岗位（至少是入门水平），因此学生们感觉创新和创造的空间已经很小了；[⑰]这些工作的外包越来越多，因此学生也愈加认为这种工作需要的能力很低。

（2）对于许多IT公司领导者的"成功故事"，媒体（并且经常被他们自己）经常把他们成为行业领先者之前描述为"大学辍学生"或者"车库创业家"甚至是"黑客"，在一定程度上他们是年轻一代眼中反传统教育的化身。

即使是互联网，这个由一些毕业于世界优秀大学的博士开发的东西也经常被看作是反传统化的产物。其他领域的一些类似应用包括开源、社交网络（Web 2.0方式）、大型多人视频游戏等。

这种现象是由根深蒂固的性别模式造成的，并且被证明在IT行业要比在我们经济中其他更加传统的部门更难根除。重建电子技能形象的一部分任务就是要吸引更多的女孩来学习科学和IT专业。

在一些国家，最近已经采取了一些措施来进行重建。例如，在法国，多利益相关者协会Pascal@line[⑱]就是基于这一目的创建的。该协会引用"对科学教育愈加并且非理性的缺乏兴趣"，强调了对IT学习感兴趣的学生越来越少的事实与企业对IT技能工作的巨大需求之间的悖论。为解决这一悖论，该协会集结了教育机构、企业和贸易联盟来探究为什么IT工作不能吸引更多的年轻人，并且要通过在法国的学校和大学间推动各种信息活动来改变这些工作的形象。

更多的该活动的合作者，包括涉及的学校、大学、IT工作的潜在提供者以及相关的公共机构都需要创建一个更加可信的真实的IT工作形象，并且在年青一代中间形成必要的对所需电子技能的新的兴趣。

就业能力的"圣杯"

更高水平和更多的电子技能的发展不仅可以满足由知识经济带来的更高水平的就业和创新的需求。如果我们没有在这次发展中付出巨大努力来提高工人中拥有此类技能工人的比例，那么就会导致社会和经济处于更高的紧张状态。鉴于此，还需要更多地考虑以下四个因素，包括：①劳动力市场有限的效率，特别是在成熟经济体中；②在新兴国家推行电子技能联营的积极和消极影响；③一些大型经济体利用联营的（令人惊奇的）自我削弱能力；④新兴经济体出口这些技术的（并不令人惊奇的）减弱的兴趣。这四个因素在世界范围内直接影响了电子技能/就业能力的均衡，特别是对这些技能的需求日益增长的区域，比如欧洲。

内部因素："刹车"和激励的混合体

许多年前，分析者就已经指出劳动力市场的弹性对促进就业率提高有积极作用。以高技术创新率为特征的部门，是更需要弹性制的，因为：①它可以让高技能的工人在公司和部门之间传播创新；②它有助于形成培育创新所必需的多学科方法；③它会使IT工作更受年轻人欢迎；④它会使行业和政府的高风险部门更加开放地招收拥有电子技能的工人。

但是许多国家级经济体仍然在努力寻求不同利益相关者的利益或位置与劳动力市场弹性、职业安全和劳动力市场安全之间的平衡。[⑲]这经常会带来复杂的一系列的法律和监管制度，这就削弱了彼此的影响。

外部因素：稳定器还是放大器？

信息激励活动（比如系统维护和呼叫中心以及会计或财务数据的处理）是最近的外包浪潮的主要受益者。离岸外包（或近岸外包）已经成为信息服务快速全球化的主要媒介和工具。

然而，由于近十年来发达经济体中电子技能缺口扩大，从新兴国家（比如印度）移民到更加成熟市场（比如美国和欧洲，还有加拿大、澳大利亚、新西兰）中的拥有高教育水平的劳动力数量急剧增加。成熟经济体依靠外部电子技能提供者的能力在一定程度上稀释了本国电子技能失衡的担忧。

然而，随着一些国家严加控制了学生和劳动力的签证政策（比如美国从2001年9月以后），同时一些主要的电子技能劳动力输出国（比如印度）也成为电子技能的主要消费国，因此拥有电子技能的劳动力移民的空间和动机就变得越来越小，现在压力明显出现了。

成熟经济体对国外拥有电子技能的劳动力的吸引力是否降低？

美国对国家移民政策进行了改革。2001 年 9 月之后，受美国的签证申请和严格的安保措施的影响，海外年轻 ICT 和科技人才赴美追求学术和专业目标的热情极大降低。同样的，国际咨询机构和政策智囊团也指责一些欧洲国家不愿意从新兴经济体中引入人才。事实上截至 2007 年年末，欧盟还没有允许在它的 25 个成员国——任何"单一市场"的基础组成部分——内劳动力可以自由转移。

技术性移民在欧盟中依然是个普遍性的话题。人们要求改革移民政策，使 ICT 和科学人才能够在东道主国家生活工作得更容易，同时还夹杂着对于引进电子技能人才的反对声音："离岸加工和近岸加工的入侵"。[20] 根据一项最新的 INSEAD 研究，欧盟目前的电子技能课程缺失的是"多样化、乐观主义和精英教育的文化，在这种文化中个人背景远没有成功的渴望重要"。[21] 然而作为一种预兆，欧洲政府已经针对日益加剧的人才竞争采取了措施，欧盟委员会正在协商创造一种欧洲蓝卡提供单一许可程序来取代 27 种不同的许可程序。如果一个高能力的劳动力在一个欧盟成员国中工作超过两年，他和他的家人就能够因专业原因迁移到另一个欧盟成员国。欧盟主席巴罗索（Barroso）最近表示欧盟欢迎全世界的高技术人员，他说："劳动力向欧洲移民促进了我们的竞争力和经济的增长。它同样帮助我们解决了人口老龄化带来的人口问题。"[22]

涉及的问题正在为跨国组织创造一个多层次和持续变化的挑战，包括离岸外包的白领工作；中国、印度和东欧逐渐壮大的中产阶级消费基础；政治考虑；以及国内外的法律和监管制度。

新兴国家获取电子技能的能力是否加强？

暂不考虑社会原因，世界的变化呈现出的态势是虽然高技能和成熟的工人目前供应短缺，但在世界范围内仍然可以得到，并且服从于全球外包。跨国组织的战略应该是平衡全球各地的人才库。然而，国家劳工法依然存在限制，特别是受当地劳动力市场的流动性和开放度较低的影响。许多新兴市场都因为建立了管理人才而在国家创建竞争力的发展中备受关注。例如，印度在近几年的全球人才榜中排名很高，是因为本国的快速增长、劳动力的流动性以及健康的劳动力市场灵活性。

中间性总结 2

从全球对电子技能的供需双方可获得的数据看，公共和私人决策者应该特别重视以下几点：

（1）一方面是现有教育体系提供有电子技能的劳动力和管理者的能力，另一方面是知识驱动的经济体的要求，这两方面之间的缺口正在增大；这一缺口在全世界都增大了，并且将在一些行业和地区更加凸显，这些行业和地区在过去十年间都对发展 IT 产品和知识驱动的社会进行了巨额投资。

（2）对于这些行业和地区，急需调整教育体系（不仅在学校和大学，还在远程教育和终身教育中进行调整）以解决中期的电子技能需求；改善 IT 工作形象和职业前景的努力——特别是在女性中间的改善——将是加强这些调整的影响力所必须的。

（3）在短期，立法和监管系统将在改善劳动力市场的功能方面发挥关键作用，包括允许拥有电子技能的劳动力有更大的晋升以及横向变动；需求更急的行业和地区将会考虑改善它们获取外国电子技能和人才的方法，因此接下来的几年竞争将会越来越激烈。

我们能做什么：电子技能战略的需求

基于前两节所进行的分析，并且考虑到能够同时获取创新、竞争力和就业能力的目标，我们可以考虑从以下六点需求做起。

● 技能：技能是整座大厦的中心装饰物，因为它们是充分利用技术以及（更重要的）在日常基础上重新引进技术以使其更贴近普通公民需求的必要条件；从这一点看，关键电子技能应该包括：①用户的技能；②从业者的技能；③电子商务技能；④电子领导力技能。

● 知识：由于知识比技能的范围更广，因此知识需要在所有渠道普及和发展充满活力的信息社会，使个人和团体可以交换、分享和传输知识。然而，教育体系在这一任务中仍将承担重要责任，并且将不得不进行调整以应对这些挑战：①加强初级和中级课程中数学和科学教育的质量和数量；

②更新高等教育和专科教育以使其更加适应明日的技术变革，并且将其与其他"充满活力的"管理、商务、经济和人力资源技能联系起来；③普遍发展团体、企业和组织的能力以建立与个人的知识增长及消亡相独立的"机构记忆"。

●灵活性：个人和组织将需要仿效教育体制的教师的"教你如何学习"而不是传输"已存在的/课本知识"；这个世界上，技术改变了生活，新商业模式和社会结构不断出现，技能需要以同样速度进行更新和丰富。学习已成为一种终身经历，求职者需要为学习预留空间并进行投资（电子学习提供了一个日益重要的工具，因为它的内容可以被持续更新，并且能被传播到任何地点）。这种"学习的灵活性"将成为国家迅速激活和适应许多未预料到的变革的能力的中心组成部分。在这一背景下，将需要对更小的结构给予特殊关注，比如 SMEs，将会在网络社会中成为工作和创新的主要提供者。最后也同样重要的是，灵活需要通过跨社会网络（连接了企业、学术界、公共政府以及当地和跨国家团体）进行培育以缩短并加速创新周期；在这一背景下，广泛分布的动态的风险投资文化将会日益重要。

●技术：知识型社会一个更加不利的缺点是将技术视为它自身的终结。IT 投资的社会价值应该是进行诸如投资于信息基础设施的公共资源的数量等决策的评判标准。当这一规定降低到个人参与者负责的层面，一个强有力的、透明的和平衡的监管框架应该带来能够使所有公民都受益的竞争，同时保持更多的技术创新以及配置的行业利益。目前有充足的证据可以使我们接受一个生动的运作假设，即更好以及分布更为广泛的信息基础设施（包括外国分支）将会给包括发展中国家在内的所有人类社会带来好处。[23]最后仍旧重要的是，由于技术创新加速并且同时变得更加昂贵，越来越少的参与者将处于"重新发明车轮"的位置上：关注于现有的最佳解决方案和实践将具有战略重要性，而由外国的技术许可以及更为普遍的外国发明的思想和工具的开放带来的机会将引起世界范围内持续的关注。

●电子融合运动：社会在 IT 能够形成的排他机制的背景下建立有效的安全措施是极为重要的：在这方面的核心原则就是平等地获得电子技能的权利。同等重要的是建立特殊机制和工具以加强 IT 人员的就业能力。不同种类的入口可以极大地帮助劳动力市场提高流动性。公司和公共机构也不得不在组织内或跨组织间鼓励有电子技能的劳动力晋升和横向调动来对劳动力市场的流动性作出贡献。流动性现在被普遍认为是使劳动力市场形成更多工作岗位的一个关键因素。在与 IT 相关的工作这一案例中，要想在不久的将来成功解决一些电子技能缺口的紧迫需求（比如在西欧），就必须在全球范围内增加并扩大流动性。

●战略：由于前述五个要求在我们社会的多层级间纠缠在一起，因此缺少了利益相关者的一致、包容和分担，这一切都无法实现。这样的愿景不仅要包括一个可行的社会经济学战略的重要组成部分（比如立法、监管或财政计划本质的指导方针及原则），还应包括能够使其对所有成员都具有吸引力和引发兴趣的要素。这就是为什么在他们周围提升 IT 工作的新形象，或者挑战性别比例或者其他排他机制是如此地具有战略重要性。传播这样一种视角以及完成这一种战略的能力需要强有力的并且坚决的领导力，还需要激励有共同目标的所有主要利益相关者来建立创新、竞争力和电子融合运动的社会的能力。在图 3 的表格中总结了所有六个要求。

电子技能的一个可行的多利益相关者方法

在这一模型中，基于共同目标的所有利益相关者的调动是知识型社会和谐发展的一个关键条件。然而它的发生并不像一个国家发布命令或者一个国际会议的结果那样。

我们需要有人来领导（并且面对风险）以及指引道路。来自世界不同地区的开路者已经开始结合在一起，他们并不只是提供希望的曙光。比如，在欧盟，私人部门已经开始和欧盟机构以及国家政府合作以提供诊断、提高意识并形成联合行动计划来动员所有可获得的力量加速电子技能的发展。就业能力技能欧洲联盟（见专栏5）则应运而生。

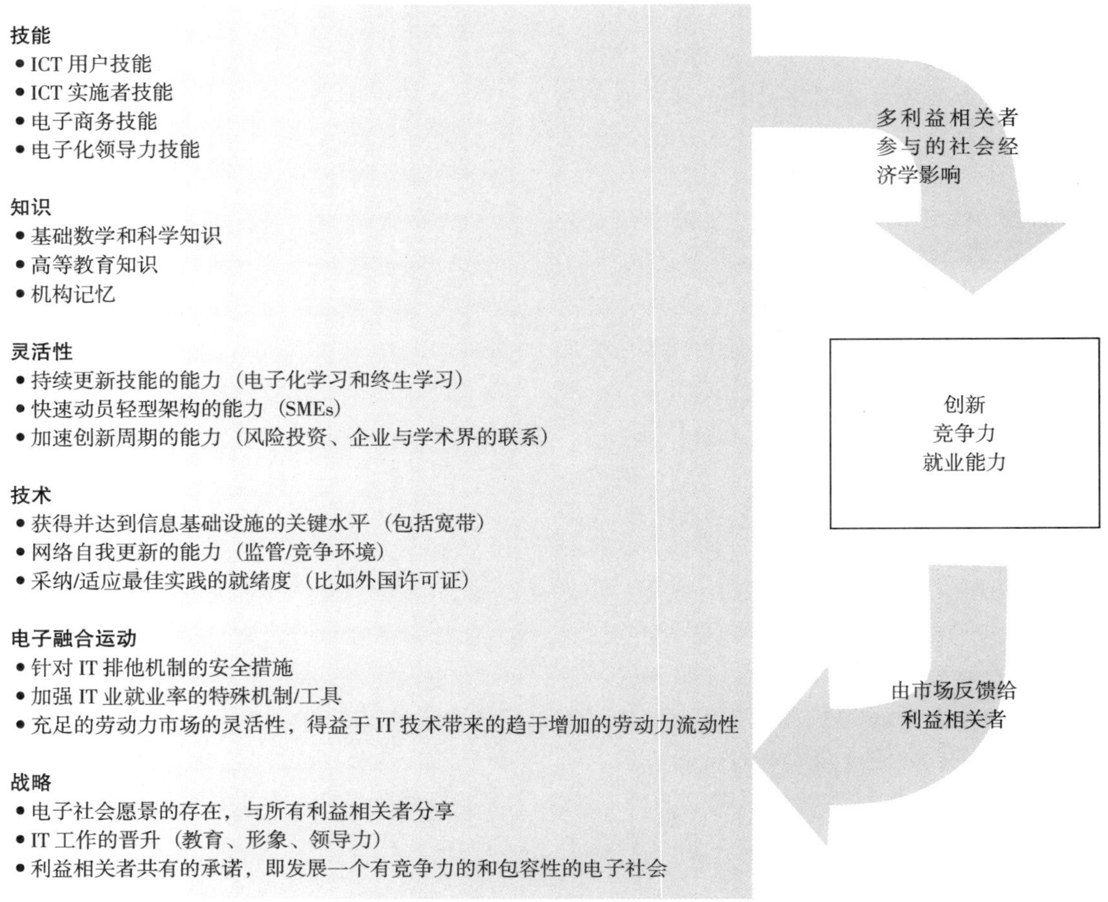

技能
- ICT 用户技能
- ICT 实施者技能
- 电子商务技能
- 电子化领导力技能

知识
- 基础数学和科学知识
- 高等教育知识
- 机构记忆

灵活性
- 持续更新技能的能力（电子化学习和终生学习）
- 快速动员轻型架构的能力（SMEs）
- 加速创新周期的能力（风险投资、企业与学术界的联系）

技术
- 获得并达到信息基础设施的关键水平（包括宽带）
- 网络自我更新的能力（监管/竞争环境）
- 采纳/适应最佳实践的就绪度（比如外国许可证）

电子融合运动
- 针对 IT 排他机制的安全措施
- 加强 IT 业就业率的特殊机制/工具
- 充足的劳动力市场的灵活性，得益于 IT 技术带来的趋于增加的劳动力流动性

战略
- 电子社会愿景的存在，与所有利益相关者分享
- IT 工作的晋升（教育、形象、领导力）
- 利益相关者共有的承诺，即发展一个有竞争力的和包容性的电子社会

多利益相关者参与的社会经济学影响

创新
竞争力
就业能力

由市场反馈给利益相关者

图 3　对于电子技能的一个可行的多利益相关者研究方法

专档 5：私人部门的角色？电子技能行业领导力联盟

2007 年 7 月，一组包括思科、惠普、甲骨文、微软和西门子在内的 ICT 和知识领域的杰出参与者联合成立了电子技能行业领导力委员会（电子技能 ILB）。电子技能 ILB 将其技能定义为"领导 ICT 部门贡献于欧洲长期电子技能和数字能力议程的发展及实施"。随后它受到了欧盟委员会副主席，企业和产业理事，甘特·费尔霍伊根（Gunter Verheugen）以及 2007 年 9 月的关于电子技能的欧盟委员会通报的欢迎及认可。

电子技能 ILB 旨在实现从政策建议到由 ICT 产业的利益相关者采取的行动和承诺的转变，并且与欧盟机构和欧盟成员国的教育机构实现高水平的合作。

它的使命就是领导 ICT 部门贡献于欧洲长期电子技能和数字能力议程的发展及实施。为了完成此使命，委员会将会对欧盟及其成员国的政策和行动提供领导、合作产业建议和资源池以及专家支持，以使 21 世纪的知识型经济中创新和就业能力所需的 ICT 从业者、使用者、电子商务技能和数字能力，以及更宽泛的一系列能力得到提升。特别地，电子技能 ILB 承诺为完成欧盟 ICT 特别工作组建议以及欧盟委员会政策通报作出贡献，并且在电子技能和电子融合运动上做出行动，这些行动是建立在过去的五年中诸如欧洲电子技能论坛、事业空间先锋组织、电子技能竞争力联合体以及欧洲就业能力联盟等先期行动者的基础之上的。

电子技能 ILB 的工作首要关注的领域包括：

- 激励并授权未来的一代使用电子技能；
- 促进 ICT 从业者的学习、教育、竞争力和培训；
- 推动拥有 ICT 用户技能的劳动力的就业

能力和生产能力，包括多利益相关者合伙制的资源配置；

●为新兴技术和新商业模式带来的多变的环境提供未来技能预测和支持。

电子技能 ILB 欢迎那些拥有相同目标并且能够贡献出资源和专家以支持欧洲电子技能政策的 ICT 产业利益相关者的加入。

注：摘录自 ILB 宣言，2007 年 6 月 7 日，经欧洲专业信息学会董事会（CEPIS）、思科公司、美国计算机行业协会、欧洲电脑使用执照基金会、Econet、欧洲信息技术观测组织、国际信息科学考试协会、全球知识网络、惠普公司和 INLEA 授权许可。

资料来源：ILB，2007。

结 论

目前在我们的知识型社会的社会经济学架构间已经建立起了价值和收益链，而在这个链条中电子技能大部分仍处于缺失的那一个环节。我们需要学习电子技能并且将其更好地应用在全世界所有社会的各个层面上。如果不这样，我们就不能期望从过去的几十年间我们在收集、管理和共享信息的无缝化及全球化上所发展累积的能力中获得全部利益。

然而，对新兴全球知识型经济来说第一眼看上去是一个挑战的事物，可能是因祸得福。如果所有的主要利益相关者能够采取正确的战略和政策以及适当的行动，那么目前的电子技能缺乏可能会为全世界的大部分人口带来一种美妙的机遇，即创建了一个真正普遍的信息社会并从中获益。

挑战是清晰的、可见的、可衡量的。[24] 要迎接这个挑战需要来自知识型社会的所有主要利益相关者的真正的合作。政府、企业和学术界都是建设这一共同大厦的重要奠基石。其中，IT 产业应考虑的利害关系最重要，所承担的责任最特别。近期的案例表明，已经采取了先期努力来调动所需的多利益相关者合作，并且企业团体并没有逃避承担领导的重任，它们既是思想领导者也是提高教育和能力的投资者。

目前我们面临着建设拥有创新性、竞争力和包容性社会的历史性的、令人振奋的挑战，我们应该团结一致利用我们各自的活动和影响力来使其成为现实，因为这是我们的责任。

注 释

① IDC 2007.

② See Frinking et al. 2005.

③ European Commission 2006.

④ A recent report by the European Union (State of European Cities, 2007b) quotes the following cities as "knowledge hubs": London, Hamburg, Frankfurt, Munich, Copenhagen, Barcelona, Helsinki, Lyon, Dublin, Milan, Amsterdam and Stockholm. The authors of the report define such knowledge hubs as "key players in the global economy," positioned above the national urban hierarchy and in the forefront of international industry, business and financial services based on high levels of talent and well connected to the world. The report underlines that "their GDP levels are 65% above the EU average, and almost 40% above the national average. Furthermore, their annual growth rates have been high-which means that they continue to forge ahead within their national contexts. Employment rates in knowledge hubs are high (68%), approaching the 70% target set by the Lisbon Agenda. Furthermore, elderly people tend to remain longer in employment than In virtually any other city –type. Finally, average unemployment rates are just 6.5%, and trending downward."

⑤ The European Union's Lisbon Agenda was adopted by the European Council in 2000 as an action and development plan to address stagnating productivity and low economic growth in EU's major member countries. The Agenda's proponents have maintained that "the promotion of growth and employment in Europe is the next great European project" (see in particular Kok 2004).

⑥ European Commission and Cedefop 2006, preamble, p.1 (see http://eskills.cedefop.europa.eu/conference2006/Thessaloniki_Declaration_2006.pdf).

⑦ The European Alliance on Skills for Employability was created at the Microsoft Government Leaders' Forum in January 2006 with the endorsement of the European Commission President Barroso. The Employability Alliance is a reference example of multistake-holder partnerships at European level and recently received the EU CSR Laboratory Award. The Alliance aims to provide 20 million people with e –skills training and technology opportunities for the 21st –century workplace and information society by the end of 2010. Alliance partners adopt a value chain approach and better coordinate industry and community investment, services and other offerings, and dialogue and engagement with NGOs and public authorities. This enhances the positive impact of ICT literacy and professional training on employability prospects of the young, the disabled, older workers, and other unemployed or underemployed people throughout the European Union. This effort was spearheaded by Microsoft, Cisco, Randstad, State Street, FiT, and CompTIA, and to date it operates In five European Countries For more information see http://www e-scc.org/alliance/default. aspx.

⑧ Microsoft's Unlimited Potential (UP) global initiative (http://www.microsoft.com/unlimitedpotential/default.mspx), aims to provide the next billion people with the benefits of relevant, accessible, and affordable technologies. Through innovative solutions and local partnerships that are transforming education, fostering local innovation, and enabling jobs and opportunities, this initiative promotes a continuous cycle of sustained social and economic growth as well as the provision of e-skills training and educational opportunities for the most disadvantaged.

⑨ Doz et al. 2006.

⑩ In recent years, innovation has been the highest-ranking priority of businesses and governments seeking to acquire of regain competitive advantages. Overall, large emerging countries such as India and China seem to have made spectacular progress on that front, as underlined by several recent studies and indicator, such as the World Business/INSEAD Global Innovation Index (GII) of 2007 (See Box 2). See also the Abo Report, "Creating an Innovative Europe." produced for the European Commission in January 2006, available at http://ec.european.eu/invest-in-research/pdf/download_en/aho_report.pdf.

⑪ Liebenau 2007.

⑫ See http://www.cioleadershipcenter.com.

⑬ Eurostat 2006.

⑭ Verheugen 2007.

⑮ Sengupta 2006.

⑯ McKinsey 2007.

⑰ Peynot 2007.

⑱ http://www.assopascaline.fr/. "Pascaline" was the name given to the first calculating machine, Created by Blaise Pascal in 1642. The name was chosen to illustrate the power of cooperation between thinkers (academia) and doers (industry).

⑲ Rodgers 2007.

⑳ Peynot 2007.

㉑ Dutta and Caulkin 2007.

㉒ European Union 2007b, available at http://www.delchn.cec.eu.int/index.php? item=news_view&nid=79.

㉓ In November 2007, the World Bank announced a doubling of its commitment in Africa's broadband infrastructure development in the next five years by investing $1 billion in broadband infrastructure development (http://www.infoworld.com/article/07/11/02/World-Bank-$1-billion-to-spur-Africa-IT_1.html). See also World Bank In press.

㉔ Existing indexes and benchmarking instruments are lacking the necessary focus on e-skills, but work has been initiated to address this lacuna. Through a Microsoft-INSEAD partnership, a new e-skills index is being built, which should allow more precise analyses in the future.

参考文献

Accenture. 2007, Skills for the Future. A report produced for the Lisbon Council (EU). Available at https://www.accenture.com/NR/rdonlyres/2EE74933-2694-4FDD-A53C-EED8E6E5ECBA/0/SkillsfortheFuture.pdf.

Ambrosini V., E. Bonfiglioli, and L. Moire. 2006. "Developing the Wider Role of Business in Society: The Experience of Microsoft in Developing Training and Supporting Employability." *European Journal of Corporate Governance*, Special Issue on Corporate Governance. 6 (4): 401-08.

Carr, N. 2004. *Does IT Matter? Information Technology and the Corrosion of Competitive Advantage*. Boston: Harvard Business School Publishing.

——.2008. *The Big Switch: Rewiring the World, from Edison to Google*. New York and London: W. W. Norton.

Chaisson J. and A. Schweyer. 2004. "Global Talent Management: Fostering Global Workforce Practices That Are Scalable, Sustainable and Ethical." A Human Capital Institute Position Paper sponsored by Taleo. June. Available at www.research2recruit.com/documents/Global%20Talent%20Management.pdf.

Council of the European Union. 2007. "Integrated Council Conclusions on Competitiveness." 2832nd Competitiveness (Internal market, Industry and Research) Council meeting. Brussels, November 22 and 23. Available at http://www.consilium.europa.eu/ueDocs/cms_Data/docs/pressData/en/intm/97225.pdf.

Demunter, C. 2006. "How Skilled Are Europeans in Using Computers and the Internet?" Statistics in Focus 17 (2006). Eurostat: European Communities. Available at http://epp.Eurostat.ec.europa.eu/cache/ITY_OFFPUB/KS-NP-06-017/EN/KS-NP-06-017-EN.PDF.

Doz Y.L., K. Wilson, G. Altman, S. Veldhoen, and T. Goldbrunner. 2006. "Innovation: Is Global the Way Forward?" A joint study by Booz Alien Hamilton and INSEAD. INSEAD and Booz Alien Hamilton. Available at http://www.boozallen.com/media/file/Innovation_Is_Global_The_Way_Forward_v2.pdf.

Durra S. and S. Caulkin. 2007. "The World's Top Innovators." *World Business* 17 (January). Available at www.worldbusinesslive.com/article/625441/the-worlds-top-innovators.

European Commission. 2006. "Creating an Innovative Europe" ("Aho Report"). Report of the Independent Expert Group on R&D and Innovation appointed following the Hampton Court Summit and chaired by Mr Esko Aho. Available at http: //ec.europa.eu/invest-in-research/action/2006_ahogroup_en.htm.

European Commission and Cedefop. 2006 European e-Skills Conference: Towards a Long-Term e-Skills Strategy. Thessaloniki, Greece, October 5-6, 2006. Available at http: //eskills.cedefop.europa.eu/conference2006/Thessaloniki_Dec lara-tion_2006.pdf.

European Union 2007a. Delegation of the European Commission to China. Press release. October 23. Available at http: //www.delchn.cec.eu.int/index.php? item=news_view&nid=79.

——.2007b. State of European Cities: Adding Value to the European Urbank Audit, Study contracted by the European Commission, prepared by ECOTECH Research and Consulting Ltd, with NordRegio and Eurofutures. Available at http: //ec.europa.eu/regional_policy/sources/docgener/studies/pdf/urban/sta-teofcities_2007.pdf.

Eurostat. 2006. "How Skilled Are Europeans in Using Computers and the Internet?" Eurostat 17 (2006). Available at http: //epp.eurostat.ec.europa.eu/cache/ITY_OFFPUB/KS-NP-06-017/EN/KS-NP-06-017-EN.PDF.

Frinking E., A. Ligtvoet, P. Lundin, and W. Oortwijn. 2005. "The Supply and Demand of e-Skills in Europe." Prepared for the European Commission and the European e-Skills Forum. September. Available at http: //ec.europa.eu/enterprise/ict/policy/doc/eskills-2005-10-11.rand.pdf.

IDC. 2007. "E-Skills and Employability in Europe." Study commissioned by Microsoft and released in January 2007, covering 10 European countries and 6000 employers. Available at http: //download. Microsoft.com/download/f/2/b/f2bcdab3-433b-41 09-8d4e-410230c47c37/IDC-White-Paper-Eskills.pdf.

ILB (Industry Leadership Board). 2007. The e-Skills Industry Leadership Board. Available at www.e-skills-ilb.org.

Kok, W. 2004. "Report on Progress Achieved in Implementing the EU's Lisbon Agenda, 2004." Available at http: //ec.europa.eu/growthandjobs/pdf/kok_report_en.pdf.

Lanvin, B. 2005. "The Elusive Quest for E-Leadership."

E-Development: From Excitement to Efficiency, ed. R. Schware. Washington DC: World Bank

——.2007. "E-Readiness in Nordic Countries: How Long Will the Stars Keep Shining?" Report sponsored by CISCO. December.

Lanvin, B. and A. Lewin. 2006. "The Next Frontier of E-Government: Local Governments May Hold the Keys to Global Competition." *Global Information Technology Report 2006-2007*. Hampshire: Palgrave Macmillan. 51-63.

Liebenau, J. 2007. "Innovation Trends: Prioritising Emerging Technologies Shaping the UK to 2017." Economics Occasional Papers No. 8. London: UK Department of Trade and Industry.

McKinsey. 2007. "China's Looming Talent Shortage." *McKinsey Quarterly*. Abstract available at www.mckinseyquarterly.com/Public_Sector/Chinas_looming_talent_shortage_1685_abstract.

OECD (Organisation for Economic Co-operation and Development). 2007. Programme for International Student Assessment. Available at www.pisa.oecd.org.

Peynot, R. 2007. "Major European Economies' IT Graduate Deficit." A Forrester Research report prepared for Strategy Professionals, October 15.

Rodgers, G. 2007. "Labour Market Flexibility and Decent Work." DESA Working Paper No. 47 ST/ESA/2007/DWP/47. New York: The United Nations. Available at http: //www.un.org/esa/desa/papers/2007/wp47_2007.pdf.

Sengupta, S. 2006. "Skills Gap Hurts Technology Boom in India." The New York Times. October 17.

Verheugen, G. 2007. "Vice-President of the European Commission Responsible for Enterprise and Industry." Speech/07/373, delivered at the E-Skills Industry Leadership Board Launch Event.Brussels, June 7.

World Bank. 2007. Knowledge Assessment Methodology (KAM). Available at www.worldbank. Org/kam.

——.In press. "Impact of Broadband on Development." *Information and Communications for Development-2009*. Washington, DC: World Bank.

World Economic Forum/INSEAD. 2001-2007. *Global Information Technology Report*. Available at www.insead.edu/v1/gitr/main/home.cfm.

83

1.7 章

新兴电信市场管制的重新思考

斯科特·比尔兹利（Scott Beardsley），**麦肯锡公司，比利时**

艾克·毕扬（Ilke Bigan），**麦肯锡公司，土耳其**

路易斯·恩里克斯（Luis Enriquez），**麦肯锡公司，比利时**

穆罕默德·古文迪（Mehmet Guvendi），**麦肯锡公司，土耳其**

坎·肯迪（Can Kendi），**麦肯锡公司，土耳其**

米盖尔·卢卡斯（Miguel Lucas），**麦肯锡公司，葡萄牙**

奥利格·季姆琴科（Oleg Timchenko），**麦肯锡公司，俄罗斯**

塞尔吉奥·桑多瓦尔（Sergio Sandoval），**麦肯锡公司，比利时**

阿什·莎玛（Ashish Sharma），**麦肯锡公司，新加坡**

西班牙电信将在 2010 年向拉丁美洲市场投资 140 亿~160 亿欧元，或者投资额占其所计划投资的一半……西班牙电信在拉丁美洲面临一个更加完善的管制框架，促进了这一期间的投资。

——塞萨尔·阿列达（Cesar Alierta），
CEO，西班牙电信，Total Telecom，
2007/11/23

我们说在许多地方都有很大的增长，我们将会根据增长做些什么，不管这些增长发生在哪里，印度、土耳其、罗马尼亚、南非或者中国。

——阿伦·萨林（Arun Sarin），CEO，沃达丰，金融时报，2007/11/18

我们将在增长较快的地方寻找机会，特别是非洲、中东和东南亚地区。

——迪迪埃·朗伯德（Didier Lombard），
CEO，法国电信，回声报，2007/9/7

这些话反映了电信（运营商）行业的一个转变。由于成熟市场动力不足，行业内的顶级执行官正在转向新兴经济体以寻求增长和利润。

电信企业执行管理者间的迫切感同样也在政府间产生了，政府意识到了该行业对本国经济增长的重要性。例如，麦肯锡评估中国经济的移动通信产业 2005 年的直接和间接影响大约有 1080 亿美元，占 GDP 的 5%。[①] 如果考虑到当年中国移动电话普及率只有 28% 时——而同期 OECD 成员国的平均普及率是 90%，评估数字将更具诱惑力。提高普及水平可以帮助改善生产力和支持经济增长，通常是通过促进创新和贸易来实现的。因此，发展电信产业对这些国家的电信运营商和政府来说都是势在必行的。

在新兴市场中为大多数人口提供电信服务，运营商和政府必须克服许多挑战。举例来说，这些挑战包括：挑选适用于特定国家的经济条件的技术，促进充足的具有创新性的服务的产生。

然而，最大的挑战莫过于建立一个监管框架以

感谢来自麦肯锡公司的克里斯多夫·佩尼斯为本章的结论提供事实依据。本章所表达的观点也与那些非供职于麦肯锡公司的作者的观点相吻合。

支持产业发展成为一个充满生气的、有竞争力的部门，以吸引投资并使消费者受益。要解决这一挑战是非常困难的，并且取决于每个国家的具体特征和出发点。我们很清楚地认识到，照搬照抄新兴经济体中其他国家的管制框架是无法应对挑战的，因为这些管制框架是根据国家的市场特点量身定制的，而其特点也许和另一国家的特点截然不同。相反，照搬照抄会带来许多始料未及的影响。

在本章中，我们阐述了不考虑新兴电信市场自身特点而直接引进管制框架的危害。我们还提出管制框架是否合理很大程度上取决于对创造竞争、提高普及率和吸引投资等管制目标进行折中，实现平衡。这些目标以及适当的管制工具都根据既定电信市场的成熟度不同而有所变动。

新兴市场：电信产业增长和利润的关键点

成熟市场放缓的收入增长以及日趋激烈的竞争使越来越多的全球电信企业开始把新兴市场视为未来成功的关键点。

诸如美国、日本和西欧等成熟市场正在疲软。如图1所示，在1998~2005年这些市场的总产业收入增长仅为6%，并且该增长主要是由国外分支机构以及移动服务的强劲增长带动的，但是据预测2006~2011年的增长率仅为1%。如果考虑到预期未来每年2.2%的通货膨胀率，那么低增长率则意味着负增长。

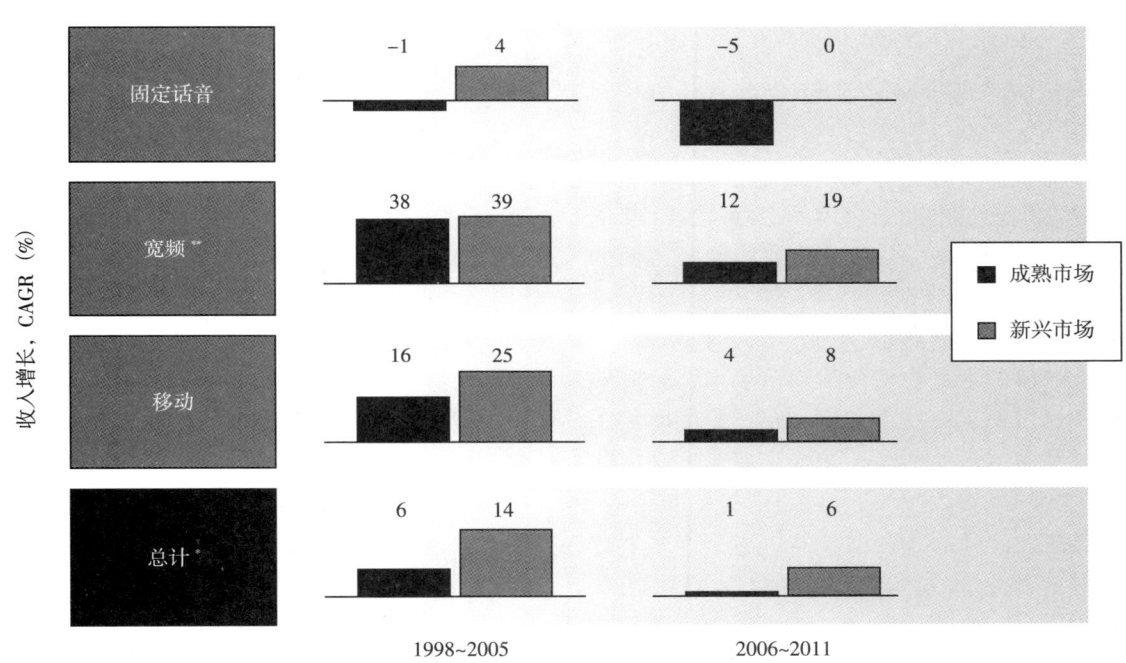

图1 新兴市场与成熟市场的收入增长比较

注：* 包括2003~2011年的宽带；** 宽带数据与2003~2005年和2006~2011年相符合。

资料来源：ITU：世界电信指标（2006）；OECD：通信展望（2007）；金字塔研究：固定预测资料、移动预测资料（2007）；扬基集团：全球预测（2007）；分析研究：国家市场数据（2007）；IDC：全球电信黑皮书（2007）；Ovum咨询公司：固话服务（2007）；麦肯锡咨询。

成熟市场收入增长放缓一部分是由这些区域的放松管制造成的。在放松管制初期，许多成熟的电信市场都有一个垄断的产业结构，在这种结构下价格高、创新水平低并且服务差。

放松管制的一个主要目标就是通过建立支持降价和引进新型及创新性服务的竞争环境来给消费者带来更多的收益。已经通过改变产业布局和引入竞争实现了这一目标的一大部分，主要是靠为新的参与者降低进入壁垒，并且是由现有的网络授权其进入的，同时还对语音服务放宽牌照要求。

降低准入门槛最终导致这些市场中的运营商数量增加，见图2。仅从固话业务一项看，在成熟的OECD市场（不包括中等收入国家，比如捷克、匈牙利、墨西哥、波兰和土耳其）中竞争者数量从1998年的大约850个增长到了2006年的大约2600个。移动业务也有类似的发展趋势，运营商数量从1998年的76个增长到2006年的92个。

运营商的数目增多给价格带来了巨大压力。固

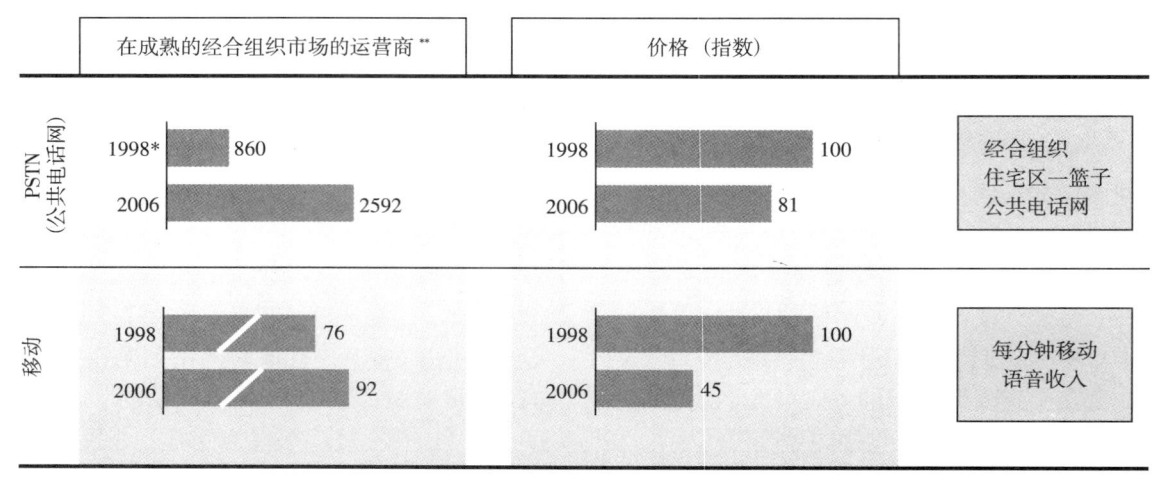

图2 成熟电信市场价格下降

注：PSTN=公共交换电话网络；* 只有国内拨叫；** 澳大利亚、比利时、加拿大、丹麦、芬兰、法国、希腊、德国、冰岛、爱尔兰、意大利、日本、韩国、卢森堡、荷兰、新西兰、挪威、葡萄牙、西班牙、瑞典、瑞士、英国以及美国。

资料来源：OECD；通信展望（2001，2007）；富曼集团：世界蜂窝式无线通信系统（WICS+）；欧盟委员会：电信业价格发展（1998~2006，2006）；美林证券：无线矩阵（2005，2007）；麦肯锡咨询。

话和移动拨打电话的价格从1998年起每年分别下降3%和10%。

当成熟市场的下降趋势难以停止时，新兴市场的前景却非常乐观，预期新兴市场2006~2011年的总收入增长将达到6%，在移动和外国业务方面的增长将尤为突出，将分别达到8%和19%。不仅这些市场的增长速度是成熟市场的6倍，其中一些公司引以为豪的盈利水平也使得成熟市场电信企业的CEO羡慕不已。例如，在俄罗斯，在过去的两年中移动产业的平均运营毛利率是49%，要远远高出欧盟运营商33%的平均数。[②]

为了抓住如此高的收入增长的机遇，许多来自成熟以及新兴市场的大型企业开始了大规模的并购。如图3所示，西班牙电信、墨西哥电信和沃达丰已经收购了南非的移动运营商。其他的，比如挪威电信、中国移动有限公司和阿联酋电信等企业也在收购东欧和中欧、中东以及亚洲等地区的移动运营商的运作中表现得非常积极。

新兴市场的机遇：部门可持续性和竞争之间的折中

在这些投资热的中间，国际和当地电信企业、政府以及监管者应该始终清楚地认识到是否能释放新兴市场中电信企业的全部潜力，主要取决于每个国家制定的监管框架。事实上，成熟市场增长放缓证实了在短期内培育部门可持续性以及实现低价格之间的折中是很困难的。

一些中东和非洲国家在一两年前就开始重组它们的电信部门。表1显示即使在那些较早进行重组的国家——比如印度、菲律宾和泰国——也比在美国和英国的重组晚了10年。在大多数这些国家中，部门重组的大规模变动及其背后的影响给监管机构带来了巨大挑战，而这些机构大多数都是近几年建立的。

监管者所面临的最具压力的挑战就是如何吸引所需的大量投资，同时向产业内引入适当竞争并且推动有雄心的普及率目标。[③] 投资是很关键的，因为它是现代信息和通信技术（ICT）部门所有正的经济收益的基础，ICT部门将会通过直接影响，比如产生就业岗位和增加税收，以及间接影响，比如通过降低交易成本增加经济体的生产能力，来支撑经济增长。反过来，竞争典型地可以对价格产生快速的、显而易见的影响；如果价格降得过低，那么将会影响整个产业的活力，并因此而降低投资的积极性。

新兴电信市场面临的挑战就是弥补与成熟市场间巨大的投资差异。正如图4所示，一个人口数为5500万的新兴国家每年需要向公共通信追加40亿美元的投资以达到OECD的平均投资水平。

新兴市场中并购数

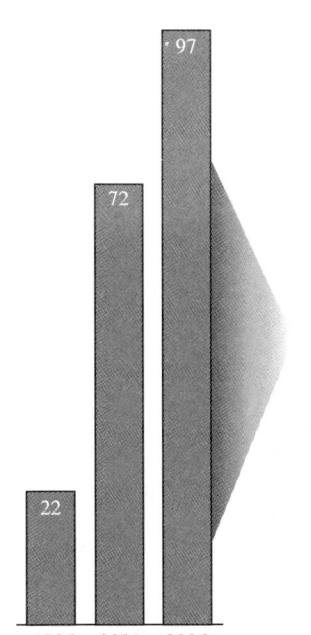

年份	1996	2001	2006
并购数	22	72	97

来自新兴市场和发达市场的并购方

并购方	交易	价值（百万美元）	年份
沃达丰	获得墨西哥移动运营商 Grupo Lucacell 34.5%的股权	970	2001
	获得中国移动 1.25%的股权	750	2002
	收购土耳其移动运营商 Telsim	4500	2006
阿联酋电信	获得大西洋电信在科特迪瓦 50%的经营权	n/a	2005
	获得大西洋电信大于 20%的股权	n/a	2007
西班牙电信	收购了阿根廷和哥伦比亚的西方贝尔公司	3000	2000
	收购了智利的 StarTel 和 Telefonica CTC	1700	2004
	收购了巴西的 TeleSudeste	2000	2006
中国移动有限公司	收购了中国的几个移动网络	32000	2000
	收购了香港移动运营商华润万众电话有限公司 48%的股权	436	2006
墨西哥电信	收购厄瓜多尔移动电话公司 Conecel 60%的股份	150	2000
	收购阿根廷移动电信运营商 CTI Movil 85%的股权	1300	2003
	收购阿根廷移动电话运营商 Techtel 20%的股权	113	2004

图 3 新兴市场中电信企业并购上升（1996~2006 年）

资料来源：全球数据处理公司；国际商业观察。

表 1 挑选的新兴市场的开放阶段

地区	国家	固话市场开始开放年份	成立国家监管机构年份
亚洲	印度	1994	1997
	菲律宾	1993	1979
	泰国	1992	2004
	土耳其	2003	2000
中东	阿拉伯联合酋长国	2005	2004
	卡塔尔	2007	2004
	沙特阿拉伯	2007	2002
拉丁美洲	阿根廷	1999	1990
	秘鲁	1998	1994
非洲	阿尔及利亚	2005	2000
	摩洛哥	2005	1997
	南非	2005	2000
东欧	俄罗斯	2006	2000
	保加利亚	2003	1998
	捷克	2001	2000
	罗马尼亚	2002	2002
西欧	英国	1984	1984
北美	美国	1984*	1934

注：* 由区域贝尔运营公司开创。

资料来源：国际电联–D：管制知识中心；世界贸易组织，联合国亚太经济社会委员会（UNESCAP）：印度尼西亚的电信及其在 WTO 中的承诺（2003）；国际商业观察：情况报告（2007）；Hot 电信，沙特阿拉伯国家概况（2007）。

经合组织 * 内人均公共电信投资（1997~2005 年）（美元）

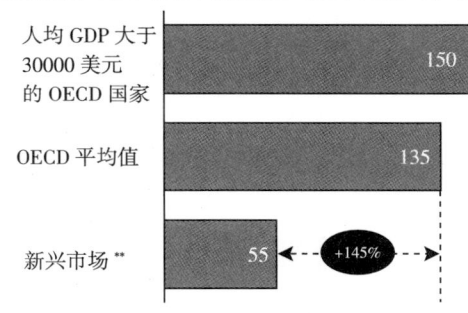

人均 GDP 大于 30000 美元的 OECD 国家	150
OECD 平均值	135
新兴市场 **	55 +145%

假设某一新兴国家的平均人口为 5000 万，则要达到 OECD 的投资水平将需要每年的投资增加 40 亿~50 亿美元。***

图 4 新兴市场基础设施预计投资

注：* 包括向固网和移动电信设备、建筑物、土地以及计算机软件等无形资产的投资；** 捷克、匈牙利、墨西哥、波兰以及土耳其；***70 美元乘以 5500 万人口。假设，新兴国家平均人口数为捷克、匈牙利、墨西哥、波兰和土耳其几国的人口平均数。

资料来源：OECD：电信展望（1999，2001，2003，2005，2007）；作者的分析。

新兴电信市场与成熟电信市场不同

设计一个平衡的管制框架的第一步就是要深入地了解新兴电信市场的具体特征和需求。虽然新兴市场之间也不尽相同，但是它们和成熟市场之间有几个典型的、显著的差异点：人口分布、收入水平和产业结构。

新兴市场：不均衡的人口分布以及较高的农村人口

新兴国家，特别是亚洲和非洲，一大特点就是农村人口比重较高并且土地面积要高于欧洲等发达国家。然而，这一特点掩盖了高城市集中率，比如曼谷、约翰内斯堡、卡拉奇以及孟买，这些城市的规模都超越了许多发达世界的城市规模。这给监管者带来了一个实质性的挑战，需要刺激投资，并且不仅要确保大城市的普及率，还要保证农村地区的普及率。

新兴市场：在普遍低收入的消费者现状下获得高收入

这种不平衡的分布导致了比成熟市场更为集中的收入模式。消费者比例极低导致了收入和利润的不平衡分配。发展中国家的平均基尼系数（一种对收入分配的衡量方法）是 41，而发达的 OECD 国家仅为 30——基尼系数越低表示越平等的收入分配。

不均衡的人口分布和总体收入联合在一起，高度集中于有相对较高收入水平的经济中心，比如，曼谷、伊斯坦布尔、卡拉奇、墨西哥城、孟买和圣保罗，这使自由化成了新兴市场监管者面临的一个挑战。除非监管机构考虑到这些因素，否则新进入者将自然地只进入到有选择的地区和那些以高度集中于高收入顾客为特点的有利可图的部分。这将很可能导致只有一小部分人享受到了以竞争和低价为形式的自由市场所带来的收益，而绝大多数的人口仍旧是服务水平不到位或者根本没有享受到服务。而双刃剑正在于此，如果在这些竞争程度较高的岛屿中价格下降得过快，那么参与者将没有潜力获得充足的资源以投资于扩大他们在全国的业务网络。

新兴市场：固定线路普及率和基础设施质量较低

新兴市场的固定线路普及率要显著地低于成熟市场，因为其历史投资水平很低。普遍服务的义务通常不足以使公司对这些国家的所有农村和贫困地区实现全覆盖。此外，由于网络的投资不足，使得现有的固定线路基础设施普遍都很陈旧并且质量很低，因此如果不进行大量的新增投资而实现宽频通

信是很困难的。举一些极端的案例，比如，马来西亚，固定线路普及率甚至已经停止或者呈现边际递减的趋势。因此新兴市场的监管者必须刺激基础设施投资以提高电信网络的质量，在这方面它们的压力要比成熟市场的同僚们大得多。

新兴市场：繁荣的移动部门

移动技术已经在大部分快速增长和高水平的移动普及率国家中取得了成功。即使在诸如印度和巴基斯坦等普及率相对较低的国家，移动部门的增长也非常快，目前在新兴和成熟市场的产业收入中所占比例分别是 60% 和 47%。面对着新兴世界移动电话的优势，监管者应该考虑能够实现整个产业的折中的政策，对待移动运营商和现存有线运营商的方式应该是相同的。

新兴市场：监管者的独立性和成熟度较低

实现一个自由化的进程需要许多的时间和资源。比如在德国，用了许多年才实现了 1997 年的欧洲监管框架指令，并且进行了 21 次咨询和利益相关者听证会。公布了 16 次咨询的结果，监管者接收到了并且需要复审来自利益相关者的 140 条回应。美国联邦通信委员会有大约 2000 名雇员，其 2008 年的年度预算总额是 3.15 亿美元。① 在人力和财力资源有限的发展中国家，如此大规模和如此多预算的监管者是很难适应的。

新兴市场的监管者独立性也没有成熟市场的监管者高。比如，在俄罗斯，信息技术和通信部充当着监管者的角色，同时它又是管理控制现有运营商状态的三个政府主体之一。可以理解，如果一个监管者的工作还涉及欺骗大多数人以及反驳目标，那么这些监管者很难一直作出正确决策。

很明显，新兴市场从根本上区别于成熟市场。然而，监管者在确定监管目标和决定产业所应用的监管工具和复苏手段时经常忽略这些差异。此外，在实现部门更快增长的目标下，新兴市场经常试图照搬照抄成熟市场应用的自由化进程，甚至比成熟市场的进程还要快。

新兴市场的特殊监管需求

证据表明从更加成熟的市场借来的监管工具可能会伤害到部门的增长。尝试使用这些方法的监管者应该仔细检查本国电信业部门发展的需求，并且

评估这些方法是否能解决这一需求。

比如土耳其，在向长途呼叫服务中引入竞争仅15个月后，监管者就试图通过把固定互联互通费降低到西欧国家的水平来加剧未来的竞争。如图5所示，在西欧这一发展是4~5年后才出现的。此外，土耳其现有的固话运营商无法通过提高固话接入费来对较低的互联互通费进行补偿。最终由于价格下降过快导致现存运营商和其他企业的长途服务收入受到侵蚀（大约占国内呼叫和长途呼叫业务的70%）。这就限制了可以投资于该产业的资源。

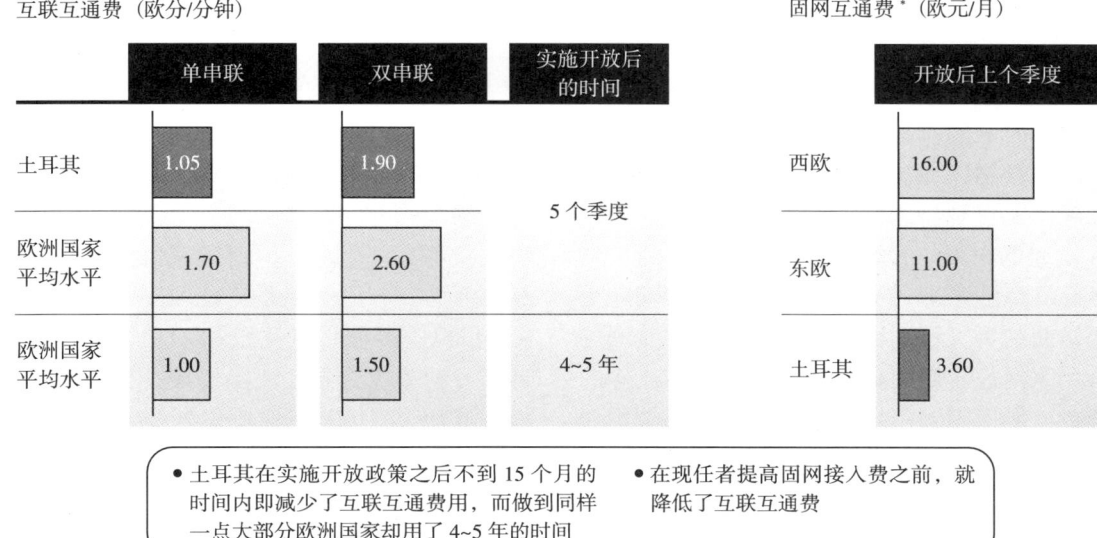

图5 固网互联互通费用：土耳其与欧洲国家

注：*2005年9月的居民用户固定收费，包括税收。
资料来源：土耳其电信管理局；麦肯锡咨询。

另一个有趣的案例就是菲律宾，该国的普遍服务义务被强加于新获得牌照的企业，而没有考虑到一些当地的市场特征，因此导致了该部门的重复投资。1993年，国家电信委员会（NTC）提出了服务区域计划（SAS），该计划允许网络运营商利用从国际和移动电话等其他更具赢利性的领域转换来的资金对服务欠佳地区的电信服务的提供进行交叉补贴。SAS把全国划分为11个地区，并且要求新国际出入许可证（IGL）或者新移动牌照的持有者在一个给定区域内分别架设至少30万和40万条固定线路。NTC的主要监管目标就是到2000年使固定线路的普及率达到10%。[5]

尽管开端很好，IGL和移动收入可以成功地支持固定线路的架设，但是在2002年1月，NTC推迟了SAS制度。一些因素导致了它的失败。第一，一些运营商低估了在这个地理分散的国家建设它们的新网络的成本，并且发现很难获得资助它们的资源。这一处境在1997年亚洲金融危机过后变得更加糟糕。第二，运营商遭受到了大规模的移动市场欺诈事件（SIM卡克隆）以及激增的无管制的国际回拨系统，使来自移动和国际呼叫业务的收入大幅降低。第三，新运营商发现谈判达成可行的互联互通协议以使其网络与当地团体实现互联互通是非常困难的，因为连入全国网络是不容易的。第四，移动部门的成功吸引了固定线路提供商发展了更便宜、更便利并且覆盖全国的服务，使得消费者拥有一条固定线路的需求越来越低。

SAS计划的失败——到2007年年底共建设了430万条线路，其中仅285万条固定线路在使用——是注定的，因为监管者并未真正了解菲律宾电信市场的个体特征。监管者和运营商认为继续配置固定电信服务以实现普遍服务，即使国家的人均收入水平很低并且移动产业已经获得了成功。这种误解导致了运营商将珍贵的资源重复投资于毫无经济价值的网络。

还可以列举许多过早发生的行动破坏价值的案例，它们威胁了新兴经济体产业增长和繁荣的光明前景。而导致"监管不当"的主要原因就是没有辨识这些市场的独特起始状态，并且没有把管制和国家特定的发展目标结合起来。

定义目标和正确行动的重要性

正如所说的，监管者需要实现诸如推动普及率等监管目标和促进竞争及投资之间的折中。根据电信市场发展的每个阶段来确定监管工作的重点是非常关键的。监管目标大部分是连续的，并且取决于市场状态。第一个目标是投资于基础设施，这会提高普及率；其后的目标才能是促进基于服务的竞争。

一个很好的案例就是欧洲的电信管制，欧洲对固话服务加强管制以促进竞争，直到最近，移动服务还是大规模无管制。这样做是有意义的，因为欧洲的监管发起的时候，欧洲（OECD）国家的平均固定线路普及率已经达到了49%，而同期移动电话处于发展初期。为了帮助移动普及率增长，欧洲的监管者命令固网运营商向移动运营商支付高比例的互联互通费，使得固网用户呼叫移动用户的费用要明显高于移动用户呼叫固网用户。另外，固网运营商要承担普遍服务的义务，而这一规定对移动公司则灵活了许多。

然而在新兴国家，移动通信引入的时候固网普及率只有15%。这就形成了一个不同的监管范例，并且建议如果固网部门的公司能够投资于更广范围的基础设施，那么就不应该促使其过早加入竞争并且担负社会义务。

在价格和泛在性方面都加快了移动市场的发展，是移动市场发展的好时机，并且监管政策也对移动市场有如上所述的倾斜，因此许多新兴电信市场中的固网部门目前在覆盖上受到的限制更多，经济效益不高，但与此同时国家目标又要求它们更加具有活力。有线线路是实现国家与拓宽网络有关的ICT目标中的核心（见图6）。尽管初期投资巨大并且建设期很长，有线线路仍代表了一个国家建立高速宽带和大规模宽频基础设施的未来保障路线。

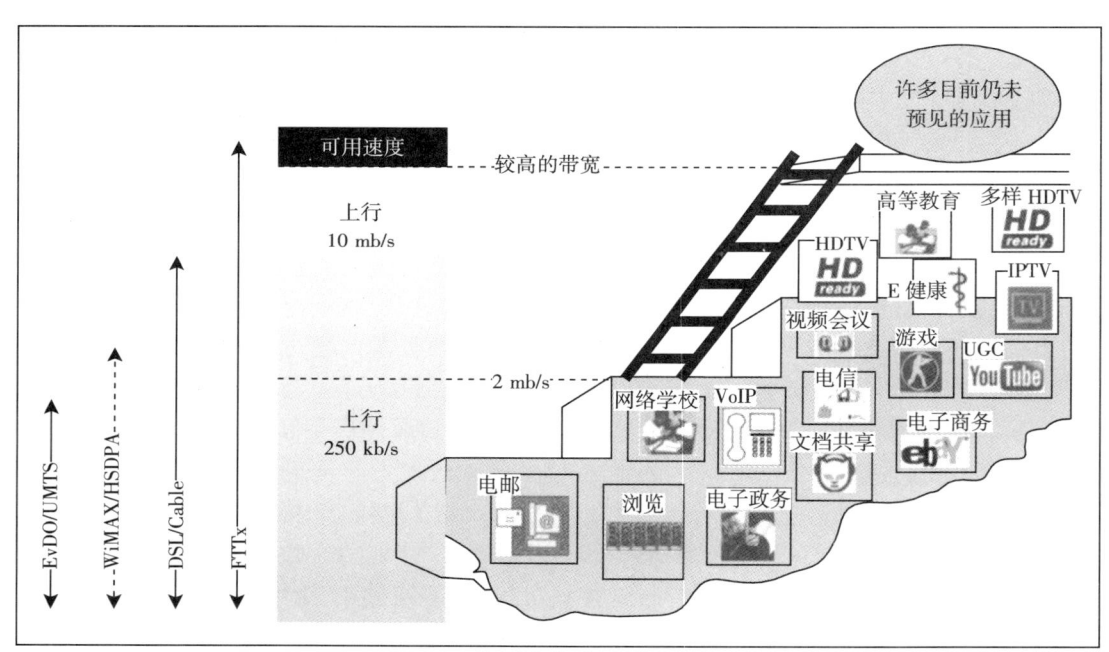

图6 实现新兴市场的国家ICT目标：电缆线的重要性

注：压缩技术可以降低带宽的增长需求。
资料来源：麦肯锡咨询。

新兴市场的监管者应该考虑谁是重要市场力量的真正持有者。就传统而言，在固网普及率很高的欧洲，现有运营商被视为当地话音市场服务的重要市场力量。而在新兴国家，移动服务的普及率更高，因此移动运营商更有可能成为当地呼叫业务的重要市场力量。

新兴市场对覆盖、质量和承担能力的监管方案

为了提供可选方案，新兴经济体的监管者需要首先评估它们的电信市场目前的状态。图7展示了三种新兴市场类型，它们有不同的起始点和特征。

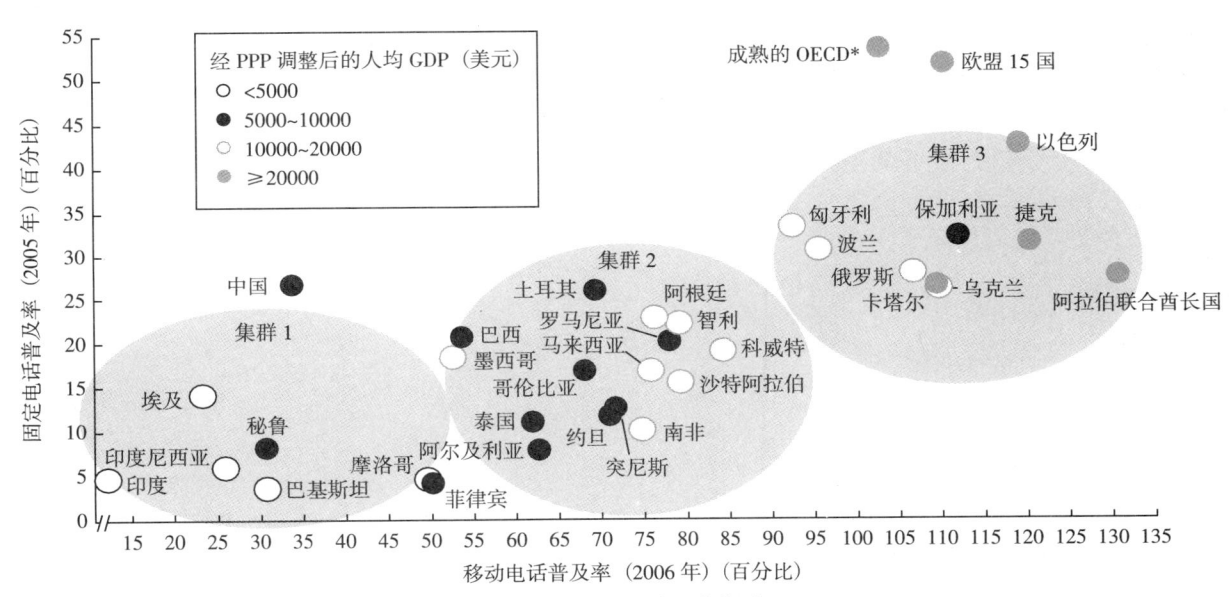

图7 新兴市场的国家集群

注：* 除了捷克、匈牙利、墨西哥、波兰和土耳其之外的 OECD 国家。

资料来源：国际电信联盟，2006；英富曼集团：世界蜂窝式无线通信系统（WICS+），2007；国际货币基金组织：世界经济展望数据库（2007）。

这种评估是优化目标和定义未来产业结构愿景的有用的第一步。

集群1：普及率低、收入低的新兴市场

处于这个集群的国家的特点是人均 GDP（PPP）低于5000美元，固网和移动服务普及率低。这些国家的政策目标应该关注于刺激潜在利益相关者（比如现存企业、电缆运营商、移动运营商和市场的新进入者）进行必要的投资。该种刺激应该适合于推动普遍语音接入的提供。这应该主要由提高移动普及率来驱动，并且应由普遍覆盖义务来保证。

一旦语音接入水平开始达到50%，就像巴基斯坦和摩洛哥的情况，政策制定者就可以还关注于固定网络以促进更广泛的普及。这种投资应该首先配置于经济活动中心的关键城市。

处于集群1中的国家第二个目标就是通过增加竞争和加强对运营商的管制来促进降价。这就意味着诸如低价、号码可携带和降低互联互通费等目标在移动普及率达到目标水平时，有望实现。

集群2：移动普及率较高的过渡型经济体

处于这个集群的国家人均 GDP（PPP）在5000~20000美元，移动普及率较高。它们的政策目标应该主要由宽带网络普及率的提高来驱动，并且还应该采取第一个管制措施以提高移动部门

的竞争。

监管者可以通过鼓励固网投资来促进宽带网络的普及，特别是把财政和监管刺激相结合，鼓励向一些选定的区域提供光纤宽带。可以采取赋税减免及其他投资刺激措施，也包括促进非传统进入者开始提供固定宽带服务。例如，在一些国家，有线电视公司已经达到并超过了传统的固网电信公司。位于第一个国家集群的印度，其有线电视已经接通到了7000万个家庭，并且提供了宽带普及率高速增长的绝佳机会。

在移动方面，快速成熟的普及率水平将会允许监管者通过引入诸如移动号码可携带等新的政策鼓励本部门的竞争。另一方面，由于有对提高网络能力和质量进行连续投资的需求，因此对监管者来说，引入向虚拟网络运营商提供开放性接入口等措施以实现价值从运营商向消费者的转移，这样的政策还为时过早。

集群3：人均收入较高的移动领先者

处于该集群中的国家的特点是移动普及率非常高，固网普及率也较高。大多数国家的人均 GDP（PPP）水平达到了20000美元或以上。政策目标应该集中于提高宽带普及率，同时建立移动和固网运营商之间的公平竞争，以促进降价和较快适应新服务。这些国家所处的阶段基本与欧洲的成熟市场相同，推动竞争以刺激降价和提供新服务的政策是合

适的。

集群 3 中国家的监管者应该重点关注宽带服务的快速扩张，特别是由光纤线路建立的高速宽带。在既定了高速宽带和边缘业务的投资水平下，简单地改正一些现存监管措施为固网部门提供一个更为平等的竞争舞台，监管者就能达到前述目标。对这些网络推广的直接或间接的财政支持也是必要的。可能的措施包括：对某些地区基础设施配置的投资刺激，考虑到其所完成的水平，将重要市场力量的监管从固网转移到移动部门，以及允许固网部门采取网络协议（IP）等新技术来降低成本。

一个新兴市场中政策制定者和监管者的目标经常包括以下几种：吸引投资人，建设基础设施，降价、引进新服务以及改善质量。然而，不同市场的目标的整合以及优先顺序会有所不同，这主要是基于由收入和普及率水平定义的特定市场的发展阶段决定的。监管者面临的挑战将会是确定他们目标整合的重心，并且设计实现目标的好的政策。

注释

① McKinsey & Company 2006.

② This is the simple average for mobile operators in Germany, the United Kingdom, Italy, and France.

③ This classic regulatory tradeoff is also present in mature markets. However, the sense of urgency to attain the desired levels of investment, competition, and penetration is much higher in developing markets because they are in an earlier economic and industrial stage.

④ US Federal Communications Commission, "FY 2008 Budget Estimates Submitted to Congress." February 2007.

⑤ Some licensees got both a mobile and an IGL, which meant an obligation to install 700000 lines within a selected area.

参考文献

Analysys Research. 2007. *Country Market Data & Forecasts*. Available at http://research.analysys.com/default.asp.

European Commission. 2006. "Report on Telecoms Price Developments from 1998 to 2006." December. Available at http://ec.europa.eu/information_society/policy/ecomm/library/ext_studies/index_en.htm#2006.

IDC. 2007. "Worldwide Telecommunication Black Book, Version 1, 2007." April. Available at www.idc.com.

Informa. 2007. *World Cellular Information System +*. Available at www.informatm.com （accessed October 2007).

IMF (International Monetary Fund). 2007. World Economic Outlook Database. October. Available at http://www.imf.org/external/ns/cs.asp? id=28.

ITI (International Telecoms Intelligence). 2006. "Thailand Telecoms Market Report." July. Available at http://www.businessmonitor.com/.

——. 2007a. "Philippines Telecoms Market Report." August. Available at：http://www.businessmonitor.com/.

——. 2007b. "Zain Company Report." June. Available at http://www.businessmonitor.com/.

ITU (International Telecommunication Union). 2007a. *ITU World Telecommunication Indicators 2006*.

——. 2007b. ITU ICT Eye, Regulatory Knowledge Centre. Available at ·http://www.itu.int/ITU –D/ICTEYE/Regulators/Regulators.aspx.

McKinsey & Company. 2006. "Wireless Unbound." White paper, December.

OECD (Organisation for Economic Co –operation and Development). 2001. *OECD Communications Outlook*. Paris：OECD. Available at http://www.oecdbookshop.org/oecd/display.asp? sf1=identifiers&st1=932001021P1.

——. 2007. *OECD Communications Outlook*. Paris：OECD. Available at http://www.oecd.org/document/17/0,3343, en_2649_201185_38876369_1_1_1_1,00. html.

Ovum. 2007. "WirelineStrategy@Ovum, Fixed Voice Forecast." Data forecast, August. Available at www.Ovum.com.

Pyramid Research. 2007a. "Africa and Middie East Fixed Forecast Pack." Data forecast, September. Available at www.pyramid research.com.

——. 2007b. "Africa and Middle East Mobile Forecast Pack." Data forecast, September. Available at www.pyramidresearch.com.

——. 2007c. "Central and Eastern Europe Fixed Forecast Pack." Data forecast, September. Available at www.pyramidresearch.com.

——. 2007d. "Central and Eastern Europe Mobile Forecast Pack" Data forecast, September. Available at www.pyramidresearch.com.

——. 2007e. "Japan Mobile Forecast Pack" Data forecast, September. Available at www.pyramidresearch.com.

——. 2007f. "Latin America Fixed Forecast Pack." Data forecast, September. Available at www.pyramidresearch.com.

——. 2007g. "Latin America Mobile Forecast Pack." Data forecast, September. Available at www.pyramidresearch.com.

——. 2007h, "North America Fixed Forecast Pack." Data forecast, June. Available at www.pyramidresearch.com.

——. 2007i. "Western Europe Fixed Forecast Pack." Data forecast, June. Available at www.pyramidresearch.com.

——. 2007j. "Westem Europe Mobile Forecast Pack." Data forecast, September. Available at www.pyramidresearch. com.

Wellenius, B. and J. Galarza. 2005. "Telecomunications and the WTO. The Case of Mexico." Presentation, April. World Bank.

Wellenius B., J. Galarza, and B. Guermazi, 2005. "Telecomunications and the WTO: The Case of Mexico." *Policy Research Working Paper* No. 3759. Washington, DC: World Bank.

WTO (World Trade Organization). "Highlights of the Basic Telecommunication Commitments and Exemptions." Available at http://www.wto.org/english/tratop_e/serv_e/telecom_e/telecom_hi-ghlights_commit_exempt_e.htm (accessed October 2007).

Yankee Group. 2007a. "Global Consumer Forecast." Data forecast, April. Available at www.yankeegroup.com.

——. 2007b. "Global Enterprise Forecast." Data forecast. Available at www.yankeegroup.com.

1.8章

商业网络转型：全球经济关系的再思考

孔翰宁（Henning Kagermann），**思爱普集团**

菲利普·雷（Philip Lay），*TCG* 顾问

杰弗里·摩尔（Geoffrey Moore），*TCG* 顾问

全球化的经济正在以新的并且有时候略显强硬的方式重新塑造各个企业间的关系。在空前的交流与协作机会的作用下，各企业逐渐通过网络化的商业模式获得竞争优势。它们在全球范围内招贤纳士来对抗商品化和具有破坏性的革新。这些快速变化的市场动态带给早已确立的企业投资沉重的压力，这些投资遵循严格的"持久性"系统和流程。其实，新时代所需要的是可变性，是"适应性"网络。在这个网络中，各个企业着重发展自己的特性，并且不断加强其对合作商、供应商和消费者的依赖性，由此来互相扶持。

在过去的十年中，这些商业网络已经体现出其影响力，消费者凭借自身权力不断加强与其相关的生产商和零售商之间的联系。通过投资、资产与创意的共享，这些网络使企业能够以相对较低的成本但却更加快捷地将各种革新传递给消费者。通过创造性的方式将各个商业网络参与者的产品与服务结合起来，并且以全球为平台开放所有个体的商业途径和基础设施，从而使新的市场机遇不断显现。表1描绘了当前正在进行的商业转型的特性。

表1　商业转型带来竞争优势

项　目	"持久性"全球企业	"适应性"商业网络
竞争优势	高效、稳定、延伸好	特性、适应性、迅捷
运营方式	指挥控制	联合协作
创新来源	国际研发	协作创新
着重点	供应	需求
组织范例	价值链	联盟

面对来自当前这种转型的压力，商业领袖们被迫重新审视长久以来对战略、结构、系统和类型持有的观点。众多由此引发的问题如下：

● 商业环境中，根据何种背景条件来审视这种变化才是正确的？这种变化只是周期性的出现还是会长期地存在？这种变化是一时的热潮还是必然的结果？

● 商业网络是否会像市场行为一样历经萌芽、发展、成熟和衰落几个阶段，还是一种一成不变的规模永久适用？

● 当我们尝试迈进这个新的领域时，我们应该

本论文基于实地研究，采访了超过 20 个行业和商业网络的公司高层。研究进行时间为 2007 年 9 月和 10 月，由总部设在加利福尼亚州圣布鲁诺的咨询公司——TCG 的顾问们和思爱普集团公司合作完成。

以何种原则或者惯例作为我们的指导准则？

● 这些网络化的商业模式对于在信息与通信技术系统中管理投资有何种指导意义？

我们认为，这些起作用的力量是构造性的。在很大程度上，它们虽然缓慢但却不容抗拒地改变着商业行为。这表明，经过深思熟虑然后规划和实施转变的时机已经成熟了。但是，商业前景偶尔会被具有重大意义的事件所动摇，在这些事件中，新的权力结构会在极短的时期内形成——正如我们在这个世纪所见到的金融服务、电信和媒体。总之，我们坚信对绝大多数企业来说，一条规划好的途径是有利的，但我们也认为，利用规划作为借口来推迟运作是不明智的。

大分工：一种长久的蜕变

在过去大约 30 年的时间里，一个行业接着一个行业，全球经济发展趋势由垂直型的集成企业转变为不断增强的分工模式：各种专业型的企业互相协作从而创造端对端的交付。在计算机产业里已经出现了一个典型的这种例子，在 19 世纪 60 年代和 70 年代，所有的大型计算机公司——IBM、日立、富士通、ICL 和西门子，还包括"BUNCH"（美国宝来公司、尤尼瓦克、NCR 公司、控制数据公司和霍尼韦尔公司）——提供了建立在私有的精密控制技术上的整个系列产品：硬件、软件和服务。这种模式后来催生了第一代小型机的诞生——Wang、数字设备公司、Data General、Prime 等——所有的都是私有系统，尽管有些独自研发的公司不断努力去承担巨额费用。

两项技术的出现从根本上改变了这种前景：关系数据库和个人电脑。它们促使了企业计算机分解为众多的专业化公司，涉及微处理器、操作系统、数据库、存储、网络、计算机和应用软件等方面，所有这些都由一系列的标准界面连接起来。反过来，这种分工保证了各个层面可以独立进行革新活动，这些革新的总和要远远超越任何一个公司单独所能取得的进步。这一过程的净结果是全球范围内的巨大物质财富的产生，一个事实就足以说明一切：你现在随身携带的手机，其性能肯定优于 20 年前凤毛麟角的超级计算机。很明显的，这是一种根本上的改变。

很多时候，尽管不是如此引人注目，但这种分

工模式在其他许多产业领域也同样起着作用。20 世纪 30 年代和 40 年代盛行的垂直集成型电影制片厂早已分化为一个协作化的网络，这个网络由制片人、导演、编剧、演员、技工、发行商和代理商构成，他们受到大批律师（同时还有市场对数字特效永不满足的渴望）的约束。早在 20 年前，半导体产业就实现了"无工厂公司"，芯片设计商同芯片生产商分家，与此同时，更加精细的专业分工被分拆给晶圆供应商、掩码制造商、设备供应商和计算机辅助设计软件供应商。汽车制造业也已经步入了由各供应商组成的分层系统时代，外包任务分派给几乎每一层子系统，涉及组成汽车的各个部件，当然发动机除外（这是下一阶段的分工，伴随着混合动力和全电式驱动系统所带来的巨大研发费用的支持）。航空航天工业也采取类似的方式紧随脚步，甚至连制药业——严格控制的端对端企业的最后"堡垒"——其上游的研发工作也逐渐被分派外包，尽管其下游的销售和市场仍然被严密控制。

驱使分工系列行为产生的四股力量：

（1）信息与通信技术的激增，使工作在指定范围内往复传送于地理上分离的地域成为可能；

（2）放松管制，促使以前被保护起来的市场逐步开放；

（3）全球化，带来了大量低成本的竞争者涌入市场；

（4）商品化，促进了市场的扩展和消费的增加，但同时也给利润空间带来了严峻挑战。

我们可以用下面这句简单的评述来概括这些力量的影响：专业化能够带来竞争优势，它是当前时代驱使商业网络转型的动力。

反过来，这种专业化也给参与商业网络转型的企业带来了新的挑战和一些关键性问题：

● 怎样去精选商业网络合作伙伴，以达到能像"一个公司"那样提供可靠的业务承诺？

● 怎样在整个商业网络中管理风险及遵循披露原则？

● 谁会获得客户关系以及怎样在分布式所有权中获取价值？

商业网络转型：一种进化模型

在市场和产品的进化过程中，商业网络呈现出两个阶段。在初始阶段，协作式的商业网络使企业

95

能够抓住新兴的时机并借此发展。不过这种挑战通常很复杂而且充满变数，因此重点是在交流、互动、迭代、快速的失败和更加快速的恢复，这些都是趋向于能够为终端客户提供一套完整的解决方案。在这些网络中，往往都有一个"领头羊"，他具有远见卓识，知道会取得什么样的结果并能带领大家朝着这个方向努力。我们称这样的实体为"总指挥"，因为他们通过自身影响力来带动别人，而不是利用权力来强加自身意愿。网络的其他成员也必须具有其专业化的技能，以及能够在错综复杂的关系中很好地与其他实体合作的能力。这种组合方式体现了一种信任关系，这种关系建立的基础是，共同承担风险来开发新的产品和市场这一信念以及新市场必定会带给所有实体丰厚回报的这一共同原则。

在高科技产业的新兴市场中，协作式网络的例子举不胜举，这是因为新技术的推广离不开公共的支持。无论是开发生态系统所需的支持软件平台，还是手机制造商和手机运营商的联合研发，无论是新版游戏机的芯片设计，还是新型网络协议标准的制定，要求都是一致的：潜在的对手们必须克服其自然的防御心理，协作打开新型的市场，然后才能相互竞争。

在其他产业中，技术更新换代的速度比较缓慢，促进新一代协作方式产生的动力多是以下几种：全球化产品服务于经济发展的需求，引进诸如移动银行和小额贷款之类先进金融机制的机遇，或者是发展新型产业的政治意图。不管动力是什么，成功的必要保证是，具有远见的总指挥能够凝聚起曾经互相对抗并且打算继续敌对的竞争者们，确保他们能够消除敌意，在统一的旗帜下为共同的利益而努力。

当市场的演变阶段从初始转入发展时，这些敌意将会死灰复燃。为了形成规模化的流程和供货，生产方式必须由习惯性制造转变为重复性生产。尽管产量越高，标准化的重要性越大，但无论终端产品是一袋食品还是洲际客机，这个道理都是适用的。如今社会契约普遍高度重视效率，网络必须在这种契约下运作。

我们称这些以效率为重心的网络为"协调式商业网络"，它们是受契约规定的事务而不是私有的信任关系所支配。当这种网络模式日趋成熟，它们的运作会越来越受"集中器"支配，这里的"集中器"指的是网络的成员之一，这个成员比其他实体拥有更强的议价能力，并且通过操控整体的行动来获取更大利益。在受供给制约的产业中，"集中器"通常会是资源所有者或者是生产商。在受需求制约的产业中，"集中器"则是终端客户或者消费者，也有可能是掌握着与他们交流门户的销售渠道。不管是何种情况，网络作为一个整体，其成员业务间的相互影响越来越大，同时在管理和监督自身的端对端运营上，网络越来越依仗信息技术的支持。

商业网络的产生自始至终伴随着比较固定的产品和服务，因此它们的相对作用包括促进协作和协调关系两个方面，前者侧重发掘新兴的市场，后者强调扩大成熟的市场。同时，无论是在合作模式的无限扩展上，还是对掌控复杂局势的重视程度超越业务效率上，只要产品越复杂，实体间的共鸣就越大。相反的，产品越大众化，实体就会越倾向于能带来利润的协调模式，并且也越急于从先前赔本的协作模式中脱身。

表2中罗列出了上述差别。

表2　商业网络：协作模式对阵协调模式

项　目	协作式商业网络	协调式商业网络
发展阶段	新兴	规模化并成熟
适用对象	复杂型系统	规模化运营
重点	关系	交易
表现	适应性	高效
参与机制	联盟	契约

值得注意的是，协调式商业网络非常适用于在成熟化市场上运营的那些传统垂直型集成企业。尽管如此，在当前的外包型经济中，很多时候业务成本在公司"之外"降至最低。参与协调式网络的目的是为了利用经济体制帮助自身获得或者超越一个可靠的端对端供应商的角色。我们采用类似的模式，然后直接将其分解，分派给每一个公司非核心的任务，而公司以其任务为自身核心，这样做的目的是为了产生更细致的专业化分工，由此获得对投资资本的高额回报。

相比之下，协作式商业网络受到不同规则的约束。它们努力带来一些从未被实现的事物：不管是去完成超越现有产品能力的一个项目或者是一项工程，还是去开发需要精心组织安排众多参与者的市场。在两种情况下，目标都是为了获得协调式网络中不可用的资金。这种模式的好处就是更高的毛利率，因为市场中无人在效率上能够望其项背。尽管如此，随着时间的推移，当出现足够规模并且持久的需求时，业务模式会进入市场，同时，权力平衡会重新转向协调式网络。

鉴于这些相互作用和影响，我们有必要了解每一种网络的运作方式。我们需要弄明白哪些行为能让公司最成功，并且，我们应该特别留心在信息技术和通信系统的何种投资能够带来最丰厚的回报。这些是这一章节接下来要解决的重点问题。

协调式商业网络：商品化世界的竞争

协调式网络可以作为几乎所有消费产业和企业部门的行为准则。合同制造的兴起——包括零售的消费电子、家居用品、工业零部件或者类似产品——打散了一个又一个产业的价值链，促使了分别扮演设计、采购和装配、运输和物流、市场营销、零售分销以及售后客户支持等众多角色的供应商的出现。这种模式非比寻常的成功，反过来促进了第二种后续的外包潮流的兴起，这种外包剥离了一些非核心的"服务流程"，包括像应付账款、索赔处理、福利报告和法规遵循报告在内的内部商务活动。

这些变化的实质影响是促使了数目众多的工作流程的商品化。工作流程的商品化反过来破坏了那些长期存在的商业模式的稳定性，因为商品化过程伴随着市场低效率性的消除，而许多传统的价值创造角色是依存于这种低效性的。剧烈的社会动荡由此引发。我们普遍认为，公共政策可以并且应该"延缓"这种商品化冲击的到来，但没有人相信公共政策可以"阻止"它。而且，从长远来看，商品化确实利大于弊，因为在既定规模的资产配置基础上，商品化使越来越多的价值创造成为可能。可是现在该如何应对呢？发达国家的商界领袖们应该怎么样做才能在高成本的前提下维持生存所需的利润空间？

最显而易见的答案就是把众多互相竞争的企业合并为几个主要实体，由此在日益商品化的价值链中同其他成员争夺议价能力。这种做法促使了一种商业网络结构的诞生，这个网络主要由少数"集中器"支配，其他成员听从指挥。这些企业所占的市场份额赋予它们操控价格折扣的能力，并允许它们通过特殊手段增加利润空间来提高自己的底线。价值链中的其他企业必须拼命保住自己的一席之地，通过不断的革新来满足"集中器"不断的"不合理"要求，否则它们就会失去大量的市场，甚至连自身的运营管理费用最后都无法维持。实际上，它

们已经被商品化了。

如果想要摆脱商品化带来的重负，一个企业必须重新定位自己在商业网络中的角色，必要的话，为了获得更加有利的机会，甚至可以重新设计规划整个商业网络。中国的合同制造业和印度的合同服务业就是很好的例证。这两个国家都是从发达经济体极力想要摆脱的产业中做起——尤其是低利润、高标准的劳动密集型产业，工资率套利对雇佣双方来说都是有利可图的。在成功的驱使下，两个国家的经济开始向产业链的上游转移，以努力实现承接更复杂的高价值性工作，同时逐步在自己的外包业务中去除那些非核心但又消耗资源的工作。这方面还有很大的发掘空间，因此亚洲的经济一直持续蓬勃发展。

商品化又给生活和工作在欧洲、日本和美国的人们造成什么影响？这些地区人们生活富裕，国内消费水平向来居高，并且发达经济体的企业在本国自然受到消费者的青睐。并且，许多后者的知名品牌在亚洲、中欧、拉美和非洲的新兴市场颇有吸引力。全球的供应链可以双向流动，换句话说，只要发达经济体的企业能够清除必要的障碍，它们就可以在不同的价格体系当中进行生产运作。

在商品化过程的最后，同发展中经济体中的对手相比，发达经济体的企业仍会剩有一项传统竞争优势，这就是后者在信息技术系统使用和配置上的经验与成熟。迄今为止，发达经济体的企业在信息技术上的投资主要集中在改善"内部生产力"上，但随着消费者购买力的增强和供应商分布的加大，未来的利润将越来越多地取决于贯穿整个网络的"透明性"、"可操控性"和"流程生产力"。为了能够在竞争中前进，它们必须从根本上改善自己管理端对端流程的能力，不仅要精心安排上游供应链产业，这点在过去的十年中已经取得很大进步，还要侧重管理下游需求链，但直到今天，下游产业的运作基本处于不透明状态。

在供给贫乏，品牌居于统治地位的时期，下游产业链的不透明性无关紧要。但在当前受消费者支配的环境中这是行不通的。特别是受时尚和其他潮流支配的产业，对各种流行要素需要越来越快的反应速度，确保在机会到来的时候不会让缺货成为削减自身投资能力的原因。察知这些流行要素——用更短的预测时间框架传输准确的需求信号——要求更广泛地利用信息技术分析方法，同时还要有最新的信息和贯穿商业网络的整合流程的支撑。此外，

为了在存货周转率和低回报率上获得生产率的提高，必须要重新调整以执行为导向的业务管理系统，适时转变责任，以便及时根据这些分析结果采取行动。

这一模式成功的关键是商业网络能够产生一种通用语，这种通用语是网络中所有成员在流程和数据上共享的一套开放型但常用的词汇。在协调式网络中运营的企业必须配置一个端对端的商业网络平台，同时在此平台上调配一个下一代的应用层，这个跨企业部门的应用层凌驾于平台之上。这些应用层有时候被称为"复合应用层"，它们致力于改进商业网络中关键节点的透明性、可操控性和生产率。它们注重细节，严防漏洞，就如同底层的内部企业资源规划系统注重核心，保证主流业务的运作。

这类投资被应用到了大规模的信息技术的更新换代，而更新换代是受"2000 年问题"驱动的。它们直接进入到已有记录存在的系统——没有淘汰和更换，没有重写已被记录的东西——提取并再现了那些系统固有的数据。它们不具有破坏性。

然而，两个问题阻碍了过渡到下一代功能的迫切需求的实现。

（1）在商业链层面，领导者满足于当前的信息技术系统。他们没有把下一代的投资放在瓶颈性的跨企业事务上，而是将预算花费在了同下游产业问题作斗争的人力物力消耗上。

（2）在信息技术层面，构建者和系统所有者满足于当前企业的规模。他们没有积极面对挑战去构建一个全球化的商业网络，而是继续推动内部生产力项目的发展，在这些项目上投资，回报是显而易见的，但是，很可惜，收效也越来越微小。

为了在协调式网络领域走得更远，商业圈领袖和信息技术功能应该联合起来为跨企业协作开辟新的空间，并且用新一代的复合应用层来充实它。与早期不同的是，他们必须与自身网络中的其他成员协作来完成这些工作。这些网络中协作不会自然而然地形成，并且任何进步都很容易终止。进步的停滞意味着利润空间的不断缩减——商品化的进程无可阻挡，连暂缓一下也不可能。因此，所有的"领头羊"们需要积极思考领会怎样才能在协作网络中使企业达到最佳运营状态。

协作式商业网络：发掘财富新来源

协调式网络以大规模生产为中心，相关投资侧重业务管理，与其相比，协作式网络注重应对高度复杂的各种挑战，投资多集中在关系管理上。它们的聚焦点分布广泛，从电影制作到新一代客机的发展，从新企业的最初私募发行到新奇治疗法的商业化，甚至是整个国家的工业化。无论是资本市场、公共劳动部门、工业生产、能源产业，还是企业软件，或者是咨询服务，关注的焦点都是怎样利用广泛的技术手段和专业知识去应对一系列新型的挑战，从而通过协作生产出新的产品和服务，并且创造出过去从未出现过的全新的系统类别。

这一系列项目——它们带来的风险，它们所需的资金，它们要求的人才——不是任何一家企业能够单独负担得起的。实际上，企业所必须应对的各类问题催生了对协作式网络运营的需求。这种协作式网络早在几个世纪前就已经存在，通常是由一些备受尊敬的企业和极少数联系密切的高效个体掌控。这些个体发展和维持起来的私人关系是协作式网络的支柱，由此产生的相互理解、尊重和信任的环境使各种特殊的风险也能够被评估和消除。现在所要面对的挑战是怎样重新设置这种模式，以便使其能够高效有力地在全球化的规模上运行。

我们已经注意到，驱使企业重新审视它们的习惯做法的动力是世界经济的宽松化、全球化和商品化。随着这些力量不断地对发达经济体的价格空间施压，企业逐渐被迫去打破现有的类别界限，从而发掘新的财富创造方式。

当前大部分再造工作的三个重点领域：

（1）研发：传统意义上的研发是被严格控制的活动，而今天越来越多的公司打破企业间的界限共享研发成果。例如，保洁公司和巴斯夫公司协力完成的"连接与发展"研发活动，生物工艺公司和制药公司共享的生态系统研发，汽车制造业为开发混合动力技术形成的合资企业，还有新一代军事系统在防御领域的发展。

（2）新市场的开发：开拓新市场是资本主义经济模式所固有的、永久的需要和渴望。无论是重新设计一种老产品投入到新的市场（就像许多消费品公司今天正在发展中国家开发"金字塔底部"的机遇一样），或者是为史无前例的新技术开拓全新的消费群（就像苹果公司和其他企业在电子音乐和媒体上的做法一样），抑或是寻求新的合作伙伴以增加既存平台的需求（就如同思爱普集团公司和其他商业机构在企业软件上的做法），要求只有一点，即通过协作来取得成功。在当前世界的复杂系统下，市场的任何需求都不是单独一家公司可以满足的。

（3）商业模式创新：随着产业、部门和经济体的演变和发展，传统的商业模式最终会在价值创造的竞争中失势。同时，新兴市场的低效率性也给其他备选商业模式提供了利用潜在需求的机会。无论是 eBay 的交易系统，还是发展中经济体小额信贷的兴起，抑或是这些经济体中利用手机作为付费商业终端的创新手段，所有企业一致在发掘和利用新奇的机制，从而抓住利用新时代的机会。

列出了这些正在进行的努力的例子，那么其中真正的挑战是什么呢？简单地说，我们需要更多的——多得多的——这种类型的协作创新来抵御全球化的商品化力量。商业化网络发掘和利用新兴市场机会的"瓶颈"就是，商业化网络需要很长时间才能形成，很难扩大规模，并且太容易萎缩和衰退。这种模式核心内部存在的局限是：它对个人关系和亲密交流的固有依赖性，不断通过相近的循环重复说明，直到可行的解决方法出现。谁没有经历过跟一组相关同事在会议室的白板上进行这一过程的乐趣？谁没有体味过在全球规模上运作相同程序而遭受的挫折？

这再次说明，发达经济体的企业必须加大其在信息技术基础设施上的既有投资。在这种情况下，无论如何，侧重点应该是在通信系统而不是计算机运算上。互联网的兴起带来了全球范围内的通信基础设施的重新构建，所有类型的通信——声音、图像、数据或者移动通信——现在（或者很快会）利用网络协议传输。这也许是人类历史上最伟大的由技术引发的转型。毫无疑问的，我们需要花点时间才能理解它。然而，我们越早调整我们的思想，我们就能越早使我们的协作式商业网络显著地再次规模化。

弥补当前电话通信和电子邮件不足的机会是多种多样的。它们包括统一通信、远程呈现、网上会议、即时消息、聊天、网络摄像头、维基、门户网站、仪表板、在线工作和社交网络。所有的这些技术都扩展了协作式商业网络的延伸范围，使企业能够与其他公司或者大陆的同行进行最好的透明的接触。孩子们都已经在使用这些工具的大部分了。雇员们在家里也做着同样的事情。为什么企业在把这些技术应用到工作上时，始终没有很高的生产率呢？

简单地说，在当前时期，投资更新通信基础设施，是最好的改进和扩大协作式商业网络的机会。如此，我们必须留意美国哲学家亨利·大卫·索罗（Henry David Thoreau）的思想，下面这段话是他对自身所处时代的通信革命的看法：

> 我们的发明总是习惯于……以未被改良为目标而改进……我们匆忙兴建一条从缅因州到得克萨斯州的电磁式电报；但是，也许从缅因州到得克萨斯州，没有什么重要的事情需要通信。[1]

为了获得丰厚的回报，协作的重点必须放在至关重要的关键性机遇上。这需要计算机运算的辅助。人们擅长在看到事物后分门别类，但是怎样看到它们，尤其必须透过一堆庞大的数据，这对人们来说，是一种巨大的挑战。我们都很熟悉承载现代生活的巨大数据，但跟承载现代商业或是政府中的数据相比，尤其当这些数据跨越了一个全球化网络中的多个企业时，它们显然是小巫见大巫了。

在这种程度的规模下，只有信息技术系统能够以足够的广度和精度来应对检测到的问题。有个好消息是，超级计算机运算所需的成本快速大幅地呈直线型下降，因此对任何一个大型企业来说，在上万亿条数据中逐字逐句地发掘信息是切实可行的。并且，在各种干扰中搜索出信号所需的数据库和分析软件也已经具备。现在所要做的很简单，就是投资。

但是我们要往什么地方投资？答案是"元数据"。这是我们要更加明智对待的东西。

元数据的兴起及其意义

元数据是关于数据的数据。它们是模式检测的素材，无论是关于供应链的运作、数据网络的管理、自动收报机的运动或者是一组消费者的行为。在协调式网络中，元数据对维持流程管理和优化所必需的可视性和操控性具有重要意义。从根本上来说，它们是一种注重生产效率提高的运作工具。在协作式网络中，元数据更像是协助决定未来投资对象的发现工具，无论投资对象是研发、市场营销，还是兼并和收购。在这两种情况下，元数据都是作为一种强力的透镜，透过它，企业可以重新审视它们目前的资源配置并且再次设计它们未来的资产分配。

然而，也正是这种能力使元数据遭到质疑。构建和公布元数据的风险来自于它对效率低下的揭露，而这些事实可能被其他企业所利用，尤其是在缺乏适当的安全环境和信任关系的时候。往往在这种情况下，最先被利用的就是那些供应数据的元数据。因此，对于元数据共享，人们普遍担心会出现期望之外的后果，就像下面这些例子描述的那样：

- 病人对于保险公司获得他们的个人健康数据非常敏感；
- 零售商不想报告销售点业绩而向数据供应商购买数据；
- 移动运营商想要获得用户位置数据的访问权；
- 情报机构把它们的元数据列为"最高机密"；
- 算法交易商试图通过掩盖它们的运作来逃避元数据检测；
- 消费者想要控制他们的购买历史的访问权；
- 互联网用户需要阶段性地删除它们的搜索记录。

现在所有的人都承认元数据在新一代的革新活动中是必不可少的。问题是，在怎样的合作规则之下进行？当然，这个问题正在解决当中，不过从成功的协作当中兴起了一些临时性的规则，下面这些就是例子：

- 元数据的管理必须对所有参与者来说是清晰透明的。
- 企业利用自身元数据来改善它们或者其合作商的业绩的行为是合情合理的（这可以用萨班斯·奥克斯利法案支持者的例子来证明——美国2002年联邦法律试图确认揭露挪用金融和账目信息的访问权——只要觉得它们跟元数据有关）。
- 元数据用于公共服务暂时是可以接受的，只要其接受监管和控制。这些公共服务包括欺诈检定、交通管理、疫病控制和反恐监视等。
- 专利化的元数据是合法的，但会引发社会问题，特别是其中一些信息，例如与人类基因相关的，或者是与其相当的全球信息源。
- 消费者的隐私是一种根深蒂固的权利，不能擅自提取任何与之相关的元数据。比较迂回的方法是通过加入和退出来获得许可，显然后者比较有利。

- 制度化的元数据来源备受重视。包括路透社这样的金融元数据供应者，尼尔森公司和IRI公司这样的零售元数据供应者，以及谷歌这样的万维网元数据供应者。作为元数据中心的定位是很可取的，但也要谨防嫉妒，因为这一定位赋予相关企业巨大的经济权力。

元数据的一个不尽如人意的方面是它使低效率曝光，在这种情况下，企业会在硬碰硬中遭受损失。我们可以通过协作在某一程度上应对这一挑战，为共同的目标努力，反对基于成败而利用元数据信息。然而在拥有强大"集中器"的协调式网络中，利用系统中的弱势成员迫使其一步步退让，这种情况是很常见的。所造成的后果就是动力紊乱，从而破坏了这些网络的效力、效率以及最终的安全性和可靠性。

在协作式网络中，类似的自私行为也会引发激烈的反应。这个教训起初是由无数的网络公司得来的，它们重新设计任何低效率供应链的商业策略从而使自己保持数字领先。这些企业吃惊地发现，当前团体中的成员不愿意在协作中让渡自己的权益。与此相类似的，制药公司拒绝可能会限制其药品处方的诊断学的部署，卫生保健品供应商拒绝根据患者的治疗效果评估其品质，甚至学校系统拒绝公布考试测试成绩。我们凭什么认为它们会愿意呢？

正因为元数据的管理和控制很难驾驭，它们才非常珍贵而不应该被忽视。相反的，我们应该发展出一套道德规范来引导元数据的收集和配置，这样我们才能利用它们持续地推动全球经济的发展。我们相信，这个任务最好应该由工业来承担，但是我们也坚信，倘若工业不能胜任，政府应该立刻取而代之。不幸的是，在这个领域的法律法规很生硬、碍手碍脚并且充斥着出乎意料的后果。因此，最好的方法就是工业现在立刻接手这项任务。

结论

无论是在协作式网络还是协调式网络中，都能够高效地运营，这点对在日益商品化的全球经济中保持竞争优势具有重要意义。通过将焦点放在它们独特的核心功能上，商业网络参与者从重复生产中转移更多的精力到革新上，从而使专业化分工达到很高的水平，消费者更乐意去购买新奇产品，因此资本投资获得的回报也越来越丰厚。新一代的信息与通信技术系统允许这些商业网络在全球范围内运营，但在信息与通信技术系统上的投资却远远落后。结果，发达经济体的企业被甩在了后面，尤其是与它们在亚洲的对手们相比。通过集中研究对企业最为重要的网络类型的细节，尤其是能最大程度增加它们竞争优势的元数据，并且慎重地增加投资来加强它们已拥有的基础设施，商业和信息技术领袖们能够从根本上改变这些结果。

注释

① Thoreau 1996（originally published 1854），chapter 1，p.67.

参考文献

TCG Advisors， in collaboration with SAP AG.2007. Research conducted between September and Decebmber. The website of TCG Advisors is available at http://www.tcg-advisors.com; the website of SAP AG is available at http://www.sap.com.

Thoreau, H. D. 1966. *Walden*: *or*, *Life in the Woods*. C. Merton Babcock， ed. and Aldren Watson, ill. （1966）. New York：Peter Pauper Press. Originally published 1854, Boston：Ticknor and Fields.

1.9 章

参与型网络：创新与合作

萨沙·翁施-文森特（Sacha Wunsch-Vincent），**经合组织**

格雷汉姆·维克瑞（Graham Vickery），**经合组织**

基于推动基础设施的建设而提供广泛高速的网络途径，宽带应用和数字化进程中的创新因此成为数字化经济的主要推动力之一。本章分析了用户创造内容的发展，以及其对以互联网为基础的协作、商业模式和政策的影响。[①]

走向参与型网络

互联网早已改变了信息生产的性质和经济情况。[②] 信息产品制造和销售的进入壁垒已经从根本上降低了，这促使人们更广泛地参与到媒体活动，消费者自主性增强，产品和用户类型多样化，以及从简单的被动广告消费和其他数字产品集中销售的单项模式中转变出来。

类似"参与型网络"这种术语告诉我们，互联网受智能网络服务的影响越来越大，这种智能网络服务是建立在新兴技术上的，这些技术赋予用户更大的自由去发展、评价、协作和传播网络信息内容，同时去发展和优化互联网应用。经济合作及开发组织定义"用户原创内容"（UCC）为：①它在互联网上是公开的；②它是"一定数量的创造性努力"的反映；③它的"创造没有专业的程序和手法"。[③] 随着下游内容需求的增加、进入壁垒的松动，以及上游进入门槛的降低，文化内容的创造和新型创造者身份的认同会潜在地被加强。

表1展示了"用户原创内容"平台的概况。由于强大的"网络效应"，只有少数的用户原创平台能有大量的用户访问和参与。

参与型网络为商业活动以及远远超越技术层面的组织和社会变革提供了低成本的试验机会。参与型网络的一个重要特征是新兴的商务和企业活动，同时要带给企业压力，迫使它们根据新环境来改变自身的商业模式。

市场发展

随着社会网络化参与度的快速提高，内容共享和博客网站，以及协作式发展的平台和新闻聚合器，都在不断出现。用户原创内容平台的飞速发展，为用户支持和展示内容提供了可能性。例如，在绝大多数经合组织成员国里，视频网站和社交网站成为最受欢迎的网站，排名网站访问量前50名和增长最快的使用网站的前10名。

不断增加的宽带用户的规模和经验、随处可用

表1 用户原创内容平台

平台类型	例子
博客	• 例如 BoingBoing，Engadget 和 Ohmy News 的博客 • 例如 Live Journal，Windows Live Spaces，Cyworld 和 Skyrock 网站上的博客
维基网和其他基于文本的协作版式	• 例如维基百科的网站 • 例如 PBWiki 和 Google Docs 这样提供维基的网站
允许对书写成果反馈的网站	• 例如 FanFiction.Net 和 SocialTextz 这样的网站
基于群体的聚合体	• 例如 Digg 和 reddit 这样用户自己贡献并评估链接的网站 • 例如 del.ici.us 这样用户张贴标记过的书签的网站
播客	• 例如 iTunes，FeedBurner（Google），WinAmp 和 @Podder 这样的网站
社交网站	• 例如 MySpace，Mixi，FaceBook，Hi5，Bebo，Orkut，Cyworld，Imeem 和 ASmallWorld 这样的网站
虚拟世界	• 例如 Second Life，Active Worlds，Entropia Universe 和 Dotsoul Cyberpark 这样的网站
视频或者文件共享网站	• 例如 YouTube，DailyMotion，GyaO 和 Crackle 这样的网站

资料来源：经济合作与发展组织。

的软件（例如音乐混合和博客软件）、交互式 Web 应用技术（例如阿贾克斯和简易信息聚合）、产生数字内容的消费电子设备、人口因素以及货币化用户原创信息的新方式（见专栏1），这些都使参与型网络受益匪浅。制度和法律上的进步也起了推动作用——包括宽松的许可和版权制度，以及保证了用户原创内容版权（例如在 3D 虚拟世界的第二人生）的最终用户许可协议。互联网上数以亿万条的内容都是在创新共同许可之下的。④

专栏1：用户原创内容的驱动力

技术驱动力

• 宽带可用性的增加

• 硬盘容量增加，处理速度加快，成本同时降低

• 处理声音、照片和视频的消费技术设备质量加强而造价降低

• 创造、传播和分享内容的技术可用性增强

• 创造、编辑和混合的软件工具向简单化发展

• 专业和非专业用户原创内容网站店铺化的兴起

社会驱动力

• 转移到熟悉信息与通信技术的年纪较轻的群体（"数码天性"），乐意在线参与（例如共享、推荐和评论内容等），在线展示个人信息没有那么犹豫不决

• 创造和表达自己的渴望，以及寻求比像电视这种传统的媒体平台更活跃的空间

• 社区和协作项目的发展

• 社会驱动力影响到年纪较大的群体以及社会功能的传播（社会参与、政治和教育）

经济驱动力

• 成本的降低、用户原创内容所需工具的可用性增加（例如创作、编辑和发表工具）以及进入门槛的降低

• 连接使用者和提供者的宽带网络的成本降低

• 用户原创内容的商业利润增加以及"长尾"经济体的增加（包括移动运营商、电信设备供应商、传统媒体出版商和搜索引擎）

• 通过风险投资或者其他投资渠道来资助用户原创内容企业和网站的可能性增加

• 可以利用的使内容货币化的广告和商业模式越来越多

制度和法律驱动力

• 方案不断增多，提供给创造工作更为宽松的途径以及创造衍生作品的权利（例如类似公共创作许可这样的宽松许可和版权方案）

• 最终用户许可协议的产生保障了用户对他们所创造内容的版权

总而言之，关于用户原创内容的官方统计信息很少。然而，有数据显示，用户创造和分享内容的频率很高，在网络媒体使用上已经体现出了年龄和性别差异。⑤

截至 2007 年 3 月底，据估计日本有 800 万个博客和 3500 万名博客读者（大约占到日本互联网使用者的 41%）——这说明，每五个读者里就有一个人自己写博客。⑥ 社交网站服务（SNS）的用户据估计有 1000 万人（占日本互联网用户总数的 12%）。2007 年（见图 1）在韩国，大约 1600 万人在阅读博客，访问迷你主页，接近韩国互联网用户总数的一半。并且，大约 800 万韩国人拥有自己的迷你主页（占韩国互联网用户总数的大约 1/4），40% 左右的韩国互联网用户使用过在线社区。⑦

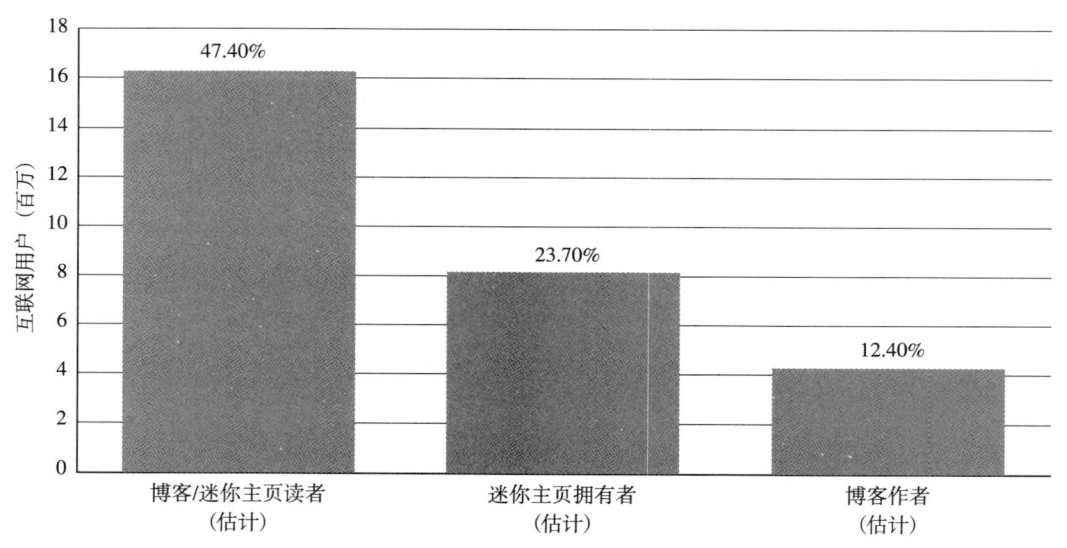

图 1　2007 年韩国博客读者、博客作者以及迷你主页拥有者情况

注："迷你主页"是在像 Cyworld 这样的流行社会网络平台上的用户个人资料网页。
资料来源：根据 NIDA 2007a 和 2007b 计算得出。

2007 年，美国有 29% 的互联网用户阅读博客，12% 的用户自己有了博客；后者接近 30% 的用户是 12~17 岁的青少年；并且 17% 的美国互联网用户在他们自己的在线创作中用到过在线材料。⑧ 在欧盟，2007 年据报道有 16% 的互联网用户创作过网络主页。⑨

不同类型的用户原创内容和在不同的经济合作与发展组织成员国中，创作者的数量是有差距的，同那些简单可见的内容，尤其是博客和在线视频相比，其他内容的创作者的数量相对较小。例如维基百科，在 2006 年绝大多数的贡献是由 4% 的人做出的。⑩ 这点与社交网络服务不同，其大多数的用户都会创作一些形式的内容。

年龄仍旧是决定贡献积极性的因素。青少年是美国社交网络服务用户中最活跃的群体；全国年龄介于 12~17 岁的青少年，其中 55% 的人已经在 Facebook 和 Myspace 这类的网站上建立了个人在线资料。⑪ 但是在有着更悠久用户原创信息传统的韩国，年长的群体（有的已经超过 40 岁）越来越多地参与其中，20~29 岁的人是最活跃的群体。⑫

性别是在线活动的另一个决定因素。在很多经合组织成员国中，小部分女性积极地做出贡献，例如通过创建新的网络主页或者是新的博客（见表 2）。相反的，据报道在美国 15~17 岁的女孩中，70% 的人使用社交网络，而男孩只有 54% 的人使用；12~17 岁的青年网页创作者中，女性几乎占到 60%。⑬ 在日本，20~30 岁这个年龄段中，女性比男性更热衷于在线交友，⑭ 并且，亚洲女性的博客使用率也很高。⑮

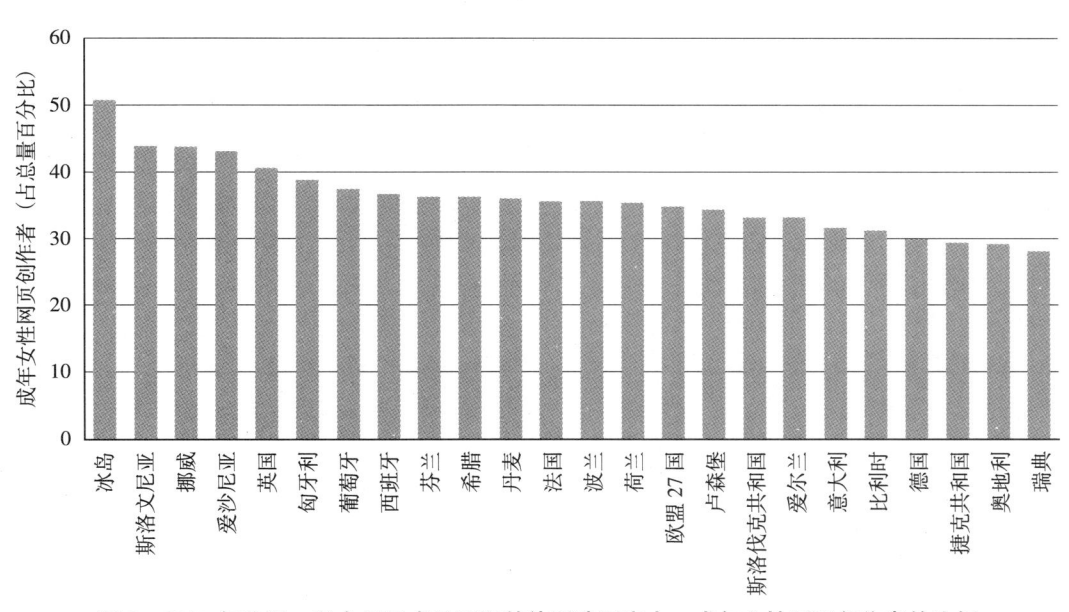

图2　2007年欧洲、经合组织成员国和其他所选国家中，成年女性网页创作者的比例

资料来源：经合组织根据欧盟统计局"家庭和个人信息通信技术使用情况社会调查"数据计算而来，参见经合组织的（2007g）了解更多信息通信技术的性别研究。

新兴价值链

传统的媒体出版价值链涉及选择、加工和发布创造者的成果，通常成本很高。技术和内容的质量通过媒体"看门人"来保证。在用户原创内容的价值链里，为用户原创内容平台创作或在此平台上创作内容的用户利用内容创作设备（例如数码相机和麦克风）、软件（例如视频编辑工具）、用户原创内容平台本身以及创作和传递内容的网络途径供给者（见图3）来进行创作活动。这些创作内容更为个性化，可供用户自己挑选，因此用户通常可以凭借这些内容创造出高价值。

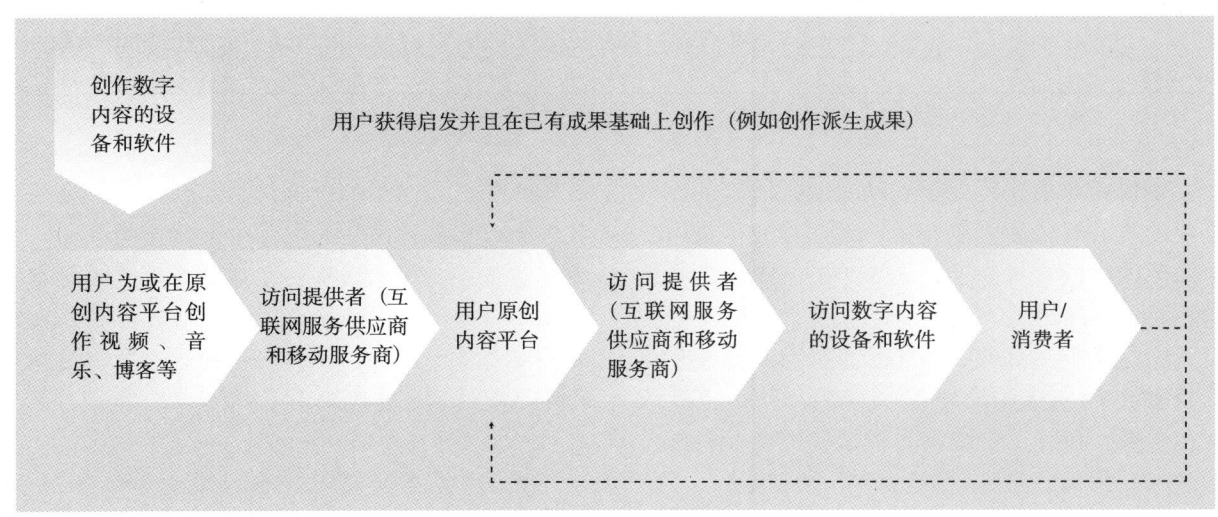

图3　用户原创内容的互联网价值链

通过推荐和评估（即另一种形式的广告），用户们成为"看门人"，筛选内容，决定它们是否可用，这样可能会使一些创作者得到认可和尊重，而这种情况通过传统的媒体出版商是不可能出现的。与传统价值链相比，创作和发布内容的时间大大缩短，内容的种类和质量可能从多方面会受到影响。

新的互联网和用户行为管理机制已经出现在了参与型网络中（即像维基百科这种通过严密的审查和评估来评价用户行为并提高质量的组织结构）。然而，这些监管形式是会趋于统一的模式还是会保持多样性，目前仍不清楚。

新型经济刺激和在线商业模式

最初，大多数用户原创内容是跟获得酬劳或者利益的期望相挂钩的。刺激因子包括与同龄人接触，自我表达，获得名声、名望或者威信。但是在参与型网络服务上的投资正在大幅增加，老牌商业公司对用户原创内容平台的收购（News Corporation 收购了 MySpace，雅虎收购了 Flickr，谷歌收购了 YouTube）就是很好的证明。同时，投资者和商家

们对用户原创内容网站的兴趣越来越浓厚，对 Web 2.0 企业的风险投机基金也有显著增加。

广告产业、搜索引擎运营商和媒体公司越来越被用户原创内容平台所吸引，它们有的拥有自己的用户原创内容平台，有的则从平台上筛选内容然后通过传统的媒体出版渠道发布。随着一系列经济刺激措施的出现，这些刺激因子促使了既存商业模式的创新和重组（见表 2 经济机遇与挑战）。当用户们购买诸如数码相机、编辑软件和更快的宽带入网服务当时，信息通信技术产品和服务供应商已经认识到了这种现象对经济的积极影响。

表 2 不同的用户原创内容价值链参与者的经济激励与收益

用户原创内容平台参与者	激励与收益
消费电子产品和信息通信技术产品内容	• 为用户创作和访问发售包含新功能和互用性的硬件
软件制造商	• 为创作、发布和传递用户原创内容提供信息通信技术服务和软件
互联网服务供应商和网络入口	• 互联网服务供应商：利用用户原创内容吸引顾客，从而为高品质网络服务建立用户基础
	• 网络入口：旨在吸引流量，获得网络受众和收入（避免用于原创内容相关站点的流量流失）
用户原创内容平台和站点	• 吸引流量，获得网络受众和入网及广告收入；增加潜在收购吸引力
作者和用户	• 作者：非商业激励——为获得认可和尊重接受或者熟悉他人；商业激励——通过资助、内容销售以及基于广告模式的收入分享来获得收益
	• 其他用户：免费访问娱乐性的或者教育性的内容（例如购买决策或者建议）
传统媒体	• 参与用户原创内容在线收入（主要通过基于广告的商业模式）；推销自身内容给用户原创内容受众；播放或者发布用户原创内容留住受众和广告商以此防止非居间化
专业内容创作者	• 重新改造商业模式同免费的网络内容（例如照片和图片）竞争
搜索引擎	• 利用用户原创内容受众吸引广告收入，同时改善搜索性能
受益于用户原创内容的网络服务	• 利用用户原创内容创建更具吸引力的网站、客户服务和信息（例如一个旅行社或者连锁旅馆网站，鼓励用户上传照片和分享评价）
广告	• 受益于将用户原创内容平台上社区作为目标的在线广告；在广告行为中使用用户原创内容
市场和品牌	• 通过在社会网络站点推行品牌或者在用户原创内容平台发布广告来提高消费者的信任度

资料来源：经济合作与发展组织。

大多数商业模式还处于变动时期，内容创作者和企业的收益时代才刚刚开始。下面描述了货币化用户原创内容的六种途径；表 3 中的三个事例阐述了这些途径的结合。有些模式包含了创作者的收益，无论是享有一部分收入还是直接由其他用户支付。目前，很少有用户原创内容平台获得很高收入，在未来，在线广告被认为将是主要收入来源。

• 自愿捐赠：内容创作者使创作内容免费可用但是希望获得用户资助（通过信用卡或者通过 Paypal 在线支付）。像全球之声这样的博客和公民新闻网站由博客的作者支撑，他们免费提供内容；花费由基金会，有时候是新闻企业，还有用户捐赠来保证。

• 向受众收费：按条付费模式——用户把每条

内容的费用（微型）付给用户原创内容平台或者是提供个人内容访问权的创作者。订阅模式——消费者订购服务。用户通常同时订购强化了的发布服务和其他用户内容的访问权。只订购其他用户内容的访问权是很少见的。在两级订购服务中，用户可以选择免费的"基本"账户，也可以选择具有先进功能的付费"专业"账户。

• 基于广告的模式（"使受众货币化"）和市场营销：广告向来被认为是比较有前途的收入来源，有些用户原创内容网站分配收入给创作内容或者持有内容的用户。[16] 有些来自特殊品牌或者媒体出版商的内容已经随着"品牌渠道"进入到用户原创内容平台中。虚拟世界允许企业创作和发布广告。知名品牌们也已经开始尝试将用户原创内容和它们的广告结合起来（例如，美容产品制造商鼓励用户创

表 3　用户原创内容平台的商业模式：居民新闻和图片

商业模式及范例	创收方法
居民新闻：Agora Vox（法国）	Agora Vox 是一家支持"居民新闻"的欧洲网站，以用户的实物赞助为基础。用户在自愿基础上提交新闻文章，文章由 Agora Vox 的工作人员和自愿者审核。读者也对信息的可信度做出反馈。Agora Vox 试图通过在线广告来创收。相似的居民新闻网站例如韩国的 OhmyNews 付给作者酬劳。如果用户评价很高，OhmyNews 就会分配给该内容作者广告收入。读者也可以通过小额支付系统直接给予居民新闻记者酬劳
视频：MyVideo（德国）	在线视频分享网站 MyVideo 主要通过广告和许可第三方使用其内容来获得收入。ProSiebenSat.1，德国最大的商业电视公司，于 2007 年完成了对 MyVideo.de 的收购。其目标是保证网络广告份额，交叉推广内容（用户原创内容在电视平台，电视内容在用户原创内容平台），以及使趣味性的内容融入到传统媒体出版中（例如选秀）。视频网站，例如 YouTube，已经开始许可电信搜索供应商使用其内容
相片：Flickr（美国）	Flickr 通过广告和订购服务获得收入。一个免费账号可以用来发布一定数量的照片。广告出现在搜索和观看相片的过程中。这种收入不对用户分享。每年花费 24.95 美元，就可以得到一个"代理"账号，享受无限的存储空间、上传、带宽、永久存档、无广告服务。Flicker 是雅虎的一部分！并且与其他雅虎网站交流来加强其成员资格。相似的相片网站，例如 KodakGallery，是由摄影公司把持。用户可以获得免费账号，收入来源是多种多样的相片服务（例如购买拷贝）

资料来源：经合组织，基于公司信息和媒体报告。

作自己的广告）。然而，目前仍不清楚用户喜不喜欢广告的增加和商业化气息的加重。有些视频分享网站缩减用户原创内容，增加了传统的专业创作内容，希望借此改变这些平台的性质和吸引力。

● 给予第三方内容和技术使用权：用户原创内容逐渐应用到其他的平台上，这样给予第三方（例如电视台）内容和技术的使用权就可能带来收入。用户可以允许网站免费使用他们创作的内容，有时也可以保留商业使用权利，不过内容创作者和用户原创内容平台之间存在着适用的收益分享模式。移动运营商和电视台获得越来越多的许可去发布用户原创内容和技术，这些促使了内容分享成为可能。

● 将产品和服务销售给社区：由于网络效应，成功的用户原创内容网站很可能会获得更大的用户基础。通过直接卖给用户产品和服务，或者在他们之间发展业务（例如虚拟身份、虚拟配件和虚拟土地），这些方式都可以使用户原创内容平台赢利。用户原创内容网站也可以同第三方合作，允许他们直接对用户进行销售活动，同时享有一部分收入。在社会商业这个术语下，日本的社交网站就是个例子，它们允许用户评论和定级书籍、DVD、游戏、电子产品以及其他事物，用户也可以购买这些物品。

● 出售用户数据：其他的商业模式也可能涉及出售用户匿名信息用于市场研究或者出售给其他公司。

超越了这类用户创作平台，参与型网络将对商业组织和创新周期产生深远的影响。这些用户创作平台潜在地缩减了协作成本，并且加大了这样一种可能性，即外部知识、技术和价值源的利用能带来更多的成就。个体和消费者可以协同创造服务、产品或者信息，企业利用在线社区解决研究和发展中出现的问题，或者是进行创新活动。人们坚信，在运营中使用内部或者外部的参与型网络技术将会给企业产生更多的影响（例如维基和博客对内部知识库的管理）。

商业和政策挑战

一系列与参与型网络相关的商业、社会和规章挑战正在涌现。[17]

培养参与型网络的经济和社会潜力

越来越多的人参与其中，伴随用户原创内容的生产和消费而来的，除了近期的商业发展外，还有社会和行为上的改变。与市场和商业发展相比，参与型网络的影响范围要大得多，它促使政府、政治和公民生活发生转变，并且为大规模协作和社区行为提供了可能性。鉴于参与型网络是受用户驱策，并且有许多国家和地区的网站的存在，参与型网络可以促进多语制，以及本土文化内容和信息的极大发展。用户原创内容也是一种个人的对评论、政治或社会目标的表达和言论形式。在教育上，平台发展趋于协作化，鼓励知识的分享和"对等作品"。

促进广泛的参与会是一个持续的挑战。随着精通数字创作的用户与其他人之间差距的增加，社会分裂和代际差距也会越来越大。此外，大多数使用原创内容的用户，到目前为止，只有一少部分年轻的并且接触用户原创内容较早的人能够积极地、持续地做出贡献。

改善访问途径和基础设施

宽带政策的总体目标是确保（地区）覆盖率、平等的基础设施访问权和公平的应用权，以及面向所有社区的有竞争力的价格，即创造一个制度化的环境，鼓励在通信网络和技术上投资与竞争。用户原创内容发展过程中面临的关键挑战是，与相对称的网络相比，用户数量相对缺乏。网络连接的主体是非对称性数字用户数字线路（ADSL）和有线服务，单个方向的数据量流动比其他方向多得多。现有的基础设施对推动参与活动和更加对称性的用户行为没有帮助。新型分部技术的应用，例如光纤（在日本和韩国很流行，欧洲和美国也正逐渐被重视）就是这个问题的一个解决方法。

发展竞争性的、非歧视性的政策框架

为了鼓励价值链以及商业模式中的进一步尝试和竞争，竞争性的、非歧视性的政策框架的维持和发展，以及推崇创新的商业环境，都是必不可少的。对拥有大量用户的用户原创内容服务做出竞争性评估之前，一定要考虑到巨大的网络效应、潜在的锁住效应和高额的转换费用。然而，通常新的数字内容创新越来越少立基于传统的规模优势和最初的资本投资，它们越来越多地立基于分散的创新活动、组织上的革新以及内容创作和传播的新型商业模式。[18]这些因素青睐新的参与者，尤其是在新的商业平台聚集模式中，内容所有者没有传统的优势。

知识产权和用户原创内容

版权问题会涌现出来，当用户创作内容时使用——部分的或者全部的——其他人的成果，而又没有得到授权，或者使用的量超过了预期或者界限。在一些例子中，复制或者改编一些成果是很必要的，如创作同人小说时要使用特定的人物角色；写博客时要使用一些图片；拍摄假唱视频要用到现存音乐；用户原创视频要使用受版权保护的角色、文字和视频图片。

根据国家的特定法律、"合理使用"和"公平交易"原则以及特定的法律规定的例外情况，当偶尔这些版权阻碍了创新活动，或者不利于公众对受版权保护成果的兴趣以及传播时，允许法院撤销版权法规定的专属权的严格应用。在这些情况下，部分成果可以在没有获得允许的情况下免费使用，只要使用符合版权法例外的一种情况，并且控制在一定限度内。但是，对于成果的原始创作者和派生成果的创作者来说，法律的不确定性仍然存在。

用户未经许可直接上传未经改变的第三方内容至用户原创内容平台也会引发版权问题（例如上传流行电视剧的部分视频，但没有内容所有者的明确同意）。最主要的问题是，在线媒介是否可以被当作电子出版商，并对其服务内容负责。在许多经合组织国家的版权法和电子商务法中，解决了网络服务供应商和其他信息媒介的责任问题，它们发布内容时是免责的（例如美国数字千年版权法案之下的"安全港"）。[19]这是免于间接责任，在线服务供应商必须在接到告知后消除侵犯性材料。对于服务供应商，没有全面的监管义务。[20]它们不对发布的信息承担编辑责任（见表4）。

涉及改变传递信息的行为是没有免责资格的，主机服务供应商在明确获知某行为不合法时，应当迅速消除内容或者取消访问途径。[21]根据责任分担原则，如果在线媒介引诱、导致或者极大地促使了用户侵权行为的产生，它们也是要负法律责任的。在用户原创内容平台清楚什么是侵权行为的情况下（即"故意侵权"）这一原则尤其适用，例如它们不仅单纯地发布内容，还加以编辑和分类（这是构成侵权的关键），或者它们诱导用户传递未经授权的内容（参照美国最高法院对格罗斯案件的裁决），[22]或者它们通过未经授权的传递活动来创收（例如广告相关收入）。[23]

讨论会一直持续下去，关于网络媒介是否应该，并且应该怎样在它们的网络活动中为侵犯版权承担更多的责任，或者关于免责是否应该重新划定界限——这些都潜在地要求网络媒介在它们的网络传递信息过程中，"过滤"和"审查"内容。必须确保新的措施来促进投资和创新，并且用户的隐私权得到尊重。通常，合法的知识产权上的异议，可以通过产权所有者、用户原创内容平台和其他相关实体之间的合适的商业协议来解决。在这个过渡阶段，只有等到法律变革开始，才会出现进展。

信息与内容质量

用户原创内容是在传统媒体监管之外的非专业背景下产生的，并且没有经济上的报酬，这可以暗示出传递材料的"质量"，前提是很难定义质量的观念，它包含主观和背景两个方面。[24]

在涉及事实和数字的博客、评论或者其他的用户原创内容网站，内容的准确性和来源的清晰性得

不到保证。海量信息（有些精确，另一些则不是）的可用性，把责任转移到从用户原创内容平台网站存取信息的用户身上。资历较浅的用户，特别应该注意提高辨别信息正确性的能力。

许多的用户原创内容平台和社区已经通过了社区标准和相关规定来减少不合理内容和行为的出现率（见表4）。规定涉及多个方面，例如党同伐异、骚扰、虚拟世界的攻击行为（例如射击、推搡等）、隐私和信息披露的防止、低俗，以及不必要的广告。如果规定不被遵守，服务供应商保留对用户采取行动的权利（例如暂时或者永久封闭账号）。

技术和自律措施可以帮助限制这些内容的访问途径。对未成年人的保护上，年龄评估系统或者年龄限制有重要意义，但是这些评估系统需要透明化，并且获得更加国际化的认可和遵守，这样它们才能起到更大作用。过滤软件和父母的监控也提供了不同的解决方法。

表4　用户原创内容网站的内容和行为规范

内容规范和编辑责任	• 大多数网站明确规定，对其在网站上刊登、发布内容，或者传递内容给他人的行为，用户负完全责任。这些网站指出，它们没有义务修改或者删除用户的不适当内容，也不应当为用户上传这种内容的行为承担责任 • 如果任何内容与确定的标准不符合，网站保留复核、删去或者移除这些成员内容的权利 • 一些网站实行内容和年龄分级，为成人化的内容划出特定区域
社区标准	• 大多数网站在下面这些方面有社区标准，如党同伐异（对种族、血统、性别、宗教或者性取向的贬低、诽谤性的文字）、骚扰、抨击、泄露第三方或者其他用户的信息（例如上传聊天记录）、低俗等
执行标准的行动	• 网站明确了用户违反社区标准的处罚措施。这些惩罚从警告、暂停服务到驱逐出服务。创建备用账号来回避规定也受到追踪

资料来源：经合组织，基于15个广泛使用英语的用户原创内容网站的服务和隐私策略的抽样调查。

隐私和身份盗窃

用户倾向于发布更多的关于个人身份和个人生活的内容，不管这些是他们自己的还是别人的，这引发了人们的关注。用户上传相片、视频和可以公开访问的文件到社交网站上面，或者在博客和其他网站中写日记，内容涉及详细的生活点滴。尽管这些网站提供隐私设置来限制信息对于熟人和朋友的开放程度，很多用户仍旧选择公开自己的信息。据报道社交网站通过发送垃圾邮件来获得用户的个人信息。有些人利用用户原创内容平台泄露跟他人相关的内容（例如上传视频或者其他内容，但没有得到相关人员的许可），或者以别人的名义创建账户，所填写的信息和内容都是虚假的。身份盗贼也可以追踪信息，从而模仿其他人的身份。

大多数常用的用户原创内容已经采用了隐私原则。根据原则，不公开发布的信息是受保护的，并且不能出售给第三方（见专栏2）。然而，在第三方合并或者收购的情况下，作为被收购的资产，信息存在被误用的可能。也可能会出现数据泄露的情况，尽管到目前为止这种情况很少在用户原创内容平台发生。

专栏2：用户原创内容网站的隐私规定

• 很多网站收集跟服务相关的个人信息，声明是为了提供给用户专门的并且高效的服务。这些信息是受保护的，不向第三方出售。

• 有些上传到社交网站的个人信息通过个人验证信息的方式被提供给了广告商（有时候直接传递过去）和其他团体，汇总的使用信息则不是通过个人验证，总的目标都是使广告对成员更有针对性。

• 很多网站保留在所有权转让和资产出售的情况下转让个人信息的权利。

• 网站明确表明，在执法活动中，个人信息可以被公开。

资料来源：经合组织，基于15个广泛使用英语的用户原创内容网站的服务和隐私策略的抽样调查。

结论

用户原创内容会越来越受欢迎，新的驱动力将进一步增加用户原创内容的使用和创作，包括：

- 许多消费设备允许越来越便捷的内容下载，为了领先它们的发展，移动电话不断增加其用户，并且提供更加快速的移动上行链路数据传输速度来查看、捕获和书写内容。
- 更加交互式的社会网络和视频分享网站出现的新型用户原创内容，以及用更加身临其境的方式连接用户的新型虚拟世界。
- 促进内容创作的新型软件和服务，包括网络应用程序和在互相分离的用户原创内容平台运行的个人文件或数字身份。
- 对用户自己创作内容的经济刺激，例如提供收入分成，这些收入来自销售、广告或者给予传统媒体机构许可权。

然而，还有很多的问题需要解决。侵犯版权通常引发版权所有人、用户原创内容平台和成员之间的争论。用户原创内容平台还必须解决用户和管理者的隐私问题，越受欢迎的网站越容易有陷阱或者遭受电子攻击，这样用户的数据就很脆弱。内容质量、互联网安全或者还可能有更为良好的用户自我监管，都将是未来要解决的问题。用户原创内容平台的集中以及看门人角色的日渐重要，都将持续成为商业和政治的议题。

用户原创内容的影响远远不止商业应用这一方面，尽管商业投资和创新吸引了越来越多的注意力，但利用参与型网络的潜力来实现教育、政治和社会目标，将是用户原创内容带来的最主要改变。

注释

① OECD work on digital content is available at www.oecd.org/sti/digitalcontent and is summarized in the OECD Information Technology Outlook 2008. This chapter also draws on the results of the OECD–Italy conference on "The Future Digital Economy: Digital Content Creation, Distribution and Access" (see http://www.oecd.org/sti/digitalcontent/conference) and the "OECD–Canada Technology Foresight Forum on the Participative Web: Strategies and Policies for the Future"

(see www.oecd.org/futureinternet/participativeweb).

② OECD 2006a, 2008b.

③ See OECD 2007 for more definitional details and shortcomings.

④ These pieces of content were counted using the number of "link–backs" to these licenses on the Internet, as tracked by Google.

⑤ National statistical offices have only started to include such issues in surveys. Examples include the "Communications Usage Trend Survey for Households," Ministry of Internal Affairs and Communications (MIC), Japan; the "Survey on the Computer and Internet Use," National Internet Development Agency of Korea (NIDA); the "Community survey on ICT usage in Households and by Individuals," Eurostat.

⑥ See MIC 2007.

⑦ See NIDA 2007a.

⑧ November 2007; data made available by John B. Horrigan (Pew Internet & American Life Project, 2007b).

⑨ Eurostat survey "Community survey on ICT usage in Households and by Individuals."

⑩ OECD, based on Wikipedia at http: //stats.wikimedia.org/EN/(accessed August 4, 2007).

⑪ See Pew 2007a, 2007b.

⑫ NIDA 2007a, 2007b.

⑬ Pew 2007a, 2007b.

⑭ MIC 2005.

⑮ Xinhua–PRNewswire 2006.

⑯ OECD 2008a.

⑰ See OECD 2006b, 2007 and the OECD–Canada Technology Foresight Forum on the Participative Web: Strategies and Policies for the Future (at note 1).

⑱ OECD 2006b.

⑲ Section 512 (c) of the US Digital Millennium Copyright Act.

⑳ See, for example, the EU Electronic Commerce Directive 2000/31/EC, "EU Directive on Electronic Commerce," Article 15.

㉑ For example, the "EU Directive on Electronic Commerce," Recitals 40 and 46.

㉒ US Supreme Court Decision in Metro–Goldwyn–Mayer Studios, Inc. v. Grokster, Ltd.545 U.S. 913 (2005).

㉓ See WIPO 2005.

㉔ See www.oecd.org/sti/security–privacy for OECD work on privacy and ICT security.

参考文献

MIC (Ministry of Internal Affairs and Communications of

Japan). 2005 "Analysis on Current Status of and Forecast on Blogs/SNSs." Available at http://soumu.go.jp/joho_tsusin/eng/Releases/Telecommunications/pdf/news050517_2_1.pdf.

——.2007. "White Paper on Information and communications in Japan." Available at http://www.johotsusintokei.soumu.go.jp/whitepaper/eng/WP2007/2007-index.html.

NIDA (National Internet Development Agency of Korea). 2007a. "Survey on the Computer and Internet Usage." February. Available at http://isis.nida.or.kr/eng/.

——.2007b. "2007 Korea Internet White Paper." Available at http://www.nida.or.kr/english/.

OECD (Organisation for Economic Co-operation and Development). 2006a. OECD Information Technology Outlook 2006. Paris: OECD.

——.2006b. "Digital Broadband Content: Digital Content Strategies and Policies." Report presented to the Working Party on the Information Economy, unclassified. DSTI/ICCP/IE (2005) 3/FINAL. Available at http://www.oecd.org/dataoecd/54/36/36854975.pdf.

——.2007. Participative Web and User-Created Content: Web 2.0, Wikis, and Social Networking. Paris: OECD.

——.2008a. "Digital Broadband Content: Online Advertising." Unclassified paper prepared for the Working Party on the Information Economy, DSTI/ICCP/IE (2007) 1/FINAL.

——.2008b. OECD Information Technology Outlook 2008. Paris: OECD.

Pew/Internet. 2007a. "Social Networking Websites and Teens: An Overview." Pew Internet & American Life Project, 1 July. Available at http://www.pewinternet.org/PPF/r/198/report_display.asp.

——.2007b. "Teens and Social Media." Pew Internet & American Life Project, 19 December. Available at http://www.pewinernet.org/PPF/r/230/report_display.asp.

WIPO (World Intellectual Property Organization). 2005. "Online Intermediaries and Liability for Copyright Infringement." Presentation prepared by L. Edwards and C. Waelde for the WIPO Seminar on Copyright and Internet Intermediaries, Geneva, 18 April.

Xinhua-PRNewswire. 2006. Microsoft Windows Live survey: "Blogging Phenomenon Sweeps Asia." November 28. Available at http://www.prnewswire.com/cgi-bin/stories.pl?ACCT=104&STORY=/wwww/story/11-28-2006/0004480819&EDATE.

111

第二部分

利用信息通信技术和创新来提升竞争力：
选定的个案研究

2.1 章

新加坡：用信息通信技术构建智能国家

吴雪径 (Ng Cher Keng)，
新加坡资讯通信发展管理局
李宛陵 (Ong Ling Lee)，
新加坡资讯通信发展管理局
庄唐 (Tanya Tang)，
新加坡资讯通信发展管理局
苏米特拉·杜德 (Soumitra Dutta)，
欧洲工商管理学院

当 1981 年新加坡迈出他们信息通信技术（ICT）的第一步时，他们仅有两台计算机主机、850 名计算机专业人员以及强烈的信念。他们最初的目的非常简单，即给整个民族配备那个时代的新工具，以此来增加产量，进而增强新加坡经济的竞争力。这就是第一个 IT 总体规划——国民服务计算机化规划（CSCP）如何产生的。而后，又成立了新加坡全国计算机委员会（NCB）去实施这个规划。

由于他们的努力取得了一定的成果，并且伴随着政府增强新加坡信息通信技术能力的雄心壮志，这更增强了政府使信息通信技术成为经济发展的推动器的信心。从为政府配备计算机系统以来，新加坡全国计算机委员会以及它的继任者资讯通信发展管理局（IDA）继续在全国范围内努力将信息通信技术延伸应用到国民经济和人口领域，使人民能上网链接到宽带，并且通过信息通信技术的应用改革不同的经济部门。

由于许多果断措施，26 年后今天的新加坡将信息与通信技术作为其经济基础设施的关键组成部分。这个国家现在已经是一个充满活力的信息通信技术产业的主导者，成为一个拥有知识技术的居民之家。在电子政务方面，正如在一些电子政务排行榜的顶级排名和政府网络就绪度指数（新加坡在 2007~2008 年分别排名第一和第四）① 显示的那样，新加坡同时也被在看作是全球的领军者。很谦虚地说，新加坡在信息通信领域已经迅速发展成为全球的领军者。

2006 年，信息通信技术产业取得了一个两位数的增长并且创造了 450 亿美元的收入（见图 1）。此外，信息通信技术已经成为新加坡居民生活所必需的一部分。移动电话拥有率超过百分之百；几乎每 10 个家庭里面就有 8 户在家中接入了电脑，而且七成以上家庭拥有宽带接入，并且许多家还都是高速宽带（见图 2）。

作为一个除了人口没有其他自然资源的小岛国，信息通信技术对于新加坡的经济增长非常重要。在当今这个互通性日益增长的世界，信息通信技术给新加坡提供了到达国界以外的全球市场的一个必要的桥梁。自从 1981 年 CSCP 建立以来，政府已经规划并实施了 6 项总体规划，每一个规划都被一个经济发展的主题所指导（见表 1）。

由于当今有一个相对成熟的经济环境，这种经济环境总是能推进技术边界的拓展，对于新加坡来

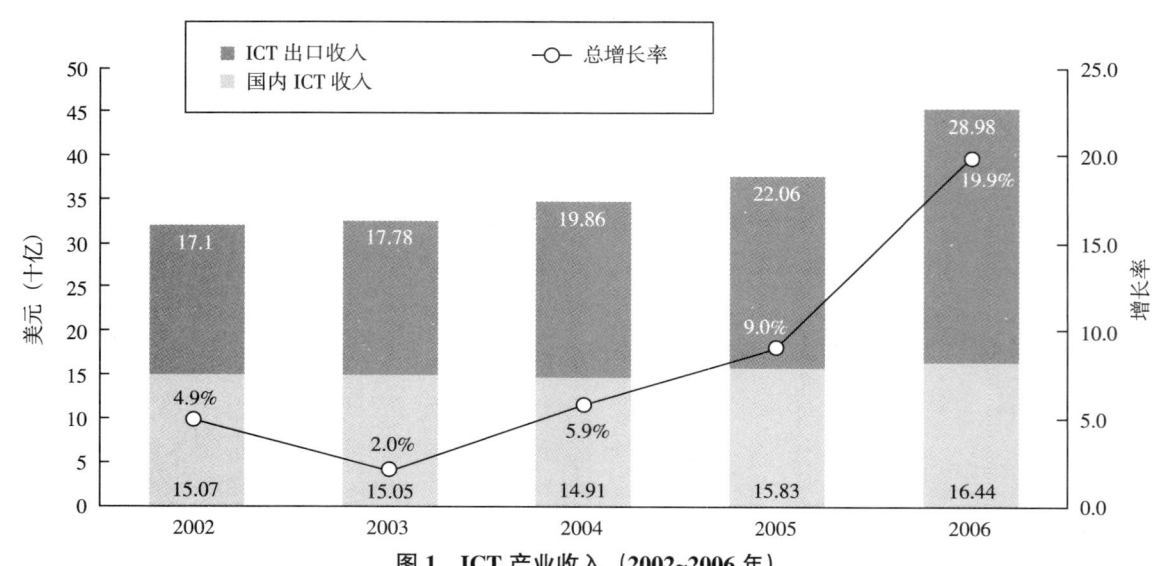

图 1　ICT 产业收入（2002~2006 年）

资料来源：资讯通信发展管理局（IDA）对 ICT 产业的年度调查。

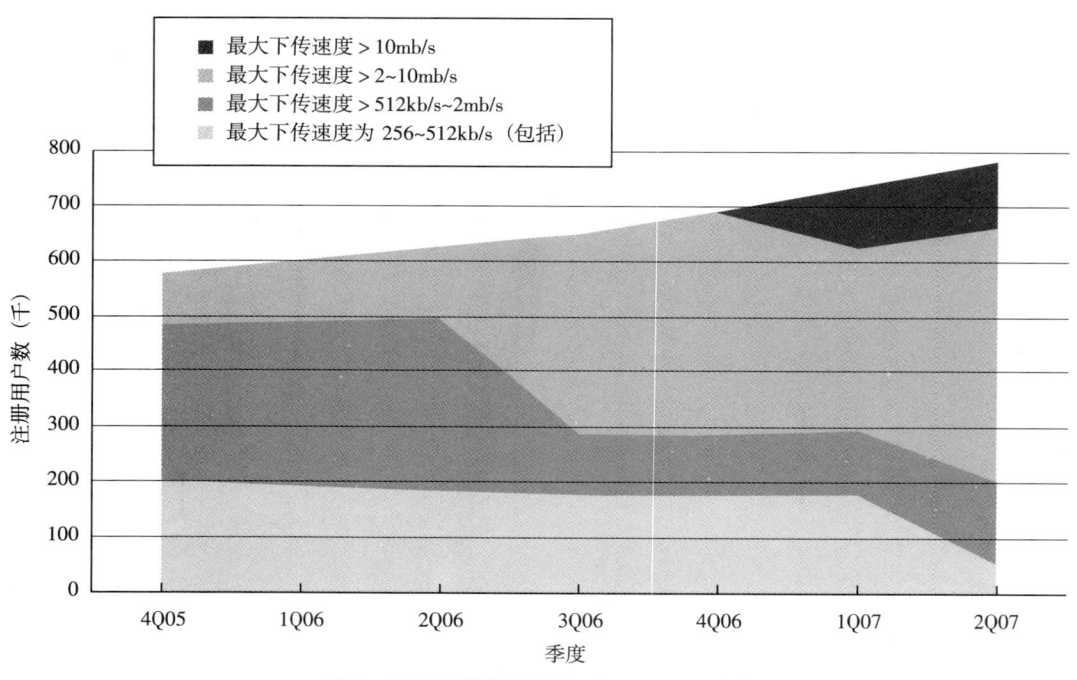

图 2　居民宽带用户速度（2005~2007 年）

资料来源：IDA。

说，寻找新的发展和增长模式就是他们持续面临的挑战。2006 年 6 月出台的最新信息通信技术总体规划——智能化国家 2015（或者被称为"iN2015"）将会进一步支撑这个国家通过创新主导的方式向一个以知识为基础的经济体进行转变。

由于更多的国家开始通过信息通信技术促进经济增长，成功实施 iN2015 总体规划将会帮助新加坡在全球数字化经济体的竞争中站稳脚跟。用信息通信技术部长李汶阳（Lee Boon Yang）博士的话说："我们设想信息通信将变得更容易——无论对于工作、生活、学习还是娱乐来说。事实上，通过营造一个包括一切的数字社会，我们将能确保持续的增长和我们这个以知识为基础的数字化经济体的活力。智能化国家 2015 或者说 iN2015——这个总体规划就是出于精细地考虑了这种愿景而起草的。"②

表1　新加坡六个ICT总体规划

总体规划覆盖的时期	国家ICT总体规划（主题）	电子政务总体规划	目的和重点
2006~2015年 2006~2010年	iN2015（创造）	iGov2010	iN2015是新加坡最近的十年ICT总体规划，它有着通过以下四个战略发展"一个以信息通信为核心的智能国家、全球化城市"的愿景： 1. 以通过更尖端和创新的方式应用ICT来转变关键经济部门、政府和社会为先锋。 2. 建立一个超高速的、普及的、智能的并且值得信任的ICT基础设施。 3. 发展一个具有全球竞争力的ICT产业。 4. 发展具有全球竞争力和精通ICT技术的劳动力
2003~2006年	连通新加坡（联通）	电子政务行动计划II	连通新加坡是基于网络开放构想的，认识到新加坡需要发展新的源泉去促进经济增长，包括像设计和技术这种新的创造供给的领域。连通新加坡的愿景是通过扩大容量、进行科技规划、建立一个良好的商业环境这种对基础设施的加强来达到"通过信息通信释放潜能，实现可能"的目的
2000~2003年	Infocomm 21（集中）	电子政务行动计划	由于受电信和IT技术的融合的激励，Infocomm 21这个蓝图于2000年出台，为的就是发展新加坡成为一个全球ICT首都，拥有繁荣的电子经济和有顶尖ICT技术的电子社会。除了它在国外"网络"公众、个人、民营企业的策略以外，这个总体规划还致力于把新加坡建成一个首要的ICT中心和ICT技术之都，并且创造一个亲商亲客户的有利环境去促进这个新经济体的发展和成长
1992~1999年	IT2000（连接和内容）	国民服务计算机化项目	IT2000总体规划目的在于把新加坡定位成一个全球ICT中心。在National IT计划的基础上，延伸了改善新加坡人的生活质量、繁荣经济、连接本地和全球通信、增强新加坡人的潜力等目标。在公共部门方面，重点在于通过在一个数据中心进行计算机工具合并和公务员全网服务营造出计算机资源的整体性。互联网被认为是一种新的运输渠道，它不仅提供信息还提供公众以交易为基础的服务。在电子政务网站上的Ge-BIZ门户网站是世界第一个基于互联网的政府采购系统
1986~1991年	国家IT计划（通信）	国民服务计算机化项目	随着新加坡ICT策略的成熟，他们的重点转移到了通过跨机构的联系提供一站式服务。机构间的通信加强创造了三个数据中心：地、人、企业。在"一站式，不间断"策略方面，逐渐有更多的公众服务发展起来。IT技术在自动化方面的应用以及通过网络整合传统的手工过程随着为了贸易、法律和医疗通信分别建立贸易网、法律网、医疗网达到了顶峰
1980~1985年	国家计算机化计划（计算机化）	国民服务计算机化项目	国家计算机化计划一个最主要的目标就是着手成立CSCP使得每一个政府部门的主要功能计算机化。通过IT技术的有效利用改进公共管理，这种努力侧重于使传统工作方式自动化，减少文书工作，加强ICT在公共服务方面的应用开展。这种"起点小，规模快"的方法成为ICT广泛被接受的一个催化剂。这个规划的其他目的在于促进本地ICT产业的发展和成长，产生一个ICT人力资源库以备将来产业的需求

资料来源：IDA。

　　这一章的目的是给读者提供一个对新加坡利用ICT技术进行竞争的演进过程的思考的一个概述。新加坡致力于结合政府高层提供的强力领导把ICT技术和战略目标相结合，他们不断搜寻把ICT技术应用于国家发展和提升竞争力的潜质。他们已经在具体的ICT部署领域达到了世界级的水平。这样的两个领域有电子政务和电子教育，它们是本章最精彩的部分。最后，本章概述了近二十年ICT在新加坡发展的进程，同时也提出了一些他们想要保持全球领先地位所面临的挑战。

ICT 从小做起

　　在1965年新加坡从马来西亚分离出来后，它发现自己非常孤立，人口数量少，受教育程度低，自然资源少，经济很大程度上依赖于转口贸易。在很小的本地市场，同时又面临这么多困难条件的情况下，新加坡进口替代的经济策略是很难维持的。

独立的早期（1965年至20世纪70年代后期）

　　由于缺少训练有素的劳动力，再加上没有资本去发展本国的企业，新加坡转向了一个出口增长导向的经济策略，外国直接投资（FDI）作为一个急需的产生出口的手段。为了吸引外国直接投资，新加坡政府推出了一系列的措施去加强投资环境，包括多种税收的减免、财政刺激鼓励去创造一个低成本、劳动密集型的生产部门，帮助缓解失业问题。

　　在国际贸易繁荣、投资流动频繁的大环境下，美国和欧洲的一些公司开始寻找离岸的装配工厂，由于较低的劳动力成本和关税制度，新加坡开始被看做是一个可行的选择。一些跨国公司，像汤姆逊电子集团（SGS）、德州仪器公司、汤姆森（Thomson）最终都选择了将他们的晶体管装配厂建立在新加坡，在那里生产出的元件大多都通过海上运输方式被运回他们在美国的母公司。随着低技术的装配工作的起步，资本密集型的产业也开始发展——新加坡很快成为亚洲最大的石油提炼中心。到了20世纪70年代末，新加坡已经有了几家全球性的石油公司——包括壳牌（Shell）和英国石油公司（British Petroleum），它们的生产提炼过程均基于新加坡这个岛国。

然而，1973年和1979年的两次石油危机的破坏性影响，使得新加坡的经济被带入了衰退期。更糟糕的是，新加坡在制造方面低成本的优势正在逐渐被蚕食。虽然20世纪60年代高的失业率不存在了，但是新加坡工人的实际工资增长速度却超过了他们的生产能力。此时，一些国家像马来西亚和泰国出现了出于竞争性目的而提供的低成本劳动力的更佳选择。面对日益加强的成本竞争，新加坡政府意识到"低工资、低成本制造"的原则不得不给"高价值制造"让路了。用信息通信技术部常任秘书长陈振南（Tan Chin Nam）博士的话就是："我们不得不从劳动密集型向资本密集型、机械化、自动化去转变，进而获得更高的工资，这已经是公认的事实了。我们不能依靠低成本的劳动力存活。计算机化就是为了帮助我们减少人力。"③

计算机化作为提高生产力和经济改革的推动力量，它的收益是很缓慢的。由于政府对于IT技术的全部潜质并不确定，所以他们更愿意去进一步探索和发现，而不仅仅是通过政府部门里的两个主机。

计算机化的起步阶段　（1981~1985年）

在1980年，政府为国家计算机化建立了一个委员会以探索这个新的技术工具的潜力。依据他们的研究，新加坡第一个IT总体规划诞生了。这个委员会出台了一个五年的"国家计算机化计划"，着眼于三个方面：国民服务计算机化、新加坡电脑行业的发展以及培养一批计算机专业人才。新加坡国家计算机委员会（NCB）于1981年建立以推动这一计划的实施。

NCB的第一个项目之一就是领导国民服务计算机化规划（CSCP）（见表1）。到了1985年，计算机系统和软件已经都被安装好了，并且证明能加强政府总体的效率和生产力。

连点成线　（1986~1991年）

在1985年，新加坡发现自己陷入了全球经济衰退的浪潮之中。世界范围的低油价影响了本国的造船部门，这些造船部门占了本国制造业的25%。美国经济的增长速度下降也十分迅速，1984年为8%，到了1985年已经下降到2.3%，这也深远地影响了新加坡出口导向的经济增长策略。特别是计算机配件和电子行业，它们是新加坡与美国主要贸易部分，面临着临时的生产力过剩和自身需求下降。同时与临近的国家的贸易，低廉的并且持续下降的价格使得新加坡对东南亚国家联盟（ASEAN）的出口利润显著地减少，反过来也减缓了这些国家的增长速度，同时影响了新加坡与这些国家的贸易和旅游。

毋庸置疑，新加坡需要寻找新的经济增长和发展的领域。一个至关重要的挑战就是，新加坡面临不得不处理他们由于工资成本迅猛上涨造成的竞争力下降的问题。在1979年出台增加工资政策之后的五年里，④劳动力成本增长的速度是生产力增长速度的两倍。除此之外，投资不再被用于生产设备，而是大量地涌向在缓慢经济增长环境下能带来超额需求的建设项目。⑤

在这一时期，建立了一个国民经济委员会以审查新加坡经济的弱点。⑥在国民经济重组期间，下一个五年规划——国家IT规划（见表1）在1986年颁布出台了。这个规划是对缓慢增长的制造业的一个回应。它的两个主要目的就是发展一个强大的出口导向的IT业和利用IT技术改进每一个经济部门的生产力和竞争力。

作为新加坡经济重组力量的一部分，国家IT规划着眼于如何把在私有和公众部门不同的计算机系统联系起来去发展生产力。为了说明计算机网络的想法，1989年贸易网被引入了经贸产业（见专栏1）。

118

专档1：联网计算机：贸易网和贸易交换平台

贸易网

贸易网是世界第一个在全国范围内合并进口、出口和文档传送过程的电子交易网站。建于1989年的这个平台大幅降低了备货、交货和传送文件过程的成本和周转时间，使得原先需要两天时间的任务现在15分钟就能完成。在贸易网建成不到三年的时间里，一年内因为贸易网所能省下来的钱就达到了1.6亿美元。一个基于网络的贸易网在1998年随着互联网的问世而被建成。整个贸易过程的时间已经从1989年的15分钟降到不到1分钟，3~35份的贸易报关单也被减少到只需要1份。运输代理公司估计他们节省了20%~35%提交贸易文件的成本。

贸易交换平台

这个电子平台进一步加强和完善，成为贸易交换平台。2007年10月，贸易交换平台问世，这是最新的国家经贸团体的IT平台。这个中立的、安全的贸易平台提供了一个简单的电子窗口，可以把工作流程、提交过程、关于港口、航班、海事局、客户、主管机构的询问功能整合到一起。用户也能享受终端到终端的服务，例如，增值服务提供商提供的电子采购和货源组织。

下一个阶段（1992~1999年）

1991年11月，在吴作栋总理的领导下，一个新的发展计划——下一个阶段出台了。第三个IT总体规划——智能岛2000（IT2000）（见表1）——伴随着把新加坡改造成一个智能岛国和全球IT中心的愿景出台了。由于新加坡认识到了这种高附加值的活动能增强它的经济竞争力，因此对于更多研究和发展的需求在这个时期越发明显。同年，政府建立了新加坡国家科技局去驱动这个领域。[7]

IT2000中体现了这种研发精神，它们寻找使每个人能进入IT和它相关服务当中去的方法。IT2000揭示了国家信息架构（NII）的愿景，那就是把每一家、每个办公室、每个学校和每个工厂都连接到一起。这种架构能使知识和信息集中服务被提供到任何地方。但是，没有想到的是1994年互联网的出现。当1992年IT2000出台的时候，还没有人听说过互联网。全国范围内的照片视频文本，也被叫做电传资讯于1990年问世了。[8] 它是作为IT2000的平台，用它的信息和交易能力去实现NII的愿景。这段经历是非常短的，它只持续到1994年互联网的问世。像本地进入互联网的先驱者一样，电传资讯开始提升在各地获得信息的意识和价值。它使得政府足够早地意识到全球接入的重要性。在1998年6月，它们开始着手"新加坡ONE"（一个为了所有人的网络）项目，这个项目是为寻找一个建立全国宽带网络的方法。

新加坡ONE预见了宽带时代的重要性和它对经济的改造作用，以及它对人们"生活、工作、娱乐"的影响。然而，挑战是巨大的，特别是对于那些需要单独处理的行业。宽带网建立第一年预计用户只有10000人，并且由于高的基础设施成本，缺少能引发人们兴趣的宽带内容，这个项目需要强大的推进。政府决定采取必要的步骤为更普及的、更高质量的基础设施吸引投资。只有这些工作都做到位了，这个行业才能有一个能发展宽带市场的"产品"。为了更进一步加速市场发展，政府在2000年4月提出了全面开放电信市场的想法。这种开放电信市场的管制架构需要开放宽带接入模式作保证。它也促进了竞争和发展，整体上导致接入宽带的价格下降。在2001年年初，新加坡宽带用户已经超过100000。价格竞争仍在持续，接入速度也在持续攀升。随着速度和支付能力的增加，截止到2007年7月，70%以上的家庭已经接入了宽带。一个发展更高访问速度的计划出现了（见图2）。

在1997年中期，一场严重的金融危机横扫亚洲。泰铢的大幅度贬值引发了通货膨胀，打击了包括韩国、朝鲜、印度尼西亚、马来西亚、菲律宾在内的亚洲经济体。由于新加坡的出口市场主要依赖东南亚大陆，所以，这次金融危机使新加坡在亚洲的出口额缩水了30%，造成1998年下半年整体经济总额缩水了0.7%。从1997年底到1998年底，失业率也翻了一番。

这种情形促使政府重新审视新加坡的经济模式。虽然它的金融系统在这次金融危机中挺了过来，但是在这之后，政府最担心的是经济停滞的威胁。为了审查新加坡的经济发展战略，一个经济审查委员会被召集成立了。这个委员会的一个建议就是使新加坡的经济多样化，减少对于制造业和金融业的依赖。因此鼓励发展新的经济聚群，像私人银行、制药业、制造业的新领域等，同时完善现有的经贸、信息通信和旅游行业。这种多样化、专门化的目的在于给新加坡的经济注入活力和响应，确保持续增长以及和世界经济的相关性。

与时俱进 （2000~2006 年）

伴随着 20 世纪末出现的电信、计算机和内容相融合的趋势，新加坡全国计算机委员会和新加坡电信管理局、电信监管局进行了合并，在 1999 年成立了资讯通信发展管理局（IDA）。

接下来的目标就是形成一个单一机构对 IT 和电信部门的规划、政策制定、管制制度以及发展负责。在这一时期，对于信息通信技术部门的信心是很高的。电子化或者"e"是非常流行的词汇。当 2000 年下一个 ICT 总体规划——"信息通信 21"（见表 1）出台的时候，它们的愿景成为了发展一个繁荣的电子经济和一个普及、精通信息通信技术的电子社会。这也是一个把互联网引入到生活中尽可能多的领域的时代。公众和私人部门以及公民社团已经开始把尽可能多的服务放到了网上进行，公司也被鼓励进行电子商务。

随着 2002 年经济泡沫的出现，信息通信技术的前景变得更加有征服力。信息通信 21 被审查过了，信息通信技术发展的一个新的篇章开始了。出台于 2003 年的"连接新加坡"（见表 1）就是信息通信 21 适应经济泡沫进行微调的修订结果。在这一时期，政府采取稳健的 ICT 预算，帮助 ICT 产业注入信心。

现在

在 2006 年 6 月，智能化国家 2015（iN2015，读作"in-20-15"）总体规划公开了。公共部门和私营部门对于这六个 ICT 总体规划的投入是在寻找一个能在未来的十年里加强新加坡总体竞争力的一种体系。从 iN2015 开始到这个概念的形成，600 名企业领导和高级管理者参与其中。这个结果是一个综合的总体规划，它强调在七个关键的经济部门（包括数字媒体这个新兴的增长领域）利用 ICT 进行创新，以此作为增强整个国民经济竞争力的途径。这反过来就需要加强数字经济的基石：ICT 基础设施、劳动力和本地 ICT 企业。在基础设施方面，iN2015 的一个关键组成部分侧重于在未来建成一个超高速的宽带网，并且到处可以无线接入，这样企业和个人就能始终保持与全球信息网相连接的状态。

iN2015 发展劳动力所做的努力包括在新加坡发展、吸引和留住 ICT 人才。这个焦点的一个方面就是培养一批具有国际竞争力的 ICT 专家，这些人能把众多技术诀窍和对商业部门的很好的理解相结合，以至能提出商业所真正需要的并且能改变这些部门的 ICT 解决方案。除了发展 ICT 专业人员，iN2015 也在竭力提升普通劳动力的 ICT 技能水平，这样他们也可以创造性地利用 ICT 技术去改进商业总体的生产力和竞争力。

培育一个充满活力的 ICT 生态系统很重要的一点在于培养一批有前途的本土 ICT 企业、领先的跨国公司和 ICT 创新科技企业，可以通过承担项目去提升本地 ICT 企业的能力，增加 ICT 出口，树立一个品牌形象来达到这个目标。新加坡资讯通信科技署，作为新加坡制造的 ICT 产品的一个统一品牌，产生于 2007 年年初，目的是帮助本地 ICT 企业在高度竞争的全球 ICT 市场上赢得份额。以产业型入门网站为形式的一个虚拟门市也已经建立，以帮助公司提供他们产品的简介。这个网站提供了一站式目录列表和本地公司的功能图。

因为 ICT 环境变化迅速，再考虑到技术、本地和全球市场的发展以及工业的反馈，iN2015 被设计成一个能不断修订的、充满活力和不断演进的总体规划，这样才能确保它的连续相关性。

新加坡电子政务的经验

电子政务总体规划很大程度上与新加坡国家 ICT 总体规划相串联。相比于国家 ICT 总体规划的主题是在于改进行业和社会，多样的电子政务 ICT 总体规划则关注于建立改进政府部门的关键动力和策略（见表 1）。

国民服务计算机化项目 （1980~1999 年）

国民服务计算机化是第一个国家计算机化规划三个重点领域之一。理解了多个部门都有这种需要，以增加公共部门的效率为目的 CSCP 出台了。CSCP 一个引人注目的方面是政府内部运作的自动化，这帮助它们显著地减少了纸质工作的数量。关于这点，截至 1985 年，59 个应用系统已经被引入到政府部门中。新加坡计算机专业人员的数量几乎增加了五倍，从 1980 年的 850 人，增长到了 1985 年的 4000 人。主机和小型机安装量也从 1982 年的 350 台增加到 1985 年的超过 2000 台。

随着国家 IT 计划（1985~1991）的产生，这个关注点也发生了演变。该计划试图把这个新知识和专长从国民服务迁移到私营部门。到 90 年代初，随着 IT2000 计划（1992~1999）想要把新加坡转变成一个智能岛屿的出台，人们关注的重点转为整合计算机资源。90 年代末，看到了 ICT 和互联网产生的汇合，它改变了公共服务的概念。这为新加坡电子政务行动规划 I 铺平了道路。

许多政府部门也已经开始利用 ICT 的力量，不仅仅是加强生产力和它们运作的效率，而且还要解决城市发展问题和促进经济领域的转变（见专栏2）。

专栏 2：新加坡的电子服务

新加坡 ICT 策略不仅仅限于提高政府和企业的效率。IT 解决方案也被设计和部署去解决常见的城市发展问题（例如交通拥挤）和促进经济领域的转变。

电子图书馆管理系统

1995 年，新成立的国家图书管理局（NLB）做出高额预算，到 2003 年每年图书借阅数量被翻了一倍，访问者数量也变成原来的三倍。在原有的手工系统下，增加一个借书额将要增加超过一小时的排队时间，国家图书管理局通过无线射频识别（RFID）卷标找到了一条解决途径，在 1998 年当第一个无线射频识别技术原型——登录和退出系统出现时，这种技术仍然是非常新的。今天，新加坡所有的公共图书馆都安装了电子图书馆管理系统（E-LiMS）。借书排队的现象已经消失了，虽然借书和阅览者的数量显著地增加了。设计和部署电子图书馆管理系统每年大约节省了国家图书管理局 5000 万美元，并且使得它不必雇佣额外的员工去保持队伍并且在五分钟内就能排到。电子图书馆管理系统在世界上第一次被注册是在 1999 年 7 月。在过去的十年里，中国澳门、韩国、澳大利亚和新西兰的图书馆也已经实施了类似的系统。

电子道路收费系统

在 1998 年引入的电子公路收费系统（ERP）是一个很好的例子，说明如何利用技术去解决长久的交通拥挤问题。公路使用者在"每一个使用者为公路买单"的概念下，在高峰时期使用繁华路段将会支付更多的费用。电子公路收费系统是世界上第一个这个类型的，使用 RFID 技术去检测和扣除每辆车预付卡中金额的系统。在这之前，执法人员不得不站在收费口去寻找没有贴收费标志的车辆。新加坡开创的这种基于 ICT 的交通信息管理系统在其他大城市也已经找到了立足之地。例如，2003 年 2 月，在英国官员考察新加坡，研究了它的公路收费系统并以此作为伦敦体系的参考后，伦敦交通拥挤税就出现了。

信息通信 @ 海港

受资讯通信发展管理局（IDA）和海事港务管理局（MPA）的共同管理，信息通信 @ 海港项目于 2007 年 12 月出台，目的是大力加强新加坡港口的能力和效率并且改善港口的基础设施。第一批项目之一就是 WISEPORT（港口无线宽带接入），一个能提供低成本、高带宽和安全接入的移动无线宽带网，距离新加坡南部海岸线不足 15 千米。到 2008 年，新加坡的所有轮船都能接入到移动无线宽带，在轮船和它们的客户及商业伙伴之间提供了实时的数据密集型的交流。通过对航海数据的宽带接入和实时交流的控制，原先只能在岸上做的活动现在可以提前在离岸的状态下提前完成。

电子政务实施计划 I（2000~2003 年）

这个电子政务实施计划 I（eGAP I）是于 2000 年出台的，就像其他国家正在开始探索如何组织政府去给人们、企业和组织提供电子服务一样。这个三年花费 15 亿美元的计划侧重于为所有公众部门创造一个在一起工作的平台，使得电子政务能够在新加坡有效地发展。其目的就是把尽可能多的政府服务放到网上去。eGAP I 也是第一个前缀"e"的政府官方总体规划，标志着这个国家进入了"e时代"。

自从 eGAP I 实施以来，一个全国范围的以个人身份识别来进行电子服务的框架出现了，叫做 SingPass（新加坡个人接入）。SingPass 在 2003 年被引入，允许每一个新加坡居民使用一个普通用户身份进行电子政务交易。⑨迄今为止，已经有 1600 项电子政务服务被开展。现在 98% 以上的政府服务在网上对于新加坡人总是开启，并且可以通过电子居民门户（www.ecitizen.gov.sg）访问在线新加坡人。

eGAP II （2003~2006 年）

eGAP I 的成功为 2003 年第二个项目 eGAP II 构建了一个舞台。随着大多数的政府服务已经可以在线完成，eGAP II 则是要试图改善这些服务的质量。这个项目的目的在于通过使服务更加用户友好把电子政务带到一个更高、更迅捷的水平上，以加强公民和政府的互动。随着新出台的 13 亿美元的预算，eGAP II 旨在把新加坡发展成为一个电子政务的领军人物，更好地在数字经济中服务国民。

随着 eGAP II 的出台，15 个跨部门综合电子服务也产生了，包括：

- 一个一站式的政府票据支付中心使顾客可以在线支付票据和罚款。
- 一个一站式工作门户网用于在线申请所有政府工作。
- 还有企业通来给企业提供相关的政府信息和服务。

2007 年 2 月所作的年度电子政务客户意见调查显示，需要与政府进行商业交易的新加坡居民有 89% 通过电子手段，或者是自己亲自使用，或者是基于它的帮助，总之在过去的 12 个月中至少这么做了一次。对于那些使用了的人，九成的人对提供的服务表示满意。

iGOV2010 （2006~2010 年）

第三个电子政务计划——iGov2010 于 2006 年 6 月出台，这是 iN2015 的一个关键组成部分。iGov2010 是一个有着 20 亿美元预算的长期项目。随着政府在线服务的完善建立，iGov2010 的焦点在于政府的内部整合，包括整合流程、系统和信息。

最终的目标是拥有"一个我们顾客的视角"以至能更全面地服务公众和企业。这里的指导准则是去"以心中的用户为出发点"；这种方法是把一个人放在用户的鞋子中，为的是预料当他与政府进行商业往来时需要什么。认识到这个目的，四个战略主旨就已经被界定好了：

- 使政府电子服务更加用户友好，这样更多的人将会知道如何使用它。
- 给政府网站设计一个"更酷"的形象；这包括为公共部门门户提供包装视频和互动内容。
- 整合像人力资源和财务这些后台流程去改善企业经营并且精简普通的职能。这需要使用一个身份证号码，这就是所有公司的一个通过公共部门注册存在的唯一身份识别。
- 奖励更多基于"建造—运营—维护"商业模式的公共部门 ICT 项目。买方将会依据使用系统的人数进行收费。第一个这种项目应该是为 60000 公务员提供一个通用的桌面和网络平台的标准运行环境（SOE）。⑩

在出台第一个电子政务计划七年后，向公众提供服务的方式就发生了转变。过去是纸的形式的、排队的并且只在上班时间提供的服务，现在市民和企业之类的团体能在任何时间在线进行几乎所有的公共服务交易。为了方便与外国分享新加坡电子政务的经验，电子政务指导中心于 2006 年在新加坡国立大学（NUS）伴随着系统科学院（ISS）和李光耀公共政策学院一同建立。

新加坡教育经验

教育对于新加坡政府来说具有高度的重要性。认识到 ICT 能帮助改进教育的质量，从 1990 年开始，政府已经系统地把 ICT 技术引入到教育部门之中去。⑪

教育部门的 IT 总体规划 （1997~2002 年，2002~2008 年）

这个在教育部门的 IT 总体规划是在 1997 年出台的，目的是使学校都配有个人电脑和电脑网络，培训教师在 IT 技能及其在教学和备课方面的应用，改变 IT 就是用在学校教学计划方面的观点。在这第一个规划下已经取得的一些成就如下：

● 培训在职中小学教师相关 IT 技能和将 IT 应用到课程中。

● 为学校提供一个交换中心服务去搜索、查询以及推荐软件产品和互联网站。

● 把现有的教室转化成计算机实验室和 IT 技术学习资源角。

在所有受访的学生中，超过 70% 的人认为 IT 技术提升了他们的知识，超过 80% 的人认为 IT 技术使课堂变得有趣。[12]

在坚实的基础之上，2002 年 7 月，教育领域的信息通信技术总体计划 II 开始实施。这个计划继续为学校提供一个整体导向，关于如何在学校利用信息通信技术来学习的可能性。该计划是把课程、评估、指导、职业发展以及学生学习使用 IT 技术等主要教育内容进行整合，并把重点集中在这些内容之间的相互作用上。主要优先事项包括以下几点：为学生学习建立信息通信技术标准，以确保所有学校至少达到使用信息通信技术初级水平；支持学校在教育中达到更高的信息通信技术水平，使这些学校能引进更多的认可方案；为教学模型的创建和发展做进一步的研究。

"未来学校 @ 新加坡"也和 mp2 相符，是一个在 iN2015 规划指导下的教育措施。这一努力的目的是有效地利用信息通信技术进行学习，以及保持新加坡的教育体制和程序是为将来做准备的学生服务的。重点将放在对尖端技术的改革和对校舍设计的创新，使得能为学习和高效的行政措施提供创新的课程、教学方法以及评估程序。如沉浸式虚拟环境和教育游戏等通信技术工具将用于加强学习。此外，学校将开展关于信息和通信技术的使用对于学生的认知、情感以及交际能力的发展效果的研究。然后从这些研究中得出的知识、想法、计划以及技术将会与其他学校共享。

在"未来学校 @ 新加坡"的第一个阶段中所涉及的 5 所学校于 2007 年 5 月公布。这些学校将推进新加坡在教育经验的创新改造，并将无处不在的 ICT 接入技术带入学校教学课程等方面，为其他学校提供了一个可行的先驱模范。早期收到了热烈反响，例如在 2007 年 8 月，大批的父母都为子女申请参加本计划的第一批的两所小学。

目前为止从 ICT 技术发展历程中得到的经验

新加坡正在继续进行着这个历程，并对未来做着准备，以下有几点经验与大家分享：

● 政府意愿和支持的重要性

第一个总体规划项目得以快速实施，是因为政府的信任以及计算机化的使用。中央委员会的成立，在管理资源和推动信息化方面也是有益的。它创造了国家计算机委员会，也为中央政府首席信息官的概念发展铺平了道路，这项职责目前仍由资讯通信发展管理局承担。

直到今天，强烈的政府意愿和支持仍在继续，大量的资金和资源用于 ICT 技术的发展。新加坡的最高领导人不仅发表公开声明说明 ICT 技术的重要性，他们还领导国家级的委员会，以推动全国 ICT 项目。新加坡内阁资政李光耀说："关键是让你的人民在成长过程中完全熟悉 IT 技术，使之成为本能的一部分。有这种能力的国家会比没有这种能力的国家好。"[13]

● 与大型国家计划密切合作

国家 ICT 总体规划，是按照和经济与社会的需求相一致的方式制定，与世界各地的 ICT 技术的普遍发展状况和趋势同步。然后，电子政府 ICT 总体计划与此同步实施和发展，以补充并建设国家 ICT 技术总体规划。

考虑到与国家利益和目标密切结合的情况，不同的政府部门和机构共同努力并取得预期成果成为一种趋势和焦点。例如，贸易网的成功，就是最高级的多个部门合作的成果，通过 20 个不同的政府机构共同合作处理贸易文件，以简化需求。

● 需要善政

政府认为，有一个计算机化的计划是不够的；此外还必须有一个中央机构来执行该计划，并承担相应的责任。有一个中央机构也将给予必要的组织动力去推动计划的进行。国家计算机委员会的设立就是出于此目的。随着 IT 技术与电信技术的融合，两个机构合并，成为这些部门的唯一负责机构。

成立由业界领袖和政府官员组成的委员会的方法，是新加坡的政策制定过程中的一个主要组成部分。这种方法——公共和私营部门以及人民的伙伴关系——对总体规划的制定和实施来说是非常重要的，因为其范围将日益扩展至更广泛的经济。

● 储备劳动力和人民

新加坡第一个计算机化计划开始后不久，就发现技术工人还无法达到支持完成计划的要求。在当时由于没有足够的计算机科学的毕业生，于是国家计算机委员会迅速制订了一个内部培训计划，将其他专业的年轻毕业生培养成计算机专业的人才。这种早期的劳动力不足事件至今仍在新加坡起警示作用，使得新加坡现在总是以确保人才的发展为当务之急。

用户培训也同样重要。政府也注意到ICT技术的知识和带来的好处不应该只服务于一小部分训练有素的专业技术人员。并认识到，应用IT技术的人口将使得ICT技术的创新和使用进入一个良性循环。于是，一些为了满足顾客需求的计划诞生了：例如，学生和非IT专业工人都需要了解新技术及其应用的价值。

● 不断检讨和更新

不断检讨和更新，是新加坡政府工作的一个基本组成部分。计划的实施要与制订的战略方向一致；重要的过程和事件将被监测和审查，并在必要时进一步完善，同时还应考虑到外部的发展和变化。下一个ICT技术总体规划通常在现在的这个计划完成之前不久才能制订完成。一个例子是"连通新加坡"，一个在2003~2006年的ICT总体计划。下一个总体计划（iN2015）工作始于2005年年初。当时，ICT技术已经逐渐成为许多国家优先考虑的工作，并开展了许多广泛的ICT技术总体规划。iN2015为公共和私营部门的筹备工作画上了一个圆满的句号。

为下一轮发展做准备

ICT技术的重要性——不仅作为战略驱动器，加强新加坡的经济竞争力，而且作为一个行业本身——是显而易见的。在全球经济增长的环境下，ICT技术应用将有巨大的机会。同样伴随着巨大的挑战。今天，越来越多的国家认识到ICT技术的重要性，并利用它来提高国家的经济实力。许多发展中的经济体正在快速加强提供高质量的基础设施。

如何保持作为贸易和商业中心的吸引力和竞争力，这是新加坡与日俱增的压力。特别地，新加坡在维持其效率溢价方面面临很大挑战。

展望未来，思想和人才将推动全球未来经济的发展。为了与世界保持同步，并利用这种机会来发展，新加坡正加紧创新和研究与开发（R&D）的步伐，除了推出一项价值75亿美元的"科技2010计划"以外，政府还在2006年1月成立了国家研究基金会。该基金会筹集了50亿美元资金以保证未来五年的运作，[14]使研究与开发（R&D）成为新加坡经济发展的重要动力。在基金会的三大战略重点领域中，互动与数码媒体尤其重要，所以新加坡寻求途径，以加强其ICT技术能力。这不仅有利于ICT技术和媒体行业，还有利于诸如教育和医疗保健等其他领域。在这些领域，ICT技术可以被全面的整合，在瞬息万变的世界中，创造新的具有创造性的产品和服务。

新加坡政府也将继续投资于基础经济设施，并采取明确的步骤来升级网络基础设施，以满足未来的需求。iN2005关键的措施，是开发和部署下一代全国资讯通信（Infocomm）基础设施网络，包括一个新的超高速网络连接每个家庭和办公室，以及无线宽带网络，使新加坡人甚至在旅途中都能保持联系。在iN2005的倡议下，这个基础设施和各部门将进行ICT技术改革，为新加坡将来做准备。

事实上，随着新加坡进入数字时代的一个新的发展阶段，新的战略正在探讨、审查和部署。创新驱动的经济增长战略将脱颖而出，激发新的增长模式。当人们回顾，新加坡迄今取得的成就只是由两个大型计算机以及26年前的信仰的飞跃引发的，那么一个国家利用ICT技术力量的机会和可能性是令人激动和无限的。

注释

① Singapore was ranked first in Accenture's 2007 study on "Leadership in Customer Service" and second in Brown University's Global e-Government 2007.

② Minister's Foreword in the report by the iN2015 Steering Committee, IDA 2006.

③ Interviews in Reutens 2006, p.12.

④ The wage increase policy was introduced with the aim of forcing the technology employed in Singapore's factories to shift up-market. The logic was that employers would no longer find it as profitable to produce low-wage, low-value products and so switch to the manufacture of higher –wage, higher –value products. A key element of the policy was a belief that manufacturers would not relocate all operations to other lower–cost countries, but would recognize enough value in Singapore's infrastructure, labor force, and pro –business government to stay in the country. Total impact on wages ranged between 14 and 20 percent.

⑤ Investment in productive machinery or equipment actually declined when measured as a proportion of GDP.

⑥ The Economic Committee was appointed by the Singapore government in 1985 to examine the longer –term problems and prospects of the national economy, identify new growth areas, and define new strategies for promoting growth. The Committee found that the recession could not be brushed aside as a cyclical difficulty that would eventually disappear by itself. Instead, the country had to change its policies and identify new growth areas, not only to overcome the recession, but also to set the correct direction for the longer term growth of Singapore.

⑦ The National Science & Technology Board was renamed the Agency for Science, Technology and Research in 2002 with the new mission to foster world –class scientific research and talent for a vibrant knowledge–based Singapore.

⑧ Teleview is often compared with an online videotext service in France called Minitel that was launched in 1982 by France Telecom. Minitel users could make online purchases and train reservations, check stock prices, search the telephone directory, and chat in a way similar to Internet chatting today.

⑨ By the time eGAP Ⅱ was unveiled, there were over 7.9 million SingPass transactions annually from a user base of more than 800000 SingPass holders.

⑩ The SOE project aims to standardize the desktop, messaging, and network environment for the public sector. When implemented, it will establish a robust and agile government ICT infrastructure. Operational efficiency should also be enhanced as agencies will share a common infrastructure, enabling them to work seamlessly as One Government. The estimated value of this tender is S$1.5 billion.

⑪ There are approximately 26400 teachers and 532000 students in 355 primary and secondary schools, junior colleges, and centralized institutes in Singapore. Another 130000 learners attend fulltime programs in 12 post –secondary educational institutes. There are three government –funded universities in Singapore: the National University of Singapore, Nanyang Technological University, and Singapore. Management University. See MOE 2005.

⑫ See MOE; the numbers are from 2005.

⑬ Minister Mentor's speech at the second Russia – Singapore Forum, March 6, 2007.

⑭ The other two areas of focus are Environmental & Water Technologies and Biomedical Sciences.

参考文献

Accenture. 2007. *2007 Leadership in Customer Service: Delivering on the Promise. Government Executive Series*. Available at http://nstore.accenture.com/can_com/PDF/2007LC –SDelivPromiseFinal.pdf.

Brown University. 2007. *Global e –Government 2007*. Report. Providence, RI: Brown University. Available at http://www.inside–politics.org/egovt07int.pdf.

Channel NewsAsia. 20003. Final Economic Review Committee Report and Recommendations. Press release: "New Challenges, Fresh Goals: Towards a Dynamic Global City." Feburary 6. Available at www.mtl.gov.sg.

IDA (Infocomm Development Authority). Available at http/www.ida.gov.sg.

——.2006. "Foreword." Report by the iN2015 Steering Committee. Singapore: IDA. Available at http/www.ida.gov.sg.

MOE (Ministry of Education). IT in Education Masterplans. Available at http://www.moe.gov.sg/edumall/mp2/mp2.htm.

——.2001. *The Evaluation of Implementation of Masterplan for IT in Education Report* (*MPITE Evaluation Report*) *2001*. Singapore: MOE.

MTI (Ministry of Trade and Industry) . Science and Technology Plan 2010. Available at http://app.mti.gov.sg/default.asp? id=148&articleID=2461.

——. "The Singapore Economy: New Directions." Report of the Economic Committee. Available at http://app.mti.gov.sg/data/pages/885/doc/econ.pdf.

——. "Singapore's Overall Economic History." Available at http://app.mti.gov.sg/default.asp? id=545.

National Library Website: http://infopedia.nlb.gov.sg/articles/SIP_263_2005-01-13.html.

Reutens, L. 2006. The Big Switch. Book in set of four books *Innovationation: 25 Years of Infocomm in Singapore*. Singapore: IDA.

Singapore e –government plans. Available at http://www.igov.gov.sg/Strategic_Plans/? indexar=2.

The Straits Times. 2007. "Asian Financial Crisis: 10 Years On: The Day the Economies Went into Meltdown." July 1.

2.2章

卡塔尔：利用科技在中东建立一个知识型经济体

哈莎·Al-贾巴尔（Hessa Al-Jaber），**卡塔尔 ICT 最高委员会**

苏米特拉·杜德（Soumitra Dutta），**欧洲工商管理学院**

126

我们的任务是建立一个先进的信息通信技术（Information and Communications Technology，ICT）国家，大部分的人可以通过 ICT 技术来提高他们的生活质量，并促进卡塔尔的社会和经济的发展。

——卡塔尔酋长的继承人塔米·宾·哈米德·阿尔-泰尼（Tamim Bin Hamad Al-Thani），卡塔尔国家电信管理机构主席，2005 年 5 月就职演讲

一项变革正在缓慢地改变着人口不足 100 万的卡塔尔的虽然小但却生机勃勃的经济。ICT 技术正在推动卡塔尔迅速发展并走向繁荣。虽然 ICT 技术在卡塔尔起步较晚，直到 2005 年才有了第一项重要的变革，但是卡塔尔的领导人坚信 ICT 技术会为这个国家带来深远的改变。这是卡塔尔开展技术革命的基础。

这些变化与现在进行的经济改革紧密结合。卡塔尔的目标是，通过 ICT 技术，建立一个有竞争力的经济核心引擎，普及社会服务，并建立一个知识网络社会。卡塔尔也希望通过 ICT 技术，对卡塔尔各个方面的技术发展产生乘数效应，深化政治体制改革范围，并帮助卡塔尔成为一个充分发展的国家。

这些改革的影响已经初现。令人称道的是，卡塔尔的 2007~2008 年度的网络就绪度指数（Networked Readiness index，NRI）排名为第 32 位。卡塔尔制订了一个全面的国家计划，并在诸多方面采取措施：政策改革；提高对安全问题的关注；在医疗保健、教育、电子政府和基础设施中提倡 ICT 技术；放松电信市场管制等。卡塔尔在通信（包括固定电话和移动电话两方面）和网络方面的普及率在中东也是最高的（见图 1）。

通常，在一个人口数量很少却有着高达 62000 美元人均年收入的国家，开展这样的变革是很容易的。但是卡塔尔在过去的几年里也克服了一些困难和障碍，包括训练有素的劳动力的匮乏、社会规范以及对技术的误解，政府各部门和机构的协调问题。然而，这些困难并没有严重阻碍变革的发展。最终，强有力的领导和坚定的信念推动着这个国家进一步发展技术蓝图。

作者对乔治·沙卡里亚和马丁·克拉里为本章所做的准备工作表示衷心感谢。

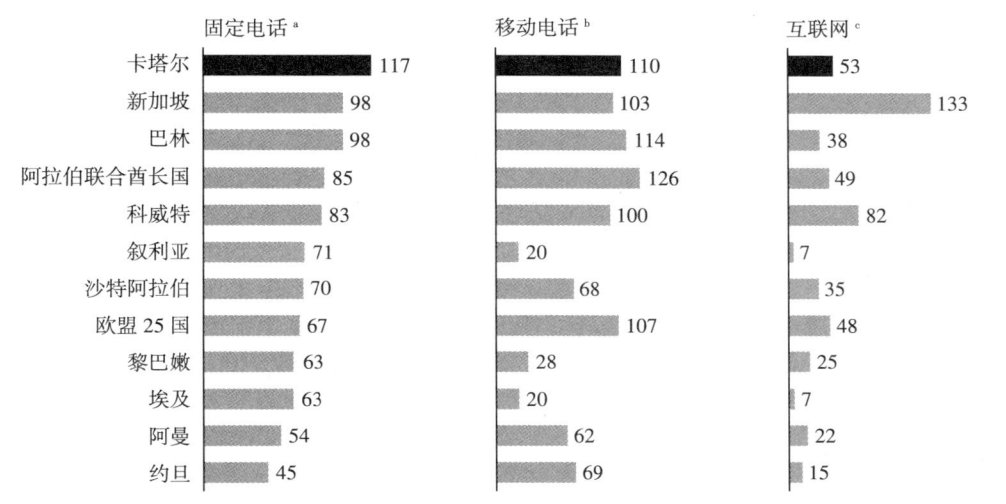

图1 2006年固定电话、移动电话和互联网的普及率（%）

注：a. 固话普及率等于居民固定电话线总数除以家庭总数。

b. 移动电话普及率等于移动线路报告数除以人口总数。

c. 互联网普及率等于互联网账户总数（拨号账户和宽带账户）除以家庭总数。

资料来源：阿拉伯咨询集团，金字塔研究，运营商年报。

本章旨在介绍，位于中东的卡塔尔向知识经济体制转变和充当技术驱动的护旗手方面的优秀表现。第一部分对ICT技术为卡塔尔带来的变化的愿景和蓝图进行了全面的概述。第二部分列出了在卡塔尔的ICT议程中关键战略举措，包括在电子教育、信息安全、电子政府、电子健康方面的努力。第三部分将概述卡塔尔在贯彻变革时面临的关键阻碍，以及其他国家在进行相关改革进程中的最佳实践。在结论部分，本章将提出对于在21世纪一个国家向有竞争力的知识经济转型的一些建议。

国家发展的愿景和蓝图

ICT技术不仅创造了以信息为基础的经济的核心引擎，同时也使社会性服务事业普及化，创造了一个以知识为基础的网络型社会。在群众中培养推广科技知识及能力将在解决卡塔尔技术型人力资源短缺问题上起到至关重要的作用。此外，卡塔尔希望，科学技术能对国家经济转型，推动社会及政治改革，稳步建立发达国家地位起到至关重要的作用。

卡塔尔的ICT策略及总体规划符合卡塔尔的发展愿景，旨在坚持平等、民主及促进人类社会发展的原则。尽管卡塔尔在技术策略实施方面借鉴了国际上最佳实践经验及典范，但其具体策略仍然是根据国家的独特国情及需求而制定。其基本的理念

是，科学技术及基础设施不仅应服务于人们自己，更应该服务于经济的发展及为社会创造财富。

2004年，卡塔尔皇家法令通过建立作为ICT技术实施的监管部门——卡塔尔ICT最高委员会（ictQATAR）的法案，ICT技术计划的实施从此迈出了关键性的第一步。2005年5月，卡塔尔公布了ictQATAR的主要使命及任务，此后ictQATAR便开始实施国家ICT策略目标的实现计划。在明确而具有权威性委任命令下，ictQATAR就此扮演着ICT产业部的调控者及倡导者的角色。其领导、支持及协调ICT技术的力量源于以下三个主要的因素，这三个因素对于创建健全的ICT执行机构起着至关重要的作用：

● ictQATAR拥有强有力的政治支持。ICT技术的实施计划涉及多个行业及政府部门，对于整体结构的改变的阻力会很大，因此明确的领导对于重新确立各部门的权力基础及改变根深蒂固的官僚主义至关重要。正是由于这样的阻力，ICT组织需要高层政府领导力量给予支持并赋予其真正意义上的权力，以实现整体结构的变革。卡塔尔首长的继承人，ICT技术的坚决拥护者塔米·宾·哈米德·阿尔－泰尼，任卡塔尔ICT最高委员会主席。

● ictQATAR是一个单独的实体，有着众多的利益相关者。ictQATAR的运作效能取决于其与重要的ICT技术利益相关者合作，以发展和执行一系列的政策的能力。ictQATAR已经与多个认可ICT

项目可执行性的政府部门合作，以更好地服务于它们的组织及员工。

● ictQATAR 有其独立的预算方案。信息通信技术项目需要庞大的财政投入及持续的资源供应，以保证实现促进推广 ICT 技术的目的。正因为 ictQATAR 独立的预算计划，使得 ictQATAR 制定了明确的绩效指标，使决策者能够通过其获得的收益

和成效来权衡他们的庞大的投资额所产生的效益。

卡塔尔所采用的实现其愿景规划的综合方案如图 2 所示。每一个部分都扮演着相辅相成、不可或缺的重要角色。从一开始，ictQATAR 便与对 ICT 技术发展有着直接投入、贡献及影响的公共及私营部门进行重点对话。

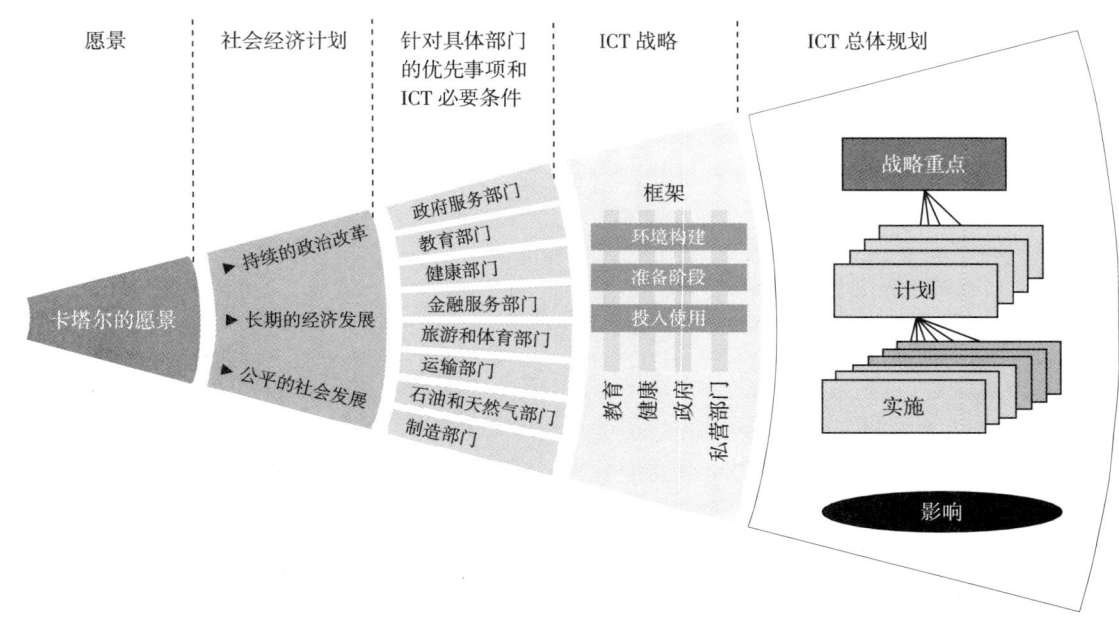

图 2　卡塔尔的愿景、社会经济发展目标、ICT 战略基础的具体部门措施和总体规划

资料来源：卡塔尔 ICT 总体规划，2005。

卡塔尔 ICT 计划超出了九项预计的优化部门物质基础设施国家规划。众所周知，尽管优化基础设施建设对于计划的实现至关重要，但若得不到市民和企业的充分利用及支持，一切都只是徒劳。因此，卡塔尔设立了一项关于环境构建、准备阶段以及投入使用的 ICT 计划，即 ERU 愿景规划。此规划包含了创建有利于 ICT 策略实施的社会环境（通过创造良好的市场条件、制定正确的政策、建设必要的基础设施等手段），以及增强公民、企业及政府对 ICT 的接受度（通过提高认知度、信任度，提高技能水平和利用率等手段），提供能够提高接受率及使用率的应用（例如，为特定的行业部门，如电子健康及电子教育行业提供相应的应用措施）。

图 3 和图 4 详细介绍了卡塔尔 ICT 策略实施总体规划的关键因素。这九项国家规划（见图 3）包含以下几个方面：构建先进的基础设施；提升技术革新及创新能力；建立必不可少的监管及法制体系；确保信息安全；建立兼容型社会；重点关注教

育、健康、政府及商业领域的信息技术。① 这项计划的总体框架已经建立，为了实现长远的目标，ictQATAR 已开始执行一系列改革举措，这将在下一部分详细阐述。

图 4 总结了在整体规划中决定卡塔尔 ICT 策略的关键因素。图中首行列举了卡塔尔在信息通信技术方面不同环境领域的因素——市场、政府以及基础设施建设。接下来的两行分析了在经济社会中公民、企业和政府对 ICT 技术的准备及接受度因素。最后一行列举了公民、企业和政府运用 ICT 技术所带来的影响因素。概括而言，图 4 分析列举了所有信息通信技术在准备、使用及影响阶段的所有关键性因素。

关键性策略

卡塔尔电信管理机构介绍了实现 ERU 愿景规划的关键性措施，即环境构建、准备阶段以及投入

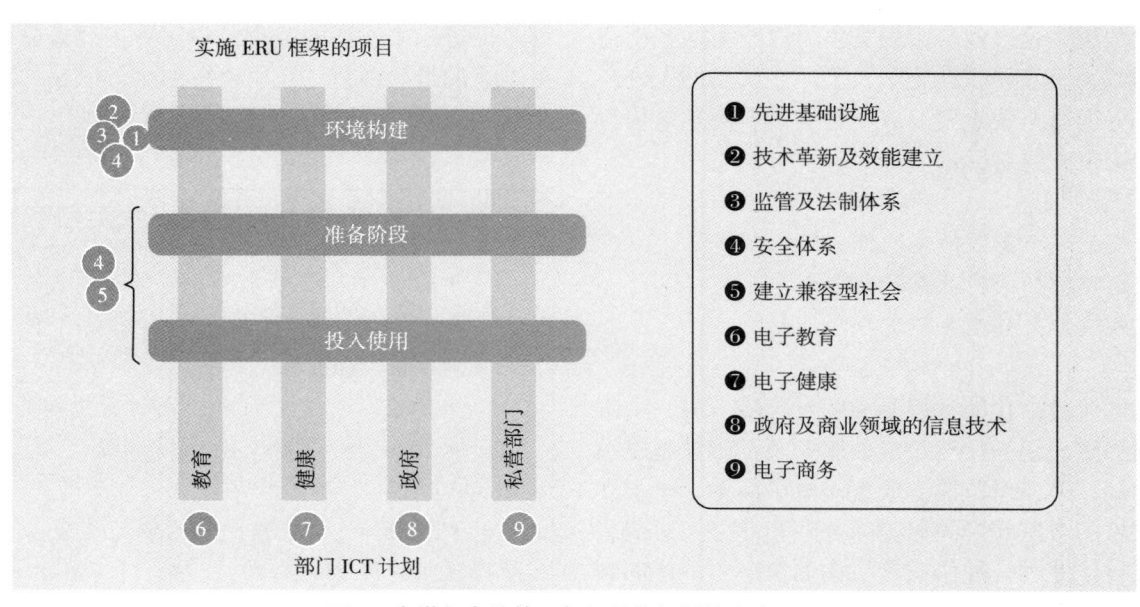

图 3　卡塔尔电信管理部门总体规划的九个项目

图 4　在环境构建、准备阶段、投入使用阶段 ICT 技术的基础性要求

使用愿景规划。其中几个最具重要性的因素将在本节内容中进行探讨。

电信产业自由化

ictQATAR 随即提出放松电信业管制。发展及实现流程透明化以迎合市场竞争，对于为顾客创造更多利益，及发展多样化增长型经济所需的先进产品和服务而言至关重要。以下是促进卡塔尔电信自由化的三个主要目标：

- 发展一个高效的惠及社会的电信部门
- 创建成功的行业革新的平台
- 创造持久的商业环境

电信业自由化的过程分为两个阶段：第一个阶段，世界贸易组织授权对电信服务及基础设施建设放松管制；第二个阶段，放宽对电子商务、电子立法等领域的限制。2006 年颁布的《电信法》对现有法律进行了完善，并给监管机构如卡塔尔电信部颁发许可证及规定其附加权力。同时也赋予了其在竞争分析方面的权力，公布现任供应商卡塔尔电信（Qtel）占主导地位，以及在移动和固定线路市场选择第二大运营商的权力。

由于在可预见的未来，国家市场规模无法承受多于两个的固定及移动基础设施网络的建设，卡塔尔电信管理部门向运营商提供一个额外的移动及固定电话运营许可证，来与卡塔尔电信竞争，开始拓宽电信业自由竞争化进程。这些许可证的授予有可能导致卡塔尔电信创建另外一种基础设施。ictQATAR 计划将对 2010 年前的电信市场发展进行调研，这项调研包括评估市场能够维持的运营商的数量，以及诸如 Mobile WiMAX 和 4G 等科技发展情况。

除了颁发许可证，ictQATAR 正在建立发展一个完整的监管架构，包括指定领导地位的运营商，协议条款的制定，制定互联和准入规则，价格政策，频段及数字策略，用户群体及纠纷调节方案的制定。ictQATAR 将要关注的主要领域包括电子交易立法、联合国国际贸易法委员会准则、域名规则以及电子政府发展进程。

整合电子政务

卡塔尔的电子政务管理始于 2003 年。第一代电子政务计划提供了许多网络服务项目，包括入境签证、出生证明及健康卡的颁发；驾驶执照的更新；伊斯兰慈善金的支付；交通罚单及公共设施的费用支付等。实施此项计划的卡塔尔是海湾国家中使用智能卡认证的先行者。电子政务组织于 2005 年并入卡塔尔电信管理部门，并为管理部门带来了

许多促进未来发展的宝贵经验（更多经验总结请详见本章的最后两节"克服执行困难"以及"新兴的最佳实践"）。

专栏 1：卡塔尔电信转型：主要里程碑

- 1987 年：卡塔尔公共电信公司成立
- 1998 年：卡塔尔公共电信公司更名为卡塔尔电信（Qtel）
- 2002 年：成立信息技术和通信委员会
- 2004 年：信息科技最高委员会成立（ictQATAR）
- 2006 年：《电信法》的颁布为发放新的牌照提供了管制的权力
- 2007 年：沃达丰集团被选为卡塔尔的第二大移动运营商，并且选择第二次固定电话运营商程序已经启动。

全国上下正努力通过利用 ICT 技术使得政府能更好地服务于本国居民、公民及游客。卡塔尔始终坚持以顾客为中心的原则，以使政府在各个领域都更好地运作。通过各部门、地方议会和有关当局的协商，第二代电子政府将转变成为一个综合、先进、精简、透明度高及高效的政府。

卡塔尔计划将利用包括在公共管理和电子政务信息及服务方面的 ICT 技术能力的高度准备水平，将人民与政府紧密联系起来，以使人民生活更加便捷。政府部门将制定出一项综合的 ICT 技术架构及标准的参考模式——这是政府对 ICT 技术系统进行广泛整合迈出的重要一步。同时，政府正在筹备建立 Hukoomi，一个为政府信息及服务，包括先前的电子服务和近期刚实施颁发的出入境和商业经营许可证为一体的一站式服务门户网站。Hukoomi 是具有历史意义的里程碑——超过 50 家企业首次通过政府而在网络上聚集在一起。Hukoomi 将有助于企业提高生产率及市场竞争力，并为人民的生活提供更多的便利以及提高人们对生活的满意度。

这些服务所带来的潜在影响是积极的。除了颁发许可证及执照所需的周期大大缩短外，企业和公众普遍都对政府从混乱的规则及低效率，向透明度和效率都大大提高的转变感到高兴。

此类在效率和透明度方面的好处还在于电子商务的推行，将大大缩短各产业大批量的采购工作周期。现有的一些管理模式，如建立一个新的公

司——目前需要不同的部门颁发的一系列的许可证等程序——将通过一站式的门户网站大大革新并简化。专家们正努力建构一个安全信息高速公路体系，能将所有政府部门连结起来，使它们如一个生态系统般运作自如，从而使各部门在公共服务方面配合得天衣无缝。信息高速公路的运用能实现各部门之间的信息共享，包括政府的数据中心、政府人力资源和财务资源规划的共享。

首批电子政务先进部门规划将在未来三年实施。政府相关部门现已简单罗列出 52 项举措，其中包括数百个有利于居民、家庭、企业及政府人员的在线服务项目。其中 16 项规划现已启动，另外 12 项将在未来几个月相继启动。

在 ICT 基础设施发展水平方面，两项战略措施的实行推动了新的电子服务项目的实施：全民宽带计划以及政府数据中心（GDC）的建立。全民宽带计划已经和通用接入基金会联合制定，其章程还设想通过创建无线覆盖的社区实现高速无线互联网接入。GDC 的建立旨在提供一系列的核心管理及增值服务，其中包括知识管理、数据存储、数据管理服务集中化，以及与商务信息、个人教育和相关娱乐消息的搜索等。

中小型企业及其发展

卡塔尔拥有发展良好的 ICT 战略来保护中小型企业（small-and medium-sized enterprises，SMEs）的利益。该战略是在充分分析了市场条件以及与利益相关者之间互动的基础上对商业环境提出的先进战略。这一战略最初的重点集中在提高中小型企业对 ICT 技术的附加值的认识以及教育上。在对教育的改革之后将进行对商业资源的提供、ICT 技术的应用以及中小型企业发展的计划。

在商业领域，新的企业发展计划包括 21 个项目。这些项目被分为两个阶段施行，截至 2010 年底完成。商业资源项目（the Business Resource program）的目的是通过改善企业现有的商务支持服务（会计、咨询、资讯科技融合以及法律服务）补贴体制以促进企业 ICT 技术的准备程度。商业应用项目（the Business Application program）提出关于具体的应用，可以称作"灯塔"项目。这些项目涵盖了整个商业活动的范畴，包括了针对更多的无形业务部分，诸如国家遗产。电子集市（e-Souq）是一种顾客可以自由选择的网络商店的形式，例如，顾客可以把卡塔尔国家遗产和现代化的电子商务应用融合。

企业发展计划的另一个关键，尤其是在第一个阶段，是中小型企业电子商务试点。作为计划的一个部分，卡塔尔将从中小型企业中选择一部分作为试点，通过一个 18 个月的计划来提高参与者的电子应用成熟度（e-maturity）。这些目标将通过培训、联合提供 ICT 技术相关的公司的合作伙伴集群服务（例如 IT 咨询和审计）以及经验丰富的 IT 专家指导来实现。这项计划的目标是展示 ICT 技术所能带来的显著利益，解决企业所有者和经理人普遍关注的问题，并利用丰富的经验建立一个中小型企业可持续的扶持结构。重要的是，这将促进 ICT 技术在商业领域中的应用，建立一个在中小型企业中与 ICT 技术相关的知识体系，并为下一阶段的发展做好广泛的宣传。

电子健康

卫生保健部门和政府共同合作，希望在卡塔尔建立一个不仅是最先进的基础设施，而且是一个最强有力的机构和制度，对卡塔尔各个阶层社会来说，在卫生保健这个重要部门，这一制度将成为电子服务发展的催化剂。

制定全面的国家电子健康战略的关键相关部门包括 ictQATAR、哈马德医疗公司（Hamad Medical Corporation）和国家卫生管理局。发展和推广电子保健卡的工作已经开始。电子健康记录将给患者和临床医生提供宝贵的和高效的医疗信息，医生能迅速了解患者的病史。他们将在几小时内得到检测结果，而不是几天。综合而安全的信息系统使得患者可以在任何时间、任何地点与他们的医疗团队安排见面时间，协调多个病人之间的照顾，并询问医生相关信息。

随后，战略的重点将会转移到提供在线的医疗保健服务和信息。制度的更新将增加卫生保健部门的改良效果。随着电子健康制度的成熟，相关部门将会努力加强对网络安全和患者隐私的保护，而且会在适当的时候在相关机构中共享诊断文件。

电子教育

卡塔尔的国家愿景的基础是政府承诺建立一个世界级的教育体系。教育是改善卡塔尔整个国家的经济竞争力和生活质量的核心驱动器。电子教育的目的是通过技术建立一个因材施教的、灵活的教育环境。一个技术发达的学习社会的设想是，家长、学生和老师及时获取信息，在师生沟通中超越时间和地域的限制，并且将研究和发展紧密地结合在一起。教室将变成一个连接家庭、学校和社会的全球的学习中心，使教育无论何时何地都能开展。

电子教育不限制学生的年龄。IctQATAR 通过技术向成年人提供继续深造学习的机会，使他们有能力找到工作，改变职业，甚至提高他们的技术水平。IctQATAR 通过与卡塔尔管理发展研究所（Qatar's Institute of Administration Development）的合作，将为政府人员提供超过 4000 个经济和 IT 技术的课程。可以通过一个单一的电子教育网站，繁忙的成年人无论是白天还是晚上都可以访问阿拉伯文、英文或者法文的教材。所有课程都是经过国际知名认证机构认证的。

在小学和中学教育中都可以见到最先进 ICT 技术。ictQatar 同卡塔尔的主要教育决策机构——最高教育委员会合作，倡议扩大基础设施和电子教育项目以支持改善教学和学习。这些项目包括：

● 知识网：一个连接家长、学生和老师三方的平台。知识网已经与 12 所学校合作，并且规模还将继续扩大。

● 电子书包：一个包含着符合国家总课程标准的科学、数学和英语的标准课程的平板电脑操作系统。

● 全球网关：是一个与英国文化协会（British Council）创建的一个平台，老师们可以通过该平台和世界上其他老师交流和分享他们的经验和想法。

● 电子学校模范点：通过选择几所学校来进行世界上最好的 ICT 教学作为模板，来激励其他学校采用类似的教学方法。

到 2010 年，卡塔尔的独立学校——政府建立的为推动创新和批判性思维的学校——将完全使用 ICT 技术，以加强和改善学生们的学习成果。

加强信息安全

对于卡塔尔来说，青少年和成年人互联网用户信息安全是一件绝对应优先考虑的事情。为了保护用户以及行业和政府的信息和系统，在 2005 年，ictQATAR 与美国卡内基梅隆大学软件工程学院（CERT 配位中心）合作建立了卡塔尔计算机紧急情况处理团队（Qatar Computer Emergency Response Team，Q-CERT）。Q-CERT 增加了信息安全方面的

内容，服务于公共机构和私人机构，包括普通大众。Q-CERT 前三年目标包括以下几点：

● 建立突发事件的反应能力；

● 在这一领域创建一个有监测能力的机构去检测行业的发展；

● 与相关组织合作建立和完善风险管理体系。

Q-CERT 不是外包供应商，其设想的不是公司简单地交出他们的安全计划给第三方，而是根据政府部门和组织的需要，提供安全活动的支持，加强国际标准和必要的国际编组支持。Q-CERT 的 30 名专家和私营的以及公共部门的组织一起合作，正在建设一个世界一流的信息安全功能和电子安全风险管理的系统。Q-CERT 保护电子数据未经授权不得访问、公开、破坏和修改。

由于信息安全问题不受国家边界的约束，Q-CERT 成为全球突发事件处理与安全小组的全球论坛成员（Forum of Incident Response and Security Teams，FIRST）。该组织促进世界各地的区域安全合作伙伴关系，以交流关于信息威胁和弱点的最新资料。

让孩子们了解网络威胁有可能破坏他们的电脑和窃取他们的隐私是很重要的。ictQATAR 和最高教育委员会合作，确保家长和从幼儿园到高中的孩子们都明白安全和网络道德的需要。

Q-CERT 关于企业和人民的教育的任务并没结束：它的许多任务之一是关注金融工作人员和银行之间的数据安全共享。另外，Q-CERT 还被委托建立一个信息恢复系统，以恢复那些被检举违法的信息。Q-CERT 的长期目标是建立一个信息安全的优秀的区域中心。

克服执行困难

在卡塔尔进行 ICT 技术改革的进程中将不可避免遇到挑战和困难。在很大程度上，卡塔尔的 ICT 技术迄今取得成功的原因之一是一直承认和面对挑战。这些制约因素远远没有这么简单：它们包括主要利益相关者的能力和准备程度、ICT 技术技能和能力缺乏以及独特的文化和社会规范，这些不一定欢迎变革。所有的这些挑战都有可能使得卡塔尔 ICT 进程发生偏离。在过去的几年里卡塔尔的经验表明，要战胜这些困难，就必须具备领导、勇气和

坚定的信念。

尽管 ictQATAR 的贡献卓越,但是变革执行时遇到的困难之一,就是围绕着 ictQATAR 作为监管者、领先者、主办方和 IT 项目的所有者的多重角色的问题。虽然在理论上是没有冲突的,但是实现起来并不是那么完美,有时与各部门之间的利益冲突就会浮出水面。此外,ictQATAR 作为主办方,却经常以一个培养者的身份成立一个项目组,然后委托给政府机构去执行。有时还会出现可持续性的问题。外部顾问的参与,使这个问题进一步复杂化。而且,在许多领域,市场太小,以致无法向私营企业开放授权大的投资,例如一些在大的国家里可能由地方政府承担的项目。

利益相关者的阻挠、能力以及准备

ICT 技术项目往往是在多个部门应用,成功与否取决于利益相关者在自己的部门或具体组织的执行能力和准备。而且,如果利益相关者的能力不够的话,则变革的阻力也许会很大。为了提供有效的 ICT 技术,ictQATAR 正在实施的关于主要利益相关者的参与活动的 ICT 技术政策和措施,以利益相关者的能力培养为优先事项。

● 正式的方法:许多改革机构不具备必要的技术、工具和流程,以有效地管理实现 ICT 技术所带来的变化。在大多数情况下,对于各级机构的管理人员来说,了解 ICT 技术战略、规划和实施——甚至是效益的实现——是不够的。这表现在许多部门不愿意去实施与 ictQATAR 早期共同设计的关于提高服务的倡议。ictQATAR 运用包括开展利益相关者能力建设在内的一些手段,来解决这个 ICT 技术总体规划的挑战。在战略层面,ictQATAR 创建了由专家协助,包括利益相关者的,以实现共同的战略利益和目标的联合工作组。IT 经理人培训和发展计划,可提高利益相关者的 ICT 知识。这是一种为不同能力水平的 ictQATAR 和利益相关者考虑和准备的灵活的学习模式。在一些实例中,ictQATAR 领导执行的与内部利益相关者的内部协调能力有所提高。

● 非正式的方法:因为卡塔尔人和居民没有得到充分的结社自由,所以直到近期,也只有少量的中介组织存活下来。直到一个为了鼓励开展社会组织的皇家法令授予的结社权的出现,这种局面才改变。有了这个新的合作方式的选择,ictQATAR 打

算通过积极参与市场决策来建立一个利益相关者的功能组织。通过专业的网络概念进行合作。例如,一个项目可能开始以"有关方面"的主题为导向的午餐会谈,探讨他们关于 ICT 技术的共同的兴趣。[②] 围绕一个越来越熟悉的"X ICT 主题的朋友(friends of ICT-topic X)"话题的"午餐圈"("lunch circle")可以很容易地在某一具体领域形成一个 ictQATAR 试点项目的基地。

人力资本的缺乏

技术吸收所面临的一个更大威胁是各个水平的 ICT 技术工人的缺乏。虽然卡塔尔并不是唯一的国家——实际上,在中东地区和世界面临着类似的短缺问题——但是卡塔尔的问题更为突出,包括以下几个方面的原因:

● 本地人口数量稀少;

● 卡塔尔比较迟才进入技术革命;

● 相对而言在某些地区人们的 ICT 技术教育水平落后;

● 经济繁荣主要依靠石油和天然气部门,因此这些部门更容易吸引人才。

推动实施 ICT 变革的能力以及持续不断的支持能力的缺乏,对卡塔尔想要获得高品质和高时效的成果造成了威胁。在技术技能层面,本地技工的缺乏是非常突出的,特别是在 IT 项目管理、业务流程管理和外包管理等领域。因此,政府和私营工业企业把注意力集中在大量外籍人员身上。这就带来了一些难题,外籍劳动力可能不适应本土的文化,以及没有本地劳动力强烈的抱负和心态。这也会影响一些项目的可持续性。

ictQATAR 及其利益相关者已经认识到这一挑战,并且已经向政府和其他部门倡议实施能力培养计划。一系列关于推动 IT 基本知识和应用技能的使用和服务的培训,将为政府和企业输送专业训练的 IT 决策者。ictQATAR 一直通过聘请拥有关键资源的专家与自己的员工一起工作来提高自身能力。每个项目的知识转让要求有正式的书面协议,以及使用创造性的方法来确保及时地吸引专家到来。

政府认识到继续在教育、科研和创新领域的自主建设的必要性。政府已经在最高教育委员会、教育部、教育城市和卡塔尔大学进行改革。这是教育部门的重整,目的是长期培养本土人才。私营企业

和一些政府机构为了满足自身的需求，已经把它们的长期需求告诉教育机构，希望教育机构能在本土发展这些课程。

思维方式和文化冲突

正如其他社会所经历过的一个技术革命一样，只有当卡塔尔的普通人民、上流阶层、政府以及其他团体的思维方式和态度发生剧烈改变，人们才能接受新技术以及不同的具有创造性的思维方式。虽然这种转变需要时间，但是卡塔尔的战略迄今已告知所有的利益相关者。

例如，电子教育计划不能强制老师在课堂上使用 ICT 技术。相反，这项计划促进拥护者和有远见的人对他们的学生产生影响，并作为其他教师的榜样。

在卡塔尔，互联网上许多不宜的信息是该技术的大规模运用所面临的困难。一些父母不允许他们的子女上互联网，父母和子女在技术方面存在着很大的差距。虽然父母们能保护他们的子女不受身体上的负面影响，但是当谈及互联网时，父母们却感到无助。因此，虽然许多电子教育方式在技术上和教学上有效，但是孩子们可能因为父母的顾虑而不会参与。为了解决成功采用技术的困难，卡塔尔为家长和教师们提供相关培训和电子安全项目。

当商业运作的安全平台出现极其罕见的失误时，将会使人们对技术和电子操作产生不信任。Q-CERT 正是在这种背景下产生的。特定的适用于高层管理人员、家长和商业的培训班和课程，可以提高电子安全。

尽管政府大力推行公众意识政策，但是老一辈的人也得向新一辈的人学习。例如，现在《古兰经》出现在互联网上。事实上，家长们和孩子们可以通过电子书籍阅读和学习宗教文献，以证明技术是如何改善他们的家庭。在许多家庭里，人们可以通过电脑的扬声器来收听《古兰经》。这在老一辈人是无法想象的。

新兴的最佳实践

如果没有领导和梦想的引领，任何事情都是无法成功的。这一直是一个影响 ICT 技术在卡塔尔取得成功的关键因素。这个构想来自对 ICT 技术将会大大改善卡塔尔人民的生活的坚定信念。虽然在过去的五年内，卡塔尔的经济以两位数的增长速度跳跃式增长，但是卡塔尔的领导人的目光却从来没有离开过 ICT 技术。

促进发展的工具

ICT 技术的成功，使得其越来越被看做是促进发展的工具，因此，这是一种 ICT 技术进入社会的方式。无论你处于何种地理位置，也无论年龄或能力，你都能使用 ICT 技术。ictQATAR 的主要利益相关者不仅是政府部门、关键的组织团体和企业，而且还包括所有人民——不论年龄、性别、职业和经济背景。当三年前对 ICT 技术进行全面改造时，政府的构想是，儿童应该获得与 ICT 技术所能带给世界上其他的新一代人的能力一样的能力。

尤其是在电子教育计划中，还有传统的服务不周的地方，例如学生们的特殊的需要。事实上，到 2008~2009 年度，将有技术能为视障、听障人士，以及诸如此类的学习有困难的人士服务。尽管家长们的反对意见和保留意见越来越多，但是，对家庭和社会这个整体来说，使用互联网和相关技术是有益的，而且也能使技术得到推广。"e 的承诺"作为一个全国的推广宣传活动，通过广告、利益相关者的宣传和媒体等手段，来展示技术如何造福于家庭、商务活动、教室、社会交往以及生活的各个方面。

本地接触

从一开始，ICT 战略就是使卡塔尔机构本土化。ictQATAR 承诺在长期内，会加强本土 ICT 人才的培养，并减少对外籍劳工的依赖。一个年轻的工程师队伍正在逐渐成形，以确保卡塔尔的 ICT 总体计划能长期持续发展。如意识/社区/环境（ACE）项目就包含一系列的长期宣传活动。这些活动的目的之一就是通过法律条文保护来解决 ICT 技术的普遍短缺问题。有计划把移民法律重点从基于国籍转向基于技术能力。还将开展一些集中宣传活动，例如，通过与商业银行合作开展一些活动，来促进电子银行服务的发展。

目前为止的 ICT 技术的实现都是承认和尊重卡塔尔社会特点的，如当地人民不会犯罪、完全信任和友好的态度。但技术的引进会使那些一直引以为荣并保护他们生活方式的公民之间产生一些焦虑。

实施重点

这些项目成功的原因之一就是在全国范围内全

面地发展 ICT 技术。虽然有一个联系机构——ictQATAR 全面监督技术改革运动，但是也有大量拥护者分布在政府、社会和企业，以促进和确保改革执行。在过去的几年里，强有力的体制结构，加上推动建设试点项目和示范中心，推动着 ICT 技术的执行。电子政府的上述措施已经向人们展示了一个新的政府形象。

项目的成功和连续性，确保其可以分阶段实施。在初期，作为一个相对较晚进入全球 ICT 进程的国家，卡塔尔大量快速地引进项目。但是卡塔尔很快就意识到，仅仅高速地执行计划对真正推动 ICT 技术发展的帮助并不大。相反，应该认识到把注意力集中在少数几个可以交付使用的项目上。试点项目已经启动，特别是在电子教育计划领域，现在他们准备开始使用成熟的电子模型对效果进行测量。这样，评估和决定哪些措施应得到充分的执行变得更容易了。

政府在制定衡量 ICT 技术进步进程的重要考察指标，同时也认识到这些指标也需要时间才能变得完善。例如，在 200 所学校内推行电子教育综合平台是一个相当大的挑战。为此，卡塔尔政府选择了 6 个试点学校，将使用成熟的电子模型测量这些学校的准备工作。这样，能更容易地找到实施过程政府扮演的角色。

开放学习

卡塔尔始终没有忘记它处于一个小型的、开放型经济地位。其领导人不断地学习其他许多国家 ICT 技术变革的经验，以实现本土的 ICT 变革。许多卡塔尔的领导高层曾在海外学习并且经常出国旅行。卡塔尔的领导人认识到 IT 技术是如何改变一些诸如印度、新加坡和中国等国家，并由此得出 IT 技术如何能改变卡塔尔。"世界是平的（the world is flat）"这一概念影响了卡塔尔的领导人。来自印度的经验特别有用，尤其是类似班加罗尔（Bangalore）等城市，如 Wipro 和 Infosys 等公司以及如印度技术学院等教育机构的例子。卡塔尔的长远目标是要成为一个优秀的信息技术的区域中心和知识型经济体。近来，卡塔尔加强了与新加坡资讯通信发展管理局（IDA）的密切合作。同时，考虑到独特的国家现状和情况，许多 ICT 项目都是为卡塔尔特别设计的。观察来自新加坡和韩国的最佳经验，ictQATAR 认识到这些经验最多也就只能作为参考。必须针对卡塔尔当地的特殊需求，设计出富有创意的、详细的计划和实施方案。

结论

所有这些影响长远的利益会使加卡塔尔发展成为一个先进的国家。卡塔尔的文化和资源已经很丰富了，现在正在尝试着充分利用世界上最尖端的先进技术。这些技术将使卡塔尔人民每天获取更多的知识以丰富他们的日常生活，加强社会服务以及建立一个连接功能强大并且效果显著的社区。③

对于卡塔尔来说，变革之路才刚刚开始。虽然起步较晚，但是卡塔尔已经成功地使自己标记在世界网络图上。重要的是，自从卡塔尔开始向 ICT 驱动的转型，它所吸取的经验，将会帮助那些已经认识到 ICT 技术在传播知识、促进发展和增加企业在 21 世纪的竞争力方面的优势的国家。

那么，我们能从卡塔尔的发展过程中吸取哪些重要的经验教训呢？目前为止最大的经验是政党和国家的领导人对改革成功与否将起到至关重要的作用。其他国家并不是没有类似的想法，也不是卡塔尔在改革之路上并没有真正面对严峻挑战。所不同的是，尽管遇到不少挑战、挫折、阻碍和限制，但是这个国家一心一意地奉献、拥有坚定的信念和勇气，稳步前进。

此外，卡塔尔通过国家财政的自由支持以及独特的卡塔尔 ICT 技术发展模式的概念的注入，来完成他们雄心勃勃的知识进程。后者对巩固广大民众的主人翁意识特别有效。尽管在短时期内还会有反对 ICT 技术普及的声音存在，但是当地大部分地区已成功地实现了改造工程。ictQATAR 是 ICT 技术在全国范围内普及的热情的拥护者，并始终以综合而全面的方法来推动 ICT 技术的实施。它成功地获得了与其他政府机构和部门的合作和支持。卡塔尔早就认识到了设立试点项目、测试和测量的有效性以及从一个地方出发扩大其范围的重要性。

愿意做出中期修改，拥有广泛的宣传活动，国民经济全球化的意愿以及对教育的重要性的认识，都为 ICT 技术成为国家议程的一部分添加了重要的砝码。

这是卡塔尔近期的政策，为卡塔尔向前迈进作出了不小的贡献。在这一切和勇往直前的精神的支持下，卡塔尔这个小国家，已经成为在 ICT 技术实施和发展的历史上的一个标志，并且成为其他国家在该地区和全世界发展的模型。

注释

① The ERU framework is inspired by the Networked Readiness Framework featured in the Report.

② The integration of sector–specific agenda–setters and power–brokers will the especially important in this context.

③ The Heir Apparent His Highness Sheikh Tamim Bin Hamad Al –Thani, Chairman, ictQATAR, Inaugural Launch Speech, May 2005.

参考文献

Dutta, S., A. De Meyer, A. Jain, and G. Richter. 2006. *The Information Society in an Enlarged Europe.* Berlin: Springer–Verlag.

Dutta, S., A. Lopez–Claros, and I. Mia, ads. 2006. *The Global Information Technology Report 2005~2006: Leveraging ICT for Development.* Hampshire: Palgrave Macmillan.

Dutta, S. and I. Mia, eds. *The Global Information Technology Report 2006~2007: Conneching to the Networked Economy.* Hampshire: Palgrave Macmillan.

Friedman, T. L. 2005. *The World Is Flat: A Brief History of the Twenty –First Century.* New York: Farrar, Straus and Giroux.

ictQatar. 2005. The National ICT Masterplan 2005~2008, ictQATAR.

Sheikh Tamim Bin Hamad Al –Thani, Heir Apparent, Chairman, ictQATAR. 2005. Inaugural Launch Speech, May.

2.3 章

中小型企业把握着欧洲竞争力的关键：如何帮助它们通过利用 ICT 和电子商务进行创新

达纳·埃莱夫泰里亚多（Dana Eleftheriadou），
欧盟委员会

在当今社会，ICT 是创新与竞争的最重要的推动力。现在已经有令人信服的证据证实 ICT 与提高生产率之间成正相关的关系。同样被广泛认识的是，这个论题要比增加在 ICT 领域里的投资要宽泛得多：确实，后者仅仅只有在有适当的组织变革、创新的电子商务模式[①] 以及技术性投资的情况下才能产生更高的生产率增长。这些都是对企业，特别是中小型企业的全球竞争力的关键因素。企业应该不仅仅在 ICT 的设备和基础设施上进行大规模投资，而更重要的是，企业应该以更明智的方式进行投资以有效地利用 ICT。企业应该毫不犹豫地对它们现在的经营方式和如何通过采用新的管理实践来创新进行深刻的反思，以充分利用 ICT 的巨大潜力。

这种需求是非常紧迫的，尤其是对构成欧洲经济很大一部分的欧洲中小企业：在这些中小企业中，有大概 2300 万家属于欧盟，提供了大约 7500 万个就业岗位，并且与欧洲 99% 的企业都有关联。中小型企业是欧洲工业的主要组成部分，主要因为它们为一些工业部门提供了达八成的就业岗位，比如纺织业、建筑业和家具业。中小型企业是与企业有关的技术、创新和创造力的主要源泉，而且它们对经济和社会的凝聚也有贡献。最近以来，中小型企业通过参与全球化生产和供应链已经逐步走向国际化的舞台了。

然而，中小型企业也会因为它们充分挖掘 ICT 潜力的能力有限而使它们成为经受困难最多的企业。最近的调查也显示出它们对 ICT 上的吸收还是太低。ICT 有着成为组织创新和结构改革的主要推动者的潜能，但是中小型企业通常会缺乏管理认识、知识和技术来充分发掘这一潜能。非常明显，在这个以新技术和创新发挥中心作用的竞争力与卓越的竞赛中，欧洲中小型企业一定不能落后。为此，世界上越来越多的政府都在寻求推进 ICT 和电子商务模式的发展机遇，并由此来增强它们的中小型企业的竞争力。作为回应，欧洲委员会和欧盟成员国为中小企业建立了电子商务支持网络（eBSN），并把它作为一个电子商务政策的协调平台，就如何刺激和支持小型企业在开发 ICT 上的努力交换意见。[②] eBSN 建立的目的在于提高公共中小型企业政策的有效性，并推进 ICT 的创新使用以及优秀实践的交流。它汇集了电子商务领域的决策者，让他们分享信息并讨论战略政策方向。

通过 eBSN，我们将目睹三种主要趋势的融合：

（1）中小型企业作为欧盟里斯本战略的主要执行者，其促进增长和就业的经济重要性会越来越重要，同时在这个新兴的全球化经济中，其作为国际化企业的潜力将与日俱增；

（2）ICT 和新的电子商务流程作为创新、生产率和加速竞争的主要推动力，其优点将凸显无疑；

（3）政府也将大力参与到刺激他们的企业，尤其是中小型企业，对 ICT、电子商务模式以及现代管理实践的吸收。

本章将提供证据对这三种趋势进行论述，并通过解决以下问题从决策者的角度对其做进一步阐述：

● 在一个日益全球化的经济环境中，ICT 和电子商务作为更快的经济增长和更广泛的就业推动力的潜力；

● 公共政策在推进当地中小型企业对 ICT 的创新使用中可能发挥的作用；

● 那些在这一领域里被认为是优秀实践的代表新的政策制定趋势的电子商务政策案例的辨识；

● 在施政纲领中关于推进中小型企业中电子商务实践的后续阶段。

欧盟和美国的生产力发展趋势

自 19 世纪 90 年代中期以来，美国的生产力增长速度就一直快于欧洲。美国的生产力在过去十年开始加速增长，从 1980~1994 年，年增长率由 1.6% 增长到 2.7%，然而在欧洲，生产力的年均增长率却从 2.3% 下降到 1.4%。因此可以说，美国的生产力增长经历了一个结构性的向上转型，而欧盟却是结构性的向下转型，导致这个差异的最主要原因就是 ICT。[3]

把 1995 年以后的时期和 20 世纪 90 年代早期进行比较可知，有近一半的美国工厂生产力都有加速提高，相比之下，在欧盟却只有 20% 的工厂。美国的加速增长大多数是由 ICT 的制造部门和服务部门推动的，尤其是批发和零售业务、银行业务以及其他的金融服务。结果，欧盟的劳动生产力增长速度在 1995 年还是美国的 96%，但到 2002 年却降到了美国的 92% 的水平。[4]

然而，旨在实现更快增长和更充分就业而复兴的里斯本战略看起来现在正在享受硕果。尽管当前会有一些问题，但绩效已经有了改善：欧洲同美国之间在劳动生产力上的差距在 2006 年缩小了。在 2006 年，欧盟的实际国内生产总值增加了 3.0%，这也是自从 2000 年以来的最大增幅。在过去的两年时间里，在那里创造出了接近 650 万个额外的岗位，而且预计将在 2007~2009 年再创造出 800 万个岗位。毫无疑问，里斯本改革已经增强了欧盟经济的增长潜力。

不过，还没到骄傲自满的时候。有分析指出，在全要素生产力方面双方仍有一定的差距，这是由无形的因素诸如技术程序或者组织创新所产生的生产率增长的一部分。[5] 这些证据都有力地表明，在欧洲的经济社会中广泛地应用 ICT 将会是带来生产力转机的关键因素。

ICT、创新和生产力

在现代社会，ICT 是创新、生产力和竞争的最大推动力。通过科技发展创新和市场模式的创新，ICT 为经济领域提供了巨大的创新可能性。ICT 可以完全改变市场程序和结构，使它们更加高效，并且提升综合竞争力。ICT 的影响非常广泛，因为它几乎正被经济领域的每个部门所应用，从农业、制造业到服务业以及政府部门。

有非常有趣的证据显示，在过去的十年时间里，ICT 是美国惊人的生产力增长的最大贡献者。通过对超过 50 次的调查研究进行总结回顾，研究者们发现，最初构想的生产力悖论已经被非常有效地反驳掉了。无论从企业还是政府的角度来说，更快的生产力增长都伴随着在 ICT 领域里更大的投资。[6]

从这个意义上讲，美国在 1995~2002 年的全要素增长有三分之二要归功于 ICT，而几乎美国所有的劳动生产率增长都是由 ICT 引起的。[7] 从 20 世纪 80 年代以后的数据来看，欧盟在 ICT 上的投资一直都比美国要低。比如，比较 2004 年的相对数字可以知道，美国在 ICT 上的投资达到其国内生产总值的 4.1%，而欧盟的平均水平还不到 2.5%。在 ICT 里的投资能够带来增长：在美国 3.4% 的 GDP 增长率中，有 0.8% 来自在 ICT 领域里的资本增长。在欧盟 15 国相对逊色得多的 2.1% 的国内生产总值增长率中，ICT 的资本贡献也达到了 0.5%。

比较三个技术最发达的地区，在 2005 年，欧洲的人均信息技术消费量大约是美国和日本的一半（依次是 634 欧元、1118 欧元和 999 欧元）。同年，在 IT 产业占 GDP 的比重上欧洲要明显低于日本和美国，分别是 GDP 的 2.76%、3.47% 和 3.28%。而且，就算同在欧洲，各个国家的情况也不尽相同。在欧洲国家中，IT 产业占 GDP 比重最高的国家是瑞典（3.85%），而希腊则是最低的（1.12%）。英国、法国和德国表现得要高于欧洲的平均水平（依次是 3.57%、3.11% 和 2.93%），同时，意大利和西班牙的排名在最后 5 名的位置上，其支出还不到这三个领先国家的一半。[8]

这个差距在 ICT 的投资中是很重要的。大量相关的分析和研究都证实，ICT 资本能够比其他的资本投资创造更大的生产力的提高。在 IT 产业里的加速投资所产生的生产力增长速度，是在其他类型的资本投资中能够产生的增长速度的 3 倍多。[9] 在计算技术里投入所带来的工人生产力的提高，是在其他方面投资带来的提高的 3~5 倍。[10] ICT 领域的资本回报率甚至是非 ICT 领域的 5~8 倍。[11]

然而，不仅仅是在 ICT 领域投资不足那么简单。欧盟除了在 ICT 里的投资（在 GDP 中所占份额）水平只有美国的一半，其在投资方面的开发还严重不足。美国的生产力增长主要是由 ICT 使用部门推动的，但是这些部门在欧洲却还没有被放在进行投资利用的位置上。通过最新的一些研究发现，[12] 在 20 世纪 90 年代的后半段时间里，欧盟在生产 ICT 的产品和服务中，由于 ICT 投资和技术进步带来的劳动生产率提高比例大概占到欧盟总劳动生产率增长的 40%，相比之下，美国的这一数字是 60%。

出现上边所述的情况，一个很可能的原因就是 ICT 的投资只有伴随着适合的组织变革、创新的电子商务模式和投资技巧才能带来更高的生产力增长。对于企业，尤其是中小型企业来说，这些都是应对国际化竞争的关键因素。那些在 ICT 领域里投资显著并且同时还对它们的营销实践进行数字化改造的企业将超越它们的竞争对手。企业不仅仅是简单地把电脑或者通信设备的电源线接上然后就可以实现服务质量或者效率提高。相反，它们通过一个组织重塑的进程来对它们的输出产品或服务做出大量的改变。[13]

这样一个思路正在逐步变成主流：97% 的市场主管相信，仅仅是技术并不能使他们公司的生产力上升到最高水平，必须还要伴随组织变革。[14] 一个对欧洲高级主管的调查显示，大多数主管都认为 ICT 有一个有利的影响，这有利影响不仅体现在生产力上（55%），还体现在工作安排（61%）、产品质量（38%）和顾客服务上（52%）。那些在 ICT 中投资更多的荷兰企业不仅享有更快的生产力增长，同时还能创造更多的创新的东西。[15] 在欧盟，有 32% 的公司都有创新报道，其中有一半的产品创新和四分之三的程序创新都由 ICT 引导。[16] 相对于仅仅是简单地通过使用 ICT 来使单个进程更有效率，这些次要的影响能够促使企业实现更加显著地增值。然而，这样的组织和程序的变化需要能力和应变力来创新。他们需要进行深刻的反思并彻底改革自己的经营策略，并因此可能在第一阶段变得具有破坏性、费时且昂贵。正如欧盟和美国在全要素生产力增长上的显著差距所暗示的那样（1995~2001 年，欧盟 0.46% 的年增长率对比美国 0.8% 的年增长率），[17] 在能充分实现 ICT 的好处的进程和组织变革方面，欧洲的企业一直都处于落后水平。全要素生产力的变化就是一个实现这样的业务重组和组织利益的措施。

欧洲需要制定政策以推动全要素生产力的增长，如旨在促进技术进步、创新举措和 ICT 的应用等，并进而带动数字化改造。

帮助中小型企业在全球化的时代取得成功

与此同时，全球化在最近几年已经开始进入欧盟政策议程的核心。里斯本战略是建立欧洲对全球化反应的自然基础，而欧盟也已经在塑造全球化方面取得了显著的成功。[18] 在主席乔斯·马努·巴罗佐（Jose Manuel Barroso）的声明中强调了集中在这个问题上的高度政治注意力："在 21 世纪，欧盟存在的理由是非常清晰的，就是要把欧洲装备成为一个全球化的世界。为了做到这一点，我们必须投资于人、增长和就业。……欧洲领导人现在需要做的就是维持远见和重塑雄心。"[19]

当然，在这个不断变化的环境当中，全球化对有关公共当局就如何帮助国民和企业来逐渐适应环境并取得成功提出了新的期望。欧洲的中小型企业被给予了特别关注，因为正如上面所述，它们构成了欧洲经济的很大一部分。中小型企业是创业技能的主要来源，其对促进经济和提高社会凝聚力也有帮助。最重要的是，中小型企业把握住了创新的关键，主要是因为它们的精益和柔性结构，这使得它们能够更容易承担风险并更快地适应不断变化的环境。此外，通过中小型企业在全球化生产和供应链中的参与，其在全球化中发挥的作用尤为引人注目。然而，由于中小型企业在充分开发 ICT 潜力上的有限，可能会使它们遭受最多困难。它们往往会缺乏对 ICT 的管理认识以及所需要的技能。但是，ICT 使得中小型企业有着巨大的潜力，即作为技术创新、商业模式、商业网络、知识转化和进入国际市场的推动者。

由于所有的这些原因，中小企业已经被放到了里斯本战略的议程高度上了。其目的就是充分挖掘中小企业在增长和就业方面的潜力，并充分利用它们的创新能力。在这种情况下，欧洲委员会将与中小企业及其代表合作，并将在 2008 年底为欧洲出台一个"小企业法"，以期能够支持中小企业在一个日益全球化的世界中获得广泛的成功。

中小型企业的电子商务解决方案市场

中小型企业与大型企业在 ICT 应用方面遵循不同的模式和推动力。中小型企业发展电子商务应用的主要推动力是竞争优势和市场份额，大公司则更倾向于注重供应商的期望和竞争对手的行为，以及顾客期望。这意味着中小企业需要具体的电子商务解决方案和服务，以满足它们的特殊需求。多年来中小企业面临的问题一直是，在市场上是否有现成的、费用低廉并简单易用的电子商务解决方案和服务来专门满足它们的需求。证据似乎是令人鼓舞的。对当前市场趋势的分析表明，中小企业市场正变得对电子商务解决方案提供商越来越重要了。[20]中小企业的市场广阔，而且具有高的增长潜力，目前增长快于大型企业。

起初，一些 ICT 提供商尝试了一个放之四海而皆准的解决方法，而不是注重中小企业的实际需求。分析表明，ICT 的供应商很快就意识到了中小企业市场的复杂性。他们认识到，要满足中小企业的需求，并不仅仅是简单地重新扩大规模和减少应用程序和包装的功能，更重要的是，需要一个新的综合方法来提供足够的并符合成本效益的解决办法，以制定出具体的技术支持并调整市场和网络营销策略。产品和解决方案的专业化、功能和渠道的集成化以及战略和内部结构的重组都在适应中小企业的具体特点。主要供给方的趋势表明，像甲骨文和思爱普这样的大型软件公司正是通过专门给中小企业部门提供发展支持从而正在实现对中小企业需求的满足。其他供应商，如微软和 IBM，都正越来越多地组织起来以提供全面综合的技术服务。

意识到中小企业在产品、销售和营销方法中的具体需求，ICT 供应商正在越来越多地调整其策略。一个关键因素就是接近和达到最多中小型企业数量的可能性。通常情况下，大型 IT 供应商通过两个不同的而非相互替代的营销渠道来决策：第一个是基于经销商和合作伙伴的实际接触；第二个则依赖于网络解决方案。

从历史上看，覆盖整个中小企业的电子商务市场是基于大型企业和它们的转销商网络之间的伙伴关系，以确保广泛的地域覆盖面和中小企业对充分知识的需求以及它们的有效支持。另一方面，在整个 IT 部门，特别是在中小型企业部门，正在开创一个"服务软件"（SAAS）方法，即提供和管理软件解决方案以作为网络服务。SAAS 供应商越来越重视它们的解决方案如何帮助客户简化业务流程，为业务流程的改进、预先构建的集成解决方案和综合的商业生态系统提供最好的实践指南，以促进社区关系。根据目标市场，它们正在开发量身定做的营销渠道和定价解决方案。

中小企业市场的竞争发生在各个不同的层次。它涉及现在的跨国公司和它们的经销商及合作伙伴，以及当地的小型供应商。通过确保供应和企业需求的有效匹配，并使那些最小的企业也能使用 ICT 的解决方案，这种竞争在市场上还是有着积极的影响的。而且，确保给中小企业提供合适的 ICT 产品和服务就一定意味着有一个很强大的推动力在推动他们的电子商务转型。

电子商务政策行动：将各个部分连接起来

会员国和委员会都已经认识到，在加强中小企业对 ICT 和电子商务的吸收方面存在挑战，而他们也已经在这个方向制定了相关政策。显然，会员国的政策协调可能会带来大大优于单独行动所能产生的好处。[21]同时，各国可以相互学习、共同努力和协调也能刺激行为驱动。最重要的是，由国家和区域的政策措施以及协调实施所产生的国际外溢效应，可能会创造效益，而这种效益是仅凭单方面追求这样的政策措施所不能产生的。例如，由会员国实现的研究和发展（R&D）目标所产生的 GDP 的增长潜力，大约有一半都是来自跨国界的知识溢出效应。而额外的好处则来自政策间的互补。

这便是委员会和会员国已经成立了中小型企业

的 eBSN 的原因，其目的就是为了改善公共中小企业政策的有效性。它是一个能够使现有的电子商务政策更加有效的工具，并且涉及来自 30 个欧洲国家的超过 200 项的公共政策或者公私伙伴关系。eBSN 支持政策分析和基准、塑造政策趋势、在国家政策之间产生协同作用并通过交换优秀实践激发新的电子商务政策。

eBSN 是由 eBSN 的指导小组指导的，而这个指导小组包括会员国的代表、候选国和欧洲经济区国家以及国际组织的专家。指导小组每年召开两次会议。此外，eBSN 的成员每年都组织 2~3 次专题研讨会，这些研讨会通常都是由得到欧洲委员会支持的成员国主持（即公共当局，通常是在任主席），讨论的主题都是由 eBSN 指导小组同意的。eBSN 研讨会为所有有兴趣的成员提供见面并相互交流有关不同的电子商务政策问题的经验和看法的机会。

针对中小企业的电子商务政策：观察和趋势

eBSN 是一个"政策情报"的首创，它遵循政策的发展并且确定新的政策趋势。自从 2003 年成立以来，它就一直在分析电子商务政策的发展，并在合适的时候在欧洲范围内制定政策措施。据 eBSN 观察，中小企业的电子商务政策已经经过了三个主要发展阶段：

在第一阶段，电子商务政策措施的主要目的是提高对 ICT 的一般认识，同时还倡导并共同资助基础 ICT 投资和互联网连接。这些政策措施的制定往往是针对"新经济"的市场揣测的大肆宣传，并且往往是在一个相当特别的基础之上。许多电子商务

措施的特点就是缺乏成立的理由或者对当地中小企业特殊需求的有记录的分析，同时还缺乏具体和可衡量的目标。一旦炒作平息，并且在"电子经济泡沫"破灭之后，许多国家政府又重新考虑并反思其措施，以实现更广泛的影响并对中小企业区别对待。在这种情况下，很明显，任何公共政策行为都应该建立在对本地中小企业实际需求的健全的评估之上，并且应该旨在应对这些具体的需求。事实上，电子商业观察证实，基本 ICT 的基础设施和网络接入已经不再被视为欧洲对电子商务吸收的主要障碍。互联网的出现已经明显减少了中小企业和大公司在知识和市场趋势上的差距。在 2005 年，有超过 90% 的中小企业将电脑接入互联网，同时，这些企业中有超过一半的宽带速度至少达到 200kb/s。当然，中小企业对电子商务的需求随着时间的推移不断发生变化，与此同时，政策措施也应该作出相应调整以保持专注和有效。

第一阶段的进程导致了第二阶段的电子商务政策，即刺激中小企业开发在 ICT 和电子商务中的创新潜力的政策手段。虽然对促进在线接入和 ICT 潜力的一般认识的措施将持续有效，尤其是在地方和区域各级，但越来越多的电子商务政策通过给中小企业提供专门的电子商务专家的手把手帮助，以寻找中小企业的具体需求。政策的主要想法就是让那些独立的电子商务顾问们仔细地看看一个企业的业务流程，其目的就是指出哪些组织创新可以被引进以通过 ICT 系统来消除低效率并改善生产力（见专栏 1）。几乎所有欧洲国家都赞同这一趋势，并且在国家、区域以及地方各级都已经开始开展了许多这种类型的行动。

专栏 1：政策案例：eAskel 计划的专家服务，芬兰

eAskel 计划是芬兰就业和经济发展中心提供给企业的"品牌专家服务"之一。eAskel 已经被作为一个公共的私营伙伴关系（PPP）来实施：这些服务由私营部门的顾问提供给中小企业，却是由公共部门来资助的。这一计划的目标是中小企业对 ICT 长远的、面向企业发展的利用。其旨在利用好信息技术及企业规划和商业活动发展的网络部分、发展工作方法和业务流程、发展 IT 业的长期投资计划以及寻找可以提供竞争优势和有利于商业活动的解决办法。

该计划提供的服务包含在 3.5 天（最长可达到 8.5 天）的咨询服务里，它可以协助中小企业管理发展执行电子商务的战略计划，以支持其业务战略。这一过程开始于对公司当前形势的分析及其整体商业目标。这导致了对最好的 ICT 发展战略的思考和定义，并最终导致了一项实施这一战略的行动计划的发展。该计划的正式提交是一个顾问报告的形式，它包括了对 ICT 实施的建议和一个行动计划，也就是一个如何重组内部业务流程以充分利用 ICT 的实际路线图。该行动计划必须由该公司自行

实施。

eAskel 带来了一个结果，就是公司管理能够有更好的准备来指引 ICT 战略的发展。

关键的经验教训如下：一个小公司的任何 ICT 观念只有在对整个商业背景和目标有全面的分析才能发展；必须包括公司管理；对高质量、独立顾问的选择是整体服务质量的一个关键因素。

资料来源：数据银行等，2006。

这些第二阶段电子商务行动已经为私人公司提供了非常具体和实际的帮助，并且帮助许多企业启动了数字化改造。没有这些措施，这些企业也就不会这么做了。根据对那一时期的许多电子商务政策的一个影响评估分析可知，[②] 这些措施的主要成果是：

● **对电子商务认识和 ICT 理解的提高**

所有分析过的政策措施都提高了认识水平和目标中小企业对 ICT 的理解。此外，基础设施的采用已经引导相关业务进入了一个电子化准备的阶段，这意味着在原则上这些企业现在已经准备好去面对是否联网的决定，如果决定联网又要到什么程度。另一个成果是对市场上可用的 ICT 服务有一个更好的理解以及更加独立于服务提供商的可能性。

● **对创业电子商务的理解**

涉及的公司确认这些政策措施已经有效地帮助它们提高了对电子商机的管理认识，思考今后可能要采取的步骤，以及使业务流程更加高效从而为未来的业务挑战做好准备。

● **从改善的商业合作伙伴关系中获得竞争优势**

电子商务的一个非常重要的影响就是有关于一个企业同商业合作伙伴的关系，包括供应商和顾客。这种关系可能会随着复杂程度的不同而发生，但是，即使是采用最基本的解决方案也可以带来与竞争和组织相关的优势，其中就包括吸引新顾客的可能性。可以认为，在网上与更先进的商业合作伙伴进行合作的能力加强了微型和中小型企业的竞争定位。每当供应链里起着主导作用的公司采用新的工作方式时，它们的业务合作伙伴都会与它们保持一致以求保持竞争力，而不会因该部门价值链的进一步发展而被排除在外。

在充分认识到这种政策计划的优点的同时，决策者也面临不断的挑战，那就是要跟上新发展的步伐并创建新机遇以适应新的现实。这些第二阶段的电子商务政策措施的评估与不断变化的环境相结合，提出了更深层次的思考，即如何在微观和宏观经济层面加强它们在欧洲经济中的机会和影响。一些会员国则已经意识到，如果政策将他们的目标从个人企业转向整个工业或者服务业，那么他们的政策行动在中小企业市场上的潜在影响将会更大。

这反过来又导致了第三阶段，即中小企业具体部门的电子商务政策。这些政策将更多的注意力放在了鼓励市场力量加快在具体业务部门由 ICT 带动变化的步伐，同时又鼓励少使用某些技术产品或者帮助某些公司。这种政策措施的目的是支持中小企业参与到国际数字供应链中去。

事实上，有巨大的价值被锁在公司和整个行业的价值链上。导致这个的原因主要就是明显缺乏高质量的、及时的和结构化的信息，同时还有由相互脱节和人工的纸质化进程导致的效率低下。大公司正在越来越多地精简并整合其业务流程。在供应链上的更低层次的小公司，通常超过一个行业或者服务部门，如果它们不能遵守其客户的技术要求也可以消除风险。为了维持它们的业务合作伙伴，小企业必须符合不同的数据处理架构、ICT 解决方案和每一个主要客户的标准，而这样又会形成一个成本高昂、费时、用户不友好并且效率低下的复杂的 ICT 系统。这样会直接导致竞争力的不足，而这反过来又会直接转移到整个价值网络，从而对区域或者国家经济造成不利影响。

根据最近的一项调查显示，[③] 在欧洲，国家和区域层次都在积极部署很多电子商务政策，其目的就是要通过为所有参与者创造一个双赢的环境和积极的整体效应来缩小这个数字鸿沟。近年来，一些欧盟成员国，包括法国、德国、意大利、葡萄牙和西班牙，都已经开始推出旨在促进内部和部门之间的电子商务交流的主动行动。

其中的一些举措的目的就是协调在一个部门的供应链中，不同环节的操作者之间的数据交流。如果有更多的公司可以基于共同的标准和程序的电子方式来进行数据交换，那么买家和卖家都可以获益 （见专栏 2）。

专栏 2：政策案例：2010 年法国中小企业 ICT 应用技术论坛（TIC-PME 2010）行动计划

法国财政经济工业部实施的 TIC-PME 2010 行动计划，其目标是实现中小企业在工业供应链上的一体化，而这通常是由大型企业所主导的。该计划支持法国经济的某些部门项目，其重点是在各部门内部和部门之间协调数据和交换模式，并以全球技术标准为基础，如电子商务全球化标准和 GS1。

该政策措施有三个主要目标：

● 支持属于同一部门的公司对公共 ICT 工具的实施和使用以建立“数字供应链”；
● 改善不同部门之间在开发的工具上的互操作性；
● 给本地的中小企业提供技术援助，支持组织变革并帮助它们将 ICT 融入到它们的内部流程以及与供应商和客户之间的信息交流中。

重点是对项目负责人的任命，即谁能够具有代表性并被参与一个项目的所有部门所认识。数据交换模型之间的协调需要价值链中的所有参与者达成共识，包括主承包商、原始设备制造商和分包商。

主要的预期成果是对数据交换模型的定义，包括在价值链上和在部门内部处理的业务流程的协调中。这应该使得为数据处理和交换指定一个稳定的架构成为可能。

预计到 2008 年，将有 2 万~3 万家中小企业将实现互通。目标是到 2010 年能达到 10 万家。如果可以做到这一点，并且一旦架构完成标准化，就应该更容易确定一个符合中小企业的需要和要求的软件解决方案。对中小企业而言，与 ICT 投资相关的风险将变得可以接受，因为这些风险是可以预期的。

这一计划的主要创新点在于它的跨部门方法。对客户和供应商关系的优化将公司的更广泛的生态系统也考虑在内：许多公司都与一些经济行为有关系。通常，层层排列的分包商尤其需要与来自不同部门的公司打交道。这个措施中跨部门方法的目的是缓和这些公司的需求，使得在处理来自不同客户的数据时能够采用不同的架构。

注：TIC 是法语对 ICT 的首字母缩略词；PME 是法律对 SME 的首字母缩略词。

资料来源：恩皮里卡咨询公司等，2007。

那些需要时间和足够资源的重大挑战，需要在这里进行阐述：新方案比起以前那些为提高认识的政策通常有更大的规模。包含被目标群体所广泛接受的利益相关者的优秀项目管理，是成功的一个关键因素。

建立一个有效的电子商务政策措施需要对企业文化有深入的认识，以及只有特定的业务部门才能提供的承诺。至关重要的是要能够对商业惯例做出必要的转变。整个部门的关注可以帮助创造决定性的群体：如果没有与整个行业或服务部门合作和结盟的话，单个公司进行创新的能力是非常有限的。

许多部门的具体措施都会涉及扩展跨境试点项目。在这里，商业模式和应用都会在现实生活条件中进行测试以展示电子商务的实际利益（见专栏 3）。

专栏 3：政策案例：建设交换 IT 联盟（CITAX），爱尔兰

CITAX，成立于 2006 年 7 月，旨在促进爱尔兰建造业的公司之间更有效的商业交易。目标是要规范在建设工程中所有参与者之间的实践交流——包括建筑师、设计师、制造商和建筑材料供应商以及 IT 供应商——和分配现有的可利用的 ICT 工具。

它的创新力量在于对其以五个独立而又相互协作的单元为基础的执行（设计、贸易、电子招标、项目合作以及计算机辅助测量）。每个模块都集中分析现有的业务流程和业务范围，强调在这些流程中的低效，计算相关的费用，重申在当前流程中的低效，并通过一个现场项目试验来展示在一个新环境下可以获得的好处。

资料来源：恩皮里卡咨询公司等，2007。

在中央管理控制着区域和地方部署的情况下，一些部门政策也会强调自上而下和自下而上两种方法的组合。中央协调提高了行动效率，避免了重复工作，促进了与国际利益相关者的合作（例如，在标准化方面），并提高了复制新方案的可能性。同时，自下而上的区域实施确保了与目标受益者的密切联系以及根据顾客的需求来提供服务（见专栏4）。

专栏4：政策案例：在纺织品和服装部门的数字区域，意大利

在纺织品和服装部门的数字区域（DDTA）的行动，是意大利南部信息社会发展的框架计划的一部分。其主要目标是通过对标准化低风险的开放式解决方案的使用，增强意大利纺织品和服装地区的竞争力，这需要在价值链的运作过程中有限的投资。

这项行动将中央管理与地方和区域执行结合起来。在中央一级，活动在为部门的ICT解决方案的标准化、定义和验证中开展。地方的执行在反映当地需求和使服务贴近目标受益人方面至关重要。DDTA的行动同时在中央和地方各级开展。

在中央的行动路线：

● 从现有的标准和国家或国际优秀的做法中选择对互操作性标准的定义和延伸。这些标准将在区域一级通过区域服务中心（DSCc）进行测试。

● 为纺织/服装部门（T/C）ICT解决方案的验证的试点项目，包括免费工具以及符合标准的方法的发展。

在区域一级的行动路线：

● 区域服务中心的设立：已经有五个区域服务中心在这些地方区域设立了，它们预计将提供援助、服务和应用程序，以适应在一个地区参与的中小企业的具体的和不同的需求。

● 在实施阶段为纺织/服装部门的中小企业提供培训和服务。

DDTA的创新之处就在于其结合自上而下和自下而上的方法的组织模式。该模型是基于中央（政府）在区域地区一级实施活动的协调。比如，中央协调可以提高在标准化领域的效率，并促进与国际利益相关者在该领域的合作。

在区域执行中的自下而上的方法可以确保与纺织/服装部门的中小企业有紧密的联系。所有行动，从免费工具的发展到服务以及提供培训，都符合其具体需要以及部门和各地区的文化和组织环境。

资料来源：恩皮里卡咨询公司等，2007。

在对中小企业的ICT投资中，相比同行里具体、充分并且可信的成功例子，可能就没有更好的诱因了。监测和评估其活动结果的新方案可以提供主要是积极影响的令人信服的证据。在几乎所有的情况下，电子商务都可以被视为ICT支持的工艺创新。因此，理解自己的业务流程，指出自己的低效并改善它们（节约成本或者提高服务质量）便是在大多数这样的新方案中关键的基本问题。

从这个意义上讲，在ICT支持的工艺创新中的投资必须是越来越合理的，其标准就是在可接受的时间框架内有显而易见的回报。在缺乏明确的指标来评估绩效改善的情况下，在这个创新的重要组成部分的投资将会滞后，结果便会导致明显的竞争力不足。因此，一个优秀的实践方面就是评估甚至衡量投资回报，并记录以后可以用作展示的项目结果。一些倡议报告指出，如果在对等的环境下交付，那么展示的效果将更加突出（见专栏5）。

专栏 5：政策案例：供应链物流指标，加拿大

该项目是由加拿大工业部（IC）在 2005 年 10 月发起的，其目标是为加拿大经济的六大重点工业部门确定主要的绩效指标，并为供应链效率的评估建立一个基准方法。

其目的是要为加拿大的公司开发一个可实际操作的工具，当在面对他们的供应链合作伙伴、竞争对手以及在加拿大境内和美国的公司和部门时，他们能以自己为基准。对这六大重点部门，每一个都需要撰写各自的供应链报告，其中包含一个以主要绩效指标为基础的关于部门供应链的经济模式。这些报告会经过审查并适应该行业的实际需要，随后，它们会被提交到各行业论坛并以电子形式通过 IT 和合作网站传播。在项目的下一阶段便是评估工具的开发。

5 万个中小企业已经下载了这个工具并且/或者通过他们的主要协会接受了这些报告。至少有 10 个渠道的拥有者（即为他们供应链上的所有成员设立条款和条件的大公司，有时候会包括强制使用新技术和新工艺）在同他们的加拿大和美国供应商的供应链管理中实施了绩效评价。

几个大公司都成功地采用了这种系统，并随后将其扩展到他们的外部供应链。加拿大两个最大的行业协会成为了积极的伙伴关系，这就在他们的成员中有力地推进了这一举措。

评估工具和基准数据以及在微观层面的分析，已经使管理人员在与加拿大公司供应链中的物流管理负责，以发展良好的商业案例，并为改善重要的商业惯例提供需要的内部投资。数据分析、趋势确定以及基准能够使公司评估相对改善并建立投资优先权。

在个别供应链上的看法的发展使行业内的公司能够看到在未来数年里更广泛的前景。此外，每个分部门所有的特点和细微差别都必须详细地记录下来，以此为建设合理正当的内部投资提供数据。

资料来源：恩皮里卡咨询公司等，2007。

这些措施大多都是最近和现在正在进行的，因此，目前不可能对该阶段进行事后的影响评估。然而，在最近的一项研究中发现，在设计和部署部门的具体政策时有一些有趣的最佳实践要素，它们都值得在这里引用：[24]

- 有效和专门的管理是关键。众多利益相关者的参与导致了组织上的问题，并且在超出任何个人和利益冲突下，迫使那些一贯强调的参与者双赢的需求出现。为了被相关的业务部门所了解和接受，这个政策的有效营销是关键。

- 与强大的部门行业协会的伙伴关系是工业推广活动的关键。在确定优先次序、建立沟通渠道、赞同结果并进一步推进该倡议的过程中，行业协会发挥着一个重要的作用。

- 对一个特定的业务部门来说，现场实验项目是一个展示电子商务真正好处的非常好的方法。这通常都要比研究成果更加令人信服。

- 对 ICT 产业的支持是至关重要的。在业务部门和 ICT 供应商之间建立广泛的伙伴关系可以确保技术的发展是最适合特殊部门的需要的。

与此同时，为了把这些政策措施放到同一个角度来看，并且将它们稳定在欧盟的水平，这些当前具体部门政策措施的扩散需要有效的政策协调。这就是委员会计划支持的行动的原因。即在 eBSN 的支持下，在欧洲范围内正在发生的一系列的有目的行动。这些行动的目标就是在欧洲或国际水平上，统一业务流程和数据交换的体系结构和标准（见专栏 6）。

专栏 6：欧盟委员会的反应：为欧洲单一市场的纺织／服装和鞋类部门的中小企业提供统一电子商务流程和数据交换

欧盟委员会发起了一个试点行动，其目的是在纺织/服装和制鞋工业内，按照欧洲或国际水平统一业务流程和数据交换的架构和标准——两个行业对欧洲经济都有至关重要的作用。这一举措始于 2008 年 1 月并将持续两年。这两个部门都有可能大大受益于 ICT 融合，以及在其价值网络中的电子商务解决方案和标准。重要的标准化工作已经商定并且已经由欧洲标准化组织（ESOs）批准通过。然而，这些标准的吸收和应用仍然还没有被开发出来，其主要原因就是在这些行业的大多数企业都缺乏人力和财力资源以及技能。

这一欧洲行动的目的是为了完成一个业务流程和数据交换标准的参考架构，其建立在现有标准化之上，并加入他们的一个在欧洲或者国际水平上的无缝体系结构。它的最终目标是要创造一个良好的环境，因此便可以刺激并使得中小企业能够参与到欧洲这两个高度以中小企业为基础的部门的价值链中去。

该参考架构将基于现有的标准化成就以及新的技术规范和过程，而且将在现有的存在差距的项目上发展。此外，参考架构应该以一个跨部门的协调方式发展，以能够处理部门间的

交易，同时还要考虑到各部门供应链网络的具体需要。为了在上述部门中证明可行性，并测试上述提到的为标准化的 B2B 电子交易的参考架构，将在当地和跨界水平上设立很多部门内和部门间的跨界试点或样本。对结果的理解和传播会通过行业协会的参与和乘数组织来预见，并且应该在地方和区域各级发生。

主要利益相关者（相关部门的代表——在整个价值链上的大公司和中小企业，还有标准化社区的专家）在该项目中的参与将通过相关行业确保其收益，甚至还有在试点行动结束之后其有效的实施。ESOs 在该项目某些阶段中的参与是至关重要的，以①确保一个清晰、公开、透明的程序使行业内人士之间达成广泛的共识；②正式批准；③在项目结束之后进一步保持并广泛宣传项目结果。

资料来源：欧盟委员会，工业总署。

然而，除了特殊部门的方法有相关优势，关于"支持中小企业部门电子商务政策"的研究也出现了特有的挑战，尤其是价值链上的典型的跨部门的特点。这将在下一节中提到。

新的挑战和未来的政策趋势：跨部门跨境的电子商务流程

具体部门的电子商务倡议有一个挑战，就是结构复杂的供应链，这对与不同行业打交道的公司来说更是如此。这就需要一个跨部门的方法并协调，尤其是当在有关的部门使用不同的系统或标准时。

最新颖的政策能够意识到对一个跨部门方法的需要。而在电子商务网络的倡议中，对价值链的行业特点的思考绝对是非常重要的，跨部门的需要应当被确定下来并且作为下一步来处理。

许多国家和区域的电子商务政策都开始着手推进这种横向的电子商务进程，比如像电子订货、电子发票、派遣咨询和电子支付等。第一个这样的倡议按照试点办法经过 eBSN 得到确认，其目的便是在试验中吸引尽可能多的中小企业，并通过使用这样的结构化电子数据交换来实现具体的经济利益（见专栏 7）。

专栏 7：政策案例：芬兰南卡累利阿的电子票据创新

南卡累利阿的电子商务票据倡议发起于 2004 年年初，是由许多地区的利益相关者在芬兰 Kareltek 技术中心（www.kareltek.fi）的协调下经办的，并作为一项长期的地区电子商务发展政策的一部分。这一政策侧重于帮助南卡累利阿的中小企业采用电子票据。这个应用程序被认为是可以为中小企业节省成本的相对容易实现的机遇。从长远来看，该倡议旨在使区

域业务越来越网络化。电子票据被视为是"杀手级的应用"，它将提高对更深入、更先进的电子商务应用的需求。

这项政策的一个创新特点就是，该地区的大公司以及公共部门都被视作"电子先锋"，这将促进向小公司传播技术。这些参与其中的电子先锋们已经同意与其区域的供应商们联系，主要是中小企业，并请他们以电子形式发

送票据。因此，由电子先锋增强的现有的市场压力，作为在地区中小企业中采用电子票据的主要催化剂。然而，压力之上也有积极的激励。在这方面，在各自应用中所花费的用于培训员工的经费已经被提供了。人们很快就发现，该计划的主要挑战是缺乏在技术的和契约的基础设施之间的互操作性，这证明还没有为在中小企业中如此广泛的采用电子票据做好准备。

然而，这并没有让该项目的实施者丧失信心。他们开展了一个长期而烦琐的进程来鼓励电子票据的基础设施和服务营运商，通过采用共同的标准，商定具体的步骤来改善他们之间电子商务票据传输的互操作性。为了使电子商务票据能够正常工作，有大量开创性的工作需要做以发展基础设施。一旦主要障碍被排除，这项倡议就能达到其实际目的：在中小企业中采用电子票据。在这里，给中小企业提供了两种形式的帮助来选择：要么是使用其网上银行的简单电子票据申请，或者是集成到公司的IT系统的电子票据申请。

这项倡议的影响被认为将是非常具体的。电子加工将使处理票据的平均总成本减半，由大约40欧元降至20欧元。据估计，在南卡累利阿每年会发出大约520万张票据。随着电子票据的普及率达到50%，每年总共可为区域经济节省5200万欧元。最后，通过使过程更加高效，电子票据将对企业的整体生产力产生积极的影响。

资料来源：数据银行等，2006。

其他国家，如瑞典、丹麦、斯洛文尼亚、奥地利和意大利，都已经采取了与专栏7中描述的芬兰电子票据类似的措施。不同国家的法律环境在支持或者阻碍电子票据的广泛扩散中起着重要作用。当然，公共部门起着重要的作用，此外，高层次的政策承诺对推进电子票据也很关键。例如，从2005年2月1日起，丹麦就成为了第一个在法律上强制在与公共管理相关的所有交易中使用电子票据。

这些政策措施的另一个关键问题就是，如何在过多的不同的电子票据标准和应用中确保互操作性。在技术方面和面临的挑战都是不容低估的，因为它是一个尚未广泛使用的相当新的应用程序。当电子票据在欧洲跨国规模上来考虑的时候，这个问题就变得更加重要。在跨国基础上的互操作性标准是一个需要解决的关键挑战（见专栏8）。

专栏8：政策案例：协调欧洲的跨部门业务流程：电子票据，欧盟

汇款和票据处理的产生，包括相关支付的协调，都是至关重要的。因此很明显，提高票据的性能将给广大的贸易实体带来好处。

票据作为一个过程，对现金流和任何交易组织的流动性来说都是非常重要的，在这一过程中即使是很小的效率上的提升也具有巨大的商业价值。这一价值的例子有改善资金运营、减少财务杠杆和更好的流动性。电子票据将企业的内部流程和支付系统联系起来。

特别是在很大程度上仍然使用着手工的、以纸张为基础的流程的中小企业部门，将受益于票据和内部流程自动化的非物质化。将这些组织电子化地与其各自的价值链连接起来，从整体上来看将大大有助于提高个人效率和欧洲供应链，这反过来又有助于推动里斯本议程。

在任何价值链中简化信息流量将减少低效率、提高稳定性并降低成本。随着欧洲逐渐采用单一欧元支付区（SEPA），将需要进行绝大多数企业对企业和企业对政府的支付的业务流程，这与这些流程有关看起来是符合逻辑的。

通过2007年10月31日的一个决议，委员会成立了电子票据的专家小组。其任务将是发现在欧盟和成员国各级电子票据的管制架构的缺点，以及确定电子票据的业务需求和数据元素。同时它另一任务就是，建议分配给标准化机构和一个具体工作的执行时间表的职责任务，即将在2009年年底完成欧洲电子票据框架，以及支持在欧洲以一个开放和兼容的方式提供电子票据服务的解决方案。

资料来源：欧盟委员会，见 http://ec.europa.eu/enterprise/ict/policy/standards/einvoicing_en.htm。

在跨部门电子商务进程中出现的作用表明，为了变得更加有效，具体部门的措施应该在部门内部的规模和跨部门的节点两个层面运作。在这方面，跨部门、跨国界的数据交换模式和业务流程的统一很可能会成为未来与ICT相关的问题的一个关键，并且会在未来数年内在政策议程上起到最重要的作用。

结论

ICT和电子商务模式在鼓励创新及提高生产力和竞争力中发挥着关键的作用。然而，欧洲中小企业对由ICT支持的创新和业务模式重组的巨大潜力仍然开发不足。因此，促进一体化以及欧洲中小企业对ICT的创新应用已经成为欧盟决策者的主要挑战。为了应对这一挑战，欧洲国家已经在过去几年里制定了有针对性的电子商务政策。

与其他的政策领域相似，很明显，只有通过联合起来共同努力，欧盟才能达到营造一个更具活力和友好的电子商务环境的目标。各成员国之间的政策协调会刺激行动并大幅提高其影响力。这就是eBSN的主要目标：相互学习、相互增援，并在整个欧洲协调电子商务政策措施。eBSN在传播国家和地区的电子商务政策经验、吸取的教训和最佳政府实践的知识上已经发挥了重要的作用。它持续不断地对政策趋势、基准、效率的确定、政策的协同效应的促进以及政策取向的形成进行分析。

然而，尽管在欧盟层次上的政策协调很关键并且可以提高个人主动性的效率，单个区域或者当地的部署却可以确保与目标中小企业保持更近的关系，因此便可以对他们的真正需求有更好的了解并且有更多的针对性服务。总之，为了达到里斯本目标，在欧盟，国家和区域的电子商务措施需要共同努力来为明显的欧洲行动做好准备。

注释

① E-business is the digitization of all business processes（both intra and inter-firm）over computer mediated networks（OECD）.

② See http://ec.europa.eu/enterprise/e-bsn/index_en.html.

③ Atkinson 2007b.

④ European Commission 2003b.

⑤ European Commission 2007b.

⑥ Dedrick et al. 2003.

⑦ OECD 2004.

⑧ E-business W@tch 2006.

⑨ Gilchrist et al. 2001.

⑩ Atkinson 2007a.

⑪ Atkinson 2007a.

⑫ European Commission 2003a.

⑬ Bresnahan et al. 2000.

⑭ Violino 2004.

⑮ Van Leeuwen and van der Wiel 2004.

⑯ E-business W@tch 2006.

⑰ Mason et al. 2004.

⑱ European Commission 2007c.

⑲ Press release by President Barroso（see European Commission 2007b）.

⑳ Fraunhofer IAO and FORMIT 2008.

㉑ European Commission 2007a.

㉒ Databank et al. 2006.

㉓ Empirica et al. 2007.

㉔ Empirica et al. 2007.

参考文献

Atkinson, R. D. 2007a. "Digital Prosperity: Understanding the Economic Benefits of the Information Technology Revolution," Report, March. The Information Technology and Innovation Foundation, Available at http://www.itif.org/files/digital_prosperity.pdf.

——.2007b. " Boosting European Prosperity through the widespread use of ICT." Report, November. The Information Technology and Innovation Foundation. Available at http://www.itif.org/files/EuropeanProductivity.pdf.

Bresnahan, T. F., E. Brynjolfsson, and L. M. Hitt. 2002. " Information Technology, Workplace Organization, and the Demand for Skilled Labor: Firm-Level Evidence," February, Quarterly Journal of Economics 117（1）: 339-76.

Databank, Empiria GmbH, and IDATE. 2006. *Assessment of the Impacts of Regional & National EBusiness Policies*, Study done for the European Commission. Available at http://ec.europa.eu/enterprise/e-bsn/publicationsandstudies/index_en.html.

Dedrick, J., V. Gurbaxani, and K. L. Kraemer. 2003. "Information Technology and Economic Performance: A Critical Review of the Empirical Evidence." ACM Computing Surveys 35（1）: 1-28.

E-Business W@tch. 2006. Chart Report. Available at http://www.ebusiness-watch.org.

Empiria GmbH, Databank, and IDATE. 2007. *Sectoral E-Business Policies in Support of SMEs: Innovative Approaches, Good Practices and Lessons to Be Learned.* Study done for the

European Commission. Available at http://ec.europa. eu/enterprise/e –bsn/publicationsand studies/documents/pdf/ebizpolicies_report.pdf.

——.ICT standardisation. Available at http://ec.europa. eu/enterprise/ict/policy/standards/einvoicing_en.htm.

——.2003a. *European Economy*: *2003 Review*. Available at http://ec.europa.eu/economy_finance/publication 7694_en.pdf.

——.2003b. *EU Productivity and Competitiveness*: *An Industry Perspective*: *Can Europe Resume the Catching Up Process*? Mary O'Mabony and Bart van Ark, eds., Enterpriss Publications. http://ec.europa.eu/enterprise/enterprise_policy/competitiveness/doc/eu_competitiveness_a_sectoral_perspective.pdf.

——.2007a. Communication from the Commission: "Raising Productivity Growth: Key Messages from the European.eu/enterprise/enterprise_policy/competitiveness/doc/compet_report_2007/comprep_2007_com_666.pdf.

——.2007b. President Barroso, Press release, October 3. Available at http://europa.eu/rapid/pressReleasesAction.do? reference =IP/07/1433&format =HTML&aged =0&language = EN&guiLanguage=en.

——.2007c. Communication from the Commission: "The European Interest: Succeeding in the Age of Globalisation," October 3. Available at http://ec.europa. eu/commission_barroso/president/pdf/COM2007_581_en.pdf

Fraunhofer IAO and FORMIT. 2008. "eBSN eBusiness Guide for SMEs: eBusiness Software and Services in the European MarKet." Study done for the European Commission. Final report, March. Brussels.

Gilchrist, S., V. Gurbaxani, and R. Town. 2001. "Productivity and the PC Revolution," April. Center for Ressearch on Information Technology and Organizations. Working Paper. Available at http://www.crito.uci.edu/itr/publications/pdf/prod_pc_revolution.pdf.

Hempell, T., G. van Leeuwen, and H. Henry van der Wiel. 2004. "ICT, Innovation and Business Performance in Services: Evidence for Germany and the Netherlands." ZEW Discussion Paper No. 04–06, Manheim, published as a chapter in OECD publication: *The Economic Impact of ICT*, *Measurement*, *Evidence and Implications*. Paris: OECD. 131–52. Available at ftp://zew.de/pub/zew–docs/dp/dp0406.pdf.

Mason, G., M, O'Mahoney, and B. van Ark, 2004. "The Policy Framework: Does the EU Need a Productivity Agenda?" *E.U. Productivity and Competitiveness*: *An Industry Perspective*, eds. M. O'Mahony and B. van Ark, Brussels: European Commission, 2004.

OECD (Organisation for Economic Co –operation and Development). 2004. *The Economic Impact of ICT*: *Measurement*, *Evidence*, *and Implications*. Paris: OECD.

Violino, B. 2004. "Productivity Gains: Quantity Plus Quality." *Optimize Magazine* 28 (February). Available at http://www.information week.com/management/showArticle.jhtml? articleID=18200222.

第三部分

国家/经济体概况

如何解读国家/经济体概况

下面是摘自《全球信息技术报告（2007~2008）》的 127 个经济体的概况。通过把信息分为以下几部分，展示了一个经济体 ICT 发展水平的全景：

①关键的宏观经济和 ICT 指标，如人口、人均国内生产总值（GDP）、每 100 名居民中的互联网用户数以及每 10000 名居民中的互联网带宽。①

②2007~2008 年度整体网络就绪度指数（NRI）的排名，这对信息和通信技术的整体竞争力有了一个即时的了解；如果某个经济体在 2005~2006 年度和 2006~2007 年度有过排名的话，就可以用此排名对比 2005~2006 年度的 NRI 和 2006~2007 年度的 NRI。还展示了世界经济论坛的全球竞争力指数（2007~2008）中的经济体排名。②

③三项构成子指数，每一指数包含一系列变量。经济体的详细排名可以对应到每一个纳入 NRI 研究中的变量。

阿尔巴尼亚

① 关键指标

2006 年人口（百万）	3.1
2006 年人均国内生产总值（购买力平价）（美元）	5727.4
2006 年每 100 名居民中互联网用户数	15
2005 年互联网带宽（兆比特/秒/10000 居民）	0.0

② 网络就绪度指数

年（经济体数）	排名
2007~2008（127）	**108**
2006~2007（122）	107
2005~2006（115）	106

③ 2007~2008（131）年度的全球竞争力指数 … 109

环境构成	115
市场环境	**92**
1.01 风险资本的可利用性, 2007	91
1.02 金融市场成熟度, 2007	119
1.03 新技术可用性, 2007	99
1.04 集群发展状况, 2007	67
1.05 实用性专利, *2006	86
1.06 高科技出口, *2005	86
1.07 政府监管负担, 2007	73
1.08 税收范围及影响, 2007	80
1.09 总体税率, *2007	70
1.10 创业所需时间, *2007	84
1.11 创业所需程序数目, *2007	74
1.12 当地竞争的激烈程度, 2007	121
1.13 新闻媒体自由度, 2007	80
1.14 数字内容的接入能力, 2007	121
政策和管制环境	**111**
2.01 立法主体的有效性, 2007	61
2.02 ICT 相关法律, 2007	112
2.03 司法独立性, 2007	115
2.04 知识产权保护, 2007	120
2.05 争端解决的法律框架的效率, 2007	114
2.06 财产权, 2007	120
2.07 ISP 部门竞争质量, 2007	111
2.08 执行合同的程序数量, *2007	75
2.09 执行合同所需时间, *2007	29
基础设施环境	**107**
3.01 电话线, *2005	81
3.02 安全的网络服务器, *2006	85
3.03 发电量, *2004	73
3.04 科学家与工程师的可利用性, 2007	108
3.05 科研机构质量, 2007	126
3.06 高等教育入学率, *2004	79
3.07 教育支出, *2005	94

就绪度构成	99
个人就绪度	**86**
4.01 数学和科学的教育质量, 2007	71
4.02 教育系统质量, 2007	86
4.03 校园互联网使用情况, 2007	117
4.04 买方成熟度, 2007	98
4.05 住宅电话连接费, *2004	96
4.06 住宅电话月租费, *2006	7
4.07 高速宽带月租费, *2006	88
4.08 宽带最低消费, *2006	82
4.09 移动电话使用费, *2005	84
企业就绪度	**119**
5.01 员工培训程度, 2007	98
5.02 当地研究和培训能力, 2007	123
5.03 管理学院质量, 2007	112
5.04 公司研发支出, 2007	126
5.05 高校与产业合作研究, 2007	113
5.06 企业电话连接费用 *	n/a
5.07 企业电话月租费, *2005	54
5.08 当地供应商质量, 2007	120
5.09 当地供应商数量, 2007	106
5.10 计算机、通信和其他服务进口, *2005	82
政府就绪度	**103**
6.01 政府对 ICT 重视程度, 2007	80
6.02 政府对高科技产品的采购, 2007	127
6.03 政府未来远景中 ICT 的重要性, 2007	96
6.04 电子政府就绪度指数, *2007	77

应用构成	116
个人应用	**82**
7.01 移动电话用户数, *2005	81
7.02 个人电脑数, *2005	100
7.03 宽带用户数, *2005	108
7.04 互联网用户数, *2006	67
7.05 互联网带宽, *2005	116
商业应用	**118**
8.01 外国技术牌照的流行度, 2007	88
8.02 公司层面技术引进, 2007	110
8.03 创新能力, 2007	127
8.04 电话专线的可用性, 2007	120
8.05 互联网商用程度, 2007	115
政府应用	**119**
9.01 政府在 ICT 推广方面所获得的成功, 2007	121
9.02 政府在线服务能力, 2007	122
9.03 ICT 应用和政府效率, 2007	126
9.04 政府办公中 ICT 的使用, 2007	55
9.05 电子参与指数, *2007	110

* 统计数据
注：需要更多的详细数据和解释，请参考本章开始的"如何阅读国家/经济体概况"部分。

这一信息指出了相对优秀和相对不足的重点领域，提供了一个对经济体信息和通信技术竞争力的快速理解。例如，环境构成指数中的风险资本可用性和集群发展状况这些变量的排名能够使读者确定对经济体业绩有贡献的关键参数。

从排名可以衍生推论出，一个经济体可以通过仔细观察其他经济体的相对表现来发展和壮大

自己。变量旁边的数字代表这篇报告结尾数据表的排名。

注释

①Sources for population include the UNFPA's *State of World Population 2006*, the UN Department of Economic and Social Affairs' *Population Division Database*（June 2007）, and national sources. GDP figures were obtained from the IMF *World Economic Outlook Database*（April and September 2007 editions）. Data on Internet users and bandwidth are from the International Telecommunication Union's *World Telecommunication Indicators 2007* and from national sources.

②See World Economic Forum, *The Global Competitiveness Report 2007 - 2008*. Hampshire: Palgrave Macmillan.

153

国家／经济体名单

阿尔巴尼亚

关键指标

2006 年人口（百万）· 3.1
2006 年人均国内生产总值（购买力平价）（美元）· · · · · · 5727.4
2006 年每 100 名居民中互联网用户数 · · · · · · · · · · · · · 15.0
2005 年互联网带宽（兆比特/秒/10000 居民）· · · · · · · · · 0.0

网络就绪度指数

年（经济体数）	排名
2007~2008（127） · · · · · · · · · · · · · · · · ·	**108**
2006~2007（122）· · · · · · · · · · · · · · · · · · · ·	107
2005~2006（115）· · · · · · · · · · · · · · · · · · · ·	106

2007~2008（131）年度的全球竞争力指数 · · · · · · · · · · · · 109

环境构成	115
市场环境	**106**
1.01 风险资本的可利用性，2007 · · · · · · · · · · · · ·	91
1.02 金融市场成熟度，2007 · · · · · · · · · · · · · · · ·	119
1.03 新技术可用性，2007 · · · · · · · · · · · · · · · · ·	99
1.04 集群发展状况，2007 · · · · · · · · · · · · · · · · ·	67
1.05 实用性专利，*2006 · · · · · · · · · · · · · · · · · ·	86
1.06 高科技出口，*2005 · · · · · · · · · · · · · · · · · ·	86
1.07 政府监管负担，2007 · · · · · · · · · · · · · · · · ·	73
1.08 税收范围及影响，2007 · · · · · · · · · · · · · · · ·	80
1.09 总体税率，*2007 · · · · · · · · · · · · · · · · · · ·	70
1.10 创业所需时间，*2007 · · · · · · · · · · · · · · · · ·	84
1.11 创业所需程序数目，*2007 · · · · · · · · · · · · · · ·	74
1.12 当地竞争的激烈程度，2007 · · · · · · · · · · · · · ·	121
1.13 新闻媒体自由度，2007 · · · · · · · · · · · · · · · ·	80
1.14 数字内容的接入能力，2007 · · · · · · · · · · · · · ·	121
政策和管制环境	**111**
2.01 立法主体的有效性，2007 · · · · · · · · · · · · · · ·	61
2.02 ICT 相关法律，2007 · · · · · · · · · · · · · · · · ·	112
2.03 司法独立性，2007 · · · · · · · · · · · · · · · · · ·	115
2.04 知识产权保护，2007 · · · · · · · · · · · · · · · · ·	120
2.05 法律框架的效率，2007 · · · · · · · · · · · · · · · ·	114
2.06 财产权，2007 ·	120
2.07 ISP 部门竞争质量，2007 · · · · · · · · · · · · · · ·	111
2.08 执行合同的程序数量，*2007 · · · · · · · · · · · · ·	75
2.09 执行合同所需时间，*2007 · · · · · · · · · · · · · ·	29
基础设施环境	**107**
3.01 电话线，*2005 ·	81
3.02 安全的网络服务器，*2006 · · · · · · · · · · · · · ·	85
3.03 发电量，*2004 ·	73
3.04 科学家与工程师的可利用性，2007 · · · · · · · · · ·	108
3.05 科研机构质量，2007 · · · · · · · · · · · · · · · · ·	126
3.06 高等教育入学率，*2004 · · · · · · · · · · · · · · · ·	79
3.07 教育支出，*2005 · · · · · · · · · · · · · · · · · · ·	94

就绪度构成	99
个人就绪度	**86**
4.01 数学和科学的教育质量，2007 · · · · · · · · · · · · ·	71
4.02 教育系统质量，2007 · · · · · · · · · · · · · · · · ·	86
4.03 校园互联网使用情况，2007 · · · · · · · · · · · · · ·	117
4.04 买方成熟度，2007 · · · · · · · · · · · · · · · · · ·	98
4.05 住宅电话连接费，*2004 · · · · · · · · · · · · · · · ·	96
4.06 住宅电话月租费，*2005 · · · · · · · · · · · · · · · ·	7
4.07 高速宽带月租费，*2006 · · · · · · · · · · · · · · · ·	88
4.08 宽带最低消费，*2006 · · · · · · · · · · · · · · · · ·	82
4.09 移动电话费用，*2005 · · · · · · · · · · · · · · · · ·	84
企业就绪度	**119**
5.01 员工培训程度，2007 · · · · · · · · · · · · · · · · ·	98
5.02 当地研究和培训能力，2007 · · · · · · · · · · · · · ·	123
5.03 管理学院质量，2007 · · · · · · · · · · · · · · · · ·	112
5.04 公司研发支出，2007 · · · · · · · · · · · · · · · · ·	126
5.05 高校与产业合作研究，2007 · · · · · · · · · · · · · ·	127
5.06 企业电话连接费用 * · · · · · · · · · · · · · · · · · ·	n/a
5.07 企业电话月租费，*2005 · · · · · · · · · · · · · · · ·	54
5.08 当地供应商质量，2007 · · · · · · · · · · · · · · · ·	120
5.09 当地供应商数量，2007 · · · · · · · · · · · · · · · ·	106
5.10 计算机、通信和其他服务进口，*2005 · · · · · · · · ·	82
政府就绪度	**103**
6.01 政府对 ICT 重视程度，2007 · · · · · · · · · · · · ·	80
6.02 政府对高科技产品的采购，2007 · · · · · · · · · · · ·	127
6.03 政府未来愿景中 ICT 的重要性，2007 · · · · · · · · ·	95
6.04 电子政务就绪度指数，*2007 · · · · · · · · · · · · ·	77

应用构成	116
个人应用	**82**
7.01 移动电话用户数，*2005 · · · · · · · · · · · · · · · ·	81
7.02 个人电脑数，*2005 · · · · · · · · · · · · · · · · · ·	100
7.03 宽带用户数，*2005 · · · · · · · · · · · · · · · · · ·	108
7.04 互联网用户数，*2006 · · · · · · · · · · · · · · · · ·	67
7.05 互联网带宽，*2005 · · · · · · · · · · · · · · · · · ·	116
商业应用	**118**
8.01 外国技术牌照的流行度，2007 · · · · · · · · · · · · ·	88
8.02 公司层面技术引进，2007 · · · · · · · · · · · · · · ·	110
8.03 创新能力，2007 · · · · · · · · · · · · · · · · · · ·	127
8.04 新电话线的可用性，2007 · · · · · · · · · · · · · · ·	120
8.05 互联网商用程度，2007 · · · · · · · · · · · · · · · ·	115
政府应用	**119**
9.01 政府在 ICT 推广方面所获得的成功，2007 · · · · · · ·	121
9.02 政府在线服务能力，2007 · · · · · · · · · · · · · · ·	122
9.03 ICT 应用和政府效率，2007 · · · · · · · · · · · · · ·	126
9.04 政府办公中 ICT 的使用，2007 · · · · · · · · · · · · ·	55
9.05 电子参与指数，*2007 · · · · · · · · · · · · · · · · ·	110

注：* 统计数据。

需要更多的详细数据和解释，请参考本章开始的"如何阅读国家/经济体概况"部分。

阿尔及利亚

关键指标

2006 年人口 （百万） ·· 33.4
2006 年人均国内生产总值（购买力平价）（美元）····· 7746.9
2006 年每 100 名居民中互联网用户数 ·················· 7.4
2005 年互联网带宽（兆比特/秒/10000 居民）············ 0.0

网络就绪度指数

年（经济体数）   排名

2007~2008 （127） ······························· **88**
2006~2007 （122） ································· 80
2005~2006 （115） ································· 87

2007~2008 （131）年度的全球竞争力指数 ············· 81

环境构成	97
市场环境	**117**
1.01 风险资本的可利用性，2007	106
1.02 金融市场成熟度，2007	123
1.03 新技术可用性，2007	106
1.04 集群发展状况，2007	108
1.05 实用性专利，*2006	83
1.06 高科技出口，*2004	106
1.07 政府监管负担，2007	85
1.08 税收范围及影响，2007	41
1.09 总体税率，*2007	111
1.10 创业所需时间，*2007	50
1.11 创业所需程序数目，*2007	112
1.12 当地竞争的激烈程度，2007	94
1.13 新闻媒体自由度，2007	87
1.14 数字内容的接入能力，2007	107
政策和管制环境	**96**
2.01 立法主体的有效性，2007	83
2.02 ICT 相关法律，2007	105
2.03 司法独立性，2007	70
2.04 知识产权保护，2007	94
2.05 法律框架的效率，2007	54
2.06 财产权，2007	73
2.07 ISP 部门竞争质量，2007	92
2.08 执行合同的程序数量，*2007	114
2.09 执行合同所需时间，*2007	86
基础设施环境	**80**
3.01 电话线，*2006	90
3.02 安全的网络服务器，*2006	101
3.03 发电量，*2004	83
3.04 科学家与工程师的数量，2007	25
3.05 科学家与工程师的可利用性，2007	91
3.06 高等教育入学率，*2005	76
3.07 教育支出，*2005	47

就绪度构成	83
个人就绪度	**81**
4.01 数学和科学的教育质量，2007	82
4.02 教育系统质量，2007	100
4.03 校园互联网使用情况，2007	93
4.04 买方成熟度，2007	77
4.05 住宅电话连接费，*2006	68
4.06 住宅电话月租费，*2006	36
4.07 高速宽带月租费，*2006	93
4.08 宽带最低消费，*2006	96
4.09 移动电话费用，*2006	49
企业就绪度	**86**
5.01 员工培训程度，2007	110
5.02 当地研究和培训能力，2007	102
5.03 管理学院质量，2007	99
5.04 公司研发支出，2007	89
5.05 高校与产业合作研究，2007	110
5.06 企业电话连接费用，*2006	60
5.07 企业电话月租费，*2006	28
5.08 当地供应商质量，2007	117
5.09 当地供应商数量，2007	98
5.10 计算机、通信和其他服务进口 *	n/a
政府就绪度	**74**
6.01 政府对 ICT 重视程度，2007	49
6.02 政府对高科技产品的采购，2007	68
6.03 政府未来愿景中 ICT 的重要性，2007	61
6.04 电子政务就绪度指数，*2007	97

157

应用构成	97
个人应用	**79**
7.01 移动电话用户数，*2006	68
7.02 个人电脑数，*2005	112
7.03 宽带用户数，*2005	74
7.04 互联网用户数，*2006	92
7.05 互联网带宽，*2005	111
商业应用	**108**
8.01 外国技术牌照的流行度，2007	103
8.02 公司层面技术引进，2007	96
8.03 创新能力，2007	123
8.04 新电话线的可用性，2007	75
8.05 互联网商用程度，2007	126
政府应用	**96**
9.01 政府在 ICT 推广方面所获得的成功，2007	47
9.02 政府在线服务能力，2007	111
9.03 CT 应用和政府效率，2007	92
9.04 政府办公中 ICT 的使用，2007	66
9.05 电子参与指数，*2007	110

注：* 统计数据。
需要更多的详细数据和解释，请参考本章开始的"如何阅读国家/经济体概况"部分。

阿根廷

关键指标

2006 年人口 （百万） ····················· 39.1
2006 年人均国内生产总值（购买力平价）（美元）······ 16080.5
2006 年每 100 名居民中互联网用户数 ··········· 20.9
2006 年互联网带宽（兆比特/秒/10000 居民）·········· 6.9

网络就绪度指数

年（经济体数）	排名
2007~2008 （127） ························	**77**
2006~2007 （122） ························	63
2005~2006 （115） ························	71

2007~2008 （131） 年度的全球竞争力指数 ·········	85

环境构成 — 92

市场环境 — 118

1.01 风险资本的可利用性，2007	81
1.02 金融市场成熟度，2007	74
1.03 新技术可用性，2007	85
1.04 集群发展状况，2007	62
1.05 实用性专利，*2006	46
1.06 高科技出口，*2005	60
1.07 政府监管负担，2007	113
1.08 税收范围及影响，2007	125
1.09 总体税率，*2007	119
1.10 创业所需时间，*2007	68
1.11 创业所需程序数目，*2007	112
1.12 当地竞争的激烈程度，2007	107
1.13 新闻媒体自由度，2007	114
1.14 数字内容的接入能力，2007	60

政策和管制环境 — 115

2.01 立法主体的有效性，2007	124
2.02 ICT 相关法律，2007	96
2.03 司法独立性，2007	119
2.04 知识产权保护，2007	99
2.05 法律框架的效率，2007	121
2.06 财产权，2007	124
2.07 ISP 部门竞争质量，2007	71
2.08 执行合同的程序数量，*2007	53
2.09 执行合同所需时间，*2007	75

基础设施环境 — 49

3.01 电话线，*2006	54
3.02 安全的网络服务器，*2006	58
3.03 发电量，*2004	62
3.04 科学家与工程师的可利用性，2007	75
3.05 科研机构质量，2007	85
3.06 高等教育入学率，*2004	21
3.07 教育支出，*2005	64

就绪度构成 — 74

个人就绪度 — 66

4.01 数学和科学的教育质量，2007	92
4.02 教育系统质量，2007	102
4.03 校园互联网使用情况，2007	83
4.04 买方成熟度，2007	61
4.05 住宅电话连接费，*2005	65
4.06 住宅电话月租费，*2005	52
4.07 高速宽带月租费，*2006	37
4.08 宽带最低消费，*2006	44
4.09 移动电话费用，*2006	50

企业就绪度 — 51

5.01 员工培训程度，2007	74
5.02 当地研究和培训能力，2007	45
5.03 管理学院质量，2007	30
5.04 公司研发支出，2007	85
5.05 高校与产业合作研究，2007	78
5.06 企业电话连接费用，*2005	57
5.07 企业电话月租费，*2005	58
5.08 当地供应商质量，2007	68
5.09 当地供应商数量，2007	63
5.10 计算机、通信和其他服务进口，*2005	55

政府就绪度 — 106

6.01 政府对 ICT 重视程度，2007	119
6.02 政府对高科技产品的采购，2007	111
6.03 政府未来愿景中 ICT 的重要性，2007	120
6.04 电子政务就绪度指数，*2007	39

应用构成 — 67

个人应用 — 51

7.01 移动电话用户数，*2006	47
7.02 个人电脑数，*2005	62
7.03 宽带用户数，*2006	47
7.04 互联网用户数，*2006	55
7.05 互联网带宽，*2006	43

商业应用 — 82

8.01 外国技术牌照的流行度，2007	81
8.02 公司层面技术引进，2007	97
8.03 创新能力，2007	80
8.04 新电话线的可用性，2007	72
8.05 互联网商用程度，2007	73

政府应用 — 76

9.01 政府在 ICT 推广方面所获得的成功，2007	119
9.02 政府在线服务能力，2007	59
9.03 ICT 应用和政府效率，2007	84
9.04 政府办公中 ICT 的使用，2007	110
9.05 电子参与指数，*2007	22

注：* 统计数据。

需要更多的详细数据和解释，请参考本章开始的"如何阅读国家/经济体概况"部分。

亚美尼亚

关键指标

2006 年人口（百万）‥‥‥‥‥‥‥‥‥‥‥‥‥‥‥‥ 3.0
2006 年人均国内生产总值（购买力平价）（美元）‥‥‥‥ 5176.8
2006 年每 100 名居民中互联网用户数 ‥‥‥‥‥‥‥‥‥ 5.7
2004 年互联网带宽（兆比特/秒/10000 居民）‥‥‥‥‥‥ 0.1

网络就绪度指数

年（经济体数）	排名
2007~2008（127）‥‥‥‥‥‥‥‥‥	**106**
2006~2007（122）‥‥‥‥‥‥‥‥‥	96
2005~2006（115）‥‥‥‥‥‥‥‥‥	86
2007~2008（131）年度的全球竞争力指数 ‥‥‥‥‥‥	93

环境构成	100
市场环境	**102**
1.01 风险资本的可利用性，2007	120
1.02 金融市场成熟度，2007	109
1.03 新技术可用性，2007	110
1.04 集群发展状况，2007	114
1.05 实用性专利，*2006	52
1.06 高科技出口，*2005	81
1.07 政府监管负担，2007	76
1.08 税收范围及影响，2007	70
1.09 总体税率，*2007	37
1.10 创业所需时间，*2007	38
1.11 创业所需程序数目，*2007	58
1.12 当地竞争的激烈程度，2007	122
1.13 新闻媒体自由度，2007	117
1.14 数字内容的接入能力，2007	104
政策和管制环境	**107**
2.01 立法主体的有效性，2007	92
2.02 ICT 相关法律，2007	93
2.03 司法独立性，2007	116
2.04 知识产权保护，2007	106
2.05 法律框架的效率，2007	101
2.06 财产权，2007	68
2.07 ISP 部门竞争质量，2007	121
2.08 执行合同的程序数量，*2007	117
2.09 执行合同所需时间，*2007	14
基础设施环境	**81**
3.01 电话线，*2005	61
3.02 安全的网络服务器，*2006	78
3.03 发电量，*2004	69
3.04 科学家与工程师的可利用性，2007	57
3.05 科研机构质量，2007	81
3.06 高等教育入学率，*2005	70
3.07 教育支出，*2005	87

就绪度构成	103
个人就绪度	**101**
4.01 数学和科学的教育质量，2007	62
4.02 教育系统质量，2007	91
4.03 校园互联网使用情况，2007	104
4.04 买方成熟度，2007	92
4.05 住宅电话连接费，*2005	76
4.06 住宅电话月租费，*2005	63
4.07 高速宽带月租费，*2006	102
4.08 宽带最低消费，*2006	106
4.09 移动电话费用，*2005	72
企业就绪度	**101**
5.01 员工培训程度，2007	111
5.02 当地研究和培训能力，2007	108
5.03 管理学院质量，2007	118
5.04 公司研发支出，2007	107
5.05 高校与产业合作研究，2007	101
5.06 企业电话连接费用，*2005	71
5.07 企业电话月租费，*2005	84
5.08 当地供应商质量，2007	111
5.09 当地供应商数量，2007	107
5.10 计算机、通信和其他服务进口，*2005	104
政府就绪度	**107**
6.01 政府对 ICT 重视程度，2007	106
6.02 政府对高科技产品的采购，2007	109
6.03 政府未来愿景中 ICT 的重要性，2007	107
6.04 电子政务就绪度指数，*2007	88

应用构成	112
个人应用	**106**
7.01 移动电话用户数，*2005	116
7.02 个人电脑数，*2005	59
7.03 宽带用户数，*2005	98
7.04 互联网用户数，*2006	97
7.05 互联网带宽，*2004	102
商业应用	**103**
8.01 外国技术牌照的流行度，2007	112
8.02 公司层面技术引进，2007	80
8.03 创新能力，2007	71
8.04 新电话线的可用性，2007	111
8.05 互联网商用程度，2007	109
政府应用	**111**
9.01 政府在 ICT 推广方面所获得的成功，2007	109
9.02 政府在线服务能力，2007	120
9.03 ICT 应用和政府效率，2007	114
9.04 政府办公中 ICT 的使用，2007	83
9.05 电子参与指数，*2007	100

159

注：* 统计数据。
需要更多的详细数据和解释，请参考本章开始的"如何阅读国家/经济体概况"部分。

澳大利亚

关键指标

2006 年人口（百万） ·············· 20.4
2006 年人均国内生产总值（购买力平价）（美元） ······ 33036.6
2006 年每 100 名居民中互联网用户数 ·············· 75.1
2006 年互联网带宽（兆比特/秒/10000 居民） ·············· 117.6

网络就绪度指数

年（经济体数）		排名
2007~2008（127） ··············		**14**
2006~2007（122）		15
2005~2006（115）		15

2007~2008（131）年度的全球竞争力指数 ·············· 19

环境构成 — 12

市场环境	21
1.01 风险资本的可利用性，2007 ··············	13
1.02 金融市场成熟度，2007 ··············	8
1.03 新技术可用性，2007 ··············	19
1.04 集群发展状况，2007 ··············	48
1.05 实用性专利，*2006 ··············	17
1.06 高科技出口，*2005 ··············	50
1.07 政府监管负担，2007 ··············	67
1.08 税收范围及影响，2007 ··············	73
1.09 总体税率，*2007 ··············	81
1.10 创业所需时间，*2007 ··············	1
1.11 创业所需程序数目，*2007 ··············	1
1.12 当地竞争的激烈程度，2007 ··············	15
1.13 新闻媒体自由度，2007 ··············	18
1.14 数字内容的接入能力，2007 ··············	23

政策和管制环境	7
2.01 立法主体的有效性，2007 ··············	3
2.02 ICT 相关法律，2007 ··············	19
2.03 司法独立性，2007 ··············	6
2.04 知识产权保护，2007 ··············	10
2.05 法律框架的效率，2007 ··············	11
2.06 财产权，2007 ··············	8
2.07 ISP 部门竞争质量，2007 ··············	27
2.08 执行合同的程序数量，*2007 ··············	11
2.09 执行合同所需时间，*2007 ··············	9

基础设施环境	10
3.01 电话线，*2006 ··············	18
3.02 安全的网络服务器，*2006 ··············	6
3.03 发电量，*2004 ··············	10
3.04 科学家与工程师的可利用性，2007 ··············	34
3.05 科研机构质量，2007 ··············	15
3.06 高等教育入学率，*2005 ··············	13
3.07 教育支出，*2005 ··············	44

就绪度构成 — 24

个人就绪度	13
4.01 数学和科学的教育质量，2007 ··············	23
4.02 教育系统质量，2007 ··············	8
4.03 校园互联网使用情况，2007 ··············	15
4.04 买方成熟度，2007 ··············	20
4.05 住宅电话连接费，*2005 ··············	40
4.06 住宅电话月租费，*2005 ··············	18
4.07 高速宽带月租费，*2006 ··············	19
4.08 宽带最低消费，*2006 ··············	29
4.09 移动电话费用，*2005 ··············	47

企业就绪度	24
5.01 员工培训程度，2007 ··············	20
5.02 当地研究和培训能力，2007 ··············	16
5.03 管理学院质量，2007 ··············	16
5.04 公司研发支出，2007 ··············	25
5.05 高校与产业合作研究，2007 ··············	22
5.06 企业电话连接费用，*2005 ··············	31
5.07 企业电话月租费，*2005 ··············	34
5.08 当地供应商质量，2007 ··············	16
5.09 当地供应商数量，2007 ··············	33
5.10 计算机、通信和其他服务进口，*2005 ··············	76

政府就绪度	26
6.01 政府对 ICT 重视程度，2007 ··············	48
6.02 政府对高科技产品的采购，2007 ··············	27
6.03 政府未来愿景中 ICT 的重要性，2007 ··············	40
6.04 电子政务就绪度指数，*2007 ··············	8

应用构成 — 11

个人应用	7
7.01 移动电话用户数，*2006 ··············	33
7.02 个人电脑数，*2005 ··············	6
7.03 宽带用户数，*2006 ··············	18
7.04 互联网用户数，*2006 ··············	4
7.05 互联网带宽，*2006 ··············	7

商业应用	21
8.01 外国技术牌照的流行度，2007 ··············	8
8.02 公司层面技术引进，2007 ··············	18
8.03 创新能力，2007 ··············	30
8.04 新电话线的可用性，2007 ··············	39
8.05 互联网商用程度，2007 ··············	18

政府应用	9
9.01 政府在 ICT 推广方面所获得的成功，2007 ··············	46
9.02 政府在线服务能力，2007 ··············	15
9.03 ICT 应用和政府效率，2007 ··············	29
9.04 政府办公中 ICT 的使用，2007 ··············	15
9.05 电子参与指数，*2007 ··············	5

注：* 统计数据。
需要更多的详细数据和解释，请参考本章开始的"如何阅读国家/经济体概况"部分。

奥地利

关键指标

网络就绪度指数

注：* 统计数据。
需要更多的详细数据和解释，请参考本章开始的"如何阅读国家/经济体概况"部分。

阿塞拜疆

关键指标

2006 年人口（百万）···························· 8.5
2006 年人均国内生产总值（购买力平价）（美元）······ 6475.6
2006 年每 100 名居民中互联网用户数··········· 9.8
2005 年互联网带宽（兆比特/秒/10000 居民）······· 0.4

网络就绪度指数

年（经济体数）	排名
2007~2008（127）················	**67**
2006~2007（122）	71
2005~2006（115）	73

2007~2008（131）年度的全球竞争力指数············· 66

环境构成 — 76

市场环境	81
1.01 风险资本的可利用性，2007 ···········	64
1.02 金融市场成熟度，2007 ···········	79
1.03 新技术可用性，2007 ···········	70
1.04 集群发展状况，2007 ···········	66
1.05 实用性专利，*2006 ···········	73
1.06 高科技出口，*2005 ···········	101
1.07 政府监管负担，2007 ···········	39
1.08 税收范围及影响，2007 ···········	54
1.09 总体税率，*2007 ···········	54
1.10 创业所需时间，*2007 ···········	67
1.11 创业所需程序数目，*2007 ···········	103
1.12 当地竞争的激烈程度，2007 ···········	116
1.13 新闻媒体自由度，2007 ···········	93
1.14 数字内容的接入能力，2007 ···········	71

政策和管制环境	74
2.01 立法主体的有效性，2007 ···········	72
2.02 ICT 相关法律，2007 ···········	60
2.03 司法独立性，2007 ···········	104
2.04 知识产权保护，2007 ···········	92
2.05 法律框架的效率，2007 ···········	84
2.06 财产权，2007 ···········	101
2.07 ISP 部门竞争质量，2007 ···········	64
2.08 执行合同的程序数量，*2007 ···········	75
2.09 执行合同所需时间，*2007 ···········	10

基础设施环境	83
3.01 电话线，*2006 ···········	75
3.02 安全的网络服务器，*2006 ···········	101
3.03 发电量，*2004 ···········	64
3.04 科学家与工程师的可利用性，2007 ···········	51
3.05 科研机构质量，2007 ···········	56
3.06 高等教育入学率，*2005 ···········	91
3.07 教育支出，*2005 ···········	79

就绪度构成 — 62

个人就绪度	78
4.01 数学和科学的教育质量，2007 ···········	81
4.02 教育系统质量，2007 ···········	95
4.03 校园互联网使用情况，2007 ···········	79
4.04 买方成熟度，2007 ···········	79
4.05 住宅电话连接费，*2005 ···········	101
4.06 住宅电话月租费，*2005 ···········	23
4.07 高速宽带月租费，*2006 ···········	80
4.08 宽带最低消费，*2006 ···········	94
4.09 移动电话费用，*2005 ···········	73

企业就绪度	56
5.01 员工培训程度，2007 ···········	84
5.02 当地研究和培训能力，2007 ···········	75
5.03 管理学院质量，2007 ···········	115
5.04 公司研发支出，2007 ···········	50
5.05 高校与产业合作研究，2007 ···········	58
5.06 企业电话连接费用，*2005 ···········	101
5.07 企业电话月租费，*2005 ···········	83
5.08 当地供应商质量，2007 ···········	88
5.09 当地供应商数量，2007 ···········	85
5.10 计算机、通信和其他服务进口，*2005 ···········	1

政府就绪度	47
6.01 政府对 ICT 重视程度，2007 ···········	36
6.02 政府对高科技产品的采购，2007 ···········	37
6.03 政府未来愿景中 ICT 的重要性，2007 ···········	55
6.04 电子政务就绪度指数，*2007 ···········	79

应用构成 — 66

个人应用	90
7.01 移动电话用户数，*2006 ···········	84
7.02 个人电脑数，*2005 ···········	95
7.03 宽带用户数，*2005 ···········	103
7.04 互联网用户数，*2006 ···········	82
7.05 互联网带宽，*2005 ···········	85

商业应用	65
8.01 外国技术牌照的流行度，2007 ···········	83
8.02 公司层面技术引进，2007 ···········	58
8.03 创新能力，2007 ···········	45
8.04 新电话线的可用性，2007 ···········	82
8.05 互联网商用程度，2007 ···········	62

政府应用	48
9.01 政府在 ICT 推广方面所获得的成功，2007 ···········	33
9.02 政府在线服务能力，2007 ···········	67
9.03 ICT 应用和政府效率，2007 ···········	50
9.04 政府办公中 ICT 的使用，2007 ···········	41
9.05 电子参与指数，*2007 ···········	47

注：* 统计数据。
需要更多的详细数据和解释，请参考本章开始的"如何阅读国家/经济体概况"部分。

巴林

关键指标

2006 年人口（百万）· ·	0.7
2006 年人均国内生产总值（购买力平价）（美元）· · · · · ·	24066.7
2006 年每 100 名居民中互联网用户数 · · · · · · · · · · · ·	21.3
2005 年互联网带宽（兆比特/秒/10000 居民）· · · · · · · · · · · · ·	5.6

网络就绪度指数

年（经济体数）	排名
2007~2008（127） ·	**45**
2006~2007（122）· ·	50
2005~2006（115）· ·	49

2007~2008（131）年度的全球竞争力指数 · · · · · · · · · · · · · ·	43

环境构成	**50**
市场环境	**42**
1.01 风险资本的可利用性，2007 · · · · · · · · · · · · · · · · · ·	38
1.02 金融市场成熟度，2007 ·	22
1.03 新技术可用性，2007 ·	26
1.04 集群发展状况，2007 ·	74
1.05 实用性专利，*2006 ·	86
1.06 高科技出口，*2004 ·	88
1.07 政府监管负担，2007 ·	18
1.08 税收范围及影响，2007 ·	1
1.09 总体税率 * ·	n/a
1.10 创业所需时间 * ·	n/a
1.11 创业所需程序数目 * ·	n/a
1.12 当地竞争的激烈程度，2007 · · · · · · · · · · · · · · · · · ·	56
1.13 新闻媒体自由度，2007 ·	101
1.14 数字内容的接入能力，2007 · · · · · · · · · · · · · · · · · ·	21
政策和管制环境	**57**
2.01 立法主体的有效性，2007 · · · · · · · · · · · · · · · · · · ·	80
2.02 ICT 相关法律，2007 ·	38
2.03 司法独立性，2007 ·	57
2.04 知识产权保护，2007 ·	33
2.05 法律框架的效率，2007 ·	55
2.06 财产权，2007 ·	35
2.07 ISP 部门竞争质量，2007 · · · · · · · · · · · · · · · · · · ·	96
2.08 执行合同的程序数量 * ·	n/a
2.09 执行合同所需时间 * ·	n/a
基础设施环境	**54**
3.01 电话线，*2006 ·	49
3.02 安全的网络服务器，*2006 · · · · · · · · · · · · · · · · · ·	34
3.03 发电量，*2003 ·	11
3.04 科学家与工程师的可利用性，2007 · · · · · · · · · · · · ·	98
3.05 科研机构质量，2007 ·	113
3.06 高等教育入学率，*2005 ·	55
3.07 教育支出，*2005 ·	54

就绪度构成	**47**
个人就绪度	**41**
4.01 数学和科学的教育质量，2007 · · · · · · · · · · · · · · · ·	77
4.02 教育系统质量，2007 ·	64
4.03 校园互联网使用情况，2007 · · · · · · · · · · · · · · · · · ·	40
4.04 买方成熟度，2007 ·	36
4.05 住宅电话连接费，*2006 ·	24
4.06 住宅电话月租费，*2006 ·	4
4.07 高速宽带月租费，*2006 ·	43
4.08 宽带最低消费，*2006 ·	56
4.09 移动电话费用，*2005 ·	18
企业就绪度	**79**
5.01 员工培训程度，2007 ·	59
5.02 当地研究和培训能力，2007 · · · · · · · · · · · · · · · · · ·	89
5.03 管理学院质量，2007 ·	84
5.04 公司研发支出，2007 ·	106
5.05 高校与产业合作研究，2007 · · · · · · · · · · · · · · · · · ·	117
5.06 企业电话连接费用，*2006 · · · · · · · · · · · · · · · · · ·	20
5.07 企业电话月租费，*2005 ·	6
5.08 当地供应商质量，2007 ·	41
5.09 当地供应商数量，2007 ·	36
5.10 计算机、通信和其他服务进口，*2005 · · · · · · · · · ·	110
政府就绪度	**31**
6.01 政府对 ICT 重视程度，2007 · · · · · · · · · · · · · · · · · ·	33
6.02 政府对高科技产品的采购，2007 · · · · · · · · · · · · · ·	32
6.03 政府未来愿景中 ICT 的重要性，2007 · · · · · · · · · · ·	27
6.04 电子政务就绪度指数，*2007 · · · · · · · · · · · · · · · · ·	42

应用构成	**39**
个人应用	**43**
7.01 移动电话用户数，*2006 ·	8
7.02 个人电脑数，*2005 ·	42
7.03 宽带用户数，*2006 ·	42
7.04 互联网用户数，*2005 ·	53
7.05 互联网带宽，*2005 ·	47
商业应用	**56**
8.01 外国技术牌照的流行度，2007 · · · · · · · · · · · · · · · ·	25
8.02 公司层面技术引进，2007 · · · · · · · · · · · · · · · · · · ·	40
8.03 创新能力，2007 ·	124
8.04 新电话线的可用性，2007 · · · · · · · · · · · · · · · · · · ·	40
8.05 互联网商用程度，2007 ·	83
政府应用	**39**
9.01 政府在 ICT 推广方面所获得的成功，2007 · · · · · · · ·	25
9.02 政府在线服务能力，2007 · · · · · · · · · · · · · · · · · · ·	51
9.03 ICT 应用和政府效率，2007 · · · · · · · · · · · · · · · · · ·	49
9.04 政府办公中 ICT 的使用，2007 · · · · · · · · · · · · · · · ·	42
9.05 电子参与指数，*2007 ·	34

注：* 统计数据。

需要更多的详细数据和解释，请参考本章开始的"如何阅读国家/经济体概况"部分。

孟加拉国

关键指标

网络就绪度指数

注：* 统计数据。

需要更多的详细数据和解释，请参考本章开始的"如何阅读国家/经济体概况"部分。

巴巴多斯

关键指标

2006 年人口（百万）·· 0.3
2006 年人均国内生产总值（购买力平价）（美元）······ 19273.9
2005 年每 100 名居民中互联网用户数 ············· 59.5
2005 年互联网带宽（兆比特/秒/10000 居民）··········· 22.2

网络就绪度指数

年（经济体数）   排名

2007~2008（127）············· **38**
2006~2007（122）······················· 40
2005~2006（115）······················· n/a

2007~2008（131）年度的全球竞争力指数 ··········· 50

环境构成	27
市场环境	**59**
1.01 风险资本的可利用性，2007	71
1.02 金融市场成熟度，2007	52
1.03 新技术可用性，2007	36
1.04 集群发展状况，2007	96
1.05 实用性专利，*2006	86
1.06 高科技出口 *	n/a
1.07 政府监管负担，2007	30
1.08 税收范围及影响，2007	39
1.09 总体税率 *	n/a
1.10 创业所需时间 *	n/a
1.11 创业所需程序数目 *	n/a
1.12 当地竞争的激烈程度，2007	90
1.13 新闻媒体自由度，2007	48
1.14 数字内容的接入能力，2007	43
政策和管制环境	**27**
2.01 立法主体的有效性，2007	13
2.02 ICT 相关法律，2007	46
2.03 司法独立性，2007	17
2.04 知识产权保护，2007	38
2.05 法律框架的效率，2007	22
2.06 财产权，2007	33
2.07 ISP 部门竞争质量，2007	65
2.08 执行合同的程序数量 *	n/a
2.09 执行合同所需时间 *	n/a
基础设施环境	**19**
3.01 电话线，*2005	16
3.02 安全的网络服务器，*2006	21
3.03 发电量 *	n/a
3.04 科学家与工程师的可利用性，2007	62
3.05 科研机构质量，2007	51
3.06 高等教育入学率，*2001	54
3.07 教育支出，*2005	9

就绪度构成	40
个人就绪度	**34**
4.01 数学和科学的教育质量，2007	16
4.02 教育系统质量，2007	20
4.03 校园互联网使用情况，2007	44
4.04 买方成熟度，2007	40
4.05 住宅电话连接费，*2005	35
4.06 住宅电话月租费，*2005	69
4.07 高速宽带月租费，*2006	54
4.08 宽带最低消费，*2006	49
4.09 移动电话费用，*2005	37
企业就绪度	**65**
5.01 员工培训程度，2007	42
5.02 当地研究和培训能力，2007	78
5.03 管理学院质量，2007	42
5.04 公司研发支出，2007	55
5.05 高校与产业合作研究，2007	66
5.06 企业电话连接费用，*2005	29
5.07 企业电话月租费，*2005	85
5.08 当地供应商质量，2007	63
5.09 当地供应商数量，2007	96
5.10 计算机、通信和其他服务进口，*2005	84
政府就绪度	**39**
6.01 政府对 ICT 重视程度，2007	29
6.02 政府对高科技产品的采购，2007	64
6.03 政府未来愿景中 ICT 的重要性，2007	58
6.04 电子政务就绪度指数，*2007	46

应用构成	50
个人应用	**32**
7.01 移动电话用户数，*2005	52
7.02 个人电脑数，*2005	47
7.03 宽带用户数，*2005	30
7.04 互联网用户数，*2005	14
7.05 互联网带宽，*2005	28
商业应用	**66**
8.01 外国技术牌照的流行度，2007	70
8.02 公司层面技术引进，2007	57
8.03 创新能力，2007	75
8.04 新电话线的可用性，2007	69
8.05 互联网商用程度，2007	66
政府应用	**87**
9.01 政府在 ICT 推广方面所获得的成功，2007	41
9.02 政府在线服务能力，2007	102
9.03 ICT 应用和政府效率，2007	99
9.04 政府办公中 ICT 的使用，2007	71
9.05 电子参与指数，*2007	69

注：* 统计数据。
需要更多的详细数据和解释，请参考本章开始的"如何阅读国家/经济体概况"部分。

比利时

关键指标

网络就绪度指数

年（经济体数）　　　　　　　　　排名

注：* 统计数据。

需要更多的详细数据和解释，请参考本章开始的"如何阅读国家/经济体概况"部分。

贝宁

关键指标

2006 年人口（百万） ···································· 8.7
2006 年人均国内生产总值（购买力平价）（美元）······ 1404.4
2006 年每 100 名居民中互联网用户数 ··············· 8.0
2006 年互联网带宽（兆比特/秒/10000 居民）············· 0.1

网络就绪度指数

年（经济体数）	排名
2007~2008（127） ······························	**113**
2006~2007（122）································	109
2005~2006（115）································	108

2007~2008（131）年度的全球竞争力指数 ·············	108

环境构成	108
市场环境	**109**
1.01 风险资本的可利用性，2007 ····················	101
1.02 金融市场成熟度，2007 ······················	100
1.03 新技术可用性，2007 ·························	103
1.04 集群发展状况，2007 ·························	121
1.05 实用性专利，*2006 ··························	86
1.06 高科技出口，*2005 ·························	109
1.07 政府监管负担，2007 ·························	96
1.08 税收范围及影响，2007 ······················	117
1.09 总体税率，*2007 ···························	112
1.10 创业所需时间，*2007 ························	68
1.11 创业所需程序数目，*2007 ····················	34
1.12 当地竞争的激烈程度，2007 ···················	99
1.13 新闻媒体自由度，2007 ······················	52
1.14 数字内容的接入能力，2007 ···················	96
政策和管制环境	**84**
2.01 立法主体的有效性，2007 ·····················	46
2.02 ICT 相关法律，2007 ·························	92
2.03 司法独立性，2007 ··························	64
2.04 知识产权保护，2007 ·························	71
2.05 法律框架的效率，2007 ······················	75
2.06 财产权，2007 ·····························	102
2.07 ISP 部门竞争质量，2007 ·····················	87
2.08 执行合同的程序数量，*2007 ··················	100
2.09 执行合同所需时间，*2007 ····················	92
基础设施环境	**117**
3.01 电话线，*2006 ····························	114
3.02 安全的网络服务器，*2006 ····················	101
3.03 发电量，*2004 ····························	113
3.04 科学家与工程师的可利用性，2007 ··············	58
3.05 科研机构质量，2007 ·························	102
3.06 高等教育入学率，*2001 ······················	113
3.07 教育支出，*2005 ···························	108

就绪度构成	118
个人就绪度	**119**
4.01 数学和科学的教育质量，2007 ·················	56
4.02 教育系统质量，2007 ·························	93
4.03 校园互联网使用情况，2007 ···················	106
4.04 买方成熟度，2007 ··························	103
4.05 住宅电话连接费，*2005 ······················	120
4.06 住宅电话月租费，*2005 ······················	111
4.07 高速宽带月租费，*2006 ······················	103
4.08 宽带最低消费，*2006 ························	108
4.09 移动电话费用，*2006 ························	114
企业就绪度	**108**
5.01 员工培训程度，2007 ·························	114
5.02 当地研究和培训能力，2007 ···················	90
5.03 管理学院质量，2007 ·························	55
5.04 公司研发支出，2007 ·························	102
5.05 高校与产业合作研究，2007 ···················	105
5.06 企业电话连接费用，*2005 ····················	113
5.07 企业电话月租费，*2005 ······················	104
5.08 当地供应商质量，2007 ······················	80
5.09 当地供应商数量，2007 ······················	105
5.10 计算机、通信和其他服务进口，*2004 ············	100
政府就绪度	**98**
6.01 政府对 ICT 重视程度，2007 ··················	51
6.02 政府对高科技产品的采购，2007 ················	46
6.03 政府未来愿景中 ICT 的重要性，2007 ············	59
6.04 电子政务就绪度指数，*2007 ··················	119

应用构成	102
个人应用	**110**
7.01 移动电话用户数，*2006 ······················	113
7.02 个人电脑数，*2005 ·························	120
7.03 宽带用户数，*2006 ·························	113
7.04 互联网用户数，*2006 ························	87
7.05 互联网带宽，*2006 ·························	110
商业应用	**113**
8.01 外国技术牌照的流行度，2007 ·················	107
8.02 公司层面技术引进，2007 ·····················	81
8.03 创新能力，2007 ····························	68
8.04 新电话线的可用性，2007 ·····················	126
8.05 互联网商用程度，2007 ······················	104
政府应用	**74**
9.01 政府在 ICT 推广方面所获得的成功，2007 ·········	44
9.02 政府在线服务能力，2007 ·····················	93
9.03 ICT 应用和政府效率，2007 ···················	80
9.04 政府办公中 ICT 的使用，2007 ·················	49
9.05 电子参与指数，*2007 ························	76

167

注：* 统计数据。
需要更多的详细数据和解释，请参考本章开始的"如何阅读国家/经济体概况"部分。

玻利维亚

关键指标

2006 年人口（百万）···················· 9.4

2006 年人均国内生产总值（购买力平价）(美元)······ 2931.4

2006 年每 100 名居民中互联网用户数 ·········· 6.2

2005 年互联网带宽（兆比特/秒/10000 居民）······ 0.4

网络就绪度指数

年（经济体数）   排名

2007~2008（127）················· **111**

2006~2007（122）················· 104

2005~2006（115）················· 109

2007~2008（131）年度的全球竞争力指数 ········· 105

环境构成	113
市场环境	**120**
1.01 风险资本的可利用性，2007	104
1.02 金融市场成熟度，2007	103
1.03 新技术可用性，2007	121
1.04 集群发展状况，2007	103
1.05 实用性专利，*2006	86
1.06 高科技出口，*2005	66
1.07 政府监管负担，2007	110
1.08 税收范围及影响，2007	61
1.09 总体税率，*2007	115
1.10 创业所需时间，*2007	100
1.11 创业所需程序数目，*2007	115
1.12 当地竞争的激烈程度，2007	110
1.13 新闻媒体自由度，2007	69
1.14 数字内容的接入能力，2007	100
政策和管制环境	**120**
2.01 立法主体的有效性，2007	115
2.02 ICT 相关法律，2007	119
2.03 司法独立性，2007	112
2.04 知识产权保护，2007	124
2.05 法律框架的效率，2007	120
2.06 财产权，2007	121
2.07 ISP 部门竞争质量，2007	94
2.08 执行合同的程序数量，*2007	60
2.09 执行合同所需时间，*2007	76
基础设施环境	**82**
3.01 电话线，*2006	95
3.02 安全的网络服务器，*2006	78
3.03 发电量，*2004	102
3.04 科学家与工程师的可利用性，2007	121
3.05 科研机构质量，2007	123
3.06 高等教育入学率，*2004	51
3.07 教育支出，*2005	14

就绪度构成	105
个人就绪度	**100**
4.01 数学和科学的教育质量，2007	122
4.02 教育系统质量，2007	122
4.03 校园互联网使用情况，2007	114
4.04 买方成熟度，2007	122
4.05 住宅电话连接费，*2005	92
4.06 住宅电话月租费，*2005	97
4.07 高速宽带月租费，*2006	89
4.08 宽带最低消费，*2006	97
4.09 移动电话费用，*2005	101
企业就绪度	**110**
5.01 员工培训程度，2007	120
5.02 当地研究和培训能力，2007	107
5.03 管理学院质量，2007	110
5.04 公司研发支出，2007	119
5.05 高校与产业合作研究，2007	119
5.06 企业电话连接费用，*2005	79
5.07 企业电话月租费，*2005	96
5.08 当地供应商质量，2007	121
5.09 当地供应商数量，2007	123
5.10 计算机、通信和其他服务进口，*2005	88
政府准备	**116**
6.01 政府对 ICT 重视程度，2007	118
6.02 政府对高科技产品的采购，2007	126
6.03 政府未来愿景中 ICT 的重要性，2007	117
6.04 电子政务就绪度指数，*2007	67

应用构成	108
个人应用	**96**
7.01 移动电话用户数，*2006	94
7.02 个人电脑数，*2005	93
7.03 宽带用户数，*2005	94
7.04 互联网用户数，*2006	96
7.05 互联网带宽，*2005	81
商业应用	**121**
8.01 外国技术牌照的流行度，2007	126
8.02 公司层面技术引进，2007	127
8.03 创新能力，2007	114
8.04 新电话线的可用性，2007	95
8.05 互联网商用程度，2007	114
政府应用	**90**
9.01 政府在 ICT 推广方面所获得的成功，2007	124
9.02 政府在线服务能力，2007	65
9.03 ICT 应用和政府效率，2007	87
9.04 政府办公中 ICT 的使用，2007	116
9.05 电子参与指数，*2007	27

注：* 统计数据。

需要更多的详细数据和解释，请参考本章开始的"如何阅读国家/经济体概况"部分。

168

波斯尼亚和黑塞哥维那

关键指标

2006 年人口（百万）····················· 3.9
2006 年人均国内生产总值（购买力平价）（美元）······ 9253.4
2006 年每 100 名居民中互联网用户数 ·········· 24.3
2005 年互联网带宽（兆比特/秒/10000 居民）········· 0.4

网络就绪度指数

年（经济体数）	排名
2007~2008（127）·················	**95**
2006~2007（122）·················	89
2005~2006（115）·················	97
2007~2008（131）年度的全球竞争力指数 ········	106

环境构成	111
市场环境	**104**
1.01 风险资本的可利用性，2007 ·········	90
1.02 金融市场成熟度，2007 ··········	102
1.03 新技术可用性，2007 ··········	118
1.04 集群发展状况，2007 ··········	124
1.05 实用性专利，*2006 ··········	86
1.06 高科技出口 * ··············	n/a
1.07 政府监管负担，2007 ··········	122
1.08 税收范围及影响，2007 ·········	124
1.09 总体税率，*2007 ············	60
1.10 创业所需时间，*2007 ··········	102
1.11 创业所需程序数目，*2007 ········	98
1.12 当地竞争的激烈程度，2007 ········	100
1.13 新闻媒体自由度，2007 ·········	76
1.14 数字内容的接入能力，2007 ········	87
政策和管制环境	**116**
2.01 立法主体的有效性，2007 ·········	117
2.02 ICT 相关法律，2007 ··········	113
2.03 司法独立性，2007 ············	89
2.04 知识产权保护，2007 ···········	117
2.05 法律框架的效率，2007 ··········	118
2.06 财产权，2007 ··············	117
2.07 ISP 部门竞争质量，2007 ·········	105
2.08 执行合同的程序数量，*2007 ·······	65
2.09 执行合同所需时间，*2007 ········	78
基础设施环境	**94**
3.01 电话线，*2006 ·············	51
3.02 安全的网络服务器，*2006 ········	73
3.03 发电量，*2004 ·············	57
3.04 科学家与工程师的可利用性，2007 ·····	105
3.05 科研机构质量，2007 ··········	114
3.06 高等教育入学率 * ···········	n/a
3.07 教育支出 * ··············	n/a

就绪度构成	91
个人就绪度	**68**
4.01 数学和科学的教育质量，2007 ·······	52
4.02 教育系统质量，2007 ··········	82
4.03 校园互联网使用情况，2007 ········	86
4.04 买方成熟度，2007 ···········	101
4.05 住宅电话连接费，*2005 ·········	93
4.06 住宅电话月租费，*2005 ·········	64
4.07 高速宽带月租费，*2006 ·········	52
4.08 宽带最低消费，*2006 ··········	39
4.09 移动电话费用，*2005 ··········	79
企业就绪度	**97**
5.01 员工培训程度，2007 ··········	106
5.02 当地研究和培训能力，2007 ········	95
5.03 管理学院质量，2007 ··········	101
5.04 公司研发支出，2007 ··········	94
5.05 高校与产业合作研究，2007 ········	104
5.06 企业电话连接费用，*2005 ········	80
5.07 企业电话月租费，*2005 ·········	78
5.08 当地供应商质量，2007 ··········	95
5.09 当地供应商数量，2007 ··········	111
5.10 计算机、通信和其他服务进口，*2005 ···	98
政府就绪度	**114**
6.01 政府对 ICT 重视程度，2007 ·······	108
6.02 政府对高科技产品的采购，2007 ·····	119
6.03 政府未来愿景中 ICT 的重要性，2007 ··	125
6.04 电子政务就绪度指数，*2007 ·······	83

应用构成	101
个人应用	**68**
7.01 移动电话用户数，*2006 ·········	82
7.02 个人电脑数，*2005 ···········	74
7.03 宽带用户数，*2006 ···········	65
7.04 互联网用户数，*2006 ··········	50
7.05 互联网带宽，*2005 ···········	82
商业应用	**100**
8.01 外国技术牌照的流行度，2007 ······	106
8.02 公司层面技术引进，2007 ········	124
8.03 创新能力，2007 ·············	108
8.04 新电话线的可用性，2007 ········	76
8.05 互联网商用程度，2007 ·········	82
政府应用	**116**
9.01 政府在 ICT 推广方面所获得的成功，2007	117
9.02 政府在线服务能力，2007 ········	109
9.03 ICT 应用和政府效率，2007 ·······	120
9.04 政府办公中 ICT 的使用，2007 ······	111
9.05 电子参与指数，*2007 ··········	82

169

注：* 统计数据。

需要更多的详细数据和解释，请参考本章开始的"如何阅读国家/经济体概况"部分。

博茨瓦纳

关键指标
2006 年人口（百万）········· 1.8
2006 年人均国内生产总值（购买力平价）（美元）······ 15692.1
2005 年每 100 名居民中互联网用户数 ······ 3.4
2006 年互联网带宽（兆比特/秒/10000 居民）······ 0.2

网络就绪度指数
年（经济体数）	排名
2007~2008（127）	**78**
2006~2007（122）	67
2005~2006（115）	56

2007~2008（131）年度的全球竞争力指数 ······ 76

环境构成 — 65
市场环境 — 63
1.01 风险资本的可利用性，2007 ······ 52
1.02 金融市场成熟度，2007 ······ 71
1.03 新技术可用性，2007 ······ 68
1.04 集群发展状况，2007 ······ 81
1.05 实用性专利，*2006 ······ 86
1.06 高科技出口 * ······ n/a
1.07 政府监管负担，2007 ······ 65
1.08 税收范围及影响，2007 ······ 17
1.09 总体税率，*2007 ······ 5
1.10 创业所需时间，*2007 ······ 118
1.11 创业所需程序数目，*2007 ······ 88
1.12 当地竞争的激烈程度，2007 ······ 75
1.13 新闻媒体自由度，2007 ······ 62
1.14 数字内容的接入能力，2007 ······ 109

政策和管制环境 — 49
2.01 立法主体的有效性，2007 ······ 27
2.02 ICT 相关法律，2007 ······ 94
2.03 司法独立性，2007 ······ 29
2.04 知识产权保护，2007 ······ 87
2.05 法律框架的效率，2007 ······ 33
2.06 财产权，2007 ······ 57
2.07 ISP 部门竞争质量，2007 ······ 93
2.08 执行合同的程序数量，*2007 ······ 13
2.09 执行合同所需时间，*2007 ······ 110

基础设施环境 — 93
3.01 电话线，*2006 ······ 94
3.02 安全的网络服务器，*2006 ······ 90
3.03 发电量，*2004 ······ 90
3.04 科学家与工程师的可利用性，2007 ······ 113
3.05 科研机构质量，2007 ······ 64
3.06 高等教育入学率，*2005 ······ 106
3.07 教育支出，*2005 ······ 25

就绪度构成 — 77
个人就绪度 — 62
4.01 数学和科学的教育质量，2007 ······ 79
4.02 教育系统质量，2007 ······ 54
4.03 校园互联网使用情况，2007 ······ 90
4.04 买方成熟度，2007 ······ 81
4.05 住宅电话连接费，*2006 ······ 48
4.06 住宅电话月租费，*2006 ······ 49
4.07 高速宽带月租费，*2006 ······ 51
4.08 宽带最低消费，*2006 ······ 59
4.09 移动电话费用，*2005 ······ 69

企业就绪度 — 90
5.01 员工培训程度，2007 ······ 64
5.02 当地研究与培训能力，2007 ······ 103
5.03 管理学院质量，2007 ······ 102
5.04 公司研发支出，2007 ······ 91
5.05 高校与产业合作研究，2007 ······ 85
5.06 企业电话连接费用，*2006 ······ 49
5.07 企业电话月租费，*2006 ······ 48
5.08 当地供应商质量，2007 ······ 107
5.09 当地供应商数量，2007 ······ 124
5.10 计算机、通信和其他服务进口，*2005 ······ 72

政府就绪度 — 88
6.01 政府对 ICT 重视程度，2007 ······ 68
6.02 政府对高科技产品的采购，2007 ······ 76
6.03 政府未来愿景中 ICT 的重要性，2007 ······ 78
6.04 电子政务就绪度指数，*2007 ······ 94

应用构成 — 88
个人应用 — 87
7.01 移动电话用户数，*2006 ······ 70
7.02 个人电脑数，*2005 ······ 78
7.03 宽带用户数，*2005 ······ 95
7.04 互联网用户数，*2005 ······ 109
7.05 互联网带宽，*2006 ······ 97

商业应用 — 96
8.01 外国技术牌照的流行度，2007 ······ 79
8.02 公司层面技术引进，2007 ······ 84
8.03 创新能力，2007 ······ 107
8.04 新电话线的可用性，2007 ······ 100
8.05 互联网商用程度，2007 ······ 102

政府应用 — 80
9.01 政府在 ICT 推广方面所获得的成功，2007 ······ 71
9.02 政府在线服务能力，2007 ······ 94
9.03 ICT 应用和政府效率，2007 ······ 103
9.04 政府办公中 ICT 的使用，2007 ······ 75
9.05 电子参与指数，*2007 ······ 39

注：* 统计数据。
需要更多的详细数据和解释，请参考本章开始的"如何阅读国家/经济体概况"部分。

巴西

关键指标

2006 年人口（百万）••••••••••••••••••••• 188.9
2006 年人均国内生产总值（购买力平价）（美元）••••• 10072.7
2005 年每 100 名居民中互联网用户数 ••••••••••••• 17.2
2005 年互联网带宽（兆比特/秒/10000 居民）••••••••• 1.5

网络就绪度指数

年（经济体数）	排名
2007~2008（127） ••••••••••••••••	**59**
2006~2007（122）••••••••••••••••••••••	53
2005~2006（115）••••••••••••••••••••••	52

2007~2008（131）年度的全球竞争力指数 ••••••••••••• 72

环境构成	86
市场环境	**116**
1.01 风险资本的可利用性，2007 •••••••••••••	99
1.02 金融市场成熟度，2007 •••••••••••••••	31
1.03 新技术可用性，2007 •••••••••••••••••	59
1.04 集群发展状况，2007 •••••••••••••••••	40
1.05 实用性专利，*2006 ••••••••••••••••••	53
1.06 高科技出口，*2005 ••••••••••••••••••	35
1.07 政府监管负担，2007 •••••••••••••••••	125
1.08 税收范围及影响，2007 •••••••••••••••	127
1.09 总体税率，*2007 ••••••••••••••••••••	109
1.10 创业所需时间，*2007 ••••••••••••••••	120
1.11 创业所需程序数目，*2007 ••••••••••••••	119
1.12 当地竞争的激烈程度，2007 ••••••••••••	45
1.13 新闻媒体自由度，2007 •••••••••••••••	36
1.14 数字内容的接入能力，2007 ••••••••••••	72
政策和管制环境	**86**
2.01 立法主体的有效性，2007 ••••••••••••••	116
2.02 ICT 相关法律，2007 •••••••••••••••••	51
2.03 司法独立性，2007 ••••••••••••••••••	88
2.04 知识产权保护，2007 •••••••••••••••••	72
2.05 法律框架的效率，2007 •••••••••••••••	102
2.06 财产权，2007 ••••••••••••••••••••••	69
2.07 ISP 部门竞争质量，2007 ••••••••••••••	33
2.08 执行合同的程序数量，*2007 ••••••••••••	110
2.09 执行合同所需时间，*2007 ••••••••••••••	84
基础设施环境	**63**
3.01 电话线，*2005 •••••••••••••••••••••	58
3.02 安全的网络服务器，*2006 •••••••••••••	56
3.03 发电量，*2004 •••••••••••••••••••••	67
3.04 科学家与工程师的可利用性，2007 ••••••••	59
3.05 科研机构质量，2007 •••••••••••••••••	41
3.06 高等教育入学率，*2004 ••••••••••••••	74
3.07 教育支出，*2005 ••••••••••••••••••••	63

就绪度构成	55
个人就绪度	**77**
4.01 数学和科学的教育质量，2007 •••••••••••	114
4.02 教育系统质量，2007 •••••••••••••••••	117
4.03 校园互联网使用情况，2007 ••••••••••••	69
4.04 买方成熟度，2007 ••••••••••••••••••	65
4.05 住宅电话连接费，*2005 ••••••••••••••	43
4.06 住宅电话月租费，*2005 ••••••••••••••	91
4.07 高速宽带月租费，*2006 ••••••••••••••	56
4.08 宽带最低消费，*2006 ••••••••••••••••	37
4.09 移动电话费用，*2005 •••••••••••••••	83
企业就绪度	**36**
5.01 员工培训程度，2007 •••••••••••••••••	45
5.02 当地研究和培训能力，2007 ••••••••••••	32
5.03 管理学院质量，2007 •••••••••••••••••	65
5.04 公司研发支出，2007 •••••••••••••••••	35
5.05 高校与产业合作研究，2007 ••••••••••••	45
5.06 企业电话连接费用，*2005 •••••••••••••	35
5.07 企业电话月租费，*2005 ••••••••••••••	88
5.08 当地供应商质量，2007 ••••••••••••••••	40
5.09 当地供应商数量，2007 ••••••••••••••••	21
5.10 计算机、通信和其他服务进口，*2005 ••••••	13
政府就绪度	**61**
6.01 政府对 ICT 重视程度，2007 ••••••••••••	100
6.02 政府对高科技产品的采购，2007 ••••••••••	66
6.03 政府未来愿景中 ICT 的重要性，2007 ••••••	75
6.04 电子政务就绪度指数，*2007 ••••••••••••	45

应用构成	41
个人应用	**64**
7.01 移动电话用户数，*2005 ••••••••••••••	83
7.02 个人电脑数，*2005 ••••••••••••••••••	45
7.03 宽带用户数，*2005 ••••••••••••••••••	54
7.04 互联网用户数，*2005 ••••••••••••••••	62
7.05 互联网带宽，*2005 ••••••••••••••••••	63
商业应用	**36**
8.01 外国技术牌照的流行度，2007 ••••••••••••	49
8.02 公司层面技术引进，2007 ••••••••••••••	54
8.03 创新能力，2007 •••••••••••••••••••••	29
8.04 新电话线的可用性，2007 ••••••••••••••	50
8.05 互联网商用程度，2007 ••••••••••••••••	28
政府应用	**33**
9.01 政府在 ICT 推广方面所获得的成功，2007 ••••	68
9.02 政府在线服务能力，2007 ••••••••••••••	28
9.03 ICT 应用和政府效率，2007 ••••••••••••	27
9.04 政府办公中 ICT 的使用，2007 ••••••••••	53
9.05 电子参与指数，*2007 •••••••••••••••••	22

注：* 统计数据。
需要更多的详细数据和解释，请参考本章开始的"如何阅读国家/经济体概况"部分。

171

保加利亚

关键指标

2006 年人口（百万） ························· 7.7
2006 年人均国内生产总值（购买力平价）（美元） ······ 10021.9
2006 年每 100 名居民中互联网用户数 ············ 24.4
2006 年互联网带宽（兆比特/秒/10000 居民） ······ 17.5

网络就绪度指数

年（经济体数）	排名
2007~2008（127）	**68**
2006~2007（122）	72
2005~2006（115）	64

2007~2008（131）年度的全球竞争力指数 ·········· 79

环境构成　　71

市场环境　　82
1.01 风险资本的可利用性，2007 ············ 58
1.02 金融市场成熟度，2007 ··············· 97
1.03 新技术可用性，2007 ················· 90
1.04 集群发展状况，2007 ················· 106
1.05 实用性专利，*2006 ·················· 63
1.06 高科技出口，*2005 ·················· 56
1.07 政府监管负担，2007 ················· 82
1.08 税收范围及影响，2007 ··············· 87
1.09 总体税率，*2007 ···················· 38
1.10 创业所需时间，*2007 ················ 73
1.11 创业所需程序数目，*2007 ············· 58
1.12 当地竞争的激烈程度，2007 ············ 86
1.13 新闻媒体自由度，2007 ··············· 96
1.14 数字内容的接入能力，2007 ············ 48

政策和管制环境　　89
2.01 立法主体的有效性，2007 ············· 94
2.02 ICT 相关法律，2007 ················· 41
2.03 司法独立性，2007 ··················· 101
2.04 知识产权保护，2007 ················· 103
2.05 法律框架的效率，2007 ··············· 109
2.06 财产权，2007 ······················ 96
2.07 ISP 部门竞争质量，2007 ·············· 67
2.08 执行合同的程序数量，*2007 ··········· 89
2.09 执行合同所需时间，*2007 ············· 66

基础设施环境　　53
3.01 电话线，*2006 ····················· 37
3.02 安全的网络服务器，*2006 ············· 59
3.03 发电量，*2004 ····················· 40
3.04 科学家与工程师的可利用性，2007 ······· 64
3.05 科研机构质量，2007 ················· 72
3.06 高等教育入学率，*2005 ··············· 43
3.07 教育支出，*2005 ···················· 81

就绪度构成　　69

个人就绪度　　61
4.01 数学和科学的教育质量，2007 ··········· 48
4.02 教育系统质量，2007 ················· 73
4.03 校园互联网使用情况，2007 ············· 53
4.04 买方成熟度，2007 ··················· 88
4.05 住宅电话连接费，*2005 ··············· 69
4.06 住宅电话月租费，*2005 ··············· 76
4.07 高速宽带月租费，*2006 ··············· 55
4.08 宽带最低消费，*2006 ················· 52
4.09 移动电话费用，*2005 ················· 77

企业就绪度　　84
5.01 员工培训程度，2007 ················· 116
5.02 当地研究和培训能力，2007 ············· 74
5.03 管理学院质量，2007 ················· 81
5.04 公司研发支出，2007 ················· 100
5.05 高校与产业合作研究，2007 ············· 92
5.06 企业电话连接费用，*2005 ············· 62
5.07 企业电话月租费，*2005 ··············· 68
5.08 当地供应商质量，2007 ················ 76
5.09 当地供应商数量，2007 ················ 70
5.10 计算机、通信和其他服务进口，*2005 ······ 64

政府就绪度　　71
6.01 政府对 ICT 重视程度，2007 ··········· 99
6.02 政府对高科技产品的采购，2007 ········· 83
6.03 政府未来愿景中 ICT 的重要性，2007 ····· 90
6.04 电子政务就绪度指数，*2007 ············ 43

应用构成　　68

个人应用　　46
7.01 移动电话用户数，*2006 ··············· 20
7.02 个人电脑数，*2005 ·················· 70
7.03 宽带用户数，*2006 ·················· 44
7.04 互联网用户数，*2006 ················· 49
7.05 互联网带宽，*2006 ··················· 33

商业应用　　97
8.01 外国技术牌照的流行度，2007 ··········· 98
8.02 公司层面技术引进，2007 ·············· 117
8.03 创新能力，2007 ····················· 78
8.04 新电话线的可用性，2007 ·············· 80
8.05 互联网商用程度，2007 ················ 87

政府应用　　82
9.01 政府在 ICT 推广方面所获得的成功，2007 ··· 96
9.02 政府在线服务能力，2007 ·············· 57
9.03 ICT 应用和政府效率，2007 ············ 97
9.04 政府办公中 ICT 的使用，2007 ·········· 44
9.05 电子参与指数，*2007 ················· 100

注：* 统计数据。

需要更多的详细数据和解释，请参考本章开始的"如何阅读国家/经济体概况"部分。

172

布基纳法索

关键指标

2006 年人口（百万）······················· 13.6
2006 年人均国内生产总值（购买力平价）（美元）····· 1406.4
2006 年每 100 名居民中互联网用户数 ··········· 0.6
2006 年互联网带宽（兆比特/秒/10000 居民）········· 0.2

网络就绪度指数

年（经济体数）   排名
2007~2008（127）················· **103**
2006~2007（122）······················· 99
2005~2006（115）······················ n/a

2007~2008（131）年度的全球竞争力指数 ········· 112

环境构成	95
市场环境	**92**
1.01 风险资本的可利用性，2007	118
1.02 金融市场成熟度，2007	99
1.03 新技术可用性，2007	107
1.04 集群发展状况，2007	117
1.05 实用性专利，*2006	86
1.06 高科技出口，*2004	70
1.07 政府监管负担，2007	42
1.08 税收范围及影响，2007	76
1.09 总体税率，*2007	77
1.10 创业所需时间，*2007	38
1.11 创业所需程序数目，*2007	19
1.12 当地竞争的激烈程度，2007	79
1.13 新闻媒体自由度，2007	90
1.14 数字内容的接入能力，2007	111
政策和管制环境	**69**
2.01 立法主体的有效性，2007	51
2.02 ICT 相关法律，2007	100
2.03 司法独立性，2007	97
2.04 知识产权保护，2007	54
2.05 法律框架的效率，2007	82
2.06 财产权，2007	70
2.07 ISP 部门竞争质量，2007	85
2.08 执行合同的程序数量，*2007	60
2.09 执行合同所需时间，*2007	43
基础设施环境	**109**
3.01 电话线，*2006	118
3.02 安全的网络服务器，*2006	101
3.03 发电量 *	n/a
3.04 科学家与工程师的可利用性，2007	107
3.05 科研机构质量，2007	73
3.06 高等教育入学率，*2005	118
3.07 教育支出，*2005	107

就绪度构成	114
个人就绪度	**120**
4.01 数学和科学的教育质量，2007	86
4.02 教育系统质量，2007	110
4.03 校园互联网使用情况，2007	122
4.04 买方成熟度，2007	121
4.05 住宅电话连接费，*2005	113
4.06 住宅电话月租费，*2005	114
4.07 高速宽带月租费，*2006	104
4.08 宽带最低消费，*2006	109
4.09 移动电话费用，*2005	118
企业就绪度	**96**
5.01 员工培训程度，2007	117
5.02 当地研究和培训能力，2007	86
5.03 管理学院质量，2007	74
5.04 公司研发支出，2007	96
5.05 高校与产业合作研究，2007	99
5.06 企业电话连接费用，*2005	107
5.07 企业电话月租费，*2005	107
5.08 当地供应商质量，2007	86
5.09 当地供应商数量，2007	72
5.10 计算机、通信和其他服务进口 *	n/a
政府就绪度	**99**
6.01 政府对 ICT 重视程度，2007	67
6.02 政府对高科技产品的采购，2007	44
6.03 政府未来愿景中 ICT 的重要性，2007	33
6.04 电子政务就绪度指数，*2007	123

应用构成	96
个人应用	**121**
7.01 移动电话用户数，*2006	119
7.02 个人电脑数，*2005	124
7.03 宽带用户数，*2006	107
7.04 互联网用户数，*2006	121
7.05 互联网带宽，*2006	98
商业应用	**98**
8.01 外国技术牌照的流行度，2007	108
8.02 公司层面技术引进，2007	82
8.03 创新能力，2007	82
8.04 新电话线的可用性，2007	102
8.05 互联网商用程度，2007	98
政府应用	**66**
9.01 政府在 ICT 推广方面所获得的成功，2007	28
9.02 政府在线服务能力，2007	98
9.03 ICT 应用和政府效率，2007	60
9.04 政府办公中 ICT 的使用，2007	67
9.05 电子参与指数，*2007	58

173

注：* 统计数据。
需要更多的详细数据和解释，请参考本章开始的"如何阅读国家/经济体概况"部分。

布隆迪

关键指标

2006 年人口（百万）···················· 7.8
2006 年人均国内生产总值（购买力平价）（美元）····· 676.9
2006 年每 100 名居民中互联网用户数 ·········· 0.8
2005 年互联网带宽（兆比特/秒/10000 居民）········· 0.0

网络就绪度指数

年（经济体数）	排名
2007~2008（127）················ **126**	
2006~2007（122）	121
2005~2006（115）	n/a

2007~2008（131）年度的全球竞争力指数 ·········· 130

环境构成 — 126

市场环境 — 126

1.01 风险资本的可利用性，2007 ··········	126
1.02 金融市场成熟度，2007 ··········	124
1.03 新技术可用性，2007 ··········	127
1.04 集群发展状况，2007 ··········	127
1.05 实用性专利，*2006 ··········	86
1.06 高科技出口，*2005 ··········	109
1.07 政府监管负担，2007 ··········	68
1.08 税收范围及影响，2007 ··········	102
1.09 总体税率，*2007 ··········	120
1.10 创业所需时间，*2007 ··········	91
1.11 创业所需程序数目，*2007 ··········	88
1.12 当地竞争的激烈程度，2007 ··········	118
1.13 新闻媒体自由度，2007 ··········	105
1.14 数字内容的接入能力，2007 ··········	126

政策和管制环境 — 123

2.01 立法主体的有效性，2007 ··········	102
2.02 ICT 相关法律，2007 ··········	122
2.03 司法独立性，2007 ··········	122
2.04 知识产权保护，2007 ··········	123
2.05 法律框架的效率，2007 ··········	115
2.06 财产权，2007 ··········	116
2.07 ISP 部门竞争质量，2007 ··········	122
2.08 执行合同的程序数量，*2007 ··········	104
2.09 执行合同所需时间，*2007 ··········	64

基础设施环境 — 111

3.01 电话线，*2005 ··········	122
3.02 安全的网络服务器，*2006 ··········	101
3.03 发电量 * ··········	n/a
3.04 科学家与工程师的可利用性，2007 ··········	117
3.05 科研机构质量，2007 ··········	121
3.06 高等教育入学率，*2005 ··········	119
3.07 教育支出，*2005 ··········	71

就绪度构成 — 127

个人就绪度 — 122

4.01 数学和科学的教育质量，2007 ··········	88
4.02 教育系统质量，2007 ··········	107
4.03 校园互联网使用情况，2007 ··········	126
4.04 买方成熟度，2007 ··········	126
4.05 住宅电话连接费，*2005 ··········	107
4.06 住宅电话月租费，*2005 ··········	93
4.07 高速宽带月租费 * ··········	n/a
4.08 宽带最低消费，*2006 ··········	117
4.09 移动电话费用，*2006 ··········	122

企业就绪度 — 127

5.01 员工培训程度，2007 ··········	126
5.02 当地研究和培训能力，2007 ··········	127
5.03 管理学院质量，2007 ··········	119
5.04 公司研发支出，2007 ··········	122
5.05 高校与产业合作研究，2007 ··········	122
5.06 企业电话连接费用，*2005 ··········	118
5.07 企业电话月租费，*2005 ··········	75
5.08 当地供应商质量，2007 ··········	122
5.09 当地供应商数量，2007 ··········	112
5.10 计算机、通信和其他服务进口，*2005 ··········	94

政府就绪度 — 125

6.01 政府对 ICT 重视程度，2007 ··········	121
6.02 政府对高科技产品的采购，2007 ··········	115
6.03 政府未来愿景中 ICT 的重要性，2007 ··········	122
6.04 电子政务就绪度指数，*2007 ··········	121

应用构成 — 125

个人应用 — 126

7.01 移动电话用户数，*2005 ··········	126
7.02 个人电脑数，*2005 ··········	116
7.03 宽带用户数，*2005 ··········	118
7.04 互联网用户数，*2006 ··········	119
7.05 互联网带宽，*2005 ··········	124

商业应用 — 125

8.01 外国技术牌照的流行度，2007 ··········	125
8.02 公司层面技术引进，2007 ··········	112
8.03 创新能力，2007 ··········	120
8.04 新电话线的可用性，2007 ··········	116
8.05 互联网商用程度，2007 ··········	125

政府应用 — 118

9.01 政府在 ICT 推广方面所获得的成功，2007 ··········	91
9.02 政府在线服务能力，2007 ··········	114
9.03 ICT 应用和政府效率，2007 ··········	118
9.04 政府办公中 ICT 的使用，2007 ··········	121
9.05 电子参与指数，*2007 ··········	100

注：* 统计数据。

需要更多的详细数据和解释，请参考本章开始的"如何阅读国家/经济体概况"部分。

柬埔寨

关键指标

2006 年人口（百万） ·· 14.4
2006 年人均国内生产总值（购买力平价）（美元） ······ 3374.1
2005 年每 100 名居民中互联网用户数 ····················· 0.3
2005 年互联网带宽（兆比特/秒/10000 居民） ··············· 0.0

网络就绪度指数

年（经济体数）   排名
2007~2008（127） ···························· **115**
2006~2007（122） ······························· 106
2005~2006（115） ······························· 104

2007~2008（131）年度的全球竞争力指数 ·············· 110

环境构成	119
市场环境	**99**
1.01 风险资本的可利用性，2007	97
1.02 金融市场成熟度，2007	106
1.03 新技术可用性，2007	101
1.04 集群发展状况，2007	59
1.05 实用性专利，*2006	86
1.06 高科技出口，*2005	96
1.07 政府监管负担，2007	63
1.08 税收范围及影响，2007	34
1.09 总体税率，*2007	9
1.10 创业所需时间，*2007	114
1.11 创业所需程序数目，*2007	74
1.12 当地竞争的激烈程度，2007	106
1.13 新闻媒体自由度，2007	110
1.14 数字内容的接入能力，2007	88
政策和管制环境	**105**
2.01 立法主体的有效性，2007	63
2.02 ICT 相关法律，2007	115
2.03 司法独立性，2007	114
2.04 知识产权保护，2007	111
2.05 法律框架的效率，2007	92
2.06 财产权，2007	109
2.07 ISP 部门竞争质量，2007	99
2.08 执行合同的程序数量，*2007	104
2.09 执行合同所需时间，*2007	34
基础设施环境	**127**
3.01 电话线，*2006	126
3.02 安全的网络服务器，*2006	101
3.03 发电量，*2004	111
3.04 科学家与工程师的可利用性，2007	125
3.05 科研机构质量，2007	115
3.06 高等教育入学率，*2005	111
3.07 教育支出，*2005	111

就绪度构成	109
个人就绪度	**110**
4.01 数学和科学的教育质量，2007	115
4.02 教育系统质量，2007	92
4.03 校园互联网使用情况，2007	101
4.04 买方成熟度，2007	70
4.05 住宅电话连接费，*2005	103
4.06 住宅电话月租费，*2005	106
4.07 高速宽带月租费，*2006	100
4.08 宽带最低消费，*2006	107
4.09 移动电话费用，*2005	92
企业就绪度	**114**
5.01 员工培训程度，2007	97
5.02 当地研究和培训能力，2007	104
5.03 管理学院质量，2007	113
5.04 公司研发支出，2007	65
5.05 高校与产业合作研究，2007	90
5.06 企业电话连接费用，*2005	108
5.07 企业电话月租费，*2005	114
5.08 当地供应商质量，2007	110
5.09 当地供应商数量，2007	118
5.10 计算机、通信和其他服务进口，*2005	74
政府就绪度	**94**
6.01 政府对 ICT 重视程度，2007	82
6.02 政府对高科技产品的采购，2007	47
6.03 政府未来愿景中 ICT 的重要性，2007	77
6.04 电子政务就绪度指数，*2007	107

应用构成	109
个人应用	**122**
7.01 移动电话用户数，*2006	118
7.02 个人电脑数，*2005	123
7.03 宽带用户数，*2005	109
7.04 互联网用户数，*2005	124
7.05 互联网带宽，*2005	119
商业应用	**109**
8.01 外国技术牌照的流行度，2007	115
8.02 公司层面技术引进，2007	100
8.03 创新能力，2007	110
8.04 新电话线的可用性，2007	110
8.05 互联网商用程度，2007	99
政府应用	**98**
9.01 政府在 ICT 推广方面所获得的成功，2007	88
9.02 政府在线服务能力，2007	118
9.03 ICT 应用和政府效率，2007	58
9.04 政府办公中 ICT 的使用，2007	113
9.05 电子参与指数，*2007	53

175

注：* 统计数据。
需要更多的详细数据和解释，请参考本章开始的"如何阅读国家/经济体概况"部分。

喀麦隆

关键指标

2006 年人口（百万）································· 16.6
2006 年人均国内生产总值（购买力平价）（美元）······ 2188.0
2006 年每 100 名居民中互联网用户数 ··············· 2.2
2005 年互联网带宽（兆比特/秒/10000 居民）··········· 0.1

网络就绪度指数

年（经济体数）	排名
2007~2008（127）···························	**118**
2006~2007（122）·························	113
2005~2006（115）·························	99
2007~2008（131）年度的全球竞争力指数··············	116

环境构成 **124**

市场环境 **122**

1.01 风险资本的可利用性，2007 ················· 122
1.02 金融市场成熟度，2007 ····················· 125
1.03 新技术可用性，2007 ······················ 105
1.04 集群发展状况，2007 ······················ 119
1.05 实用性专利，*2006 ························ 86
1.06 高科技出口，*2005 ························ 99
1.07 政府监管负担，2007 ······················ 123
1.08 税收范围及影响，2007 ····················· 120
1.09 总体税率，*2007 ························· 90
1.10 创业所需时间，2007 ······················ 85
1.11 创业所需程序数目，*2007 ·················· 103
1.12 当地竞争的激烈程度，2007 ················· 97
1.13 新闻媒体自由度，2007 ····················· 84
1.14 数字内容的接入能力，2007 ················· 116

政策和管制环境 **118**

2.01 立法主体的有效性，2007 ··················· 111
2.02 ICT 相关法律，2007 ······················ 120
2.03 司法独立性，2007 ························ 117
2.04 知识产权保护，2007 ······················ 65
2.05 法律框架的效率，2007 ····················· 104
2.06 财产权，2007 ··························· 100
2.07 ISP 部门竞争质量，2007 ··················· 102
2.08 执行合同的程序数量，*2007 ················· 103
2.09 执行合同所需时间，*2007 ·················· 99

基础设施环境 **112**

3.01 电话线，*2005 ·························· 120
3.02 安全的网络服务器，*2006 ·················· 101
3.03 发电量，*2004 ·························· 104
3.04 科学家与工程师的可利用性，2007 ············· 80
3.05 科研机构质量，2007 ······················ 112
3.06 高等教育入学率，*2005 ···················· 103
3.07 教育支出，*2005 ························· 84

就绪度构成 **110**

个人就绪度 **109**

4.01 数学和科学的教育质量，2007 ················ 84
4.02 教育系统质量，2007 ······················ 81
4.03 校园互联网使用情况，2007 ·················· 119
4.04 买方成熟度，2007 ························ 119
4.05 住宅电话连接费，*2005 ···················· 105
4.06 住宅电话月租费，*2005 ···················· 102
4.07 高速宽带月租费，*2006 ···················· 98
4.08 宽带最低消费，*2006 ······················ 100
4.09 移动电话费用，*2006 ······················ 110

企业就绪度 **93**

5.01 员工培训程度，2007 ······················ 112
5.02 当地研究和培训能力，2007 ·················· 100
5.03 管理学院质量，2007 ······················ 95
5.04 公司研发支出，2007 ······················ 108
5.05 高校与产业合作研究，2007 ·················· 116
5.06 企业电话连接费用，*2005 ··················· 99
5.07 企业电话月租费，*2005 ···················· 72
5.08 当地供应商质量，2007 ····················· 101
5.09 当地供应商数量，2007 ····················· 86
5.10 计算机、通信和其他服务进口 * ············· n/a

政府就绪度 **120**

6.01 政府对 ICT 重视程度，2007 ················· 114
6.02 政府对高科技产品的采购，2007 ·············· 101
6.03 政府未来愿景中对 ICT 的重要性，2007 ········· 112
6.04 电子政务就绪度指数，*2007 ················· 112

应用构成 **118**

个人应用 **114**

7.01 移动电话用户数，*2005 ···················· 111
7.02 个人电脑数，*2005 ························ 110
7.03 宽带用户数，*2005 ························ 114
7.04 互联网用户数，*2006 ······················ 114
7.05 互联网带宽，*2005 ························ 101

商业应用 **114**

8.01 外国技术牌照的流行度，2007 ················ 109
8.02 公司层面技术引进，2007 ···················· 93
8.03 创新能力，2007 ·························· 117
8.04 新电话线的可用性，2007 ···················· 114
8.05 互联网商用程度，2007 ····················· 124

政府应用 **108**

9.01 政府在 ICT 推广方面所获得的成功，2007 ········ 74
9.02 政府在线服务能力，2007 ···················· 116
9.03 ICT 应用和政府效率，2007 ·················· 111
9.04 政府办公中 ICT 的使用，2007 ················ 112
9.05 电子参与指数，*2007 ······················ 67

注：* 统计数据。

需要更多的详细数据和解释，请参考本章开始的"如何阅读国家/经济体概况"部分。

加拿大

关键指标

2006 年人口（百万）··· 32.6
2006 年人均国内生产总值（购买力平价）（美元）······ 35513.8
2005 年每 100 名居民中互联网用户数 ············· 67.9
2005 年互联网带宽（兆比特/秒/10000 居民）··········· 67.3

网络就绪度指数

年（经济体数）   排名

2007~2008（127）·················· **13**
2006~2007（122）································ 11
2005~2006（115）································ 6

2007~2008（131）年度的全球竞争力指数 ············· 13

环境构成	8
市场环境	**16**
1.01 风险资本的可利用性，2007	20
1.02 金融市场成熟度，2007	6
1.03 新技术可用性，2007	13
1.04 集群发展状况，2007	23
1.05 实用性专利，*2006	10
1.06 高科技出口，*2005	32
1.07 政府监管负担，2007	45
1.08 税收范围及影响，2007	77
1.09 总体税率，*2007	65
1.10 创业所需时间，*2007	2
1.11 创业所需程序数目，*2007	1
1.12 当地竞争的激烈程度，2007	18
1.13 新闻媒体自由度，2007	11
1.14 数字内容的接入能力，2007	16
政策和管制环境	**19**
2.01 立法主体的有效性，2007	11
2.02 ICT 相关法律，2007	16
2.03 司法独立性，2007	14
2.04 知识产权保护，2007	15
2.05 法律框架的效率，2007	16
2.06 财产权，2007	15
2.07 ISP 部门竞争质量，2007	15
2.08 执行合同的程序数量，*2007	53
2.09 执行合同所需时间，*2007	71
基础设施环境	**5**
3.01 电话线，*2005	4
3.02 安全的网络服务器，*2006	3
3.03 发电量，*2004	3
3.04 科学家与工程师的可利用性，2007	8
3.05 科研机构质量，2007	8
3.06 高等教育入学率，*2004	24
3.07 教育支出，*2005	33

就绪度构成	20
个人就绪度	**11**
4.01 数学和科学的教育质量，2007	15
4.02 教育系统质量，2007	11
4.03 校园互联网使用情况，2007	13
4.04 买方成熟度，2007	17
4.05 住宅电话连接费，*2005	12
4.06 住宅电话月租费，*2005	24
4.07 高速宽带月租费，*2006	10
4.08 宽带最低消费，*2006	16
4.09 移动电话费用，*2005	19
企业就绪度	**19**
5.01 员工培训程度，2007	25
5.02 当地研究和培训能力，2007	10
5.03 管理学院质量，2007	4
5.04 公司研发支出，2007	21
5.05 高校与产业合作研究，2007	15
5.06 企业电话连接费用 *	n/a
5.07 企业电话月租费，*2005	35
5.08 当地供应商质量，2007	12
5.09 当地供应商数量，2007	13
5.10 计算机、通信和其他服务进口，*2005	30
政府就绪度	**25**
6.01 政府对 ICT 重视程度，2007	34
6.02 政府对高科技产品的采购，2007	28
6.03 政府未来愿景中 ICT 的重要性，2007	47
6.04 电子政务就绪度指数，*2007	7

应用构成	15
个人应用	**12**
7.01 移动电话用户数，*2005	75
7.02 个人电脑数，*2005	2
7.03 宽带用户数，*2006	10
7.04 互联网用户数，*2005	9
7.05 互联网带宽，*2005	14
商业应用	**16**
8.01 外国技术牌照的流行度，2007	3
8.02 公司层面技术引进，2007	21
8.03 创新能力，2007	17
8.04 新电话线的可用性，2007	15
8.05 互联网商用程度，2007	11
政府应用	**15**
9.01 政府在 ICT 推广方面所获得的成功，2007	42
9.02 政府在线服务能力，2007	16
9.03 ICT 应用和政府效率，2007	24
9.04 政府办公中 ICT 的使用，2007	21
9.05 电子参与指数，*2007	11

177

注：* 统计数据。
需要更多的详细数据和解释，请参考本章开始的"如何阅读国家/经济体概况"部分。

乍得

关键指标

网络就绪度指数

注：* 统计数据。
需要更多的详细数据和解释，请参考本章开始的"如何阅读国家/经济体概况"部分。

智利

关键指标

网络就绪度指数

179

注：* 统计数据。

需要更多的详细数据和解释，请参考本章开始的"如何阅读国家/经济体概况"部分。

中国

关键指标

2006 年人口（百万）···································· 1323.6
2006 年人均国内生产总值（购买力平价）（美元）······ 7721.9
2006 年每 100 名居民中互联网用户数 ················ 10.4
2006 年互联网带宽（兆比特/秒/10000 居民）·········· 1.9

网络就绪度指数

年（经济体数）   排名

2007~2008（127）·····························**57**
2006~2007（122）······························ 59
2005~2006（115）······························ 50

2007~2008（131）年度的全球竞争力指数 ············· 34

环境构成 **66**
市场环境 **69**
1.01 风险资本的可利用性，2007 ···················· 70
1.02 金融市场成熟度，2007 ························· 89
1.03 新技术可用性，2007 ··························· 78
1.04 集群发展状况，2007 ··························· 29
1.05 实用性专利，*2006 ···························· 57
1.06 高科技出口，*2004 ···························· 8
1.07 政府监管负担，2007 ··························· 35
1.08 税收范围及影响，2007 ························· 45
1.09 总体税率，*2007 ······························ 113
1.10 创业所需时间，*2007 ·························· 81
1.11 创业所需程序数目，*2007 ······················ 103
1.12 当地竞争的激烈程度，2007 ····················· 39
1.13 新闻媒体自由度，2007 ························· 119
1.14 数字内容的接入能力，2007 ····················· 52

政策和管制环境 **58**
2.01 立法主体的有效性，2007 ······················ 37
2.02 ICT 相关法律，2007 ·························· 56
2.03 司法独立性，2007 ···························· 81
2.04 知识产权保护，2007 ·························· 70
2.05 法律框架的效率，2007 ························ 70
2.06 财产权，2007 ································· 75
2.07 ISP 部门竞争质量，2007 ······················ 59
2.08 执行合同的程序数量，*2007 ···················· 46
2.09 执行合同所需时间，*2007 ····················· 36

基础设施环境 **86**
3.01 电话线，*2006 ······························· 45
3.02 安全的网络服务器，*2006 ······················ 101
3.03 发电量，*2004 ······························· 76
3.04 科学家与工程师的可利用性，2007 ················ 77
3.05 科研机构质量，2007 ·························· 55
3.06 高等教育入学率，*2005 ······················ 77
3.07 教育支出，*2005 ···························· 110

就绪度构成 **54**
个人就绪度 **59**
4.01 数学和科学的教育质量，2007 ·················· 55
4.02 教育系统质量，2007 ·························· 70
4.03 校园互联网使用情况，2007 ···················· 46
4.04 买方成熟度，2007 ···························· 39
4.05 住宅电话连接费 * ···························· n/a
4.06 住宅电话月租费，*2005 ······················ 74
4.07 高速宽带月租费，*2006 ······················ 46
4.08 宽带最低消费，*2006 ························ 50
4.09 移动电话费用，*2005 ························ 64

企业就绪度 **58**
5.01 员工培训程度，2007 ·························· 61
5.02 当地研究和培训能力，2007 ···················· 39
5.03 管理学院质量，2007 ·························· 87
5.04 公司研发支出，2007 ·························· 32
5.05 高校与产业合作研究，2007 ···················· 25
5.06 企业电话连接费用 * ·························· n/a
5.07 企业电话月租费，*2005 ······················ 63
5.08 当地供应商质量，2007 ························ 72
5.09 当地供应商数量，2007 ························ 35
5.10 计算机、通信和其他服务进口，*2005 ·············· 49

政府就绪度 **42**
6.01 政府对 ICT 重视程度，2007 ···················· 74
6.02 政府对高科技产品的采购，2007 ················· 22
6.03 政府未来愿景中 ICT 的重要性，2007 ············· 29
6.04 电子政务就绪度指数，*2007 ···················· 62

应用构成 **54**
个人应用 **80**
7.01 移动电话用户数，*2006 ······················ 87
7.02 个人电脑数，*2005 ·························· 84
7.03 宽带用户数，*2006 ·························· 48
7.04 互联网用户数，*2006 ························ 79
7.05 互联网带宽，*2006 ·························· 59

商业应用 **59**
8.01 外国技术牌照的流行度，2007 ·················· 87
8.02 公司层面技术引进，2007 ······················ 50
8.03 创新能力，2007 ······························ 34
8.04 新电话线的可用性，2007 ······················ 71
8.05 互联网商用程度，2007 ························ 60

政府应用 **34**
9.01 政府在 ICT 推广方面所获得的成功，2007 ·········· 48
9.02 政府在线服务能力，2007 ······················ 39
9.03 ICT 应用和政府效率，2007 ···················· 38
9.04 政府办公中 ICT 的使用，2007 ·················· 40
9.05 电子参与指数，*2007 ························ 19

180

注：* 统计数据。

需要更多的详细数据和解释，请参考本章开始的"如何阅读国家/经济体概况"部分。

哥伦比亚

关键指标

2006 年人口（百万）······················· 46.3
2006 年人均国内生产总值（购买平价）（美元）······ 8260.3
2006 年每 100 名居民中互联网用户数 ··········· 14.5
2006 年互联网带宽（兆比特/秒/10000 居民）········· 5.5

网络就绪度指数

年（经济体数）	排名
2007~2008（127）············	**69**
2006~2007（122）···············	64
2005~2006（115）···············	62

2007~2008（131）年度的全球竞争力指数 ··········· 69

环境构成	**80**
市场环境	**96**
1.01 风险资本的可利用性，2007 ·············	75
1.02 金融市场成熟度，2007 ···············	61
1.03 新技术可用性，2007 ·················	86
1.04 集群发展状况，2007 ·················	78
1.05 实用性专利，*2006 ·················	75
1.06 高科技出口，*2005 ·················	62
1.07 政府监管负担，2007 ·················	108
1.08 税收范围及影响，2007 ···············	106
1.09 总体税率，*2007 ··················	117
1.10 创业所需时间，*2007 ················	90
1.11 创业所需程序数目，*2007 ·············	88
1.12 当地竞争的激烈程度，2007 ·············	64
1.13 新闻媒体自由度，2007 ···············	46
1.14 数字内容的接入能力，2007 ·············	77
政策和管制环境	**79**
2.01 立法主体的有效性，2007 ·············	87
2.02 ICT 相关法律，2007 ················	54
2.03 司法独立性，2007 ··················	63
2.04 知识产权保护，2007 ·················	62
2.05 法律框架的效率，2007 ···············	63
2.06 财产权，2007 ·····················	67
2.07 ISP 部门竞争质量，2007 ·············	58
2.08 执行合同的程序数量，*2007 ············	40
2.09 执行合同所需时间，*2007 ·············	116
基础设施环境	**74**
3.01 电话线，*2006 ···················	67
3.02 安全的网络服务器，*2006 ·············	63
3.03 发电量，*2004 ···················	82
3.04 科学家与工程师的可利用性，2007 ·········	82
3.05 科研机构质量，2007 ·················	86
3.06 高等教育入学率，*2005 ···············	67
3.07 教育支出，*2005 ··················	40

就绪度构成	**64**
个人就绪度	**74**
4.01 数学和科学的教育质量，2007 ···········	78
4.02 教育系统质量，2007 ·················	57
4.03 校园互联网使用情况，2007 ·············	75
4.04 买方成熟度，2007 ··················	72
4.05 住宅电话连接费，*2005 ···············	78
4.06 住宅电话月租费，*2005 ···············	105
4.07 高速宽带月租费，*2006 ···············	62
4.08 宽带最低消费，*2006 ················	77
4.09 移动电话费用，*2005 ················	66
企业就绪度	**55**
5.01 员工培训程度，2007 ·················	69
5.02 当地研究和培训能力，2007 ·············	69
5.03 管理学院质量，2007 ·················	46
5.04 公司研发支出，2007 ·················	75
5.05 高校与产业合作研究，2007 ·············	51
5.06 企业电话连接费用，*2005 ·············	70
5.07 企业电话月租费，*2005 ···············	56
5.08 当地供应商质量，2007 ···············	48
5.09 当地供应商数量，2007 ···············	54
5.10 计算机、通信和其他服务进口，*2005 ·······	73
政府就绪度	**57**
6.01 政府对 ICT 重视程度，2007 ···········	69
6.02 政府对高科技产品的采购，2007 ··········	67
6.03 政府未来愿景中 ICT 的重要性，2007 ·······	72
6.04 电子政务就绪度指数，*2007 ············	51

应用构成	**64**
个人应用	**65**
7.01 移动电话用户数，*2006 ···············	65
7.02 个人电脑数，*2005 ·················	86
7.03 宽带用户数，*2006 ·················	63
7.04 互联网用户数，*2006 ················	69
7.05 互联网带宽，*2006 ·················	49
商业应用	**74**
8.01 外国技术牌照的流行度，2007 ···········	84
8.02 公司层面技术引进，2007 ··············	94
8.03 创新能力，2007 ···················	64
8.04 新电话线的可用性，2007 ··············	49
8.05 互联网商用程度，2007 ···············	74
政府应用	**53**
9.01 政府在 ICT 推广方面所获得的成功，2007 ·····	76
9.02 政府在线服务能力，2007 ··············	63
9.03 ICT 应用和政府效率，2007 ············	63
9.04 政府办公中 ICT 的使用，2007 ··········	88
9.05 电子参与指数，*2007 ················	24

注：* 统计数据。

需要更多的详细数据和解释，请参考本章开始的"如何阅读国家/经济体概况"部分。

哥斯达黎加

关键指标

2006 年人口（百万）·············· 4.4
2006 年人均国内生产总值（购买力平价）(美元)······ 11862.1
2006 年每 100 名居民中互联网用户数 ·········· 27.6
2006 年互联网带宽（兆比特/秒/10000 居民）·········· 1.8

网络就绪度指数

年（经济体数）	排名
2007~2008（127）·············	**60**
2006~2007（122）··········	56
2005~2006（115）··········	69
2007~2008（131）年度的全球竞争力指数 ··········	63

环境构成	61
市场环境	**70**
1.01 风险资本的可利用性，2007 ··········	85
1.02 金融市场成熟度，2007 ··········	66
1.03 新技术可用性，2007 ··········	71
1.04 集群发展状况，2007 ··········	68
1.05 实用性专利，*2006 ··········	45
1.06 高科技出口，*2005 ··········	12
1.07 政府监管负担，2007 ··········	91
1.08 税收范围及影响，2007 ··········	47
1.09 总体税率，*2007 ··········	99
1.10 创业所需时间，*2007 ··········	113
1.11 创业所需程序数目，*2007 ··········	98
1.12 当地竞争的激烈程度，2007 ··········	50
1.13 新闻媒体自由度，2007 ··········	24
1.14 数字内容的接入能力，2007 ··········	83
政策和管制环境	**71**
2.01 立法主体的有效性，2007 ··········	113
2.02 ICT 相关法律，2007 ··········	59
2.03 司法独立性，2007 ··········	36
2.04 知识产权保护，2007 ··········	58
2.05 法律框架的效率，2007 ··········	40
2.06 财产权，2007 ··········	64
2.07 ISP 部门竞争质量，2007 ··········	124
2.08 执行合同的程序数量，*2007 ··········	89
2.09 执行合同所需时间，*2007 ··········	107
基础设施环境	**52**
3.01 电话线，*2006 ··········	38
3.02 安全的网络服务器，*2006 ··········	30
3.03 发电量，*2004 ··········	71
3.04 科学家与工程师的可利用性，2007 ··········	39
3.05 科研机构质量，2007 ··········	34
3.06 高等教育入学率，*2005 ··········	71
3.07 教育支出，*2005 ··········	66

就绪度构成	48
个人就绪度	**52**
4.01 数学和科学的教育质量，2007 ··········	65
4.02 教育系统质量，2007 ··········	35
4.03 校园互联网使用情况，2007 ··········	73
4.04 买方成熟度，2007 ··········	35
4.05 住宅电话连接费，*2005 ··········	58
4.06 住宅电话月费，*2005 ··········	48
4.07 高速宽带月租费，*2006 ··········	82
4.08 宽带最低消费，*2006 ··········	60
4.09 移动电话费用，*2005 ··········	39
企业就绪度	**34**
5.01 员工培训程度，2007 ··········	27
5.02 当地研究和培训能力，2007 ··········	36
5.03 管理学院质量，2007 ··········	27
5.04 公司研发支出，2007 ··········	30
5.05 高校与产业合作研究，2007 ··········	35
5.06 企业电话连接费用，*2005 ··········	48
5.07 企业电话月租费，*2005 ··········	38
5.08 当地供应商质量，2007 ··········	35
5.09 当地供应商数量，2007 ··········	40
5.10 计算机、通信和其他服务进口，*2005 ··········	79
政府就绪度	**66**
6.01 政府对 ICT 重视程度，2007 ··········	77
6.02 政府对高科技产品的采购，2007 ··········	60
6.03 政府未来愿景中 ICT 的重要性，2007 ··········	89
6.04 电子政务就绪度指数，*2007 ··········	56

应用构成	69
个人应用	**61**
7.01 移动电话用户数，*2006 ··········	89
7.02 个人电脑数，*2005 ··········	35
7.03 宽带用户数，*2006 ··········	64
7.04 互联网用户数，*2006 ··········	45
7.05 互联网带宽，*2006 ··········	60
商业应用	**76**
8.01 外国技术牌照的流行度，2007 ··········	57
8.02 公司层面技术引进，2007 ··········	55
8.03 创新能力，2007 ··········	37
8.04 新电话线的可用性，2007 ··········	117
8.05 互联网商用程度，2007 ··········	71
政府应用	**64**
9.01 政府在 ICT 推广方面所获得的成功，2007 ··········	82
9.02 政府在线服务能力，2007 ··········	70
9.03 ICT 应用和政府效率，2007 ··········	93
9.04 政府办公中 ICT 的使用，2007 ··········	80
9.05 电子参与指数，*2007 ··········	32

注：* 统计数据。
需要更多的详细数据和解释，请参考本章开始的"如何阅读国家/经济体概况"部分。

克罗地亚

关键指标

2006 年人口（百万）·············· 4.6
2006 年人均国内生产总值（购买力平价）（美元）····· 14522.6
2006 年每 100 名居民中互联网用户数 ······· 34.6
2006 年互联网带宽（兆比特/秒/10000 居民）······ 10.4

网络就绪度指数

年（经济体数）	排名
2007~2008 （127） ··············	**49**
2006~2007 （122） ··············	46
2005~2006 （115） ··············	57

2007~2008 （131）年度的全球竞争力指数 ······ 57

环境构成	**52**
市场环境	**61**
1.01 风险资本的可利用性，2007 ·······	72
1.02 金融市场成熟度，2007 ··········	67
1.03 新技术可用性，2007 ··········	75
1.04 集群发展状况，2007 ··········	64
1.05 实用性专利，*2006 ··········	33
1.06 高科技出口，*2005 ··········	39
1.07 政府监管负担，2007 ··········	89
1.08 税收范围及影响，2007 ·········	83
1.09 总体税率，*2007 ··········	22
1.10 创业所需时间，*2007 ·········	89
1.11 创业所需程序数目，*2007 ·······	44
1.12 当地竞争的激烈程度，2007 ·······	63
1.13 新闻媒体自由度，2007 ·········	71
1.14 数字内容的接入能力，2007 ·······	44
政策和管制环境	**63**
2.01 立法主体的有效性，2007 ········	59
2.02 ICT 相关法律，2007 ··········	45
2.03 司法独立性，2007 ··········	85
2.04 知识产权保护，2007 ··········	57
2.05 法律框架的效率，2007 ·········	79
2.06 财产权，2007 ··········	77
2.07 ISP 部门竞争质量，2007 ········	57
2.08 执行合同的程序数量，*2007 ·······	65
2.09 执行合同所需时间，*2007 ········	65
基础设施环境	**44**
3.01 电话线，*2006 ··········	32
3.02 安全的网络服务器，*2006 ········	37
3.03 发电量，*2004 ··········	58
3.04 科学家与工程师的可利用性，2007 ·····	46
3.05 科研机构质量，2007 ··········	53
3.06 高等教育入学率，*2004 ·········	46
3.07 教育支出，*2005 ··········	61

就绪度构成	**42**
个人就绪度	**44**
4.01 数学和科学的教育质量，2007 ······	27
4.02 教育系统质量，2007 ··········	59
4.03 校园互联网使用情况，2007 ·······	42
4.04 买方成熟度，2007 ··········	69
4.05 住宅电话连接费，*2005 ·········	63
4.06 住宅电话月租费，*2005 ·········	60
4.07 高速宽带月租费，*2006 ·········	45
4.08 宽带最低消费，*2006 ··········	40
4.09 移动电话费用，*2005 ··········	48
企业就绪度	**45**
5.01 员工培训程度，2007 ··········	60
5.02 当地研究和培训能力，2007 ·······	38
5.03 管理学院质量，2007 ··········	70
5.04 公司研发支出，2007 ··········	46
5.05 高校与产业合作研究，2007 ·······	37
5.06 企业电话连接费用，*2005 ········	56
5.07 企业电话月租费，*2005 ·········	44
5.08 当地供应商质量，2007 ·········	71
5.09 当地供应商数量，2007 ·········	81
5.10 计算机、通信和其他服务进口，*2005 ···	7
政府就绪度	**54**
6.01 政府对 ICT 重视程度，2007 ······	61
6.02 政府对高科技产品的采购，2007 ·····	79
6.03 政府未来愿景中 ICT 的重要性，2007 ··	76
6.04 电子政务就绪度指数，*2007 ·······	47

应用构成	**48**
个人应用	**41**
7.01 移动电话用户数，*2006 ·········	31
7.02 个人电脑数，*2005 ··········	39
7.03 宽带用户数，*2006 ··········	41
7.04 互联网用户数，*2006 ··········	36
7.05 互联网带宽，*2005 ··········	37
商业应用	**52**
8.01 外国技术牌照的流行度，2007 ······	45
8.02 公司层面技术引进，2007 ········	92
8.03 创新能力，2007 ··········	47
8.04 新电话线的可用性，2007 ········	41
8.05 互联网商用程度，2007 ·········	65
政府应用	**62**
9.01 政府在 ICT 推广方面所获得的成功，2007	65
9.02 政府在线服务能力，2007 ········	69
9.03 ICT 应用和政府效率，2007 ·······	82
9.04 政府办公中 ICT 的使用，2007 ·····	34
9.05 电子参与指数，*2007 ··········	69

注：* 统计数据。
需要更多的详细数据和解释，请参考本章开始的"如何阅读国家/经济体概况"部分。

183

塞浦路斯

关键指标

2006 年人口（百万）·· 0.8
2006 年人均国内生产总值（购买力平价）（美元）····· 29870.1
2006 年每 100 名居民中互联网用户数 ···················· 42.2
2004 年互联网带宽（兆比特/秒/10000 居民）············ 3.7

网络就绪度指数

年（经济体数）	排名
2007~2008（127）··························	**41**
2006~2007（122）····························	43
2005~2006（115）····························	33
2007~2008（131）年度的全球竞争力指数 ·········	55

环境构成	30
市场环境	**40**
1.01 风险资本的可利用性，2007 ···················	44
1.02 金融市场成熟度，2007 ······················	45
1.03 新技术可用性，2007 ·························	49
1.04 集群发展状况，2007 ·························	47
1.05 实用性专利，*2006 ··························	29
1.06 高科技出口，*2004 ··························	16
1.07 政府监管负担，2007 ·························	27
1.08 税收范围及影响，2007 ······················	19
1.09 总体税率 * ·································	n/a
1.10 创业所需时间 * ·····························	n/a
1.11 创业所需程序数目 * ··························	n/a
1.12 当地竞争的激烈程度，2007 ···················	36
1.13 新闻媒体自由度，2007 ······················	38
1.14 数字内容的接入能力，2007 ···················	68
政策和管制环境	**33**
2.01 立法主体的有效性，2007 ·····················	34
2.02 ICT 相关法律，2007 ·························	58
2.03 司法独立性，2007 ··························	33
2.04 知识产权保护，2007 ·························	39
2.05 法律框架的效率，2007 ······················	32
2.06 财产权，2007 ······························	36
2.07 ISP 部门竞争质量，2007 ····················	38
2.08 执行合同的程序数量，* ······················	n/a
2.09 执行合同所需时间，* ·························	n/a
基础设施环境	**30**
3.01 电话线，*2006 ·····························	19
3.02 安全的网络服务器，*2006 ····················	20
3.03 发电量，*2003 ·····························	44
3.04 科学家与工程师的可利用性，2007 ·············	33
3.05 科研机构质量，2007 ·························	75
3.06 高等教育入学率，*2005 ······················	59
3.07 教育支出，*2005 ····························	22

就绪度构成	45
个人就绪度	**32**
4.01 数学和科学的教育质量，2007 ·················	18
4.02 教育系统质量，2007 ·························	23
4.03 校园互联网使用情况，2007 ···················	43
4.04 买方成熟度，2007 ··························	38
4.05 住宅电话连接费，*2006 ······················	33
4.06 住宅电话月租费，*2006 ······················	41
4.07 高速宽带月租费，*2006 ······················	35
4.08 宽带最低消费，*2006 ························	36
4.09 移动电话费用，*2005 ························	14
企业就绪度	**60**
5.01 员工培训程度，2007 ·························	71
5.02 当地研究和培训能力，2007 ···················	68
5.03 管理学院质量，2007 ·························	53
5.04 公司研发支出，2007 ·························	80
5.05 高校与产业合作研究，2007 ···················	73
5.06 企业电话连接费用，*2006 ····················	26
5.07 企业电话月租费，*2006 ······················	30
5.08 当地供应商质量，2007 ······················	46
5.09 当地供应商数量，2007 ······················	76
5.10 计算机、通信和其他服务进口，*2005 ··········	92
政府就绪度	**52**
6.01 政府对 ICT 重视程度，2007 ··················	85
6.02 政府对高科技产品的采购，2007 ···············	77
6.03 政府未来愿景中 ICT 的重要性，2007 ··········	74
6.04 电子政务就绪度指数，*2007 ··················	35

应用构成	46
个人应用	**37**
7.01 移动电话用户数，*2006 ······················	38
7.02 个人电脑数，*2005 ··························	29
7.03 宽带用户数，*2006 ··························	38
7.04 互联网用户数，*2006 ························	30
7.05 互联网带宽，*2004 ··························	53
商业应用	**54**
8.01 外国技术牌照的流行度，2007 ·················	66
8.02 公司层面技术引进，2007 ·····················	64
8.03 创新能力，2007 ·····························	69
8.04 新电话线的可用性，2007 ·····················	34
8.05 互联网商用程度，2007 ······················	48
政府应用	**63**
9.01 政府在 ICT 推广方面所获得的成功，2007 ·······	75
9.02 政府在线服务能力，2007 ·····················	46
9.03 ICT 应用和政府效率，2007 ···················	47
9.04 政府办公中 ICT 的使用，2007 ················	77
9.05 电子参与指数，*2007 ························	82

注：* 统计数据。

需要更多的详细数据和解释，请参考本章开始的"如何阅读国家/经济体概况"部分。

捷克共和国

关键指标

2006 年人口（百万） ··················· 10.2
2006 年人均国内生产总值（购买力平价）（美元）······ 23399.1
2006 年每 100 名居民中互联网用户数 ··········· 34.7
2005 年互联网带宽（兆比特/秒/10000 居民）······ 21.8

网络就绪度指数

年（经济体数）   排名

2007~2008（127） ····················· **36**
2006~2007（122） ····················· 34
2005~2006（115） ····················· 32

2007~2008（131）年度的全球竞争力指数 ·········· 33

环境构成	42
市场环境	**46**
1.01 风险资本的可利用性，2007	66
1.02 金融市场成熟度，2007	53
1.03 新技术可用性，2007	44
1.04 集群发展状况，2007	31
1.05 实用性专利，*2006	32
1.06 高科技出口，*2005	26
1.07 政府监管负担，2007	119
1.08 税收范围及影响，2007	85
1.09 总体税率，*2007	75
1.10 创业所需时间，*2007	36
1.11 创业所需程序数目，*2007	74
1.12 当地竞争的激烈程度，2007	17
1.13 新闻媒体自由度，2007	37
1.14 数字内容的接入能力，2007	26
政策和管制环境	**54**
2.01 立法主体的有效性，2007	82
2.02 ICT 相关法律，2007	44
2.03 司法独立性，2007	56
2.04 知识产权保护，2007	51
2.05 法律框架的效率，2007	77
2.06 财产权，2007	65
2.07 ISP 部门竞争质量，2007	53
2.08 执行合同的程序数量，*2007	8
2.09 执行合同所需时间，*2007	101
基础设施环境	**34**
3.01 电话线，*2005	36
3.02 安全的网络服务器，*2006	31
3.03 发电量，*2004	19
3.04 科学家与工程师的可利用性，2007	5
3.05 科研机构质量，2007	30
3.06 高等教育入学率，*2005	36
3.07 教育支出，*2005	59

就绪度构成	33
个人就绪度	**31**
4.01 数学和科学的教育质量，2007	9
4.02 教育系统质量，2007	32
4.03 校园互联网使用情况，2007	23
4.04 买方成熟度，2007	46
4.05 住宅电话连接费，*2005	71
4.06 住宅电话月租费，*2005	58
4.07 高速宽带月租费，*2006	40
4.08 宽带最低消费，*2006	30
4.09 移动电话费用，*2005	35
企业就绪度	**25**
5.01 员工培训程度，2007	35
5.02 当地研究和培训能力，2007	25
5.03 管理学院质量，2007	38
5.04 公司研发支出，2007	29
5.05 高校与产业合作研究，2007	27
5.06 企业电话连接费用，*2005	64
5.07 企业电话月租费，*2005	57
5.08 当地供应商质量，2007	26
5.09 当地供应商数量，2007	17
5.10 计算机、通信和其他服务进口，*2005	16
政府就绪度	**49**
6.01 政府对 ICT 重视程度，2007	76
6.02 政府对高科技产品的采购，2007	45
6.03 政府未来愿景中 ICT 的重要性，2007	103
6.04 电子政务就绪度指数，*2007	25

应用构成	37
个人应用	**31**
7.01 移动电话用户数，*2006	9
7.02 个人电脑数，*2005	31
7.03 宽带用户数，*2006	32
7.04 互联网用户数，*2006	35
7.05 互联网带宽，*2005	29
商业应用	**25**
8.01 外国技术牌照的流行度，2007	39
8.02 公司层面技术引进，2007	35
8.03 创新能力，2007	25
8.04 新电话线的可用性，2007	27
8.05 互联网商用程度，2007	20
政府应用	**92**
9.01 政府在 ICT 推广方面所获得的成功，2007	103
9.02 政府在线服务能力，2007	84
9.03 ICT 应用和政府效率，2007	101
9.04 政府办公中 ICT 的使用，2007	76
9.05 电子参与指数，*2007	58

注：* 统计数据。
需要更多的详细数据和解释，请参考本章开始的"如何阅读国家/经济体概况"部分。

丹麦

关键指标

2006 年人口（百万）· 5.4
2006 年人均国内生产总值（购买力平价）（美元）· · · 36920.4
2006 年每 100 名居民中互联网用户数 · · · · · · · · · · · 58.2
2005 年互联网带宽（兆比特/秒/10000 居民）· · · · · · · · · · 349.0

网络就绪度指数

年（经济体数） 排名

2007~2008（127）· · · · · · · · · · · · · · · · · · · 1
2006~2007（122）· 1
2005~2006（115）· 3

2007~2008（131）年度的全球竞争力指数 · · · · · · · · 3

环境构成	2
市场环境	**11**
1.01 风险资本的可利用性，2007	8
1.02 金融市场成熟度，2007	13
1.03 新技术可用性，2007	5
1.04 集群发展状况，2007	19
1.05 实用性专利，*2006	13
1.06 高科技出口，*2005	25
1.07 政府监管负担，2007	23
1.08 税收范围及影响，2007	107
1.09 总体税率，*2007	26
1.10 创业所需时间，*2007	6
1.11 创业所需程序数目，*2007	7
1.12 当地竞争的激烈程度，2007	26
1.13 新闻媒体自由度，2007	2
1.14 数字内容的接入能力，2007	4
政策和管制环境	**2**
2.01 立法主体的有效性，2007	2
2.02 ICT 相关法律，2007	1
2.03 司法独立性，2007	3
2.04 知识产权保护，2007	4
2.05 法律框架的效率，2007	1
2.06 财产权，2007	2
2.07 ISP 部门竞争质量，2007	16
2.08 执行合同的程序数量，*2007	40
2.09 执行合同所需时间，*2007	27
基础设施环境	**4**
3.01 电话线，*2006	8
3.02 安全的网络服务器，*2006	4
3.03 发电量，*2004	25
3.04 科学家与工程师的可利用性，2007	11
3.05 科研机构质量，2007	14
3.06 高等教育入学率，*2005	9
3.07 教育支出，*2005	1

就绪度构成	2
个人就绪度	**6**
4.01 数学和科学的教育质量，2007	19
4.02 教育系统质量，2007	4
4.03 校园互联网使用情况，2007	5
4.04 买方成熟度，2007	13
4.05 住宅电话连接费，*2005	31
4.06 住宅电话月租费，*2005	19
4.07 高速宽带月租费，*2006	14
4.08 宽带最低消费，*2006	22
4.09 移动电话费用，*2005	9
企业就绪度	**6**
5.01 员工培训程度，2007	1
5.02 当地研究和培训能力，2007	11
5.03 管理学院质量，2007	9
5.04 公司研发支出，2007	8
5.05 高校与产业合作研究，2007	11
5.06 企业电话连接费用，*2005	25
5.07 企业电话月租费，*2005	10
5.08 当地供应商质量，2007	8
5.09 当地供应商数量，2007	19
5.10 计算机、通信和其他服务进口，*2004	39
政府就绪度	**2**
6.01 政府对 ICT 重视程度，2007	3
6.02 政府对高科技产品的采购，2007	13
6.03 政府未来愿景中 ICT 的重要性，2007	6
6.04 电子政务就绪度指数，*2007	2

应用构成	1
个人应用	**2**
7.01 移动电话用户数，*2006	21
7.02 个人电脑数，*2005	9
7.03 宽带用户数，*2006	1
7.04 互联网用户数，*2006	16
7.05 互联网带宽，*2005	1
商业应用	**5**
8.01 外国技术牌照的流行度，2007	9
8.02 公司层面技术引进，2007	10
8.03 创新能力，2007	6
8.04 新电话线的可用性，2007	4
8.05 互联网商用程度，2007	7
政府应用	**1**
9.01 政府在 ICT 推广方面所获得的成功，2007	10
9.02 政府在线服务能力，2007	3
9.03 ICT 应用和政府效率，2007	3
9.04 政府办公中 ICT 的使用，2007	5
9.05 电子参与指数，*2007	3

注：* 统计数据。

需要更多的详细数据和解释，请参考本章开始的"如何阅读国家/经济体概况"部分。

多米尼加共和国

关键指标

2006 年人口（百万）· 9.0
2006 年人均国内生产总值（购买力平价）（美元）· · · · · · 9376.7
2006 年每 100 名居民中互联网用户数 · · · · · · · · · · · · · · 22.2
2006 年互联网带宽（兆比特/秒/10000 居民）· · · · · · · · · · 0.1

网络就绪度指数

年（经济体数）	排名
2007~2008 （127） · · · · · · · · · · · · · · · · ·	**75**
2006~2007 （122）· ·	66
2005~2006 （115）· ·	89

2007~2008 （131）年度的全球竞争力指数 · · · · · · · · · 96

环境构成	83
市场环境	**62**
1.01 风险资本的可利用性，2007 · · · · · · · · · · · · · · ·	100
1.02 金融市场成熟度，2007 · · · · · · · · · · · · · · · · · ·	83
1.03 新技术可用性，2007 · · · · · · · · · · · · · · · · · · ·	62
1.04 集群发展状况，2007 · · · · · · · · · · · · · · · · · · ·	95
1.05 实用性专利，*2006 ·	74
1.06 高科技出口 * ·	n/a
1.07 政府监管负担，2007 · · · · · · · · · · · · · · · · · · ·	75
1.08 税收范围及影响，2007 · · · · · · · · · · · · · · · · · ·	116
1.09 总体税率，*2007 ·	50
1.10 创业所需时间，*2007 · · · · · · · · · · · · · · · · · · ·	47
1.11 创业所需程序数目，*2007 · · · · · · · · · · · · · · · ·	58
1.12 当地竞争的激烈程度，2007 · · · · · · · · · · · · · · ·	96
1.13 新闻媒体自由度，2007 · · · · · · · · · · · · · · · · · ·	65
1.14 数字内容的接入能力，2007 · · · · · · · · · · · · · · ·	46
政策和管制环境	**68**
2.01 立法主体的有效性，2007 · · · · · · · · · · · · · · · · ·	107
2.02 ICT 相关法律，2007 · · · · · · · · · · · · · · · · · · ·	62
2.03 司法独立性，2007 ·	87
2.04 知识产权保护，2007 · · · · · · · · · · · · · · · · · · ·	76
2.05 法律框架的效率，2007 · · · · · · · · · · · · · · · · · ·	98
2.06 财产权，2007 ·	80
2.07 ISP 部门竞争质量，2007 · · · · · · · · · · · · · · · · ·	49
2.08 执行合同的程序数量，*2007 · · · · · · · · · · · · · · ·	40
2.09 执行合同所需时间，*2007 · · · · · · · · · · · · · · · ·	45
基础设施环境	**108**
3.01 电话线，*2006 ·	87
3.02 安全的网络服务器，*2006 · · · · · · · · · · · · · · · ·	63
3.03 发电量，*2004 ·	78
3.04 科学家与工程师的可利用性，2007 · · · · · · · · · · ·	115
3.05 科研机构质量，2007 · · · · · · · · · · · · · · · · · · ·	119
3.06 高等教育入学率，*2004 · · · · · · · · · · · · · · · · ·	60
3.07 教育支出，*2005 ·	118

就绪度构成	79
个人就绪度	**82**
4.01 数学和科学的教育质量，2007 · · · · · · · · · · · · ·	124
4.02 教育系统质量，2007 · · · · · · · · · · · · · · · · · · ·	124
4.03 校园互联网使用情况，2007 · · · · · · · · · · · · · · ·	85
4.04 买方成熟度，2007 ·	67
4.05 住宅电话连接费，*2006 · · · · · · · · · · · · · · · · ·	57
4.06 住宅电话月租费，*2006 · · · · · · · · · · · · · · · · ·	95
4.07 高速宽带月租费，*2006 · · · · · · · · · · · · · · · · ·	59
4.08 宽带最低消费，*2006 · · · · · · · · · · · · · · · · · ·	64
4.09 移动电话费用，*2005 · · · · · · · · · · · · · · · · · ·	70
企业就绪度	**92**
5.01 员工培训程度，2007 · · · · · · · · · · · · · · · · · · ·	90
5.02 当地研究和培训能力，2007 · · · · · · · · · · · · · · ·	94
5.03 管理学院质量，2007 · · · · · · · · · · · · · · · · · · ·	89
5.04 公司研发支出，2007 · · · · · · · · · · · · · · · · · · ·	97
5.05 高校与产业合作研究，2007 · · · · · · · · · · · · · · ·	95
5.06 企业电话连接费用，*2006 · · · · · · · · · · · · · · · ·	61
5.07 企业电话月租费，*2005 · · · · · · · · · · · · · · · · ·	71
5.08 当地供应商质量，2007 · · · · · · · · · · · · · · · · · ·	87
5.09 当地供应商数量，2007 · · · · · · · · · · · · · · · · · ·	88
5.10 计算机、通信和其他服务进口，*2005 · · · · · · · · ·	108
政府就绪度	**51**
6.01 政府对 ICT 重视程度，2007 · · · · · · · · · · · · · · ·	39
6.02 政府对高科技产品的采购，2007 · · · · · · · · · · · ·	91
6.03 政府未来愿景中 ICT 的重要性，2007 · · · · · · · · ·	43
6.04 电子政务就绪度指数，*2007 · · · · · · · · · · · · · · ·	65

应用构成	56
个人应用	**72**
7.01 移动电话用户数，*2006 · · · · · · · · · · · · · · · · ·	79
7.02 个人电脑数，*2005 ·	94
7.03 宽带用户数，*2006 ·	70
7.04 互联网用户数，*2006 · · · · · · · · · · · · · · · · · · ·	51
7.05 互联网带宽，*2006 ·	107
商业应用	**62**
8.01 外国技术牌照的流行度，2007 · · · · · · · · · · · · · ·	62
8.02 公司层面技术引进，2007 · · · · · · · · · · · · · · · · ·	62
8.03 创新能力，2007 ·	97
8.04 新电话线的可用性，2007 · · · · · · · · · · · · · · · · ·	36
8.05 互联网商用程度，2007 · · · · · · · · · · · · · · · · · ·	72
政府应用	**44**
9.01 政府在 ICT 推广方面所获得的成功，2007 · · · · · · ·	66
9.02 政府在线服务能力，2007 · · · · · · · · · · · · · · · · ·	37
9.03 ICT 应用和政府效率，2007 · · · · · · · · · · · · · · ·	31
9.04 政府办公中 ICT 的使用，2007 · · · · · · · · · · · · ·	81
9.05 电子参与指数，*2007 · · · · · · · · · · · · · · · · · · ·	36

注：* 统计数据。
需要更多的详细数据和解释，请参考本章开始的"如何阅读国家/经济体概况"部分。

187

厄瓜多尔

关键指标

2006 年人口（百万）· 13.4
2006 年人均国内生产总值（购买力平价）（美元）· · · · · · 4834.9
2006 年每 100 名居民中互联网用户数· · · · · · · · · · · 11.5
2006 年互联网带宽（兆比特/秒/10000 居民）· · · · · 2.2

网络就绪度指数

年（经济体数）	排名
2007~2008（127） · · · · · · · · · · · · · · ·	**107**
2006~2007（122）· · · · · · · · · · · · · · · ·	97
2005~2006（115）· · · · · · · · · · · · · · · ·	107

2007~2008（131）年度的全球竞争力指数 · · · · · · · · 103

环境构成	121
市场环境	**110**
1.01 风险资本的可利用性，2007 · · · · · · · · · ·	112
1.02 金融市场成熟度，2007 · · · · · · · · · · · ·	85
1.03 新技术可用性，2007 · · · · · · · · · · · · ·	112
1.04 集群发展状况，2007 · · · · · · · · · · · · ·	87
1.05 实用性专利，*2006 · · · · · · · · · · · · · ·	64
1.06 高科技出口，*2005 · · · · · · · · · · · · · ·	75
1.07 政府监管负担，2007 · · · · · · · · · · · · ·	99
1.08 税收范围及影响，2007 · · · · · · · · · · · ·	74
1.09 总体税率，*2007 · · · · · · · · · · · · · · ·	31
1.10 创业所需时间，*2007 · · · · · · · · · · · · ·	107
1.11 创业所需程序数目，*2007 · · · · · · · · · · ·	112
1.12 当地竞争的激烈程度，2007 · · · · · · · · · ·	101
1.13 新闻媒体自由度，2007 · · · · · · · · · · · ·	63
1.14 数字内容的接入能力，2007 · · · · · · · · · ·	110
政策和管制环境	**119**
2.01 立法主体的有效性，2007 · · · · · · · · · · ·	126
2.02 ICT 相关法律，2007 · · · · · · · · · · · · ·	99
2.03 司法独立性，2007 · · · · · · · · · · · · · · ·	121
2.04 知识产权保护，2007 · · · · · · · · · · · · ·	109
2.05 法律框架的效率，2007 · · · · · · · · · · · ·	125
2.06 财产权，2007 · · · · · · · · · · · · · · · · ·	113
2.07 ISP 部门竞争质量，2007 · · · · · · · · · · ·	104
2.08 执行合同的程序数量，*2007 · · · · · · · · · ·	75
2.09 执行合同所需时间，*2007 · · · · · · · · · · ·	53
基础设施环境	**119**
3.01 电话线，*2006 · · · · · · · · · · · · · · · · ·	77
3.02 安全的网络服务器，*2006 · · · · · · · · · · ·	69
3.03 发电量，*2004 · · · · · · · · · · · · · · · · ·	84
3.04 科学家与工程师的可利用性，2007 · · · · · · ·	110
3.05 科研机构质量，2007 · · · · · · · · · · · · · ·	116
3.06 高等教育入学率 * · · · · · · · · · · · · · · · ·	n/a
3.07 教育支出，*2005 · · · · · · · · · · · · · · · ·	117

就绪度构成	97
个人就绪度	**90**
4.01 数学和科学的教育质量，2007 · · · · · · · · ·	116
4.02 教育系统质量，2007 · · · · · · · · · · · · · ·	119
4.03 校园互联网使用情况，2007 · · · · · · · · · ·	102
4.04 买方成熟度，2007 · · · · · · · · · · · · · · ·	100
4.05 住宅电话连接费，*2005 · · · · · · · · · · · ·	80
4.06 住宅电话月租费，*2005 · · · · · · · · · · · ·	78
4.07 高速宽带月租费，*2006 · · · · · · · · · · · ·	67
4.08 宽带最低消费，*2006 · · · · · · · · · · · · ·	84
4.09 移动电话费用，*2005 · · · · · · · · · · · · ·	98
企业就绪度	**94**
5.01 员工培训程度，2007 · · · · · · · · · · · · · ·	113
5.02 当地研究和培训能力，2007 · · · · · · · · · ·	98
5.03 管理学院质量，2007 · · · · · · · · · · · · · ·	96
5.04 公司研发支出，2007 · · · · · · · · · · · · · ·	109
5.05 高校与产业合作研究，2007 · · · · · · · · · ·	97
5.06 企业电话连接费用，*2005 · · · · · · · · · · ·	72
5.07 企业电话月租费，*2005 · · · · · · · · · · · ·	80
5.08 当地供应商质量，2007 · · · · · · · · · · · ·	94
5.09 当地供应商数量，2007 · · · · · · · · · · · ·	102
5.10 计算机、通信和其他服务进口，*2005 · · · · ·	70
政府就绪度	**122**
6.01 政府对 ICT 重视程度，2007 · · · · · · · · · ·	127
6.02 政府对高科技产品的采购，2007 · · · · · · · ·	117
6.03 政府未来愿景中 ICT 的重要性，2007 · · · · ·	121
6.04 电子政务就绪度指数，*2007 · · · · · · · · · ·	69

应用构成	107
个人应用	**73**
7.01 移动电话用户数，*2006 · · · · · · · · · · · ·	66
7.02 个人电脑数，*2005 · · · · · · · · · · · · · ·	69
7.03 宽带用户数，*2005 · · · · · · · · · · · · · ·	89
7.04 互联网用户数，*2006 · · · · · · · · · · · · ·	77
7.05 互联网带宽，*2006 · · · · · · · · · · · · · ·	58
商业应用	**112**
8.01 外国技术牌照的流行度，2007 · · · · · · · · ·	113
8.02 公司层面技术引进，2007 · · · · · · · · · · ·	109
8.03 创新能力，2007 · · · · · · · · · · · · · · · ·	99
8.04 新电话线的可用性，2007 · · · · · · · · · · ·	115
8.05 互联网商用程度，2007 · · · · · · · · · · · ·	107
政府应用	**109**
9.01 政府在 ICT 推广方面所获得的成功，2007 · · ·	125
9.02 政府在线服务能力，2007 · · · · · · · · · · ·	80
9.03 ICT 应用和政府效率，2007 · · · · · · · · · ·	100
9.04 政府办公中 ICT 的使用，2007 · · · · · · · ·	120
9.05 电子参与指数，*2007 · · · · · · · · · · · · ·	76

注：* 统计数据。

需要更多的详细数据和解释，请参考本章开始的"如何阅读国家/经济体概况"部分。

埃及

关键指标

2006 年人口（百万）⋯⋯⋯⋯⋯⋯⋯⋯⋯⋯⋯⋯ 75.4
2006 年人均国内生产总值（购买力平价）（美元）⋯⋯ 4895.4
2006 年每 100 名居民中互联网用户数 ⋯⋯⋯⋯⋯⋯ 8.0
2006 年互联网带宽（兆比特/秒/10000 居民）⋯⋯⋯⋯ 1.2

网络就绪度指数

年（经济体数）	排名
2007~2008（127）⋯⋯⋯⋯⋯⋯⋯⋯⋯	**63**
2006~2007（122）⋯⋯⋯⋯⋯⋯⋯⋯⋯⋯	77
2005~2006（115）⋯⋯⋯⋯⋯⋯⋯⋯⋯⋯	63

2007~2008（131）年度的全球竞争力指数 ⋯⋯⋯⋯ 77

环境构成　60

市场环境　66
1.01 风险资本的可利用性，2007 ⋯⋯⋯⋯⋯ 77
1.02 金融市场成熟度，2007 ⋯⋯⋯⋯⋯⋯⋯ 84
1.03 新技术可用性，2007 ⋯⋯⋯⋯⋯⋯⋯⋯ 64
1.04 集群发展状况，2007 ⋯⋯⋯⋯⋯⋯⋯⋯ 60
1.05 实用性专利，*2006 ⋯⋯⋯⋯⋯⋯⋯⋯ 82
1.06 高科技出口，*2005 ⋯⋯⋯⋯⋯⋯⋯⋯ 103
1.07 政府监管负担，2007 ⋯⋯⋯⋯⋯⋯⋯⋯ 56
1.08 税收范围及影响，2007 ⋯⋯⋯⋯⋯⋯⋯ 33
1.09 总体税率，*2007 ⋯⋯⋯⋯⋯⋯⋯⋯⋯ 73
1.10 创业所需时间，*2007 ⋯⋯⋯⋯⋯⋯⋯ 16
1.11 创业所需程序数目，*2007 ⋯⋯⋯⋯⋯ 34
1.12 当地竞争的激烈程度，2007 ⋯⋯⋯⋯⋯ 73
1.13 新闻媒体自由度，2007 ⋯⋯⋯⋯⋯⋯⋯ 92
1.14 数字内容的接入能力，2007 ⋯⋯⋯⋯⋯ 67

政策和管制环境　61
2.01 立法主体的有效性，2007 ⋯⋯⋯⋯⋯⋯ 65
2.02 ICT 相关法律，2007 ⋯⋯⋯⋯⋯⋯⋯⋯ 78
2.03 司法独立性，2007 ⋯⋯⋯⋯⋯⋯⋯⋯⋯ 41
2.04 知识产权保护，2007 ⋯⋯⋯⋯⋯⋯⋯⋯ 63
2.05 法律框架的效率，2007 ⋯⋯⋯⋯⋯⋯⋯ 47
2.06 财产权，2007 ⋯⋯⋯⋯⋯⋯⋯⋯⋯⋯⋯ 51
2.07 ISP 部门竞争质量，2007 ⋯⋯⋯⋯⋯⋯ 32
2.08 执行合同的程序数量，*2007 ⋯⋯⋯⋯ 100
2.09 执行合同所需时间，*2007 ⋯⋯⋯⋯⋯ 111

基础设施环境　64
3.01 电话线，*2006 ⋯⋯⋯⋯⋯⋯⋯⋯⋯⋯ 74
3.02 安全的网络服务器，*2006 ⋯⋯⋯⋯⋯ 90
3.03 发电量，*2004 ⋯⋯⋯⋯⋯⋯⋯⋯⋯⋯ 80
3.04 科学家与工程师的可利用性，2007 ⋯⋯ 29
3.05 科研机构质量，2007 ⋯⋯⋯⋯⋯⋯⋯⋯ 90
3.06 高等教育入学率，*2005 ⋯⋯⋯⋯⋯⋯ 57
3.07 教育支出，*2005 ⋯⋯⋯⋯⋯⋯⋯⋯⋯ 50

就绪度构成　70

个人就绪度　83
4.01 数学和科学的教育质量，2007 ⋯⋯⋯⋯ 103
4.02 教育系统质量，2007 ⋯⋯⋯⋯⋯⋯⋯⋯ 116
4.03 校园互联网使用情况，2007 ⋯⋯⋯⋯⋯ 81
4.04 买方成熟度，2007 ⋯⋯⋯⋯⋯⋯⋯⋯⋯ 118
4.05 住宅电话连接费，*2006 ⋯⋯⋯⋯⋯⋯ 91
4.06 住宅电话月租费，*2006 ⋯⋯⋯⋯⋯⋯ 65
4.07 高速宽带月租费，*2006 ⋯⋯⋯⋯⋯⋯ 86
4.08 宽带最低消费，*2006 ⋯⋯⋯⋯⋯⋯⋯ 79
4.09 移动电话费用，*2005 ⋯⋯⋯⋯⋯⋯⋯ 1

企业就绪度　73
5.01 员工培训程度，2007 ⋯⋯⋯⋯⋯⋯⋯⋯ 80
5.02 当地研究和培训能力，2007 ⋯⋯⋯⋯⋯ 81
5.03 管理学院质量，2007 ⋯⋯⋯⋯⋯⋯⋯⋯ 97
5.04 公司研发支出，2007 ⋯⋯⋯⋯⋯⋯⋯⋯ 69
5.05 高校与产业合作研究，2007 ⋯⋯⋯⋯⋯ 83
5.06 企业电话连接费用，*2006 ⋯⋯⋯⋯⋯ 97
5.07 企业电话月租费，*2006 ⋯⋯⋯⋯⋯⋯ 59
5.08 当地供应商质量，2007 ⋯⋯⋯⋯⋯⋯⋯ 69
5.09 当地供应商数量，2007 ⋯⋯⋯⋯⋯⋯⋯ 37
5.10 计算机、通信和其他服务进口，*2005 ⋯ 43

政府就绪度　48
6.01 政府对 ICT 重视程度，2007 ⋯⋯⋯⋯⋯ 57
6.02 政府对高科技产品的采购，2007 ⋯⋯⋯ 57
6.03 政府未来愿景中 ICT 的重要性，2007 ⋯ 36
6.04 电子政务就绪度指数，*2007 ⋯⋯⋯⋯ 71

189

应用构成　72

个人应用　94
7.01 移动电话用户数，*2006 ⋯⋯⋯⋯⋯⋯ 100
7.02 个人电脑数，*2006 ⋯⋯⋯⋯⋯⋯⋯⋯ 83
7.03 宽带用户数，*2006 ⋯⋯⋯⋯⋯⋯⋯⋯ 82
7.04 互联网用户数，*2006 ⋯⋯⋯⋯⋯⋯⋯ 86
7.05 互联网带宽，*2006 ⋯⋯⋯⋯⋯⋯⋯⋯ 68

商业应用　57
8.01 外国技术牌照的流行度，2007 ⋯⋯⋯⋯ 54
8.02 公司层面技术引进，2007 ⋯⋯⋯⋯⋯⋯ 67
8.03 创新能力，2007 ⋯⋯⋯⋯⋯⋯⋯⋯⋯⋯ 77
8.04 新电话线的可用性，2007 ⋯⋯⋯⋯⋯⋯ 37
8.05 互联网商用程度，2007 ⋯⋯⋯⋯⋯⋯⋯ 57

政府应用　55
9.01 政府在 ICT 推广方面所获得的成功，2007 ⋯ 38
9.02 政府在线服务能力，2007 ⋯⋯⋯⋯⋯⋯ 61
9.03 ICT 应用和政府效率，2007 ⋯⋯⋯⋯⋯ 59
9.04 政府办公中 ICT 的使用，2007 ⋯⋯⋯⋯ 87
9.05 电子参与指数，*2007 ⋯⋯⋯⋯⋯⋯⋯ 47

注：* 统计数据。
需要更多的详细数据和解释，请参考本章开始的"如何阅读国家/经济体概况"部分。

萨尔瓦多

关键指标

2006 年人口（百万）·························· 7.0
2006 年人均国内生产总值（购买力平价）（美元）······ 5599.6
2005 年每 100 名居民中互联网用户数 ············· 9.3
2006 年互联网带宽（兆比特/秒/10000 居民）········· 0.2

网络就绪度指数

年（经济体数）	排名
2007~2008（127）··························	**66**
2006~2007（122）··························	61
2005~2006（115）··························	59

2007~2008（131）年度的全球竞争力指数 ············· 67

环境构成	78
市场环境	**53**
1.01 风险资本的可利用性，2007 ·············	76
1.02 金融市场成熟度，2007 ·············	42
1.03 新技术可用性，2007 ·············	74
1.04 集群发展状况，2007 ·············	92
1.05 实用性专利，*2006 ·············	71
1.06 高科技出口，*2005 ·············	68
1.07 政府监管负担，2007 ·············	47
1.08 税收范围及影响，2007 ·············	25
1.09 总体税率，*2007 ·············	27
1.10 创业所需时间，*2007 ·············	54
1.11 创业所需程序数目，*2007 ·············	58
1.12 当地竞争的激烈程度，2007 ·············	67
1.13 新闻媒体自由度，2007 ·············	40
1.14 数字内容的接入能力，2007 ·············	57
政策和管制环境	**76**
2.01 立法主体的有效性，2007 ·············	109
2.02 ICT 相关法律，2007 ·············	71
2.03 司法独立性，2007 ·············	90
2.04 知识产权保护，2007 ·············	77
2.05 法律框架的效率，2007 ·············	95
2.06 财产权，2007 ·············	71
2.07 ISP 部门竞争质量，2007 ·············	42
2.08 执行合同的程序数量，*2007 ·············	15
2.09 执行合同所需时间，*2007 ·············	98
基础设施环境	**106**
3.01 电话线，*2006 ·············	72
3.02 安全的网络服务器，*2006 ·············	63
3.03 发电量，*2004 ·············	93
3.04 科学家与工程师的可利用性，2007 ·············	116
3.05 科研机构质量，2007 ·············	118
3.06 高等教育入学率，*2005 ·············	80
3.07 教育支出，*2005 ·············	97

就绪度构成	68
个人就绪度	**70**
4.01 数学和科学的教育质量，2007 ·············	99
4.02 教育系统质量，2007 ·············	84
4.03 校园互联网使用情况，2007 ·············	78
4.04 买方成熟度，2007 ·············	62
4.05 住宅电话连接费，*2005 ·············	23
4.06 住宅电话月租费，*2005 ·············	14
4.07 高速宽带月租费 * ·············	n/a
4.08 宽带最低消费，*2006 ·············	73
4.09 移动电话费用，*2005 ·············	13
企业就绪度	**78**
5.01 员工培训程度，2007 ·············	68
5.02 当地研究和培训能力，2007 ·············	82
5.03 管理学院质量，2007 ·············	63
5.04 公司研发支出，2007 ·············	105
5.05 高校与产业合作研究，2007 ·············	112
5.06 企业电话连接费用，*2005 ·············	19
5.07 企业电话月租费，*2005 ·············	27
5.08 当地供应商质量，2007 ·············	74
5.09 当地供应商数量，2007 ·············	90
5.10 计算机、通信和其他服务进口，*2005 ·············	90
政府就绪度	**56**
6.01 政府对 ICT 重视程度，2007 ·············	59
6.02 政府对高科技产品的采购，2007 ·············	89
6.03 政府未来愿景中 ICT 的重要性，2007 ·············	44
6.04 电子政务就绪度指数，*2007 ·············	64

应用构成	58
个人应用	**77**
7.01 移动电话用户数，*2006 ·············	72
7.02 个人电脑数，*2005 ·············	76
7.03 宽带用户数，*2005 ·············	71
7.04 互联网用户数，*2005 ·············	84
7.05 互联网带宽，*2006 ·············	90
商业应用	**64**
8.01 外国技术牌照的流行度，2007 ·············	75
8.02 公司层面技术引进，2007 ·············	85
8.03 创新能力，2007 ·············	86
8.04 新电话线的可用性，2007 ·············	25
8.05 互联网商用程度，2007 ·············	68
政府应用	**43**
9.01 政府在 ICT 推广方面所获得的成功，2007 ·············	64
9.02 政府在线服务能力，2007 ·············	43
9.03 ICT 应用和政府效率，2007 ·············	45
9.04 政府办公中 ICT 的使用，2007 ·············	52
9.05 电子参与指数，*2007 ·············	30

注：* 统计数据。

需要更多的详细数据和解释，请参考本章开始的"如何阅读国家/经济体概况"部分。

爱沙尼亚

关键指标

2006 年人口（百万）…………………………………… 1.3
2006 年人均国内生产总值（购买力平价）（美元）……… 19692.2
2006 年每 100 名居民中互联网用户数 …………………… 57.4
2006 年互联网带宽（兆比特/秒/10000 居民）……………… 115.4

网络就绪度指数

年（经济体数）　　　　　　　　　　　　　　　　　排名

2007~2008（127）…………………………… **20**
2006~2007（122）…………………………………… 20
2005~2006（115）…………………………………… 23

2007~2008（131）年度的全球竞争力指数 …………… 27

环境构成	24
市场环境	**23**
1.01 风险资本的可利用性，2007	24
1.02 金融市场成熟度，2007	29
1.03 新技术可用性，2007	25
1.04 集群发展状况，2007	71
1.05 实用性专利，*2006	42
1.06 高科技出口，*2005	28
1.07 政府监管负担，2007	10
1.08 税收范围及影响，2007	12
1.09 总体税率，*2007	78
1.10 创业所需时间，*2007	9
1.11 创业所需程序数目，*2007	9
1.12 当地竞争的激烈程度，2007	24
1.13 新闻媒体自由度，2007	17
1.14 数字内容的接入能力，2007	5
政策和管制环境	**24**
2.01 立法主体的有效性，2007	30
2.02 ICT 相关法律，2007	2
2.03 司法独立性，2007	27
2.04 知识产权保护，2007	34
2.05 法律框架的效率，2007	29
2.06 财产权，2007	26
2.07 ISP 部门竞争质量，2007	7
2.08 执行合同的程序数量，*2007	53
2.09 执行合同所需时间，*2007	41
基础设施环境	**24**
3.01 电话线，*2006	31
3.02 安全的网络服务器，*2006	25
3.03 发电量，*2004	22
3.04 科学家与工程师的可利用性，2007	67
3.05 科研机构质量，2007	26
3.06 高等教育入学率，*2005	18
3.07 教育支出，*2005	35

就绪度构成	23
个人就绪度	**26**
4.01 数学和科学的教育质量，2007	21
4.02 教育系统质量，2007	34
4.03 校园互联网使用情况，2007	6
4.04 买方成熟度，2007	47
4.05 住宅电话连接费，*2005	53
4.06 住宅电话月租费，*2005	45
4.07 高速宽带月租费，*2006	32
4.08 宽带最低消费，*2006	41
4.09 移动电话费用，*2005	33
企业就绪度	**31**
5.01 员工培训程度，2007	30
5.02 当地研究和培训能力，2007	27
5.03 管理学院质量，2007	31
5.04 公司研发支出，2007	37
5.05 高校与产业合作研究，2007	32
5.06 企业电话连接费用，*2005	43
5.07 企业电话月租费，*2005	37
5.08 当地供应商质量，2007	34
5.09 当地供应商数量，2007	53
5.10 计算机、通信和其他服务进口，*2005	44
政府就绪度	**8**
6.01 政府对 ICT 重视程度，2007	4
6.02 政府对高科技产品的采购，2007	23
6.03 政府未来愿景中 ICT 的重要性，2007	9
6.04 电子政务就绪度指数，*2007	13

应用构成	8
个人应用	**11**
7.01 移动电话用户数，*2006	5
7.02 个人电脑数，*2005	23
7.03 宽带用户数，*2006	22
7.04 互联网用户数，*2006	17
7.05 互联网带宽，*2006	8
商业应用	**23**
8.01 外国技术牌照的流行度，2007	50
8.02 公司层面技术引进，2007	26
8.03 创新能力，2007	39
8.04 新电话线的可用性，2007	24
8.05 互联网商用程度，2007	2
政府应用	**2**
9.01 政府在 ICT 推广方面所获得的成功，2007	4
9.02 政府在线服务能力，2007	1
9.03 ICT 应用和政府效率，2007	2
9.04 政府办公中 ICT 的使用，2007	2
9.05 电子参与指数，*2007	8

191

注：* 统计数据。
需要更多的详细数据和解释，请参考本章开始的"如何阅读国家/经济体概况"部分。

埃塞俄比亚

关键指标

网络就绪度指数

注：* 统计数据。

需要更多的详细数据和解释，请参考本章开始的"如何阅读国家/经济体概况"部分。

芬兰

关键指标

2006 年人口 （百万）···················· 5.3
2006 年人均国内生产总值（购买力平价）（美元）··· 35558.9
2005 年每 100 名居民中互联网用户数 ·········· 53.3
2005 年互联网带宽（兆比特/秒/10000 居民）······ 43.5

网络就绪度指数

环境构成	3
市场环境	**5**
1.01 风险资本的可利用性，2007 ·············	2
1.02 金融市场成熟度，2007 ···············	14
1.03 新技术可用性，2007 ················	2
1.04 集群发展状况，2007 ················	11
1.05 实用性专利，*2006 ·················	4
1.06 高科技出口，*2005 ·················	17
1.07 政府监管负担，2007 ················	4
1.08 税收范围及影响，2007 ···············	112
1.09 总体税率，*2007 ··················	72
1.10 创业所需时间，*2007 ···············	27
1.11 创业所需程序数目，*2007 ·············	4
1.12 当地竞争的激烈程度，2007 ·············	16
1.13 新闻媒体自由度，2007 ···············	6
1.14 数字内容的接入能力，2007 ·············	9
政策和管制环境	**4**
2.01 立法主体的有效性，2007 ·············	6
2.02 ICT 相关法律，2007 ················	9
2.03 司法独立性，2007 ·················	4
2.04 知识产权保护，2007 ················	2
2.05 法律框架的效率，2007 ···············	4
2.06 财产权，2007 ····················	7
2.07 ISP 部门竞争质量，2007 ·············	14
2.08 执行合同的程序数量，*2007 ············	35
2.09 执行合同所需时间，*2007 ·············	8
基础设施环境	**7**
3.01 电话线，*2006 ···················	34
3.02 安全的网络服务器，*2006 ·············	15
3.03 发电量，*2004 ···················	6
3.04 科学家与工程师的可利用性，2007 ·········	1
3.05 科研机构质量，2007 ················	6
3.06 高等教育入学率，*2005 ··············	1
3.07 教育支出，*2005 ··················	15

就绪度构成	5
个人就绪度	**1**
4.01 数学和科学的教育质量，2007 ···········	3
4.02 教育系统质量，2007 ················	2
4.03 校园互联网使用情况，2007 ·············	2
4.04 买方成熟度，2007 ·················	8
4.05 住宅电话连接费，*2006 ··············	28
4.06 住宅电话月租费，*2006 ··············	15
4.07 高速宽带月租费，*2006 ··············	26
4.08 宽带最低消费，*2006 ···············	3
4.09 移动电话费用，*2005 ···············	10
企业就绪度	**3**
5.01 员工培训程度，2007 ················	13
5.02 当地研究和培训能力，2007 ·············	9
5.03 管理学院质量，2007 ················	12
5.04 公司研发支出，2007 ················	9
5.05 高校与产业合作研究，2007 ·············	4
5.06 企业电话连接费用，*2006 ·············	23
5.07 企业电话月租费，*2006 ··············	11
5.08 当地供应商质量，2007 ···············	9
5.09 当地供应商数量，2007 ···············	25
5.10 计算机、通信和其他服务进口，*2005 ·······	11
政府就绪度	**9**
6.01 政府对 ICT 重视程度，2007 ···········	12
6.02 政府对高科技产品的采购，2007 ··········	11
6.03 政府未来愿景中 ICT 的重要性，2007 ·······	13
6.04 电子政务就绪度指数，*2007 ············	15

应用构成	16
个人应用	**14**
7.01 移动电话用户数，*2006 ··············	19
7.02 个人电脑数，*2005 ·················	22
7.03 宽带用户数，*2006 ·················	7
7.04 互联网用户数，*2005 ···············	19
7.05 互联网带宽，*2005 ·················	17
政府应用	**6**
8.01 外国技术牌照的流行度，2007 ···········	28
8.02 公司层面技术引进，2007 ·············	7
8.03 创新能力，2007 ··················	5
8.04 新电话线的可用性，2007 ·············	2
8.05 互联网商用程度，2007 ···············	13
政府应用	**20**
9.01 政府在 ICT 推广方面所获得的成功，2007 ····	15
9.02 政府在线服务能力，2007 ·············	17
9.03 ICT 应用和政府效率，2007 ············	16
9.04 政府办公中 ICT 的使用，2007 ··········	9
9.05 电子参与指数，*2007 ···············	43

注：* 统计数据。
需要更多的详细数据和解释，请参考本章开始的"如何阅读国家/经济体概况"部分。

法国

关键指标

网络就绪度指数

注：* 统计数据。

需要更多的详细数据和解释，请参考本章开始的"如何阅读国家/经济体概况"部分。

冈比亚

关键指标

2006 年人口（百万） ·· 1.6
2006 年人均国内生产总值（购买力平价）（美元）······ 2244.6
2005 年每 100 名居民中互联网用户数 ····················· 3.8
2005 年互联网带宽（兆比特/秒/10000 居民）··············· 0.1

网络就绪度指数

年（经济体数）	排名
2007~2008（127） ·······························	**101**
2006~2007（122） ·································	n/a
2005~2006（115） ·································	n/a
2007~2008（131）年度的全球竞争力指数 ··············	102

环境构成	94
市场环境	**103**
1.01 风险资本的可利用性，2007 ····················	92
1.02 金融市场成熟度，2007 ························	90
1.03 新技术可用性，2007 ··························	80
1.04 集群发展状况，2007 ··························	76
1.05 实用性专利，*2006 ···························	86
1.06 高科技出口，*2005 ···························	109
1.07 政府监管负担，2007 ··························	13
1.08 税收范围及影响，2007 ························	38
1.09 总体税率，*2007 ·····························	121
1.10 创业所需时间，*2007 ·························	73
1.11 创业所需程序数目，*2007 ·····················	58
1.12 当地竞争的激烈程度，2007 ····················	87
1.13 新闻媒体自由度，2007 ························	121
1.14 数字内容的接入能力，2007 ····················	93
政策和管制环境	**56**
2.01 立法主体的有效性，2007 ······················	52
2.02 ICT 相关法律，2007 ··························	81
2.03 司法独立性，2007 ····························	55
2.04 知识产权保护，2007 ··························	81
2.05 法律框架的效率，2007 ························	53
2.06 财产权，2007 ·································	72
2.07 ISP 部门竞争质量，2007 ······················	63
2.08 执行合同的程序数量，*2007 ····················	29
2.09 执行合同所需时间，*2007 ······················	42
基础设施环境	**122**
3.01 电话线，*2006 ································	105
3.02 安全的网络服务器，*2006 ······················	90
3.03 发电量 * ····································	n/a
3.04 科学家与工程师的可利用性，2007 ···············	120
3.05 科研机构质量，2007 ··························	88
3.06 高等教育入学率，*2004 ························	124
3.07 教育支出，*2005 ······························	109

就绪度构成	117
个人就绪度	**115**
4.01 数学和科学的教育质量，2007 ··················	94
4.02 教育系统质量，2007 ··························	49
4.03 校园互联网使用情况，2007 ····················	95
4.04 买方成熟度，2007 ····························	97
4.05 住宅电话连接费 * ····························	n/a
4.06 住宅电话月租费 * ····························	n/a
4.07 高速宽带月租费，*2006 ························	96
4.08 宽带最低消费，*2006 ··························	103
4.09 移动电话费用 * ······························	n/a
企业就绪度	**124**
5.01 员工培训程度，2007 ··························	77
5.02 当地研究和培训能力，2007 ····················	106
5.03 管理学院质量，2007 ··························	79
5.04 公司研发支出，2007 ··························	111
5.05 高校与产业合作研究，2007 ····················	106
5.06 企业电话连接费用 * ··························	n/a
5.07 企业电话月租费 * ····························	n/a
5.08 当地供应商质量，2007 ························	91
5.09 当地供应商数量，2007 ························	97
5.10 计算机、通信和其他服务进口，*2005 ··············	114
政府就绪度	**76**
6.01 政府对 ICT 重视程度，2007 ···················	25
6.02 政府对高科技产品的采购，2007 ·················	58
6.03 政府未来愿景中 ICT 的重要性，2007 ·············	32
6.04 电子政务就绪度指数，*2007 ····················	117

应用构成	85
个人应用	**103**
7.01 移动电话用户数，*2006 ························	96
7.02 个人电脑数，*2005 ····························	103
7.03 宽带用户数，*2005 ····························	110
7.04 互联网用户数，*2005 ··························	107
7.05 互联网带宽，*2005 ····························	108
商业应用	**85**
8.01 外国技术牌照的流行度，2007 ··················	72
8.02 公司层面技术引进，2007 ······················	76
8.03 创新能力，2007 ······························	91
8.04 新电话线的可用性，2007 ······················	87
8.05 互联网商用程度，2007 ························	86
政府应用	**65**
9.01 政府在 ICT 推广方面所获得的成功，2007 ··········	19
9.02 政府在线服务能力，2007 ······················	82
9.03 ICT 应用和政府效率，2007 ·····················	56
9.04 政府办公中 ICT 的使用，2007 ··················	46
9.05 电子参与指数，*2007 ··························	110

注：* 统计数据。

需要更多的详细数据和解释，请参考本章开始的"如何阅读国家/经济体概况"部分。

格鲁吉亚

关键指标

2006 年人口（百万）···································· 4.4
2006 年人均国内生产总值（购买力平价）（美元）······ 3642.1
2006 年每 100 名居民中互联网用户数 ················ 7.5
2005 年互联网带宽（兆比特/秒/10000 居民）··········· 0.1

网络就绪度指数

年（经济体数）	排名
2007~2008（127）·················	**91**
2006~2007（122）···················	93
2005~2006（115）···················	96
2007~2008（131）年度的全球竞争力指数 ·············	90

环境构成	79
市场环境	**68**
1.01 风险资本的可利用性，2007 ··············	88
1.02 金融市场成熟度，2007 ·················	92
1.03 新技术可用性，2007 ··················	97
1.04 集群发展状况，2007 ··················	116
1.05 实用性专利，*2006 ·················	51
1.06 高科技出口，*2005 ·················	42
1.07 政府监管负担，2007 ··················	14
1.08 税收范围及影响，2007 ················	31
1.09 总体税率，*2007 ···················	46
1.10 创业所需时间，*2007 ················	19
1.11 创业所需程序数目，*2007 ··············	9
1.12 当地竞争的激烈程度，2007 ··············	113
1.13 新闻媒体自由度，2007 ················	86
1.14 数字内容的接入能力，2007 ··············	76
政策和管制环境	**91**
2.01 立法主体的有效性，2007 ···············	73
2.02 ICT 相关法律，2007 ·················	104
2.03 司法独立性，2007 ···················	108
2.04 知识产权保护，2007 ··················	104
2.05 法律框架的效率，2007 ················	113
2.06 财产权，2007 ·····················	114
2.07 ISP 部门竞争质量，2007 ··············	56
2.08 执行合同的程序数量，*2007 ·············	53
2.09 执行合同所需时间，*2007 ··············	14
基础设施环境	**85**
3.01 电话线，*2006 ····················	78
3.02 安全的网络服务器，*2006 ··············	69
3.03 发电量，*2004 ····················	79
3.04 科学家与工程师的可利用性，2007 ··········	90
3.05 科研机构质量，2007 ··················	105
3.06 高等教育入学率，*2005 ···············	40
3.07 教育支出，*2005 ···················	92

就绪度构成	92
个人就绪度	**76**
4.01 数学和科学的教育质量，2007 ·············	74
4.02 教育系统质量，2007 ··················	90
4.03 校园互联网使用情况，2007 ··············	72
4.04 买方成熟度，2007 ···················	87
4.05 住宅电话连接费，*2005 ···············	99
4.06 住宅电话月租费，*2005 ···············	67
4.07 高速宽带月租费，*2006 ···············	61
4.08 宽带最低消费，*2006 ················	70
4.09 移动电话费用，*2005 ················	86
企业就绪度	**109**
5.01 员工培训程度，2007 ··················	87
5.02 当地研究和培训能力，2007 ··············	113
5.03 管理学院质量，2007 ··················	111
5.04 公司研发支出，2007 ··················	110
5.05 高校与产业合作研究，2007 ··············	115
5.06 企业电话连接费用，*2005 ··············	86
5.07 企业电话月租费，*2005 ···············	76
5.08 当地供应商质量，2007 ················	126
5.09 当地供应商数量，2007 ················	126
5.10 计算机、通信和其他服务进口，*2005 ········	105
政府就绪度	**104**
6.01 政府对 ICT 重视程度，2007 ·············	105
6.02 政府对高科技产品的采购，2007 ···········	106
6.03 政府未来愿景中 ICT 的重要性，2007 ········	109
6.04 电子政务就绪度指数，*2007 ·············	80

应用构成	100
个人应用	**89**
7.01 移动电话用户数，*2006 ···············	85
7.02 个人电脑数，*2005 ··················	79
7.03 宽带用户数，*2006 ··················	72
7.04 互联网用户数，*2006 ················	91
7.05 互联网带宽，*2005 ··················	105
商业应用	**99**
8.01 外国技术牌照的流行度，2007 ············	102
8.02 公司层面技术引进，2007 ··············	107
8.03 创新能力，2007 ····················	98
8.04 新电话线的可用性，2007 ··············	85
8.05 互联网商用程度，2007 ················	95
政府应用	**105**
9.01 政府在 ICT 推广方面所获得的成功，2007 ······	102
9.02 政府在线服务能力，2007 ··············	112
9.03 ICT 应用和政府效率，2007 ·············	96
9.04 政府办公中 ICT 的使用，2007 ···········	86
9.05 电子参与指数，*2007 ················	100

注：* 统计数据。

需要更多的详细数据和解释，请参考本章开始的"如何阅读国家/经济体概况"部分。

德国

关键指标

2006 年人口（百万）·································· 82.7
2006 年人均国内生产总值（购买力平价）（美元）······· 31389.7
2006 年每 100 名居民中互联网用户数 ················· 46.7
2005 年互联网带宽（兆比特/秒/10000 居民）··········· 68.4

网络就绪度指数

年（经济体数）   排名

2007~2008（127）·························· **16**
2006~2007（122）···························· 16
2005~2006（115）···························· 17

2007~2008（131）年度的全球竞争力指数 ············· 5

环境构成	11
市场环境	**17**
1.01 风险资本的可利用性，2007	19
1.02 金融市场成熟度，2007	11
1.03 新技术可用性，2007	8
1.04 集群发展状况，2007	10
1.05 实用性专利，*2006	9
1.06 高科技出口，*2005	23
1.07 政府监管负担，2007	66
1.08 税收范围及影响，2007	82
1.09 总体税率，*2007	82
1.10 创业所需时间，*2007	38
1.11 创业所需程序数目，*2007	58
1.12 当地竞争的激烈程度，2007	1
1.13 新闻媒体自由度，2007	1
1.14 数字内容的接入能力，2007	13
政策和管制环境	**3**
2.01 立法主体的有效性，2007	14
2.02 ICT 相关法律，2007	4
2.03 司法独立性，2007	1
2.04 知识产权保护，2007	1
2.05 法律框架的效率，2007	2
2.06 财产权，2007	1
2.07 ISP 部门竞争质量，2007	2
2.08 执行合同的程序数量，*2007	35
2.09 执行合同所需时间，*2007	31
基础设施环境	**14**
3.01 电话线，*2006	2
3.02 安全的网络服务器，*2006	16
3.03 发电量，*2004	26
3.04 科学家与工程师的可利用性，2007	16
3.05 科研机构质量，2007	5
3.06 高等教育入学率，*2003	34
3.07 教育支出，*2005	56

就绪度构成	13
个人就绪度	**21**
4.01 数学和科学的教育质量，2007	35
4.02 教育系统质量，2007	22
4.03 校园互联网使用情况，2007	24
4.04 买方成熟度，2007	15
4.05 住宅电话连接费，*2005	17
4.06 住宅电话月租费，*2005	33
4.07 高速宽带月租费，*2006	6
4.08 宽带最低消费，*2006	10
4.09 移动电话费用，*2005	40
企业就绪度	**2**
5.01 员工培训程度，2007	9
5.02 当地研究和培训能力，2007	3
5.03 管理学院质量，2007	25
5.04 公司研发支出，2007	4
5.05 高校与产业合作研究，2007	6
5.06 企业电话连接费用，*2005	15
5.07 企业电话月租费，*2005	19
5.08 当地供应商质量，2007	1
5.09 当地供应商数量，2007	1
5.10 计算机、通信和其他服务进口，*2005	33
政府就绪度	**27**
6.01 政府对 ICT 重视程度，2007	31
6.02 政府对高科技产品的采购，2007	10
6.03 政府未来愿景中 ICT 的重要性，2007	63
6.04 电子政务就绪度指数，*2007	22

应用构成	22
个人应用	**21**
7.01 移动电话用户数，*2006	28
7.02 个人电脑数，*2005	14
7.03 宽带用户数，*2006	23
7.04 互联网用户数，*2006	24
7.05 互联网带宽，*2005	13
商业应用	**2**
8.01 外国技术牌照的流行度，2007	20
8.02 公司层面技术引进，2007	14
8.03 创新能力，2007	1
8.04 新电话线的可用性，2007	3
8.05 互联网商用程度，2007	5
政府应用	**38**
9.01 政府在 ICT 推广方面所获得的成功，2007	39
9.02 政府在线服务能力，2007	31
9.03 ICT 应用和政府效率，2007	35
9.04 政府办公中 ICT 的使用，2007	20
9.05 电子参与指数，*2007	67

197

注：* 统计数据。
需要更多的详细数据和解释，请参考本章开始的"如何阅读国家/经济体概况"部分。

希腊

关键指标

2006 年人口（百万）·························· 11.1
2006 年人均国内生产总值（购买力平价）（美元）······ 33004.0
2005 年每 100 名居民中互联网用户数 ············ 18.0
2005 年互联网带宽（兆比特/秒/10000 居民）·········· 5.9

网络就绪度指数

年（经济体数）	排名
2007~2008（127）····················	**56**
2006~2007（122）····················	48
2005~2006（115）····················	43

2007~2008（131）年度的全球竞争力指数 ·············· 65

环境构成 — 46

市场环境	77
1.01 风险资本的可利用性，2007 ············	61
1.02 金融市场成熟度，2007 ············	43
1.03 新技术可用性，2007 ············	66
1.04 集群发展状况，2007 ············	88
1.05 实用性专利，*2006 ············	40
1.06 高科技出口，*2005 ············	59
1.07 政府监管负担，2007 ············	106
1.08 税收范围及影响，2007 ············	72
1.09 总体税率，*2007 ············	75
1.10 创业所需时间，*2007 ············	86
1.11 创业所需程序数目，*2007 ············	115
1.12 当地竞争的激烈程度，2007 ············	65
1.13 新闻媒体自由度，2007 ············	22
1.14 数字内容的接入能力，2007 ············	91

政策和管制环境	55
2.01 立法主体的有效性，2007 ············	45
2.02 ICT 相关法律，2007 ············	68
2.03 司法独立性，2007 ············	48
2.04 知识产权保护，2007 ············	45
2.05 法律框架的效率，2007 ············	50
2.06 财产权，2007 ············	46
2.07 ISP 部门竞争质量，2007 ············	62
2.08 执行合同的程序数量，*2007 ············	75
2.09 执行合同所需时间，*2007 ············	100

基础设施环境	25
3.01 电话线，*2006 ············	12
3.02 安全的网络服务器，*2006 ············	39
3.03 发电量，*2004 ············	41
3.04 科学家与工程师的可利用性，2007 ············	17
3.05 科研机构质量，2007 ············	74
3.06 高等教育入学率，*2005 ············	3
3.07 教育支出，*2005 ············	86

就绪度构成 — 57

个人就绪度	50
4.01 数学和科学的教育质量，2007 ············	50
4.02 教育系统质量，2007 ············	80
4.03 校园互联网使用情况，2007 ············	61
4.04 买方成熟度，2007 ············	51
4.05 住宅电话连接费，*2005 ············	13
4.06 住宅电话月租费，*2005 ············	30
4.07 高速宽带月租费，*2006 ············	34
4.08 宽带最低消费，*2006 ············	43
4.09 移动电话费用，*2005 ············	44

企业就绪度	63
5.01 员工培训程度，2007 ············	55
5.02 当地研究和培训能力，2007 ············	73
5.03 管理学院质量，2007 ············	75
5.04 公司研发支出，2007 ············	83
5.05 高校与产业合作研究，2007 ············	80
5.06 企业电话连接费用，*2005 ············	9
5.07 企业电话月租费，*2005 ············	16
5.08 当地供应商质量，2007 ············	54
5.09 当地供应商数量，2007 ············	71
5.10 计算机、通信和其他服务进口，*2005 ············	85

政府就绪度	70
6.01 政府对 ICT 重视程度，2007 ············	94
6.02 政府对高科技产品的采购，2007 ············	97
6.03 政府未来愿景中 ICT 的重要性，2007 ············	86
6.04 电子政务就绪度指数，*2007 ············	44

应用构成 — 62

个人应用	50
7.01 移动电话用户数，*2006 ············	29
7.02 个人电脑数，*2005 ············	61
7.03 宽带用户数，*2006 ············	46
7.04 互联网用户数，*2005 ············	60
7.05 互联网带宽，*2005 ············	46

商业应用	69
8.01 外国技术牌照的流行度，2007 ············	43
8.02 公司层面技术引进，2007 ············	89
8.03 创新能力，2007 ············	73
8.04 新电话线的可用性，2007 ············	56
8.05 互联网商用程度，2007 ············	97

政府应用	91
9.01 政府在 ICT 推广方面所获得的成功，2007 ············	99
9.02 政府在线服务能力，2007 ············	68
9.03 ICT 应用和政府效率，2007 ············	69
9.04 政府办公中 ICT 的使用，2007 ············	85
9.05 电子参与指数，*2007 ············	82

注：* 统计数据。
需要更多的详细数据和解释，请参考本章开始的"如何阅读国家/经济体概况"部分。

危地马拉

关键指标

2006 年人口（百万） ················· 12.9
2006 年人均国内生产总值（购买力平价）（美元）······ 4335.0
2006 年每 100 名居民中互联网用户数 ········· 10.2
2005 年互联网带宽（兆比特/秒/10000 居民）··········· 0.6

网络就绪度指数

年（经济体数）　　　　　　　　　　　　排名

2007~2008（127）················ **80**
2006~2007（122）················· 79
2005~2006（115）················· 98

2007~2008（131）年度的全球竞争力指数 ········· 87

环境构成	90
市场环境	**55**
1.01 风险资本的可利用性，2007	74
1.02 金融市场成熟度，2007	73
1.03 新技术可用性，2007	61
1.04 集群发展状况，2007	70
1.05 实用性专利，*2006	79
1.06 高科技出口，*2005	57
1.07 政府监管负担，2007	41
1.08 税收范围及影响，2007	42
1.09 总体税率，*2007	42
1.10 创业所需时间，*2007	54
1.11 创业所需程序数目，*2007	88
1.12 当地竞争的激烈程度，2007	58
1.13 新闻媒体自由度，2007	31
1.14 数字内容的接入能力，2007	33
政策和管制环境	**95**
2.01 立法主体的有效性，2007	120
2.02 ICT 相关法律，2007	88
2.03 司法独立性，2007	86
2.04 知识产权保护，2007	90
2.05 法律框架的效率，2007	96
2.06 财产权，2007	84
2.07 ISP 部门竞争质量，2007	21
2.08 执行合同的程序数量，*2007	11
2.09 执行合同所需时间，*2007	120
基础设施环境	**115**
3.01 电话线，*2006	85
3.02 安全的网络服务器，*2006	63
3.03 发电量，*2004	97
3.04 科学家与工程师的可利用性，2007	96
3.05 科研机构质量，2007	100
3.06 高等教育入学率，*2003	100
3.07 教育支出，*2005	115

就绪度构成	81
个人就绪度	**84**
4.01 数学和科学的教育质量，2007	118
4.02 教育系统质量，2007	111
4.03 校园互联网使用情况，2007	92
4.04 买方成熟度，2007	73
4.05 住宅电话连接费，*2006	90
4.06 住宅电话月租费，*2006	85
4.07 高速宽带月租费，*2006	81
4.08 宽带最低消费，*2006	87
4.09 移动电话费用，*2006	71
企业就绪度	**70**
5.01 员工培训程度，2007	62
5.02 当地研究和培训能力，2007	53
5.03 管理学院质量，2007	60
5.04 公司研发支出，2007	63
5.05 高校与产业合作研究，2007	55
5.06 企业电话连接费用，*2005	84
5.07 企业电话月租费，*2006	65
5.08 当地供应商质量，2007	51
5.09 当地供应商数量，2007	56
5.10 计算机、通信和其他服务进口，*2005	112
政府就绪度	**83**
6.01 政府对 ICT 重视程度，2007	90
6.02 政府对高科技产品的采购，2007	84
6.03 政府未来愿景中 ICT 的重要性，2007	70
6.04 电子政务就绪度指数，*2007	85

应用构成	65
个人应用	**81**
7.01 移动电话用户数，*2006	71
7.02 个人电脑数，*2005	98
7.03 宽带用户数，*2005	86
7.04 互联网用户数，*2006	80
7.05 互联网带宽，*2005	77
商业应用	**47**
8.01 外国技术牌照的流行度，2007	77
8.02 公司层面技术引进，2007	59
8.03 创新能力，2007	58
8.04 新电话线的可用性，2007	28
8.05 互联网商用程度，2007	37
政府应用	**69**
9.01 政府在 ICT 推广方面所获得的成功，2007	90
9.02 政府在线服务能力，2007	41
9.03 ICT 应用和政府效率，2007	39
9.04 政府办公中 ICT 的使用，2007	79
9.05 电子参与指数，*2007	100

注：* 统计数据。
需要更多的详细数据和解释，请参考本章开始的"如何阅读国家/经济体概况"部分。

圭亚那

关键指标

2006 年人口（百万）·················· 0.7
2006 年人均国内生产总值（购买力平价）（美元）······ 5004.4
2005 年每 100 名居民中互联网用户数 ········ 21.3
2005 年互联网带宽（兆比特/秒/10000 居民）······ 0.5

网络就绪度指数

年（经济体数）	排名
2007~2008（127）··················	**102**
2006~2007（122）··················	98
2005~2006（115）··················	111

2007~2008（131）年度的全球竞争力指数 ·············· 126

环境构成	107
市场环境	**112**
1.01 风险资本的可利用性，2007 ··········	115
1.02 金融市场成熟度，2007 ··········	118
1.03 新技术可用性，2007 ··········	116
1.04 集群发展状况，2007 ··········	105
1.05 实用性专利，*2006 ··········	86
1.06 高科技出口，*2004 ··········	102
1.07 政府监管负担，2007 ··········	83
1.08 税收范围及影响，2007 ··········	118
1.09 总体税率，*2007 ··········	47
1.10 创业所需时间，*2007 ··········	94
1.11 创业所需程序数目，*2007 ··········	44
1.12 当地竞争的激烈程度，2007 ··········	102
1.13 新闻媒体自由度，2007 ··········	94
1.14 数字内容的接入能力，2007 ··········	99
政策和管制环境	**112**
2.01 立法主体的有效性，2007 ··········	91
2.02 ICT 相关法律，2007 ··········	118
2.03 司法独立性，2007 ··········	99
2.04 知识产权保护，2007 ··········	125
2.05 法律框架的效率，2007 ··········	117
2.06 财产权，2007 ··········	111
2.07 ISP 部门竞争质量，2007 ··········	89
2.08 执行合同的程序数量，*2007 ··········	53
2.09 执行合同所需时间，*2007 ··········	74
基础设施环境	**89**
3.01 电话线，*2006 ··········	73
3.02 安全的网络服务器，*2006 ··········	78
3.03 发电量 * ··········	n/a
3.04 科学家与工程师的可利用性，2007 ··········	124
3.05 科研机构质量，2007 ··········	107
3.06 高等教育入学率，*2005 ··········	99
3.07 教育支出，*2005 ··········	41

就绪度构成	93
个人就绪度	**91**
4.01 数学和科学的教育质量，2007 ··········	90
4.02 教育系统质量，2007 ··········	79
4.03 校园互联网使用情况，2007 ··········	107
4.04 买方成熟度，2007 ··········	105
4.05 住宅电话连接费，*2005 ··········	21
4.06 住宅电话月租费，*2005 ··········	82
4.07 高速宽带月租费 * ··········	n/a
4.08 宽带最低消费，*2006 ··········	86
4.09 移动电话费用，*2005 ··········	95
企业就绪度	**95**
5.01 员工培训程度，2007 ··········	94
5.02 当地研究和培训能力，2007 ··········	121
5.03 管理学院质量，2007 ··········	105
5.04 公司研发支出，2007 ··········	93
5.05 高校与产业合作研究，2007 ··········	114
5.06 企业电话连接费用，*2005 ··········	66
5.07 企业电话月租费，*2005 ··········	99
5.08 当地供应商质量，2007 ··········	99
5.09 当地供应商数量，2007 ··········	99
5.10 计算机、通信和其他服务进口，*2005 ··········	50
政府就绪度	**105**
6.01 政府对 ICT 重视程度，2007 ··········	83
6.02 政府对高科技产品的采购，2007 ··········	108
6.03 政府未来愿景中 ICT 的重要性，2007 ··········	115
6.04 电子政务就绪度指数，*2007 ··········	84

应用构成	114
个人应用	**78**
7.01 移动电话用户数，*2005 ··········	86
7.02 个人电脑数，*2005 ··········	87
7.03 宽带用户数，*2005 ··········	83
7.04 互联网用户数，*2005 ··········	54
7.05 互联网带宽，*2005 ··········	80
商业应用	**119**
8.01 外国技术牌照的流行度，2007 ··········	121
8.02 公司层面技术引进，2007 ··········	114
8.03 创新能力，2007 ··········	101
8.04 新电话线的可用性，2007 ··········	123
8.05 互联网商用程度，2007 ··········	94
政府应用	**114**
9.01 政府在 ICT 推广方面所获得的成功，2007 ··········	94
9.02 政府在线服务能力，2007 ··········	121
9.03 ICT 应用和政府效率，2007 ··········	122
9.04 政府办公中 ICT 的使用，2007 ··········	98
9.05 电子参与指数，*2007 ··········	91

注：* 统计数据。

需要更多的详细数据和解释，请参考本章开始的"如何阅读国家/经济体概况"部分。

洪都拉斯

关键指标

2006 年人口（百万）· 7.4
2006 年人均国内生产总值（购买力平价）（美元）· · · · · · 3199.0
2006 年每 100 名居民中互联网用户数 · · · · · · · · · · · · · · 4.6
2005 年互联网带宽（兆比特/秒/10000 居民）· · · · · · · · · · · · 0.1

网络就绪度指数

年（经济体数）　　　　　　　　　　　　　　　　　　排名

2007~2008（127）· **90**
2006~2007（122）· 94
2005~2006（115）· 100

2007~2008（131）年度的全球竞争力指数 · · · · · · · · · · · · · · 83

环境构成	88
市场环境	**76**
1.01 风险资本的可利用性，2007	62
1.02 金融市场成熟度，2007	78
1.03 新技术可用性，2007	94
1.04 集群发展状况，2007	58
1.05 实用性专利，*2006	72
1.06 高科技出口，*2005	92
1.07 政府监管负担，2007	37
1.08 税收范围及影响，2007	53
1.09 总体税率，*2007	87
1.10 创业所需时间，*2007	44
1.11 创业所需程序数目，*2007	103
1.12 当地竞争的激烈程度，2007	104
1.13 新闻媒体自由度，2007	34
1.14 数字内容的接入能力，2007	74
政策和管制环境	**85**
2.01 立法主体的有效性，2007	74
2.02 ICT 相关法律，2007	83
2.03 司法独立性，2007	93
2.04 知识产权保护，2007	73
2.05 法律框架的效率，2007	86
2.06 财产权，2007	85
2.07 ISP 部门竞争质量，2007	48
2.08 执行合同的程序数量，*2007	110
2.09 执行合同所需时间，*2007	51
基础设施环境	**104**
3.01 电话线，*2006	88
3.02 安全的网络服务器，*2006	73
3.03 发电量，*2004	91
3.04 科学家与工程师的可利用性，2007	104
3.05 科研机构质量，2007	117
3.06 高等教育入学率，*2004	88
3.07 教育支出，*2005	77

就绪度构成	90
个人就绪度	**95**
4.01 数学和科学的教育质量，2007	112
4.02 教育系统质量，2007	114
4.03 校园互联网使用情况，2007	96
4.04 买方成熟度，2007	93
4.05 住宅电话连接费，*2005	82
4.06 住宅电话月租费，*2005	75
4.07 高速宽带月租费 *	n/a
4.08 宽带最低消费，*2006	89
4.09 移动电话费用，*2005	102
企业就绪度	**89**
5.01 员工培训程度，2007	70
5.02 当地研究和培训能力，2007	70
5.03 管理学院质量，2007	93
5.04 公司研发支出，2007	98
5.05 高校与产业合作研究，2007	91
5.06 企业电话连接费用，*2005	88
5.07 企业电话月租费，*2005	82
5.08 当地供应商质量，2007	85
5.09 当地供应商数量，2007	94
5.10 计算机、通信和其他服务进口，*2005	78
政府就绪度	**102**
6.01 政府对 ICT 重视程度，2007	91
6.02 政府对高科技产品的采购，2007	87
6.03 政府未来愿景中 ICT 的重要性，2007	100
6.04 电子政务就绪度指数，*2007	90

应用构成	94
个人应用	**100**
7.01 移动电话用户数，*2006	92
7.02 个人电脑数，*2005	102
7.03 宽带用户数，*2005	118
7.04 互联网用户数，*2006	102
7.05 互联网带宽，*2005	109
商业应用	**94**
8.01 外国技术牌照的流行度，2007	93
8.02 公司层面技术引进，2007	98
8.03 创新能力，2007	84
8.04 新电话线的可用性，2007	106
8.05 互联网商用程度，2007	63
政府应用	**89**
9.01 政府在 ICT 推广方面所获得的成功，2007	101
9.02 政府在线服务能力，2007	77
9.03 ICT 应用和政府效率，2007	88
9.04 政府办公中 ICT 的使用，2007	96
9.05 电子参与指数，*2007	43

注：* 统计数据。

需要更多的详细数据和解释，请参考本章开始的"如何阅读国家/经济体概况"部分。

201

中国香港

关键指标

2006 年人口（百万）·································· 7.1
2006 年人均国内生产总值（购买力平价）（美元）····· 38713.6
2006 年每 100 名居民中互联网用户数 ················ 53.0
2006 年互联网带宽（兆比特/秒/10000 居民）··········· 129.8

网络就绪度指数

年（经济体数）	排名
2007~2008（127）························· **11**
2006~2007（122）························· 12
2005~2006（115）························· 11

2007~2008（131）年度的全球竞争力指数 ·············· 12

环境构成 | 16
市场环境 | 2
1.01 风险资本的可利用性，2007 ················ 11
1.02 金融市场成熟度，2007 ···················· 3
1.03 新技术可用性，2007 ····················· 23
1.04 集群发展状况，2007 ····················· 14
1.05 实用性专利，*2006 ······················ 22
1.06 高科技出口，*2005 ······················ 6
1.07 政府监管负担，2007 ····················· 3
1.08 税收范围及影响，2007 ··················· 4
1.09 总体税率，*2007 ························· 11
1.10 创业所需时间，*2007 ···················· 19
1.11 创业所需程序数目，*2007 ················ 9
1.12 当地竞争的激烈程度，2007 ··············· 4
1.13 新闻媒体自由度，2007 ··················· 32
1.14 数字内容的接入能力，2007 ·············· 12

政策和管制环境 | 10
2.01 立法主体的有效性，2007 ················· 35
2.02 ICT 相关法律，2007 ······················ 18
2.03 司法独立性，2007 ························ 16
2.04 知识产权保护，2007 ····················· 21
2.05 法律框架的效率，2007 ··················· 9
2.06 财产权，2007 ···························· 13
2.07 ISP 部门竞争质量，2007 ·················· 8
2.08 执行合同的程序数量，*2007 ·············· 3
2.09 执行合同所需时间，*2007 ················ 4

基础设施环境 | 33
3.01 电话线，*2006 ··························· 13
3.02 安全的网络服务器，*2006 ················ 22
3.03 发电量，*2004 ··························· 39
3.04 科学家与工程师的可利用性，2007 ········· 35
3.05 科研机构质量，2007 ····················· 25
3.06 高等教育入学率，*2005 ·················· 63
3.07 教育支出，*2005 ························· 73

就绪度构成 | 15
个人就绪度 | 4
4.01 数学和科学的教育质量，2007 ············· 4
4.02 教育系统质量，2007 ····················· 9
4.03 校园互联网使用情况，2007 ··············· 7
4.04 买方成熟度，2007 ······················· 4
4.05 住宅电话连接费，*2005 ·················· 1
4.06 住宅电话月租费，*2005 ·················· 22
4.07 高速宽带月租费，*2006 ·················· 25
4.08 宽带最低消费，*2006 ···················· 16
4.09 移动电话费用，*2005 ···················· 3

企业就绪度 | 21
5.01 员工培训程度，2007 ····················· 28
5.02 当地研究和培训能力，2007 ··············· 19
5.03 管理学院质量，2007 ····················· 17
5.04 公司研发支出，2007 ····················· 23
5.05 高校与产业合作研究，2007 ··············· 21
5.06 企业电话连接费用，*2005 ················ 1
5.07 企业电话月租费，*2005 ·················· 15
5.08 当地供应商质量，2007 ··················· 15
5.09 当地供应商数量，2007 ··················· 11
5.10 计算机、通信和其他服务进口，*2004 ······ 68

政府就绪度 | 19
6.01 政府对 ICT 重视程度，2007 ··············· 17
6.02 政府对高科技产品的采购，2007 ··········· 15
6.03 政府未来愿景中 ICT 的重要性，2007 ······· 12
6.04 电子政务就绪度指数，*2007 ·············· n/a

应用构成 | 5
个人应用 | 5
7.01 移动电话用户数，*2006 ·················· 3
7.02 个人电脑数，*2005 ······················ 16
7.03 宽带用户数，*2006 ······················ 9
7.04 互联网用户数数，*2006 ·················· 20
7.05 互联网带宽，*2006 ······················ 6

商业应用 | 19
8.01 外国技术牌照的流行度，2007 ············· 16
8.02 公司层面技术引进，2007 ················· 16
8.03 创新能力，2007 ·························· 26
8.04 新电话线的可用性，2007 ················· 9
8.05 互联网商用程度，2007 ··················· 22

政府应用 | 7
9.01 政府在 ICT 推广方面所获得的成功，2007 ···· 17
9.02 政府在线服务能力，2007 ················· 13
9.03 ICT 应用和政府效率，2007 ················ 8
9.04 政府办公中 ICT 的使用，2007 ············· 10
9.05 电子参与指数，*2007 ···················· n/a

注：* 统计数据。
需要更多的详细数据和解释，请参考本章开始的"如何阅读国家/经济体概况"部分。

匈牙利

关键指标

2006 年人口（百万）·· 10.1
2006 年人均国内生产总值（购买力平价）（美元）····· 20047.4
2006 年每 100 名居民中互联网用户数 ························· 34.8
2006 年互联网带宽（兆比特/秒/10000 居民）·················· 9.9

网络就绪度指数

年（经济体数）	排名
2007~2008（127）····················	**37**
2006~2007（122）····························	33
2005~2006（115）····························	38

2007~2008（131）年度的全球竞争力指数 ············· 47

环境构成	32
市场环境	**38**
1.01 风险资本的可利用性，2007 ······················	50
1.02 金融市场成熟度，2007 ····························	47
1.03 新技术可用性，2007 ······························	55
1.04 集群发展状况，2007 ······························	6
1.05 实用性专利，*2006 ·······························	30
1.06 高科技出口，*2005 ·······························	14
1.07 政府监管负担，2007 ······························	107
1.08 税收范围及影响，2007 ····························	114
1.09 总体税率，*2007 ·································	98
1.10 创业所需时间，*2007 ·····························	33
1.11 创业所需程序数目，*2007 ·························	19
1.12 当地竞争的激烈程度，2007 ························	32
1.13 新闻媒体自由度，2007 ····························	47
1.14 数字内容的接入能力，2007 ························	41
政策和管制环境	**40**
2.01 立法主体的有效性，2007 ··························	78
2.02 ICT 相关法律，2007 ······························	47
2.03 司法独立性，2007 ·································	49
2.04 知识产权保护，2007 ······························	37
2.05 法律框架的效率，2007 ····························	56
2.06 财产权，2007 ····································	37
2.07 ISP 部门竞争质量，2007 ··························	78
2.08 执行合同的程序数量，*2007 ······················	35
2.09 执行合同所需时间，*2007 ·························	24
基础设施环境	**28**
3.01 电话线，*2006 ···································	35
3.02 安全的网络服务器，*2006 ·························	41
3.03 发电量，*2004 ···································	53
3.04 科学家与工程师的可利用性，2007 ··················	40
3.05 科研机构质量，2007 ······························	24
3.06 高等教育入学率，*2005 ···························	20
3.07 教育支出，*2005 ·································	18

就绪度构成	39
个人就绪度	**42**
4.01 数学和科学的教育质量，2007 ······················	22
4.02 教育系统质量，2007 ······························	63
4.03 校园互联网使用情况，2007 ························	27
4.04 买方成熟度，2007 ·································	89
4.05 住宅电话连接费，*2005 ···························	75
4.06 住宅电话月租费，*2005 ···························	70
4.07 高速宽带月租费，*2006 ···························	39
4.08 宽带最低消费，*2006 ·····························	35
4.09 移动电话费用，*2005 ·····························	43
企业就绪度	**47**
5.01 员工培训程度，2007 ······························	73
5.02 当地研究和培训能力，2007 ························	60
5.03 管理学院质量，2007 ······························	57
5.04 公司研发支出，2007 ······························	67
5.05 高校与产业合作研究，2007 ························	34
5.06 企业电话连接费用，*2005 ·························	76
5.07 企业电话月租费，*2005 ···························	55
5.08 当地供应商质量，2007 ····························	59
5.09 当地供应商数量，2007 ····························	69
5.10 计算机、通信和其他服务进口，*2005 ···············	9
政府就绪度	**44**
6.01 政府对 ICT 重视程度，2007 ························	72
6.02 政府对高科技产品的采购，2007 ····················	85
6.03 政府未来愿景中 ICT 的重要性，2007 ················	64
6.04 电子政务就绪度指数，*2007 ······················	30

应用构成	38
个人应用	**38**
7.01 移动电话用户数，*2006 ···························	30
7.02 个人电脑数，*2005 ·······························	46
7.03 宽带用户数，*2006 ·······························	34
7.04 互联网用户数数，*2006 ···························	34
7.05 互联网带宽，*2006 ·······························	40
商业应用	**41**
8.01 外国技术牌照的流行度，2007 ······················	52
8.02 公司层面技术引进，2007 ··························	48
8.03 创新能力，2007 ··································	38
8.04 新电话线的可用性，2007 ··························	23
8.05 互联网商用程度，2007 ····························	50
政府应用	**54**
9.01 政府在 ICT 推广方面所获得的成功，2007 ············	83
9.02 政府在线服务能力，2007 ··························	48
9.03 ICT 应用和政府效率，2007 ························	61
9.04 政府办公中 ICT 的使用，2007 ·····················	50
9.05 电子参与指数，*2007 ·····························	58

注：* 统计数据。
需要更多的详细数据和解释，请参考本章开始的"如何阅读国家/经济体概况"部分。

冰岛

关键指标

网络就绪度指数

注：* 统计数据。

需要更多的详细数据和解释，请参考本章开始的"如何阅读国家/经济体概况"部分。

印度

关键指标

2006 年人口（百万）……………………… 1119.5
2006 年人均国内生产总值（购买力平价）（美元）…… 3802.0
2005 年每 100 名居民中互联网用户数 …………… 5.4
2006 年互联网带宽（兆比特/秒/10000 居民）…………… 0.2

网络就绪度指数

年（经济体数）   排名

2007~2008（127）……………………… **50**
2006~2007（122）……………………… 44
2005~2006（115）……………………… 40

2007~2008（131）年度的全球竞争力指数 …………… 48

环境构成	54
市场环境	**49**
1.01 风险资本的可利用性，2007	29
1.02 金融市场成熟度，2007	33
1.03 新技术可用性，2007	31
1.04 集群发展状况，2007	24
1.05 实用性专利，*2006	60
1.06 高科技出口，*2005	44
1.07 政府监管负担，2007	78
1.08 税收范围及影响，2007	29
1.09 总体税率，*2007	110
1.10 创业所需时间，*2007	75
1.11 创业所需程序数目，*2007	103
1.12 当地竞争的激烈程度，2007	10
1.13 新闻媒体自由度，2007	20
1.14 数字内容的接入能力，2007	65
政策和管制环境	**47**
2.01 立法主体的有效性，2007	24
2.02 ICT 相关法律，2007	36
2.03 司法独立性，2007	26
2.04 知识产权保护，2007	48
2.05 法律框架的效率，2007	34
2.06 财产权，2007	44
2.07 ISP 部门竞争质量，2007	23
2.08 执行合同的程序数量，*2007	112
2.09 执行合同所需时间，*2007	118
基础设施环境	**71**
3.01 电话线，*2005	100
3.02 安全的网络服务器，*2006	90
3.03 发电量，*2004	95
3.04 科学家与工程师的可利用性，2007	4
3.05 科研机构质量，2007	22
3.06 高等教育入学率，*2005	95
3.07 教育支出，*2005	68

就绪度构成	37
个人就绪度	**46**
4.01 数学和科学的教育质量，2007	11
4.02 教育系统质量，2007	31
4.03 校园互联网使用情况，2007	56
4.04 买方成熟度，2007	31
4.05 住宅电话连接费，*2005	87
4.06 住宅电话月租费，*2005	94
4.07 高速宽带月租费，*2006	65
4.08 宽带最低消费，*2006	81
4.09 移动电话费用，*2005	56
企业就绪度	**28**
5.01 员工培训程度，2007	33
5.02 当地研究和培训能力，2007	31
5.03 管理学院质量，2007	8
5.04 公司研发支出，2007	28
5.05 高校与产业合作研究，2007	43
5.06 企业电话连接费用，*2005	75
5.07 企业电话月租费，*2005	98
5.08 当地供应商质量，2007	33
5.09 当地供应商数量，2007	6
5.10 计算机、通信和其他服务进口，*2005	18
政府就绪度	**45**
6.01 政府对 ICT 重视程度，2007	16
6.02 政府对高科技产品的采购，2007	70
6.03 政府未来愿景中 ICT 的重要性，2007	21
6.04 电子政务就绪度指数，*2007	91

应用构成	51
个人应用	**109**
7.01 移动电话用户数，*2006	107
7.02 个人电脑数，*2005	104
7.03 宽带用户数，*2006	88
7.04 互联网用户数，*2005	101
7.05 互联网带宽，*2006	87
商业应用	**26**
8.01 外国技术牌照的流行度，2007	22
8.02 公司层面技术引进，2007	22
8.03 创新能力，2007	31
8.04 新电话线的可用性，2007	33
8.05 互联网商用程度，2007	35
政府应用	**40**
9.01 政府在 ICT 推广方面所获得的成功，2007	18
9.02 政府在线服务能力，2007	44
9.03 ICT 应用和政府效率，2007	30
9.04 政府办公中 ICT 的使用，2007	56
9.05 电子参与指数，*2007	47

注：* 统计数据。

需要更多的详细数据和解释，请参考本章开始的"如何阅读国家/经济体概况"部分。

印度尼西亚

关键指标

2006 年人口（百万）·················· 225.5

2006 年人均国内生产总值（购买力平价）（美元）······ 4356.3

2005 年每 100 名居民中互联网用户数 ·········· 7.2

2005 年互联网带宽（兆比特/秒/10000 居民）······ 0.1

网络就绪度指数

年（经济体数）	排名
2007~2008（127）················· **76**	
2006~2007（122）·················· 62	
2005~2006（115）·················· 68	

2007~2008（131）年度的全球竞争力指数 ········· 54

环境构成　　74

市场环境　　52

1.01 风险资本的可利用性，2007 ·········· 35
1.02 金融市场成熟度，2007 ············ 81
1.03 新技术可用性，2007 ············· 51
1.04 集群发展状况，2007 ············· 8
1.05 实用性专利，*2006 ············· 84
1.06 高科技出口，*2005 ············· 34
1.07 政府监管负担，2007 ············· 22
1.08 税收范围及影响，2007 ············ 8
1.09 总体税率，*2007 ·············· 41
1.10 创业所需时间，*2007 ············ 117
1.11 创业所需程序数目，*2007 ·········· 98
1.12 当地竞争的激烈程度，2007 ········· 28
1.13 新闻媒体自由度，2007 ············ 53
1.14 数字内容的接入能力，2007 ········· 64

政策和管制环境　　81

2.01 立法主体的有效性，2007 ·········· 77
2.02 ICT 相关法律，2007 ············ 79
2.03 司法独立性，2007 ·············· 96
2.04 知识产权保护，2007 ············· 86
2.05 法律框架的效率，2007 ············ 74
2.06 财产权，2007 ··············· 112
2.07 ISP 部门竞争质量，2007 ··········· 36
2.08 执行合同的程序数量，*2007 ········· 75
2.09 执行合同所需时间，*2007 ·········· 71

基础设施环境　　99

3.01 电话线，*2006 ··············· 97
3.02 安全的网络服务器，*2006 ·········· 90
3.03 发电量，*2004 ··············· 100
3.04 科学家与工程师的可利用性，2007 ······ 27
3.05 科研机构质量，2007 ············· 28
3.06 高等教育入学率，*2005 ··········· 86
3.07 教育支出，*2005 ·············· 119

就绪度构成　　58

个人就绪度　　38

4.01 数学和科学的教育质量，2007 ········ 31
4.02 教育系统质量，2007 ············· 29
4.03 校园互联网使用情况，2007 ········· 64
4.04 买方成熟度，2007 ·············· 9
4.05 住宅电话连接费，*2005 ··········· 83
4.06 住宅电话月租费，*2005 ··········· 86
4.07 高速宽带月租费，*2006 ··········· 69
4.08 宽带最低消费，*2006 ············ 75
4.09 移动电话费用，*2004 ············ 54

企业就绪度　　33

5.01 员工培训程度，2007 ············· 34
5.02 当地研究和培训能力，2007 ········· 29
5.03 管理学院质量，2007 ············· 32
5.04 公司研发支出，2007 ············· 27
5.05 高校与产业合作研究，2007 ········· 62
5.06 企业电话连接费用，*2005 ·········· 78
5.07 企业电话月租费，*2005 ··········· 81
5.08 当地供应商质量，2007 ············ 52
5.09 当地供应商数量，2007 ············ 31
5.10 计算机、通信和其他服务进口，*2005 ···· 12

政府就绪度　　111

6.01 政府对 ICT 重视程度，2007 ········· 124
6.02 政府对高科技产品的采购，2007 ······· 65
6.03 政府未来愿景中 ICT 的重要性，2007 ···· 114
6.04 电子政务就绪度指数，*2007 ········· 89

应用构成　　93

个人应用　　97

7.01 移动电话用户数，*2006 ··········· 95
7.02 个人电脑数，*2005 ············· 105
7.03 宽带用户数，*2005 ············· 99
7.04 互联网用户数，*2005 ············ 93
7.05 互联网带宽，*2005 ············· 106

商业应用　　48

8.01 外国技术牌照的流行度，2007 ········ 4
8.02 公司层面技术引进，2007 ·········· 66
8.03 创新能力，2007 ··············· 50
8.04 新电话线的可用性，2007 ··········· 91
8.05 互联网商用程度，2007 ············ 56

政府应用　　112

9.01 政府在 ICT 推广方面所获得的成功，2007 ·· 114
9.02 政府在线服务能力，2007 ··········· 87
9.03 ICT 应用和政府效率，2007 ········· 115
9.04 政府办公中 ICT 的使用，2007 ······· 115
9.05 电子参与指数，*2007 ············ 100

注：* 统计数据。

需要更多的详细数据和解释，请参考本章开始的"如何阅读国家/经济体概况"部分。

爱尔兰

关键指标

网络就绪度指数

注：* 统计数据。

需要更多的详细数据和解释，请参考本章开始的"如何阅读国家/经济体概况"部分。

以色列

关键指标

2006 年人口（百万） ···································· 6.8
2006 年人均国内生产总值（购买力平价）（美元） ······ 31560.9
2005 年每 100 名居民中互联网用户数 ················· 24.4
2005 年互联网带宽（兆比特/秒/10000 居民） ·········· 25.4

网络就绪度指数

年（经济体数） 排名

2007~2008（127） ························· **18**
2006~2007（122） ····························· 18
2005~2006（115） ····························· 19

2007~2008（131）年度的全球竞争力指数 ·············· 17

环境构成	19
市场环境	**8**
1.01 风险资本的可利用性，2007	5
1.02 金融市场成熟度，2007	17
1.03 新技术可用性，2007	4
1.04 集群发展状况，2007	28
1.05 实用性专利，*2006	5
1.06 高科技出口，*2005	27
1.07 政府监管负担，2007	31
1.08 税收范围及影响，2007	66
1.09 总体税率，*2007	35
1.10 创业所需时间，*2007	78
1.11 创业所需程序数目，*2007	9
1.12 当地竞争的激烈程度，2007	21
1.13 新闻媒体自由度，2007	12
1.14 数字内容的接入能力，2007	17
政策和管制环境	**25**
2.01 立法主体的有效性，2007	40
2.02 ICT 相关法律，2007	21
2.03 司法独立性，2007	13
2.04 知识产权保护，2007	26
2.05 法律框架的效率，2007	26
2.06 财产权，2007	25
2.07 ISP 部门竞争质量，2007	3
2.08 执行合同的程序数量，*2007	46
2.09 执行合同所需时间，*2007	109
基础设施环境	**13**
3.01 电话线，*2006	23
3.02 安全的网络服务器，*2006	23
3.03 发电量，*2004	27
3.04 科学家与工程师的可利用性，2007	3
3.05 科研机构质量，2007	3
3.06 高等教育入学率，*2005	28
3.07 教育支出，*2005	4

就绪度构成	14
个人就绪度	**18**
4.01 数学和科学的教育质量，2007	30
4.02 教育系统质量，2007	25
4.03 校园互联网使用情况，2007	17
4.04 买方成熟度，2007	26
4.05 住宅电话连接费，*2005	26
4.06 住宅电话月租费，*2005	25
4.07 高速宽带月租费，*2006	30
4.08 宽带最低消费，*2006	31
4.09 移动电话费用，*2005	28
企业就绪度	**13**
5.01 员工培训程度，2007	23
5.02 当地研究和培训能力，2007	13
5.03 管理学院质量，2007	15
5.04 公司研发支出，2007	7
5.05 高校与产业合作研究，2007	8
5.06 企业电话连接费用，*2005	22
5.07 企业电话月租费，*2005	12
5.08 当地供应商质量，2007	20
5.09 当地供应商数量，2007	42
5.10 计算机、通信和其他服务进口，*2005	25
政府就绪度	**17**
6.01 政府对 ICT 重视程度，2007	26
6.02 政府对高科技产品的采购，2007	7
6.03 政府未来愿景中 ICT 的重要性，2007	26
6.04 电子政务就绪度指数，*2007	17

应用构成	18
个人应用	**13**
7.01 移动电话用户数，*2006	7
7.02 个人电脑数，*2005	1
7.03 宽带用户数，*2006	13
7.04 互联网用户数，*2005	48
7.05 互联网带宽，*2005	27
商业应用	**9**
8.01 外国技术牌照的流行度，2007	14
8.02 公司层面技术引进，2007	5
8.03 创新能力，2007	10
8.04 新电话线的可用性，2007	14
8.05 互联网商用程度，2007	14
政府应用	**26**
9.01 政府在 ICT 推广方面所获得的成功，2007	20
9.02 政府在线服务能力，2007	27
9.03 ICT 应用和政府效率，2007	21
9.04 政府办公中 ICT 的使用，2007	31
9.05 电子参与指数，*2007	36

注：* 统计数据。
需要更多的详细数据和解释，请参考本章开始的"如何阅读国家/经济体概况"部分。

意大利

关键指标

2006 年人口（百万）················· 58.1
2006 年人均国内生产总值（购买力平价）（美元）······ 31051.1
2006 年每 100 名居民中互联网用户数 ··········· 49.6
2005 年互联网带宽（兆比特/秒/10000 居民）········· 20.6

网络就绪度指数

年（经济体数） 排名

2007~2008（127）················· **42**
2006~2007（122）················· 38
2005~2006（115）················· 42

2007~2008（131）年度的全球竞争力指数 ········· 46

环境构成	55
市场环境	**71**
1.01 风险资本的可利用性，2007	79
1.02 金融市场成熟度，2007	57
1.03 新技术可用性，2007	54
1.04 集群发展状况，2007	21
1.05 实用性专利，*2006	25
1.06 高科技出口，*2005	36
1.07 政府监管负担，2007	124
1.08 税收范围及影响，2007	123
1.09 总体税率，*2007	114
1.10 创业所需时间，*2007	24
1.11 创业所需程序数目，*2007	58
1.12 当地竞争的激烈程度，2007	78
1.13 新闻媒体自由度，2007	66
1.14 数字内容的接入能力，2007	69
政策和管制环境	**75**
2.01 立法主体的有效性，2007	93
2.02 ICT 相关法律，2007	42
2.03 司法独立性，2007	65
2.04 知识产权保护，2007	42
2.05 法律框架的效率，2007	97
2.06 财产权，2007	53
2.07 ISP 部门竞争质量，2007	45
2.08 执行合同的程序数量，*2007	94
2.09 执行合同所需时间，*2007	113
基础设施环境	**36**
3.01 电话线，*2005	25
3.02 安全的网络服务器，*2006	36
3.03 发电量，*2004	43
3.04 科学家与工程师的可利用性，2007	48
3.05 科研机构质量，2007	94
3.06 高等教育入学率，*2005	19
3.07 教育支出，*2005	46

就绪度构成	46
个人就绪度	**47**
4.01 数学和科学的教育质量，2007	57
4.02 教育系统质量，2007	74
4.03 校园互联网使用情况，2007	54
4.04 买方成熟度，2007	32
4.05 住宅电话连接费，*2005	51
4.06 住宅电话月租费，*2005	40
4.07 高速宽带月租费，*2006	12
4.08 宽带最低消费，*2006	3
4.09 移动电话费用，*2005	2
企业就绪度	**39**
5.01 员工培训程度，2007	79
5.02 当地研究和培训能力，2007	28
5.03 管理学院质量，2007	52
5.04 公司研发支出，2007	71
5.05 高校与产业合作研究，2007	70
5.06 企业电话连接费用，*2005	41
5.07 企业电话月租费，*2005	40
5.08 当地供应商质量，2007	28
5.09 当地供应商数量，2007	20
5.10 计算机、通信和其他服务进口，*2005	15
政府就绪度	**64**
6.01 政府对 ICT 重视程度，2007	110
6.02 政府对高科技产品的采购，2007	95
6.03 政府未来愿景中 ICT 的重要性，2007	92
6.04 电子政务就绪度指数，*2007	27

应用构成	33
个人应用	**25**
7.01 移动电话用户数，*2005	6
7.02 个人电脑数，*2005	27
7.03 宽带用户数，*2006	25
7.04 互联网用户数，*2006	22
7.05 互联网带宽，*2005	31
商业应用	**45**
8.01 外国技术牌照的流行度，2007	56
8.02 公司层面技术引进，2007	78
8.03 创新能力，2007	20
8.04 新电话线的可用性，2007	70
8.05 互联网商用程度，2007	54
政府应用	**47**
9.01 政府在 ICT 推广方面所获得的成功，2007	97
9.02 政府在线服务能力，2007	58
9.03 ICT 应用和政府效率，2007	5
9.04 政府办公中 ICT 的使用，2007	54
9.05 电子参与指数，*2007	53

注：* 统计数据。

需要更多的详细数据和解释，请参考本章开始的"如何阅读国家/经济体概况"部分。

209

牙买加

关键指标

2006 年人口（百万）··········	2.7
2006 年人均国内生产总值（购买力平价）（美元）······	4493.7
2005 年每 100 名居民中互联网用户数 ······	46.5
2005 年互联网带宽（兆比特/秒/10000 居民）··········	155.6

网络就绪度指数

年（经济体数）	排名
2007~2008（127）············	**46**
2006~2007（122）··········	45
2005~2006（115）··········	54
2007~2008（131）年度的全球竞争力指数 ··········	78

环境构成 — 53

市场环境	39
1.01 风险资本的可利用性，2007 ··········	94
1.02 金融市场成熟度，2007 ··········	37
1.03 新技术可用性，2007 ··········	42
1.04 集群发展状况，2007 ··········	94
1.05 实用性专利，*2006 ··········	86
1.06 高科技出口 * ··········	n/a
1.07 政府监管负担，2007 ··········	100
1.08 税收范围及影响，2007 ··········	99
1.09 总体税率，*2007 ··········	86
1.10 创业所需时间，*2007 ··········	15
1.11 创业所需程序数目，*2007 ··········	19
1.12 当地竞争的激烈程度，2007 ··········	46
1.13 新闻媒体自由度，2007 ··········	50
1.14 数字内容的接入能力，2007 ··········	42

政策和管制环境	52
2.01 立法主体的有效性，2007 ··········	60
2.02 ICT 相关法律，2007 ··········	70
2.03 司法独立性，2007 ··········	54
2.04 知识产权保护，2007 ··········	67
2.05 法律框架的效率，2007 ··········	73
2.06 财产权，2007 ··········	55
2.07 ISP 部门竞争质量，2007 ··········	43
2.08 执行合同的程序数量，*2007 ··········	40
2.09 执行合同所需时间，*2007 ··········	67

基础设施环境	73
3.01 电话线，*2005 ··········	80
3.02 安全的网络服务器，*2006 ··········	53
3.03 发电量，*2004 ··········	60
3.04 科学家与工程师的可利用性，2007 ··········	88
3.05 科研机构质量，2007 ··········	39
3.06 高等教育入学率，*2003 ··········	81
3.07 教育支出，*2005 ··········	36

就绪度构成 — 59

个人就绪度	65
4.01 数学和科学的教育质量，2007 ··········	102
4.02 教育系统质量，2007 ··········	88
4.03 校园互联网使用情况，2007 ··········	63
4.04 买方成熟度，2007 ··········	56
4.05 住宅电话连接费，*2005 ··········	27
4.06 住宅电话月租费，*2005 ··········	81
4.07 高速宽带月租费，*2006 ··········	57
4.08 宽带最低消费，*2006 ··········	65
4.09 移动电话费用，*2005 ··········	65

企业就绪度	54
5.01 员工培训程度，2007 ··········	67
5.02 当地研究和培训能力，2007 ··········	59
5.03 管理学院质量，2007 ··········	59
5.04 公司研发支出，2007 ··········	43
5.05 高校与产业合作研究，2007 ··········	47
5.06 企业电话连接费用，*2005 ··········	28
5.07 企业电话月租费，*2005 ··········	91
5.08 当地供应商质量，2007 ··········	61
5.09 当地供应商数量，2007 ··········	83
5.10 计算机、通信和其他服务进口，*2005 ··········	46

政府就绪度	55
6.01 政府对 ICT 重视程度，2007 ··········	44
6.02 政府对高科技产品的采购，2007 ··········	69
6.03 政府未来愿景中 ICT 的重要性，2007 ··········	56
6.04 电子政务就绪度指数，*2007 ··········	76

应用构成 — 36

个人应用	28
7.01 移动电话用户数，*2005 ··········	25
7.02 个人电脑数，*2005 ··········	67
7.03 宽带用户数，*2005 ··········	60
7.04 互联网用户数，*2005 ··········	26
7.05 互联网带宽，*2005 ··········	4

商业应用	58
8.01 外国技术牌照的流行度，2007 ··········	51
8.02 公司层面技术引进，2007 ··········	53
8.03 创新能力，2007 ··········	67
8.04 新电话线的可用性，2007 ··········	67
8.05 互联网商用程度，2007 ··········	43

政府应用	52
9.01 政府在 ICT 推广方面所获得的成功，2007 ··········	58
9.02 政府在线服务能力，2007 ··········	45
9.03 ICT 应用和政府效率，2007 ··········	42
9.04 政府办公中 ICT 的使用，2007 ··········	51
9.05 电子参与指数，*2007 ··········	76

注：* 统计数据。

需要更多的详细数据和解释，请参考本章开始的"如何阅读国家/经济体概况"部分。

日本

关键指标

2006 年人口（百万）••••••••••••••••• 128.2
2006 年人均国内生产总值（购买力平价）（美元）•••••• 32529.7
2006 年每 100 名居民中互联网用户数 ••••••••••• 68.3
2005 年互联网带宽（兆比特/秒/10000 居民）•••••••••• 10.4

网络就绪度指数

年（经济体数）	排名
2007~2008（127）•••••••••••••••••	**19**
2006~2007（122）••••••••••••••••••••	14
2005~2006（115）••••••••••••••••••••	16

2007~2008（131）年度的全球竞争力指数 •••••••••	8

环境构成	18
市场环境	**14**
1.01 风险资本的可利用性，2007 •••••••••••••	37
1.02 金融市场成熟度，2007 ••••••••••••••••	34
1.03 新技术可用性，2007 ••••••••••••••••••	10
1.04 集群发展状况，2007 ••••••••••••••••••	12
1.05 实用性专利，*2006 ••••••••••••••••••	2
1.06 高科技出口，*2005 ••••••••••••••••••	13
1.07 政府监管负担，2007 ••••••••••••••••••	16
1.08 税收范围及影响，2007 ••••••••••••••••	64
1.09 总体税率，*2007 •••••••••••••••••••	91
1.10 创业所需时间，*2007 •••••••••••••••••	48
1.11 创业所需程序数目，*2007 ••••••••••••••	44
1.12 当地竞争的激烈程度，2007 ••••••••••••••	3
1.13 新闻媒体自由度，2007 ••••••••••••••••	33
1.14 数字内容的接入能力，2007 ••••••••••••••	20
政策和管制环境	**14**
2.01 立法主体的有效性，2007 ••••••••••••••	18
2.02 ICT 相关法律，2007 ••••••••••••••••••	29
2.03 司法独立性，2007 •••••••••••••••••••	21
2.04 知识产权保护，2007 ••••••••••••••••••	17
2.05 法律框架的效率，2007 ••••••••••••••••	15
2.06 财产权，2007 ••••••••••••••••••••••	14
2.07 ISP 部门竞争质量，2007 ••••••••••••••••	6
2.08 执行合同的程序数量，*2007 ••••••••••••	15
2.09 执行合同所需时间，*2007 ••••••••••••••	21
基础设施环境	**21**
3.01 电话线，*2006 ••••••••••••••••••••	26
3.02 安全的网络服务器，*2006 ••••••••••••••	17
3.03 发电量，*2004 ••••••••••••••••••••	18
3.04 科学家与工程师的可利用性，2007 ••••••••••	2
3.05 科研机构质量，2007 ••••••••••••••••••	12
3.06 高等教育入学率，*2005 ••••••••••••••••	32
3.07 教育支出，*2005 ••••••••••••••••••••	85

就绪度构成	12
个人就绪度	**27**
4.01 数学和科学的教育质量，2007 ••••••••••••	28
4.02 教育系统质量，2007 ••••••••••••••••••	28
4.03 校园互联网使用情况，2007 ••••••••••••••	26
4.04 买方成熟度，2007 ••••••••••••••••••••	3
4.05 住宅电话连接费，*2005 ••••••••••••••••	62
4.06 住宅电话月租费，*2005 ••••••••••••••••	21
4.07 高速宽带月租费，*2006 ••••••••••••••••	5
4.08 宽带最低消费，*2006 ••••••••••••••••••	1
4.09 移动电话费用 * •••••••••••••••••••••	n/a
企业就绪度	**9**
5.01 员工培训程度，2007 ••••••••••••••••••	4
5.02 当地研究和培训能力，2007 ••••••••••••••	6
5.03 管理学院质量，2007 ••••••••••••••••••	67
5.04 公司研发支出，2007 ••••••••••••••••••	3
5.05 高校与产业合作研究，2007 ••••••••••••••	14
5.06 企业电话连接费用，*2005 •••••••••••••••	54
5.07 企业电话月租费，*2005 ••••••••••••••••	29
5.08 当地供应商质量，2007 ••••••••••••••••	4
5.09 当地供应商数量，2007 ••••••••••••••••	2
5.10 计算机、通信和其他服务进口，*2005 ••••••••	32
政府就绪度	**14**
6.01 政府对 ICT 重视程度，2007 ••••••••••••••	15
6.02 政府对高科技产品的采购，2007 ••••••••••	16
6.03 政府未来愿景中 ICT 的重要性，2007 ••••••••	25
6.04 电子政务就绪度指数，*2007 ••••••••••••	11

应用构成	21
个人应用	**22**
7.01 移动电话用户数，*2006 ••••••••••••••••	49
7.02 个人电脑数，*2005 ••••••••••••••••••	11
7.03 宽带用户数，*2006 ••••••••••••••••••	14
7.04 互联网用户数，*2006 •••••••••••••••••	8
7.05 互联网带宽，*2005 ••••••••••••••••••	39
商业应用	**3**
8.01 外国技术牌照的流行度，2007 ••••••••••••	12
8.02 公司层面技术引进，2007 ••••••••••••••••	3
8.03 创新能力，2007 ••••••••••••••••••••••	3
8.04 新电话线的可用性，2007 ••••••••••••••••	8
8.05 互联网商用程度，2007 •••••••••••••••••	9
政府应用	**31**
9.01 政府在 ICT 推广方面所获得的成功，2007 ••••••	34
9.02 政府在线服务能力，2007 ••••••••••••••••	49
9.03 ICT 应用和政府效率，2007 ••••••••••••••	65
9.04 政府办公中 ICT 的使用，2007 ••••••••••••	37
9.05 电子参与指数，*2007 •••••••••••••••••	11

211

注：* 统计数据。
需要更多的详细数据和解释，请参考本章开始的"如何阅读国家/经济体概况"部分。

约旦

关键指标

2006 年人口（百万）··········	5.8
2006 年人均国内生产总值（购买力平价）（美元）·····	5610.7
2006 年每 100 名居民中互联网用户数 ·····	13.7
2005 年互联网带宽（兆比特/秒/10000 居民）·····	0.5

网络就绪度指数

年（经济体数）	排名
2007~2008（127）············	**47**
2006~2007（122）············	57
2005~2006（115）············	47

2007~2008（131）年度的全球竞争力指数 ·········	49

环境构成 — 49

市场环境 — 54

1.01 风险资本的可利用性，2007 ·········	55
1.02 金融市场成熟度，2007 ·········	64
1.03 新技术可用性，2007 ·········	37
1.04 集群发展状况，2007 ·········	56
1.05 实用性专利，*2006 ·········	67
1.06 高科技出口，*2005 ·········	49
1.07 政府监管负担，2007 ·········	25
1.08 税收范围及影响，2007 ·········	71
1.09 总体税率，*2007 ·········	19
1.10 创业所需时间，*2007 ·········	27
1.11 创业所需程序数目，*2007 ·········	74
1.12 当地竞争的激烈程度，2007 ·········	33
1.13 新闻媒体自由度，2007 ·········	116
1.14 数字内容的接入能力，2007 ·········	47

政策和管制环境 — 38

2.01 立法主体的有效性，2007 ·········	71
2.02 ICT 相关法律，2007 ·········	65
2.03 司法独立性，2007 ·········	40
2.04 知识产权保护，2007 ·········	40
2.05 法律框架的效率，2007 ·········	38
2.06 财产权，2007 ·········	29
2.07 ISP 部门竞争质量，2007 ·········	22
2.08 执行合同的程序数量，*2007 ·········	75
2.09 执行合同所需时间，*2007 ·········	89

基础设施环境 — 57

3.01 电话线，*2006 ·········	84
3.02 安全的网络服务器，*2006 ·········	73
3.03 发电量，*2004 ·········	77
3.04 科学家与工程师的可利用性，2007 ·········	38
3.05 科研机构质量，2007 ·········	59
3.06 高等教育入学率，*2005 ·········	53
3.07 教育支出，*2005 ·········	24

就绪度构成 — 52

个人就绪度 — 55

4.01 数学和科学的教育质量，2007 ·········	45
4.02 教育系统质量，2007 ·········	36
4.03 校园互联网使用情况，2007 ·········	47
4.04 买方成熟度，2007 ·········	90
4.05 住宅电话连接费，*2005 ·········	81
4.06 住宅电话月租费，*2005 ·········	88
4.07 高速宽带月租费，*2006 ·········	44
4.08 宽带最低消费，*2006 ·········	47
4.09 移动电话费用，*2005 ·········	55

企业就绪度 — 77

5.01 员工培训程度，2007 ·········	57
5.02 当地研究和培训能力，2007 ·········	58
5.03 管理学院质量，2007 ·········	64
5.04 公司研发支出，2007 ·········	74
5.05 高校与产业合作研究，2007 ·········	67
5.06 企业电话连接费用，*2005 ·········	82
5.07 企业电话月租费，*2005 ·········	94
5.08 当地供应商质量，2007 ·········	66
5.09 当地供应商数量，2007 ·········	51
5.10 计算机、通信和其他服务进口，*2005 ·········	101

政府就绪度 — 34

6.01 政府对 ICT 重视程度，2007 ·········	23
6.02 政府对高科技产品的采购，2007 ·········	38
6.03 政府未来愿景中 ICT 的重要性，2007 ·········	23
6.04 电子政务就绪度指数，*2007 ·········	49

应用构成 — 47

个人应用 — 63

7.01 移动电话用户数，*2006 ·········	55
7.02 个人电脑数，*2005 ·········	71
7.03 宽带用户数，*2006 ·········	68
7.04 互联网用户数，*2006 ·········	70
7.05 互联网带宽，*2005 ·········	78

商业应用 — 39

8.01 外国技术牌照的流行度，2007 ·········	31
8.02 公司层面技术引进，2007 ·········	42
8.03 创新能力，2007 ·········	61
8.04 新电话线的可用性，2007 ·········	18
8.05 互联网商用程度，2007 ·········	41

政府应用 — 36

9.01 政府在 ICT 推广方面所获得的成功，2007 ·········	22
9.02 政府在线服务能力，2007 ·········	83
9.03 ICT 应用和政府效率，2007 ·········	48
9.04 政府办公中 ICT 的使用，2007 ·········	45
9.05 电子参与指数，*2007 ·········	15

注：* 统计数据。

需要更多的详细数据和解释，请参考本章开始的"如何阅读国家/经济体概况"部分。

哈萨克斯坦

关键指标

2006 年人口（百万）···································· 14.8
2006 年人均国内生产总值（购买力平价）（美元）······ 9568.1
2006 年每 100 名居民中互联网用户数 ·················· 8.4
2006 年互联网带宽（兆比特/秒/10000 居民）············· 0.6

网络就绪度指数

年（经济体数）	排名
2007~2008（127）···········	**71**
2006~2007（122）··············	73
2005~2006（115）··············	60

2007~2008（131）年度的全球竞争力指数 ·············· 61

环境构成	**59**
市场环境	**72**
1.01 风险资本的可利用性，2007 ····················	49
1.02 金融市场成熟度，2007 ······················	72
1.03 新技术可用性，2007 ························	88
1.04 集群发展状况，2007 ························	91
1.05 实用性专利，*2006 ·························	81
1.06 高科技出口，*2005 ·························	87
1.07 政府监管负担，2007 ························	58
1.08 税收范围及影响，2007 ······················	79
1.09 总体税率，*2007 ··························	38
1.10 创业所需时间，*2007 ·······················	44
1.11 创业所需程序数目，*2007 ····················	44
1.12 当地竞争的激烈程度，2007 ····················	74
1.13 新闻媒体自由度，2007 ······················	112
1.14 数字内容的接入能力，2007 ···················	50
政策和管制环境	**67**
2.01 立法主体的有效性，2007 ·····················	44
2.02 ICT 相关法律，2007 ·······················	63
2.03 司法独立性，2007 ··························	98
2.04 知识产权保护，2007 ························	79
2.05 法律框架的效率，2007 ······················	71
2.06 财产权，2007 ····························	90
2.07 ISP 部门竞争质量，2007 ·····················	98
2.08 执行合同的程序数量，*2007 ···················	65
2.09 执行合同所需时间，*2007 ····················	6
基础设施环境	**55**
3.01 电话线，*2006 ····························	60
3.02 安全的网络服务器，*2006 ····················	90
3.03 发电量，*2004 ····························	47
3.04 科学家与工程师的可利用性，2007 ···············	95
3.05 科研机构质量，2007 ························	61
3.06 高等教育入学率，*2005 ·····················	33
3.07 教育支出，*2005 ··························	49

就绪度构成	**78**
个人就绪度	**96**
4.01 数学和科学的教育质量，2007 ··················	67
4.02 教育系统质量，2007 ························	62
4.03 校园互联网使用情况，2007 ···················	50
4.04 买方成熟度，2007 ··························	50
4.05 住宅电话连接费，*2005 ·····················	79
4.06 住宅电话月租费 * ··························	n/a
4.07 高速宽带月租费，*2006 ·····················	97
4.08 宽带最低消费，*2006 ·······················	93
4.09 移动电话费用，*2005 ·······················	75
企业就绪度	**72**
5.01 员工培训程度，2007 ························	92
5.02 当地研究和培训能力，2007 ····················	80
5.03 管理学院质量，2007 ························	92
5.04 公司研发支出，2007 ························	64
5.05 高校与产业合作研究，2007 ····················	69
5.06 企业电话连接费用，*2005 ····················	94
5.07 企业电话月租费 * ··························	n/a
5.08 当地供应商质量，2007 ······················	81
5.09 当地供应商数量，2007 ······················	79
5.10 计算机、通信和其他服务进口，*2005 ·············	3
政府就绪度	**50**
6.01 政府对 ICT 重视程度，2007 ···················	56
6.02 政府对高科技产品的采购，2007 ·················	61
6.03 政府未来愿景中 ICT 的重要性，2007 ·············	41
6.04 电子政务就绪度指数，*2007 ···················	72

应用构成	**79**
个人应用	**76**
7.01 移动电话用户数，*2006 ·····················	73
7.02 个人电脑数 * ·····························	n/a
7.03 宽带用户数，*2006 ·························	87
7.04 互联网用户数，*2006 ·······················	85
7.05 互联网带宽，*2006 ·························	76
商业应用	**86**
8.01 外国技术牌照的流行度，2007 ··················	91
8.02 公司层面技术引进，2007 ·····················	74
8.03 创新能力，2007 ···························	63
8.04 新电话线的可用性，2007 ·····················	92
8.05 互联网商用程度，2007 ······················	77
政府应用	**58**
9.01 政府在 ICT 推广方面所获得的成功，2007 ·········	52
9.02 政府在线服务能力，2007 ·····················	54
9.03 ICT 应用和政府效率，2007 ···················	57
9.04 政府办公中 ICT 的使用，2007 ·················	65
9.05 电子参与指数，*2007 ·······················	82

注：* 统计数据。
需要更多的详细数据和解释，请参考本章开始的"如何阅读国家/经济体概况"部分。

213

肯尼亚

关键指标

2006 年人口（百万） ···························· 35.1
2006 年人均国内生产总值（购买力平价）（美元）······ 1357.1
2006 年每 100 名居民中互联网用户数 ············· 7.9
2006 年互联网带宽（兆比特/秒/10000 居民） ········· 0.2

网络就绪度指数

年（经济体数）　　　　　　　　　　　　　　　排名
2007~2008（127）················· **92**
2006~2007（122）················· 95
2005~2006（115）················· 91

2007~2008（131）年度的全球竞争力指数 ········· 99

环境构成	84
市场环境	**98**
1.01 风险资本的可利用性，2007	67
1.02 金融市场成熟度，2007	65
1.03 新技术可用性，2007	87
1.04 集群发展状况，2007	61
1.05 实用性专利，*2006	78
1.06 高科技出口，*2005	83
1.07 政府监管负担，2007	71
1.08 税收范围及影响，2007	110
1.09 总体税率，*2007	84
1.10 创业所需时间，*2007	94
1.11 创业所需程序数目，*2007	98
1.12 当地竞争的激烈程度，2007	55
1.13 新闻媒体自由度，2007	107
1.14 数字内容的接入能力，2007	108
政策和管制环境	**88**
2.01 立法主体的有效性，2007	85
2.02 ICT 相关法律，2007	77
2.03 司法独立性，2007	95
2.04 知识产权保护，2007	93
2.05 法律框架的效率，2007	90
2.06 财产权，2007	86
2.07 ISP 部门竞争质量，2007	61
2.08 执行合同的程序数量，*2007	104
2.09 执行合同所需时间，*2007	47
基础设施环境	**77**
3.01 电话线，*2006	115
3.02 安全的网络服务器，*2006	101
3.03 发电量，*2004	106
3.04 科学家与工程师的可利用性，2007	50
3.05 科研机构质量，2007	31
3.06 高等教育入学率，*2004	114
3.07 教育支出，*2005	13

就绪度构成	95
个人就绪度	**107**
4.01 数学和科学的教育质量，2007	69
4.02 教育系统质量，2007	33
4.03 校园互联网使用情况，2007	110
4.04 买方成熟度，2007	85
4.05 住宅电话连接费，*2005	100
4.06 住宅电话月租费，*2005	116
4.07 高速宽带月租费，*2006	95
4.08 宽带最低消费，*2006	105
4.09 移动电话费用，*2005	108
企业就绪度	**66**
5.01 员工培训程度，2007	54
5.02 当地研究和培训能力，2007	42
5.03 管理学院质量，2007	69
5.04 公司研发支出，2007	31
5.05 高校与产业合作研究，2007	46
5.06 企业电话连接费用，*2005	87
5.07 企业电话月租费，*2005	109
5.08 当地供应商质量，2007	67
5.09 当地供应商数量，2007	47
5.10 计算机、通信和其他服务进口，*2005	53
政府就绪度	**93**
6.01 政府对 ICT 重视程度，2007	103
6.02 政府对高科技产品的采购，2007	54
6.03 政府未来愿景中 ICT 的重要性，2007	67
6.04 电子政务就绪度指数，*2007	98

应用构成	91
个人应用	**105**
7.01 移动电话用户数，*2006	105
7.02 个人电脑数，*2005	106
7.03 宽带用户数，*2005	118
7.04 互联网用户数，*2006	88
7.05 互联网带宽，*2006	91
商业应用	**78**
8.01 外国技术牌照的流行度，2007	48
8.02 公司层面技术引进，2007	56
8.03 创新能力，2007	56
8.04 新电话线的可用性，2007	113
8.05 互联网商用程度，2007	75
政府应用	**95**
9.01 政府在 ICT 推广方面所获得的成功，2007	67
9.02 政府在线服务能力，2007	78
9.03 ICT 应用和政府效率，2007	72
9.04 政府办公中 ICT 的使用，2007	97
9.05 电子参与指数，*2007	100

注：* 统计数据。
需要更多的详细数据和解释，请参考本章开始的"如何阅读国家/经济体概况"部分。

214

韩国

关键指标

2006 年人口（百万）……………………………… 48.0
2006 年人均国内生产总值（购买力平价）（美元）…… 24084.0
2006 年每 100 名居民中互联网用户数 ………………… 71.1
2006 年互联网带宽（兆比特/秒/10000 居民）………… 10.4

网络就绪度指数

年（经济体数）	排名
2007~2008（127）………………………	**9**
2006~2007（122）……………………………	19
2005~2006（115）……………………………	14
2007~2008（131）年度的全球竞争力指数 …………	11

环境构成	**17**
市场环境	**7**
1.01 风险资本的可利用性，2007 ……………………	17
1.02 金融市场成熟度，2007 …………………………	32
1.03 新技术可用性，2007 ……………………………	20
1.04 集群发展状况，2007 ……………………………	3
1.05 实用性专利，*2006 ……………………………	8
1.06 高科技出口，*2005 ……………………………	7
1.07 政府监管负担，2007 ……………………………	8
1.08 税收范围及影响，2007 …………………………	30
1.09 总体税率，*2007 ………………………………	29
1.10 创业所需时间，*2007 …………………………	36
1.11 创业所需程序数目，*2007 ……………………	74
1.12 当地竞争的激烈程度，2007 ……………………	23
1.13 新闻媒体自由度，2007 …………………………	51
1.14 数字内容的接入能力，2007 ……………………	3
政策和管制环境	**20**
2.01 立法主体的有效性，2007 ………………………	32
2.02 ICT 相关法律，2007 ……………………………	7
2.03 司法独立性，2007 ………………………………	35
2.04 知识产权保护，2007 ……………………………	23
2.05 法律框架的效率，2007 …………………………	28
2.06 财产权，2007 ……………………………………	24
2.07 ISP 部门竞争质量，2007 ………………………	1
2.08 执行合同的程序数量，*2007 …………………	46
2.09 执行合同所需时间，*2007 ……………………	6
基础设施环境	**17**
3.01 电话线，*2006 …………………………………	10
3.02 安全的网络服务器，*2006 ……………………	51
3.03 发电量，*2004 …………………………………	23
3.04 科学家与工程师的可利用性，2007 ……………	13
3.05 科研机构质量，2007 ……………………………	11
3.06 高等教育入学率，*2006 ………………………	2
3.07 教育支出，*2005 ………………………………	75

就绪度构成	**3**
个人就绪度	**7**
4.01 数学和科学的教育质量，2007 …………………	10
4.02 教育系统质量，2007 ……………………………	19
4.03 校园互联网使用情况，2007 ……………………	4
4.04 买方成熟度，2007 ………………………………	2
4.05 住宅电话连接费，*2005 ………………………	34
4.06 住宅电话月租费，*2005 ………………………	10
4.07 高速宽带月租费，*2006 ………………………	27
4.08 宽带最低消费，*2006 …………………………	3
4.09 移动电话费用，*2005 …………………………	21
企业就绪度	**11**
5.01 员工培训程度，2007 ……………………………	5
5.02 当地研究和培训能力，2007 ……………………	14
5.03 管理学院质量，2007 ……………………………	26
5.04 公司研发支出，2007 ……………………………	6
5.05 高校与产业合作研究，2007 ……………………	5
5.06 企业电话连接费用，*2005 ……………………	27
5.07 企业电话月租费，*2005 ………………………	5
5.08 当地供应商质量，2007 …………………………	17
5.09 当地供应商数量，2007 …………………………	7
5.10 计算机、通信和其他服务进口，*2005 ………	34
政府就绪度	**3**
6.01 政府对 ICT 重视程度，2007 …………………	6
6.02 政府对高科技产品的采购，2007 ………………	2
6.03 政府未来愿景中 ICT 的重要性，2007 ………	7
6.04 电子政务就绪度指数，*2007 …………………	6

应用构成	**4**
个人应用	**15**
7.01 移动电话用户数，*2006 ………………………	45
7.02 个人电脑数，*2005 ……………………………	19
7.03 宽带用户数，*2006 ……………………………	5
7.04 互联网用户数，*2006 …………………………	6
7.05 互联网带宽，*2006 ……………………………	38
商业应用	**7**
8.01 外国技术牌照的流行度，2007 …………………	27
8.02 公司层面技术引进，2007 ………………………	13
8.03 创新能力，2007 …………………………………	7
8.04 新电话线的可用性，2007 ………………………	26
8.05 互联网商用程度，2007 …………………………	1
政府应用	**3**
9.01 政府在 ICT 推广方面所获得的成功，2007 ……	7
9.02 政府在线服务能力，2007 ………………………	9
9.03 ICT 应用和政府效率，2007 …………………	12
9.04 政府办公中 ICT 的使用，2007 ………………	3
9.05 电子参与指数，*2007 …………………………	2

注：* 统计数据。

需要更多的详细数据和解释，请参考本章开始的"如何阅读国家/经济体概况"部分。

科威特

关键指标

2006 年人口（百万）·· 2.8
2006 年人均国内生产总值（购买力平价）（美元）····· 20886.4
2006 年每 100 名居民中互联网用户数·········· 29.5
2005 年互联网带宽（兆比特/秒/10000 居民）··········· 3.3

网络就绪度指数

年（经济体数）	排名
2007~2008（127）··········	**52**
2006~2007（122）··········	54
2005~2006（115）··········	46

2007~2008（131）年度的全球竞争力指数·········· 30

环境构成 **36**

市场环境 **29**
1.01 风险资本的可利用性，2007 ·········· 32
1.02 金融市场成熟度，2007 ·········· 48
1.03 新技术可用性，2007 ·········· 43
1.04 集群发展状况，2007 ·········· 22
1.05 实用性专利，*2006 ·········· 35
1.06 高科技出口 * ·········· n/a
1.07 政府监管负担，2007 ·········· 86
1.08 税收范围及影响，2007 ·········· 5
1.09 总体税率，*2007 ·········· 1
1.10 创业所需时间，*2007 ·········· 81
1.11 创业所需程序数目，*2007 ·········· 103
1.12 当地竞争的激烈程度，2007 ·········· 60
1.13 新闻媒体自由度，2007 ·········· 79
1.14 数字内容的接入能力，2007 ·········· 53

政策和管制环境 **51**
2.01 立法主体的有效性，2007 ·········· 42
2.02 ICT 相关法律，2007 ·········· 87
2.03 司法独立性，2007 ·········· 31
2.04 知识产权保护，2007 ·········· 60
2.05 法律框架的效率，2007 ·········· 25
2.06 财产权，2007 ·········· 42
2.07 ISP 部门竞争质量，2007 ·········· 52
2.08 执行合同的程序数量，*2007 ·········· 117
2.09 执行合同所需时间，*2007 ·········· 70

基础设施环境 **37**
3.01 电话线，*2005 ·········· 63
3.02 安全的网络服务器，*2006 ·········· 42
3.03 发电量，*2004 ·········· 5
3.04 科学家与工程师的可利用性，2007 ·········· 49
3.05 科研机构质量，2007 ·········· 46
3.06 高等教育入学率，*2005 ·········· 78
3.07 教育支出，*2005 ·········· 10

就绪度构成 **60**

个人就绪度 **48**
4.01 数学和科学的教育质量，2007 ·········· 73
4.02 教育系统质量，2007 ·········· 77
4.03 校园互联网使用情况，2007 ·········· 45
4.04 买方成熟度，2007 ·········· 48
4.05 住宅电话连接费，*2005 ·········· 37
4.06 住宅电话月租费，*2005 ·········· 11
4.07 高速宽带月租费，*2006 ·········· 47
4.08 宽带最低消费，*2006 ·········· 48
4.09 移动电话费用，*2005 ·········· 60

企业就绪度 **53**
5.01 员工培训程度，2007 ·········· 48
5.02 当地研究和培训能力，2007 ·········· 51
5.03 管理学院质量，2007 ·········· 68
5.04 公司研发支出，2007 ·········· 70
5.05 高校与产业合作研究，2007 ·········· 71
5.06 企业电话连接费用，*2005 ·········· 55
5.07 企业电话月租费，*2005 ·········· 33
5.08 当地供应商质量，2007 ·········· 36
5.09 当地供应商数量，2007 ·········· 12
5.10 计算机、通信和其他服务进口，*2005 ·········· 115

政府就绪度 **80**
6.01 政府对 ICT 重视程度，2007 ·········· 97
6.02 政府对高科技产品的采购，2007 ·········· 80
6.03 政府未来愿景中 ICT 的重要性，2007 ·········· 99
6.04 电子政务就绪度指数，*2007 ·········· 55

应用构成 **60**

个人应用 **47**
7.01 移动电话用户数，*2005 ·········· 40
7.02 个人电脑数，*2005 ·········· 36
7.03 宽带用户数，*2005 ·········· 66
7.04 互联网用户数，*2006 ·········· 43
7.05 互联网带宽，*2005 ·········· 56

商业应用 **51**
8.01 外国技术牌照的流行度，2007 ·········· 38
8.02 公司层面技术引进，2007 ·········· 32
8.03 创新能力，2007 ·········· 106
8.04 新电话线的可用性，2007 ·········· 51
8.05 互联网商用程度，2007 ·········· 61

政府应用 **97**
9.01 政府在 ICT 推广方面所获得的成功，2007 ·········· 86
9.02 政府在线服务能力，2007 ·········· 97
9.03 ICT 应用和政府效率，2007 ·········· 98
9.04 政府办公中 ICT 的使用，2007 ·········· 78
9.05 电子参与指数，*2007 ·········· 91

注：* 统计数据。

需要更多的详细数据和解释，请参考本章开始的"如何阅读国家/经济体概况"部分。

吉尔吉斯共和国

关键指标

2006 年人口（百万）···································· 5.3
2006 年人均国内生产总值（购买力平价）（美元）······ 2121.1
2006 年每 100 名居民中互联网用户数 ················· 5.6
2005 年互联网带宽（兆比特/秒/10000 居民）··········· 0.4

网络就绪度指数

年（经济体数）   排名

2007~2008（127）············· **114**
2006~2007（122）················· 105
2005~2006（115）················· 103

2007~2008（131）年度的全球竞争力指数·············· 119

环境构成	104
市场环境	**115**
1.01 风险资本的可利用性，2007	95
1.02 金融市场成熟度，2007	114
1.03 新技术可用性，2007	124
1.04 集群发展状况，2007	111
1.05 实用性专利，*2006	86
1.06 高科技出口，*2005	79
1.07 政府监管负担，2007	117
1.08 税收范围及影响，2007	113
1.09 总体税率，*2007	102
1.10 创业所需时间，*2007	44
1.11 创业所需程序数目，*2007	44
1.12 当地竞争的激烈程度，2007	124
1.13 新闻媒体自由度，2007	95
1.14 数字内容的接入能力，2007	90
政策和管制环境	**103**
2.01 立法主体的有效性，2007	86
2.02 ICT 相关法律，2007	117
2.03 司法独立性，2007	120
2.04 知识产权保护，2007	102
2.05 法律框架的效率，2007	112
2.06 财产权，2007	118
2.07 ISP 部门竞争质量，2007	101
2.08 执行合同的程序数量，*2007	75
2.09 执行合同所需时间，*2007	2
基础设施环境	**84**
3.01 电话线，*2005	91
3.02 安全的网络服务器，*2006	90
3.03 发电量，*2004	59
3.04 科学家与工程师的可利用性，2007	114
3.05 科研机构质量，2007	110
3.06 高等教育入学率，*2005	47
3.07 教育支出，*2005	53

就绪度构成	106
个人就绪度	**97**
4.01 数学和科学的教育质量，2007	72
4.02 教育系统质量，2007	69
4.03 校园互联网使用情况，2007	80
4.04 买方成熟度，2007	104
4.05 住宅电话连接费，*2005	115
4.06 住宅电话月租费，*2005	90
4.07 高速宽带月租费，*2006	91
4.08 宽带最低消费，*2006	102
4.09 移动电话费用，*2005	94
企业就绪度	**115**
5.01 员工培训程度，2007	121
5.02 当地研究和培训能力，2007	115
5.03 管理学院质量，2007	114
5.04 公司研发支出，2007	114
5.05 高校与产业合作研究，2007	109
5.06 企业电话连接费用，*2005	112
5.07 企业电话月租费，*2005	97
5.08 当地供应商质量，2007	118
5.09 当地供应商数量，2007	120
5.10 计算机、通信和其他服务进口，*2005	47
政府就绪度	**119**
6.01 政府对 ICT 重视程度，2007	111
6.02 政府对高科技产品的采购，2007	124
6.03 政府未来愿景中 ICT 的重要性，2007	123
6.04 电子政务就绪度指数，*2007	87

应用构成	120
个人应用	**112**
7.01 移动电话用户数，*2005	117
7.02 个人电脑数，*2005	99
7.03 宽带用户数，*2005	100
7.04 互联网用户数，*2006	98
7.05 互联网带宽，*2005	84
商业应用	**115**
8.01 外国技术牌照的流行度，2007	122
8.02 公司层面技术引进，2007	120
8.03 创新能力，2007	81
8.04 新电话线的可用性，2007	107
8.05 互联网商用程度，2007	116
政府应用	**122**
9.01 政府在 ICT 推广方面所获得的成功，2007	122
9.02 政府在线服务能力，2007	113
9.03 ICT 应用和政府效率，2007	119
9.04 政府办公中 ICT 的使用，2007	122
9.05 电子参与指数，*2007	69

注：* 统计数据。
需要更多的详细数据和解释，请参考本章开始的"如何阅读国家/经济体概况"部分。

217

拉脱维亚

关键指标

网络就绪度指数

注：* 统计数据。
需要更多的详细数据和解释，请参考本章开始的"如何阅读国家/经济体概况"部分。

莱索托

关键指标

2006 年人口（百万）……………………… 1.8
2006 年人均国内生产总值（购买力平价）（美元）…… 2251.0
2005 年每 100 名居民中互联网用户数 …… 2.9
2005 年互联网带宽（兆比特/秒/10000 居民）…… 0.0

网络就绪度指数

年（经济体数） 排名

2007~2008（127）……………………… **122**
2006~2007（122）……………………… 116
2005~2006（115）……………………… n/a

2007~2008（131）年度的全球竞争力指数 ………… 124

环境构成	102
市场环境	**113**
1.01 风险资本的可利用性，2007	121
1.02 金融市场成熟度，2007	121
1.03 新技术可用性，2007	117
1.04 集群发展状况，2007	97
1.05 实用性专利，*2006	86
1.06 高科技出口 *	n/a
1.07 政府监管负担，2007	118
1.08 税收范围及影响，2007	95
1.09 总体税率，*2007	6
1.10 创业所需时间，*2007	110
1.11 创业所需程序数目，*2007	44
1.12 当地竞争的激烈程度，2007	117
1.13 新闻媒体自由度，2007	108
1.14 数字内容的接入能力，2007	127
政策和管制环境	**114**
2.01 立法主体的有效性，2007	96
2.02 ICT 相关法律，2007	109
2.03 司法独立性，2007	75
2.04 知识产权保护，2007	115
2.05 法律框架的效率，2007	85
2.06 财产权，2007	123
2.07 ISP 部门竞争质量，2007	117
2.08 执行合同的程序数量，*2007	94
2.09 执行合同所需时间，*2007	91
基础设施环境	**75**
3.01 电话线，*2005	107
3.02 安全的网络服务器 *	n/a
3.03 发电量 *	n/a
3.04 科学家与工程师的可利用性，2007	122
3.05 科研机构质量，2007	120
3.06 高等教育入学率，*2005	110
3.07 教育支出，*2005	12

就绪度构成	122
个人就绪度	**116**
4.01 数学和科学的教育质量，2007	117
4.02 教育系统质量，2007	97
4.03 校园互联网使用情况，2007	125
4.04 买方成熟度，2007	115
4.05 住宅电话连接费，*2005	109
4.06 住宅电话月租费，*2005	117
4.07 高速宽带月租费 *	n/a
4.08 宽带最低消费 *	n/a
4.09 移动电话费用，*2005	105
企业就绪度	**126**
5.01 员工培训程度，2007	103
5.02 当地研究和培训能力，2007	122
5.03 管理学院质量，2007	122
5.04 公司研发支出，2007	121
5.05 高校与产业合作研究，2007	123
5.06 企业电话连接费用，*2005	103
5.07 企业电话月租费，*2005	111
5.08 当地供应商质量，2007	127
5.09 当地供应商数量，2007	127
5.10 计算机、通信和其他服务进口，*2005	116
政府就绪度	**117**
6.01 政府对 ICT 重视程度，2007	116
6.02 政府对高科技产品的采购，2007	113
6.03 政府未来愿景中 ICT 的重要性，2007	119
6.04 电子政务就绪度指数，*2007	92

应用构成	122
个人应用	**113**
7.01 移动电话用户数，*2005	110
7.02 个人电脑数，*2005	126
7.03 宽带用户数，*2005	112
7.04 互联网用户数，*2005	111
7.05 互联网带宽，*2005	117
商业应用	**122**
8.01 外国技术牌照的流行度，2007	114
8.02 公司层面技术引进，2007	115
8.03 创新能力，2007	122
8.04 新电话线的可用性，2007	121
8.05 互联网商用程度，2007	122
政府应用	**121**
9.01 政府在 ICT 推广方面所获得的成功，2007	112
9.02 政府在线服务能力，2007	107
9.03 ICT 应用和政府效率，2007	121
9.04 政府办公中 ICT 的使用，2007	123
9.05 电子参与指数，*2007	82

219

注：* 统计数据。
需要更多的详细数据和解释，请参考本章开始的"如何阅读国家/经济体概况"部分。

利比亚

关键指标

2006 年人口（百万） ························ 6.0
2006 年人均国内生产总值（购买力平价）（美元） ······ 12847.6
2005 年每 100 名居民中互联网用户数 ············ 4.0
2006 年互联网带宽（兆比特/秒/10000 居民） ········ 0.2

网络就绪度指数

年（经济体数）	排名
2007~2008（127） ····················	**105**
2006~2007（122） ····················	n/a
2005~2006（115） ····················	n/a

2007~2008（131）年度的全球竞争力指数 ·········	88

环境构成	109
市场环境	**123**
1.01 风险资本的可利用性，2007 ············	114
1.02 金融市场成熟度，2007 ············	127
1.03 新技术可用性，2007 ············	83
1.04 集群发展状况，2007 ············	115
1.05 实用性专利，*2006 ············	86
1.06 高科技出口 * ············	n/a
1.07 政府监管负担，2007 ············	97
1.08 税收范围及影响，2007 ············	44
1.09 总体税率 * ············	n/a
1.10 创业所需时间 * ············	n/a
1.11 创业所需程序数目 * ············	n/a
1.12 当地竞争的激烈程度，2007 ············	114
1.13 新闻媒体自由度，2007 ············	124
1.14 数字内容的接入能力，2007 ············	117
政策和管制环境	**102**
2.01 立法主体的有效性，2007 ············	57
2.02 ICT 相关法律，2007 ············	126
2.03 司法独立性，2007 ············	60
2.04 知识产权保护，2007 ············	91
2.05 法律框架的效率，2007 ············	64
2.06 财产权，2007 ············	97
2.07 ISP 部门竞争质量，2007 ············	110
2.08 执行合同的程序数量 * ············	n/a
2.09 执行合同所需时间 * ············	n/a
基础设施环境	**72**
3.01 电话线，*2006 ············	93
3.02 安全的网络服务器，*2006 ············	101
3.03 发电量，*2004 ············	52
3.04 科学家与工程师的可利用性，2007 ············	53
3.05 科研机构质量，2007 ············	99
3.06 高等教育入学率，*2003 ············	31
3.07 教育支出 * ············	n/a

就绪度构成	98
个人就绪度	**93**
4.01 数学和科学的教育质量，2007 ············	95
4.02 教育系统质量，2007 ············	121
4.03 校园互联网使用情况，2007 ············	123
4.04 买方成熟度，2007 ············	108
4.05 住宅电话连接费，*2006 ············	38
4.06 住宅电话月租费，*2006 ············	3
4.07 高速宽带月租费 * ············	n/a
4.08 宽带最低消费，*2006 ············	88
4.09 移动电话费用，*2006 ············	38
企业就绪度	**98**
5.01 员工培训程度，2007 ············	104
5.02 当地研究和培训能力，2007 ············	111
5.03 管理学院质量，2007 ············	123
5.04 公司研发支出，2007 ············	117
5.05 高校与产业合作研究，2007 ············	121
5.06 企业电话连接费用，*2006 ············	69
5.07 企业电话月租费，*2006 ············	51
5.08 当地供应商质量，2007 ············	89
5.09 当地供应商数量，2007 ············	74
5.10 计算机、通信和其他服务进口，*2005 ············	103
政府就绪度	**113**
6.01 政府对 ICT 重视程度，2007 ············	109
6.02 政府对高科技产品的采购，2007 ············	114
6.03 政府未来愿景中 ICT 的重要性，2007 ············	111
6.04 电子政务就绪度指数，*2007 ············	96

应用构成	115
个人应用	**84**
7.01 移动电话用户数，*2006 ············	64
7.02 个人电脑数，*2005 ············	96
7.03 宽带用户数，*2005 ············	118
7.04 互联网用户数，*2005 ············	106
7.05 互联网带宽，*2006 ············	92
商业应用	**117**
8.01 外国技术牌照的流行度，2007 ············	95
8.02 公司层面技术引进，2007 ············	106
8.03 创新能力，2007 ············	126
8.04 新电话线的可用性，2007 ············	122
8.05 互联网商用程度，2007 ············	117
政府应用	**117**
9.01 政府在 ICT 推广方面所获得的成功，2007 ············	105
9.02 政府在线服务能力，2007 ············	125
9.03 ICT 应用和政府效率，2007 ············	124
9.04 政府办公中 ICT 的使用，2007 ············	114
9.05 电子参与指数，*2007 ············	58

注：* 统计数据。

需要更多的详细数据和解释，请参考本章开始的"如何阅读国家/经济体概况"部分。

立陶宛

关键指标

2006 年人口（百万）⋯⋯⋯⋯⋯⋯⋯⋯⋯ 3.4
2006 年人均国内生产总值（购买力平价）（美元）⋯⋯ 16373.5
2006 年每 100 名居民中互联网用户数 ⋯⋯⋯ 31.7
2006 年互联网带宽（兆比特/秒/10000 居民）⋯⋯⋯ 27.1

网络就绪度指数

年（经济体数）   排名

2007~2008（127）⋯⋯⋯⋯⋯⋯⋯ **33**
2006~2007（122）⋯⋯⋯⋯⋯⋯⋯⋯ 39
2005~2006（115）⋯⋯⋯⋯⋯⋯⋯⋯ 44

2007~2008（131）年度的全球竞争力指数 ⋯⋯⋯⋯ 38

环境构成	34
市场环境	**47**
1.01 风险资本的可利用性，2007	47
1.02 金融市场成熟度，2007	54
1.03 新技术可用性，2007	56
1.04 集群发展状况，2007	57
1.05 实用性专利，*2006	34
1.06 高科技出口，*2005	46
1.07 政府监管负担，2007	43
1.08 税收范围及影响，2007	68
1.09 总体税率，*2007	74
1.10 创业所需时间，*2007	54
1.11 创业所需程序数目，*2007	34
1.12 当地竞争的激烈程度，2007	37
1.13 新闻媒体自由度，2007	35
1.14 数字内容的接入能力，2007	34
政策和管制环境	**37**
2.01 立法主体的有效性，2007	70
2.02 ICT 相关法律，2007	39
2.03 司法独立性，2007	73
2.04 知识产权保护，2007	59
2.05 法律框架的效率，2007	69
2.06 财产权，2007	48
2.07 ISP 部门竞争质量，2007	31
2.08 执行合同的程序数量，*2007	15
2.09 执行合同所需时间，*2007	3
基础设施环境	**32**
3.01 电话线，*2006	56
3.02 安全的网络服务器，*2006	48
3.03 发电量，*2004	38
3.04 科学家与工程师的可利用性，2007	43
3.05 科研机构质量，2007	42
3.06 高等教育入学率，*2005	11
3.07 教育支出，*2005	20

就绪度构成	38
个人就绪度	**35**
4.01 数学和科学的教育质量，2007	17
4.02 教育系统质量，2007	43
4.03 校园互联网使用情况，2007	32
4.04 买方成熟度，2007	57
4.05 住宅电话连接费，*2005	67
4.06 住宅电话月租费，*2005	56
4.07 高速宽带月租费，*2006	33
4.08 宽带最低消费，*2006	27
4.09 移动电话费用，*2005	41
企业就绪度	**48**
5.01 员工培训程度，2007	41
5.02 当地研究和培训能力，2007	48
5.03 管理学院质量，2007	48
5.04 公司研发支出，2007	48
5.05 高校与产业合作研究，2007	50
5.06 企业电话连接费用，*2005	59
5.07 企业电话月租费，*2005	45
5.08 当地供应商质量，2007	43
5.09 当地供应商数量，2007	49
5.10 计算机、通信和其他服务进口，*2005	96
政府就绪度	**38**
6.01 政府对 ICT 重视程度，2007	41
6.02 政府对高科技产品的采购，2007	62
6.03 政府未来愿景中 ICT 的重要性，2007	73
6.04 电子政务就绪度指数，*2007	28

应用构成	31
个人应用	**30**
7.01 移动电话用户数，*2006	2
7.02 个人电脑数，*2005	41
7.03 宽带用户数，*2006	31
7.04 互联网用户数，*2006	41
7.05 互联网带宽，*2006	26
商业应用	**42**
8.01 外国技术牌照的流行度，2007	60
8.02 公司层面技术引进，2007	45
8.03 创新能力，2007	44
8.04 新电话线的可用性，2007	48
8.05 互联网商用程度，2007	33
政府应用	**32**
9.01 政府在 ICT 推广方面所获得的成功，2007	45
9.02 政府在线服务能力，2007	34
9.03 ICT 应用和政府效率，2007	44
9.04 政府办公中 ICT 的使用，2007	29
9.05 电子参与指数，*2007	19

221

注：* 统计数据。
需要更多的详细数据和解释，请参考本章开始的"如何阅读国家/经济体概况"部分。

卢森堡

关键指标

网络就绪度指数

注：* 统计数据。

需要更多的详细数据和解释，请参考本章开始的"如何阅读国家/经济体概况"部分。

马其顿

关键指标

2006 年人口（百万）··· 2.0
2006 年人均国内生产总值（购买力平价）（美元）····· 7680.5
2006 年每 100 名居民中互联网用户数 ·················· 13.2
2006 年互联网带宽（兆比特/秒/10000 居民）··········· 0.2

网络就绪度指数

年（经济体数）　　　　　　　　　　　　　　　　　　排名
2007~2008（127）·······························**83**
2006~2007（122）································· 81
2005~2006（115）································· 82

2007~2008（131）年度的全球竞争力指数 ············· 94

环境构成	82
市场环境	**93**
1.01 风险资本的可利用性，2007	59
1.02 金融市场成熟度，2007	91
1.03 新技术可用性，2007	111
1.04 集群发展状况，2007	113
1.05 实用性专利，*2006	86
1.06 高科技出口，*2005	74
1.07 政府监管负担，2007	74
1.08 税收范围及影响，2007	67
1.09 总体税率，*2007	79
1.10 创业所需时间，*2007	30
1.11 创业所需程序数目，*2007	58
1.12 当地竞争的激烈程度，2007	98
1.13 新闻媒体自由度，2007	81
1.14 数字内容的接入能力，2007	112
政策和管制环境	**101**
2.01 立法主体的有效性，2007	90
2.02 ICT 相关法律，2007	85
2.03 司法独立性，2007	106
2.04 知识产权保护，2007	114
2.05 法律框架的效率，2007	107
2.06 财产权，2007	103
2.07 ISP 部门竞争质量，2007	116
2.08 执行合同的程序数量，*2007	75
2.09 执行合同所需时间，*2007	28
基础设施环境	**59**
3.01 电话线，*2006	55
3.02 安全的网络服务器，*2006	85
3.03 发电量，*2004	55
3.04 科学家与工程师的可利用性，2007	63
3.05 科研机构质量，2007	87
3.06 高等教育入学率，*2005	66
3.07 教育支出，*2005	39

就绪度构成	75
个人就绪度	**69**
4.01 数学和科学的教育质量，2007	49
4.02 教育系统质量，2007	55
4.03 校园互联网使用情况，2007	98
4.04 买方成熟度，2007	102
4.05 住宅电话连接费，*2006	59
4.06 住宅电话月租费，*2006	89
4.07 高速宽带月租费，*2006	84
4.08 宽带最低消费，*2006	62
4.09 移动电话费用，*2006	93
企业就绪度	**81**
5.01 员工培训程度，2007	78
5.02 当地研究和培训能力，2007	93
5.03 管理学院质量，2007	91
5.04 公司研发支出，2007	104
5.05 高校与产业合作研究，2007	79
5.06 企业电话连接费用，*2006	50
5.07 企业电话月租费，*2006	87
5.08 当地供应商质量，2007	97
5.09 当地供应商数量，2007	100
5.10 计算机、通信和其他服务进口，*2005	22
政府就绪度	**84**
6.01 政府对 ICT 重视程度，2007	92
6.02 政府对高科技产品的采购，2007	105
6.03 政府未来愿景中 ICT 的重要性，2007	79
6.04 电子政务就绪度指数，*2007	68

应用构成	92
个人应用	**58**
7.01 移动电话用户数，*2006	61
7.02 个人电脑数，*2005	37
7.03 宽带用户数，*2006	57
7.04 互联网用户数，*2006	71
7.05 互联网带宽，*2006	96
商业应用	**102**
8.01 外国技术牌照的流行度，2007	101
8.02 公司层面技术引进，2007	125
8.03 创新能力，2007	83
8.04 新电话线的可用性，2007	63
8.05 互联网商用程度，2007	123
政府应用	**100**
9.01 政府在 ICT 推广方面所获得的成功，2007	92
9.02 政府在线服务能力，2007	89
9.03 ICT 应用和政府效率，2007	102
9.04 政府办公中 ICT 的使用，2007	92
9.05 电子参与指数，*2007	110

注：* 统计数据。

需要更多的详细数据和解释，请参考本章开始的"如何阅读国家/经济体概况"部分。

马达加斯加

关键指标

2006 年人口（百万）· 19.1
2006 年人均国内生产总值（购买力平价）（美元）· · · · · · 954.2
2005 年每 100 名居民中互联网用户数 · · · · · · · · · · · · · 0.5
2006 年互联网带宽（兆比特/秒/10000 居民）· · · · · · · · 0.0

网络就绪度指数

年（经济体数）	排名
2007~2008（127） · · · · · · · · · · · · · · · · · ·	**104**
2006~2007（122）· · · · · · · · · · · · · · · · · · · ·	102
2005~2006（115）· · · · · · · · · · · · · · · · · · · ·	102

2007~2008（131）年度的全球竞争力指数 · · · · · · · · · · 118

环境构成	106
市场环境	**91**
1.01 风险资本的可利用性，2007 · · · · · · · · · · ·	93
1.02 金融市场成熟度，2007 · · · · · · · · · · · · · ·	115
1.03 新技术可用性，2007 · · · · · · · · · · · · · · ·	89
1.04 集群发展状况，2007 · · · · · · · · · · · · · · ·	100
1.05 实用性专利，*2006 · · · · · · · · · · · · · · · ·	86
1.06 高科技出口，*2005 · · · · · · · · · · · · · · · ·	89
1.07 政府监管负担，2007 · · · · · · · · · · · · · · ·	92
1.08 税收范围及影响，2007 · · · · · · · · · · · · · ·	75
1.09 总体税率，*2007 · · · · · · · · · · · · · · · · ·	68
1.10 创业所需时间，*2007 · · · · · · · · · · · · · · ·	9
1.11 创业所需程序数目，*2007 · · · · · · · · · · · ·	9
1.12 当地竞争的激烈程度，2007 · · · · · · · · · · ·	108
1.13 新闻媒体自由度，2007 · · · · · · · · · · · · · ·	103
1.14 数字内容的接入能力，2007 · · · · · · · · · · ·	119
政策和管制环境	**99**
2.01 立法主体的有效性，2007 · · · · · · · · · · · · ·	84
2.02 ICT 相关法律，2007 · · · · · · · · · · · · · · ·	102
2.03 司法独立性，2007 · · · · · · · · · · · · · · · · ·	94
2.04 知识产权保护，2007 · · · · · · · · · · · · · · ·	80
2.05 法律框架的效率，2007 · · · · · · · · · · · · · ·	83
2.06 财产权，2007 · · · · · · · · · · · · · · · · · · ·	108
2.07 ISP 部门竞争质量，2007 · · · · · · · · · · · · ·	95
2.08 执行合同的程序数量，*2007 · · · · · · · · · · ·	65
2.09 执行合同所需时间，*2007 · · · · · · · · · · · ·	105
基础设施环境	**105**
3.01 电话线，*2006 · · · · · · · · · · · · · · · · · · ·	119
3.02 安全的网络服务器，*2006 · · · · · · · · · · · ·	101
3.03 发电量 * ·	n/a
3.04 科学家与工程师的可利用性，2007 · · · · · · · ·	61
3.05 科研机构质量，2007 · · · · · · · · · · · · · · ·	103
3.06 高等教育入学率，*2005 · · · · · · · · · · · · · ·	116
3.07 教育支出，*2005 · · · · · · · · · · · · · · · · · ·	105

就绪度构成	104
个人就绪度	**112**
4.01 数学和科学的教育质量，2007 · · · · · · · · · ·	80
4.02 教育系统质量，2007 · · · · · · · · · · · · · · ·	98
4.03 校园互联网使用情况，2007 · · · · · · · · · · ·	113
4.04 买方成熟度，2007 · · · · · · · · · · · · · · · · ·	124
4.05 住宅电话连接费，*2006 · · · · · · · · · · · · ·	106
4.06 住宅电话月租费，*2006 · · · · · · · · · · · · ·	118
4.07 高速宽带月租费 * · · · · · · · · · · · · · · · · ·	n/a
4.08 宽带最低消费，*2006 · · · · · · · · · · · · · · ·	95
4.09 移动电话费用，*2006 · · · · · · · · · · · · · · ·	115
企业就绪度	**102**
5.01 员工培训程度，2007 · · · · · · · · · · · · · · ·	105
5.02 当地研究和培训能力，2007 · · · · · · · · · · ·	105
5.03 管理学院质量，2007 · · · · · · · · · · · · · · ·	72
5.04 公司研发支出，2007 · · · · · · · · · · · · · · ·	84
5.05 高校与产业合作研究，2007 · · · · · · · · · · ·	93
5.06 企业电话连接费用，*2006 · · · · · · · · · · · ·	100
5.07 企业电话月租费，*2006 · · · · · · · · · · · · ·	115
5.08 当地供应商质量，2007 · · · · · · · · · · · · · ·	106
5.09 当地供应商数量，2007 · · · · · · · · · · · · · ·	92
5.10 计算机、通信和其他服务进口，*2005 · · · · ·	40
政府就绪度	**77**
6.01 政府对 ICT 重视程度，2007 · · · · · · · · · · ·	53
6.02 政府对高科技产品的采购，2007 · · · · · · · · ·	52
6.03 政府未来愿景中 ICT 的重要性，2007 · · · · · ·	60
6.04 电子政务就绪度指数，*2007 · · · · · · · · · · ·	105

应用构成	104
个人应用	**120**
7.01 移动电话用户数，*2006 · · · · · · · · · · · · · ·	122
7.02 个人电脑数，*2005 · · · · · · · · · · · · · · · ·	117
7.03 宽带用户数，*2004 · · · · · · · · · · · · · · · ·	79
7.04 互联网用户数，*2005 · · · · · · · · · · · · · · ·	122
7.05 互联网带宽，*2006 · · · · · · · · · · · · · · · ·	118
商业应用	**107**
8.01 外国技术牌照的流行度，2007 · · · · · · · · · ·	117
8.02 公司层面技术引进，2007 · · · · · · · · · · · · ·	69
8.03 创新能力，2007 · · · · · · · · · · · · · · · · · ·	90
8.04 新电话线的可用性，2007 · · · · · · · · · · · · ·	112
8.05 互联网商用程度，2007 · · · · · · · · · · · · · ·	118
政府应用	**81**
9.01 政府在 ICT 推广方面所获得的成功，2007 · · · ·	31
9.02 政府在线服务能力，2007 · · · · · · · · · · · · ·	104
9.03 ICT 应用和政府效率，2007 · · · · · · · · · · · ·	54
9.04 政府办公中 ICT 的使用，2007 · · · · · · · · · ·	90
9.05 电子参与指数，*2007 · · · · · · · · · · · · · · ·	69

注：* 统计数据。

需要更多的详细数据和解释，请参考本章开始的"如何阅读国家/经济体概况"部分。

马来西亚

关键指标

2006 年人口（百万）···················· 25.8
2006 年人均国内生产总值（购买力平价）（美元）······ 11957.4
2006 年每 100 名居民中互联网用户数 ············· 43.8
2005 年互联网带宽（兆比特/秒/10000 居民）········· 1.3

网络就绪度指数

年（经济体数）	排名
2007~2008（127）··········	**26**
2006~2007（122）············	26
2005~2006（115）············	24

2007~2008（131）年度的全球竞争力指数 ·········· 21

环境构成	26
市场环境	**18**
1.01 风险资本的可利用性，2007 ··············	18
1.02 金融市场成熟度，2007 ·················	30
1.03 新技术可用性，2007 ···················	22
1.04 集群发展状况，2007 ···················	5
1.05 实用性专利，*2006 ····················	31
1.06 高科技出口，*2005 ····················	1
1.07 政府监管负担，2007 ···················	5
1.08 税收范围及影响，2007 ·················	15
1.09 总体税率，*2007 ······················	35
1.10 创业所需时间，*2007 ··················	50
1.11 创业所需程序数目，*2007 ··············	58
1.12 当地竞争的激烈程度，2007 ·············	19
1.13 新闻媒体自由度，2007 ·················	100
1.14 数字内容的接入能力，2007 ·············	32
政策和管制环境	**21**
2.01 立法主体的有效性，2007 ···············	4
2.02 ICT 相关法律，2007 ····················	14
2.03 司法独立性，2007 ·····················	30
2.04 知识产权保护，2007 ···················	25
2.05 法律框架的效率，2007 ·················	18
2.06 财产权，2007 ·························	23
2.07 ISP 部门竞争质量，2007 ················	26
2.08 执行合同的程序数量，*2007 ············	15
2.09 执行合同所需时间，*2007 ··············	80
基础设施环境	**41**
3.01 电话线，*2006 ························	68
3.02 安全的网络服务器，*2006 ··············	55
3.03 发电量，*2004 ························	54
3.04 科学家与工程师的可利用性，2007 ········	21
3.05 科研机构质量，2007 ···················	17
3.06 高等教育入学率，*2004 ················	61
3.07 教育支出，*2005 ······················	19

就绪度构成	11
个人就绪度	**22**
4.01 数学和科学的教育质量，2007 ············	13
4.02 教育系统质量，2007 ···················	15
4.03 校园互联网使用情况，2007 ·············	31
4.04 买方成熟度，2007 ·····················	24
4.05 住宅电话连接费，*2005 ················	25
4.06 住宅电话月租费，*2005 ················	61
4.07 高速宽带月租费，*2006 ················	38
4.08 宽带最低消费，*2006 ··················	42
4.09 移动电话费用，*2005 ··················	52
企业就绪度	**18**
5.01 员工培训程度，2007 ···················	16
5.02 当地研究和培训能力，2007 ·············	21
5.03 管理学院质量，2007 ···················	23
5.04 公司研发支出，2007 ···················	11
5.05 高校与产业合作研究，2007 ·············	16
5.06 企业电话连接费用，*2005 ··············	21
5.07 企业电话月租费，*2005 ················	60
5.08 当地供应商质量，2007 ·················	25
5.09 当地供应商数量，2007 ·················	16
5.10 计算机、通信和其他服务进口，*2005 ·····	23
政府就绪度	**7**
6.01 政府对 ICT 重视程度，2007 ·············	2
6.02 政府对高科技产品的采购，2007 ··········	3
6.03 政府未来愿景中 ICT 的重要性，2007 ······	5
6.04 电子政务就绪度指数，*2007 ············	34

应用构成	28
个人应用	**45**
7.01 移动电话用户数，*2006 ················	54
7.02 个人电脑数，*2005 ····················	38
7.03 宽带用户数，*2006 ····················	50
7.04 互联网用户数，*2006 ··················	28
7.05 互联网带宽，*2005 ····················	66
商业应用	**22**
8.01 外国技术牌照的流行度，2007 ············	10
8.02 公司层面技术引进，2007 ···············	15
8.03 创新能力，2007 ······················	22
8.04 新电话线的可用性，2007 ···············	43
8.05 互联网商用程度，2007 ·················	29
政府应用	**16**
9.01 政府在 ICT 推广方面所获得的成功，2007 ···	5
9.02 政府在线服务能力，2007 ···············	19
9.03 ICT 应用和政府效率，2007 ··············	13
9.04 政府办公中 ICT 的使用，2007 ···········	14
9.05 电子参与指数，*2007 ··················	39

注：* 统计数据。

需要更多的详细数据和解释，请参考本章开始的"如何阅读国家/经济体概况"部分。

马里

关键指标

2006 年人口（百万） ················· 13.9
2006 年人均国内生产总值（购买力平价）（美元） ······ 1307.8
2006 年每 100 名居民中互联网用户数 ········· 0.5
2006 年互联网带宽（兆比特/秒/10000 居民） ······ 0.2

网络就绪度指数

年（经济体数）	排名
2007~2008（127） ·················	**99**
2006~2007（122） ·················	101
2005~2006（115） ·················	95

2007~2008（131）年度的全球竞争力指数 ······ 115

环境构成	**85**
市场环境	**78**
1.01 风险资本的可利用性，2007 ·········	107
1.02 金融市场成熟度，2007 ·········	113
1.03 新技术可用性，2007 ·········	92
1.04 集群发展状况，2007 ·········	120
1.05 实用性专利，*2006 ·········	86
1.06 高科技出口 * ·········	n/a
1.07 政府监管负担，2007 ·········	33
1.08 税收范围及影响，2007 ·········	56
1.09 总体税率，*2007 ·········	87
1.10 创业所需时间，*2007 ·········	54
1.11 创业所需程序数目，*2007 ·········	88
1.12 当地竞争的激烈程度，2007 ·········	93
1.13 新闻媒体自由度，2007 ·········	45
1.14 数字内容的接入能力，2007 ·········	89
政策和管制环境	**73**
2.01 立法主体的有效性，2007 ·········	36
2.02 ICT 相关法律，2007 ·········	107
2.03 司法独立性，2007 ·········	68
2.04 知识产权保护，2007 ·········	75
2.05 法律框架的效率，2007 ·········	58
2.06 财产权，2007 ·········	81
2.07 ISP 部门竞争质量，2007 ·········	44
2.08 执行合同的程序数量，*2007 ·········	75
2.09 执行合同所需时间，*2007 ·········	104
基础设施环境	**103**
3.01 电话线，*2006 ·········	121
3.02 安全的网络服务器，*2006 ·········	101
3.03 发电量 * ·········	n/a
3.04 科学家与工程师的可利用性，2007 ·········	74
3.05 科研机构质量，2007 ·········	84
3.06 高等教育入学率，*2005 ·········	117
3.07 教育支出，*2005 ·········	98

就绪度构成	**116**
个人就绪度	**118**
4.01 数学和科学的教育质量，2007 ·········	100
4.02 教育系统质量，2007 ·········	105
4.03 校园互联网使用情况，2007 ·········	94
4.04 买方成熟度，2007 ·········	116
4.05 住宅电话连接费，*2005 ·········	108
4.06 住宅电话月租费，*2006 ·········	120
4.07 高速宽带月租费 * ·········	n/a
4.08 宽带最低消费 * ·········	n/a
4.09 移动电话费用，*2006 ·········	117
企业就绪度	**118**
5.01 员工培训程度，2007 ·········	122
5.02 当地研究和培训能力，2007 ·········	85
5.03 管理学院质量，2007 ·········	94
5.04 公司研发支出，2007 ·········	99
5.05 高校与产业合作研究，2007 ·········	108
5.06 企业电话连接费用，*2005 ·········	102
5.07 企业电话月租费，*2006 ·········	118
5.08 当地供应商质量，2007 ·········	98
5.09 当地供应商数量，2007 ·········	80
5.10 计算机、通信和其他服务进口，*2005 ·········	95
政府就绪度	**75**
6.01 政府对 ICT 重视程度，2007 ·········	42
6.02 政府对高科技产品的采购，2007 ·········	29
6.03 政府未来愿景中 ICT 的重要性，2007 ·········	18
6.04 电子政务就绪度指数，*2007 ·········	122

应用构成	**89**
个人应用	**118**
7.01 移动电话用户数，*2006 ·········	115
7.02 个人电脑数，*2005 ·········	121
7.03 宽带用户数，*2006 ·········	105
7.04 互联网用户数，*2006 ·········	123
7.05 互联网带宽，*2006 ·········	89
商业应用	**91**
8.01 外国技术牌照的流行度，2007 ·········	97
8.02 公司层面技术引进，2007 ·········	77
8.03 创新能力，2007 ·········	89
8.04 新电话线的可用性，2007 ·········	79
8.05 互联网商用程度，2007 ·········	89
政府应用	**59**
9.01 政府在 ICT 推广方面所获得的成功，2007 ·········	14
9.02 政府在线服务能力，2007 ·········	90
9.03 ICT 应用和政府效率，2007 ·········	51
9.04 政府办公中 ICT 的使用，2007 ·········	57
9.05 电子参与指数，*2007 ·········	82

注：* 统计数据。

需要更多的详细数据和解释，请参考本章开始的"如何阅读国家/经济体概况"部分。

马耳他

关键指标

网络就绪度指数

注：* 统计数据。

需要更多的详细数据和解释，请参考本章开始的"如何阅读国家/经济体概况"部分。

毛里塔尼亚

关键指标

网络就绪度指数

注：* 统计数据。

需要更多的详细数据和解释，请参考本章开始的"如何阅读国家/经济体概况"部分。

毛里求斯

关键指标

2006 年人口（百万）· 1.3
2006 年人均国内生产总值（购买力平价）（美元）· · · · · · 13281.1
2006 年每 100 名居民中互联网用户数 · · · · · · · · · · · · · 14.5
2006 年互联网带宽（兆比特/秒/10000 居民）· · · · · · · · · · 1.5

网络就绪度指数

年（经济体数）	排名
2007~2008（127）· · · · · · · · · · · · · · · ·	**54**
2006~2007（122）· · · · · · · · · · · · · · · · · · · ·	51
2005~2006（115）· · · · · · · · · · · · · · · · · · · ·	45

2007~2008（131）年度的全球竞争力指数 · · · · · · · · · 60

环境构成	48
市场环境	**33**
1.01 风险资本的可利用性，2007 · · · · · · · · · ·	54
1.02 金融市场成熟度，2007 · · · · · · · · · · · · ·	51
1.03 新技术可用性，2007 · · · · · · · · · · · · · ·	53
1.04 集群发展状况，2007 · · · · · · · · · · · · · ·	69
1.05 实用性专利，*2006 · · · · · · · · · · · · · · ·	86
1.06 高科技出口，*2005 · · · · · · · · · · · · · · ·	29
1.07 政府监管负担，2007 · · · · · · · · · · · · · ·	64
1.08 税收范围及影响，2007 · · · · · · · · · · · · ·	18
1.09 总体税率，*2007 · · · · · · · · · · · · · · · ·	8
1.10 创业所需时间，*2007 · · · · · · · · · · · · · ·	9
1.11 创业所需程序数目，*2007 · · · · · · · · · · ·	19
1.12 当地竞争的激烈程度，2007 · · · · · · · · · ·	76
1.13 新闻媒体自由度，2007 · · · · · · · · · · · · ·	42
1.14 数字内容的接入能力，2007 · · · · · · · · · ·	66
政策和管制环境	**41**
2.01 立法主体的有效性，2007 · · · · · · · · · · · ·	22
2.02 ICT 相关法律，2007 · · · · · · · · · · · · · · ·	43
2.03 司法独立性，2007 · · · · · · · · · · · · · · · ·	45
2.04 知识产权保护，2007 · · · · · · · · · · · · · · ·	43
2.05 法律框架的效率，2007 · · · · · · · · · · · · ·	37
2.06 财产权，2007 · · · · · · · · · · · · · · · · · · ·	27
2.07 ISP 部门竞争质量，2007 · · · · · · · · · · · ·	97
2.08 执行合同的程序数量，*2007 · · · · · · · · · ·	60
2.09 执行合同所需时间，*2007 · · · · · · · · · · ·	96
基础设施环境	**62**
3.01 电话线，*2006 · · · · · · · · · · · · · · · · · · ·	41
3.02 安全的网络服务器，*2006 · · · · · · · · · · ·	53
3.03 发电量 * ·	n/a
3.04 科学家与工程师的可利用性，2007 · · · · · ·	103
3.05 科研机构质量，2007 · · · · · · · · · · · · · · ·	67
3.06 高等教育入学率，*2005 · · · · · · · · · · · · ·	87
3.07 教育支出，*2005 · · · · · · · · · · · · · · · · ·	70

就绪度构成	50
个人就绪度	**54**
4.01 数学和科学的教育质量，2007 · · · · · · · · ·	60
4.02 教育系统质量，2007 · · · · · · · · · · · · · · ·	51
4.03 校园互联网使用情况，2007 · · · · · · · · · · ·	65
4.04 买方成熟度，2007 · · · · · · · · · · · · · · · ·	63
4.05 住宅电话连接费，*2005 · · · · · · · · · · · · ·	54
4.06 住宅电话月租费，*2005 · · · · · · · · · · · · ·	37
4.07 高速宽带月租费，*2006 · · · · · · · · · · · · ·	73
4.08 宽带最低消费，*2006 · · · · · · · · · · · · · ·	63
4.09 移动电话费用，*2006 · · · · · · · · · · · · · ·	23
企业就绪度	**57**
5.01 员工培训程度，2007 · · · · · · · · · · · · · · ·	29
5.02 当地研究和培训能力，2007 · · · · · · · · · · ·	87
5.03 管理学院质量，2007 · · · · · · · · · · · · · · ·	86
5.04 公司研发支出，2007 · · · · · · · · · · · · · · ·	81
5.05 高校与产业合作研究，2007 · · · · · · · · · · ·	75
5.06 企业电话连接费用，*2005 · · · · · · · · · · · ·	65
5.07 企业电话月租费，*2005 · · · · · · · · · · · · ·	49
5.08 当地供应商质量，2007 · · · · · · · · · · · · · ·	57
5.09 当地供应商数量，2007 · · · · · · · · · · · · · ·	62
5.10 计算机、通信和其他服务进口，*2005 · · · · ·	54
政府就绪度	**41**
6.01 政府对 ICT 重视程度，2007 · · · · · · · · · · ·	19
6.02 政府对高科技产品的采购，2007 · · · · · · · ·	63
6.03 政府未来愿景中 ICT 的重要性，2007 · · · · ·	48
6.04 电子政务就绪度指数，*2007 · · · · · · · · · ·	60

应用构成	70
个人应用	**59**
7.01 移动电话用户数，*2006 · · · · · · · · · · · · ·	69
7.02 个人电脑数，*2005 · · · · · · · · · · · · · · · ·	43
7.03 宽带用户数，*2006 · · · · · · · · · · · · · · · ·	58
7.04 互联网用户数，*2006 · · · · · · · · · · · · · ·	68
7.05 互联网带宽，*2006 · · · · · · · · · · · · · · · ·	64
商业应用	**71**
8.01 外国技术牌照的流行度，2007 · · · · · · · · · ·	55
8.02 公司层面技术引进，2007 · · · · · · · · · · · ·	72
8.03 创新能力，2007 · · · · · · · · · · · · · · · · · ·	94
8.04 新电话线的可用性，2007 · · · · · · · · · · · ·	57
8.05 互联网商用程度，2007 · · · · · · · · · · · · · ·	88
政府应用	**72**
9.01 政府在 ICT 推广方面所获得的成功，2007 · · ·	40
9.02 政府在线服务能力，2007 · · · · · · · · · · · ·	66
9.03 ICT 应用和政府效率，2007 · · · · · · · · · · ·	86
9.04 政府办公中 ICT 的使用，2007 · · · · · · · · ·	68
9.05 电子参与指数，*2007 · · · · · · · · · · · · · ·	76

229

注：* 统计数据。

需要更多的详细数据和解释，请参考本章开始的"如何阅读国家/经济体概况"部分。

墨西哥

关键指标

2006 年人口（百万）· 108.3
2006 年人均国内生产总值（购买力平价）（美元）· · · · · · 11369.0
2005 年每 100 名居民中互联网用户数 · · · · · · · · · · · · · · · · 16.9
2005 年互联网带宽（兆比特/秒/10000 居民）· · · · · · · · · · 1.1

网络就绪度指数

年（经济体数）	排名
2007~2008（127）· ·	**58**
2006~2007（122）· ·	49
2005~2006（115）· ·	55

2007~2008（131）年度的全球竞争力指数 · · · · · · · · · · · · 52

环境构成	**62**
市场环境	**57**
1.01 风险资本的可利用性，2007 · · · · · · · · · · ·	84
1.02 金融市场成熟度，2007 · · · · · · · · · · · · · ·	49
1.03 新技术可用性，2007 · · · · · · · · · · · · · · · ·	72
1.04 集群发展状况，2007 · · · · · · · · · · · · · · · ·	53
1.05 实用性专利，*2006 · · · · · · · · · · · · · · · · ·	54
1.06 高科技出口，*2005 · · · · · · · · · · · · · · · · ·	20
1.07 政府监管负担，2007 · · · · · · · · · · · · · · ·	109
1.08 税收范围及影响，2007 · · · · · · · · · · · · · ·	78
1.09 总体税率，*2007 · · · · · · · · · · · · · · · · · ·	85
1.10 创业所需时间，*2007 · · · · · · · · · · · · · · ·	59
1.11 创业所需程序数目，*2007 · · · · · · · · · · · ·	44
1.12 当地竞争的激烈程度，2007 · · · · · · · · · · ·	66
1.13 新闻媒体自由度，2007 · · · · · · · · · · · · · ·	44
1.14 数字内容的接入能力，2007 · · · · · · · · · · ·	79
政策和管制环境	**70**
2.01 立法主体的有效性，2007 · · · · · · · · · · · · ·	108
2.02 ICT 相关法律，2007 · · · · · · · · · · · · · · · ·	52
2.03 司法独立性，2007 · · · · · · · · · · · · · · · · ·	74
2.04 知识产权保护，2007 · · · · · · · · · · · · · · · ·	64
2.05 法律框架的效率，2007 · · · · · · · · · · · · · ·	93
2.06 财产权，2007 ·	76
2.07 ISP 部门竞争质量，2007 · · · · · · · · · · · · ·	72
2.08 执行合同的程序数量，*2007 · · · · · · · · · · ·	65
2.09 执行合同所需时间，*2007 · · · · · · · · · · · ·	38
基础设施环境	**67**
3.01 电话线，*2006 ·	65
3.02 安全的网络服务器，*2006 · · · · · · · · · · · ·	60
3.03 发电量，*2004 ·	65
3.04 科学家与工程师的可利用性，2007 · · · · · · ·	93
3.05 科研机构质量，2007 · · · · · · · · · · · · · · · ·	63
3.06 高等教育入学率，*2005 · · · · · · · · · · · · · ·	73
3.07 教育支出，*2005 · · · · · · · · · · · · · · · · · ·	32

就绪度构成	**63**
个人就绪度	**67**
4.01 数学和科学的教育质量，2007 · · · · · · · · · ·	110
4.02 教育系统质量，2007 · · · · · · · · · · · · · · · ·	89
4.03 校园互联网使用情况，2007 · · · · · · · · · · · ·	62
4.04 买方成熟度，2007 · · · · · · · · · · · · · · · · ·	54
4.05 住宅电话连接费，*2005 · · · · · · · · · · · · · ·	72
4.06 住宅电话月租费，*2005 · · · · · · · · · · · · · ·	77
4.07 高速宽带月租费，*2006 · · · · · · · · · · · · · ·	79
4.08 宽带最低消费，*2006 · · · · · · · · · · · · · · ·	51
4.09 移动电话费用，*2005 · · · · · · · · · · · · · · ·	45
企业就绪度	**64**
5.01 员工培训程度，2007 · · · · · · · · · · · · · · · ·	65
5.02 当地研究和培训能力，2007 · · · · · · · · · · · ·	52
5.03 管理学院质量，2007 · · · · · · · · · · · · · · · ·	49
5.04 公司研发支出，2007 · · · · · · · · · · · · · · · ·	68
5.05 高校与产业合作研究，2007 · · · · · · · · · · · ·	57
5.06 企业电话连接费用，*2005 · · · · · · · · · · · ·	67
5.07 企业电话月租费，*2005 · · · · · · · · · · · · · ·	62
5.08 当地供应商质量，2007 · · · · · · · · · · · · · ·	49
5.09 当地供应商数量，2007 · · · · · · · · · · · · · ·	66
5.10 计算机、通信和其他服务进口，*2005 · · · · ·	109
政府就绪度	**53**
6.01 政府对 ICT 重视程度，2007 · · · · · · · · · · ·	73
6.02 政府对高科技产品的采购，2007 · · · · · · · · ·	92
6.03 政府未来愿景中 ICT 的重要性，2007 · · · · · ·	62
6.04 电子政务就绪度指数，*2007 · · · · · · · · · · ·	37

应用构成	**49**
个人应用	**62**
7.01 移动电话用户数，*2006 · · · · · · · · · · · · · ·	74
7.02 个人电脑数，*2005 · · · · · · · · · · · · · · · · ·	51
7.03 宽带用户数，*2006 · · · · · · · · · · · · · · · · ·	51
7.04 互联网用户数，*2005 · · · · · · · · · · · · · · ·	64
7.05 互联网带宽，*2005 · · · · · · · · · · · · · · · · ·	70
商业应用	**63**
8.01 外国技术牌照的流行度，2007 · · · · · · · · · ·	61
8.02 公司层面技术引进，2007 · · · · · · · · · · · · ·	87
8.03 创新能力，2007 · · · · · · · · · · · · · · · · · · ·	57
8.04 新电话线的可用性，2007 · · · · · · · · · · · · ·	61
8.05 互联网商用程度，2007 · · · · · · · · · · · · · · ·	64
政府应用	**29**
9.01 政府在 ICT 推广方面所获得的成功，2007 · · ·	79
9.02 政府在线服务能力，2007 · · · · · · · · · · · · ·	40
9.03 ICT 应用和政府效率，2007 · · · · · · · · · · · ·	37
9.04 政府办公中 ICT 的使用，2007 · · · · · · · · · ·	70
9.05 电子参与指数，*2007 · · · · · · · · · · · · · · · ·	7

注：* 统计数据。
需要更多的详细数据和解释，请参考本章开始的"如何阅读国家/经济体概况"部分。

摩尔多瓦

关键指标

网络就绪度指数

注：* 统计数据。

需要更多的详细数据和解释，请参考本章开始的"如何阅读国家/经济体概况"部分。

蒙古

关键指标

网络就绪度指数

注：* 统计数据。

需要更多的详细数据和解释，请参考本章开始的"如何阅读国家/经济体概况"部分。

摩洛哥

关键指标

2006 年人口（百万） ·········· 31.9
2006 年人均国内生产总值（购买力平价）（美元）···· 5764.9
2006 年每 100 名居民中互联网用户数 ·········· 19.8
2006 年互联网带宽（兆比特/秒/10000 居民）·········· 3.6

网络就绪度指数

年（经济体数）   排名

2007~2008（127）·················· **74**

2006~2007（122）·················· 76

2005~2006（115）·················· 77

2007~2008（131）年度的全球竞争力指数 ·········· 64

环境构成	67
市场环境	**65**
1.01 风险资本的可利用性，2007 ··········	73
1.02 金融市场成熟度，2007 ··········	77
1.03 新技术可用性，2007 ··········	63
1.04 集群发展状况，2007 ··········	55
1.05 实用性专利，*2006 ··········	77
1.06 高科技出口，*2005 ··········	38
1.07 政府监管负担，2007 ··········	46
1.08 税收范围及影响，2007 ··········	59
1.09 总体税率，*2007 ··········	94
1.10 创业所需时间，*2007 ··········	22
1.11 创业所需程序数目，*2007 ··········	19
1.12 当地竞争的激烈程度，2007 ··········	83
1.13 新闻媒体自由度，2007 ··········	106
1.14 数字内容的接入能力，2007 ··········	70
政策和管制环境	**65**
2.01 立法主体的有效性，2007 ··········	56
2.02 ICT 相关法律，2007 ··········	84
2.03 司法独立性，2007 ··········	62
2.04 知识产权保护，2007 ··········	53
2.05 法律框架的效率，2007 ··········	51
2.06 财产权，2007 ··········	62
2.07 ISP 部门竞争质量，2007 ··········	88
2.08 执行合同的程序数量，*2007 ··········	89
2.09 执行合同所需时间，*2007 ··········	83
基础设施环境	**78**
3.01 电话线，*2006 ··········	104
3.02 安全的网络服务器，*2006 ··········	90
3.03 发电量，*2004 ··········	94
3.04 科学家与工程师的可利用性，2007 ··········	36
3.05 科研机构质量，2007 ··········	79
3.06 高等教育入学率，*2005 ··········	96
3.07 教育支出，*2005 ··········	16

就绪度构成	76
个人就绪度	**79**
4.01 数学和科学的教育质量，2007 ··········	40
4.02 教育系统质量，2007 ··········	87
4.03 校园互联网使用情况，2007 ··········	60
4.04 买方成熟度，2007 ··········	82
4.05 住宅电话连接费，*2005 ··········	88
4.06 住宅电话月租费，*2005 ··········	104
4.07 高速宽带月租费，*2006 ··········	74
4.08 宽带最低消费，*2006 ··········	55
4.09 移动电话费用，*2006 ··········	97
企业就绪度	**76**
5.01 员工培训程度，2007 ··········	72
5.02 当地研究和培训能力，2007 ··········	57
5.03 管理学院质量，2007 ··········	36
5.04 公司研发支出，2007 ··········	62
5.05 高校与产业合作研究，2007 ··········	68
5.06 企业电话连接费用，*2005 ··········	95
5.07 企业电话月租费，*2005 ··········	103
5.08 当地供应商质量，2007 ··········	77
5.09 当地供应商数量，2007 ··········	57
5.10 计算机、通信和其他服务进口，*2005 ··········	58
政府就绪度	**79**
6.01 政府对 ICT 重视程度，2007 ··········	63
6.02 政府对高科技产品的采购，2007 ··········	42
6.03 政府未来愿景中 ICT 的重要性，2007 ··········	45
6.04 电子政务就绪度指数，*2007 ··········	109

应用构成	77
个人应用	**71**
7.01 移动电话用户数，*2006 ··········	77
7.02 个人电脑数，*2005 ··········	91
7.03 宽带用户数，*2005 ··········	69
7.04 互联网用户数，*2006 ··········	57
7.05 互联网带宽，*2006 ··········	54
商业应用	**68**
8.01 外国技术牌照的流行度，2007 ··········	71
8.02 公司层面技术引进，2007 ··········	51
8.03 创新能力，2007 ··········	85
8.04 新电话线的可用性，2007 ··········	42
8.05 互联网商用程度，2007 ··········	105
政府应用	**77**
9.01 政府在 ICT 推广方面所获得的成功，2007 ··········	36
9.02 政府在线服务能力，2007 ··········	75
9.03 ICT 应用和政府效率，2007 ··········	62
9.04 政府办公中 ICT 的使用，2007 ··········	69
9.05 电子参与指数，*2007 ··········	117

注：* 统计数据。

需要更多的详细数据和解释，请参考本章开始的"如何阅读国家/经济体概况"部分。

233

莫桑比克

关键指标

2006 年人口（百万）···················· 20.2
2006 年人均国内生产总值（购买力平价）(美元)······ 1494.3
2005 年每 100 名居民中互联网用户数 ················ 0.9
2005 年互联网带宽（兆比特/秒/10000 居民）·········· 0.0

网络就绪度指数

年（经济体数）	排名
2007~2008（127）················· **121**	
2006~2007（122）····················· 115	
2005~2006（115）····················· 101	

2007~2008（131）年度的全球竞争力指数············ 128

环境构成	120
市场环境	**111**
1.01 风险资本的可利用性，2007 ················· 125	
1.02 金融市场成熟度，2007 ··················· 116	
1.03 新技术可用性，2007 ···················· 104	
1.04 集群发展状况，2007 ···················· 123	
1.05 实用性专利，*2006 ····················· 86	
1.06 高科技出口，*2005 ····················· 78	
1.07 政府监管负担，2007 ···················· 84	
1.08 税收范围及影响，2007 ··················· 88	
1.09 总体税率，*2007 ······················ 28	
1.10 创业所需时间，*2007 ···················· 64	
1.11 创业所需程序数目，*2007 ················· 74	
1.12 当地竞争的激烈程度，2007 ················ 123	
1.13 新闻媒体自由度，2007 ··················· 82	
1.14 数字内容的接入能力，2007 ················ 101	
政策和管制环境	**104**
2.01 立法主体的有效性，2007 ················· 76	
2.02 ICT 相关法律，2007 ···················· 111	
2.03 司法独立性，2007 ····················· 100	
2.04 知识产权保护，2007 ···················· 112	
2.05 法律框架的效率，2007 ··················· 105	
2.06 财产权，2007 ························· 95	
2.07 ISP 部门竞争质量，2007 ················· 100	
2.08 执行合同的程序数量，*2007 ··············· 26	
2.09 执行合同所需时间，*2007 ················· 111	
基础设施环境	**126**
3.01 电话线，*2006 ························ 125	
3.02 安全的网络服务器，*2006 ················· 101	
3.03 发电量，*2004 ························ 96	
3.04 科学家与工程师的可利用性，2007 ············ 119	
3.05 科研机构质量，2007 ···················· 106	
3.06 高等教育入学率，*2005 ··················· 121	
3.07 教育支出，*2005 ······················ 112	

就绪度构成	121
个人就绪度	**125**
4.01 数学和科学的教育质量，2007 ··············· 111	
4.02 教育系统质量，2007 ···················· 112	
4.03 校园互联网使用情况，2007 ················ 111	
4.04 买方成熟度，2007 ····················· 123	
4.05 住宅电话连接费，*2006 ··················· 97	
4.06 住宅电话月租费，*2006 ··················· 121	
4.07 高速宽带月租费，*2006 ··················· 105	
4.08 宽带最低消费，*2006 ···················· 112	
4.09 移动电话费用，*2005 ···················· 107	
企业就绪度	**120**
5.01 员工培训程度，2007 ···················· 89	
5.02 当地研究和培训能力，2007 ················ 112	
5.03 管理学院质量，2007 ···················· 121	
5.04 公司研发支出，2007 ···················· 115	
5.05 高校与产业合作研究，2007 ················ 94	
5.06 企业电话连接费用，*2006 ················· 85	
5.07 企业电话月租费，*2005 ··················· 119	
5.08 当地供应商质量，2007 ··················· 125	
5.09 当地供应商数量，2007 ··················· 119	
5.10 计算机、通信和其他服务进口，*2005 ·········· 45	
政府就绪度	**108**
6.01 政府对 ICT 重视程度，2007 ··············· 81	
6.02 政府对高科技产品的采购，2007 ············· 100	
6.03 政府未来愿景中 ICT 的重要性，2007 ········· 83	
6.04 电子政务就绪度指数，*2007 ··············· 114	

应用构成	105
个人应用	**117**
7.01 移动电话用户数，*2006 ··················· 114	
7.02 个人电脑数，*2005 ····················· 107	
7.03 宽带用户数，*2005 ····················· 118	
7.04 互联网用户数，*2005 ···················· 118	
7.05 互联网带宽，*2005 ····················· 122	
商业应用	**106**
8.01 外国技术牌照的流行度，2007 ··············· 96	
8.02 公司层面技术引进，2007 ················· 116	
8.03 创新能力，2007 ······················· 113	
8.04 新电话线的可用性，2007 ················· 89	
8.05 互联网商用程度，2007 ··················· 113	
政府应用	**93**
9.01 政府在 ICT 推广方面所获得的成功，2007 ······ 78	
9.02 政府在线服务能力，2007 ················· 117	
9.03 ICT 应用和政府效率，2007 ··············· 106	
9.04 政府办公中 ICT 的使用，2007 ············· 107	
9.05 电子参与指数，*2007 ···················· 24	

注：* 统计数据。
需要更多的详细数据和解释，请参考本章开始的"如何阅读国家/经济体概况"部分。

纳米比亚

关键指标

2006 年人口（百万） ··· 2.1
2006 年人均国内生产总值（购买力平价）（美元） ····· 8576.8
2005 年每 100 名居民中互联网用户数 ····················· 4.0
2005 年互联网带宽（兆比特/秒/10000 居民） ············· 0.2

网络就绪度指数

年（经济体数）	排名
2007~2008（127） ·································	**93**
2006~2007（122） ·································	85
2005~2006（115） ·································	78

2007~2008（131）年度的全球竞争力指数 ············· 89

环境构成	68
市场环境	**85**
1.01 风险资本的可利用性，2007 ···············	65
1.02 金融市场成熟度，2007 ·····················	56
1.03 新技术可用性，2007 ·························	73
1.04 集群发展状况，2007 ·························	107
1.05 实用性专利，*2006 ·························	86
1.06 高科技出口，*2005 ·························	73
1.07 政府监管负担，2007 ·························	72
1.08 税收范围及影响，2007 ·····················	57
1.09 总体税率，*2007 ···························	13
1.10 创业所需时间，*2007 ······················	116
1.11 创业所需程序数目，*2007 ··················	74
1.12 当地竞争的激烈程度，2007 ·················	77
1.13 新闻媒体自由度，2007 ·····················	58
1.14 数字内容的接入能力，2007 ·················	114
政策和管制环境	**39**
2.01 立法主体的有效性，2007 ···················	53
2.02 ICT 相关法律，2007 ······················	91
2.03 司法独立性，2007 ·························	34
2.04 知识产权保护，2007 ·······················	46
2.05 法律框架的效率，2007 ·····················	42
2.06 财产权，2007 ·····························	41
2.07 ISP 部门竞争质量，2007 ··················	113
2.08 执行合同的程序数量，*2007 ················	35
2.09 执行合同所需时间，*2007 ··················	11
基础设施环境	**92**
3.01 电话线，*2005 ·····························	96
3.02 安全的网络服务器，*2006 ··················	61
3.03 发电量，*2004 ·····························	87
3.04 科学家与工程师的可利用性，2007 ···········	127
3.05 科研机构质量，2007 ·······················	109
3.06 高等教育入学率，*2004 ····················	102
3.07 教育支出，*2005 ···························	5

就绪度构成	100
个人就绪度	**98**
4.01 数学和科学的教育质量，2007 ···············	123
4.02 教育系统质量，2007 ·······················	115
4.03 校园互联网使用情况，2007 ·················	91
4.04 买方成熟度，2007 ·························	68
4.05 住宅电话连接费，*2006 ····················	70
4.06 住宅电话月租费，*2006 ····················	80
4.07 高速宽带月租费 * ·························	n/a
4.08 宽带最低消费 * ···························	n/a
4.09 移动电话费用，*2005 ······················	91
企业就绪度	**91**
5.01 员工培训程度，2007 ·······················	58
5.02 当地研究和培训能力，2007 ·················	126
5.03 管理学院质量，2007 ·······················	125
5.04 公司研发支出，2007 ·······················	88
5.05 高校与产业合作研究，2007 ·················	88
5.06 企业电话连接费用，*2006 ··················	63
5.07 企业电话月租费，*2006 ····················	67
5.08 当地供应商质量，2007 ·····················	83
5.09 当地供应商数量，2007 ·····················	122
5.10 计算机、通信和其他服务进口，*2004 ········	37
政府就绪度	**112**
6.01 政府对 ICT 重视程度，2007 ················	115
6.02 政府对高科技产品的采购，2007 ·············	102
6.03 政府未来愿景中 ICT 的重要性，2007 ········	113
6.04 电子政务就绪度指数，*2007 ················	101

应用构成	103
个人应用	**93**
7.01 移动电话用户数，*2005 ····················	99
7.02 个人电脑数，*2005 ·························	55
7.03 宽带用户数，*2005 ·························	118
7.04 互联网用户数，*2005 ······················	105
7.05 互联网带宽，*2005 ·························	94
商业应用	**88**
8.01 外国技术牌照的流行度，2007 ···············	63
8.02 公司层面技术引进，2007 ···················	86
8.03 创新能力，2007 ···························	115
8.04 新电话线的可用性，2007 ···················	77
8.05 互联网商用程度，2007 ·····················	92
政府应用	**113**
9.01 政府在 ICT 推广方面所获得的成功，2007 ····	111
9.02 政府在线服务能力，2007 ···················	106
9.03 ICT 应用和政府效率，2007 ·················	117
9.04 政府办公中 ICT 的使用，2007 ··············	101
9.05 电子参与指数，*2007 ······················	100

注：* 统计数据。

需要更多的详细数据和解释，请参考本章开始的"如何阅读国家/经济体概况"部分。

尼泊尔

关键指标

网络就绪度指数

注：* 统计数据。

需要更多的详细数据和解释，请参考本章开始的"如何阅读国家/经济体概况"部分。

荷兰

关键指标

2006 年人口（百万）·································· 16.4
2006 年人均国内生产总值（购买力平价）（美元）······ 36936.6
2006 年每 100 名居民中互联网用户数 ·············· 88.9
2005 年互联网带宽（兆比特/秒/10000 居民）············ 205.3

网络就绪度指数

年（经济体数）   排名
2007~2008（127）·················· **7**
2006~2007（122）·························· 6
2005~2006（115）·························· 12

2007~2008（131）年度的全球竞争力指数 ·············· 10

环境构成	13
市场环境	**12**
1.01 风险资本的可利用性，2007 ·················· 3	
1.02 金融市场成熟度，2007 ·················· 10	
1.03 新技术可用性，2007 ·················· 14	
1.04 集群发展状况，2007 ·················· 20	
1.05 实用性专利，*2006 ·················· 14	
1.06 高科技出口，*2005 ·················· 18	
1.07 政府监管负担，2007 ·················· 54	
1.08 税收范围及影响，2007 ·················· 49	
1.09 总体税率，*2007 ·················· 58	
1.10 创业所需时间，*2007 ·················· 17	
1.11 创业所需程序数目，*2007 ·················· 19	
1.12 当地竞争的激烈程度，2007 ·················· 9	
1.13 新闻媒体自由度，2007 ·················· 3	
1.14 数字内容的接入能力，2007 ·················· 11	
政策和管制环境	**5**
2.01 立法主体的有效性，2007 ·················· 16	
2.02 ICT 相关法律，2007 ·················· 15	
2.03 司法独立性，2007 ·················· 5	
2.04 知识产权保护，2007 ·················· 6	
2.05 法律框架的效率，2007 ·················· 7	
2.06 财产权，2007 ·················· 6	
2.07 ISP 部门竞争质量，2007 ·················· 4	
2.08 执行合同的程序数量，*2007 ·················· 4	
2.09 执行合同所需时间，*2007 ·················· 58	
基础设施环境	**16**
3.01 电话线，*2005 ·················· 20	
3.02 安全的网络服务器，*2006 ·················· 12	
3.03 发电量，*2004 ·················· 34	
3.04 科学家与工程师的可利用性，2007 ·················· 30	
3.05 科研机构质量，2007 ·················· 10	
3.06 高等教育入学率，*2005 ·················· 25	
3.07 教育支出，*2005 ·················· 38	

就绪度构成	17
个人就绪度	**19**
4.01 数学和科学的教育质量，2007 ·················· 14	
4.02 教育系统质量，2007 ·················· 13	
4.03 校园互联网使用情况，2007 ·················· 11	
4.04 买方成熟度，2007 ·················· 11	
4.05 住宅电话连接费 * ·················· n/a	
4.06 住宅电话月租费 * ·················· n/a	
4.07 高速宽带月租费，*2006 ·················· 3	
4.08 宽带最低消费，*2006 ·················· 1	
4.09 移动电话费用，*2005 ·················· 32	
企业就绪度	**16**
5.01 员工培训程度，2007 ·················· 8	
5.02 当地研究和培训能力，2007 ·················· 7	
5.03 管理学院质量，2007 ·················· 11	
5.04 公司研发支出，2007 ·················· 13	
5.05 高校与产业合作研究，2007 ·················· 13	
5.06 企业电话连接费用 * ·················· n/a	
5.07 企业电话月租费 * ·················· n/a	
5.08 当地供应商质量，2007 ·················· 7	
5.09 当地供应商数量，2007 ·················· 14	
5.10 计算机、通信和其他服务进口，*2005 ·················· 8	
政府就绪度	**16**
6.01 政府对 ICT 重视程度，2007 ·················· 32	
6.02 政府对高科技产品的采购，2007 ·················· 19	
6.03 政府未来愿景中 ICT 的重要性，2007 ·················· 46	
6.04 电子政务就绪度指数，*2007 ·················· 5	

应用构成	3
个人应用	**1**
7.01 移动电话用户数，*2005 ·················· 32	
7.02 个人电脑数，*2005 ·················· 4	
7.03 宽带用户数，*2006 ·················· 2	
7.04 互联网用户数，*2006 ·················· 1	
7.05 互联网带宽，*2005 ·················· 2	
商业应用	**12**
8.01 外国技术牌照的流行度，2007 ·················· 6	
8.02 公司层面技术引进，2007 ·················· 27	
8.03 创新能力，2007 ·················· 12	
8.04 新电话线的可用性，2007 ·················· 13	
8.05 互联网商用程度，2007 ·················· 12	
政府应用	**19**
9.01 政府在 ICT 推广方面所获得的成功，2007 ·················· 43	
9.02 政府在线服务能力，2007 ·················· 24	
9.03 ICT 应用和政府效率，2007 ·················· 28	
9.04 政府办公中 ICT 的使用，2007 ·················· 16	
9.05 电子参与指数，*2007 ·················· 16	

237

注：* 统计数据。
需要更多的详细数据和解释，请参考本章开始的"如何阅读国家/经济体概况"部分。

新西兰

关键指标

2006 年人口（百万）· · · · · · · · · · · · · · · · · · · 4.1
2006 年人均国内生产总值（购买力平价）（美元）· · · · · · 25874.2
2006 年每 100 名居民中互联网用户数 · · · · · · · · · · · · 78.8
2005 年互联网带宽（兆比特/秒/10000 居民）· · · · · · · · 11.4

网络就绪度指数

年（经济体数）	排名
2007~2008（127） · · · · · · · · · · · · · · · ·	**22**
2006~2007（122）· ·	22
2005~2006（115）· ·	21
2007~2008（131）年度的全球竞争力指数 · · · · · · · · · · ·	24

环境构成	14
市场环境	**27**
1.01 风险资本的可利用性，2007 · · · · · · · · · · · · · · ·	14
1.02 金融市场成熟度，2007 · · · · · · · · · · · · · · · · ·	25
1.03 新技术可用性，2007 · · · · · · · · · · · · · · · · · ·	29
1.04 集群发展状况，2007 · · · · · · · · · · · · · · · · · ·	54
1.05 实用性专利，*2006 · · · · · · · · · · · · · · · · · · ·	24
1.06 高科技出口，*2005 · · · · · · · · · · · · · · · · · · ·	45
1.07 政府监管负担，2007 · · · · · · · · · · · · · · · · · ·	50
1.08 税收范围及影响，2007 · · · · · · · · · · · · · · · · ·	65
1.09 总体税率，*2007 ·	30
1.10 创业所需时间，*2007 · · · · · · · · · · · · · · · · · ·	22
1.11 创业所需程序数目，*2007 · · · · · · · · · · · · · · · ·	1
1.12 当地竞争的激烈程度，2007 · · · · · · · · · · · · · · ·	34
1.13 新闻媒体自由度，2007 · · · · · · · · · · · · · · · · ·	9
1.14 数字内容的接入能力，2007 · · · · · · · · · · · · · · ·	56
政策和管制环境	**15**
2.01 立法主体的有效性，2007 · · · · · · · · · · · · · · · ·	12
2.02 ICT 相关法律，2007 · · · · · · · · · · · · · · · · · · ·	17
2.03 司法独立性，2007 ·	2
2.04 知识产权保护，2007 · · · · · · · · · · · · · · · · · · ·	13
2.05 法律框架的效率，2007 · · · · · · · · · · · · · · · · ·	12
2.06 财产权，2007 ·	16
2.07 ISP 部门竞争质量，2007 · · · · · · · · · · · · · · · · ·	106
2.08 执行合同的程序数量，*2007 · · · · · · · · · · · · · · ·	15
2.09 执行合同所需时间，*2007 · · · · · · · · · · · · · · · ·	5
基础设施环境	**8**
3.01 电话线，*2005 ·	27
3.02 安全的网络服务器，*2006 · · · · · · · · · · · · · · · ·	5
3.03 发电量，*2004 ·	12
3.04 科学家与工程师的可利用性，2007 · · · · · · · · · · ·	60
3.05 科研机构质量，2007 · · · · · · · · · · · · · · · · · · ·	18
3.06 高等教育入学率，*2005 · · · · · · · · · · · · · · · · ·	6
3.07 教育支出，*2005 ·	6

就绪度构成	27
个人就绪度	**20**
4.01 数学和科学的教育质量，2007 · · · · · · · · · · · · · ·	29
4.02 教育系统质量，2007 · · · · · · · · · · · · · · · · · · ·	21
4.03 校园互联网使用情况，2007 · · · · · · · · · · · · · · ·	22
4.04 买方成熟度，2007 ·	23
4.05 住宅电话连接费，*2005 · · · · · · · · · · · · · · · · ·	11
4.06 住宅电话月租费，*2005 · · · · · · · · · · · · · · · · ·	53
4.07 高速宽带月租费，*2006 · · · · · · · · · · · · · · · · ·	20
4.08 宽带最低消费，*2006 · · · · · · · · · · · · · · · · · ·	23
4.09 移动电话费用，*2004 · · · · · · · · · · · · · · · · · ·	59
企业就绪度	**26**
5.01 员工培训程度，2007 · · · · · · · · · · · · · · · · · · ·	22
5.02 当地研究和培训能力，2007 · · · · · · · · · · · · · · ·	24
5.03 管理学院质量，2007 · · · · · · · · · · · · · · · · · · ·	28
5.04 公司研发支出，2007 · · · · · · · · · · · · · · · · · · ·	38
5.05 高校与产业合作研究，2007 · · · · · · · · · · · · · · ·	23
5.06 企业电话连接费用，*2005 · · · · · · · · · · · · · · · ·	10
5.07 企业电话月租费，*2005 · · · · · · · · · · · · · · · · ·	50
5.08 当地供应商质量，2007 · · · · · · · · · · · · · · · · · ·	21
5.09 当地供应商数量，2007 · · · · · · · · · · · · · · · · · ·	41
5.10 计算机、通信和其他服务进口，*2005 · · · · · · · · · ·	52
政府就绪度	**30**
6.01 政府对 ICT 重视程度，2007 · · · · · · · · · · · · · · ·	58
6.02 政府对高科技产品的采购，2007 · · · · · · · · · · · · ·	50
6.03 政府未来愿景中 ICT 的重要性，2007 · · · · · · · · · ·	51
6.04 电子政务就绪度指数，*2007 · · · · · · · · · · · · · · ·	18

应用构成	23
个人应用	**24**
7.01 移动电话用户数，*2005 · · · · · · · · · · · · · · · · ·	41
7.02 个人电脑数，*2005 ·	21
7.03 宽带用户数，*2006 ·	26
7.04 互联网用户数，*2006 · · · · · · · · · · · · · · · · · · ·	2
7.05 互联网带宽，*2005 ·	36
商业应用	**24**
8.01 外国技术牌照的流行度，2007 · · · · · · · · · · · · · ·	13
8.02 公司层面技术引进，2007 · · · · · · · · · · · · · · · · ·	25
8.03 创新能力，2007 ·	27
8.04 新电话线的可用性，2007 · · · · · · · · · · · · · · · · ·	47
8.05 互联网商用程度，2007 · · · · · · · · · · · · · · · · · ·	25
政府应用	**14**
9.01 政府在 ICT 推广方面所获得的成功，2007 · · · · · · · ·	80
9.02 政府在线服务能力，2007 · · · · · · · · · · · · · · · · ·	18
9.03 ICT 应用和政府效率，2007 · · · · · · · · · · · · · · · ·	36
9.04 政府办公中 ICT 的使用，2007 · · · · · · · · · · · · · ·	19
9.05 电子参与指数，*2007 · · · · · · · · · · · · · · · · · · ·	6

注：* 统计数据。

需要更多的详细数据和解释，请参考本章开始的"如何阅读国家/经济体概况"部分。

238

尼加拉瓜

关键指标

2006 年人口（百万）···························· 5.6
2006 年人均国内生产总值（购买力平价）（美元）····· 3886.1
2006 年每 100 名居民中互联网用户数 ··········· 2.8
2005 年互联网带宽（兆比特/秒/10000 居民）······ 0.0

网络就绪度指数

年（经济体数）   排名

2007~2008（127）····················· **116**
2006~2007（122）····················· 103
2005~2006（115）····················· 112

2007~2008（131）年度的全球竞争力指数 ··· 111

环境构成	116
市场环境	**97**
1.01 风险资本的可利用性，2007	109
1.02 金融市场成熟度，2007	93
1.03 新技术可用性，2007	115
1.04 集群发展状况，2007	93
1.05 实用性专利，*2006	86
1.06 高科技出口，*2005	90
1.07 政府监管负担，2007	60
1.08 税收范围及影响，2007	97
1.09 总体税率，*2007	104
1.10 创业所需时间，*2007	87
1.11 创业所需程序数目，*2007	19
1.12 当地竞争的激烈程度，2007	112
1.13 新闻媒体自由度，2007	29
1.14 数字内容的接入能力，2007	92
政策和管制环境	**117**
2.01 立法主体的有效性，2007	123
2.02 ICT 相关法律，2007	103
2.03 司法独立性，2007	125
2.04 知识产权保护，2007	101
2.05 法律框架的效率，2007	124
2.06 财产权，2007	106
2.07 ISP 部门竞争质量，2007	103
2.08 执行合同的程序数量，*2007	46
2.09 执行合同所需时间，*2007	63
基础设施环境	**114**
3.01 电话线，*2006	101
3.02 安全的网络服务器，*2006	78
3.03 发电量，*2004	101
3.04 科学家与工程师的可利用性，2007	112
3.05 科研机构质量，2007	122
3.06 高等教育入学率，*2003	84
3.07 教育支出，*2005	91

就绪度构成	112
个人就绪度	**105**
4.01 数学和科学的教育质量，2007	120
4.02 教育系统质量，2007	120
4.03 校园互联网使用情况，2007	105
4.04 买方成熟度，2007	99
4.05 住宅电话连接费，*2005	114
4.06 住宅电话月租费，*2005	101
4.07 高速宽带月租费，*2006	85
4.08 宽带最低消费，*2006	92
4.09 移动电话费用，*2005	112
企业就绪度	**121**
5.01 员工培训程度，2007	107
5.02 当地研究和培训能力，2007	97
5.03 管理学院质量，2007	71
5.04 公司研发支出，2007	118
5.05 高校与产业合作研究，2007	111
5.06 企业电话连接费用，*2005	116
5.07 企业电话月租费，*2005	112
5.08 当地供应商质量，2007	108
5.09 当地供应商数量，2007	113
5.10 计算机、通信和其他服务进口，*2005	96
政府就绪度	**110**
6.01 政府对 ICT 重视程度，2007	117
6.02 政府对高科技产品的采购，2007	110
6.03 政府未来愿景中 ICT 的重要性，2007	98
6.04 电子政务就绪度指数，*2007	93

应用构成	113
个人应用	**95**
7.01 移动电话用户数，*2006	90
7.02 个人电脑数，*2005	88
7.03 宽带用户数，*2006	81
7.04 互联网用户数，*2006	112
7.05 互联网带宽，*2005	121
商业应用	**116**
8.01 外国技术牌照的流行度，2007	119
8.02 公司层面技术引进，2007	123
8.03 创新能力，2007	105
8.04 新电话线的可用性，2007	109
8.05 互联网商用程度，2007	108
政府应用	**107**
9.01 政府在 ICT 推广方面所获得的成功，2007	115
9.02 政府在线服务能力，2007	85
9.03 ICT 应用和政府效率，2007	94
9.04 政府办公中 ICT 的使用，2007	95
9.05 电子参与指数，*2007	117

239

注：* 统计数据。
需要更多的详细数据和解释，请参考本章开始的"如何阅读国家/经济体概况"部分。

尼日利亚

关键指标

2006 年人口（百万）······················· 134.4
2006 年人均国内生产总值（购买力平价）（美元）······ 1226.8
2005 年每 100 名居民中互联网用户数 ··············· 3.8
2005 年互联网带宽（兆比特/秒/10000 居民）········· 0.0

网络就绪度指数

年（经济体数）	排名
2007~2008（127）····················	**94**
2006~2007（122） ····················	88
2005~2006（115） ····················	90

2007~2008（131）年度的全球竞争力指数 ············· 95

环境构成	91
市场环境	**73**
1.01 风险资本的可利用性，2007 ···············	82
1.02 金融市场成熟度，2007 ··················	80
1.03 新技术可用性，2007 ···················	98
1.04 集群发展状况，2007 ···················	43
1.05 实用性专利，*2006 ····················	86
1.06 高科技出口，*2005 ····················	107
1.07 政府监管负担，2007 ···················	48
1.08 税收范围及影响，2007 ··················	27
1.09 总体税率，*2007 ·····················	18
1.10 创业所需时间，*2007 ···················	78
1.11 创业所需程序数目，*2007 ················	58
1.12 当地竞争的激烈程度，2007 ···············	88
1.13 新闻媒体自由度，2007 ··················	88
1.14 数字内容的接入能力，2007 ···············	97
政策和管制环境	**78**
2.01 立法主体的有效性，2007 ················	62
2.02 ICT 相关法律，2007 ···················	74
2.03 司法独立性，2007 ····················	77
2.04 知识产权保护，2007 ···················	95
2.05 法律框架的效率，2007 ··················	80
2.06 财产权，2007 ·······················	98
2.07 ISP 部门竞争质量，2007 ················	70
2.08 执行合同的程序数量，*2007 ··············	75
2.09 执行合同所需时间，*2007 ···············	44
基础设施环境	**120**
3.01 电话线，*2006 ······················	111
3.02 安全的网络服务器，*2006 ···············	101
3.03 发电量，*2004 ······················	107
3.04 科学家与工程师的可利用性，2007 ··········	76
3.05 科研机构质量，2007 ···················	57
3.06 高等教育入学率，*2004 ·················	98
3.07 教育支出，*2005 ·····················	120

就绪度构成	94
个人就绪度	**108**
4.01 数学和科学的教育质量，2007 ·············	97
4.02 教育系统质量，2007 ···················	68
4.03 校园互联网使用情况，2007 ···············	100
4.04 买方成熟度，2007 ····················	84
4.05 住宅电话连接费，*2005 ·················	111
4.06 住宅电话月租费，*2005 ·················	110
4.07 高速宽带月租费 * ····················	n/a
4.08 宽带最低消费 * ·····················	n/a
4.09 移动电话费用，*2005 ··················	111
企业就绪度	**62**
5.01 员工培训程度，2007 ···················	75
5.02 当地研究和培训能力，2007 ···············	56
5.03 管理学院质量，2007 ···················	85
5.04 公司研发支出，2007 ···················	44
5.05 高校与产业合作研究，2007 ···············	64
5.06 企业电话连接费用，*2005 ···············	105
5.07 企业电话月租费，*2005 ·················	102
5.08 当地供应商质量，2007 ··················	90
5.09 当地供应商数量，2007 ··················	59
5.10 计算机、通信和其他服务进口，*2005 ········	5
政府就绪度	**92**
6.01 政府对 ICT 重视程度，2007 ··············	84
6.02 政府对高科技产品的采购，2007 ············	41
6.03 政府未来愿景中 ICT 的重要性，2007 ········	68
6.04 电子政务就绪度指数，*2007 ··············	106

应用构成	90
个人应用	**107**
7.01 移动电话用户数，*2006 ·················	101
7.02 个人电脑数，*2005 ····················	114
7.03 宽带用户数，*2005 ····················	116
7.04 互联网用户数，*2005 ··················	108
7.05 互联网带宽，*2005 ····················	120
商业应用	**81**
8.01 外国技术牌照的流行度，2007 ·············	74
8.02 公司层面技术引进，2007 ················	79
8.03 创新能力，2007 ······················	65
8.04 新电话线的可用性，2007 ················	88
8.05 互联网商用程度，2007 ··················	81
政府应用	**86**
9.01 政府在 ICT 推广方面所获得的成功，2007 ·····	63
9.02 政府在线服务能力，2007 ················	64
9.03 ICT 应用和政府效率，2007 ··············	73
9.04 政府办公中 ICT 的使用，2007 ············	93
9.05 电子参与指数，*2007 ··················	91

注：* 统计数据。

需要更多的详细数据和解释，请参考本章开始的"如何阅读国家/经济体概况"部分。

挪威

关键指标

2006 年人口 （百万）················· 4.6
2006 年人均国内生产总值（购买力平价）（美元）······ 44648.1
2005 年每 100 名居民中互联网用户数 ··········· 58.5
2005 年互联网带宽（兆比特/秒/10000 居民）········· 93.5

网络就绪度指数

年（经济体数）   排名
2007~2008 （127）················· **10**
2006~2007 （122）················· 10
2005~2006 （115）················· 13

2007~2008 （131）年度的全球竞争力指数 ········· 16

环境构成	7
市场环境	**19**
1.01 风险资本的可利用性，2007	4
1.02 金融市场成熟度，2007	19
1.03 新技术可用性，2007	9
1.04 集群发展状况，2007	25
1.05 实用性专利，*2006	21
1.06 高科技出口，*2005	54
1.07 政府监管负担，2007	29
1.08 税收范围及影响，2007	62
1.09 总体税率，*2007	57
1.10 创业所需时间，*2007	17
1.11 创业所需程序数目，*2007	19
1.12 当地竞争的激烈程度，2007	22
1.13 新闻媒体自由度，2007	5
1.14 数字内容的接入能力，2007	10
政策和管制环境	**13**
2.01 立法主体的有效性，2007	7
2.02 ICT 相关法律，2007	8
2.03 司法独立性，2007	9
2.04 知识产权保护，2007	16
2.05 法律框架的效率，2007	8
2.06 财产权，2007	12
2.07 ISP 部门竞争质量，2007	10
2.08 执行合同的程序数量，*2007	35
2.09 执行合同所需时间，*2007	19
基础设施环境	**6**
3.01 电话线，*2006	22
3.02 安全的网络服务器，*2006	14
3.03 发电量，*2004	2
3.04 科学家与工程师的可利用性，2007	23
3.05 科研机构质量，2007	21
3.06 高等教育入学率，*2005	10
3.07 教育支出，*2005	8

就绪度构成	10
个人就绪度	**17**
4.01 数学和科学的教育质量，2007	51
4.02 教育系统质量，2007	10
4.03 校园互联网使用情况，2007	21
4.04 买方成熟度，2007	22
4.05 住宅电话连接费，*2005	22
4.06 住宅电话月租费，*2005	13
4.07 高速宽带月租费，*2006	8
4.08 宽带最低消费，*2006	16
4.09 移动电话费用，*2005	7
企业就绪度	**20**
5.01 员工培训程度，2007	10
5.02 当地研究和培训能力，2007	18
5.03 管理学院质量，2007	21
5.04 公司研发支出，2007	19
5.05 高校与产业合作研究，2007	17
5.06 企业电话连接费用，*2005	18
5.07 企业电话月租费，*2005	8
5.08 当地供应商质量，2007	14
5.09 当地供应商数量，2007	23
5.10 计算机、通信和其他服务进口，*2005	56
政府就绪度	**6**
6.01 政府对 ICT 重视程度，2007	22
6.02 政府对高科技产品的采购，2007	20
6.03 政府未来愿景中 ICT 的重要性，2007	15
6.04 电子政务就绪度指数，*2007	3

应用构成	10
个人应用	**8**
7.01 移动电话用户数，*2006	18
7.02 个人电脑数，*2005	15
7.03 宽带用户数，*2006	6
7.04 互联网用户数，*2005	15
7.05 互联网带宽，*2005	11
商业应用	**14**
8.01 外国技术牌照的流行度，2007	24
8.02 公司层面技术引进，2007	11
8.03 创新能力，2007	15
8.04 新电话线的可用性，2007	12
8.05 互联网商用程度，2007	15
政府应用	**12**
9.01 政府在 ICT 推广方面所获得的成功，2007	23
9.02 政府在线服务能力，2007	11
9.03 ICT 应用和政府效率，2007	19
9.04 政府办公中 ICT 的使用，2007	11
9.05 电子参与指数，*2007	16

241

注：* 统计数据。
需要更多的详细数据和解释，请参考本章开始的"如何阅读国家/经济体概况"部分。

阿曼

关键指标

2006 年人口（百万） ················· 2.6
2006 年人均国内生产总值（购买力平价）（美元） ······ 18497.8
2006 年每 100 名居民中互联网用户数 ·········· 12.2
2006 年互联网带宽（兆比特/秒/10000 居民） ·········· 1.7

网络就绪度指数

年（经济体数）	排名
2007~2008（127） ·············· **53**	
2006~2007（122） ·············· n/a	
2005~2006（115） ·············· n/a	

2007~2008（131）年度的全球竞争力指数 ·········· 42

环境构成 — 56

市场环境 — 44

1.01 风险资本的可利用性，2007	21
1.02 金融市场成熟度，2007	44
1.03 新技术可用性，2007	46
1.04 集群发展状况，2007	36
1.05 实用性专利，*2006	86
1.06 高科技出口，*2005	93
1.07 政府监管负担，2007	9
1.08 税收范围及影响，2007	16
1.09 总体税率，*2007	7
1.10 创业所需时间，*2007	78
1.11 创业所需程序数目，*2007	58
1.12 当地竞争的激烈程度，2007	95
1.13 新闻媒体自由度，2007	122
1.14 数字内容的接入能力，2007	82

政策和管制环境 — 46

2.01 立法主体的有效性，2007	20
2.02 ICT 相关法律，2007	40
2.03 司法独立性，2007	46
2.04 知识产权保护，2007	32
2.05 法律框架的效率，2007	31
2.06 财产权，2007	59
2.07 ISP 部门竞争质量，2007	79
2.08 执行合同的程序数量，*2007	120
2.09 执行合同所需时间，*2007	79

基础设施环境 — 76

3.01 电话线，*2006	83
3.02 安全的网络服务器，*2006	78
3.03 发电量，*2004	46
3.04 科学家与工程师的可利用性，2007	84
3.05 科研机构质量，2007	38
3.06 高等教育入学率，*2005	83
3.07 教育支出，*2005	57

就绪度构成 — 41

个人就绪度 — 49

4.01 数学和科学的教育质量，2007	63
4.02 教育系统质量，2007	48
4.03 校园互联网使用情况，2007	51
4.04 买方成熟度，2007	49
4.05 住宅电话连接费，*2005	16
4.06 住宅电话月租费，*2005	43
4.07 高速宽带月租费，*2006	76
4.08 宽带最低消费，*2006	69
4.09 移动电话费用，*2005	27

企业就绪度 — 46

5.01 员工培训程度，2007	38
5.02 当地研究和培训能力，2007	54
5.03 管理学院质量，2007	61
5.04 公司研发支出，2007	33
5.05 高校与产业合作研究，2007	29
5.06 企业电话连接费用，*2005	14
5.07 企业电话月租费，*2005	26
5.08 当地供应商质量，2007	75
5.09 当地供应商数量，2007	84
5.10 计算机、通信和其他服务进口，*2005	40

政府就绪度 — 46

6.01 政府对 ICT 重视程度，2007	66
6.02 政府对高科技产品的采购，2007	36
6.03 政府未来愿景中 ICT 的重要性，2007	24
6.04 电子政务就绪度指数，*2007	75

应用构成 — 59

个人应用 — 69

7.01 移动电话用户数，*2006	60
7.02 个人电脑用户数，*2005	77
7.03 宽带用户数，*2006	76
7.04 互联网用户数，*2006	75
7.05 互联网带宽，*2006	61

商业应用 — 67

8.01 外国技术牌照的流行度，2007	69
8.02 公司层面技术引进，2007	95
8.03 创新能力，2007	32
8.04 新电话线的可用性，2007	98
8.05 互联网商用程度，2007	44

政府应用 — 46

9.01 政府在 ICT 推广方面所获得的成功，2007	56
9.02 政府在线服务能力，2007	30
9.03 ICT 应用和政府效率，2007	52
9.04 政府办公中 ICT 的使用，2007	63
9.05 电子参与指数，*2007	58

注：* 统计数据。
需要更多的详细数据和解释，请参考本章开始的"如何阅读国家/经济体概况"部分。

巴基斯坦

关键指标

2006 年人口（百万）· 161.2
2006 年人均国内生产总值（购买力平价）（美元）· · · · · · 2744.5
2006 年每 100 名居民中互联网用户数 · · · · · · · · · · · · 7.6
2005 年互联网带宽（兆比特/秒/10000 居民）· · · · · · · · · · 0.0

网络就绪度指数

年（经济体数）   排名

2007~2008（127）· **89**
2006~2007（122）· 84
2005~2006（115）· 67

2007~2008（131）年度的全球竞争力指数 · · · · · · · · · · · · 92

环境构成	101
市场环境	**75**
1.01 风险资本的可利用性，2007	87
1.02 金融市场成熟度，2007	70
1.03 新技术可用性，2007	77
1.04 集群发展状况，2007	65
1.05 实用性专利，*2006	85
1.06 高科技出口，*2005	65
1.07 政府监管负担，2007	69
1.08 税收范围及影响，2007	32
1.09 总体税率，*2007	52
1.10 创业所需时间，*2007	50
1.11 创业所需程序数目，*2007	88
1.12 当地竞争的激烈程度，2007	103
1.13 新闻媒体自由度，2007	74
1.14 数字内容的接入能力，2007	94
政策和管制环境	**93**
2.01 立法主体的有效性，2007	66
2.02 ICT 相关法律，2007	69
2.03 司法独立性，2007	78
2.04 知识产权保护，2007	61
2.05 法律框架的效率，2007	88
2.06 财产权，2007	91
2.07 ISP 部门竞争质量，2007	60
2.08 执行合同的程序数量，*2007	114
2.09 执行合同所需时间，*2007	108
基础设施环境	**118**
3.01 电话线，*2006	106
3.02 安全的网络服务器，*2006	101
3.03 发电量，*2004	98
3.04 科学家与工程师的可利用性，2007	85
3.05 科研机构质量，2007	71
3.06 高等教育入学率，*2005	107
3.07 教育支出，*2005	114

就绪度构成	89
个人就绪度	**103**
4.01 数学和科学的教育质量，2007	98
4.02 教育系统质量，2007	85
4.03 校园互联网使用情况，2007	68
4.04 买方成熟度，2007	91
4.05 住宅电话连接费，*2006	74
4.06 住宅电话月租费，*2006	92
4.07 高速宽带月租费，*2006	99
4.08 宽带最低消费，*2006	104
4.09 移动电话费用，*2005	89
企业就绪度	**68**
5.01 员工培训程度，2007	115
5.02 当地研究和培训能力，2007	92
5.03 管理学院质量，2007	77
5.04 公司研发支出，2007	72
5.05 高校与产业合作研究，2007	60
5.06 企业电话连接费用，*2006	68
5.07 企业电话月租费，*2006	79
5.08 当地供应商质量，2007	79
5.09 当地供应商数量，2007	48
5.10 计算机、通信和其他服务进口，*2005	19
政府就绪度	**73**
6.01 政府对 ICT 重视程度，2007	38
6.02 政府对高科技产品的采购，2007	48
6.03 政府未来愿景中 ICT 的重要性，2007	65
6.04 电子政务就绪度指数，*2007	102

应用构成	86
个人应用	**102**
7.01 移动电话用户数，*2006	103
7.02 个人电脑数，*2005	118
7.03 宽带用户数，*2005	101
7.04 互联网用户数，*2006	90
7.05 互联网带宽，*2005	113
商业应用	**75**
8.01 外国技术牌照的流行度，2007	64
8.02 公司层面技术引进，2007	68
8.03 创新能力，2007	70
8.04 新电话线的可用性，2007	78
8.05 互联网商用程度，2007	85
政府应用	**85**
9.01 政府在 ICT 推广方面所获得的成功，2007	55
9.02 政府在线服务能力，2007	88
9.03 ICT 应用和政府效率，2007	64
9.04 政府办公中 ICT 的使用，2007	89
9.05 电子参与指数，*2007	82

注：* 统计数据。
需要更多的详细数据和解释，请参考本章开始的"如何阅读国家/经济体概况"部分。

巴拿马

关键指标

网络就绪度指数

注：* 统计数据。

需要更多的详细数据和解释，请参考本章开始的"如何阅读国家/经济体概况"部分。

巴拉圭

关键指标

2006 年人口 （百万） ···················· 6.3
2006 年人均国内生产总值 （购买力平价）（美元）······ 5339.2
2006 年每 100 名居民中互联网用户数 ·········· 4.1
2006 年互联网带宽 （兆比特/秒/10000 居民） ······ 0.8

网络就绪度指数

年（经济体数）   排名

2007~2008 （127） ················· **120**
2006~2007 （122） ·················· 114
2005~2006 （115） ·················· 113

2007~2008 （131） 年度的全球竞争力指数 ············· 121

环境构成   114

市场环境   89

1.01 风险资本的可利用性，2007 ············ 116
1.02 金融市场成熟度，2007 ·············· 112
1.03 新技术可用性，2007 ··············· 122
1.04 集群发展状况，2007 ··············· 110
1.05 实用性专利，*2006 ··············· 68
1.06 高科技出口，*2005 ··············· 82
1.07 政府监管负担，2007 ··············· 70
1.08 税收范围及影响，2007 ·············· 28
1.09 总体税率，*2007 ················ 31
1.10 创业所需时间，*2007 ·············· 81
1.11 创业所需程序数目，*2007 ············ 34
1.12 当地竞争的激烈程度，2007 ··········· 109
1.13 新闻媒体自由度，2007 ·············· 55
1.14 数字内容的接入能力，2007 ··········· 95

政策和管制环境   125

2.01 立法主体的有效性，2007 ············ 125
2.02 ICT 相关法律，2007 ·············· 125
2.03 司法独立性，2007 ················ 126
2.04 知识产权保护，2007 ··············· 119
2.05 法律框架的效率，2007 ·············· 126
2.06 财产权，2007 ·················· 122
2.07 ISP 部门竞争质量，2007 ············ 115
2.08 执行合同的程序数量，*2007 ··········· 65
2.09 执行合同所需时间，*2007 ············ 76

基础设施环境   100

3.01 电话线，*2006 ················· 99
3.02 安全的网络服务器，*2006 ············ 90
3.03 发电量，*2004 ················· 15
3.04 科学家与工程师的可利用性，2007 ········ 126
3.05 科研机构质量，2007 ··············· 127
3.06 高等教育入学率，*2004 ············· 72
3.07 教育支出，*2005 ················ 58

就绪度构成   115

个人就绪度   104

4.01 数学和科学的教育质量，2007 ·········· 126
4.02 教育系统质量，2007 ··············· 127
4.03 校园互联网使用情况，2007 ··········· 124
4.04 买方成熟度，2007 ················ 111
4.05 住宅电话连接费，*2005 ············· 110
4.06 住宅电话月租费，*2005 ············· 84
4.07 高速宽带月租费 * ················ n/a
4.08 宽带最低消费，*2006 ·············· 78
4.09 移动电话费用，*2005 ·············· 82

企业就绪度   116

5.01 员工培训程度，2007 ··············· 118
5.02 当地研究和培训能力，2007 ··········· 114
5.03 管理学院质量，2007 ··············· 116
5.04 公司研发支出，2007 ··············· 125
5.05 高校与产业合作研究，2007 ··········· 125
5.06 企业电话连接费用，*2005 ············ 104
5.07 企业电话月租费，*2005 ············· 73
5.08 当地供应商质量，2007 ·············· 109
5.09 当地供应商数量，2007 ·············· 108
5.10 计算机、通信和其他服务进口，*2005 ······ 113

政府就绪度   123

6.01 政府对 ICT 重视程度，2007 ··········· 126
6.02 政府对高科技产品的采购，2007 ········· 125
6.03 政府未来愿景中 ICT 的重要性，2007 ······ 124
6.04 电子政务就绪度指数，*2007 ··········· 78

应用构成   121

个人应用   86

7.01 移动电话用户数，*2006 ············· 78
7.02 个人电脑数，*2005 ··············· 65
7.03 宽带用户数，*2006 ··············· 84
7.04 互联网用户数，*2006 ·············· 104
7.05 互联网带宽，*2006 ··············· 75

商业应用   124

8.01 外国技术牌照的流行度，2007 ·········· 124
8.02 公司层面技术引进，2007 ············· 126
8.03 创新能力，2007 ················· 116
8.04 新电话线的可用性，2007 ············· 118
8.05 互联网商用程度，2007 ·············· 121

政府应用   125

9.01 政府在 ICT 推广方面所获得的成功，2007 ····· 127
9.02 政府在线服务能力，2007 ············· 105
9.03 ICT 应用和政府效率，2007 ··········· 113
9.04 政府办公中 ICT 的使用，2007 ·········· 125
9.05 电子参与指数，*2007 ·············· 91

注：* 统计数据。
需要更多的详细数据和解释，请参考本章开始的 "如何阅读国家/经济体概况" 部分。

秘鲁

关键指标

网络就绪度指数

环境构成　　　　　　　　　　　　　　　98

就绪度构成　　　　　　　　　　　　　85

应用构成　　　　　　　　　　　　　　82

注：* 统计数据。

需要更多的详细数据和解释，请参考本章开始的"如何阅读国家/经济体概况"部分。

菲律宾

关键指标

2006 年人口（百万）· ·	84.5
2006 年人均国内生产总值（购买力平价）（美元）· · · · · ·	5365.3
2005 年每 100 名居民中互联网用户数 · · · · · · · · · · ·	5.5
2005 年互联网带宽（兆比特/秒/10000 居民）· · · · · · · · ·	0.4

网络就绪度指数

年（经济体数）	排名
2007~2008（127）· ·	**81**
2006~2007（122）· ·	69
2005~2006（115）· ·	70

2007~2008（131）年度的全球竞争力指数 · · · · · · · · · · ·	71

环境构成 — 77

市场环境	56
1.01 风险资本的可利用性，2007 · · · · · · · · · · · · · ·	78
1.02 金融市场成熟度，2007 · · · · · · · · · · · · · · · · · ·	63
1.03 新技术可用性，2007 · · · · · · · · · · · · · · · · · · ·	57
1.04 集群发展状况，2007 · · · · · · · · · · · · · · · · · · ·	51
1.05 实用性专利，*2006 ·	62
1.06 高科技出口，*2005 ·	1
1.07 政府监管负担，2007 · · · · · · · · · · · · · · · · · · ·	114
1.08 税收范围及影响，2007 · · · · · · · · · · · · · · · · · ·	55
1.09 总体税率，*2007 ·	92
1.10 创业所需时间，*2007 · · · · · · · · · · · · · · · · · · ·	103
1.11 创业所需程序数目，*2007 · · · · · · · · · · · · · · · ·	115
1.12 当地竞争的激烈程度，2007 · · · · · · · · · · · · · · ·	57
1.13 新闻媒体自由度，2007 · · · · · · · · · · · · · · · · · ·	61
1.14 数字内容的接入能力，2007 · · · · · · · · · · · · · · ·	61

政策和管制环境	80
2.01 立法主体的有效性，2007 · · · · · · · · · · · · · · · ·	103
2.02 ICT 相关法律，2007 ·	55
2.03 司法独立性，2007 ·	84
2.04 知识产权保护，2007 · · · · · · · · · · · · · · · · · · ·	89
2.05 法律框架的效率，2007 · · · · · · · · · · · · · · · · · ·	91
2.06 财产权，2007 ·	74
2.07 ISP 部门竞争质量，2007 · · · · · · · · · · · · · · · · ·	34
2.08 执行合同的程序数量，*2007 · · · · · · · · · · · · · ·	60
2.09 执行合同所需时间，*2007 · · · · · · · · · · · · · · ·	103

基础设施环境	101
3.01 电话线，*2006 ·	103
3.02 安全的网络服务器，*2006 · · · · · · · · · · · · · · · ·	78
3.03 发电量，*2004 ·	92
3.04 科学家与工程师的可利用性，2007 · · · · · · · · · ·	92
3.05 科研机构质量，2007 · · · · · · · · · · · · · · · · · · ·	83
3.06 高等教育入学率，*2005 · · · · · · · · · · · · · · · · ·	69
3.07 教育支出，*2005 ·	95

就绪度构成 — 87

个人就绪度	87
4.01 数学和科学的教育质量，2007 · · · · · · · · · · · ·	106
4.02 教育系统质量，2007 · · · · · · · · · · · · · · · · · · ·	52
4.03 校园互联网使用情况，2007 · · · · · · · · · · · · · · ·	58
4.04 买方成熟度，2007 ·	52
4.05 住宅电话连接费，*2005 · · · · · · · · · · · · · · · · ·	86
4.06 住宅电话月租费，*2005 · · · · · · · · · · · · · · · · ·	112
4.07 高速宽带月租费，*2006 · · · · · · · · · · · · · · · · ·	83
4.08 宽带最低消费，*2006 · · · · · · · · · · · · · · · · · · ·	57
4.09 移动电话费用，*2005 · · · · · · · · · · · · · · · · · · ·	90

企业就绪度	88
5.01 员工培训程度，2007 · · · · · · · · · · · · · · · · · · ·	31
5.02 当地研究和培训能力，2007 · · · · · · · · · · · · · · ·	62
5.03 管理学院质量，2007 · · · · · · · · · · · · · · · · · · ·	35
5.04 公司研发支出，2007 · · · · · · · · · · · · · · · · · · ·	52
5.05 高校与产业合作研究，2007 · · · · · · · · · · · · · · ·	65
5.06 企业电话连接费用，*2005 · · · · · · · · · · · · · · ·	90
5.07 企业电话月租费，*2005 · · · · · · · · · · · · · · · · ·	117
5.08 当地供应商质量，2007 · · · · · · · · · · · · · · · · · ·	60
5.09 当地供应商数量，2007 · · · · · · · · · · · · · · · · · ·	60
5.10 计算机、通信和其他服务进口，*2005 · · · · · · · ·	87

政府就绪度	90
6.01 政府对 ICT 重视程度，2007 · · · · · · · · · · · · · ·	104
6.02 政府对高科技产品的采购，2007 · · · · · · · · · · · ·	99
6.03 政府未来愿景中 ICT 的重要性，2007 · · · · · · · · ·	91
6.04 电子政务就绪度指数，*2007 · · · · · · · · · · · · · ·	63

应用构成 — 78

个人应用	88
7.01 移动电话用户数，*2006 · · · · · · · · · · · · · · · · ·	80
7.02 个人电脑数，*2005 ·	75
7.03 宽带用户数，*2005 ·	92
7.04 互联网用户数，*2005 · · · · · · · · · · · · · · · · · · ·	99
7.05 互联网带宽，*2005 ·	83

商业应用	60
8.01 外国技术牌照的流行度，2007 · · · · · · · · · · · · ·	47
8.02 公司层面技术引进，2007 · · · · · · · · · · · · · · · ·	52
8.03 创新能力，2007 ·	59
8.04 新电话线的可用性，2007 · · · · · · · · · · · · · · · ·	74
8.05 互联网商用程度，2007 · · · · · · · · · · · · · · · · · ·	67

政府应用	75
9.01 政府在 ICT 推广方面所获得的成功，2007 · · · · · ·	81
9.02 政府在线服务能力，2007 · · · · · · · · · · · · · · · ·	72
9.03 ICT 应用和政府效率，2007 · · · · · · · · · · · · · · ·	68
9.04 政府办公中 ICT 的使用，2007 · · · · · · · · · · · · ·	94
9.05 电子参与指数，*2007 · · · · · · · · · · · · · · · · · · ·	43

注：* 统计数据。
需要更多的详细数据和解释，请参考本章开始的"如何阅读国家/经济体概况"部分。

波兰

关键指标

2006 年人口（百万） ················· 38.5
2006 年人均国内生产总值（购买力平价）（美元） ··· 15149.0
2006 年每 100 名居民中互联网用户数 ········· 28.6
2005 年互联网带宽（兆比特/秒/10000 居民） ····· 5.6

网络就绪度指数

年（经济体数）   排名

2007~2008（127） ················· **62**

2006~2007（122） ················· 58

2005~2006（115） ················· 53

2007~2008（131）年度的全球竞争力指数 ········· 51

环境构成	58
市场环境	**74**
1.01 风险资本的可利用性，2007	43
1.02 金融市场成熟度，2007	68
1.03 新技术可用性，2007	79
1.04 集群发展状况，2007	85
1.05 实用性专利，*2006	50
1.06 高科技出口，*2005	51
1.07 政府监管负担，2007	94
1.08 税收范围及影响，2007	98
1.09 总体税率，*2007	44
1.10 创业所需时间，*2007	68
1.11 创业所需程序数目，*2007	74
1.12 当地竞争的激烈程度，2007	70
1.13 新闻媒体自由度，2007	75
1.14 数字内容的接入能力，2007	78
政策和管制环境	**90**
2.01 立法主体的有效性，2007	104
2.02 ICT 相关法律，2007	67
2.03 司法独立性，2007	76
2.04 知识产权保护，2007	66
2.05 法律框架的效率，2007	87
2.06 财产权，2007	89
2.07 ISP 部门竞争质量，2007	90
2.08 执行合同的程序数量，*2007	65
2.09 执行合同所需时间，*2007	102
基础设施环境	**38**
3.01 电话线，*2006	39
3.02 安全的网络服务器，*2006	40
3.03 发电量，*2004	49
3.04 科学家与工程师的可利用性，2007	73
3.05 科研机构质量，2007	62
3.06 高等教育入学率，*2005	22
3.07 教育支出，*2005	23

就绪度构成	65
个人就绪度	**51**
4.01 数学和科学的教育质量，2007	46
4.02 教育系统质量，2007	47
4.03 校园互联网使用情况，2007	48
4.04 买方成熟度，2007	74
4.05 住宅电话连接费，*2005	66
4.06 住宅电话月租费，*2005	71
4.07 高速宽带月租费，*2006	50
4.08 宽带最低消费，*2006	33
4.09 移动电话费用，*2005	53
企业就绪度	**59**
5.01 员工培训程度，2007	66
5.02 当地研究和培训能力，2007	41
5.03 管理学院质量，2007	50
5.04 公司研发支出，2007	41
5.05 高校与产业合作研究，2007	56
5.06 企业电话连接费用，*2005	58
5.07 企业电话月租费 *	n/a
5.08 当地供应商质量，2007	65
5.09 当地供应商数量，2007	77
5.10 计算机、通信和其他服务进口，*2005	26
政府就绪度	**96**
6.01 政府对 ICT 重视程度，2007	120
6.02 政府对高科技产品的采购，2007	88
6.03 政府未来愿景中 ICT 的重要性，2007	108
6.04 电子政务就绪度指数，*2007	33

应用构成	63
个人应用	**42**
7.01 移动电话用户数，*2006	34
7.02 个人电脑数，*2005	33
7.03 宽带用户数，*2006	36
7.04 互联网用户数，*2006	44
7.05 互联网带宽，*2005	48
商业应用	**70**
8.01 外国技术牌照的流行度，2007	82
8.02 公司层面技术引进，2007	75
8.03 创新能力，2007	43
8.04 新电话线的可用性，2007	99
8.05 互联网商用程度，2007	38
政府应用	**103**
9.01 政府在 ICT 推广方面所获得的成功，2007	118
9.02 政府在线服务能力，2007	91
9.03 ICT 应用和政府效率，2007	107
9.04 政府办公中 ICT 的使用，2007	108
9.05 电子参与指数，*2007	53

注：* 统计数据。

需要更多的详细数据和解释，请参考本章开始的"如何阅读国家/经济体概况"部分。

248

葡萄牙

关键指标

2006 年人口（百万）· 10.5
2006 年人均国内生产总值（购买力平价）（美元）· · · · · · 22936.8
2006 年每 100 名居民中互联网用户数 · · · · · · · · · · · · · · · 30.5
2005 年互联网带宽（兆比特/秒/10000 居民）· · · · · · · · · · · · 8.3

网络就绪度指数

年（经济体数）	排名
2007~2008（127）· · · · · · · · · · · · · · · · ·	**28**
2006~2007（122）· ·	28
2005~2006（115）· ·	27

2007~2008（131）年度的全球竞争力指数 · · · · · · · · · · · · 40

环境构成	28
市场环境	**32**
1.01 风险资本的可利用性，2007 · · · · · · · · · · ·	40
1.02 金融市场成熟度，2007 · · · · · · · · · · · · · · ·	26
1.03 新技术可用性，2007 · · · · · · · · · · · · · · · ·	35
1.04 集群发展状况，2007 · · · · · · · · · · · · · · · ·	72
1.05 实用性专利，*2006 · · · · · · · · · · · · · · · ·	43
1.06 高科技出口，*2005 · · · · · · · · · · · · · · · ·	37
1.07 政府监管负担，2007 · · · · · · · · · · · · · · · ·	61
1.08 税收范围及影响，2007 · · · · · · · · · · · · · ·	81
1.09 总体税率，*2007 · · · · · · · · · · · · · · · · ·	63
1.10 创业所需时间，*2007 · · · · · · · · · · · · · · ·	9
1.11 创业所需程序数目，*2007 · · · · · · · · · · · · ·	34
1.12 当地竞争的激烈程度，2007 · · · · · · · · · · · ·	44
1.13 新闻媒体自由度，2007 · · · · · · · · · · · · · ·	14
1.14 数字内容的接入能力，2007 · · · · · · · · · · · ·	30
政策和管制环境	**30**
2.01 立法主体的有效性，2007 · · · · · · · · · · · · ·	41
2.02 ICT 相关法律，2007 · · · · · · · · · · · · · · · ·	23
2.03 司法独立性，2007 · · · · · · · · · · · · · · · · ·	18
2.04 知识产权保护，2007 · · · · · · · · · · · · · · · ·	29
2.05 法律框架的效率，2007 · · · · · · · · · · · · · ·	52
2.06 财产权，2007 · · · · · · · · · · · · · · · · · · ·	28
2.07 ISP 部门竞争质量，2007 · · · · · · · · · · · · ·	35
2.08 执行合同的程序数量，*2007 · · · · · · · · · · ·	46
2.09 执行合同所需时间，*2007 · · · · · · · · · · · ·	73
基础设施环境	**27**
3.01 电话线，*2006 · · · · · · · · · · · · · · · · · · ·	33
3.02 安全的网络服务器，*2006 · · · · · · · · · · · · ·	31
3.03 发电量，*2004 · · · · · · · · · · · · · · · · · · ·	48
3.04 科学家与工程师的可利用性，2007 · · · · · · · · ·	32
3.05 科研机构质量，2007 · · · · · · · · · · · · · · · ·	32
3.06 高等教育入学率，*2005 · · · · · · · · · · · · · ·	29
3.07 教育支出，*2005 · · · · · · · · · · · · · · · · · ·	21

就绪度构成	31
个人就绪度	**45**
4.01 数学和科学的教育质量，2007 · · · · · · · · · · ·	89
4.02 教育系统质量，2007 · · · · · · · · · · · · · · · ·	65
4.03 校园互联网使用情况，2007 · · · · · · · · · · · ·	29
4.04 买方成熟度，2007 · · · · · · · · · · · · · · · · ·	45
4.05 住宅电话连接费，*2005 · · · · · · · · · · · · · ·	52
4.06 住宅电话月租费，*2005 · · · · · · · · · · · · · ·	55
4.07 高速宽带月租费，*2006 · · · · · · · · · · · · · ·	36
4.08 宽带最低消费，*2006 · · · · · · · · · · · · · · ·	21
4.09 移动电话费用，*2005 · · · · · · · · · · · · · · ·	26
企业就绪度	**44**
5.01 员工培训程度，2007 · · · · · · · · · · · · · · · ·	53
5.02 当地研究和培训能力，2007 · · · · · · · · · · · ·	37
5.03 管理学院质量，2007 · · · · · · · · · · · · · · · ·	34
5.04 公司研发支出，2007 · · · · · · · · · · · · · · · ·	54
5.05 高校与产业合作研究，2007 · · · · · · · · · · · ·	39
5.06 企业电话连接费用，*2005 · · · · · · · · · · · · ·	42
5.07 企业电话月租费，*2005 · · · · · · · · · · · · · ·	41
5.08 当地供应商质量，2007 · · · · · · · · · · · · · ·	44
5.09 当地供应商数量，2007 · · · · · · · · · · · · · ·	43
5.10 计算机、通信和其他服务进口，*2005 · · · · · · ·	42
政府就绪度	**12**
6.01 政府对 ICT 重视程度，2007 · · · · · · · · · · · ·	8
6.02 政府对高科技产品的采购，2007 · · · · · · · · · ·	30
6.03 政府未来愿景中 ICT 的重要性，2007 · · · · · · · ·	2
6.04 电子政务就绪度指数，*2007 · · · · · · · · · · · ·	31

应用构成	29
个人应用	**33**
7.01 移动电话用户数，*2006 · · · · · · · · · · · · · ·	12
7.02 个人电脑数，*2005 · · · · · · · · · · · · · · · · ·	50
7.03 宽带用户数，*2006 · · · · · · · · · · · · · · · · ·	27
7.04 互联网用户数，*2006 · · · · · · · · · · · · · · · ·	42
7.05 互联网带宽，*2005 · · · · · · · · · · · · · · · · ·	41
商业应用	**29**
8.01 外国技术牌照的流行度，2007 · · · · · · · · · · ·	7
8.02 公司层面技术引进，2007 · · · · · · · · · · · · ·	43
8.03 创新能力，2007 · · · · · · · · · · · · · · · · · ·	33
8.04 新电话线的可用性，2007 · · · · · · · · · · · · ·	31
8.05 互联网商用程度，2007 · · · · · · · · · · · · · ·	36
政府应用	**23**
9.01 政府在 ICT 推广方面所获得的成功，2007 · · · · ·	16
9.02 政府在线服务能力，2007 · · · · · · · · · · · · ·	26
9.03 ICT 应用和政府效率，2007 · · · · · · · · · · · ·	10
9.04 政府办公中 ICT 的使用，2007 · · · · · · · · · · ·	28
9.05 电子参与指数，*2007 · · · · · · · · · · · · · · ·	47

249

注：* 统计数据。
需要更多的详细数据和解释，请参考本章开始的"如何阅读国家/经济体概况"部分。

波多黎各

关键指标

2006 年人口（百万）·· 4.0
2006 年人均国内生产总值（购买力平价）（美元）····· n/a
2006 年每 100 名居民中互联网用户数 ················ 25.0
2005 年互联网带宽（兆比特/秒/10000 居民）·········· 5.0

网络就绪度指数

年（经济体数）　　　　　　　　　　　　　　　　　排名

2007~2008（127）······························· **39**
2006~2007（122）································· n/a
2005~2006（115）································· n/a

2007~2008（131）年度的全球竞争力指数 ············· 36

环境构成　　31

市场环境　　28
1.01 风险资本的可利用性，2007 ····················· 31
1.02 金融市场成熟度，2007 ·························· 23
1.03 新技术可用性，2007 ···························· 24
1.04 集群发展状况，2007 ···························· 32
1.05 实用性专利，*2006 ····························· 28
1.06 高科技出口，*2006 ····························· 10
1.07 政府监管负担，2007 ···························· 126
1.08 税收范围及影响，2007 ·························· 91
1.09 总体税率，*2007 ······························· 61
1.10 创业所需时间，*2007 ··························· 9
1.11 创业所需程序数目，*2007 ······················ 34
1.12 当地竞争的激烈程度，2007 ····················· 11
1.13 新闻媒体自由度，2007 ·························· 16
1.14 数字内容的接入能力，2007 ····················· 25

政策和管制环境　　34
2.01 立法主体的有效性，2007 ······················· 112
2.02 ICT 相关法律，2007 ···························· 34
2.03 司法独立性，2007 ······························ 38
2.04 知识产权保护，2007 ···························· 20
2.05 法律框架的效率，2007 ·························· 41
2.06 财产权，2007 ·································· 21
2.07 ISP 部门竞争质量，2007 ························· 24
2.08 执行合同的程序数量，*2007 ····················· 94
2.09 执行合同所需时间，*2007 ······················· 85

基础设施环境　　43
3.01 电话线，*2005 ································· 48
3.02 安全的网络服务器，*2006 ························ 43
3.03 发电量，*2006 ································· 32
3.04 科学家与工程师的可利用性，2007 ················· 19
3.05 科研机构质量，2007 ···························· 35
3.06 高等教育入学率，*2002 ·························· 48
3.07 教育支出 * ···································· n/a

就绪度构成　　43

个人就绪度　　60
4.01 数学和科学的教育质量，2007 ····················· 87
4.02 教育系统质量，2007 ···························· 58
4.03 校园互联网使用情况，2007 ······················ 57
4.04 买方成熟度，2007 ······························ 34
4.05 住宅电话连接费，*2005 ·························· 20
4.06 住宅电话月租费，*2006 ·························· 9
4.07 高速宽带月租费，*2006 ·························· 11
4.08 宽带最低消费 * ································· n/a
4.09 移动电话费用，*2005 ···························· 22

企业就绪度　　23
5.01 员工培训程度，2007 ···························· 26
5.02 当地研究和培训能力，2007 ······················ 30
5.03 管理学院质量，2007 ···························· 39
5.04 公司研发支出，2007 ···························· 34
5.05 高校与产业合作研究，2007 ······················ 26
5.06 企业电话连接费用，*2006 ························ 46
5.07 企业电话月租费，*2006 ·························· 1
5.08 当地供应商质量，2007 ·························· 23
5.09 当地供应商数量，2007 ·························· 45
5.10 计算机、通信和其他服务进口 * ·················· n/a

政府就绪度　　72
6.01 政府对 ICT 重视程度，2007 ······················ 62
6.02 政府对高科技产品的采购，2007 ·················· 59
6.03 政府未来愿景中 ICT 的重要性，2007 ·············· 97
6.04 电子政务就绪度指数，* ·························· n/a

应用构成　　42

个人应用　　52
7.01 移动电话用户数，*2006 ·························· 44
7.02 个人电脑数，*2005 ······························ 115
7.03 宽带用户数，*2005 ······························ 53
7.04 互联网用户数，*2006 ···························· 47
7.05 互联网带宽，*2005 ······························ 50

商业应用　　30
8.01 外国技术牌照的流行度，2007 ····················· 32
8.02 公司层面技术引进，2007 ························· 20
8.03 创新能力，2007 ································· 51
8.04 新电话线的可用性，2007 ························· 64
8.05 互联网商用程度，2007 ··························· 21

政府应用　　45
9.01 政府在 ICT 推广方面所获得的成功，2007 ·········· 70
9.02 政府在线服务能力，2007 ························· 47
9.03 ICT 应用和政府效率，2007 ······················· 83
9.04 政府办公中 ICT 的使用，2007 ···················· 72
9.05 电子参与指数，* ································· n/a

注：* 统计数据。
需要更多的详细数据和解释，请参考本章开始的"如何阅读国家/经济体概况"部分。

卡塔尔

关键指标

2006 年人口（百万） 0.9
2006 年人均国内生产总值（购买力平价）（美元） 36631.8
2006 年每 100 名居民中互联网用户数 34.5
2004 年互联网带宽（兆比特/秒/10000 居民） 6.2

网络就绪度指数

年（经济体数）	排名
2007~2008（127）	**32**
2006~2007（122）	36
2005~2006（115）	39
2007~2008（131）年度的全球竞争力指数	31

环境构成	43
市场环境	**48**
1.01 风险资本的可利用性，2007	33
1.02 金融市场成熟度，2007	46
1.03 新技术可用性，2007	28
1.04 集群发展状况，2007	42
1.05 实用性专利，*2006	39
1.06 高科技出口，*2004	97
1.07 政府监管负担，2007	12
1.08 税收范围及影响，2007	3
1.09 总体税率，*	n/a
1.10 创业所需时间，*	n/a
1.11 创业所需程序数目，*	n/a
1.12 当地竞争的激烈程度，2007	59
1.13 新闻媒体自由度，2007	83
1.14 数字内容的接入能力，2007	29
政策和管制环境	**32**
2.01 立法主体的有效性，2007	38
2.02 ICT 相关法律，2007	37
2.03 司法独立性，2007	22
2.04 知识产权保护，2007	27
2.05 法律框架的效率，2007	24
2.06 财产权，2007	38
2.07 ISP 部门竞争质量，2007	118
2.08 执行合同的程序数量，*	n/a
2.09 执行合同所需时间，*	n/a
基础设施环境	**46**
3.01 电话线，*2006	46
3.02 安全的网络服务器，*2006	45
3.03 发电量，*2003	7
3.04 科学家与工程师的可利用性，2007	66
3.05 科研机构质量，2007	45
3.06 高等教育入学率，*2005	82
3.07 教育支出 *	n/a

就绪度构成	28
个人就绪度	**28**
4.01 数学和科学的教育质量，2007	24
4.02 教育系统质量，2007	24
4.03 校园互联网使用情况，2007	35
4.04 买方成熟度，2007	44
4.05 住宅电话连接费，*2005	8
4.06 住宅电话月租费，*2005	5
4.07 高速宽带月租费，*2006	22
4.08 宽带最低消费，*2006	27
4.09 移动电话费用，*2005	11
企业就绪度	**41**
5.01 员工培训程度，2007	46
5.02 当地研究和培训能力，2007	55
5.03 管理学院质量，2007	37
5.04 公司研发支出，2007	40
5.05 高校与产业合作研究，2007	41
5.06 企业电话连接费用，*2005	6
5.07 企业电话月租费，*2005	21
5.08 当地供应商质量，2007	73
5.09 当地供应商数量，2007	67
5.10 计算机、通信和其他服务进口 *	n/a
政府就绪度	**24**
6.01 政府对 ICT 重视程度，2007	10
6.02 政府对高科技产品的采购，2007	18
6.03 政府未来愿景中 ICT 的重要性，2007	8
6.04 电子政务就绪度指数，*2007	52

应用构成	34
个人应用	**40**
7.01 移动电话用户数，*2006	16
7.02 个人电脑数，*2005	40
7.03 宽带用户数，*2006	40
7.04 互联网用户数，*2006	37
7.05 互联网带宽，*2004	44
商业应用	**46**
8.01 外国技术牌照的流行度，2007	21
8.02 公司层面技术引进，2007	33
8.03 创新能力，2007	88
8.04 新电话线的可用性，2007	62
8.05 互联网商用程度，2007	59
政府应用	**27**
9.01 政府在 ICT 推广方面所获得的成功，2007	11
9.02 政府在线服务能力，2007	23
9.03 ICT 应用和政府效率，2007	15
9.04 政府办公中 ICT 的使用，2007	26
9.05 电子参与指数，*2007	65

251

注：* 统计数据。
需要更多的详细数据和解释，请参考本章开始的"如何阅读国家/经济体概况"部分。

罗马尼亚

关键指标

2006 年人口（百万）· 21.6
2006 年人均国内生产总值（购买力平价）（美元）· · · · · · 10125.0
2006 年每 100 名居民中互联网用户数 · · · · · · · · · · · · · · · 32.4
2006 年互联网带宽（兆比特/秒/10000 居民）· · · · · · · · · · 15.0

网络就绪度指数

年（经济体数）	排名
2007~2008（127） ·	**61**
2006~2007（122）· ·	55
2005~2006（115）· ·	58

2007~2008（131）年度的全球竞争力指数 · · · · · · · · · · · · 74

环境构成	63
市场环境	**60**
1.01 风险资本的可利用性，2007 · · · · · · · · · · · · · ·	69
1.02 金融市场成熟度，2007 · · · · · · · · · · · · · · · · ·	87
1.03 新技术可用性，2007 · · · · · · · · · · · · · · · · · ·	91
1.04 集群发展状况，2007 · · · · · · · · · · · · · · · · · ·	7
1.05 实用性专利，*2006 · · · · · · · · · · · · · · · · · · ·	61
1.06 高科技出口，*2005 · · · · · · · · · · · · · · · · · · ·	52
1.07 政府监管负担，2007 · · · · · · · · · · · · · · · · · ·	44
1.08 税收范围及影响，2007 · · · · · · · · · · · · · · · · ·	105
1.09 总体税率，*2007 ·	71
1.10 创业所需时间，*2007 · · · · · · · · · · · · · · · · · ·	27
1.11 创业所需程序数目，*2007 · · · · · · · · · · · · · · ·	19
1.12 当地竞争的激烈程度，2007 · · · · · · · · · · · · · ·	81
1.13 新闻媒体自由度，2007 · · · · · · · · · · · · · · · · ·	64
1.14 数字内容的接入能力，2007 · · · · · · · · · · · · · ·	54
政策和管制环境	**77**
2.01 立法主体的有效性，2007 · · · · · · · · · · · · · · ·	100
2.02 ICT 相关法律，2007 · · · · · · · · · · · · · · · · · ·	66
2.03 司法独立性，2007 · · · · · · · · · · · · · · · · · · ·	92
2.04 知识产权保护，2007 · · · · · · · · · · · · · · · · · ·	74
2.05 法律框架的效率，2007 · · · · · · · · · · · · · · · · ·	94
2.06 财产权，2007 ·	83
2.07 ISP 部门竞争质量，2007 · · · · · · · · · · · · · · · ·	81
2.08 执行合同的程序数量，*2007 · · · · · · · · · · · · · ·	29
2.09 执行合同所需时间，*2007 · · · · · · · · · · · · · · ·	62
基础设施环境	**61**
3.01 电话线，*2006 ·	62
3.02 安全的网络服务器，*2006 · · · · · · · · · · · · · · ·	62
3.03 发电量，*2004 ·	63
3.04 科学家与工程师的可利用性，2007 · · · · · · · · · ·	47
3.05 科研机构质量，2007 · · · · · · · · · · · · · · · · · ·	70
3.06 高等教育入学率，*2005 · · · · · · · · · · · · · · · · ·	41
3.07 教育支出，*2005 ·	82

就绪度构成	56
个人就绪度	**43**
4.01 数学和科学的教育质量，2007 · · · · · · · · · · · · ·	12
4.02 教育系统质量，2007 · · · · · · · · · · · · · · · · · ·	56
4.03 校园互联网使用情况，2007 · · · · · · · · · · · · · ·	49
4.04 买方成熟度，2007 · · · · · · · · · · · · · · · · · · ·	71
4.05 住宅电话连接费，*2005 · · · · · · · · · · · · · · · ·	18
4.06 住宅电话月租费，*2005 · · · · · · · · · · · · · · · ·	57
4.07 高速宽带月租费，*2006 · · · · · · · · · · · · · · · ·	42
4.08 宽带最低消费，*2006 · · · · · · · · · · · · · · · · ·	45
4.09 移动电话费用，*2005 · · · · · · · · · · · · · · · · ·	63
企业就绪度	**61**
5.01 员工培训程度，2007 · · · · · · · · · · · · · · · · · ·	83
5.02 当地研究和培训能力，2007 · · · · · · · · · · · · · ·	49
5.03 管理学院质量，2007 · · · · · · · · · · · · · · · · · ·	78
5.04 公司研发支出，2007 · · · · · · · · · · · · · · · · · ·	87
5.05 高校与产业合作研究，2007 · · · · · · · · · · · · · ·	87
5.06 企业电话连接费用，*2005 · · · · · · · · · · · · · · ·	16
5.07 企业电话月租费，*2005 · · · · · · · · · · · · · · · ·	53
5.08 当地供应商质量，2007 · · · · · · · · · · · · · · · · ·	92
5.09 当地供应商数量，2007 · · · · · · · · · · · · · · · · ·	87
5.10 计算机、通信和其他服务进口，*2005 · · · · · · · ·	24
政府就绪度	**69**
6.01 政府对 ICT 重视程度，2007 · · · · · · · · · · · · · ·	101
6.02 政府对高科技产品的采购，2007 · · · · · · · · · · · ·	81
6.03 政府未来愿景中 ICT 的重要性，2007 · · · · · · · · ·	81
6.04 电子政务就绪度指数，*2007 · · · · · · · · · · · · · ·	50

应用构成	55
个人应用	**44**
7.01 移动电话用户数，*2006 · · · · · · · · · · · · · · · · ·	48
7.02 个人电脑数，*2005 · · · · · · · · · · · · · · · · · · ·	52
7.03 宽带用户数，*2006 · · · · · · · · · · · · · · · · · · ·	35
7.04 互联网用户数，*2006 · · · · · · · · · · · · · · · · · ·	39
7.05 互联网带宽，*2006 · · · · · · · · · · · · · · · · · · ·	34
商业应用	**80**
8.01 外国技术牌照的流行度，2007 · · · · · · · · · · · · ·	78
8.02 公司层面技术引进，2007 · · · · · · · · · · · · · · ·	83
8.03 创新能力，2007 ·	62
8.04 新电话线的可用性，2007 · · · · · · · · · · · · · · ·	86
8.05 互联网商用程度，2007 · · · · · · · · · · · · · · · · ·	78
政府应用	**73**
9.01 政府在 ICT 推广方面所获得的成功，2007 · · · · · ·	73
9.02 政府在线服务能力，2007 · · · · · · · · · · · · · · ·	73
9.03 ICT 应用和政府效率，2007 · · · · · · · · · · · · · ·	71
9.04 政府办公中 ICT 的使用，2007 · · · · · · · · · · · · ·	35
9.05 电子参与指数，*2007 · · · · · · · · · · · · · · · · · ·	100

注：* 统计数据。

需要更多的详细数据和解释，请参考本章开始的"如何阅读国家/经济体概况"部分。

俄罗斯

关键指标

2006 年人口（百万）·················· 142.5
2006 年人均国内生产总值（购买力平价）（美元）······ 12177.7
2006 年每 100 名居民中互联网用户数 ·············· 18.0
2005 年互联网带宽（兆比特/秒/10000 居民）············ 1.0

网络就绪度指数

年（经济体数）	排名
2007~2008（127）··················	**72**
2006~2007（122）··················	70
2005~2006（115）··················	72
2007~2008（131）年度的全球竞争力指数 ············	58

环境构成	64
市场环境	**88**
1.01 风险资本的可利用性，2007 ··············	60
1.02 金融市场成熟度，2007 ··············	86
1.03 新技术可用性，2007 ··············	96
1.04 集群发展状况，2007 ··············	82
1.05 实用性专利，*2006 ··············	44
1.06 高科技出口，*2005 ··············	63
1.07 政府监管负担，2007 ··············	115
1.08 税收范围及影响，2007 ··············	94
1.09 总体税率，*2007 ··············	87
1.10 创业所需时间，*2007 ··············	64
1.11 创业所需程序数目，*2007 ··············	44
1.12 当地竞争的激烈程度，2007 ··············	91
1.13 新闻媒体自由度，2007 ··············	102
1.14 数字内容的接入能力，2007 ··············	63
政策和管制环境	**92**
2.01 立法主体的有效性，2007 ··············	81
2.02 ICT 相关法律，2007 ··············	82
2.03 司法独立性，2007 ··············	102
2.04 知识产权保护，2007 ··············	113
2.05 法律框架的效率，2007 ··············	103
2.06 财产权，2007 ··············	119
2.07 ISP 部门竞争质量，2007 ··············	73
2.08 执行合同的程序数量，*2007 ··············	60
2.09 执行合同所需时间，*2007 ··············	13
基础设施环境	**39**
3.01 电话线，*2005 ··············	44
3.02 安全的网络服务器，*2006 ··············	78
3.03 发电量，*2004 ··············	31
3.04 科学家与工程师的可利用性，2007 ··············	37
3.05 科研机构质量，2007 ··············	43
3.06 高等教育入学率，*2005 ··············	15
3.07 教育支出，*2005 ··············	78

就绪度构成	67
个人就绪度	**56**
4.01 数学和科学的教育质量，2007 ··············	37
4.02 教育系统质量，2007 ··············	44
4.03 校园互联网使用情况，2007 ··············	55
4.04 买方成熟度，2007 ··············	58
4.05 住宅电话连接费，*2005 ··············	95
4.06 住宅电话月租费，*2005 ··············	62
4.07 高速宽带月租费，*2006 ··············	75
4.08 宽带最低消费，*2006 ··············	85
4.09 移动电话费用，*2005 ··············	51
企业就绪度	**69**
5.01 员工培训程度，2007 ··············	95
5.02 当地研究和培训能力，2007 ··············	77
5.03 管理学院质量，2007 ··············	76
5.04 公司研发支出，2007 ··············	49
5.05 高校与产业合作研究，2007 ··············	59
5.06 企业电话连接费用，*2005 ··············	98
5.07 企业电话月租费，*2005 ··············	46
5.08 当地供应商质量，2007 ··············	84
5.09 当地供应商数量，2007 ··············	73
5.10 计算机、通信和其他服务进口，*2005 ··············	38
政府就绪度	**89**
6.01 政府对 ICT 重视程度，2007 ··············	98
6.02 政府对高科技产品的采购，2007 ··············	82
6.03 政府未来愿景中 ICT 的重要性，2007 ··············	105
6.04 电子政务就绪度指数，*2007 ··············	57

应用构成	84
个人应用	**53**
7.01 移动电话用户数，*2005 ··············	46
7.02 个人电脑数，*2005 ··············	56
7.03 宽带用户数，*2006 ··············	55
7.04 互联网用户数，*2006 ··············	59
7.05 互联网带宽，*2005 ··············	73
商业应用	**87**
8.01 外国技术牌照的流行度，2007 ··············	105
8.02 公司层面技术引进，2007 ··············	101
8.03 创新能力，2007 ··············	53
8.04 新电话线的可用性，2007 ··············	94
8.05 互联网商用程度，2007 ··············	53
政府应用	**101**
9.01 政府在 ICT 推广方面所获得的成功，2007 ··············	106
9.02 政府在线服务能力，2007 ··············	92
9.03 ICT 应用和政府效率，2007 ··············	95
9.04 政府办公中 ICT 的使用，2007 ··············	102
9.05 电子参与指数，*2007 ··············	82

253

注：* 统计数据。
需要更多的详细数据和解释，请参考本章开始的"如何阅读国家/经济体概况"部分。

沙特阿拉伯

关键指标

2006 年人口（百万）·· 25.2
2006 年人均国内生产总值（购买力平价）（美元）······ 16505.3
2006 年每 100 名居民中互联网用户数 ······················ 18.7
2006 年互联网带宽（兆比特/秒/10000 居民）··············· 1.2

网络就绪度指数

年（经济体数）	排名
2007~2008（127）·············	**48**
2006~2007（122）·················	n/a
2005~2006（115）·················	n/a

2007~2008（131）年度的全球竞争力指数 ··········· 35

环境构成	45
市场环境	**37**
1.01 风险资本的可利用性，2007	42
1.02 金融市场成熟度，2007	69
1.03 新技术可用性，2007	45
1.04 集群发展状况，2007	46
1.05 实用性专利，*2006	49
1.06 高科技出口，*2005	94
1.07 政府监管负担，2007	20
1.08 税收范围及影响，2007	7
1.09 总体税率，*2007	3
1.10 创业所需时间，*2007	30
1.11 创业所需程序数目，*2007	34
1.12 当地竞争的激烈程度，2007	51
1.13 新闻媒体自由度，2007	109
1.14 数字内容的接入能力，2007	80
政策和管制环境	**53**
2.01 立法主体的有效性，2007	50
2.02 ICT 相关法律，2007	57
2.03 司法独立性，2007	51
2.04 知识产权保护，2007	52
2.05 法律框架的效率，2007	44
2.06 财产权，2007	47
2.07 ISP 部门竞争质量，2007	47
2.08 执行合同的程序数量，*2007	104
2.09 执行合同所需时间，*2007	87
基础设施环境	**45**
3.01 电话线，*2006	70
3.02 安全的网络服务器，*2006	69
3.03 发电量，*2004	28
3.04 科学家与工程师的可利用性，2007	56
3.05 科研机构质量，2007	52
3.06 高等教育入学率，*2005	68
3.07 教育支出，*2005	7

就绪度构成	49
个人就绪度	**71**
4.01 数学和科学的教育质量，2007	64
4.02 教育系统质量，2007	76
4.03 校园互联网使用情况，2007	59
4.04 买方成熟度，2007	83
4.05 住宅电话连接费，*2005	49
4.06 住宅电话月租费，*2005	32
4.07 高速宽带月租费 *	n/a
4.08 宽带最低消费，*2006	101
4.09 移动电话费用，*2005	24
企业就绪度	**40**
5.01 员工培训程度，2007	76
5.02 当地研究和培训能力，2007	66
5.03 管理学院质量，2007	73
5.04 公司研发支出，2007	45
5.05 高校与产业合作研究，2007	49
5.06 企业电话连接费用，*2005	39
5.07 企业电话月租费，*2005	18
5.08 当地供应商质量，2007	50
5.09 当地供应商数量，2007	39
5.10 计算机、通信和其他服务进口，*2005	4
政府就绪度	**40**
6.01 政府对 ICT 重视程度，2007	50
6.02 政府对高科技产品的采购，2007	31
6.03 政府未来愿景中 ICT 的重要性，2007	35
6.04 电子政务就绪度指数，*2007	66

应用构成	53
个人应用	**56**
7.01 移动电话用户数，*2006	50
7.02 个人电脑数，*2005	54
7.03 宽带用户数，*2006	67
7.04 互联网用户数，*2006	58
7.05 互联网带宽，*2006	69
商业应用	**49**
8.01 外国技术牌照的流行度，2007	68
8.02 公司层面技术引进，2007	47
8.03 创新能力，2007	48
8.04 新电话线的可用性，2007	59
8.05 互联网商用程度，2007	51
政府应用	**51**
9.01 政府在 ICT 推广方面所获得的成功，2007	35
9.02 政府在线服务能力，2007	60
9.03 ICT 应用和政府效率，2007	70
9.04 政府办公中 ICT 的使用，2007	60
9.05 电子参与指数，*2007	36

注：* 统计数据。

需要更多的详细数据和解释，请参考本章开始的"如何阅读国家/经济体概况"部分。

塞内加尔

关键指标

2006 年人口（百万）···················· 11.9
2006 年人均国内生产总值（购买力平价）（美元）······ 1981.0
2006 年每 100 名居民中互联网用户数 ··········· 5.4
2006 年互联网带宽（兆比特/秒/10000 居民）········ 1.0

网络就绪度指数

年（经济体数）   排名

2007~2008（127）············· **85**
2006~2007（122）·················· n/a
2005~2006（115）·················· n/a

2007~2008（131）年度的全球竞争力指数 ········· 100

环境构成	103
市场环境	**84**
1.01 风险资本的可利用性，2007	119
1.02 金融市场成熟度，2007	94
1.03 新技术可用性，2007	30
1.04 集群发展状况，2007	98
1.05 实用性专利，*2006	86
1.06 高科技出口，*2005	43
1.07 政府监管负担，2007	104
1.08 税收范围及影响，2007	90
1.09 总体税率，*2007	66
1.10 创业所需时间，*2007	103
1.11 创业所需程序数目，*2007	74
1.12 当地竞争的激烈程度，2007	47
1.13 新闻媒体自由度，2007	68
1.14 数字内容的接入能力，2007	49
政策和管制环境	**110**
2.01 立法主体的有效性，2007	114
2.02 ICT 相关法律，2007	86
2.03 司法独立性，2007	109
2.04 知识产权保护，2007	83
2.05 法律框架的效率，2007	106
2.06 财产权，2007	94
2.07 ISP 部门竞争质量，2007	69
2.08 执行合同的程序数量，*2007	104
2.09 执行合同所需时间，*2007	97
基础设施环境	**102**
3.01 电话线，*2006	109
3.02 安全的网络服务器，*2006	101
3.03 发电量，*2004	105
3.04 科学家与工程师的可利用性，2007	68
3.05 科研机构质量，2007	60
3.06 高等教育入学率，*2005	105
3.07 教育支出，*2005	74

就绪度构成	86
个人就绪度	**94**
4.01 数学和科学的教育质量，2007	75
4.02 教育系统质量，2007	78
4.03 校园互联网使用情况，2007	88
4.04 买方成熟度，2007	117
4.05 住宅电话连接费，*2005	102
4.06 住宅电话月租费，*2005	103
4.07 高速宽带月租费，*2006	87
4.08 宽带最低消费，*2006	91
4.09 移动电话费用，*2006	104
企业就绪度	**75**
5.01 员工培训程度，2007	108
5.02 当地研究和培训能力，2007	46
5.03 管理学院质量，2007	40
5.04 公司研发支出，2007	78
5.05 高校与产业合作研究，2007	84
5.06 企业电话连接费用，*2005	93
5.07 企业电话月租费，*2005	95
5.08 当地供应商质量，2007	70
5.09 当地供应商数量，2007	44
5.10 计算机、通信和其他服务进口，*2004	60
政府就绪度	**81**
6.01 政府对 ICT 重视程度，2007	46
6.02 政府对高科技产品的采购，2007	43
6.03 政府未来愿景中 ICT 的重要性，2007	50
6.04 电子政务就绪度指数，*2007	115

应用构成	80
个人应用	**101**
7.01 移动电话用户数，*2006	98
7.02 个人电脑数，*2005	97
7.03 宽带用户数，*2006	85
7.04 互联网用户数，*2006	100
7.05 互联网带宽，*2006	71
商业应用	**61**
8.01 外国技术牌照的流行度，2007	90
8.02 公司层面技术引进，2007	24
8.03 创新能力，2007	92
8.04 新电话线的可用性，2007	66
8.05 互联网商用程度，2007	51
政府应用	**57**
9.01 政府在 ICT 推广方面所获得的成功，2007	24
9.02 政府在线服务能力，2007	86
9.03 ICT 应用和政府效率，2007	78
9.04 政府办公中 ICT 的使用，2007	58
9.05 电子参与指数，*2007	58

255

注：* 统计数据。

需要更多的详细数据和解释，请参考本章开始的"如何阅读国家/经济体概况"部分。

新加坡

关键指标

网络就绪度指数

注：* 统计数据。

需要更多的详细数据和解释，请参考本章开始的"如何阅读国家/经济体概况"部分。

斯洛伐克共和国

关键指标

2006 年人口（百万）･･････････････････････････ 5.4
2006 年人均国内生产总值（购买力平价）（美元）･･････ 17913.5
2006 年每 100 名居民中互联网用户数 ･･････････････ 41.8
2006 年互联网带宽（兆比特/秒/10000 居民）･･････････ 29.1

网络就绪度指数

年（经济体数）   排名

2007~2008（127）･････････････････････ **43**
2006~2007（122）･･････････････････････････ 41
2005~2006（115）･･････････････････････････ 41

2007~2008（131）年度的全球竞争力指数 ････････････ 41

环境构成	47
市场环境	**36**
1.01 风险资本的可利用性，2007	39
1.02 金融市场成熟度，2007	41
1.03 新技术可用性，2007	52
1.04 集群发展状况，2007	63
1.05 实用性专利，*2006	86
1.06 高科技出口，*2005	30
1.07 政府监管负担，2007	81
1.08 税收范围及影响，2007	10
1.09 总体税率，*2007	80
1.10 创业所需时间，*2007	53
1.11 创业所需程序数目，*2007	58
1.12 当地竞争的激烈程度，2007	38
1.13 新闻媒体自由度，2007	25
1.14 数字内容的接入能力，2007	37
政策和管制环境	**50**
2.01 立法主体的有效性，2007	68
2.02 ICT 相关法律，2007	50
2.03 司法独立性，2007	71
2.04 知识产权保护，2007	55
2.05 法律框架的效率，2007	78
2.06 财产权，2007	52
2.07 ISP 部门竞争质量，2007	54
2.08 执行合同的程序数量，*2007	15
2.09 执行合同所需时间，*2007	67
基础设施环境	**48**
3.01 电话线，*2006	57
3.02 安全的网络服务器，*2006	45
3.03 发电量，*2004	36
3.04 科学家与工程师的可利用性，2007	24
3.05 科研机构质量，2007	69
3.06 高等教育入学率，*2005	50
3.07 教育支出，*2005	65

就绪度构成	44
个人就绪度	**39**
4.01 数学和科学的教育质量，2007	26
4.02 教育系统质量，2007	61
4.03 校园互联网使用情况，2007	36
4.04 买方成熟度，2007	76
4.05 住宅电话连接费，*2005	36
4.06 住宅电话月租费，*2005	54
4.07 高速宽带月租费，*2006	58
4.08 宽带最低消费，*2006	38
4.09 移动电话费用，*2005	57
企业就绪度	**42**
5.01 员工培训程度，2007	44
5.02 当地研究和培训能力，2007	47
5.03 管理学院质量，2007	66
5.04 公司研发支出，2007	51
5.05 高校与产业合作研究，2007	36
5.06 企业电话连接费用，*2005	30
5.07 企业电话月租费，*2005	47
5.08 当地供应商质量，2007	45
5.09 当地供应商数量，2007	38
5.10 计算机、通信和其他服务进口，*2005	20
政府就绪度	**62**
6.01 政府对 ICT 重视程度，2007	88
6.02 政府对高科技产品的采购，2007	86
6.03 政府未来愿景中 ICT 的重要性，2007	87
6.04 电子政务就绪度指数，*2007	38

应用构成	40
个人应用	**34**
7.01 移动电话用户数，*2006	39
7.02 个人电脑数，*2005	28
7.03 宽带用户数，*2006	39
7.04 互联网用户数，*2006	31
7.05 互联网带宽，*2006	24
商业应用	**38**
8.01 外国技术牌照的流行度，2007	37
8.02 公司层面技术引进，2007	34
8.03 创新能力，2007	52
8.04 新电话线的可用性，2007	21
8.05 互联网商用程度，2007	49
政府应用	**78**
9.01 政府在 ICT 推广方面所获得的成功，2007	95
9.02 政府在线服务能力，2007	79
9.03 ICT 应用和政府效率，2007	79
9.04 政府办公中 ICT 的使用，2007	32
9.05 电子参与指数，*2007	91

257

注：* 统计数据。

需要更多的详细数据和解释，请参考本章开始的"如何阅读国家/经济体概况"部分。

斯洛文尼亚

关键指标

2006 年人口（百万） 2.0
2006 年人均国内生产总值（购买力平价）（美元） 24570.6
2006 年每 100 名居民中互联网用户数 63.6
2005 年互联网带宽（兆比特/秒/10000 居民） 12.6

网络就绪度指数

年（经济体数）   排名

2007~2008（127） **30**
2006~2007（122） 30
2005~2006（115） 35

2007~2008（131）年度的全球竞争力指数 39

环境构成	37
市场环境	**58**
1.01 风险资本的可利用性，2007	48
1.02 金融市场成熟度，2007	55
1.03 新技术可用性，2007	50
1.04 集群发展状况，2007	30
1.05 实用性专利，*2006	26
1.06 高科技出口，*2005	41
1.07 政府监管负担，2007	52
1.08 税收范围及影响，2007	101
1.09 总体税率，*2007	48
1.10 创业所需时间，*2007	105
1.11 创业所需程序数目，*2007	58
1.12 当地竞争的激烈程度，2007	43
1.13 新闻媒体自由度，2007	85
1.14 数字内容的接入能力，2007	36
政策和管制环境	**48**
2.01 立法主体的有效性，2007	55
2.02 ICT 相关法律，2007	30
2.03 司法独立性，2007	47
2.04 知识产权保护，2007	36
2.05 法律框架的效率，2007	48
2.06 财产权，2007	56
2.07 ISP 部门竞争质量，2007	37
2.08 执行合同的程序数量，*2007	29
2.09 执行合同所需时间，*2007	117
基础设施环境	**23**
3.01 电话线，*2006	28
3.02 安全的网络服务器，*2006	28
3.03 发电量，*2004	21
3.04 科学家与工程师的可利用性，2007	91
3.05 科研机构质量，2007	33
3.06 高等教育入学率，*2005	8
3.07 教育支出，*2005	29

就绪度构成	32
个人就绪度	**29**
4.01 数学和科学的教育质量，2007	36
4.02 教育系统质量，2007	42
4.03 校园互联网使用情况，2007	20
4.04 买方成熟度，2007	27
4.05 住宅电话连接费，*2005	45
4.06 住宅电话月租费，*2005	39
4.07 高速宽带月租费，*2006	31
4.08 宽带最低消费，*2006	25
4.09 移动电话费用，*2005	15
企业就绪度	**29**
5.01 员工培训程度，2007	37
5.02 当地研究和培训能力，2007	35
5.03 管理学院质量，2007	44
5.04 公司研发支出，2007	24
5.05 高校与产业合作研究，2007	33
5.06 企业电话连接费用，*2005	36
5.07 企业电话月租费，*2005	25
5.08 当地供应商质量，2007	32
5.09 当地供应商数量，2007	58
5.10 计算机、通信和其他服务进口，*2005	20
政府就绪度	**37**
6.01 政府对 ICT 重视程度，2007	65
6.02 政府对高科技产品的采购，2007	75
6.03 政府未来愿景中 ICT 的重要性，2007	38
6.04 电子政务就绪度指数，*2007	26

应用构成	30
个人应用	**27**
7.01 移动电话用户数，*2006	36
7.02 个人电脑数，*2005	25
7.03 宽带用户数，*2006	28
7.04 互联网用户数，*2006	12
7.05 互联网带宽，*2005	35
商业应用	**34**
8.01 外国技术牌照的流行度，2007	58
8.02 公司层面技术引进，2007	61
8.03 创新能力，2007	19
8.04 新电话线的可用性，2007	52
8.05 互联网商用程度，2007	34
政府应用	**42**
9.01 政府在 ICT 推广方面所获得的成功，2007	62
9.02 政府在线服务能力，2007	35
9.03 ICT 应用和政府效率，2007	46
9.04 政府办公中 ICT 的使用，2007	27
9.05 电子参与指数，*2007	53

注：* 统计数据。

需要更多的详细数据和解释，请参考本章开始的"如何阅读国家/经济体概况"部分。

南非

关键指标

2006 年人口（百万） ·············· 47.6
2006 年人均国内生产总值（购买力平价）（美元） ······ 13018.1
2005 年每 100 名居民中互联网用户数 ·············· 10.8
2005 年互联网带宽（兆比特/秒/10000 居民） ·············· 0.2

网络就绪度指数

年（经济体数）	排名
2007~2008（127）	**51**
2006~2007（122）	47
2005~2006（115）	37

2007~2008（131）年度的全球竞争力指数 ·············· 44

环境构成 — 40

市场环境 — 35
1.01 风险资本的可利用性，2007 ·············· 41
1.02 金融市场成熟度，2007 ·············· 15
1.03 新技术可用性，2007 ·············· 40
1.04 集群发展状况，2007 ·············· 44
1.05 实用性专利，*2006 ·············· 38
1.06 高科技出口，*2005 ·············· 47
1.07 政府监管负担，2007 ·············· 98
1.08 税收范围及影响，2007 ·············· 26
1.09 总体税率，*2007 ·············· 40
1.10 创业所需时间，*2007 ·············· 68
1.11 创业所需程序数目，*2007 ·············· 44
1.12 当地竞争的激烈程度，2007 ·············· 52
1.13 新闻媒体自由度，2007 ·············· 26
1.14 数字内容的接入能力，2007 ·············· 55

政策和管制环境 — 26
2.01 立法主体的有效性，2007 ·············· 19
2.02 ICT 相关法律，2007 ·············· 32
2.03 司法独立性，2007 ·············· 23
2.04 知识产权保护，2007 ·············· 24
2.05 法律框架的效率，2007 ·············· 17
2.06 财产权，2007 ·············· 22
2.07 ISP 部门竞争质量，2007 ·············· 108
2.08 执行合同的程序数量，*2007 ·············· 15
2.09 执行合同所需时间，*2007 ·············· 80

基础设施环境 — 66
3.01 电话线，*2005 ·············· 86
3.02 安全的网络服务器，*2006 ·············· 50
3.03 发电量，*2004 ·············· 42
3.04 科学家与工程师的可利用性，2007 ·············· 101
3.05 科研机构质量，2007 ·············· 27
3.06 高等教育入学率，*2005 ·············· 90
3.07 教育支出，*2005 ·············· 31

就绪度构成 — 51

个人就绪度 — 72
4.01 数学和科学的教育质量，2007 ·············· 125
4.02 教育系统质量，2007 ·············· 101
4.03 校园互联网使用情况，2007 ·············· 84
4.04 买方成熟度，2007 ·············· 33
4.05 住宅电话连接费，*2005 ·············· 55
4.06 住宅电话月租费，*2005 ·············· 87
4.07 高速宽带月租费，*2006 ·············· 63
4.08 宽带最低消费，*2006 ·············· 68
4.09 移动电话费用，*2005 ·············· 78

企业就绪度 — 30
5.01 员工培训程度，2007 ·············· 21
5.02 当地研究和培训能力，2007 ·············· 33
5.03 管理学院质量，2007 ·············· 22
5.04 公司研发支出，2007 ·············· 26
5.05 高校与产业合作研究，2007 ·············· 24
5.06 企业电话连接费用，*2005 ·············· 45
5.07 企业电话月租费，*2005 ·············· 74
5.08 当地供应商质量，2007 ·············· 29
5.09 当地供应商数量，2007 ·············· 26
5.10 计算机、通信和其他服务进口，*2005 ·············· 77

政府就绪度 — 59
6.01 政府对 ICT 重视程度，2007 ·············· 60
6.02 政府对高科技产品的采购，2007 ·············· 51
6.03 政府未来愿景中 ICT 的重要性，2007 ·············· 85
6.04 电子政务就绪度指数，*2007 ·············· 58

应用构成 — 57

个人应用 — 67
7.01 移动电话用户数，*2005 ·············· 57
7.02 个人电脑数，*2005 ·············· 63
7.03 宽带用户数，*2005 ·············· 80
7.04 互联网用户数，*2005 ·············· 78
7.05 互联网带宽，*2005 ·············· 93

商业应用 — 44
8.01 外国技术牌照的流行度，2007 ·············· 11
8.02 公司层面技术引进，2007 ·············· 30
8.03 创新能力，2007 ·············· 42
8.04 新电话线的可用性，2007 ·············· 97
8.05 互联网商用程度，2007 ·············· 45

政府应用 — 60
9.01 政府在 ICT 推广方面所获得的成功，2007 ·············· 77
9.02 政府在线服务能力，2007 ·············· 62
9.03 ICT 应用和政府效率，2007 ·············· 85
9.04 政府办公中 ICT 的使用，2007 ·············· 61
9.05 电子参与指数，*2007 ·············· 47

259

注：* 统计数据。
需要更多的详细数据和解释，请参考本章开始的"如何阅读国家/经济体概况"部分。

西班牙

关键指标

2006 年人口（百万）· 43.4
2006 年人均国内生产总值（购买力平价）（美元）· · · · · · 27914.1
2006 年每 100 名居民中互联网用户数 · · · · · · · · · · · · · · · 42.8
2005 年互联网带宽（兆比特/秒/10000 居民）· · · · · · · · · · · 27.9

网络就绪度指数

年（经济体数）	排名
2007~2008（127） · · · · · · · · · · · · · · · ·	**31**
2006~2007（122）· · · · · · · · · · · · · · · ·	32
2005~2006（115）· · · · · · · · · · · · · · · ·	31

2007~2008（131）年度的全球竞争力指数 · · · · · · · · · 29

环境构成   33

市场环境   43

1.01 风险资本的可利用性，2007 · · · · · · · · · · · · · 26
1.02 金融市场成熟度，2007 · · · · · · · · · · · · · · · · 24
1.03 新技术可用性，2007 · · · · · · · · · · · · · · · · · · 38
1.04 集群发展状况，2007 · · · · · · · · · · · · · · · · · · 39
1.05 实用性专利，*2006 · · · · · · · · · · · · · · · · · · · 27
1.06 高科技出口，*2005 · · · · · · · · · · · · · · · · · · · 40
1.07 政府监管负担，2007 · · · · · · · · · · · · · · · · · · 59
1.08 税收范围及影响，2007 · · · · · · · · · · · · · · · · 69
1.09 总体税率，*2007 · 103
1.10 创业所需时间，*2007 · · · · · · · · · · · · · · · · · 97
1.11 创业所需程序数目，*2007 · · · · · · · · · · · · · · 74
1.12 当地竞争的激烈程度，2007 · · · · · · · · · · · · · 25
1.13 新闻媒体自由度，2007 · · · · · · · · · · · · · · · · 41
1.14 数字内容的接入能力，2007 · · · · · · · · · · · · · 31

政策和管制环境   36

2.01 立法主体的有效性，2007 · · · · · · · · · · · · · · · 39
2.02 ICT 相关法律，2007 · · · · · · · · · · · · · · · · · · 31
2.03 司法独立性，2007 · 67
2.04 知识产权保护，2007 · · · · · · · · · · · · · · · · · · 28
2.05 法律框架的效率，2007 · · · · · · · · · · · · · · · · 46
2.06 财产权，2007 · 32
2.07 ISP 部门竞争质量，2007 · · · · · · · · · · · · · · · 55
2.08 执行合同的程序数量，*2007 · · · · · · · · · · · · 75
2.09 执行合同所需时间，*2007 · · · · · · · · · · · · · · 59

基础设施环境   31

3.01 电话线，*2006 · 29
3.02 安全的网络服务器，*2006 · · · · · · · · · · · · · · 27
3.03 发电量，*2004 · 30
3.04 科学家与工程师的可利用性，2007 · · · · · · · · 45
3.05 科研机构质量，2007 · · · · · · · · · · · · · · · · · · 48
3.06 高等教育入学率，*2005 · · · · · · · · · · · · · · · 17
3.07 教育支出，*2005 · 62

就绪度构成   34

个人就绪度   36

4.01 数学和科学的教育质量，2007 · · · · · · · · · · · 66
4.02 教育系统质量，2007 · · · · · · · · · · · · · · · · · · 50
4.03 校园互联网使用情况，2007 · · · · · · · · · · · · · 41
4.04 买方成熟度，2007 · · · · · · · · · · · · · · · · · · · 30
4.05 住宅电话连接费，*2006 · · · · · · · · · · · · · · · · 1
4.06 住宅电话月租费，*2006 · · · · · · · · · · · · · · · 35
4.07 高速宽带月租费，*2006 · · · · · · · · · · · · · · · 24
4.08 宽带最低消费，*2006 · · · · · · · · · · · · · · · · · 34
4.09 移动电话费用，*2005 · · · · · · · · · · · · · · · · · 29

企业就绪度   27

5.01 员工培训程度，2007 · · · · · · · · · · · · · · · · · · 50
5.02 当地研究和培训能力，2007 · · · · · · · · · · · · · 40
5.03 管理学院质量，2007 · · · · · · · · · · · · · · · · · · · 5
5.04 公司研发支出，2007 · · · · · · · · · · · · · · · · · · 47
5.05 高校与产业合作研究，2007 · · · · · · · · · · · · · 44
5.06 企业电话连接费用，*2006 · · · · · · · · · · · · · · · 1
5.07 企业电话月租费，*2005 · · · · · · · · · · · · · · · 22
5.08 当地供应商质量，2007 · · · · · · · · · · · · · · · · 30
5.09 当地供应商数量，2007 · · · · · · · · · · · · · · · · 15
5.10 计算机、通信和其他服务进口，*2005 · · · · · · 17

政府就绪度   36

6.01 政府对 ICT 重视程度，2007 · · · · · · · · · · · · · 71
6.02 政府对高科技产品的采购，2007 · · · · · · · · · · 55
6.03 政府未来愿景中 ICT 的重要性，2007 · · · · · · · 69
6.04 电子政务就绪度指数，*2007 · · · · · · · · · · · · 20

应用构成   32

个人应用   29

7.01 移动电话用户数，*2006 · · · · · · · · · · · · · · · 23
7.02 个人电脑数，*2005 · · · · · · · · · · · · · · · · · · 30
7.03 宽带用户数，*2006 · · · · · · · · · · · · · · · · · · 24
7.04 互联网用户数，*2006 · · · · · · · · · · · · · · · · · 29
7.05 互联网带宽，*2005 · · · · · · · · · · · · · · · · · · 25

商业应用   40

8.01 外国技术牌照的流行度，2007 · · · · · · · · · · · 30
8.02 公司层面技术引进，2007 · · · · · · · · · · · · · · 60
8.03 创新能力，2007 · 35
8.04 新电话线的可用性，2007 · · · · · · · · · · · · · · 45
8.05 互联网商用程度，2007 · · · · · · · · · · · · · · · · 46

政府应用   37

9.01 政府在 ICT 推广方面所获得的成功，2007 · · · · 89
9.02 政府在线服务能力，2007 · · · · · · · · · · · · · · 32
9.03 ICT 应用和政府效率，2007 · · · · · · · · · · · · · 32
9.04 政府办公中 ICT 的使用，2007 · · · · · · · · · · · 38
9.05 电子参与指数，*2007 · · · · · · · · · · · · · · · · · 32

注：* 统计数据。
需要更多的详细数据和解释，请参考本章开始的"如何阅读国家/经济体概况"部分。

斯里兰卡

关键指标

2006 年人口（百万）·············· 20.9
2006 年人均国内生产总值（购买力平价）（美元）······ 5386.5
2006 年每 100 名居民中互联网用户数 ·············· 2.0
2006 年互联网带宽（兆比特/秒/10000 居民）·············· 0.2

网络就绪度指数

年（经济体数）	排名
2007~2008（127）··············	**79**
2006~2007（122）··············	86
2005~2006（115）··············	83
2007~2008（131）年度的全球竞争力指数 ··············	70

环境构成	75
市场环境	**64**
1.01 风险资本的可利用性，2007	45
1.02 金融市场成熟度，2007	59
1.03 新技术可用性，2007	67
1.04 集群发展状况，2007	37
1.05 实用性专利，*2006	70
1.06 高科技出口，*2005	69
1.07 政府监管负担，2007	49
1.08 税收范围及影响，2007	52
1.09 总体税率，*2007	105
1.10 创业所需时间，*2007	87
1.11 创业所需程序数目，*2007	9
1.12 当地竞争的激烈程度，2007	54
1.13 新闻媒体自由度，2007	91
1.14 数字内容的接入能力，2007	75
政策和管制环境	**72**
2.01 立法主体的有效性，2007	58
2.02 ICT 相关法律，2007	64
2.03 司法独立性，2007	59
2.04 知识产权保护，2007	56
2.05 法律框架的效率，2007	59
2.06 财产权，2007	60
2.07 ISP 部门竞争质量，2007	40
2.08 执行合同的程序数量，*2007	89
2.09 执行合同所需时间，*2007	114
基础设施环境	**95**
3.01 电话线，*2006	89
3.02 安全的网络服务器，*2006	85
3.03 发电量，*2004	103
3.04 科学家与工程师的可利用性，2007	44
3.05 科研机构质量，2007	40
3.06 高等教育入学率，*2002	97
3.07 教育支出，*2005	104

就绪度构成	80
个人就绪度	**88**
4.01 数学和科学的教育质量，2007	53
4.02 教育系统质量，2007	53
4.03 校园互联网使用情况，2007	76
4.04 买方成熟度，2007	43
4.05 住宅电话连接费，*2005	118
4.06 住宅电话月租费，*2005	96
4.07 高速宽带月租费，*2006	77
4.08 宽带最低消费，*2006	71
4.09 移动电话费用，*2005	81
企业就绪度	**87**
5.01 员工培训程度，2007	51
5.02 当地研究和培训能力，2007	65
5.03 管理学院质量，2007	56
5.04 公司研发支出，2007	39
5.05 高校与产业合作研究，2007	38
5.06 企业电话连接费用，*2005	111
5.07 企业电话月租费，*2005	106
5.08 当地供应商质量，2007	58
5.09 当地供应商数量，2007	65
5.10 计算机、通信和其他服务进口，*2005	93
政府就绪度	**58**
6.01 政府对 ICT 重视程度，2007	47
6.02 政府对高科技产品的采购，2007	53
6.03 政府未来愿景中 ICT 的重要性，2007	54
6.04 电子政务就绪度指数，*2007	86

261

应用构成	81
个人应用	**104**
7.01 移动电话用户数，*2006	97
7.02 个人电脑数，*2005	89
7.03 宽带用户数，*2006	93
7.04 互联网用户数，*2006	115
7.05 互联网带宽，*2006	88
商业应用	**50**
8.01 外国技术牌照的流行度，2007	59
8.02 公司层面技术引进，2007	63
8.03 创新能力，2007	36
8.04 新电话线的可用性，2007	58
8.05 互联网商用程度，2007	58
政府应用	**83**
9.01 政府在 ICT 推广方面所获得的成功，2007	59
9.02 政府在线服务能力，2007	71
9.03 ICT 应用和政府效率，2007	74
9.04 政府办公中 ICT 的使用，2007	82
9.05 电子参与指数，*2007	91

注：* 统计数据。
需要更多的详细数据和解释，请参考本章开始的"如何阅读国家/经济体概况"部分。

苏里南

关键指标

2006 年人口（百万）······················· 0.5
2006 年人均国内生产总值（购买力平价）（美元）······ 6571.4
2005 年每 100 名居民中互联网用户数 ········ 7.1
2004 年互联网带宽（兆比特/秒/10000 居民）····· 1.0

网络就绪度指数

年（经济体数）	排名
2007~2008（127）··················	**117**
2006~2007（122）··················	110
2005~2006（115）··················	n/a

2007~2008（131）年度的全球竞争力指数 ········· 113

环境构成	125
市场环境	**119**
1.01 风险资本的可利用性，2007 ·············	127
1.02 金融市场成熟度，2007 ················	101
1.03 新技术可用性，2007 ·················	120
1.04 集群发展状况，2007 ·················	112
1.05 实用性专利，*2006 ··················	86
1.06 高科技出口 * ·····················	n/a
1.07 政府监管负担，2007 ·················	87
1.08 税收范围及影响，2007 ···············	111
1.09 总体税率，*2007 ···················	15
1.10 创业所需时间，*2007 ················	121
1.11 创业所需程序数目，*2007 ·············	103
1.12 当地竞争的激烈程度，2007 ············	85
1.13 新闻媒体自由度，2007 ···············	54
1.14 数字内容的接入能力，2007 ············	123
政策和管制环境	**127**
2.01 立法主体的有效性，2007 ·············	122
2.02 ICT 相关法律，2007 ················	127
2.03 司法独立性，2007 ··················	44
2.04 知识产权保护，2007 ·················	126
2.05 法律框架的效率，2007 ···············	65
2.06 财产权，2007 ·····················	99
2.07 ISP 部门竞争质量，2007 ·············	127
2.08 执行合同的程序数量，*2007 ···········	104
2.09 执行合同所需时间，*2007 ·············	121
基础设施环境	**96**
3.01 电话线，*2006 ····················	66
3.02 安全的网络服务器，*2006 ·············	56
3.03 发电量 * ·························	n/a
3.04 科学家与工程师的可利用性，2007 ········	109
3.05 科研机构质量，2007 ·················	98
3.06 高等教育入学率，*2002 ··············	92
3.07 教育支出 * ·······················	n/a

就绪度构成	101
个人就绪度	**85**
4.01 数学和科学的教育质量，2007 ···········	85
4.02 教育系统质量，2007 ·················	118
4.03 校园互联网使用情况，2007 ············	115
4.04 买方成熟度，2007 ··················	107
4.05 住宅电话连接费，*2005 ··············	94
4.06 住宅电话月租费，*2005 ··············	12
4.07 高速宽带月租费，*2006 ··············	72
4.08 宽带最低消费，*2006 ················	90
4.09 移动电话费用，*2005 ················	74
企业就绪度	**85**
5.01 员工培训程度，2007 ·················	109
5.02 当地研究和培训能力，2007 ············	119
5.03 管理学院质量，2007 ·················	103
5.04 公司研发支出，2007 ·················	90
5.05 高校与产业合作研究，2007 ············	96
5.06 企业电话连接费用，*2005 ·············	81
5.07 企业电话月租费，*2005 ··············	7
5.08 当地供应商质量，2007 ···············	104
5.09 当地供应商数量，2007 ···············	115
5.10 计算机、通信和其他服务进口，*2005 ·····	10
政府就绪度	**124**
6.01 政府对 ICT 重视程度，2007 ···········	125
6.02 政府对高科技产品的采购，2007 ·········	122
6.03 政府未来愿景中 ICT 的重要性，2007 ·····	126
6.04 电子政务就绪度指数，*2007 ···········	99

应用构成	124
个人应用	**74**
7.01 移动电话用户数，*2006 ··············	59
7.02 个人电脑数，*2005 ·················	82
7.03 宽带用户数，*2006 ·················	75
7.04 互联网用户数，*2005 ················	94
7.05 互联网带宽，*2004 ·················	72
商业应用	**123**
8.01 外国技术牌照的流行度，2007 ··········	123
8.02 公司层面技术引进，2007 ·············	121
8.03 创新能力，2007 ····················	96
8.04 新电话线的可用性，2007 ·············	124
8.05 互联网商用程度，2007 ···············	112
政府应用	**127**
9.01 政府在 ICT 推广方面所获得的成功，2007 ··	126
9.02 政府在线服务能力，2007 ·············	127
9.03 ICT 应用和政府效率，2007 ···········	125
9.04 政府办公中 ICT 的使用，2007 ·········	127
9.05 电子参与指数，*2007 ················	117

注：* 统计数据。

需要更多的详细数据和解释，请参考本章开始的"如何阅读国家/经济体概况"部分。

瑞典

关键指标

2006 年人口（百万） ·· 9.1
2006 年人均国内生产总值（购买力平价）（美元） ······ 34734.9
2006 年每 100 名居民中互联网用户数 ···················· 77.0
2005 年互联网带宽（兆比特/秒/10000 居民）············ 175.2

网络就绪度指数

年（经济体数）   排名
2007~2008（127）·································· **2**
2006~2007（122）··································· 2
2005~2006（115）··································· 8

2007~2008（131）年度的全球竞争力指数 ················ 4

环境构成   **4**

市场环境   9
1.01 风险资本的可利用性，2007 ······················· 7
1.02 金融市场成熟度，2007 ·························· 7
1.03 新技术可用性，2007 ···························· 1
1.04 集群发展状况，2007 ···························· 18
1.05 实用性专利，*2006 ····························· 7
1.06 高科技出口，*2005 ····························· 24
1.07 政府监管负担，2007 ···························· 53
1.08 税收范围及影响，2007 ·························· 122
1.09 总体税率，*2007 ······························· 96
1.10 创业所需时间，*2007 ··························· 30
1.11 创业所需程序数目，*2007 ······················ 4
1.12 当地竞争的激烈程度，2007 ····················· 5
1.13 新闻媒体自由度，2007 ·························· 4
1.14 数字内容的接入能力，2007 ····················· 1

政策和管制环境   11
2.01 立法主体的有效性，2007 ························ 9
2.02 ICT 相关法律，2007 ···························· 5
2.03 司法独立性，2007 ······························ 8
2.04 知识产权保护，2007 ···························· 7
2.05 法律框架的效率，2007 ·························· 5
2.06 财产权，2007 ·································· 9
2.07 ISP 部门竞争质量，2007 ························ 11
2.08 执行合同的程序数量，*2007 ···················· 15
2.09 执行合同所需时间，*2007 ······················ 55

基础设施环境   3
3.01 电话线，*2006 ································· 6
3.02 安全的网络服务器，*2006 ······················ 13
3.03 发电量，*2004 ································· 4
3.04 科学家与工程师的可利用性，2007 ················ 6
3.05 科研机构质量，2007 ···························· 9
3.06 高等教育入学率，*2005 ························· 7
3.07 教育支出，*2005 ······························ 2

就绪度构成   **4**

个人就绪度   9
4.01 数学和科学的教育质量，2007 ···················· 32
4.02 教育系统质量，2007 ···························· 16
4.03 校园互联网使用情况，2007 ······················ 3
4.04 买方成熟度，2007 ······························ 5
4.05 住宅电话连接费，*2005 ························· 30
4.06 住宅电话月租费，*2005 ························· 20
4.07 高速宽带月租费，*2006 ························· 17
4.08 宽带最低消费，*2006 ··························· 3
4.09 移动电话费用，*2005 ··························· 6

企业就绪度   10
5.01 员工培训程度，2007 ···························· 3
5.02 当地研究和培训能力，2007 ······················ 4
5.03 管理学院质量，2007 ···························· 13
5.04 公司研发支出，2007 ···························· 5
5.05 高校与产业合作研究，2007 ······················ 3
5.06 企业电话连接费用 * ···························· n/a
5.07 企业电话月租费 * ······························ n/a
5.08 当地供应商质量，2007 ·························· 5
5.09 当地供应商数量，2007 ·························· 10
5.10 计算机、通信和其他服务进口，*2005 ············· 14

政府就绪度   4
6.01 政府对 ICT 重视程度，2007 ····················· 11
6.02 政府对高科技产品的采购，2007 ·················· 6
6.03 政府未来愿景中 ICT 的重要性，2007 ·············· 16
6.04 电子政务就绪度指数，*2007 ····················· 1

应用构成   **2**

个人应用   3
7.01 移动电话用户数，*2006 ························· 24
7.02 个人电脑数，*2005 ····························· 5
7.03 宽带用户数，*2006 ····························· 8
7.04 互联网用户数，*2006 ··························· 3
7.05 互联网带宽，*2005 ····························· 3

商业应用   1
8.01 外国技术牌照的流行度，2007 ····················· 2
8.02 公司层面技术引进，2007 ························· 2
8.03 创新能力，2007 ································· 2
8.04 新电话线的可用性，2007 ························· 7
8.05 互联网商用程度，2007 ··························· 3

政府应用   6
9.01 政府在 ICT 推广方面所获得的成功，2007 ············ 8
9.02 政府在线服务能力，2007 ························· 4
9.03 ICT 应用和政府效率，2007 ······················ 7
9.04 政府办公中 ICT 的使用，2007 ···················· 6
9.05 电子参与指数，*2007 ··························· 9

注：* 统计数据。
需要更多的详细数据和解释，请参考本章开始的"如何阅读国家/经济体概况"部分。

263

瑞士

关键指标

2006 年人口（百万） ··· 7.3
2006 年人均国内生产总值（购买力平价）（美元） ······ 38705.8
2006 年每 100 名居民中互联网用户数 ··············· 60.0
2005 年互联网带宽（兆比特/秒/10000 居民） ············ 97.9

网络就绪度指数

年（经济体数）	排名
2007~2008（127） ···	**3**
2006~2007（122） ···	5
2005~2006（115） ···	9

2007~2008（131）年度的全球竞争力指数 ················ 2

环境构成	6
市场环境	**4**
1.01 风险资本的可利用性，2007 ·························	22
1.02 金融市场成熟度，2007 ·····························	1
1.03 新技术可用性，2007 ·······························	7
1.04 集群发展状况，2007 ·······························	13
1.05 实用性专利，*2006 ·································	6
1.06 高科技出口，*2005 ·································	21
1.07 政府监管负担，2007 ·······························	11
1.08 税收范围及影响，2007 ·····························	14
1.09 总体税率，*2007 ···································	17
1.10 创业所需时间，*2007 ·······························	42
1.11 创业所需程序数目，*2007 ···························	19
1.12 当地竞争的激烈程度，2007 ·························	27
1.13 新闻媒体自由度，2007 ·····························	7
1.14 数字内容的接入能力，2007 ·························	2
政策和管制环境	**8**
2.01 立法主体的有效性，2007 ···························	10
2.02 ICT 相关法律，2007 ·······························	10
2.03 司法独立性，2007 ·································	7
2.04 知识产权保护，2007 ·······························	3
2.05 法律框架的效率，2007 ·····························	3
2.06 财产权，2007 ·····································	3
2.07 ISP 部门竞争质量，2007 ···························	18
2.08 执行合同的程序数量，*2007 ·························	29
2.09 执行合同所需时间，*2007 ···························	39
基础设施环境	**9**
3.01 电话线，*2006 ·····································	1
3.02 安全的网络服务器，*2006 ···························	8
3.03 发电量，*2004 ·····································	17
3.04 科学家与工程师的可利用性，2007 ···················	10
3.05 科研机构质量，2007 ·······························	1
3.06 高等教育入学率，*2005 ·····························	38
3.07 教育支出，*2005 ···································	37

就绪度构成	6
个人就绪度	**3**
4.01 数学和科学的教育质量，2007 ·······················	5
4.02 教育系统质量，2007 ·······························	3
4.03 校园互联网使用情况，2007 ···························	10
4.04 买方成熟度，2007 ·································	1
4.05 住宅电话连接费，*2005 ·····························	3
4.06 住宅电话月租费，*2005 ·····························	17
4.07 高速宽带月租费，*2006 ·····························	4
4.08 宽带最低消费，*2006 ·······························	13
4.09 移动电话费用，*2006 ·······························	20
企业就绪度	**1**
5.01 员工培训程度，2007 ·······························	2
5.02 当地研究和培训能力，2007 ·························	1
5.03 管理学院质量，2007 ·······························	3
5.04 公司研发支出，2007 ·······························	1
5.05 高校与产业合作研究，2007 ·························	2
5.06 企业电话连接费用，*2005 ···························	3
5.07 企业电话月租费，*2005 ·····························	9
5.08 当地供应商质量，2007 ·····························	3
5.09 当地供应商数量，2007 ·····························	4
5.10 计算机、通信和其他服务进口，*2005 ·················	35
政府就绪度	**20**
6.01 政府对 ICT 重视程度，2007 ·························	24
6.02 政府对高科技产品的采购，2007 ·····················	12
6.03 政府未来愿景中 ICT 的重要性，2007 ·················	39
6.04 电子政务就绪度指数，*2007 ·························	12

应用构成	6
个人应用	**4**
7.01 移动电话用户数，*2006 ·····························	26
7.02 个人电脑数，*2005 ·································	3
7.03 宽带用户数，*2006 ·································	4
7.04 互联网用户数，*2006 ·······························	13
7.05 互联网带宽，*2005 ·································	10
商业应用	**4**
8.01 外国技术牌照的流行度，2007 ·······················	18
8.02 公司层面技术引进，2007 ···························	6
8.03 创新能力，2007 ···································	4
8.04 新电话线的可用性，2007 ···························	1
8.05 互联网商用程度，2007 ·····························	8
政府应用	**18**
9.01 政府在 ICT 推广方面所获得的成功，2007 ·············	32
9.02 政府在线服务能力，2007 ···························	21
9.03 ICT 应用和政府效率，2007 ·························	25
9.04 政府办公中 ICT 的使用，2007 ·······················	4
9.05 电子参与指数，*2007 ·······························	27

注：* 统计数据。

需要更多的详细数据和解释，请参考本章开始的"如何阅读国家/经济体概况"部分。

叙利亚

关键指标

2006 年人口（百万）·· 19.5
2006 年人均国内生产总值（购买力平价）(美元)······ 4324.5
2006 年每 100 名居民中互联网用户数 ··············· 7.7
2006 年互联网带宽（兆比特/秒/10000 居民）········ 0.1

网络就绪度指数

年（经济体数）	排名
2007~2008（127）··············	**110**
2006~2007（122）·················	n/a
2005~2006（115）·················	n/a

2007~2008（131）年度的全球竞争力指数 ·········· 80

环境构成　105

市场环境　107

1.01 风险资本的可利用性，2007 ·················· 103
1.02 金融市场成熟度，2007 ······················ 122
1.03 新技术可用性，2007 ························· 60
1.04 集群发展状况，2007 ························· 89
1.05 实用性专利，*2006 ·························· 69
1.06 高科技出口，*2005 ························· 100
1.07 政府监管负担，2007 ························· 77
1.08 税收范围及影响，2007 ······················ 40
1.09 总体税率，*2007 ···························· 69
1.10 创业所需时间，*2007 ························ 91
1.11 创业所需程序数目，*2007 ···················· 103
1.12 当地竞争的激烈程度，2007 ··················· 49
1.13 新闻媒体自由度，2007 ······················ 113
1.14 数字内容的接入能力，2007 ··················· 122

政策和管制环境　106

2.01 立法主体的有效性，2007 ···················· 64
2.02 ICT 相关法律，2007 ························ 124
2.03 司法独立性，2007 ·························· 79
2.04 知识产权保护，2007 ························ 78
2.05 法律框架的效率，2007 ······················ 76
2.06 财产权，2007 ······························ 31
2.07 ISP 部门竞争质量，2007 ···················· 107
2.08 执行合同的程序数量，*2007 ·················· 121
2.09 执行合同所需时间，*2007 ··················· 106

基础设施环境　87

3.01 电话线，*2006 ····························· 69
3.02 安全的网络服务器，*2006 ···················· 101
3.03 发电量，*2004 ····························· 74
3.04 科学家与工程师的可利用性，2007 ·············· 55
3.05 科研机构质量，2007 ························ 89
3.06 高等教育入学率 * ··························· n/a
3.07 教育支出，*2005 ··························· 103

就绪度构成　111

个人就绪度　111

4.01 数学和科学的教育质量，2007 ················· 68
4.02 教育系统质量，2007 ························ 99
4.03 校园互联网使用情况，2007 ··················· 118
4.04 买方成熟度，2007 ·························· 113
4.05 住宅电话连接费 * ·························· n/a
4.06 住宅电话月租费 * ·························· n/a
4.07 高速宽带月租费 * ·························· n/a
4.08 宽带最低消费 * ···························· n/a
4.09 移动电话费用，*2005 ······················· 68

企业就绪度　117

5.01 员工培训程度，2007 ························ 99
5.02 当地研究和培训能力，2007 ··················· 96
5.03 管理学院质量，2007 ························ 98
5.04 公司研发支出，2007 ························ 101
5.05 高校与产业合作研究，2007 ··················· 102
5.06 企业电话连接费用 * ························· n/a
5.07 企业电话月租费 * ·························· n/a
5.08 当地供应商质量，2007 ······················ 64
5.09 当地供应商数量，2007 ······················ 32
5.10 计算机、通信和其他服务进口，*2005 ··········· 111

政府就绪度　95

6.01 政府对 ICT 重视程度，2007 ·················· 70
6.02 政府对高科技产品的采购，2007 ··············· 93
6.03 政府未来愿景中 ICT 的重要性，2007 ··········· 84
6.04 电子政务就绪度指数，*2007 ·················· 95

应用构成　106

个人应用　99

7.01 移动电话用户数，*2006 ······················ 102
7.02 个人电脑数，*2005 ·························· 85
7.03 宽带用户数，*2006 ·························· 102
7.04 互联网用户数，*2006 ························ 89
7.05 互联网带宽，*2006 ·························· 104

商业应用　95

8.01 外国技术牌照的流行度，2007 ················· 85
8.02 公司层面技术引进，2007 ····················· 102
8.03 创新能力，2007 ····························· 104
8.04 新电话线的可用性，2007 ····················· 68
8.05 互联网商用程度，2007 ······················ 111

政府应用　110

9.01 政府在 ICT 推广方面所获得的成功，2007 ········ 69
9.02 政府在线服务能力，2007 ····················· 123
9.03 ICT 应用和政府效率，2007 ··················· 110
9.04 政府办公中 ICT 的使用，2007 ················· 106
9.05 电子参与指数，*2007 ······················· 100

265

注：* 统计数据。

需要更多的详细数据和解释，请参考本章开始的"如何阅读国家/经济体概况"部分。

中国台湾

关键指标

网络就绪度指数

环境构成   21

就绪度构成   9

应用构成   13

注：* 统计数据。
需要更多的详细数据和解释，请参考本章开始的"如何阅读国家/经济体概况"部分。

塔吉克斯坦

关键指标

2006 年人口（百万）··· 6.6
2006 年人均国内生产总值（购买力平价）（美元）······ 1494.1
2005 年每 100 名居民中互联网用户数 ····················· 0.3
2005 年互联网带宽（兆比特/秒/10000 居民）··············· 0.0

网络就绪度指数

Year（number of economies） 排名
2007~2008（127）······························· **98**
2006~2007（122）··· n/a
2005~2006（115）·· 93

2007~2008（131）年度的全球竞争力指数 ············· 117

环境构成	96
市场环境	**121**
1.01 风险资本的可利用性，2007	98
1.02 金融市场成熟度，2007	117
1.03 新技术可用性，2007	119
1.04 集群发展状况，2007	122
1.05 实用性专利，*2006	86
1.06 高科技出口 *	n/a
1.07 政府监管负担，2007	112
1.08 税收范围及影响，2007	93
1.09 总体税率，*2007	116
1.10 创业所需时间，*2007	99
1.11 创业所需程序数目，*2007	103
1.12 当地竞争的激烈程度，2007	111
1.13 新闻媒体自由度，2007	120
1.14 数字内容的接入能力，2007	84
政策和管制环境	**64**
2.01 立法主体的有效性，2007	48
2.02 ICT 相关法律，2007	97
2.03 司法独立性，2007	83
2.04 知识产权保护，2007	97
2.05 法律框架的效率，2007	66
2.06 财产权，2007	79
2.07 ISP 部门竞争质量，2007	82
2.08 执行合同的程序数量，*2007	40
2.09 执行合同所需时间，*2007	16
基础设施环境	**97**
3.01 电话线，*2005	102
3.02 安全的网络服务器 *	n/a
3.03 发电量，*2004	61
3.04 科学家与工程师的可利用性，2007	111
3.05 科研机构质量，2007	76
3.06 高等教育入学率，*2005	85
3.07 教育支出，*2005	101

就绪度构成	96
个人就绪度	**99**
4.01 数学和科学的教育质量，2007	119
4.02 教育系统质量，2007	106
4.03 校园互联网使用情况，2007	89
4.04 买方成熟度，2007	106
4.05 住宅电话连接费，*2005	64
4.06 住宅电话月租费，*2005	47
4.07 高速宽带月租费 *	n/a
4.08 宽带最低消费 *	n/a
4.09 移动电话费用，*2005	99
企业就绪度	**104**
5.01 员工培训程度，2007	100
5.02 当地研究和培训能力，2007	118
5.03 管理学院质量，2007	124
5.04 公司研发支出，2007	103
5.05 高校与产业合作研究，2007	100
5.06 企业电话连接费用，*2005	83
5.07 企业电话月租费，*2005	86
5.08 当地供应商质量，2007	115
5.09 当地供应商数量，2007	117
5.10 计算机、通信和其他服务进口，*2005	81
政府就绪度	**87**
6.01 政府对 ICT 重视程度，2007	45
6.02 政府对高科技产品的采购，2007	71
6.03 政府未来愿景中 ICT 的重要性，2007	82
6.04 电子政务就绪度指数，*2007	103

应用构成	110
个人应用	**125**
7.01 移动电话用户数，*2005	124
7.02 个人电脑数，*2005	109
7.03 宽带用户数，*2005	115
7.04 互联网用户数，*2005	126
7.05 互联网带宽，*2005	126
商业应用	**101**
8.01 外国技术牌照的流行度，2007	116
8.02 公司层面技术引进，2007	113
8.03 创新能力，2007	79
8.04 新电话线的可用性，2007	90
8.05 互联网商用程度，2007	96
政府应用	**102**
9.01 政府在 ICT 推广方面所获得的成功，2007	60
9.02 政府在线服务能力，2007	103
9.03 ICT 应用和政府效率，2007	90
9.04 政府办公中 ICT 的使用，2007	105
9.05 电子参与指数，*2007	117

267

注：* 统计数据。

需要更多的详细数据和解释，请参考本章开始的"如何阅读国家/经济体概况"部分。

坦桑尼亚

关键指标

2006 年人口（百万）……………………………………… 39.0
2006 年人均国内生产总值（购买力平价）（美元）……… 806.5
2005 年每 100 名居民中互联网用户数 ……………………… 1.0
2005 年互联网带宽（兆比特/秒/10000 居民）…………… 0.0

网络就绪度指数

年（经济体数）	排名
2007~2008（127）………………………	**100**
2006~2007（122）………………………………	91
2005~2006（115）………………………………	84

2007~2008（131）年度的全球竞争力指数 …………… 104

环境构成	**87**
市场环境	**90**
1.01 风险资本的可利用性，2007 ………………………	83
1.02 金融市场成熟度，2007 ………………………………	98
1.03 新技术可用性，2007 ………………………………	84
1.04 集群发展状况，2007 ………………………………	80
1.05 实用性专利，*2006 ………………………………	86
1.06 高科技出口，*2005 ………………………………	104
1.07 政府监管负担，2007 ………………………………	32
1.08 税收范围及影响，2007 ……………………………	60
1.09 总体税率，*2007 …………………………………	61
1.10 创业所需时间，*2007 ……………………………	64
1.11 创业所需程序数目，*2007 ………………………	98
1.12 当地竞争的激烈程度，2007 ………………………	89
1.13 新闻媒体自由度，2007 ……………………………	78
1.14 数字内容的接入能力，2007 ………………………	98
政策和管制环境	**62**
2.01 立法主体的有效性，2007 …………………………	23
2.02 ICT 相关法律，2007 ………………………………	89
2.03 司法独立性，2007 …………………………………	58
2.04 知识产权保护，2007 ………………………………	82
2.05 法律框架的效率，2007 ……………………………	67
2.06 财产权，2007 ………………………………………	93
2.07 ISP 部门竞争质量，2007 …………………………	80
2.08 执行合同的程序数量，*2007 ……………………	65
2.09 执行合同所需时间，*2007 ………………………	46
基础设施环境	**110**
3.01 电话线，*2006 ……………………………………	123
3.02 安全的网络服务器，*2006 ………………………	101
3.03 发电量，*2004 ……………………………………	110
3.04 科学家与工程师的可利用性，2007 ……………	86
3.05 科研机构质量，2007 ………………………………	47
3.06 高等教育入学率，*2005 …………………………	122
3.07 教育支出，*2005 …………………………………	106

就绪度构成	**107**
个人就绪度	**114**
4.01 数学和科学的教育质量，2007 ……………………	107
4.02 教育系统质量，2007 ………………………………	83
4.03 校园互联网使用情况，2007 ………………………	103
4.04 买方成熟度，2007 …………………………………	86
4.05 住宅电话连接费，*2005 …………………………	112
4.06 住宅电话月租费，*2005 …………………………	115
4.07 高速宽带月租费 * …………………………………	n/a
4.08 宽带最低消费 * ……………………………………	n/a
4.09 移动电话费用，*2005 ……………………………	120
企业就绪度	**100**
5.01 员工培训程度，2007 ………………………………	91
5.02 当地研究和培训能力，2007 ………………………	79
5.03 管理学院质量，2007 ………………………………	109
5.04 公司研发支出，2007 ………………………………	60
5.05 高校与产业合作研究，2007 ………………………	54
5.06 企业电话连接费用，*2005 ………………………	106
5.07 企业电话月租费，*2005 …………………………	108
5.08 当地供应商质量，2007 ……………………………	103
5.09 当地供应商数量，2007 ……………………………	95
5.10 计算机、通信和其他服务进口，*2005 …………	83
政府就绪度	**78**
6.01 政府对 ICT 重视程度，2007 ………………………	55
6.02 政府对高科技产品的采购，2007 …………………	56
6.03 政府未来愿景中 ICT 的重要性，2007 …………	52
6.04 电子政务就绪度指数，*2007 ……………………	111

应用构成	**98**
个人应用	**115**
7.01 移动电话用户数，*2006 …………………………	108
7.02 个人电脑数，*2005 ………………………………	113
7.03 宽带用户数，*2005 ………………………………	118
7.04 互联网用户数，*2005 ……………………………	116
7.05 互联网带宽，*2005 ………………………………	125
商业应用	**93**
8.01 外国技术牌照的流行度，2007 ……………………	92
8.02 公司层面技术引进，2007 …………………………	88
8.03 创新能力，2007 ……………………………………	100
8.04 新电话线的可用性，2007 …………………………	93
8.05 互联网商用程度，2007 ……………………………	90
政府应用	**94**
9.01 政府在 ICT 推广方面所获得的成功，2007 ……	51
9.02 政府在线服务能力，2007 …………………………	96
9.03 ICT 应用和政府效率，2007 ………………………	81
9.04 政府办公中 ICT 的使用，2007 …………………	84
9.05 电子参与指数，*2007 ……………………………	110

注：* 统计数据。

需要更多的详细数据和解释，请参考本章开始的"如何阅读国家/经济体概况"部分。

268

泰国

关键指标

2006 年人口（百万）••••••••••••••••••••• 64.8
2006 年人均国内生产总值（购买力平价）（美元）•••••• 9193.5
2006 年每 100 名居民中互联网用户数 ••••••••• 13.1
2006 年互联网带宽（兆比特/秒/10000 居民）•••••••••• 1.5

网络就绪度指数

年（经济体数）   排名

2007~2008（127）•••••••••••••••••••• **40**
2006~2007（122）•••••••••••••••••••••••••• 37
2005~2006（115）•••••••••••••••••••••••••• 34

2007~2008（131）年度的全球竞争力指数 ••••••••••• 28

环境构成	41
市场环境	**31**
1.01 风险资本的可利用性，2007	51
1.02 金融市场成熟度，2007	38
1.03 新技术可用性，2007	41
1.04 集群发展状况，2007	38
1.05 实用性专利，*2006	58
1.06 高科技出口，*2005	15
1.07 政府监管负担，2007	26
1.08 税收范围及影响，2007	21
1.09 总体税率，*2007	43
1.10 创业所需时间，*2007	75
1.11 创业所需程序数目，*2007	44
1.12 当地竞争的激烈程度，2007	42
1.13 新闻媒体自由度，2007	73
1.14 数字内容的接入能力，2007	45
政策和管制环境	**35**
2.01 立法主体的有效性，2007	43
2.02 ICT 相关法律，2007	48
2.03 司法独立性，2007	43
2.04 知识产权保护，2007	44
2.05 法律框架的效率，2007	43
2.06 财产权，2007	50
2.07 ISP 部门竞争质量，2007	28
2.08 执行合同的程序数量，*2007	46
2.09 执行合同所需时间，*2007	50
基础设施环境	**58**
3.01 电话线，*2006	82
3.02 安全的网络服务器，*2006	63
3.03 发电量，*2004	70
3.04 科学家与工程师的可利用性，2007	42
3.05 科研机构质量，2007	44
3.06 高等教育入学率，*2006	45
3.07 教育支出，*2005	45

就绪度构成	35
个人就绪度	**40**
4.01 数学和科学的教育质量，2007	39
4.02 教育系统质量，2007	40
4.03 校园互联网使用情况，2007	37
4.04 买方成熟度，2007	41
4.05 住宅电话连接费，*2005	85
4.06 住宅电话月租费，*2005	51
4.07 高速宽带月租费，*2006	49
4.08 宽带最低消费，*2006	53
4.09 移动电话费用，*2005	67
企业就绪度	**43**
5.01 员工培训程度，2007	36
5.02 当地研究和培训能力，2007	61
5.03 管理学院质量，2007	33
5.04 公司研发支出，2007	42
5.05 高校与产业合作研究，2007	28
5.06 企业电话连接费用，*2005	74
5.07 企业电话月租费，*2005	36
5.08 当地供应商质量，2007	38
5.09 当地供应商数量，2007	29
5.10 计算机、通信和其他服务进口，*2005	63
政府就绪度	**32**
6.01 政府对 ICT 重视程度，2007	28
6.02 政府对高科技产品的采购，2007	24
6.03 政府未来愿景中 ICT 的重要性，2007	17
6.04 电子政务就绪度指数，*2007	61

应用构成	43
个人应用	**70**
7.01 移动电话用户数，*2006	67
7.02 个人电脑数，*2005	66
7.03 宽带用户数，*2005	91
7.04 互联网用户数，*2006	72
7.05 互联网带宽，*2006	62
商业应用	**35**
8.01 外国技术牌照的流行度，2007	29
8.02 公司层面技术引进，2007	44
8.03 创新能力，2007	55
8.04 新电话线的可用性，2007	44
8.05 互联网商用程度，2007	31
政府应用	**30**
9.01 政府在 ICT 推广方面所获得的成功，2007	30
9.02 政府在线服务能力，2007	29
9.03 ICT 应用和政府效率，2007	22
9.04 政府办公中 ICT 的使用，2007	36
9.05 电子参与指数，*2007	39

注：* 统计数据。

需要更多的详细数据和解释，请参考本章开始的"如何阅读国家/经济体概况"部分。

特立尼达和多巴哥

关键指标

2006 年人口（百万）················· 1.3
2006 年人均国内生产总值（购买力平价）（美元）····· 17493.8
2005 年每 100 名居民中互联网用户数 ········· 12.5
2005 年互联网带宽（兆比特/秒/10000 居民）······ 3.8

网络就绪度指数

年（经济体数）	排名
2007~2008（127）	**82**
2006~2007（122）	68
2005~2006（115）	74

2007~2008（131）年度的全球竞争力指数 ········· 84

环境构成	81
市场环境	**67**
1.01 风险资本的可利用性，2007	53
1.02 金融市场成熟度，2007	58
1.03 新技术可用性，2007	69
1.04 集群发展状况，2007	79
1.05 实用性专利，*2006	37
1.06 高科技出口，*2005	76
1.07 政府监管负担，2007	80
1.08 税收范围及影响，2007	23
1.09 总体税率，*2007	25
1.10 创业所需时间，*2007	91
1.11 创业所需程序数目，*2007	58
1.12 当地竞争的激烈程度，2007	72
1.13 新闻媒体自由度，2007	59
1.14 数字内容的接入能力，2007	102
政策和管制环境	**108**
2.01 立法主体的有效性，2007	89
2.02 ICT 相关法律，2007	101
2.03 司法独立性，2007	66
2.04 知识产权保护，2007	84
2.05 法律框架的效率，2007	68
2.06 财产权，2007	63
2.07 ISP 部门竞争质量，2007	123
2.08 执行合同的程序数量，*2007	100
2.09 执行合同所需时间，*2007	115
基础设施环境	**70**
3.01 电话线，*2006	52
3.02 安全的网络服务器，*2006	45
3.03 发电量，*2004	45
3.04 科学家与工程师的可利用性，2007	65
3.05 科研机构质量，2007	65
3.06 高等教育入学率，*2005	94
3.07 教育支出，*2005	67

就绪度构成	82
个人就绪度	**57**
4.01 数学和科学的教育质量，2007	54
4.02 教育系统质量，2007	46
4.03 校园互联网使用情况，2007	71
4.04 买方成熟度，2007	59
4.05 住宅电话连接费，*2004	9
4.06 住宅电话月租费 *	n/a
4.07 高速宽带月租费，*2006	41
4.08 宽带最低消费，*2006	72
4.09 移动电话费用，*2005	46
企业就绪度	**99**
5.01 员工培训程度，2007	52
5.02 当地研究和培训能力，2007	84
5.03 管理学院质量，2007	43
5.04 公司研发支出，2007	76
5.05 高校与产业合作研究，2007	72
5.06 企业电话连接费用 *	n/a
5.07 企业电话月租费 *	n/a
5.08 当地供应商质量，2007	62
5.09 当地供应商数量，2007	78
5.10 计算机、通信和其他服务进口，*2004	89
政府就绪度	**86**
6.01 政府对 ICT 重视程度，2007	96
6.02 政府对高科技产品的采购，2007	98
6.03 政府未来愿景中 ICT 的重要性，2007	101
6.04 电子政务就绪度指数，*2007	53

应用构成	83
个人应用	**49**
7.01 移动电话用户数，*2006	4
7.02 个人电脑数，*2005	58
7.03 宽带用户数，*2006	61
7.04 互联网用户数，*2005	74
7.05 互联网带宽，*2005	52
商业应用	**89**
8.01 外国技术牌照的流行度，2007	53
8.02 公司层面技术引进，2007	70
8.03 创新能力，2007	109
8.04 新电话线的可用性，2007	104
8.05 互联网商用程度，2007	79
政府应用	**106**
9.01 政府在 ICT 推广方面所获得的成功，2007	87
9.02 政府在线服务能力，2007	119
9.03 ICT 应用和政府效率，2007	116
9.04 政府办公中 ICT 的使用，2007	100
9.05 电子参与指数，*2007	58

注：* 统计数据。

需要更多的详细数据和解释，请参考本章开始的"如何阅读国家/经济体概况"部分。

突尼斯

关键指标

2006 年人口（百万）……………………………… 10.2
2006 年人均国内生产总值（购买力平价）（美元）…… 8974.7
2006 年每 100 名居民中互联网用户数 ……………… 12.7
2006 年互联网带宽（兆比特/秒/10000 居民）……… 1.3

网络就绪度指数

年（经济体数）	排名
2007~2008（127）………………………	**35**
2006~2007（122）………………………	35
2005~2006（115）………………………	36

2007~2008（131）年度的全球竞争力指数 ………… 32

环境构成	38
市场环境	**41**
1.01 风险资本的可利用性，2007	27
1.02 金融市场成熟度，2007	50
1.03 新技术可用性，2007	32
1.04 集群发展状况，2007	35
1.05 实用性专利，*2006	66
1.06 高科技出口，*2005	48
1.07 政府监管负担，2007	7
1.08 税收范围及影响，2007	20
1.09 总体税率，*2007	101
1.10 创业所需时间，*2007	19
1.11 创业所需程序数目，*2007	74
1.12 当地竞争的激烈程度，2007	41
1.13 新闻媒体自由度，2007	98
1.14 数字内容的接入能力，2007	51
政策和管制环境	**29**
2.01 立法主体的有效性，2007	15
2.02 ICT 相关法律，2007	35
2.03 司法独立性，2007	32
2.04 知识产权保护，2007	35
2.05 法律框架的效率，2007	23
2.06 财产权，2007	34
2.07 ISP 部门竞争质量，2007	41
2.08 执行合同的程序数量，*2007	75
2.09 执行合同所需时间，*2007	67
基础设施环境	**47**
3.01 电话线，*2006	79
3.02 安全的网络服务器，*2006	85
3.03 发电量，*2004	81
3.04 科学家与工程师的可利用性，2007	9
3.05 科研机构质量，2007	36
3.06 高等教育入学率，*2005	65
3.07 教育支出，*2005	17

就绪度构成	29
个人就绪度	**25**
4.01 数学和科学的教育质量，2007	7
4.02 教育系统质量，2007	12
4.03 校园互联网使用情况，2007	33
4.04 买方成熟度，2007	28
4.05 住宅电话连接费，*2006	42
4.06 住宅电话月租费，*2005	44
4.07 高速宽带月租费，*2006	78
4.08 宽带最低消费，*2006	80
4.09 移动电话费用，*2005	61
企业就绪度	**32**
5.01 员工培训程度，2007	32
5.02 当地研究和培训能力，2007	26
5.03 管理学院质量，2007	18
5.04 公司研发支出，2007	36
5.05 高校与产业合作研究，2007	31
5.06 企业电话连接费用，*2006	34
5.07 企业电话月租费，*2006	32
5.08 当地供应商质量，2007	37
5.09 当地供应商数量，2007	30
5.10 计算机、通信和其他服务进口，*2005	80
政府就绪度	**29**
6.01 政府对 ICT 重视程度，2007	13
6.02 政府对高科技产品的采购，2007	4
6.03 政府未来愿景中 ICT 的重要性，2007	11
6.04 电子政务就绪度指数，*2007	100

应用构成	45
个人应用	**66**
7.01 移动电话用户数，*2006	56
7.02 个人电脑数，*2006	72
7.03 宽带用户数，*2005	90
7.04 互联网用户数，*2006	73
7.05 互联网带宽，*2006	67
商业应用	**33**
8.01 外国技术牌照的流行度，2007	36
8.02 公司层面技术引进，2007	37
8.03 创新能力，2007	28
8.04 新电话线的可用性，2007	35
8.05 互联网商用程度，2007	47
政府应用	**35**
9.01 政府在 ICT 推广方面所获得的成功，2007	2
9.02 政府在线服务能力，2007	36
9.03 ICT 应用和政府效率，2007	26
9.04 政府办公中 ICT 的使用，2007	23
9.05 电子参与指数，*2007	110

271

注：* 统计数据。
需要更多的详细数据和解释，请参考本章开始的"如何阅读国家/经济体概况"部分。

土耳其

关键指标

2006 年人口（百万） ······· 74.2
2006 年人均国内生产总值（购买力平价）（美元） ······ 9240.0
2006 年每 100 名居民中互联网用户数 ······ 16.6
2006 年互联网带宽（兆比特/秒/10000 居民） ······ 6.2

网络就绪度指数

年（经济体数）	排名
2007~2008（127） ······ **55**	
2006~2007（122）	52
2005~2006（115）	48

2007~2008（131）年度的全球竞争力指数 ······ 53

环境构成 — 51

市场环境 — 51

1.01 风险资本的可利用性，2007 ······ 80
1.02 金融市场成熟度，2007 ······ 36
1.03 新技术可用性，2007 ······ 47
1.04 集群发展状况，2007 ······ 45
1.05 实用性专利，*2006 ······ 65
1.06 高科技出口，*2005 ······ 67
1.07 政府监管负担，2007 ······ 79
1.08 税收范围及影响，2007 ······ 100
1.09 总体税率，*2007 ······ 64
1.10 创业所需时间，*2007 ······ 6
1.11 创业所需程序数目，*2007 ······ 19
1.12 当地竞争的激烈程度，2007 ······ 31
1.13 新闻媒体自由度，2007 ······ 70
1.14 数字内容的接入能力，2007 ······ 39

政策和管制环境 — 44

2.01 立法主体的有效性，2007 ······ 33
2.02 ICT 相关法律，2007 ······ 49
2.03 司法独立性，2007 ······ 50
2.04 知识产权保护，2007 ······ 68
2.05 法律框架的效率，2007 ······ 62
2.06 财产权，2007 ······ 58
2.07 ISP 部门竞争质量，2007 ······ 50
2.08 执行合同的程序数量，*2007 ······ 53
2.09 执行合同所需时间，*2007 ······ 40

基础设施环境 — 60

3.01 电话线，*2006 ······ 50
3.02 安全的网络服务器，*2006 ······ 49
3.03 发电量，*2004 ······ 66
3.04 科学家与工程师的可利用性，2007 ······ 41
3.05 科研机构质量，2007 ······ 49
3.06 高等教育入学率，*2005 ······ 64
3.07 教育支出，*2005 ······ 80

就绪度构成 — 61

个人就绪度 — 63

4.01 数学和科学的教育质量，2007 ······ 58
4.02 教育系统质量，2007 ······ 67
4.03 校园互联网使用情况，2007 ······ 52
4.04 买方成熟度，2007 ······ 60
4.05 住宅电话连接费，*2005 ······ 10
4.06 住宅电话月租费，*2005 ······ 72
4.07 高速宽带月租费，*2006 ······ 71
4.08 宽带最低消费，*2006 ······ 66
4.09 移动电话费用 * ······ n/a

企业就绪度 — 52

5.01 员工培训程度，2007 ······ 47
5.02 当地研究和培训能力，2007 ······ 43
5.03 管理学院质量，2007 ······ 54
5.04 公司研发支出，2007 ······ 61
5.05 高校与产业合作研究，2007 ······ 48
5.06 企业电话连接费用，*2005 ······ 7
5.07 企业电话月租费，*2005 ······ 93
5.08 当地供应商质量，2007 ······ 39
5.09 当地供应商数量，2007 ······ 22
5.10 计算机、通信和其他服务进口，*2005 ······ 105

政府就绪度 — 65

6.01 政府对 ICT 重视程度，2007 ······ 75
6.02 政府对高科技产品的采购，2007 ······ 72
6.03 政府未来愿景中 ICT 的重要性，2007 ······ 71
6.04 电子政务就绪度指数，*2007 ······ 70

应用构成 — 52

个人应用 — 57

7.01 移动电话用户数，*2006 ······ 58
7.02 个人电脑数，*2005 ······ 73
7.03 宽带用户数，*2006 ······ 49
7.04 互联网用户数，*2006 ······ 65
7.05 互联网带宽，*2006 ······ 45

商业应用 — 43

8.01 外国技术牌照的流行度，2007 ······ 41
8.02 公司层面技术引进，2007 ······ 29
8.03 创新能力，2007 ······ 46
8.04 新电话线的可用性，2007 ······ 46
8.05 互联网商用程度，2007 ······ 55

政府应用 — 56

9.01 政府在 ICT 推广方面所获得的成功，2007 ······ 72
9.02 政府在线服务能力，2007 ······ 53
9.03 ICT 应用和政府效率，2007 ······ 40
9.04 政府办公中 ICT 的使用，2007 ······ 59
9.05 电子参与指数，*2007 ······ 69

注：* 统计数据。

需要更多的详细数据和解释，请参考本章开始的"如何阅读国家/经济体概况"部分。

乌干达

关键指标

2006 年人口（百万）••••••••••••••••••••••• 29.9
2006 年人均国内生产总值（购买力平价）（美元）•••••• 1642.9
2006 年每 100 名居民中互联网用户数 ••••••••••• 2.5
2006 年互联网带宽（兆比特/秒/10000 居民）••••••••• 0.0

网络就绪度指数

年（经济体数）   排名

2007~2008（127）•••••••••••••••••••• 109
2006~2007（122）••••••••••••••••••••••••••• 100
2005~2006（115）••••••••••••••••••••••••••• 79

2007~2008（131）年度的全球竞争力指数 •••••••••• 120

环境构成	93
市场环境	**101**
1.01 风险资本的可利用性，2007 ••••••••••••	86
1.02 金融市场成熟度，2007 •••••••••••••••	107
1.03 新技术可用性，2007 •••••••••••••••	100
1.04 集群发展状况，2007 •••••••••••••••	75
1.05 实用性专利，*2006 •••••••••••••••	86
1.06 高科技出口，*2005 •••••••••••••••	64
1.07 政府监管负担，2007 •••••••••••••••	38
1.08 税收范围及影响，2007 •••••••••••••	108
1.09 总体税率，*2007 •••••••••••••••••	21
1.10 创业所需时间，*2007 •••••••••••••	62
1.11 创业所需程序数目，*2007 •••••••••••	119
1.12 当地竞争的激烈程度，2007 ••••••••••	71
1.13 新闻媒体自由度，2007 •••••••••••••	97
1.14 数字内容的接入能力，2007 ••••••••••	103
政策和管制环境	**87**
2.01 立法主体的有效性，2007 ••••••••••••	69
2.02 ICT 相关法律，2007 ••••••••••••••	95
2.03 司法独立性，2007 •••••••••••••••	82
2.04 知识产权保护，2007 ••••••••••••••	108
2.05 法律框架的效率，2007 •••••••••••••	81
2.06 财产权，2007 •••••••••••••••••••	110
2.07 ISP 部门竞争质量，2007 ••••••••••••	86
2.08 执行合同的程序数量，*2007 ••••••••••	65
2.09 执行合同所需时间，*2007 ••••••••••	61
基础设施环境	**88**
3.01 电话线，*2006 ••••••••••••••••••	124
3.02 安全的网络服务器，*2006 ••••••••••	101
3.03 发电量 * ••••••••••••••••••••••	n/a
3.04 科学家与工程师的可利用性，2007 ••••••	83
3.05 科研机构质量，2007 •••••••••••••	37
3.06 高等教育入学率，*2004 •••••••••••	109
3.07 教育支出，*2005 ••••••••••••••••	69

就绪度构成	120
个人就绪度	**126**
4.01 数学和科学的教育质量，2007 •••••••••	101
4.02 教育系统质量，2007 •••••••••••••	71
4.03 校园互联网使用情况，2007 ••••••••••	109
4.04 买方成熟度，2007 ••••••••••••••	109
4.05 住宅电话连接费，*2006 ••••••••••••	122
4.06 住宅电话月租费，*2006 ••••••••••••	119
4.07 高速宽带月租费，*2006 ••••••••••••	108
4.08 宽带最低消费，*2006 ••••••••••••	116
4.09 移动电话费用，*2005 ••••••••••••	121
企业就绪度	**106**
5.01 员工培训程度，2007 •••••••••••••	81
5.02 当地研究和培训能力，2007 ••••••••••	63
5.03 管理学院质量，2007 •••••••••••••	100
5.04 公司研发支出，2007 •••••••••••••	86
5.05 高校与产业合作研究，2007 ••••••••••	52
5.06 企业电话连接费用，*2006 ••••••••••	115
5.07 企业电话月租费，*2006 ••••••••••••	116
5.08 当地供应商质量，2007 ••••••••••••	114
5.09 当地供应商数量，2007 ••••••••••••	75
5.10 计算机、通信和其他服务进口，*2005 ••••	36
政府就绪度	**85**
6.01 政府对 ICT 重视程度，2007 ••••••••••	64
6.02 政府对高科技产品的采购，2007 ••••••••	73
6.03 政府未来愿景中 ICT 的重要性，2007 ••••	49
6.04 电子政务就绪度指数，*2007 ••••••••••	104

应用构成	87
个人应用	**119**
7.01 移动电话用户数，*2006 ••••••••••••	120
7.02 个人电脑数，*2006 •••••••••••••	101
7.03 宽带用户数，*2006 ••••••••••••••	111
7.04 互联网用户数，*2006 ••••••••••••	113
7.05 互联网带宽，*2006 ••••••••••••••	114
商业应用	**84**
8.01 外国技术牌照的流行度，2007 ••••••••••	65
8.02 公司层面技术引进，2007 ••••••••••••	103
8.03 创新能力，2007 •••••••••••••••••	87
8.04 新电话线的可用性，2007 ••••••••••••	83
8.05 互联网商用程度，2007 •••••••••••••	84
政府应用	**68**
9.01 政府在 ICT 推广方面所获得的成功，2007 ••	49
9.02 政府在线服务能力，2007 ••••••••••••	56
9.03 ICT 应用和政府效率，2007 ••••••••••	67
9.04 政府办公中 ICT 的使用，2007 ••••••••	74
9.05 电子参与指数，*2007 ••••••••••••••	82

注：* 统计数据。

需要更多的详细数据和解释，请参考本章开始的"如何阅读国家/经济体概况"部分。

273

乌克兰

关键指标

2006 年人口（百万）·· 46.0
2006 年人均国内生产总值（购买力平价）（美元）······ 7831.9
2006 年每 100 名居民中互联网用户数················· 12.1
2005 年互联网带宽（兆比特/秒/10000 居民）··········· 0.2

网络就绪度指数

年（经济体数）	排名
2007~2008（127）·························· **70**
2006~2007（122）····························· 75
2005~2006（115）····························· 76

2007~2008（131）年度的全球竞争力指数·············· 73

环境构成	70
市场环境	**94**
1.01 风险资本的可利用性，2007	56
1.02 金融市场成熟度，2007	88
1.03 新技术可用性，2007	95
1.04 集群发展状况，2007	86
1.05 实用性专利，*2006	56
1.06 高科技出口，*2005	58
1.07 政府监管负担，2007	101
1.08 税收范围及影响，2007	119
1.09 总体税率，*2007	100
1.10 创业所需时间，*2007	59
1.11 创业所需程序数目，*2007	74
1.12 当地竞争的激烈程度，2007	92
1.13 新闻媒体自由度，2007	77
1.14 数字内容的接入能力，2007	73
政策和管制环境	**94**
2.01 立法主体的有效性，2007	106
2.02 ICT 相关法律，2007	80
2.03 司法独立性，2007	107
2.04 知识产权保护，2007	107
2.05 法律框架的效率，2007	108
2.06 财产权，2007	115
2.07 ISP 部门竞争质量，2007	109
2.08 执行合同的程序数量，*2007	15
2.09 执行合同所需时间，*2007	25
基础设施环境	**42**
3.01 电话线，*2006	47
3.02 安全的网络服务器，*2006	85
3.03 发电量，*2004	50
3.04 科学家与工程师的可利用性，2007	69
3.05 科研机构质量，2007	58
3.06 高等教育入学率，*2005	16
3.07 教育支出，*2005	51

就绪度构成	72
个人就绪度	**58**
4.01 数学和科学的教育质量，2007	42
4.02 教育系统质量，2007	45
4.03 校园互联网使用情况，2007	77
4.04 买方成熟度，2007	80
4.05 住宅电话连接费，*2006	73
4.06 住宅电话月租费，*2006	66
4.07 高速宽带月租费，*2006	53
4.08 宽带最低消费，*2006	54
4.09 移动电话费用，*2005	85
企业就绪度	**80**
5.01 员工培训程度，2007	96
5.02 当地研究和培训能力，2007	83
5.03 管理学院质量，2007	82
5.04 公司研发支出，2007	66
5.05 高校与产业合作研究，2007	63
5.06 企业电话连接费用，*2006	92
5.07 企业电话月租费，*2006	66
5.08 当地供应商质量，2007	78
5.09 当地供应商数量，2007	64
5.10 计算机、通信和其他服务进口，*2005	61
政府就绪度	**91**
6.01 政府对 ICT 重视程度，2007	112
6.02 政府对高科技产品的采购，2007	74
6.03 政府未来愿景中 ICT 的重要性，2007	116
6.04 电子政务就绪度指数，*2007	41

应用构成	71
个人应用	**54**
7.01 移动电话用户数，*2006	22
7.02 个人电脑数，*2006	80
7.03 宽带用户数，*2006	62
7.04 互联网用户数，*2006	76
7.05 互联网带宽，*2005	95
商业应用	**90**
8.01 外国技术牌照的流行度，2007	111
8.02 公司层面技术引进，2007	90
8.03 创新能力，2007	40
8.04 新电话线的可用性，2007	101
8.05 互联网商用程度，2007	76
政府应用	**67**
9.01 政府在 ICT 推广方面所获得的成功，2007	107
9.02 政府在线服务能力，2007	81
9.03 ICT 应用和政府效率，2007	91
9.04 政府办公中 ICT 的使用，2007	104
9.05 电子参与指数，*2007	14

注：* 统计数据。
需要更多的详细数据和解释，请参考本章开始的"如何阅读国家/经济体概况"部分。

阿拉伯联合酋长国

关键指标

2006 年人口（百万）···················· 4.7
2006 年人均国内生产总值（购买力平价）（美元）······ 34109.5
2006 年每 100 名居民中互联网用户数 ··············· 36.7
2006 年互联网带宽（兆比特/秒/10000 居民）··········· 21.4

网络就绪度指数

年（经济体数）	排名
2007~2008（127）···················	**29**
2006~2007（122）···················	29
2005~2006（115）···················	28

2007~2008（131）年度的全球竞争力指数 ·············· 37

环境构成	39
市场环境	**24**
1.01 风险资本的可利用性，2007 ···············	16
1.02 金融市场成熟度，2007 ···············	39
1.03 新技术可用性，2007 ···············	16
1.04 集群发展状况，2007 ···············	17
1.05 实用性专利，*2006 ···············	41
1.06 高科技出口 * ···············	n/a
1.07 政府监管负担，2007 ···············	6
1.08 税收范围及影响，2007 ···············	2
1.09 总体税率，*2007 ···············	1
1.10 创业所需时间，*2007 ···············	106
1.11 创业所需程序数目，*2007 ···············	88
1.12 当地竞争的激烈程度，2007 ···············	35
1.13 新闻媒体自由度，2007 ···············	104
1.14 数字内容的接入能力，2007 ···············	40
政策和管制环境	**45**
2.01 立法主体的有效性，2007 ···············	31
2.02 ICT 相关法律，2007 ···············	33
2.03 司法独立性，2007 ···············	39
2.04 知识产权保护，2007 ···············	31
2.05 法律框架的效率，2007 ···············	27
2.06 财产权，2007 ···············	45
2.07 ISP 部门竞争质量，2007 ···············	112
2.08 执行合同的程序数量，*2007 ···············	117
2.09 执行合同所需时间，*2007 ···············	82
基础设施环境	**56**
3.01 电话线，*2006 ···············	43
3.02 安全的网络服务器，*2006 ···············	35
3.03 发电量，*2004 ···············	9
3.04 科学家与工程师的可利用性，2007 ···············	79
3.05 科研机构质量，2007 ···············	66
3.06 高等教育入学率，*2003 ···············	75
3.07 教育支出 * ···············	n/a

就绪度构成	25
个人就绪度	**33**
4.01 数学和科学的教育质量，2007 ···············	47
4.02 教育系统质量，2007 ···············	38
4.03 校园互联网使用情况，2007 ···············	30
4.04 买方成熟度，2007 ···············	37
4.05 住宅电话连接费，*2005 ···············	14
4.06 住宅电话月租费，*2005 ···············	1
4.07 高速宽带月租费，*2006 ···············	28
4.08 宽带最低消费，*2006 ···············	32
4.09 移动电话费用，*2005 ···············	4
企业就绪度	**37**
5.01 员工培训程度，2007 ···············	39
5.02 当地研究和培训能力，2007 ···············	50
5.03 管理学院质量，2007 ···············	58
5.04 公司研发支出，2007 ···············	53
5.05 高校与产业合作研究，2007 ···············	53
5.06 企业电话连接费用，*2005 ···············	11
5.07 企业电话月租费，*2005 ···············	2
5.08 当地供应商质量，2007 ···············	42
5.09 当地供应商数量，2007 ···············	52
5.10 计算机、通信和其他服务进口 * ···············	n/a
政府就绪度	**10**
6.01 政府对 ICT 重视程度，2007 ···············	7
6.02 政府对高科技产品的采购，2007 ···············	17
6.03 政府未来愿景中 ICT 的重要性，2007 ···············	4
6.04 电子政务就绪度指数，*2007 ···············	32

应用构成	27
个人应用	**36**
7.01 移动电话用户数，*2006 ···············	10
7.02 个人电脑数，*2005 ···············	34
7.03 宽带用户数，*2006 ···············	43
7.04 互联网用户数，*2006 ···············	33
7.05 互联网带宽，*2006 ···············	30
商业应用	**32**
8.01 外国技术牌照的流行度，2007 ···············	19
8.02 公司层面技术引进，2007 ···············	17
8.03 创新能力，2007 ···············	76
8.04 新电话线的可用性，2007 ···············	17
8.05 互联网商用程度，2007 ···············	42
政府应用	**17**
9.01 政府在 ICT 推广方面所获得的成功，2007 ···············	6
9.02 政府在线服务能力，2007 ···············	25
9.03 ICT 应用和政府效率，2007 ···············	11
9.04 政府办公中 ICT 的使用，2007 ···············	17
9.05 电子参与指数，*2007 ···············	39

275

注：* 统计数据。
需要更多的详细数据和解释，请参考本章开始的"如何阅读国家/经济体概况"部分。

英国

关键指标

2006 年人口（百万） ················· 59.8
2006 年人均国内生产总值（购买力平价）（美元） ······ 35485.9
2006 年每 100 名居民中互联网用户数 ········· 56.0
2004 年互联网带宽（兆比特/秒/10000 居民） ········· 130.7

网络就绪度指数

年（经济体数） 排名
2007~2008（127） ················· **12**
2006~2007（122） ················· 9
2005~2006（115） ················· 10

2007~2008（131）年度的全球竞争力指数 ········· 9

环境构成 | 10
市场环境 | 13
1.01 风险资本的可利用性，2007 ········· 6
1.02 金融市场成熟度，2007 ········· 2
1.03 新技术可用性，2007 ········· 11
1.04 集群发展状况，2007 ········· 9
1.05 实用性专利，*2006 ········· 19
1.06 高科技出口，*2005 ········· 19
1.07 政府监管负担，2007 ········· 57
1.08 税收范围及影响，2007 ········· 43
1.09 总体税率，*2007 ········· 34
1.10 创业所需时间，*2007 ········· 24
1.11 创业所需程序数目，*2007 ········· 19
1.12 当地竞争的激烈程度，2007 ········· 6
1.13 新闻媒体自由度，2007 ········· 21
1.14 数字内容的接入能力，2007 ········· 14

政策和管制环境 | 12
2.01 立法主体的有效性，2007 ········· 5
2.02 ICT 相关法律，2007 ········· 11
2.03 司法独立性，2007 ········· 12
2.04 知识产权保护，2007 ········· 8
2.05 法律框架的效率，2007 ········· 14
2.06 财产权，2007 ········· 18
2.07 ISP 部门竞争质量，2007 ········· 9
2.08 执行合同的程序数量，*2007 ········· 15
2.09 执行合同所需时间，*2007 ········· 35

基础设施环境 | 11
3.01 电话线，*2006 ········· 9
3.02 安全的网络服务器，*2006 ········· 9
3.03 发电量，*2004 ········· 29
3.04 科学家与工程师的可利用性，2007 ········· 28
3.05 科研机构质量，2007 ········· 4
3.06 高等教育入学率，*2005 ········· 26
3.07 教育支出，*2005 ········· 30

就绪度构成 | 21
个人就绪度 | 23
4.01 数学和科学的教育质量，2007 ········· 44
4.02 教育系统质量，2007 ········· 30
4.03 校园互联网使用情况，2007 ········· 14
4.04 买方成熟度，2007 ········· 18
4.05 住宅电话连接费，*2006 ········· 47
4.06 住宅电话月租费，*2006 ········· 28
4.07 高速宽带月租费，*2006 ········· 13
4.08 宽带最低消费，*2006 ········· 10
4.09 移动电话费用，*2005 ········· 17

企业就绪度 | 14
5.01 员工培训程度，2007 ········· 17
5.02 当地研究和培训能力，2007 ········· 5
5.03 管理学院质量，2007 ········· 10
5.04 公司研发支出，2007 ········· 12
5.05 高校与产业合作研究，2007 ········· 12
5.06 企业电话连接费用，*2006 ········· 33
5.07 企业电话月租费，*2006 ········· 31
5.08 当地供应商质量，2007 ········· 19
5.09 当地供应商数量，2007 ········· 27
5.10 计算机、通信和其他服务进口，*2005 ········· 47

政府就绪度 | 22
6.01 政府对 ICT 重视程度，2007 ········· 21
6.02 政府对高科技产品的采购，2007 ········· 26
6.03 政府未来愿景中 ICT 的重要性，2007 ········· 42
6.04 电子政务就绪度指数，*2007 ········· 10

应用构成 | 12
个人应用 | 6
7.01 移动电话用户数，*2006 ········· 11
7.02 个人电脑数，*2005 ········· 7
7.03 宽带用户数，*2006 ········· 11
7.04 互联网用户数，*2006 ········· 18
7.05 互联网带宽，*2004 ········· 5

商业应用 | 11
8.01 外国技术牌照的流行度，2007 ········· 15
8.02 公司层面技术引进，2007 ········· 19
8.03 创新能力，2007 ········· 14
8.04 新电话线的可用性，2007 ········· 19
8.05 互联网商用程度，2007 ········· 4

政府应用 | 22
9.01 政府在 ICT 推广方面所获得的成功，2007 ········· 54
9.02 政府在线服务能力，2007 ········· 14
9.03 ICT 应用和政府效率，2007 ········· 33
9.04 政府办公中 ICT 的使用，2007 ········· 22
9.05 电子参与指数，*2007 ········· 24

注：* 统计数据。
需要更多的详细数据和解释，请参考本章开始的"如何阅读国家/经济体概况"部分。

美国

关键指标

2006 年人口（百万）· 301.0
2006 年人均国内生产总值（购买力平价）（美元）· · · · · · 43223.5
2006 年每 100 名居民中互联网用户数 · · · · · · · · · · · · · · 69.1
2004 年互联网带宽（兆比特/秒/10000 居民）· · · · · · · · · · 33.1

网络就绪度指数

年（经济体数）	排名
2007~2008 （127） ·	**4**
2006~2007 （122） ·	7
2005~2006 （115） ·	1

2007~2008 （131）年度的全球竞争力指数 · · · · · · · · · · · 1

环境构成	5
市场环境	**3**
1.01 风险资本的可利用性，2007 · · · · · · · · · · · · · · · · ·	1
1.02 金融市场成熟度，2007 · · · · · · · · · · · · · · · · · · ·	5
1.03 新技术可用性，2007 ·	6
1.04 集群发展状况，2007 ·	2
1.05 实用性专利，*2006 ·	1
1.06 高科技出口，*2005 ·	11
1.07 政府监管负担，2007 ·	40
1.08 税收范围及影响，2007 · · · · · · · · · · · · · · · · · · ·	46
1.09 总体税率，*2007 ·	67
1.10 创业所需时间，*2007 · · · · · · · · · · · · · · · · · · ·	6
1.11 创业所需程序数目，*2007 · · · · · · · · · · · · · · · · ·	19
1.12 当地竞争的激烈程度，2007 · · · · · · · · · · · · · · · ·	8
1.13 新闻媒体自由度，2007 · · · · · · · · · · · · · · · · · · ·	27
1.14 数字内容的接入能力，2007 · · · · · · · · · · · · · · · ·	8
政策和管制环境	**22**
2.01 立法主体的有效性，2007 · · · · · · · · · · · · · · · · · ·	29
2.02 ICT 相关法律，2007 ·	12
2.03 司法独立性，2007 ·	37
2.04 知识产权保护，2007 ·	22
2.05 法律框架的效率，2007 · · · · · · · · · · · · · · · · · · ·	30
2.06 财产权，2007 ·	30
2.07 ISP 部门竞争质量，2007 · · · · · · · · · · · · · · · · · ·	13
2.08 执行合同的程序数量，*2007 · · · · · · · · · · · · · · · ·	29
2.09 执行合同所需时间，*2007 · · · · · · · · · · · · · · · · ·	18
基础设施环境	**2**
3.01 电话线，*2006 ·	7
3.02 安全的网络服务器，*2006 · · · · · · · · · · · · · · · · ·	2
3.03 发电量，*2004 ·	8
3.04 科学家与工程师的可利用性，2007 · · · · · · · · · · · ·	12
3.05 科研机构质量，2007 ·	2
3.06 高等教育入学率，*2005 · · · · · · · · · · · · · · · · · ·	4
3.07 教育支出，*2005 ·	42

就绪度构成	7
个人就绪度	**14**
4.01 数学和科学的教育质量，2007 · · · · · · · · · · · · · · ·	43
4.02 教育系统质量，2007 ·	17
4.03 校园互联网使用情况，2007 · · · · · · · · · · · · · · · ·	12
4.04 买方成熟度，2007 ·	12
4.05 住宅电话连接费，*2005 · · · · · · · · · · · · · · · · · ·	7
4.06 住宅电话月租费，*2005 · · · · · · · · · · · · · · · · · ·	34
4.07 高速宽带月租费，*2006 · · · · · · · · · · · · · · · · · ·	2
4.08 宽带最低消费，*2006 · · · · · · · · · · · · · · · · · · ·	3
4.09 移动电话费用，*2005 · · · · · · · · · · · · · · · · · · ·	30
企业就绪度	**4**
5.01 员工培训程度，2007 ·	11
5.02 当地研究和培训能力，2007 · · · · · · · · · · · · · · · ·	2
5.03 管理学院质量，2007 ·	6
5.04 公司研发支出，2007 ·	2
5.05 高校与产业合作研究，2007 · · · · · · · · · · · · · · · ·	1
5.06 企业电话连接费用，*2005 · · · · · · · · · · · · · · · · ·	12
5.07 企业电话月租费，*2005 · · · · · · · · · · · · · · · · · ·	39
5.08 当地供应商质量，2007 · · · · · · · · · · · · · · · · · · ·	11
5.09 当地供应商数量，2007 · · · · · · · · · · · · · · · · · · ·	9
5.10 计算机、通信和其他服务进口，*2005 · · · · · · · · · ·	51
政府就绪度	**5**
6.01 政府对 ICT 重视程度，2007 · · · · · · · · · · · · · · · ·	18
6.02 政府对高科技产品的采购，2007 · · · · · · · · · · · · ·	5
6.03 政府未来愿景中 ICT 的重要性，2007 · · · · · · · · · ·	28
6.04 电子政务就绪度指数，*2007 · · · · · · · · · · · · · · · ·	4

应用构成	9
个人应用	**17**
7.01 移动电话用户数，*2006 · · · · · · · · · · · · · · · · · ·	51
7.02 个人电脑数，*2004 ·	8
7.03 宽带用户数，*2006 ·	17
7.04 互联网用户数，*2006 · · · · · · · · · · · · · · · · · · ·	7
7.05 互联网带宽，*2004 ·	19
商业应用	**8**
8.01 外国技术牌照的流行度，2007 · · · · · · · · · · · · · · ·	23
8.02 公司层面技术引进，2007 · · · · · · · · · · · · · · · · ·	4
8.03 创新能力，2007 ·	9
8.04 新电话线的可用性，2007 · · · · · · · · · · · · · · · · ·	22
8.05 互联网商用程度，2007 · · · · · · · · · · · · · · · · · · ·	6
政府应用	**5**
9.01 政府在 ICT 推广方面所获得的成功，2007 · · · · · · ·	21
9.02 政府在线服务能力，2007 · · · · · · · · · · · · · · · · ·	10
9.03 ICT 应用和政府效率，2007 · · · · · · · · · · · · · · · ·	20
9.04 政府办公中 ICT 的使用，2007 · · · · · · · · · · · · · ·	18
9.05 电子参与指数，*2007 · · · · · · · · · · · · · · · · · · ·	1

注：* 统计数据。
需要更多的详细数据和解释，请参考本章开始的"如何阅读国家/经济体概况"部分。

乌拉圭

关键指标

2006 年人口（百万）· 3.5
2006 年人均国内生产总值（购买力平价）（美元）· · · · · · 11969.4
2005 年每 100 名居民中互联网用户数 · · · · · · · · · · · · · · · · · 20.6
2005 年互联网带宽（兆比特/秒/10000 居民）· · · · · · · · · · · · 4.6

网络就绪度指数

年（经济体数）	排名
2007~2008（127） ·	**65**
2006~2007（122） ·	60
2005~2006（115） ·	65
2007~2008（131）年度的全球竞争力指数 · · · · · · · · · · · ·	75

环境构成	69
市场环境	**83**
1.01 风险资本的可利用性，2007 · · · · · · · · · · · · · · · ·	102
1.02 金融市场成熟度，2007 · · · · · · · · · · · · · · · · · · ·	82
1.03 新技术可用性，2007 ·	65
1.04 集群发展状况，2007 ·	104
1.05 实用性专利，*2006 ·	55
1.06 高科技出口，*2005 ·	77
1.07 政府监管负担，2007 ·	62
1.08 税收范围及影响，2007 · · · · · · · · · · · · · · · · · · ·	104
1.09 总体税率，*2007 ·	52
1.10 创业所需时间，*2007 ·	94
1.11 创业所需程序数目，*2007 · · · · · · · · · · · · · · · · ·	88
1.12 当地竞争的激烈程度，2007 · · · · · · · · · · · · · · · · ·	105
1.13 新闻媒体自由度，2007 · · · · · · · · · · · · · · · · · · ·	49
1.14 数字内容的接入能力，2007 · · · · · · · · · · · · · · · · ·	35
政策和管制环境	**60**
2.01 立法主体的有效性，2007 · · · · · · · · · · · · · · · · · ·	79
2.02 ICT 相关法律，2007 ·	75
2.03 司法独立性，2007 ·	42
2.04 知识产权保护，2007 ·	50
2.05 法律框架的效率，2007 · · · · · · · · · · · · · · · · · · ·	49
2.06 财产权，2007 ·	61
2.07 ISP 部门竞争质量，2007 · · · · · · · · · · · · · · · · · ·	77
2.08 执行合同的程序数量，*2007 · · · · · · · · · · · · · · · ·	89
2.09 执行合同所需时间，*2007 · · · · · · · · · · · · · · · · ·	92
基础设施环境	**68**
3.01 电话线，*2006 ·	42
3.02 安全的网络服务器，*2006 · · · · · · · · · · · · · · · · ·	44
3.03 发电量，*2004 ·	75
3.04 科学家与工程师的可利用性，2007 · · · · · · · · · · · ·	71
3.05 科研机构质量，2007 ·	82
3.06 高等教育入学率，*2004 · · · · · · · · · · · · · · · · · · ·	52
3.07 教育支出，*2005 ·	100

就绪度构成	73
个人就绪度	**73**
4.01 数学和科学的教育质量，2007 · · · · · · · · · · · · · · ·	83
4.02 教育系统质量，2007 ·	66
4.03 校园互联网使用情况，2007 · · · · · · · · · · · · · · · · ·	70
4.04 买方成熟度，2007 ·	75
4.05 住宅电话连接费，*2005 · · · · · · · · · · · · · · · · · · ·	60
4.06 住宅电话月租费，*2005 · · · · · · · · · · · · · · · · · · ·	73
4.07 高速宽带月租费，*2006 · · · · · · · · · · · · · · · · · · ·	68
4.08 宽带最低消费，*2006 ·	61
4.09 移动电话费用 * ·	n/a
企业就绪度	**82**
5.01 员工培训程度，2007 ·	88
5.02 当地研究和培训能力，2007 · · · · · · · · · · · · · · · · ·	71
5.03 管理学院质量，2007 ·	51
5.04 公司研发支出，2007 ·	92
5.05 高校与产业合作研究，2007 · · · · · · · · · · · · · · · · ·	89
5.06 企业电话连接费用，*2005 · · · · · · · · · · · · · · · · ·	51
5.07 企业电话月租费，*2005 · · · · · · · · · · · · · · · · · · ·	70
5.08 当地供应商质量，2007 · · · · · · · · · · · · · · · · · · ·	82
5.09 当地供应商数量，2007 · · · · · · · · · · · · · · · · · · ·	101
5.10 计算机、通信和其他服务进口，*2005 · · · · · · · · · ·	85
政府就绪度	**68**
6.01 政府对 ICT 重视程度，2007 · · · · · · · · · · · · · · · ·	79
6.02 政府对高科技产品的采购，2007 · · · · · · · · · · · · · ·	90
6.03 政府未来愿景中 ICT 的重要性，2007 · · · · · · · · · · ·	94
6.04 电子政务就绪度指数，*2007 · · · · · · · · · · · · · · · ·	48

应用构成	61
个人应用	**55**
7.01 移动电话用户数，*2006 · · · · · · · · · · · · · · · · · · ·	63
7.02 个人电脑数，*2005 ·	49
7.03 宽带用户数，*2006 ·	52
7.04 互联网用户数，*2005 ·	56
7.05 互联网带宽，*2005 ·	51
商业应用	**73**
8.01 外国技术牌照的流行度，2007 · · · · · · · · · · · · · · · ·	86
8.02 公司层面技术引进，2007 · · · · · · · · · · · · · · · · · ·	99
8.03 创新能力，2007 ·	74
8.04 新电话线的可用性，2007 · · · · · · · · · · · · · · · · · ·	32
8.05 互联网商用程度，2007 · · · · · · · · · · · · · · · · · · ·	69
政府应用	**70**
9.01 政府在 ICT 推广方面所获得的成功，2007 · · · · · · · ·	84
9.02 政府在线服务能力，2007 · · · · · · · · · · · · · · · · · ·	50
9.03 ICT 应用和政府效率，2007 · · · · · · · · · · · · · · · · ·	43
9.04 政府办公中 ICT 的使用，2007 · · · · · · · · · · · · · · ·	73
9.05 电子参与指数，*2007 ·	91

注：* 统计数据。

需要更多的详细数据和解释，请参考本章开始的"如何阅读国家/经济体概况"部分。

委内瑞拉

关键指标

2006 年人口（百万） ···················· 27.2
2006 年人均国内生产总值（购买力平价）（美元）······ 7480.5
2006 年每 100 名居民中互联网用户数 ··············· 15.2
2005 年互联网带宽（兆比特/秒/10000 居民）·············· 0.5

网络就绪度指数

年（经济体数）	排名
2007~2008（127） ···················	**86**
2006~2007（122） ···················	83
2005~2006（115） ···················	81

2007~2008（131）年度的全球竞争力指数 ············· 98

环境构成	**117**
市场环境	**124**
1.01 风险资本的可利用性，2007	89
1.02 金融市场成熟度，2007	75
1.03 新技术可用性，2007	76
1.04 集群发展状况，2007	102
1.05 实用性专利，*2006	59
1.06 高科技出口，*2005	91
1.07 政府监管负担，2007	127
1.08 税收范围及影响，2007	86
1.09 总体税率，*2007	95
1.10 创业所需时间，*2007	119
1.11 创业所需程序数目，*2007	118
1.12 当地竞争的激烈程度，2007	119
1.13 新闻媒体自由度，2007	125
1.14 数字内容的接入能力，2007	62
政策和管制环境	**121**
2.01 立法主体的有效性，2007	127
2.02 ICT 相关法律，2007	76
2.03 司法独立性，2007	127
2.04 知识产权保护，2007	122
2.05 法律框架的效率，2007	127
2.06 财产权，2007	126
2.07 ISP 部门竞争质量，2007	83
2.08 执行合同的程序数量，*2007	13
2.09 执行合同所需时间，*2007	56
基础设施环境	**65**
3.01 电话线，*2006	71
3.02 安全的网络服务器，*2006	69
3.03 发电量，*2004	51
3.04 科学家与工程师的可利用性，2007	78
3.05 科研机构质量，2007	104
3.06 高等教育入学率，*2004	49
3.07 教育支出，*2005	55

就绪度构成	**84**
个人就绪度	**75**
4.01 数学和科学的教育质量，2007	109
4.02 教育系统质量，2007	113
4.03 校园互联网使用情况，2007	82
4.04 买方成熟度，2007	78
4.05 住宅电话连接费，*2005	44
4.06 住宅电话月租费，*2005	68
4.07 高速宽带月租费，*2006	66
4.08 宽带最低消费，*2006	58
4.09 移动电话费用，*2005	80
企业就绪度	**83**
5.01 员工培训程度，2007	86
5.02 当地研究和培训能力，2007	99
5.03 管理学院质量，2007	62
5.04 公司研发支出，2007	82
5.05 高校与产业合作研究，2007	74
5.06 企业电话连接费用，*2005	44
5.07 企业电话月租费，*2005	61
5.08 当地供应商质量，2007	93
5.09 当地供应商数量，2007	109
5.10 计算机、通信和其他服务进口，*2005	75
政府就绪度	**97**
6.01 政府对 ICT 重视程度，2007	102
6.02 政府对高科技产品的采购，2007	103
6.03 政府未来愿景中 ICT 的重要性，2007	104
6.04 电子政务就绪度指数，*2007	59

应用构成	**73**
个人应用	**60**
7.01 移动电话用户数，*2006	62
7.02 个人电脑数，*2005	60
7.03 宽带用户数，*2006	56
7.04 互联网用户数，*2006	66
7.05 互联网带宽，*2005	79
商业应用	**83**
8.01 外国技术牌照的流行度，2007	67
8.02 公司层面技术引进，2007	71
8.03 创新能力，2007	112
8.04 新电话线的可用性，2007	84
8.05 互联网商用程度，2007	80
政府应用	**71**
9.01 政府在 ICT 推广方面所获得的成功，2007	110
9.02 政府在线服务能力，2007	42
9.03 ICT 应用和政府效率，2007	77
9.04 政府办公中 ICT 的使用，2007	109
9.05 电子参与指数，*2007	34

注：* 统计数据。
需要更多的详细数据和解释，请参考本章开始的"如何阅读国家/经济体概况"部分。

越南

关键指标

2006 年人口（百万）...................................... 85.3
2006 年人均国内生产总值（购买力平价）（美元）...... 3393.2
2006 年每 100 名居民中互联网用户数 17.2
2006 年互联网带宽（兆比特/秒/10000 居民）............... 0.8

网络就绪度指数

年（经济体数）	排名
2007~2008（127）....................................	**73**
2006~2007（122）....................................	82
2005~2006（115）....................................	75

2007~2008（131）年度的全球竞争力指数 68

环境构成	73
市场环境	**80**
1.01 风险资本的可利用性，2007	63
1.02 金融市场成熟度，2007	95
1.03 新技术可用性，2007	82
1.04 集群发展状况，2007	16
1.05 实用性专利，*2006	86
1.06 高科技出口，*2005	61
1.07 政府监管负担，2007	105
1.08 税收范围及影响，2007	58
1.09 总体税率，*2007	55
1.10 创业所需时间，*2007	100
1.11 创业所需程序数目，*2007	88
1.12 当地竞争的激烈程度，2007	61
1.13 新闻媒体自由度，2007	99
1.14 数字内容的接入能力，2007	81
政策和管制环境	**59**
2.01 立法主体的有效性，2007	47
2.02 ICT 相关法律，2007	73
2.03 司法独立性，2007	72
2.04 知识产权保护，2007	100
2.05 法律框架的效率，2007	57
2.06 财产权，2007	78
2.07 ISP 部门竞争质量，2007	84
2.08 执行合同的程序数量，*2007	40
2.09 执行合同所需时间，*2007	16
基础设施环境	**91**
3.01 电话线，*2005	64
3.02 安全的网络服务器，*2006	101
3.03 发电量，*2004	99
3.04 科学家与工程师的可利用性，2007	54
3.05 科研机构质量，2007	92
3.06 高等教育入学率，*2005	89
3.07 教育支出，*2005	96

就绪度构成	66
个人就绪度	**80**
4.01 数学和科学的教育质量，2007	76
4.02 教育系统质量，2007	109
4.03 校园互联网使用情况，2007	67
4.04 买方成熟度，2007	55
4.05 住宅电话连接费，*2006	89
4.06 住宅电话月租费，*2006	83
4.07 高速宽带月租费，*2006	90
4.08 宽带最低消费，*2006	83
4.09 移动电话费用，*2006	100
企业就绪度	**74**
5.01 员工培训程度，2007	82
5.02 当地研究和培训能力，2007	72
5.03 管理学院质量，2007	117
5.04 公司研发支出，2007	56
5.05 高校与产业合作研究，2007	76
5.06 企业电话连接费用，*2006	77
5.07 企业电话月租费，*2006	64
5.08 当地供应商质量，2007	96
5.09 当地供应商数量，2007	82
5.10 计算机、通信和其他服务进口 *	n/a
政府就绪度	**43**
6.01 政府对 ICT 重视程度，2007	35
6.02 政府对高科技产品的采购，2007	35
6.03 政府未来愿景中 ICT 的重要性，2007	37
6.04 电子政务就绪度指数，*2007	81

应用构成	75
个人应用	**92**
7.01 移动电话用户数，*2006	106
7.02 个人电脑数，*2005	108
7.03 宽带用户数，*2006	73
7.04 互联网用户数，*2006	63
7.05 互联网带宽，*2006	74
商业应用	**79**
8.01 外国技术牌照的流行度，2007	118
8.02 公司层面技术引进，2007	46
8.03 创新能力，2007	41
8.04 新电话线的可用性，2007	65
8.05 互联网商用程度，2007	101
政府应用	**49**
9.01 政府在 ICT 推广方面所获得的成功，2007	37
9.02 政府在线服务能力，2007	95
9.03 ICT 应用和政府效率，2007	75
9.04 政府办公中 ICT 的使用，2007	62
9.05 电子参与指数，*2007	16

注：* 统计数据。

需要更多的详细数据和解释，请参考本章开始的"如何阅读国家/经济体概况"部分。

赞比亚

关键指标

2006 年人口（百万）·············· 11.9
2006 年人均国内生产总值（购买力平价）（美元）······ 1087.6
2006 年每 100 名居民中互联网用户数 ········· 4.2
2006 年互联网带宽（兆比特/秒/10000 居民）·············· 0.1

网络就绪度指数

年（经济体数）	排名
2007~2008 （127） ··············	**112**
2006~2007 （122） ··············	112
2005~2006 （115） ··············	n/a

2007~2008 （131） 年度的全球竞争力指数 ·············· 122

环境构成	99
市场环境	**87**
1.01 风险资本的可利用性，2007 ··············	123
1.02 金融市场成熟度，2007 ··············	96
1.03 新技术可用性，2007 ··············	108
1.04 集群发展状况，2007 ··············	50
1.05 实用性专利，*2006 ··············	86
1.06 高科技出口，*2004 ··············	95
1.07 政府监管负担，2007 ··············	19
1.08 税收范围及影响，2007 ··············	115
1.09 总体税率，*2007 ··············	4
1.10 创业所需时间，*2007 ··············	75
1.11 创业所需程序数目，*2007 ··············	19
1.12 当地竞争的激烈程度，2007 ··············	125
1.13 新闻媒体自由度，2007 ··············	111
1.14 数字内容的接入能力，2007 ··············	105
政策和管制环境	**83**
2.01 立法主体的有效性，2007 ··············	97
2.02 ICT 相关法律，2007 ··············	98
2.03 司法独立性，2007 ··············	91
2.04 知识产权保护，2007 ··············	105
2.05 法律框架的效率，2007 ··············	60
2.06 财产权，2007 ··············	66
2.07 ISP 部门竞争质量，2007 ··············	114
2.08 执行合同的程序数量，*2007 ··············	46
2.09 执行合同所需时间，*2007 ··············	49
基础设施环境	**113**
3.01 电话线，*2006 ··············	116
3.02 安全的网络服务器，*2006 ··············	101
3.03 发电量，*2004 ··············	89
3.04 科学家与工程师的可利用性，2007 ··············	87
3.05 科研机构质量，2007 ··············	96
3.06 高等教育入学率，*2000 ··············	120
3.07 教育支出，*2005 ··············	90

就绪度构成	113
个人就绪度	**106**
4.01 数学和科学的教育质量，2007 ··············	91
4.02 教育系统质量，2007 ··············	60
4.03 校园互联网使用情况，2007 ··············	120
4.04 买方成熟度，2007 ··············	125
4.05 住宅电话连接费，*2005 ··············	77
4.06 住宅电话月租费，*2005 ··············	107
4.07 高速宽带月租费 * ··············	n/a
4.08 宽带最低消费 * ··············	n/a
4.09 移动电话费用，*2004 ··············	109
企业就绪度	**113**
5.01 员工培训程度，2007 ··············	125
5.02 当地研究和培训能力，2007 ··············	116
5.03 管理学院质量，2007 ··············	90
5.04 公司研发支出，2007 ··············	124
5.05 高校与产业合作研究，2007 ··············	103
5.06 企业电话连接费用，*2005 ··············	89
5.07 企业电话月租费，*2005 ··············	113
5.08 当地供应商质量，2007 ··············	113
5.09 当地供应商数量，2007 ··············	121
5.10 计算机、通信和其他服务进口 * ··············	n/a
政府就绪度	**121**
6.01 政府对 ICT 重视程度，2007 ··············	93
6.02 政府对高科技产品的采购，2007 ··············	120
6.03 政府未来愿景中 ICT 的重要性，2007 ··············	96
6.04 电子政务就绪度指数，*2007 ··············	116

应用构成	111
个人应用	**111**
7.01 移动电话用户数，*2006 ··············	109
7.02 个人电脑数，*2005 ··············	111
7.03 宽带用户数，*2006 ··············	106
7.04 互联网用户数，*2006 ··············	103
7.05 互联网带宽，*2006 ··············	100
商业应用	**92**
8.01 外国技术牌照的流行度，2007 ··············	73
8.02 公司层面技术引进，2007 ··············	73
8.03 创新能力，2007 ··············	118
8.04 新电话线的可用性，2007 ··············	96
8.05 互联网商用程度，2007 ··············	91
政府应用	**120**
9.01 政府在 ICT 推广方面所获得的成功，2007 ··············	108
9.02 政府在线服务能力，2007 ··············	101
9.03 ICT 应用和政府效率，2007 ··············	123
9.04 政府办公中 ICT 的使用，2007 ··············	117
9.05 电子参与指数，*2007 ··············	117

注：* 统计数据。
需要更多的详细数据和解释，请参考本章开始的"如何阅读国家/经济体概况"部分。

281

津巴布韦

关键指标

网络就绪度指数

注：* 统计数据。
需要更多的详细数据和解释，请参考本章开始的"如何阅读国家/经济体概况"部分。

第四部分

数据表

如何解读数据表

珀尔·萨曼达瑞（Pearl Samandari），世界经济论坛

以下呈现的是《全球信息技术报告（2007~2008）》中所含127个经济体的数据。

表格分为九部分，每部分又由NRI的三项支柱所组成，如下所示：

环境构成

1. 市场环境

2. 政策与管制环境

3. 基础设施环境

就绪度构成

4. 个人就绪度

5. 企业就绪度

6. 政府就绪度

应用构成

7. 个人应用

8. 商业应用

9. 政府应用

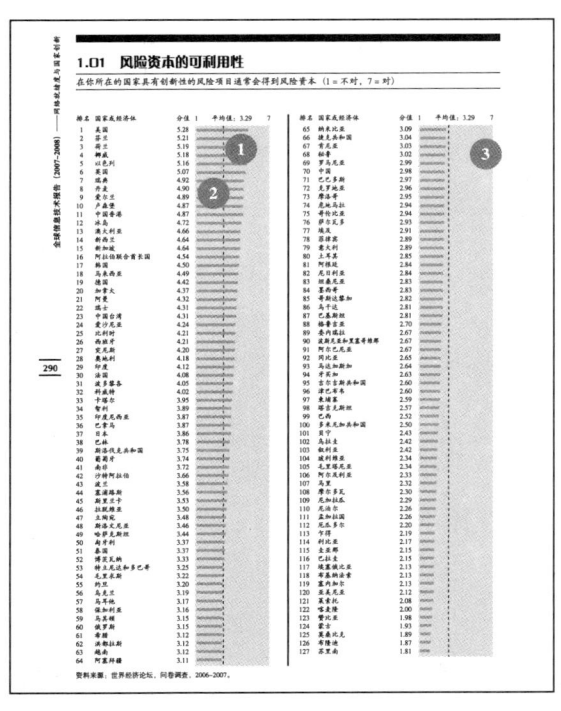

NRI中用到了两类数据：调查数据和统计数据。

● 调查数据：2006年和2007年第一季度实施的世界经济论坛的问卷调查中各经济体答案的平均值。

● 统计数据：从很多来源获取的数据。

调查数据

①来自世界经济论坛的问卷调查的数据在表中以蓝条表示。对于每一个问题，答案的范围从1到7，1代表最不可能，7代表最可能。每个调查变量都标出了原始问题和两个极端答案。

我们报告了每个经济体的平均得分，即各经济体答案的算术平均值。例如，变量1.02是关于经济体金融市场的成熟度。在这一特定变量中，瑞士得分6.75，排名第1，因此排在最顶端。我们报告的数据小数点后保留了两位，但是排名采用的是精确数据。例如，变量8.01——外国技术牌照的流行度，新西兰的平均分是5.56990099009901，以色列的平均分是5.56916996047431。因此它们分别排到第13名和14名，尽管四舍五入后都被列为5.57。

②表格中用虚线标出的就是127个经济体样本的平均值。

统计数据

③尽管调查数据提供了定性的信息，统计数据是对量（如国民生产总值、通话成本、个人计算机数量、创业所需程序的数目等）的一种客观度量。我们用的是从国际组织（诸如IMF、世界银行、国际电信联盟、联合国机构等）可获得的最新数据，必要时也用国家资料。以下，统计数据变量用阴影背景表示。

如果数据不可得或太陈旧，用"n/a"代替排名和数值。

统计数据中，两个或更多经济体之间有可能打成平手。这种情况下，并列排名是有根据的。例如，创业所需天数——6——在丹麦、土耳其和美国是相同的。因此，在变量1.10中，这三个国家都排在第6。

3.01 电话线（统计数据）

每100个居民所拥有电话线（2006年或最近的年份）

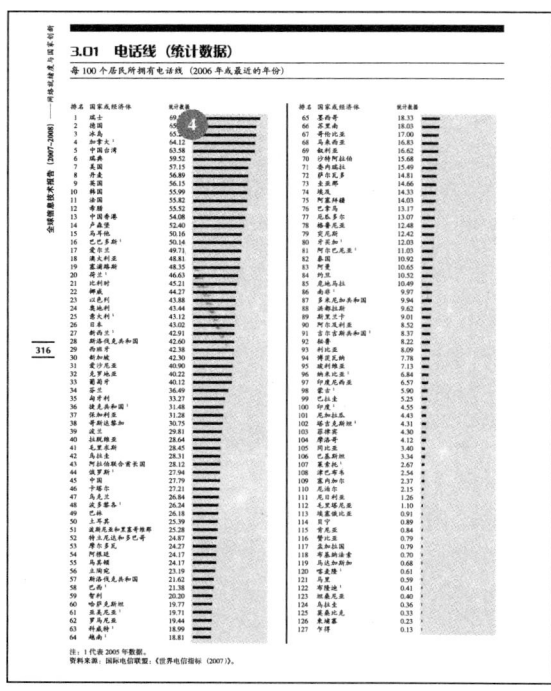

排名	国家或经济体	统计量表
1	瑞士	69.12
2	德国	65.72
3	冰岛	65.37
4	加拿大	64.12
5	中国台湾	63.58
6	瑞典	59.52
7	美国	57.15
8	丹麦	56.89
9	英国	56.15
10	韩国	55.99
11	法国	55.82
12	希腊	55.52
13	中国香港	54.08
14	卢森堡	52.40
15	马耳他	50.16
16	巴巴多斯	50.14
17	爱尔兰	49.71
18	澳大利亚	48.81
19	蓝黎瑞斯	48.35
20	荷兰	46.61
21	比利时	45.21
22	挪威	44.27
23	以色列	43.88
24	奥地利	43.44
25	意大利	43.12
26	日本	43.02
27	新西兰	42.91
28	斯洛伐克共和国	42.60
29	约旦	42.38
30	新加坡	42.30
31	斯洛文尼亚	40.90
32	克罗地亚	40.22
33	葡萄牙	40.12
34	西班牙	36.49
35	匈牙利	33.27
36	捷克共和国	31.48
37	保加利亚	30.75
38	波兰	29.81
39	拉脱维亚	28.64
40	毛里求斯	28.45
41	乌拉圭	28.31
42	阿拉伯联合酋长国	28.12
43	俄罗斯	27.94
44	中国	27.79
45	立陶宛	27.21
46	马其顿	26.24
47	巴林	26.24
48	土耳其	25.99
49	圣基茨和尼维斯	25.28
50	特立尼达和多巴哥	24.87
51	摩尔多瓦	24.27
52	阿根廷	24.17
53	土库曼	23.19
54	斯洛伐克共和国	21.62
55	智利	21.38
56	哈萨克斯坦	20.20
57	莱索托	19.77
58	罗马尼亚	19.71
59	科威特	19.44
60	越南	18.98
61		18.81
65	墨西哥	18.33
66	巴西	18.03
67	哥伦比亚	17.00
68	白俄罗斯	16.83
69	叙利亚	16.62
70	沙特阿拉伯	15.68
71	委内瑞拉	15.49
72	萨尔瓦多	14.81
73	全巴那	14.66
74	埃及	14.33
75	阿塞拜疆	14.03
76	巴拉圭	13.17
77	尼加拉瓜	12.48
78	格鲁吉亚	12.48
79	突尼斯	12.42
80	开普敦	12.03
81	厄瓜巴布亚	11.03
82	泰国	10.92
83	阿曼	10.65
84	约旦	10.52
85	危地马拉	10.49
86	秘鲁	9.97
87	多米尼加共和国	9.94
88	洪都拉斯	9.62
89	厄瓜多尔	9.01
90	玻利维亚	8.52
91	吉尔吉斯共和国	8.37
92	斯里兰卡	8.22
93	利比亚	8.09
94	博茨瓦纳	7.78
95	菲律宾	7.13
96	纳米比亚	6.84
97	印度尼西亚	6.57
98	巴基斯坦	5.90
99	巴拉圭	5.25
100	印度	4.55
101	尼加拉瓜	4.43
102	塔吉克斯坦	4.31
103	喀麦隆	4.30
104	摩洛哥	4.12
105	加纳	3.40
106	巴基斯坦	3.34
107	莫桑比	2.67
108	津巴布韦	2.54
109	塞内加尔	2.37
110	尼泊尔	2.15
111	尼日利亚	1.30
112	毛里塔尼亚	1.10
113	埃塞俄比亚	0.91
114	贝宁	0.89
115	赞比亚	0.84
116	坦桑尼亚	0.79
117	乍得	0.79
118	布基纳法索	0.79
119	马达加斯加	0.68
120	喀麦隆	0.61
121	马里	0.59
122	布隆迪	0.41
123	刚果民主	0.40
124	乍得	0.36
125	莫桑比克	0.33
126	柬埔寨	0.23
127	乍得	0.13

注：1 代表2005年数据。
资料来源：国际电信联盟：《世界电信指标（2007）》。

数据表目录

支柱体系 1：市场环境

1.01 风险资本的可利用性

在你所在的国家具有创新性的风险项目通常会得到风险资本（1＝不对，7＝对）

排名	国家或经济体	分值
1	美国	5.28
2	芬兰	5.21
3	荷兰	5.19
4	挪威	5.18
5	以色列	5.16
6	英国	5.07
7	瑞典	4.92
8	丹麦	4.90
9	爱尔兰	4.89
10	卢森堡	4.87
11	中国香港	4.87
12	冰岛	4.72
13	澳大利亚	4.66
14	新西兰	4.64
15	新加坡	4.64
16	阿拉伯联合酋长国	4.54
17	韩国	4.50
18	马来西亚	4.49
19	德国	4.42
20	加拿大	4.37
21	阿曼	4.32
22	瑞士	4.31
23	中国台湾	4.31
24	爱沙尼亚	4.24
25	比利时	4.21
26	西班牙	4.21
27	突尼斯	4.20
28	奥地利	4.18
29	印度	4.12
30	法国	4.08
31	波多黎各	4.05
32	科威特	4.02
33	卡塔尔	3.95
34	智利	3.89
35	印度尼西亚	3.87
36	巴拿马	3.87
37	日本	3.86
38	巴林	3.78
39	斯洛伐克共和国	3.75
40	葡萄牙	3.74
41	南非	3.72
42	沙特阿拉伯	3.66
43	波兰	3.58
44	塞浦路斯	3.56
45	斯里兰卡	3.53
46	拉脱维亚	3.50
47	立陶宛	3.48
48	斯洛文尼亚	3.46
49	哈萨克斯坦	3.44
50	匈牙利	3.37
51	泰国	3.37
52	博茨瓦纳	3.33
53	特立尼达和多巴哥	3.25
54	毛里求斯	3.22
55	约旦	3.20
56	乌克兰	3.19
57	马耳他	3.17
58	保加利亚	3.16
59	马其顿	3.15
60	俄罗斯	3.15
61	希腊	3.12
62	洪都拉斯	3.12
63	越南	3.12
64	阿塞拜疆	3.11

平均值：3.29

排名	国家或经济体	分值
65	纳米比亚	3.09
66	捷克共和国	3.04
67	肯尼亚	3.03
68	秘鲁	3.02
69	罗马尼亚	2.99
70	中国	2.98
71	巴巴多斯	2.97
72	克罗地亚	2.96
73	摩洛哥	2.95
74	危地马拉	2.94
75	哥伦比亚	2.94
76	萨尔瓦多	2.93
77	埃及	2.91
78	菲律宾	2.89
79	意大利	2.89
80	土耳其	2.85
81	阿根廷	2.84
82	尼日利亚	2.84
83	坦桑尼亚	2.83
84	墨西哥	2.83
85	哥斯达黎加	2.82
86	乌干达	2.81
87	巴基斯坦	2.81
88	格鲁吉亚	2.70
89	委内瑞拉	2.67
90	波斯尼亚和黑塞哥维那	2.67
91	阿尔巴尼亚	2.67
92	冈比亚	2.65
93	马达加斯加	2.64
94	牙买加	2.63
95	吉尔吉斯共和国	2.60
96	津巴布韦	2.60
97	柬埔寨	2.59
98	塔吉克斯坦	2.57
99	巴西	2.52
100	多米尼加共和国	2.50
101	贝宁	2.43
102	乌拉圭	2.42
103	叙利亚	2.42
104	玻利维亚	2.34
105	毛里塔尼亚	2.34
106	阿尔及利亚	2.33
107	马里	2.32
108	摩尔多瓦	2.30
109	尼加拉瓜	2.29
110	尼泊尔	2.26
111	孟加拉国	2.26
112	厄瓜多尔	2.20
113	乍得	2.19
114	利比亚	2.17
115	圭亚那	2.15
116	巴拉圭	2.15
117	埃塞俄比亚	2.13
118	布基纳法索	2.13
119	塞内加尔	2.13
120	亚美尼亚	2.12
121	莱索托	2.08
122	喀麦隆	2.00
123	赞比亚	1.98
124	蒙古	1.93
125	莫桑比克	1.89
126	布隆迪	1.87
127	苏里南	1.81

资料来源：世界经济论坛，问卷调查，2006~2007。

1.02 金融市场成熟度

你所在的国家金融市场的完善程度（1＝低于国际标准，7＝高于国际标准）

排名	国家或经济体	分值	排名	国家或经济体	分值
1	瑞士	6.75	65	肯尼亚	4.13
2	英国	6.66	66	哥斯达黎加	4.13
3	中国香港	6.53	67	克罗地亚	4.12
4	卢森堡	6.34	68	波兰	4.11
5	美国	6.33	69	沙特阿拉伯	4.11
6	加拿大	6.29	70	巴基斯坦	4.04
7	瑞典	6.28	71	博茨瓦纳	4.01
8	澳大利亚	6.26	72	哈萨克斯坦	3.93
9	爱尔兰	6.24	73	危地马拉	3.91
10	荷兰	6.23	74	阿根廷	3.86
11	德国	6.19	75	委内瑞拉	3.75
12	新加坡	6.16	76	津巴布韦	3.74
13	丹麦	6.09	77	摩洛哥	3.74
14	芬兰	6.01	78	洪都拉斯	3.72
15	南非	6.00	79	阿塞拜疆	3.70
16	法国	5.98	80	尼日利亚	3.67
17	以色列	5.91	81	印度尼西亚	3.59
18	比利时	5.90	82	乌拉圭	3.54
19	挪威	5.87	83	多米尼加共和国	3.53
20	冰岛	5.81	84	埃及	3.44
21	奥地利	5.77	85	厄瓜多尔	3.36
22	巴林	5.77	86	俄罗斯	3.33
23	波多黎各	5.76	87	罗马尼亚	3.29
24	西班牙	5.69	88	乌克兰	3.25
25	新西兰	5.64	89	中国	3.25
26	葡萄牙	5.55	90	冈比亚	3.19
27	智利	5.52	91	马其顿	3.14
28	巴拿马	5.49	92	格鲁吉亚	3.08
29	爱沙尼亚	5.46	93	尼加拉瓜	3.07
30	马来西亚	5.42	94	塞内加尔	3.04
31	巴西	5.41	95	越南	3.01
32	韩国	5.20	96	赞比亚	3.01
33	印度	5.18	97	保加利亚	2.98
34	日本	5.18	98	坦桑尼亚	2.95
35	马耳他	4.91	99	布基纳法索	2.92
36	土耳其	4.85	100	贝宁	2.88
37	牙买加	4.83	101	苏里南	2.87
38	泰国	4.80	102	波斯尼亚和黑塞哥维那	2.83
39	阿拉伯联合酋长国	4.78	103	玻利维亚	2.80
40	中国台湾	4.78	104	蒙古	2.75
41	斯洛伐克共和国	4.77	105	摩尔多瓦	2.70
42	萨尔瓦多	4.72	106	柬埔寨	2.70
43	希腊	4.68	107	乌干达	2.70
44	阿曼	4.67	108	孟加拉国	2.70
45	塞浦路斯	4.65	109	亚美尼亚	2.67
46	卡塔尔	4.60	110	毛里塔尼亚	2.62
47	匈牙利	4.59	111	尼泊尔	2.56
48	科威特	4.59	112	巴拉圭	2.56
49	墨西哥	4.57	113	马里	2.54
50	突尼斯	4.48	114	吉尔吉斯共和国	2.50
51	毛里求斯	4.43	115	马达加斯加	2.46
52	巴巴多斯	4.42	116	莫桑比克	2.46
53	捷克共和国	4.39	117	塔吉克斯坦	2.38
54	立陶宛	4.35	118	圭亚那	2.31
55	斯洛文尼亚	4.33	119	阿尔巴尼亚	2.26
56	纳米比亚	4.32	120	埃塞俄比亚	2.22
57	意大利	4.30	121	莱索托	2.17
58	特立尼达和多巴哥	4.26	122	叙利亚	2.17
59	斯里兰卡	4.24	123	阿尔及利亚	2.11
60	秘鲁	4.23	124	布隆迪	2.07
61	哥伦比亚	4.22	125	喀麦隆	1.84
62	拉脱维亚	4.20	126	乍得	1.83
63	菲律宾	4.19	127	利比亚	1.80
64	约旦	4.15			

平均值：4.16

资料来源：世界经济论坛，问卷调查，2006~2007。

1.03 新技术可用性

你所在国家的新技术水平（1＝没有广泛应用，7＝已得到广泛应用）

排名	国家或经济体	分值	1 平均值：4.35 7
1	瑞典	6.55	
2	芬兰	6.54	
3	冰岛	6.43	
4	以色列	6.35	
5	丹麦	6.35	
6	美国	6.32	
7	瑞士	6.26	
8	德国	6.26	
9	挪威	6.23	
10	日本	6.23	
11	英国	6.08	
12	新加坡	6.06	
13	加拿大	6.02	
14	荷兰	5.87	
15	法国	5.83	
16	阿拉伯联合酋长国	5.82	
17	奥地利	5.78	
18	比利时	5.70	
19	澳大利亚	5.70	
20	韩国	5.67	
21	中国台湾	5.61	
22	马来西亚	5.61	
23	中国香港	5.59	
24	波多黎各	5.44	
25	爱沙尼亚	5.42	
26	巴林	5.26	
27	马耳他	5.26	
28	卡塔尔	5.23	
29	新西兰	5.21	
30	塞内加尔	5.16	
31	印度	5.16	
32	突尼斯	5.15	
33	爱尔兰	5.13	
34	智利	5.11	
35	葡萄牙	5.10	
36	巴巴多斯	5.09	
37	约旦	5.05	
38	西班牙	5.03	
39	卢森堡	4.97	
40	南非	4.94	
41	泰国	4.93	
42	牙买加	4.92	
43	科威特	4.88	
44	捷克共和国	4.86	
45	沙特阿拉伯	4.83	
46	阿曼	4.76	
47	土耳其	4.73	
48	巴拿马	4.72	
49	塞浦路斯	4.70	
50	斯洛文尼亚	4.67	
51	印度尼西亚	4.66	
52	斯洛伐克共和国	4.63	
53	毛里求斯	4.54	
54	意大利	4.51	
55	匈牙利	4.47	
56	立陶宛	4.33	
57	菲律宾	4.32	
58	拉脱维亚	4.31	
59	巴西	4.31	
60	叙利亚	4.30	
61	危地马拉	4.30	
62	多米尼加共和国	4.28	
63	摩洛哥	4.27	
64	埃及	4.26	

排名	国家或经济体	分值	1 平均值：4.35 7
65	乌拉圭	4.24	
66	希腊	4.22	
67	斯里兰卡	4.21	
68	博茨瓦纳	4.16	
69	特立尼达和多巴哥	4.16	
70	阿塞拜疆	4.11	
71	哥斯达黎加	4.09	
72	墨西哥	4.05	
73	纳米比亚	4.04	
74	萨尔瓦多	4.03	
75	克罗地亚	4.03	
76	委内瑞拉	4.00	
77	巴基斯坦	3.93	
78	中国	3.93	
79	波兰	3.92	
80	冈比亚	3.84	
81	秘鲁	3.82	
82	越南	3.81	
83	利比亚	3.76	
84	坦桑尼亚	3.75	
85	阿根廷	3.75	
86	哥伦比亚	3.72	
87	肯尼亚	3.70	
88	哈萨克斯坦	3.64	
89	马达加斯加	3.62	
90	保加利亚	3.62	
91	罗马尼亚	3.60	
92	马里	3.55	
93	毛里塔尼亚	3.50	
94	洪都拉斯	3.47	
95	乌克兰	3.45	
96	俄罗斯	3.39	
97	格鲁吉亚	3.38	
98	尼日利亚	3.33	
99	阿尔巴尼亚	3.30	
100	乌干达	3.29	
101	柬埔寨	3.22	
102	蒙古	3.22	
103	贝宁	3.21	
104	莫桑比克	3.21	
105	喀麦隆	3.20	
106	阿尔及利亚	3.18	
107	布基纳法索	3.17	
108	赞比亚	3.16	
109	孟加拉国	3.15	
110	亚美尼亚	3.10	
111	马其顿	3.10	
112	厄瓜多尔	3.08	
113	津巴布韦	3.06	
114	尼泊尔	3.06	
115	尼加拉瓜	3.05	
116	圭亚那	3.00	
117	莱索托	2.91	
118	波斯尼亚和黑塞哥维那	2.88	
119	塔吉克斯坦	2.84	
120	苏里南	2.82	
121	玻利维亚	2.80	
122	巴拉圭	2.72	
123	埃塞俄比亚	2.67	
124	吉尔吉斯共和国	2.62	
125	摩尔多瓦	2.59	
126	乍得	2.28	
127	布隆迪	2.27	

资料来源：世界经济论坛，问卷调查，2006~2007。

1.04 集群发展状况

强大的集群广泛遍及经济体（1＝强烈反对，7＝强烈支持）

排名	国家或经济体	分值	1 平均值：3.61 7
1	中国台湾	5.66	
2	美国	5.28	
3	韩国	5.06	
4	新加坡	5.06	
5	马来西亚	4.98	
6	匈牙利	4.90	
7	罗马尼亚	4.87	
8	印度尼西亚	4.85	
9	英国	4.84	
10	德国	4.84	
11	芬兰	4.83	
12	日本	4.74	
13	瑞士	4.68	
14	中国香港	4.68	
15	奥地利	4.61	
16	越南	4.59	
17	阿拉伯联合酋长国	4.59	
18	瑞典	4.55	
19	丹麦	4.54	
20	荷兰	4.51	
21	意大利	4.48	
22	科威特	4.47	
23	加拿大	4.44	
24	印度	4.44	
25	挪威	4.34	
26	比利时	4.34	
27	法国	4.33	
28	以色列	4.29	
29	中国	4.27	
30	斯洛文尼亚	4.25	
31	捷克共和国	4.13	
32	波多黎各	4.11	
33	爱尔兰	4.10	
34	卢森堡	4.09	
35	突尼斯	4.05	
36	阿曼	4.02	
37	斯里兰卡	3.98	
38	泰国	3.97	
39	西班牙	3.94	
40	巴西	3.92	
41	冰岛	3.92	
42	卡塔尔	3.90	
43	尼日利亚	3.89	
44	南非	3.85	
45	土耳其	3.81	
46	沙特阿拉伯	3.80	
47	塞浦路斯	3.78	
48	澳大利亚	3.77	
49	巴拿马	3.74	
50	赞比亚	3.69	
51	菲律宾	3.68	
52	智利	3.67	
53	墨西哥	3.65	
54	新西兰	3.63	
55	摩洛哥	3.63	
56	约旦	3.62	
57	立陶宛	3.61	
58	洪都拉斯	3.59	
59	柬埔寨	3.58	
60	埃及	3.58	
61	肯尼亚	3.58	
62	阿根廷	3.56	
63	斯洛伐克共和国	3.55	
64	克罗地亚	3.54	

排名	国家或经济体	分值	1 平均值：3.61 7
65	巴基斯坦	3.53	
66	阿塞拜疆	3.51	
67	阿尔巴尼亚	3.50	
68	哥斯达黎加	3.48	
69	毛里求斯	3.47	
70	危地马拉	3.47	
71	爱沙尼亚	3.46	
72	葡萄牙	3.44	
73	孟加拉国	3.44	
74	巴林	3.44	
75	乌干达	3.43	
76	冈比亚	3.42	
77	秘鲁	3.42	
78	哥伦比亚	3.40	
79	特立尼达和多巴哥	3.36	
80	坦桑尼亚	3.32	
81	博茨瓦纳	3.30	
82	俄罗斯	3.28	
83	拉脱维亚	3.26	
84	毛里塔尼亚	3.25	
85	波兰	3.24	
86	乌克兰	3.24	
87	厄瓜多尔	3.22	
88	希腊	3.21	
89	叙利亚	3.21	
90	尼泊尔	3.20	
91	哈萨克斯坦	3.17	
92	萨尔瓦多	3.17	
93	尼加拉瓜	3.16	
94	牙买加	3.13	
95	多米尼加共和国	3.10	
96	巴巴多斯	3.10	
97	莱索托	3.10	
98	塞内加尔	3.09	
99	埃塞俄比亚	3.08	
100	马达加斯加	3.08	
101	马耳他	3.07	
102	委内瑞拉	3.04	
103	玻利维亚	3.00	
104	乌拉圭	2.98	
105	圭亚那	2.95	
106	保加利亚	2.88	
107	纳米比亚	2.86	
108	阿尔及利亚	2.82	
109	蒙古	2.82	
110	巴拉圭	2.78	
111	吉尔吉斯共和国	2.74	
112	苏里南	2.68	
113	马其顿	2.67	
114	亚美尼亚	2.66	
115	利比亚	2.65	
116	格鲁吉亚	2.60	
117	布基纳法索	2.52	
118	津巴布韦	2.51	
119	喀麦隆	2.48	
120	马里	2.44	
121	贝宁	2.44	
122	塔吉克斯坦	2.41	
123	莫桑比克	2.32	
124	波斯尼亚和黑塞哥维那	2.32	
125	乍得	2.29	
126	摩尔多瓦	1.93	
127	布隆迪	1.85	

资料来源：世界经济论坛，问卷调查，2006~2007。

1.05 实用性专利（统计数据）

2006 年 1 月 1 日至 2006 年 12 月 31 日每百万人口获准的实用专利数

排名	国家或经济体	统计数据		排名	国家或经济体	统计数据
1	美国	298.42		65	土耳其	0.22
2	日本	287.11		66	突尼斯	0.20
3	中国台湾	226.86		67	约旦	0.17
4	芬兰	179.25		68	巴拉圭	0.16
5	以色列	179.12		69	叙利亚	0.15
6	瑞士	164.52		70	斯里兰卡	0.14
7	瑞典	136.59		71	萨尔瓦多	0.14
8	韩国	123.08		72	洪都拉斯	0.14
9	德国	120.98		73	阿塞拜疆	0.12
10	加拿大	109.57		74	多米尼加共和国	0.11
11	新加坡	93.64		75	哥伦比亚	0.11
12	卢森堡	89.13		76	秘鲁	0.11
13	丹麦	81.30		77	摩洛哥	0.09
14	荷兰	80.67		78	肯尼亚	0.09
15	奥地利	70.37		79	危地马拉	0.08
16	冰岛	66.67		80	津巴布韦	0.08
17	澳大利亚	64.95		81	哈萨克斯坦	0.07
18	比利时	60.10		82	埃及	0.05
19	英国	59.95		83	阿尔及利亚	0.03
20	法国	56.52		84	印度尼西亚	0.01
21	挪威	53.04		85	巴基斯坦	0.01
22	中国香港	43.38		86	阿尔巴尼亚	0.00
23	爱尔兰	41.43		86	巴林	0.00
24	新西兰	33.17		86	孟加拉国	0.00
25	意大利	25.47		86	巴巴多斯	0.00
26	斯洛文尼亚	10.50		86	贝宁	0.00
27	西班牙	6.80		86	玻利维亚	0.00
28	波多黎各	6.25		86	波斯尼亚和黑塞哥维那	0.00
29	塞浦路斯	5.00		86	博茨瓦纳	0.00
30	匈牙利	4.85		86	布基纳法索	0.00
31	马来西亚	4.83		86	布隆迪	0.00
32	捷克共和国	3.33		86	柬埔寨	0.00
33	克罗地亚	3.04		86	喀麦隆	0.00
34	立陶宛	2.65		86	乍得	0.00
35	科威特	2.50		86	埃塞俄比亚	0.00
36	马耳他	2.50		86	冈比亚	0.00
37	特立尼达和多巴哥	2.31		86	圭亚那	0.00
38	南非	2.29		86	牙买加	0.00
39	卡塔尔	2.22		86	吉尔吉斯共和国	0.00
40	希腊	1.80		86	莱索托	0.00
41	阿拉伯联合酋长国	1.70		86	利比亚	0.00
42	爱沙尼亚	1.54		86	马其顿	0.00
43	葡萄牙	1.52		86	马达加斯加	0.00
44	俄罗斯	1.21		86	马里	0.00
45	哥斯达黎加	1.14		86	毛里塔尼亚	0.00
46	阿根廷	0.97		86	毛里求斯	0.00
47	拉脱维亚	0.87		86	摩尔多瓦	0.00
48	智利	0.85		86	蒙古	0.00
49	沙特阿拉伯	0.75		86	莫桑比克	0.00
50	波兰	0.75		86	纳米比亚	0.00
51	格鲁吉亚	0.68		86	尼泊尔	0.00
52	亚美尼亚	0.67		86	尼加拉瓜	0.00
53	巴西	0.64		86	尼日利亚	0.00
54	墨西哥	0.61		86	阿曼	0.00
55	乌拉圭	0.57		86	巴拿马	0.00
56	乌克兰	0.52		86	塞内加尔	0.00
57	中国	0.50		86	斯洛伐克共和国	0.00
58	泰国	0.48		86	苏里南	0.00
59	委内瑞拉	0.48		86	塔吉克斯坦	0.00
60	印度	0.43		86	坦桑尼亚	0.00
61	罗马尼亚	0.42		86	乌干达	0.00
62	菲律宾	0.41		86	越南	0.00
63	保加利亚	0.39		86	赞比亚	0.00
64	厄瓜多尔	0.22				

资料来源：美国专利和商标办公室（2007 年 11 月）；联合国人口基金会，世界人口状况，2006。

1.06　高科技出口（统计数据）

2005 年高科技产品出口占总出口的百分比

排名	国家或经济体	统计数据
1	菲律宾	58.35
2	中国台湾[1]	44.60
3	新加坡	37.06
4	马来西亚	35.55
5	马耳他[1]	34.14
6	中国香港	26.95
7	韩国	24.98
8	中国[1]	24.64
9	爱尔兰[1]	20.75
10	波多黎各[2]	19.00
11	美国	18.28
12	哥斯达黎加	18.27
13	日本	18.10
14	匈牙利	17.59
15	泰国	17.31
16	塞浦路斯[1]	16.78
17	芬兰	16.78
18	荷兰	15.37
19	英国	14.10
20	墨西哥	14.00
21	瑞士	12.96
22	法国	12.55
23	德国	12.20
24	瑞典	9.59
25	丹麦	9.38
26	捷克共和国	8.61
27	以色列	8.53
28	爱沙尼亚	8.51
29	毛里求斯	7.92
30	斯洛伐克共和国	7.77
31	比利时	7.16
32	加拿大	6.96
33	奥地利	6.79
34	印度尼西亚	6.63
35	巴西	5.96
36	意大利	5.32
37	葡萄牙	4.95
38	摩洛哥	3.74
39	克罗地亚	3.65
40	西班牙	3.61
41	斯洛文尼亚	3.55
42	格鲁吉亚	3.50
43	塞内加尔	3.44
44	印度	3.43
45	新西兰	3.10
46	立陶宛	2.76
47	南非	2.62
48	突尼斯	2.55
49	约旦	2.43
50	澳大利亚	2.42
51	波兰	2.39
52	罗马尼亚	2.31
53	卢森堡[1]	2.27
54	挪威	2.26
55	拉脱维亚	2.11
56	保加利亚	2.03
57	危地马拉	1.98
58	乌克兰	1.96
59	希腊	1.92
60	阿根廷	1.75
61	越南	1.62
62	哥伦比亚	1.48
63	俄罗斯	1.38
64	乌干达	1.34

排名	国家或经济体	统计数据
65	巴基斯坦	1.11
66	玻利维亚	0.89
67	土耳其	0.88
68	萨尔瓦多	0.81
69	斯里兰卡	0.76
70	布基纳法索[1]	0.73
71	摩尔多瓦	0.72
72	冰岛	0.67
73	纳米比亚	0.65
74	马其顿	0.64
75	厄瓜多尔	0.56
76	特立尼达和多巴哥	0.47
77	乌拉圭	0.43
78	莫桑比克	0.43
79	吉尔吉斯共和国	0.42
80	智利	0.41
81	亚美尼亚	0.37
82	巴拉圭	0.36
83	肯尼亚	0.35
84	秘鲁	0.33
85	津巴布韦[1]	0.29
86	阿尔巴尼亚	0.27
87	哈萨克斯坦	0.24
88	巴林	0.23
89	马达加斯加	0.22
90	尼加拉瓜	0.21
91	委内瑞拉	0.21
92	洪都拉斯	0.18
93	阿曼	0.13
94	沙特阿拉伯	0.12
95	赞比亚	0.12
96	柬埔寨	0.10
97	卡塔尔[1]	0.10
98	尼泊尔	0.08
99	喀麦隆	0.07
100	叙利亚	0.06
101	阿塞拜疆	0.06
102	圭亚那[1]	0.06
103	埃及	0.05
104	坦桑尼亚	0.03
105	孟加拉国	0.03
106	阿尔及利亚[1]	0.02
107	尼日利亚	0.02
108	巴拿马	0.01
109	贝宁	0.00
109	布隆迪	0.00
109	埃塞俄比亚	0.00
109	冈比亚	0.00
109	蒙古	0.00
n/a	巴巴多斯	n/a
n/a	波斯尼亚和黑塞哥维那	n/a
n/a	博茨瓦纳	n/a
n/a	乍得	n/a
n/a	多米尼加共和国	n/a
n/a	牙买加	n/a
n/a	科威特	n/a
n/a	莱索托	n/a
n/a	利比亚	n/a
n/a	马里	n/a
n/a	毛里塔尼亚	n/a
n/a	苏里南	n/a
n/a	塔吉克斯坦	n/a
n/a	阿拉伯联合酋长国	n/a

注：1 代表 2004 年数据，2 代表 2006 年数据。
资料来源：世界银行；《世界发展指标（2007）》；国家资料。

1.07 政府监管负担

遵循你所在的国家政府颁布的行政管理要求（1 = 有点负担，7 = 没有负担）

排名	国家或经济体	分值
1	新加坡	5.30
2	冰岛	4.91
3	中国香港	4.78
4	芬兰	4.62
5	马来西亚	4.62
6	阿拉伯联合酋长国	4.60
7	突尼斯	4.44
8	韩国	4.35
9	阿曼	4.33
10	爱沙尼亚	4.31
11	瑞士	4.28
12	卡塔尔	4.19
13	冈比亚	4.14
14	格鲁吉亚	4.11
15	毛里塔尼亚	4.10
16	日本	4.09
17	中国台湾	4.06
18	巴林	3.99
19	赞比亚	3.98
20	沙特阿拉伯	3.94
21	卢森堡	3.90
22	印度尼西亚	3.88
23	丹麦	3.88
24	智利	3.83
25	约旦	3.81
26	泰国	3.79
27	塞浦路斯	3.72
28	奥地利	3.68
29	挪威	3.65
30	巴巴多斯	3.64
31	以色列	3.61
32	坦桑尼亚	3.59
33	马里	3.59
34	爱尔兰	3.58
35	中国	3.57
36	埃塞俄比亚	3.56
37	洪都拉斯	3.56
38	乌干达	3.55
39	阿塞拜疆	3.53
40	美国	3.51
41	危地马拉	3.51
42	布基纳法索	3.48
43	立陶宛	3.48
44	罗马尼亚	3.47
45	加拿大	3.47
46	摩洛哥	3.46
47	萨尔瓦多	3.37
48	尼日利亚	3.33
49	斯里兰卡	3.32
50	新西兰	3.26
51	巴拿马	3.25
52	斯洛文尼亚	3.24
53	瑞典	3.23
54	荷兰	3.22
55	拉脱维亚	3.20
56	埃及	3.17
57	英国	3.16
58	哈萨克斯坦	3.16
59	西班牙	3.14
60	尼加拉瓜	3.14
61	葡萄牙	3.13
62	乌拉圭	3.12
63	柬埔寨	3.09
64	毛里求斯	3.08
65	博茨瓦纳	3.08
66	德国	3.05
67	澳大利亚	3.01
68	布隆迪	3.00
69	巴基斯坦	2.99
70	巴拉圭	2.99
71	肯尼亚	2.99
72	纳米比亚	2.98
73	阿尔巴尼亚	2.98
74	马其顿	2.98
75	多米尼加共和国	2.97
76	亚美尼亚	2.96
77	叙利亚	2.96
78	印度	2.94
79	土耳其	2.94
80	特立尼达和多巴哥	2.93
81	斯洛伐克共和国	2.93
82	保加利亚	2.93
83	圭亚那	2.89
84	莫桑比克	2.87
85	阿尔及利亚	2.87
86	科威特	2.87
87	苏里南	2.86
88	尼泊尔	2.86
89	克罗地亚	2.81
90	蒙古	2.80
91	哥斯达黎加	2.80
92	马达加斯加	2.78
93	比利时	2.78
94	波兰	2.77
95	马耳他	2.72
96	贝宁	2.72
97	利比亚	2.70
98	南非	2.68
99	厄瓜多尔	2.68
100	牙买加	2.68
101	乌克兰	2.67
102	孟加拉国	2.67
103	摩尔多瓦	2.65
104	塞内加尔	2.64
105	越南	2.62
106	希腊	2.60
107	匈牙利	2.59
108	哥伦比亚	2.59
109	墨西哥	2.59
110	玻利维亚	2.57
111	法国	2.57
112	塔吉克斯坦	2.57
113	阿根廷	2.54
114	菲律宾	2.52
115	俄罗斯	2.47
116	乍得	2.45
117	吉尔吉斯共和国	2.42
118	莱索托	2.42
119	捷克共和国	2.36
120	津巴布韦	2.27
121	秘鲁	2.25
122	波斯尼亚和黑塞哥维那	2.21
123	喀麦隆	2.13
124	意大利	2.12
125	巴西	1.85
126	波多黎各	1.83
127	委内瑞拉	1.56

平均值：3.21

资料来源：世界经济论坛，问卷调查，2006~2007。

1.08 税收范围及影响

你所在国家的税负水平（1 = 对工作和投资有明显限制，7 = 对工作和投资影响极小）

排名	国家或经济体	分值		排名	国家或经济体	分值
1	巴林	6.31		65	新西兰	3.36
2	阿拉伯联合酋长国	6.19		66	以色列	3.32
3	卡塔尔	5.89		67	马其顿	3.32
4	中国香港	5.85		68	立陶宛	3.32
5	科威特	5.82		69	西班牙	3.31
6	新加坡	5.66		70	亚美尼亚	3.29
7	沙特阿拉伯	5.46		71	约旦	3.28
8	印度尼西亚	5.42		72	希腊	3.27
9	冰岛	5.36		73	澳大利亚	3.27
10	斯洛伐克共和国	5.35		74	厄瓜多尔	3.27
11	爱尔兰	5.11		75	马达加斯加	3.26
12	爱沙尼亚	5.11		76	布基纳法索	3.24
13	卢森堡	5.06		77	加拿大	3.20
14	瑞士	5.04		78	墨西哥	3.19
15	马来西亚	5.01		79	哈萨克斯坦	3.13
16	阿曼	4.94		80	阿尔巴尼亚	3.12
17	博茨瓦纳	4.84		81	葡萄牙	3.12
18	毛里求斯	4.75		82	德国	3.11
19	塞浦路斯	4.73		83	克罗地亚	3.05
20	突尼斯	4.53		84	巴拿马	3.03
21	泰国	4.52		85	捷克共和国	3.02
22	毛里塔尼亚	4.48		86	委内瑞拉	3.02
23	特立尼达和多巴哥	4.41		87	保加利亚	2.99
24	中国台湾	4.38		88	莫桑比克	2.99
25	萨尔瓦多	4.35		89	秘鲁	2.99
26	南非	4.32		90	塞内加尔	2.91
27	尼日利亚	4.29		91	波多黎各	2.90
28	巴拉圭	4.25		92	法国	2.89
29	印度	4.25		93	塔吉克斯坦	2.89
30	韩国	4.24		94	俄罗斯	2.87
31	格鲁吉亚	4.21		95	莱索托	2.87
32	巴基斯坦	4.16		96	蒙古	2.84
33	埃及	4.10		97	尼加拉瓜	2.83
34	柬埔寨	4.06		98	波兰	2.83
35	智利	4.01		99	牙买加	2.83
36	奥地利	3.92		100	土耳其	2.76
37	孟加拉国	3.91		101	斯洛文尼亚	2.74
38	冈比亚	3.85		102	布隆迪	2.70
39	巴巴多斯	3.82		103	摩尔多瓦	2.70
40	叙利亚	3.80		104	乌拉圭	2.69
41	阿尔及利亚	3.80		105	罗马尼亚	2.61
42	危地马拉	3.79		106	哥伦比亚	2.60
43	英国	3.78		107	丹麦	2.60
44	利比亚	3.77		108	乌干达	2.56
45	中国	3.73		109	乍得	2.55
46	美国	3.72		110	肯尼亚	2.55
47	哥斯达黎加	3.72		111	苏里南	2.55
48	埃塞俄比亚	3.72		112	芬兰	2.55
49	荷兰	3.71		113	吉尔吉斯共和国	2.52
50	尼泊尔	3.68		114	匈牙利	2.51
51	拉脱维亚	3.63		115	赞比亚	2.49
52	斯里兰卡	3.63		116	多米尼加共和国	2.47
53	洪都拉斯	3.62		117	贝宁	2.47
54	阿塞拜疆	3.61		118	圭亚那	2.44
55	菲律宾	3.59		119	乌克兰	2.43
56	马里	3.57		120	喀麦隆	2.39
57	纳米比亚	3.55		121	津巴布韦	2.39
58	越南	3.55		122	瑞典	2.39
59	摩洛哥	3.50		123	意大利	2.28
60	坦桑尼亚	3.50		124	波斯尼亚和黑塞哥维那	2.26
61	玻利维亚	3.46		125	阿根廷	2.25
62	挪威	3.45		126	比利时	2.08
63	马耳他	3.43		127	巴西	1.52
64	日本	3.41				

资料来源：世界经济论坛，问卷调查，2006~2007。

1.09 总体税率（统计数据）

总体税率是利得税、劳动所得税及其他税率的总和（2007 年）

排名	国家或经济体	统计数据		排名	国家或经济体	统计数据
1	科威特	14.40		65	加拿大	45.90
1	阿拉伯联合酋长国	14.40		66	塞内加尔	46.00
3	沙特阿拉伯	14.50		67	美国	46.20
4	赞比亚	16.10		68	马达加斯加	46.50
5	博茨瓦纳	17.20		69	叙利亚	46.70
6	莱索托	20.80		70	阿尔巴尼亚	46.80
7	阿曼	21.60		71	罗马尼亚	46.90
8	毛里求斯	21.70		72	芬兰	47.80
9	柬埔寨	22.60		73	埃及	47.90
10	新加坡	23.20		74	立陶宛	48.30
11	中国香港	24.40		75	捷克共和国	48.60
12	智利	25.90		75	希腊	48.60
13	纳米比亚	26.50		77	布基纳法索	48.90
14	冰岛	27.20		78	爱沙尼亚	49.20
15	苏里南	27.90		79	马其顿	49.80
16	爱尔兰	28.90		80	斯洛伐克共和国	50.50
17	瑞士	29.10		81	澳大利亚	50.60
18	尼日利亚	29.90		82	德国	50.80
19	埃塞俄比亚	31.10		82	巴拿马	50.80
19	约旦	31.10		84	肯尼亚	50.90
21	乌干达	32.30		85	墨西哥	51.20
22	克罗地亚	32.50		86	牙买加	51.30
22	尼泊尔	32.50		87	洪都拉斯	51.40
24	拉脱维亚	32.60		87	马里	51.40
25	特立尼达和多巴哥	33.10		87	俄罗斯	51.40
26	丹麦	33.30		90	喀麦隆	51.90
27	萨尔瓦多	33.80		91	日本	52.00
28	莫桑比克	34.30		92	菲律宾	52.80
29	韩国	34.90		93	津巴布韦	53.00
30	新西兰	35.10		94	摩洛哥	53.10
31	厄瓜多尔	35.30		95	委内瑞拉	53.30
31	卢森堡	35.30		96	瑞典	54.50
31	巴拉圭	35.30		97	奥地利	54.60
34	英国	35.70		98	匈牙利	55.10
35	以色列	36.00		99	哥斯达黎加	55.70
35	马来西亚	36.00		100	乌克兰	57.30
37	亚美尼亚	36.60		101	突尼斯	61.00
38	保加利亚	36.70		102	吉尔吉斯共和国	61.40
38	哈萨克斯坦	36.70		103	西班牙	62.00
40	南非	37.10		104	尼加拉瓜	63.20
41	印度尼西亚	37.30		105	乍得	63.70
42	危地马拉	37.50		105	斯里兰卡	63.70
43	泰国	37.70		107	比利时	64.30
44	蒙古	38.40		108	法国	66.30
44	波兰	38.40		109	巴西	69.20
46	格鲁吉亚	38.60		110	印度	70.60
47	圭亚那	39.00		111	阿尔及利亚	72.60
48	斯洛文尼亚	39.20		112	贝宁	73.30
49	孟加拉国	39.50		113	中国	73.90
50	多米尼加共和国	40.20		114	意大利	76.20
51	中国台湾	40.60		115	玻利维亚	78.10
52	巴基斯坦	40.70		116	塔吉克斯坦	82.20
52	乌拉圭	40.70		117	哥伦比亚	82.40
54	阿塞拜疆	40.90		118	毛里塔尼亚	107.50
55	越南	41.10		119	阿根廷	112.90
56	秘鲁	41.50		120	布隆迪	278.70
57	挪威	42.00		121	冈比亚	286.70
58	荷兰	43.40		n/a	巴林	n/a
59	摩尔多瓦	44.00		n/a	巴巴多斯	n/a
60	波斯尼亚和黑塞哥维那	44.10		n/a	塞浦路斯	n/a
61	波多黎各	44.30		n/a	利比亚	n/a
61	坦桑尼亚	44.30		n/a	马耳他	n/a
63	葡萄牙	44.80		n/a	卡塔尔	n/a
64	土耳其	45.10				

资料来源：世界银行：《商业环境报告（2008）》。

1.10 创业所需时间（统计数据）

2007 年创办一项事业所需的时间数

排名	国家或经济体	统计数据		排名	国家或经济体	统计数据
1	澳大利亚	2.00		64	俄罗斯	29.00
2	加拿大	3.00		64	坦桑尼亚	29.00
3	比利时	4.00		67	阿塞拜疆	30.00
4	冰岛	5.00		68	阿根廷	31.00
4	新加坡	5.00		68	贝宁	31.00
6	丹麦	6.00		68	尼泊尔	31.00
6	土耳其	6.00		68	波兰	31.00
6	美国	6.00		68	南非	31.00
9	爱沙尼亚	7.00		73	保加利亚	32.00
9	法国	7.00		73	冈比亚	32.00
9	马达加斯加	7.00		75	印度	33.00
9	毛里求斯	7.00		75	泰国	33.00
9	葡萄牙	7.00		75	赞比亚	33.00
9	波多黎各	7.00		78	以色列	34.00
15	牙买加	8.00		78	尼日利亚	34.00
16	埃及	9.00		78	阿曼	34.00
17	荷兰	10.00		81	中国	35.00
17	挪威	10.00		81	科威特	35.00
19	格鲁吉亚	11.00		81	巴拉圭	35.00
19	中国香港	11.00		84	阿尔巴尼亚	36.00
19	突尼斯	11.00		85	喀麦隆	37.00
22	摩洛哥	12.00		86	希腊	38.00
22	新西兰	12.00		87	尼加拉瓜	39.00
24	爱尔兰	13.00		87	斯里兰卡	39.00
24	意大利	13.00		89	克罗地亚	40.00
24	英国	13.00		90	哥伦比亚	42.00
27	芬兰	14.00		91	布隆迪	43.00
27	约旦	14.00		91	叙利亚	43.00
27	罗马尼亚	14.00		91	特立尼达和多巴哥	43.00
30	马其顿	15.00		94	圭亚那	44.00
30	沙特阿拉伯	15.00		94	肯尼亚	44.00
30	瑞典	15.00		94	乌拉圭	44.00
33	埃塞俄比亚	16.00		97	西班牙	47.00
33	匈牙利	16.00		98	中国台湾	48.00
33	拉脱维亚	16.00		99	塔吉克斯坦	49.00
36	捷克共和国	17.00		100	玻利维亚	50.00
36	韩国	17.00		100	越南	50.00
38	亚美尼亚	18.00		102	波斯尼亚和黑塞哥维那	54.00
38	布基纳法索	18.00		103	菲律宾	58.00
38	德国	18.00		103	塞内加尔	58.00
41	巴拿马	19.00		105	斯洛文尼亚	60.00
42	蒙古	20.00		106	阿拉伯联合酋长国	62.00
42	瑞士	20.00		107	厄瓜多尔	65.00
44	洪都拉斯	21.00		107	毛里塔尼亚	65.00
44	哈萨克斯坦	21.00		109	秘鲁	72.00
44	吉尔吉斯共和国	21.00		110	莱索托	73.00
47	多米尼加共和国	22.00		111	孟加拉国	74.00
48	日本	23.00		112	乍得	75.00
48	摩尔多瓦	23.00		113	哥斯达黎加	77.00
50	阿尔及利亚	24.00		114	柬埔寨	86.00
50	马来西亚	24.00		115	津巴布韦	96.00
50	巴基斯坦	24.00		116	纳米比亚	99.00
53	斯洛伐克共和国	25.00		117	印度尼西亚	105.00
54	萨尔瓦多	26.00		118	博茨瓦纳	108.00
54	危地马拉	26.00		119	委内瑞拉	141.00
54	立陶宛	26.00		120	巴西	152.00
54	卢森堡	26.00		121	苏里南	694.00
54	马里	26.00		n/a	巴林	n/a
59	智利	27.00		n/a	巴巴多斯	n/a
59	墨西哥	27.00		n/a	塞浦路斯	n/a
59	乌克兰	27.00		n/a	利比亚	n/a
62	奥地利	28.00		n/a	马耳他	n/a
62	乌干达	28.00		n/a	卡塔尔	n/a
64	莫桑比克	29.00				

资料来源：世界银行：《商业环境报告（2008）》。

1.11 创业所需办理行政程序的数目（统计数据）

2007 年创办一项事业所需办理行政程序的数目

排名	国家或经济体	统计数据
1	澳大利亚	2.00
1	加拿大	2.00
1	新西兰	2.00
4	比利时	3.00
4	芬兰	3.00
4	瑞典	3.00
7	丹麦	4.00
7	爱尔兰	4.00
9	爱沙尼亚	5.00
9	法国	5.00
9	格鲁吉亚	5.00
9	中国香港	5.00
9	冰岛	5.00
9	以色列	5.00
9	拉脱维亚	5.00
9	马达加斯加	5.00
9	新加坡	5.00
9	斯里兰卡	5.00
19	布基纳法索	6.00
19	匈牙利	6.00
19	牙买加	6.00
19	卢森堡	6.00
19	毛里求斯	6.00
19	摩洛哥	6.00
19	荷兰	6.00
19	尼加拉瓜	6.00
19	挪威	6.00
19	罗马尼亚	6.00
19	瑞士	6.00
19	土耳其	6.00
19	英国	6.00
19	美国	6.00
19	赞比亚	6.00
34	贝宁	7.00
34	埃及	7.00
34	埃塞俄比亚	7.00
34	立陶宛	7.00
34	尼泊尔	7.00
34	巴拿马	7.00
34	巴拉圭	7.00
34	葡萄牙	7.00
34	波多黎各	7.00
34	沙特阿拉伯	7.00
44	奥地利	8.00
44	孟加拉国	8.00
44	克罗地亚	8.00
44	圭亚那	8.00
44	日本	8.00
44	哈萨克斯坦	8.00
44	吉尔吉斯共和国	8.00
44	莱索托	8.00
44	墨西哥	8.00
44	蒙古	8.00
44	俄罗斯	8.00
44	南非	8.00
44	中国台湾	8.00
44	泰国	8.00
58	亚美尼亚	9.00
58	保加利亚	9.00
58	智利	9.00
58	多米尼加共和国	9.00
58	萨尔瓦多	9.00
58	冈比亚	9.00
58	德国	9.00

排名	国家或经济体	统计数据
58	意大利	9.00
58	马其顿	9.00
58	马来西亚	9.00
58	摩尔多瓦	9.00
58	尼日利亚	9.00
58	阿曼	9.00
58	斯洛伐克共和国	9.00
58	斯洛文尼亚	9.00
58	特立尼达和多巴哥	9.00
74	阿尔巴尼亚	10.00
74	柬埔寨	10.00
74	捷克共和国	10.00
74	约旦	10.00
74	韩国	10.00
74	莫桑比克	10.00
74	纳米比亚	10.00
74	秘鲁	10.00
74	波兰	10.00
74	塞内加尔	10.00
74	西班牙	10.00
74	突尼斯	10.00
74	乌克兰	10.00
74	津巴布韦	10.00
88	博茨瓦纳	11.00
88	布隆迪	11.00
88	柬埔寨	11.00
88	危地马拉	11.00
88	马里	11.00
88	毛里塔尼亚	11.00
88	巴基斯坦	11.00
88	阿拉伯联合酋长国	11.00
88	乌拉圭	11.00
88	越南	11.00
98	波斯尼亚和黑塞哥维那	12.00
98	哥斯达黎加	12.00
98	印度尼西亚	12.00
98	肯尼亚	12.00
98	坦桑尼亚	12.00
103	阿塞拜疆	13.00
103	喀麦隆	13.00
103	中国	13.00
103	洪都拉斯	13.00
103	印度	13.00
103	科威特	13.00
103	苏里南	13.00
103	叙利亚	13.00
103	塔吉克斯坦	13.00
112	阿尔及利亚	14.00
112	阿根廷	14.00
112	厄瓜多尔	14.00
115	玻利维亚	15.00
115	希腊	15.00
115	菲律宾	15.00
118	委内瑞拉	16.00
119	巴西	18.00
119	乌干达	18.00
121	乍得	19.00
n/a	巴林	n/a
n/a	巴巴多斯	n/a
n/a	塞浦路斯	n/a
n/a	利比亚	n/a
n/a	马耳他	n/a
n/a	卡塔尔	n/a

资料来源：世界银行：《商业环境报告（2008）》。

1.12 当地竞争的激烈强度

当地市场的竞争强度（1=在大多数产业内竞争是有限的并且价格竞争罕见，7=随着市场的变化在大多数产业内竞争是激烈的）

排名	国家或经济体	分值	1　　平均值：4.87　　7
1	德国	6.32	
2	奥地利	6.06	
3	日本	6.03	
4	中国香港	6.02	
5	瑞典	6.02	
6	英国	5.98	
7	比利时	5.97	
8	美国	5.90	
9	荷兰	5.88	
10	印度	5.88	
11	波多黎各	5.86	
12	法国	5.80	
13	中国台湾	5.80	
14	智利	5.74	
15	澳大利亚	5.73	
16	芬兰	5.73	
17	捷克共和国	5.73	
18	加拿大	5.67	
19	马来西亚	5.66	
20	马耳他	5.66	
21	以色列	5.64	
22	挪威	5.60	
23	韩国	5.58	
24	爱沙尼亚	5.57	
25	西班牙	5.57	
26	丹麦	5.57	
27	瑞士	5.53	
28	印度尼西亚	5.51	
29	新加坡	5.48	
30	爱尔兰	5.47	
31	土耳其	5.45	
32	匈牙利	5.42	
33	约旦	5.41	
34	新西兰	5.40	
35	阿拉伯联合酋长国	5.40	
36	塞浦路斯	5.37	
37	立陶宛	5.36	
38	斯洛伐克共和国	5.35	
39	中国	5.34	
40	冰岛	5.32	
41	突尼斯	5.32	
42	泰国	5.30	
43	斯洛文尼亚	5.29	
44	葡萄牙	5.28	
45	巴西	5.25	
46	牙买加	5.14	
47	塞内加尔	5.13	
48	卢森堡	5.11	
49	叙利亚	5.10	
50	哥斯达黎加	5.10	
51	沙特阿拉伯	5.09	
52	南非	5.09	
53	秘鲁	5.09	
54	斯里兰卡	5.09	
55	肯尼亚	5.07	
56	巴林	5.06	
57	菲律宾	5.02	
58	危地马拉	5.01	
59	卡塔尔	5.00	
60	科威特	4.99	
61	越南	4.98	
62	拉脱维亚	4.98	
63	克罗地亚	4.97	
64	哥伦比亚	4.94	
65	希腊	4.93	
66	墨西哥	4.90	
67	萨尔瓦多	4.89	
68	巴拿马	4.83	
69	孟加拉国	4.74	
70	波兰	4.72	
71	乌干达	4.72	
72	特立尼达和多巴哥	4.72	
73	埃及	4.71	
74	哈萨克斯坦	4.67	
75	博茨瓦纳	4.66	
76	毛里求斯	4.66	
77	纳米比亚	4.65	
78	意大利	4.62	
79	布基纳法索	4.61	
80	尼泊尔	4.59	
81	罗马尼亚	4.58	
82	蒙古	4.58	
83	摩洛哥	4.58	
84	摩尔多瓦	4.57	
85	苏里南	4.50	
86	保加利亚	4.50	
87	冈比亚	4.49	
88	尼日利亚	4.49	
89	坦桑尼亚	4.49	
90	巴巴多斯	4.47	
91	俄罗斯	4.45	
92	乌克兰	4.45	
93	马里	4.37	
94	阿尔及利亚	4.36	
95	阿曼	4.36	
96	多米尼加共和国	4.36	
97	喀麦隆	4.35	
98	马其顿	4.34	
99	贝宁	4.33	
100	波斯尼亚和黑塞哥维那	4.32	
101	厄瓜多尔	4.25	
102	圭亚那	4.24	
103	巴基斯坦	4.22	
104	洪都拉斯	4.18	
105	乌拉圭	4.18	
106	柬埔寨	4.18	
107	阿根廷	4.16	
108	马达加斯加	4.14	
109	巴拉圭	4.12	
110	玻利维亚	4.09	
111	塔吉克斯坦	4.01	
112	尼加拉瓜	4.01	
113	格鲁吉亚	3.99	
114	利比亚	3.90	
115	埃塞俄比亚	3.90	
116	阿塞拜疆	3.84	
117	莱索托	3.82	
118	布隆迪	3.70	
119	委内瑞拉	3.69	
120	毛里塔尼亚	3.69	
121	阿尔巴尼亚	3.67	
122	亚美尼亚	3.63	
123	莫桑比克	3.61	
124	吉尔吉斯共和国	3.57	
125	赞比亚	3.43	
126	津巴布韦	3.42	
127	乍得	3.22	

资料来源：世界经济论坛，问卷调查，2006~2007。

1.13 新闻媒体自由度

你所在的国家新闻媒体的自由度（1=完全受限，7=完全自由）

排名	国家或经济体	分值
1	德国	6.83
2	丹麦	6.81
3	荷兰	6.81
4	瑞典	6.76
5	挪威	6.71
6	芬兰	6.66
7	瑞士	6.63
8	奥地利	6.56
9	新西兰	6.46
10	比利时	6.44
11	加拿大	6.44
12	以色列	6.44
13	冰岛	6.36
14	葡萄牙	6.35
15	法国	6.33
16	波多黎各	6.29
17	爱沙尼亚	6.29
18	澳大利亚	6.29
19	秘鲁	6.28
20	印度	6.23
21	英国	6.22
22	希腊	6.18
23	爱尔兰	6.10
24	哥斯达黎加	6.04
25	斯洛伐克共和国	6.04
26	南非	6.04
27	美国	6.01
28	卢森堡	6.00
29	尼加拉瓜	5.99
30	智利	5.98
31	危地马拉	5.98
32	中国香港	5.97
33	日本	5.89
34	洪都拉斯	5.85
35	立陶宛	5.82
36	巴西	5.81
37	捷克共和国	5.81
38	塞浦路斯	5.81
39	马耳他	5.79
40	萨尔瓦多	5.75
41	西班牙	5.72
42	毛里求斯	5.69
43	中国台湾	5.68
44	墨西哥	5.66
45	马里	5.60
46	哥伦比亚	5.59
47	匈牙利	5.58
48	巴巴多斯	5.55
49	乌拉圭	5.55
50	牙买加	5.52
51	韩国	5.51
52	贝宁	5.49
53	印度尼西亚	5.46
54	苏里南	5.45
55	巴拉圭	5.43
56	拉脱维亚	5.42
57	巴拿马	5.38
58	纳米比亚	5.36
59	特立尼达和多巴哥	5.36
60	孟加拉国	5.34
61	菲律宾	5.28
62	博茨瓦纳	5.26
63	厄瓜多尔	5.25
64	罗马尼亚	5.19
65	多米尼加共和国	5.19
66	意大利	5.13
67	尼泊尔	5.05
68	塞内加尔	5.14
69	玻利维亚	5.01
70	土耳其	5.00
71	克罗地亚	4.94
72	毛里塔尼亚	4.94
73	泰国	4.89
74	巴基斯坦	4.84
75	波兰	4.84
76	波斯尼亚和黑塞哥维那	4.81
77	乌克兰	4.77
78	坦桑尼亚	4.76
79	科威特	4.74
80	阿尔巴尼亚	4.74
81	马其顿	4.73
82	莫桑比克	4.70
83	卡塔尔	4.67
84	喀麦隆	4.65
85	斯洛文尼亚	4.65
86	格鲁吉亚	4.62
87	阿尔及利亚	4.56
88	尼日利亚	4.55
89	蒙古	4.55
90	布基纳法索	4.53
91	斯里兰卡	4.50
92	埃及	4.49
93	阿塞拜疆	4.37
94	圭亚那	4.33
95	吉尔吉斯共和国	4.31
96	保加利亚	4.30
97	乌干达	4.28
98	突尼斯	4.28
99	越南	4.28
100	马来西亚	4.24
101	巴林	4.24
102	俄罗斯	4.23
103	马达加斯加	4.21
104	阿拉伯联合酋长国	4.16
105	布隆迪	4.07
106	摩洛哥	4.07
107	肯尼亚	4.06
108	莱索托	4.04
109	沙特阿拉伯	3.85
110	柬埔寨	3.85
111	赞比亚	3.77
112	哈萨克斯坦	3.74
113	叙利亚	3.71
114	阿根廷	3.64
115	新加坡	3.62
116	约旦	3.61
117	亚美尼亚	3.56
118	摩尔多瓦	3.55
119	中国	3.39
120	塔吉克斯坦	3.38
121	冈比亚	3.37
122	阿曼	3.30
123	乍得	3.22
124	利比亚	2.66
125	委内瑞拉	2.51
126	埃塞俄比亚	2.41
127	津巴布韦	1.77

平均值：5.08

资料来源：世界经济论坛，问卷调查，2006~2007。

1.14 数字内容的接入能力

你所在的国家数字内容（文字和视听内容、软件产品）通过多媒体平台广泛接入程度（1=不是，未得到整合；7=是，完全整合并产生新产品和新服务）

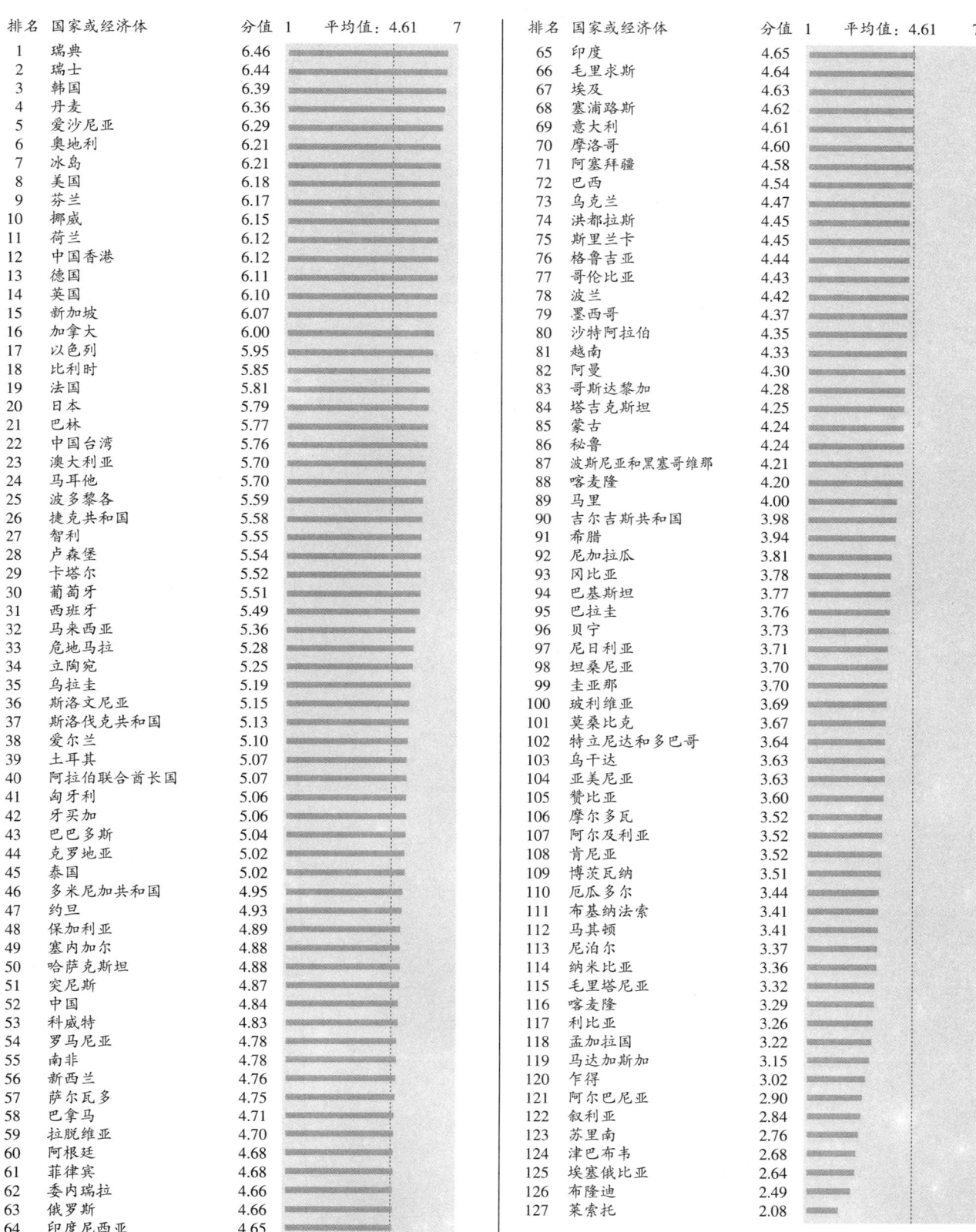

排名	国家或经济体	分值	排名	国家或经济体	分值
1	瑞典	6.46	65	印度	4.65
2	瑞士	6.44	66	毛里求斯	4.64
3	韩国	6.39	67	埃及	4.63
4	丹麦	6.36	68	塞浦路斯	4.62
5	爱沙尼亚	6.29	69	意大利	4.61
6	奥地利	6.21	70	摩洛哥	4.60
7	冰岛	6.21	71	阿塞拜疆	4.58
8	美国	6.18	72	巴西	4.54
9	芬兰	6.17	73	乌克兰	4.47
10	挪威	6.15	74	洪都拉斯	4.45
11	荷兰	6.12	75	斯里兰卡	4.45
12	中国香港	6.12	76	格鲁吉亚	4.44
13	德国	6.11	77	哥伦比亚	4.43
14	英国	6.10	78	波兰	4.42
15	新加坡	6.07	79	墨西哥	4.37
16	加拿大	6.00	80	沙特阿拉伯	4.35
17	以色列	5.95	81	越南	4.33
18	比利时	5.85	82	阿曼	4.30
19	法国	5.81	83	哥斯达黎加	4.28
20	日本	5.79	84	塔吉克斯坦	4.25
21	巴林	5.77	85	蒙古	4.24
22	中国台湾	5.76	86	秘鲁	4.24
23	澳大利亚	5.70	87	波斯尼亚和黑塞哥维那	4.21
24	马耳他	5.70	88	喀麦隆	4.20
25	波多黎各	5.59	89	马里	4.00
26	捷克共和国	5.58	90	吉尔吉斯共和国	3.98
27	智利	5.55	91	希腊	3.94
28	卢森堡	5.54	92	尼加拉瓜	3.81
29	卡塔尔	5.52	93	冈比亚	3.78
30	葡萄牙	5.51	94	巴基斯坦	3.77
31	西班牙	5.49	95	巴拉圭	3.76
32	马来西亚	5.36	96	贝宁	3.73
33	危地马拉	5.28	97	尼日利亚	3.71
34	立陶宛	5.25	98	坦桑尼亚	3.70
35	乌拉圭	5.19	99	圭亚那	3.70
36	斯洛文尼亚	5.15	100	玻利维亚	3.69
37	斯洛伐克共和国	5.13	101	莫桑比克	3.67
38	爱尔兰	5.10	102	特立尼达和多巴哥	3.64
39	土耳其	5.07	103	乌干达	3.63
40	阿拉伯联合酋长国	5.07	104	亚美尼亚	3.63
41	匈牙利	5.06	105	赞比亚	3.60
42	牙买加	5.06	106	摩尔多瓦	3.52
43	巴巴多斯	5.04	107	阿尔及利亚	3.52
44	克罗地亚	5.02	108	肯尼亚	3.52
45	泰国	5.02	109	博茨瓦纳	3.51
46	多米尼加共和国	4.95	110	厄瓜多尔	3.44
47	约旦	4.93	111	布基纳法索	3.41
48	保加利亚	4.89	112	马其顿	3.41
49	塞内加尔	4.88	113	尼泊尔	3.37
50	哈萨克斯坦	4.88	114	纳米比亚	3.36
51	突尼斯	4.87	115	毛里塔尼亚	3.32
52	中国	4.84	116	喀麦隆	3.29
53	科威特	4.83	117	利比亚	3.26
54	罗马尼亚	4.78	118	孟加拉国	3.22
55	南非	4.78	119	马达加斯加	3.15
56	新西兰	4.76	120	乍得	3.02
57	萨尔瓦多	4.75	121	阿尔巴尼亚	2.90
58	巴拿马	4.71	122	叙利亚	2.84
59	拉脱维亚	4.70	123	苏里南	2.76
60	阿根廷	4.68	124	津巴布韦	2.68
61	菲律宾	4.68	125	埃塞俄比亚	2.64
62	委内瑞拉	4.66	126	布隆迪	2.49
63	俄罗斯	4.66	127	莱索托	2.08
64	印度尼西亚	4.65			

平均值：4.61

资料来源：世界经济论坛，问卷调查，2006~2007。

支柱体系2：政策和管制环境

2.01 立法主体的有效性

你所在国家的国会（或代表大会）作为立法机构的有效性（1＝非常无效，7＝非常有效——世界最佳）

排名	国家或经济体	分值	1　平均值：3.52　7	排名	国家或经济体	分值	1　平均值：3.52　7
1	新加坡	6.09		65	埃及	3.42	
2	丹麦	5.72		66	巴基斯坦	3.38	
3	澳大利亚	5.49		67	拉脱维亚	3.38	
4	马来西亚	5.42		68	斯洛伐克共和国	3.37	
5	英国	5.29		69	乌干达	3.37	
6	芬兰	5.27		70	立陶宛	3.30	
7	挪威	5.15		71	约旦	3.30	
8	冰岛	5.13		72	阿塞拜疆	3.28	
9	瑞典	5.06		73	格鲁吉亚	3.28	
10	瑞士	5.02		74	洪都拉斯	3.25	
11	加拿大	5.00		75	摩尔多瓦	3.23	
12	新西兰	5.00		76	莫桑比克	3.23	
13	巴巴多斯	4.98		77	印度尼西亚	3.20	
14	德国	4.98		78	匈牙利	3.15	
15	突尼斯	4.87		79	乌拉圭	3.13	
16	荷兰	4.87		80	巴林	3.09	
17	卢森堡	4.86		81	俄罗斯	3.06	
18	日本	4.76		82	捷克共和国	3.04	
19	南非	4.64		83	阿尔及利亚	3.04	
20	阿曼	4.62		84	马达加斯加	3.04	
21	爱尔兰	4.55		85	肯尼亚	3.03	
22	毛里求斯	4.53		86	吉尔吉斯共和国	3.02	
23	坦桑尼亚	4.51		87	哥伦比亚	3.01	
24	印度	4.51		88	中国台湾	2.98	
25	马耳他	4.51		89	特立尼达和多巴哥	2.98	
26	奥地利	4.50		90	马其顿	2.98	
27	博茨瓦纳	4.48		91	圭亚那	2.92	
28	法国	4.44		92	亚美尼亚	2.89	
29	美国	4.44		93	意大利	2.89	
30	爱沙尼亚	4.33		94	保加利亚	2.83	
31	阿拉伯联合酋长国	4.28		95	毛里塔尼亚	2.79	
32	韩国	4.26		96	莱索托	2.75	
33	土耳其	4.26		97	赞比亚	2.73	
34	塞浦路斯	4.19		98	尼泊尔	2.72	
35	中国香港	4.16		99	埃塞俄比亚	2.72	
36	马里	4.14		100	罗马尼亚	2.61	
37	中国	4.13		101	孟加拉国	2.57	
38	卡塔尔	4.13		102	布隆迪	2.55	
39	西班牙	4.12		103	菲律宾	2.53	
40	以色列	4.11		104	波兰	2.51	
41	葡萄牙	4.10		105	蒙古	2.50	
42	科威特	3.98		106	乌克兰	2.48	
43	泰国	3.92		107	多米尼加共和国	2.44	
44	哈萨克斯坦	3.87		108	墨西哥	2.37	
45	希腊	3.85		109	萨尔瓦多	2.35	
46	贝宁	3.84		110	巴拿马	2.35	
47	越南	3.80		111	喀麦隆	2.34	
48	塔吉克斯坦	3.79		112	波多黎各	2.31	
49	智利	3.77		113	哥斯达黎加	2.24	
50	沙特阿拉伯	3.76		114	塞内加尔	2.22	
51	布基纳法索	3.75		115	玻利维亚	2.20	
52	冈比亚	3.70		116	巴西	2.18	
53	纳米比亚	3.65		117	波斯尼亚和黑塞哥维那	2.13	
54	比利时	3.63		118	津巴布韦	2.13	
55	斯洛文尼亚	3.61		119	乍得	2.12	
56	摩洛哥	3.61		120	危地马拉	2.10	
57	利比亚	3.59		121	秘鲁	2.01	
58	斯里兰卡	3.54		122	苏里南	1.99	
59	克罗地亚	3.50		123	尼加拉瓜	1.97	
60	牙买加	3.50		124	阿根廷	1.91	
61	阿尔巴尼亚	3.44		125	巴拉圭	1.81	
62	尼日利亚	3.43		126	厄瓜多尔	1.60	
63	柬埔寨	3.43		127	委内瑞拉	1.56	
64	叙利亚	3.43					

资料来源：世界经济论坛，问卷调查，2006~2007。

2.02 ICT 相关法律

与使用信息和通信技术相关的法律（电子商务、电子签名、消费者保护等）（1=不存在，7=相当完善）

排名	国家或经济体	分值
1	丹麦	6.01
2	爱沙尼亚	5.90
3	新加坡	5.88
4	德国	5.76
5	瑞典	5.74
6	奥地利	5.70
7	韩国	5.69
8	挪威	5.63
9	芬兰	5.58
10	瑞士	5.57
11	英国	5.54
12	美国	5.42
13	冰岛	5.40
14	马来西亚	5.40
15	荷兰	5.39
16	加拿大	5.37
17	新西兰	5.35
18	中国香港	5.35
19	澳大利亚	5.34
20	法国	5.34
21	以色列	5.13
22	马耳他	4.95
23	葡萄牙	4.94
24	中国台湾	4.93
25	智利	4.92
26	卢森堡	4.91
27	爱尔兰	4.91
28	比利时	4.85
29	日本	4.83
30	斯洛文尼亚	4.82
31	西班牙	4.77
32	南非	4.75
33	阿拉伯联合酋长国	4.71
34	波多黎各	4.60
35	突尼斯	4.60
36	印度	4.57
37	卡塔尔	4.42
38	巴林	4.42
39	立陶宛	4.31
40	阿曼	4.30
41	保加利亚	4.27
42	意大利	4.27
43	毛里求斯	4.23
44	捷克共和国	4.21
45	克罗地亚	4.16
46	巴巴多斯	4.13
47	匈牙利	4.09
48	泰国	4.08
49	土耳其	4.04
50	斯洛伐克共和国	4.01
51	巴西	4.00
52	墨西哥	3.97
53	巴拿马	3.96
54	哥伦比亚	3.95
55	菲律宾	3.90
56	中国	3.90
57	沙特阿拉伯	3.88
58	塞浦路斯	3.88
59	哥斯达黎加	3.88
60	阿塞拜疆	3.82
61	拉脱维亚	3.82
62	多米尼加共和国	3.81
63	哈萨克斯坦	3.80
64	斯里兰卡	3.80
65	约旦	3.77
66	罗马尼亚	3.74
67	波兰	3.69
68	希腊	3.63
69	巴基斯坦	3.59
70	牙买加	3.58
71	萨尔瓦多	3.54
72	秘鲁	3.47
73	越南	3.41
74	尼日利亚	3.40
75	乌拉圭	3.36
76	委内瑞拉	3.34
77	肯尼亚	3.34
78	埃及	3.29
79	印度尼西亚	3.29
80	乌克兰	3.28
81	冈比亚	3.24
82	俄罗斯	3.21
83	洪都拉斯	3.21
84	摩洛哥	3.19
85	马其顿	3.17
86	塞内加尔	3.17
87	科威特	3.15
88	危地马拉	3.13
89	坦桑尼亚	3.12
90	摩尔瓦多	3.10
91	纳米比亚	3.09
92	贝宁	3.07
93	亚美尼亚	3.06
94	博茨瓦纳	2.99
95	乌干达	2.97
96	阿根廷	2.92
97	塔吉克斯坦	2.92
98	赞比亚	2.86
99	厄瓜多尔	2.84
100	布基纳法索	2.81
101	特立尼达和多巴哥	2.79
102	马达加斯加	2.76
103	尼加拉瓜	2.71
104	格鲁吉亚	2.69
105	阿尔及利亚	2.67
106	津巴布韦	2.66
107	马里	2.62
108	蒙古	2.62
109	莱索托	2.60
110	埃塞俄比亚	2.57
111	莫桑比克	2.56
112	阿尔巴尼亚	2.49
113	波斯尼亚和黑塞哥维那	2.44
114	毛里塔尼亚	2.40
115	柬埔寨	2.39
116	尼泊尔	2.36
117	吉尔吉斯共和国	2.35
118	圭亚那	2.27
119	玻利维亚	2.25
120	喀麦隆	2.23
121	孟加拉国	2.21
122	布隆迪	2.15
123	乍得	2.09
124	叙利亚	2.09
125	巴拉圭	2.06
126	利比亚	2.05
127	苏里南	1.53

资料来源：世界经济论坛，问卷调查，2006~2007。

2.03 司法独立性

在你所在的国家司法与政府、公民或公司成员的政治影响保持独立（1＝不，受较大影响；7＝是，完全独立）

排名	国家或经济体	分值	1 平均值：4.02 7
1	德国	6.53	
2	新西兰	6.49	
3	丹麦	6.44	
4	芬兰	6.43	
5	荷兰	6.41	
6	澳大利亚	6.40	
7	瑞士	6.30	
8	瑞典	6.16	
9	挪威	6.09	
10	奥地利	6.06	
11	冰岛	6.05	
12	英国	6.04	
13	以色列	6.03	
14	加拿大	6.01	
15	爱尔兰	6.01	
16	中国香港	5.94	
17	巴巴多斯	5.83	
18	葡萄牙	5.68	
19	新加坡	5.60	
20	卢森堡	5.55	
21	日本	5.51	
22	卡塔尔	5.50	
23	南非	5.45	
24	比利时	5.37	
25	马耳他	5.31	
26	印度	5.30	
27	爱沙尼亚	5.26	
28	法国	5.26	
29	博茨瓦纳	5.25	
30	马来西亚	5.24	
31	科威特	5.23	
32	突尼斯	5.17	
33	塞浦路斯	5.17	
34	纳米比亚	5.14	
35	韩国	5.13	
36	哥斯达黎加	5.08	
37	美国	5.06	
38	波多黎各	5.00	
39	阿拉伯联合首长国	4.98	
40	约旦	4.88	
41	埃及	4.86	
42	乌拉圭	4.83	
43	泰国	4.72	
44	苏里南	4.72	
45	毛里求斯	4.72	
46	阿曼	4.66	
47	斯洛文尼亚	4.49	
48	希腊	4.41	
49	匈牙利	4.41	
50	土耳其	4.40	
51	沙特阿拉伯	4.39	
52	中国台湾	4.30	
53	智利	4.25	
54	牙买加	4.22	
55	冈比亚	4.14	
56	捷克共和国	4.10	
57	巴林	4.09	
58	坦桑尼亚	4.04	
59	斯里兰卡	3.96	
60	利比亚	3.93	
61	拉脱维亚	3.85	
62	摩洛哥	3.84	
63	哥伦比亚	3.81	
64	贝宁	3.80	
65	意大利	3.79	
66	特立尼达和多巴哥	3.79	
67	西班牙	3.76	
68	马里	3.73	
69	尼泊尔	3.68	
70	阿尔及利亚	3.65	
71	斯洛伐克共和国	3.61	
72	越南	3.61	
73	立陶宛	3.60	
74	墨西哥	3.58	
75	莱索托	3.55	
76	波兰	3.54	
77	尼日利亚	3.52	
78	巴基斯坦	3.51	
79	叙利亚	3.49	
80	毛里塔尼亚	3.44	
81	中国	3.43	
82	乌干达	3.37	
83	塔吉克斯坦	3.33	
84	菲律宾	3.31	
85	克罗地亚	3.30	
86	危地马拉	3.29	
87	多米尼加共和国	3.27	
88	巴西	3.14	
89	波斯尼亚和黑塞哥维那	3.14	
90	萨尔瓦多	3.11	
91	赞比亚	3.09	
92	罗马尼亚	3.09	
93	洪都拉斯	3.02	
94	马达加斯加	3.00	
95	肯尼亚	2.98	
96	印度尼西亚	2.97	
97	布基纳法索	2.95	
98	哈萨克斯坦	2.95	
99	圭亚那	2.79	
100	莫桑比克	2.78	
101	保加利亚	2.75	
102	俄罗斯	2.70	
103	埃塞俄比亚	2.69	
104	阿塞拜疆	2.68	
105	孟加拉国	2.56	
106	马其顿	2.54	
107	乌克兰	2.52	
108	格鲁吉亚	2.52	
109	塞内加尔	2.52	
110	蒙古	2.52	
111	巴拿马	2.47	
112	玻利维亚	2.44	
113	摩尔多瓦	2.43	
114	柬埔寨	2.41	
115	阿尔巴尼亚	2.38	
116	亚美尼亚	2.31	
117	喀麦隆	2.20	
118	秘鲁	2.19	
119	阿根廷	2.17	
120	吉尔吉斯共和国	2.05	
121	厄瓜多尔	2.04	
122	布隆迪	2.02	
123	乍得	1.90	
124	津巴布韦	1.82	
125	尼加拉瓜	1.58	
126	巴拉圭	1.55	
127	委内瑞拉	1.19	

资料来源：世界经济论坛，问卷调查，2006~2007。

2.04 知识产权保护

你所在国家的知识产权保护状况（1 = 弱或不存在，7 = 世界最强）

排名	国家或经济体	分值	排名	国家或经济体	分值
1	德国	6.48	65	喀麦隆	3.49
2	芬兰	6.33	66	波兰	3.48
3	瑞士	6.31	67	牙买加	3.48
4	丹麦	6.31	68	土耳其	3.45
5	新加坡	6.17	69	拉脱维亚	3.45
6	荷兰	6.03	70	中国	3.42
7	瑞典	6.01	71	贝宁	3.33
8	英国	5.96	72	巴西	3.33
9	法国	5.91	73	洪都拉斯	3.30
10	澳大利亚	5.90	74	罗马尼亚	3.29
11	奥地利	5.87	75	马里	3.28
12	冰岛	5.86	76	多米尼加共和国	3.28
13	新西兰	5.75	77	萨尔瓦多	3.27
14	比利时	5.70	78	叙利亚	3.26
15	加拿大	5.66	79	哈萨克斯坦	3.26
16	挪威	5.64	80	马达加斯加	3.25
17	日本	5.63	81	冈比亚	3.23
18	卢森堡	5.60	82	坦桑尼亚	3.21
19	爱尔兰	5.51	83	塞内加尔	3.19
20	波多黎各	5.50	84	特立尼达和多巴哥	3.13
21	中国香港	5.45	85	摩尔多瓦	3.13
22	美国	5.42	86	印度尼西亚	3.11
23	韩国	5.37	87	博茨瓦纳	3.11
24	南非	5.20	88	毛里塔尼亚	3.09
25	马来西亚	5.11	89	菲律宾	3.08
26	以色列	5.08	90	危地马拉	3.07
27	卡塔尔	5.02	91	利比亚	3.06
28	西班牙	4.92	92	阿塞拜疆	3.03
29	葡萄牙	4.92	93	肯尼亚	3.01
30	中国台湾	4.86	94	阿尔及利亚	3.00
31	阿拉伯联合酋长国	4.84	95	尼日利亚	2.94
32	阿曼	4.79	96	埃塞俄比亚	2.94
33	巴林	4.74	97	塔吉克斯坦	2.94
34	爱沙尼亚	4.66	98	津巴布韦	2.93
35	突尼斯	4.63	99	阿塞拜疆	2.83
36	斯洛文尼亚	4.48	100	越南	2.82
37	匈牙利	4.44	101	尼加拉瓜	2.79
38	巴巴多斯	4.40	102	吉尔吉斯共和国	2.79
39	塞浦路斯	4.38	103	保加利亚	2.78
40	约旦	4.37	104	格鲁吉亚	2.75
41	马耳他	4.32	105	赞比亚	2.72
42	意大利	4.31	106	亚美尼亚	2.70
43	毛里求斯	4.13	107	乌克兰	2.69
44	泰国	4.13	108	乌干达	2.69
45	希腊	4.13	109	厄瓜多尔	2.68
46	纳米比亚	4.10	110	秘鲁	2.67
47	巴拿马	4.09	111	喀麦隆	2.66
48	印度	3.99	112	莫桑比克	2.60
49	智利	3.96	113	俄罗斯	2.58
50	乌拉圭	3.93	114	马其顿	2.58
51	捷克共和国	3.88	115	莱索托	2.46
52	沙特阿拉伯	3.85	116	蒙古	2.42
53	摩洛哥	3.84	117	波斯尼亚和黑塞哥维那	2.37
54	布基纳法索	3.84	118	尼泊尔	2.26
55	斯洛伐克共和国	3.83	119	巴拉圭	2.25
56	斯里兰卡	3.76	120	阿尔巴尼亚	2.20
57	克罗地亚	3.75	121	乍得	2.07
58	哥斯达黎加	3.73	122	委内瑞拉	2.06
59	立陶宛	3.66	123	布隆迪	2.05
60	科威特	3.63	124	玻利维亚	2.04
61	巴基斯坦	3.61	125	圭亚那	1.97
62	哥伦比亚	3.53	126	苏里南	1.96
63	埃及	3.51	127	孟加拉国	1.96
64	墨西哥	3.51			

资料来源：世界经济论坛，问卷调查，2006~2007。

2.05 解决争端的法律框架的效率

你所在国家对私营企业解决争端及敢于挑战政府行为合法性的法律制度（1 = 无效且隶属于政府控制，7 = 有效且遵循一个明确、公平的过程）

排名	国家或经济体	分值	排名	国家或经济体	分值
1	丹麦	6.48	65	苏里南	3.70
2	德国	6.30	66	塔吉克斯坦	3.67
3	瑞士	6.14	67	坦桑尼亚	3.66
4	芬兰	6.11	68	特立尼达和多巴哥	3.65
5	瑞典	6.10	69	立陶宛	3.62
6	奥地利	6.07	70	中国	3.59
7	荷兰	6.05	71	哈萨克斯坦	3.56
8	挪威	6.05	72	拉脱维亚	3.54
9	中国香港	5.99	73	牙买加	3.53
10	新加坡	5.98	74	印度尼西亚	3.52
11	澳大利亚	5.91	75	贝宁	3.49
12	新西兰	5.86	76	叙利亚	3.46
13	冰岛	5.83	77	捷克共和国	3.37
14	英国	5.82	78	斯洛伐克共和国	3.33
15	日本	5.59	79	克罗地亚	3.29
16	加拿大	5.58	80	尼日利亚	3.29
17	南非	5.43	81	乌干达	3.27
18	马来西亚	5.37	82	布基纳法索	3.24
19	卢森堡	5.35	83	马达加斯加	3.22
20	法国	5.28	84	阿塞拜疆	3.21
21	爱尔兰	5.26	85	莱索托	3.16
22	巴巴多斯	5.24	86	洪都拉斯	3.15
23	突尼斯	5.15	87	波兰	3.13
24	卡塔尔	5.13	88	巴基斯坦	3.12
25	科威特	5.16	89	埃塞俄比亚	3.09
26	以色列	4.98	90	肯尼亚	3.08
27	阿拉伯联合酋长国	4.97	91	菲律宾	3.07
28	韩国	4.96	92	柬埔寨	3.07
29	爱沙尼亚	4.93	93	墨西哥	3.05
30	美国	4.88	94	罗马尼亚	3.03
31	阿曼	4.87	95	萨尔瓦多	3.03
32	塞浦路斯	4.85	96	圭亚那	3.01
33	博茨瓦纳	4.80	97	意大利	2.99
34	印度	4.77	98	多米尼加共和国	2.95
35	智利	4.76	99	巴拿马	2.92
36	比利时	4.70	100	尼泊尔	2.92
37	毛里求斯	4.67	101	亚美尼亚	2.87
38	约旦	4.65	102	巴西	2.86
39	马耳他	4.61	103	俄罗斯	2.84
40	哥斯达黎加	4.60	104	喀麦隆	2.81
41	波多黎各	4.57	105	莫桑比克	2.80
42	纳米比亚	4.44	106	塞内加尔	2.78
43	泰国	4.39	107	马其顿	2.75
44	沙特阿拉伯	4.26	108	乌克兰	2.75
45	中国台湾	4.20	109	保加利亚	2.75
46	西班牙	4.18	110	摩尔多瓦	2.70
47	埃及	4.17	111	孟加拉国	2.68
48	斯洛文尼亚	4.08	112	吉尔吉斯共和国	2.68
49	乌拉圭	4.07	113	格鲁吉亚	2.62
50	希腊	4.05	114	阿尔巴尼亚	2.61
51	摩洛哥	4.03	115	布隆迪	2.60
52	葡萄牙	3.93	116	蒙古	2.46
53	冈比亚	3.91	117	圭亚那	2.43
54	阿尔及利亚	3.89	118	波斯尼亚和黑塞哥维那	2.39
55	巴林	3.82	119	秘鲁	2.38
56	匈牙利	3.81	120	玻利维亚	2.37
57	越南	3.78	121	阿根廷	2.36
58	马里	3.78	122	乍得	2.35
59	斯里兰卡	3.77	123	津巴布韦	2.28
60	赞比亚	3.75	124	尼加拉瓜	2.22
61	毛里塔尼亚	3.75	125	厄瓜多尔	2.18
62	土耳其	3.71	126	巴拉圭	1.99
63	哥伦比亚	3.70	127	委内瑞拉	1.54
64	利比亚	3.70			

资料来源：世界经济论坛，问卷调查，2006~2007。

2.06 财产权

财产权，包括金融资产（1＝基本没有界定且不受法律保护，7＝明确界定且完全受法律保护）

排名	国家或经济体	分值	排名	国家或经济体	分值
1	德国	6.67	65	捷克共和国	4.58
2	丹麦	6.59	66	赞比亚	4.55
3	瑞士	6.58	67	哥伦比亚	4.53
4	奥地利	6.54	68	亚美尼亚	4.48
5	新加坡	6.41	69	巴西	4.46
6	荷兰	6.40	70	布基纳法索	4.46
7	芬兰	6.40	71	萨尔瓦多	4.42
8	澳大利亚	6.35	72	冈比亚	4.36
9	瑞典	6.34	73	阿尔及利亚	4.35
10	冰岛	6.33	74	菲律宾	4.35
11	爱尔兰	6.32	75	中国	4.31
12	挪威	6.31	76	墨西哥	4.30
13	中国香港	6.27	77	克罗地亚	4.24
14	日本	6.19	78	越南	4.23
15	加拿大	6.08	79	塔吉克斯坦	4.21
16	新西兰	6.07	80	多米尼亚共和国	4.20
17	法国	6.06	81	马里	4.14
18	英国	6.06	82	埃塞俄比亚	4.14
19	比利时	6.04	83	罗马尼亚	4.13
20	卢森堡	6.00	84	危地马拉	4.11
21	波多黎各	5.91	85	洪都拉斯	4.10
22	南非	5.78	86	肯尼亚	4.09
23	马来西亚	5.71	87	毛里塔尼亚	4.07
24	韩国	5.71	88	蒙古	4.05
25	以色列	5.65	89	波兰	4.01
26	爱沙尼亚	5.65	90	哈萨克斯坦	3.98
27	毛里求斯	5.65	91	巴基斯坦	3.98
28	葡萄牙	5.58	92	尼泊尔	3.95
29	约旦	5.57	93	坦桑尼亚	3.95
30	美国	5.55	94	塞内加尔	3.87
31	叙利亚	5.55	95	莫桑比克	3.83
32	西班牙	5.54	96	保加利亚	3.82
33	巴巴多斯	5.51	97	利比亚	3.81
34	突尼斯	5.49	98	尼日利亚	3.81
35	巴林	5.48	99	苏里南	3.80
36	塞浦路斯	5.45	100	喀麦隆	3.76
37	匈牙利	5.44	101	阿塞拜疆	3.74
38	卡塔尔	5.43	102	贝宁	3.73
39	中国台湾	5.42	103	马其顿	3.72
40	智利	5.41	104	孟加拉国	3.69
41	纳米比亚	5.41	105	摩尔瓦多	3.61
42	科威特	5.40	106	尼加拉瓜	3.60
43	马耳他	5.34	107	秘鲁	3.59
44	印度	5.28	108	马达加斯加	3.59
45	阿拉伯联合酋长国	5.18	109	柬埔寨	3.59
46	希腊	5.18	110	乌干达	3.59
47	沙特阿拉伯	5.17	111	圭亚那	3.46
48	立陶宛	5.13	112	印度尼西亚	3.38
49	巴拿马	5.12	113	厄瓜多尔	3.35
50	泰国	5.10	114	格鲁吉亚	3.32
51	埃及	5.05	115	乌克兰	3.29
52	斯洛伐克共和国	5.05	116	布隆迪	3.25
53	意大利	5.03	117	波斯尼亚和黑塞哥维那	3.20
54	拉脱维亚	5.01	118	吉尔吉斯共和国	3.17
55	牙买加	4.96	119	俄罗斯	3.16
56	斯洛文尼亚	4.91	120	阿尔巴尼亚	3.12
57	博茨瓦纳	4.87	121	玻利维亚	3.08
58	土耳其	4.80	122	巴拉圭	3.06
59	阿曼	4.77	123	莱索托	3.02
60	斯里兰卡	4.72	124	阿根廷	2.97
61	乌拉圭	4.71	125	乍得	2.62
62	摩洛哥	4.67	126	委内瑞拉	2.29
63	特立尼达和多巴哥	4.67	127	津巴布韦	2.14
64	哥斯达黎加	4.60			

资料来源：世界经济论坛，问卷调查，2006~2007。

2.07 ISP（互联网服务供应商）部门竞争质量

你所在国家互联网服务供应商之间充分竞争以确保质量、不经常的干预和低价（1=不；7=是，等同于世界最佳水平）

排名	国家或经济体	分值	1　　平均值：4.20　　7
1	韩国	6.19	
2	德国	6.04	
3	以色列	5.99	
4	荷兰	5.97	
5	奥地利	5.92	
6	日本	5.87	
7	爱沙尼亚	5.82	
8	中国香港	5.82	
9	英国	5.69	
10	挪威	5.63	
11	瑞典	5.61	
12	冰岛	5.60	
13	美国	5.59	
14	芬兰	5.57	
15	加拿大	5.52	
16	丹麦	5.48	
17	智利	5.46	
18	瑞士	5.43	
19	新加坡	5.39	
20	法国	5.38	
21	危地马拉	5.35	
22	约旦	5.29	
23	印度	5.28	
24	波多黎各	5.27	
25	中国台湾	5.17	
26	马来西亚	5.13	
27	澳大利亚	5.09	
28	泰国	5.08	
29	马耳他	5.05	
30	比利时	5.03	
31	立陶宛	4.96	
32	埃及	4.92	
33	玻利维亚	4.91	
34	菲律宾	4.84	
35	葡萄牙	4.69	
36	印度尼西亚	4.64	
37	斯洛文尼亚	4.62	
38	塞浦路斯	4.62	
39	巴拿马	4.60	
40	斯里兰卡	4.59	
41	突尼斯	4.59	
42	萨尔瓦多	4.59	
43	牙买加	4.58	
44	马里	4.52	
45	意大利	4.51	
46	卢森堡	4.46	
47	沙特阿拉伯	4.45	
48	洪都拉斯	4.44	
49	多米尼加共和国	4.40	
50	土耳其	4.39	
51	拉脱维亚	4.38	
52	科威特	4.35	
53	捷克共和国	4.34	
54	斯洛伐克共和国	4.28	
55	西班牙	4.27	
56	格鲁吉亚	4.25	
57	克罗地亚	4.20	
58	哥伦比亚	4.20	
59	中国	4.18	
60	巴基斯坦	4.18	
61	肯尼亚	4.18	
62	希腊	4.15	
63	冈比亚	4.15	
64	阿塞拜疆	4.15	

排名	国家或经济体	分值	1　　平均值：4.20　　7
65	巴巴多斯	4.14	
66	尼泊尔	4.14	
67	保加利亚	4.12	
68	爱尔兰	4.06	
69	塞内加尔	4.05	
70	尼日利亚	4.01	
71	阿根廷	4.00	
72	墨西哥	3.92	
73	俄罗斯	3.88	
74	秘鲁	3.87	
75	孟加拉国	3.87	
76	蒙古	3.83	
77	乌拉圭	3.83	
78	匈牙利	3.81	
79	阿曼	3.80	
80	坦桑尼亚	3.80	
81	罗马尼亚	3.79	
82	塔吉克斯坦	3.79	
83	委内瑞拉	3.77	
84	越南	3.71	
85	布基纳法索	3.71	
86	乌干达	3.70	
87	贝宁	3.69	
88	摩洛哥	3.68	
89	圭亚那	3.63	
90	波兰	3.60	
91	摩尔多瓦	3.58	
92	阿尔及利亚	3.56	
93	博茨瓦纳	3.55	
94	玻利维亚	3.53	
95	马达加斯加	3.53	
96	巴林	3.46	
97	毛里求斯	3.45	
98	哈萨克斯坦	3.44	
99	柬埔寨	3.41	
100	莫桑比克	3.41	
101	吉尔吉斯共和国	3.41	
102	喀麦隆	3.38	
103	尼加拉瓜	3.38	
104	厄瓜多尔	3.36	
105	波斯尼亚和黑塞哥维那	3.33	
106	新西兰	3.33	
107	叙利亚	3.31	
108	南非	3.28	
109	乌克兰	3.25	
110	利比亚	3.20	
111	阿尔巴尼亚	3.19	
112	阿拉伯联合酋长国	3.16	
113	纳米比亚	3.13	
114	赞比亚	3.13	
115	巴拉圭	3.03	
116	马其顿	3.03	
117	莱索托	2.96	
118	卡塔尔	2.90	
119	津巴布韦	2.88	
120	毛里塔尼亚	2.87	
121	亚美尼亚	2.79	
122	布隆迪	2.78	
123	特立尼达和多巴哥	2.67	
124	哥斯达黎加	2.38	
125	乍得	2.33	
126	埃塞俄比亚	2.07	
127	苏里南	1.86	

资料来源：世界经济论坛，问卷调查，2006~2007。

2.08 执行合同所需行政程序数目（统计数据）

2007 年执行合同所需行政程序的数目

排名	国家或经济体	统计数据
1	爱尔兰	20.00
2	新加坡	22.00
3	中国香港	24.00
4	荷兰	25.00
5	奥地利	26.00
5	冰岛	26.00
5	卢森堡	26.00
8	比利时	27.00
8	捷克共和国	27.00
8	拉脱维亚	27.00
11	澳大利亚	28.00
11	危地马拉	28.00
13	博茨瓦纳	29.00
13	委内瑞拉	29.00
15	萨尔瓦多	30.00
15	法国	30.00
15	日本	30.00
15	立陶宛	30.00
15	马来西亚	30.00
15	新西兰	30.00
15	斯洛伐克共和国	30.00
15	南非	30.00
15	瑞典	30.00
15	乌克兰	30.00
15	英国	30.00
26	摩尔多瓦	31.00
26	莫桑比克	31.00
26	巴拿马	31.00
29	冈比亚	32.00
29	蒙古	32.00
29	罗马尼亚	32.00
29	斯洛文尼亚	32.00
29	瑞士	32.00
29	美国	32.00
35	芬兰	33.00
35	德国	33.00
35	匈牙利	33.00
35	纳米比亚	33.00
35	挪威	33.00
40	挪威	34.00
40	丹麦	34.00
40	多米尼加共和国	34.00
40	牙买加	34.00
40	塔吉克斯坦	34.00
40	越南	34.00
46	中国	35.00
46	以色列	35.00
46	韩国	35.00
46	尼加拉瓜	35.00
46	葡萄牙	35.00
46	泰国	35.00
46	赞比亚	35.00
53	阿根廷	36.00
53	加拿大	36.00
53	智利	36.00
53	爱沙尼亚	36.00
53	格鲁吉亚	36.00
53	圭亚那	36.00
53	土耳其	36.00
60	玻利维亚	37.00
60	布基纳法索	37.00
60	毛里求斯	37.00
60	菲律宾	37.00
60	俄罗斯	37.00

排名	国家或经济体	统计数据
65	波斯尼亚和黑塞哥维那	38.00
65	克罗地亚	38.00
65	哈萨克斯坦	38.00
65	马达加斯加	38.00
65	墨西哥	38.00
65	巴拉圭	38.00
65	波兰	38.00
65	坦桑尼亚	38.00
65	乌干达	38.00
65	津巴布韦	38.00
75	阿尔巴尼亚	39.00
75	阿塞拜疆	39.00
75	厄瓜多尔	39.00
75	埃塞俄比亚	39.00
75	希腊	39.00
75	印度尼西亚	39.00
75	约旦	39.00
75	吉尔吉斯共和国	39.00
75	马其顿	39.00
75	马里	39.00
75	尼泊尔	39.00
75	尼日利亚	39.00
75	西班牙	39.00
75	突尼斯	39.00
89	保加利亚	40.00
89	哥斯达黎加	40.00
89	摩洛哥	40.00
89	斯里兰卡	40.00
89	乌拉圭	40.00
94	孟加拉国	41.00
94	乍得	41.00
94	意大利	41.00
94	莱索托	41.00
94	秘鲁	41.00
94	波多黎各	41.00
100	贝宁	42.00
100	埃及	42.00
100	特立尼达和多巴哥	42.00
103	喀麦隆	43.00
104	布隆迪	44.00
104	柬埔寨	44.00
104	肯尼亚	44.00
104	沙特阿拉伯	44.00
104	塞内加尔	44.00
104	苏里南	44.00
110	巴西	45.00
110	洪都拉斯	45.00
112	印度	46.00
112	毛里塔尼亚	46.00
114	阿尔及利亚	47.00
114	巴基斯坦	47.00
114	中国台湾	47.00
117	亚美尼亚	50.00
117	科威特	50.00
117	阿拉伯联合酋长国	50.00
120	阿曼	51.00
121	叙利亚	55.00
n/a	巴林	n/a
n/a	巴巴多斯	n/a
n/a	塞浦路斯	n/a
n/a	利比亚	n/a
n/a	马耳他	n/a
n/a	卡塔尔	n/a

资料来源：世界银行：《商业环境报告（2008）》。

2.09 执行合同所需时间（统计数据）

2007 年执行合同所需天数

排名	国家或经济体	统计数据
1	新加坡	120.00
2	吉尔吉斯共和国	177.00
3	立陶宛	210.00
4	中国香港	211.00
5	新西兰	216.00
6	哈萨克斯坦	230.00
6	韩国	230.00
8	芬兰	235.00
9	澳大利亚	262.00
10	阿塞拜疆	267.00
11	纳米比亚	270.00
12	拉脱维亚	279.00
13	俄罗斯	281.00
14	亚美尼亚	285.00
14	格鲁吉亚	285.00
16	塔吉克斯坦	295.00
16	越南	295.00
18	美国	300.00
19	挪威	310.00
20	蒙古	314.00
21	日本	316.00
22	卢森堡	321.00
23	法国	331.00
24	匈牙利	335.00
25	乌克兰	354.00
26	摩尔多瓦	365.00
27	丹麦	380.00
28	马其顿	385.00
29	阿尔巴尼亚	390.00
30	冰岛	393.00
31	德国	394.00
32	奥地利	397.00
33	毛里塔尼亚	400.00
34	柬埔寨	401.00
35	英国	404.00
36	中国	406.00
37	津巴布韦	410.00
38	墨西哥	415.00
39	瑞士	417.00
40	土耳其	420.00
41	爱沙尼亚	425.00
42	冈比亚	434.00
43	布基纳法索	446.00
44	尼日利亚	457.00
45	多米尼加共和国	460.00
46	坦桑尼亚	462.00
47	肯尼亚	465.00
48	秘鲁	468.00
49	赞比亚	471.00
50	泰国	479.00
51	智利	480.00
52	洪都拉斯	480.00
53	厄瓜多尔	498.00
54	比利时	505.00
55	瑞典	508.00
56	中国台湾	510.00
56	委内瑞拉	510.00
58	荷兰	514.00
59	爱尔兰	515.00
59	西班牙	515.00
61	乌干达	535.00
62	罗马尼亚	537.00
63	尼加拉瓜	540.00
64	布隆迪	558.00

排名	国家或经济体	统计数据
65	克罗地亚	561.00
66	保加利亚	564.00
67	牙买加	565.00
67	斯洛伐克共和国	565.00
67	突尼斯	565.00
70	科威特	566.00
71	加拿大	570.00
71	印度尼西亚	570.00
73	葡萄牙	577.00
74	圭亚那	281.00
75	阿根廷	590.00
76	玻利维亚	591.00
76	巴拉圭	591.00
78	波斯尼亚和黑塞哥维那	595.00
79	阿曼	598.00
80	马来西亚	600.00
80	南非	600.00
82	阿拉伯联合酋长国	607.00
83	摩洛哥	615.00
84	巴西	616.00
85	波多黎各	620.00
86	阿尔及利亚	630.00
87	沙特阿拉伯	635.00
88	巴拿马	686.00
89	约旦	689.00
90	埃塞俄比亚	690.00
91	莱索托	695.00
92	贝宁	720.00
92	乌拉圭	720.00
94	尼泊尔	735.00
95	乍得	743.00
96	毛里求斯	750.00
97	塞内加尔	780.00
98	萨尔瓦多	786.00
99	喀麦隆	800.00
100	希腊	819.00
101	捷克共和国	82.00
102	波兰	830.00
103	菲律宾	842.00
104	马里	860.00
105	马达加斯加	871.00
106	叙利亚	872.00
107	哥斯达黎加	877.00
108	巴基斯坦	880.00
109	以色列	890.00
110	博茨瓦纳	987.00
111	埃及	1010.00
111	莫桑比克	1010.00
113	意大利	1210.00
114	斯里兰卡	1318.00
115	特立尼达和多巴哥	1340.00
116	哥伦比亚	1346.00
117	斯洛文尼亚	1350.00
118	印度	1420.00
119	孟加拉国	1442.00
120	危地马拉	1459.00
121	苏里南	1715.00
n/a	巴林	n/a
n/a	巴巴多斯	n/a
n/a	塞浦路斯	n/a
n/a	利比亚	n/a
n/a	马耳他	n/a
n/a	卡塔尔	n/a

资料来源：世界银行：《商业环境报告（2008）》。

第一部分　环境构成

支柱体系 3：基础设施环境

3.01 电话线（统计数据）

每 100 个居民所拥有电话线（2006 年或最近的年份）

排名	国家或经济体	统计数据		排名	国家或经济体	统计数据
1	瑞士	69.38		65	墨西哥	18.33
2	德国	65.53		66	苏里南	18.03
3	冰岛	65.21		67	哥伦比亚	17.00
4	加拿大[1]	64.12		68	马来西亚	16.83
5	中国台湾	63.58		69	叙利亚	16.62
6	瑞典	59.52		70	沙特阿拉伯	15.68
7	美国	57.15		71	委内瑞拉	15.49
8	丹麦	56.89		72	萨尔瓦多	14.81
9	英国	56.15		73	圭亚那	14.66
10	韩国	55.99		74	埃及	14.33
11	法国	55.82		75	阿塞拜疆	14.03
12	希腊	55.52		76	巴拿马	13.17
13	中国香港	54.08		77	厄瓜多尔	13.07
14	卢森堡	52.40		78	格鲁吉亚	12.48
15	马耳他	50.16		79	突尼斯	12.42
16	巴巴多斯[1]	50.14		80	牙买加[1]	12.03
17	爱尔兰	49.71		81	阿尔巴尼亚	11.03
18	澳大利亚	48.81		82	泰国	10.92
19	塞浦路斯	48.35		83	阿曼	10.65
20	荷兰	46.63		84	约旦	10.52
21	比利时	45.21		85	危地马拉	10.49
22	挪威	44.27		86	南非	9.97
23	以色列	43.88		87	多米尼加共和国	9.94
24	奥地利	43.44		88	洪都拉斯	9.62
25	意大利[1]	43.12		89	斯里兰卡	9.01
26	日本	43.02		90	阿尔及利亚	8.52
27	新西兰[1]	42.91		91	吉尔吉斯共和国[1]	8.37
28	斯洛伐克共和国	42.60		92	秘鲁	8.22
29	西班牙	42.38		93	利比亚	8.09
30	新加坡	42.30		94	博茨瓦纳	7.78
31	爱沙尼亚	40.90		95	玻利维亚	7.13
32	克罗地亚	40.22		96	纳米比亚[1]	6.84
33	葡萄牙	40.12		97	印度尼西亚	6.57
34	芬兰	36.49		98	蒙古	5.90
35	匈牙利	33.27		99	巴拉圭	5.25
36	捷克共和国[1]	31.48		100	印度[1]	4.55
37	保加利亚	31.28		101	尼加拉瓜	4.43
38	哥斯达黎加	30.75		102	塔吉克斯坦[1]	4.31
39	波兰	29.81		103	菲律宾	4.30
40	拉脱维亚	28.64		104	摩洛哥	4.12
41	毛里求斯	28.45		105	冈比亚	3.40
42	乌拉圭	28.31		106	巴基斯坦	3.34
43	阿拉伯联合酋长国	28.12		107	莱索托	2.67
44	俄罗斯	27.94		108	津巴布韦	2.54
45	中国	27.79		109	塞内加尔	2.37
46	卡塔尔	27.21		110	尼泊尔	2.15
47	乌克兰	26.84		111	尼日利亚	1.26
48	波多黎各[1]	26.24		112	毛里塔尼亚	1.10
49	巴林	26.18		113	埃塞俄比亚	0.91
50	土耳其	25.39		114	贝宁	0.89
51	波斯尼亚和黑塞哥维那	25.28		115	肯尼亚	0.84
52	特立尼达和多巴哥	24.87		116	赞比亚	0.79
53	摩尔多瓦	24.27		117	孟加拉国	0.79
54	阿根廷	24.17		118	布基纳法索	0.70
55	马其顿	24.17		119	马达加斯加	0.68
56	立陶宛	23.19		120	喀麦隆[1]	0.61
57	斯洛伐克共和国	21.62		121	马里	0.59
58	巴西	21.38		122	布隆迪	0.41
59	智利	20.20		123	坦桑尼亚	0.40
60	哈萨克斯坦	19.77		124	乌拉圭	0.36
61	亚美尼亚[1]	19.71		125	莫桑比克	0.33
62	罗马尼亚	19.44		126	柬埔寨	0.23
63	科威特[1]	18.99		127	乍得	0.13
64	越南[1]	18.81				

注：1 代表 2005 年数据。

资料来源：国际电信联盟：《世界电信指标（2007）》。

3.02 安全的网络服务器（统计数据）

每百万居民所拥有安全的网络服务器（2006 年）

排名	国家或经济体	统计数据		排名	国家或经济体	统计数据
1	冰岛	1258.00		63	萨尔瓦多	6.00
2	美国	869.00		63	危地马拉	6.00
3	加拿大	646.00		63	秘鲁	6.00
4	丹麦	615.00		63	泰国	6.00
5	新西兰	596.00		69	厄瓜多尔	5.00
6	澳大利亚	584.00		69	格鲁吉亚	5.00
7	卢森堡	582.00		69	沙特阿拉伯	5.00
8	瑞士	580.00		69	委内瑞拉	5.00
9	英国	561.00		73	波斯尼亚和黑塞哥维那	4.00
10	马耳他	486.00		73	洪都拉斯	4.00
11	爱尔兰	420.00		73	约旦	4.00
12	荷兰	412.00		73	摩尔多瓦	4.00
13	瑞典	406.00		73	蒙古	4.00
14	挪威	390.00		78	亚美尼亚	3.00
15	芬兰	381.00		78	玻利维亚	3.00
16	德国	349.00		78	圭亚那	3.00
17	日本	332.00		78	尼加拉瓜	3.00
18	新加坡	298.00		78	阿曼	3.00
19	奥地利	285.00		78	菲律宾	3.00
20	塞浦路斯	268.00		78	俄罗斯	3.00
21	巴巴多斯	196.00		85	阿尔巴尼亚	2.00
22	中国香港	190.00		85	马其顿	2.00
23	以色列	183.00		85	斯里兰卡	2.00
24	中国台湾	169.00		85	突尼斯	2.00
25	爱沙尼亚	163.00		85	乌克兰	2.00
26	比利时	146.00		90	博茨瓦纳	1.00
27	西班牙	102.00		90	埃及	1.00
28	法国	96.00		90	冈比亚	1.00
28	斯洛文尼亚	96.00		90	印度	1.00
30	哥斯达黎加	67.00		90	印度尼西亚	1.00
31	捷克共和国	65.00		90	哈萨克斯坦	1.00
31	葡萄牙	65.00		90	吉尔吉斯共和国	1.00
33	巴拿马	57.00		90	毛里塔尼亚	1.00
34	巴林	55.00		90	摩洛哥	1.00
35	阿拉伯联合酋长国	54.00		90	尼泊尔	1.00
36	意大利	53.00		90	巴拉圭	1.00
37	克罗地亚	48.00		101	阿尔及利亚	0.00
38	拉脱维亚	46.00		101	阿塞拜疆	0.00
39	希腊	40.00		101	孟加拉国	0.00
40	波兰	38.00		101	贝宁	0.00
41	匈牙利	36.00		101	布基纳法索	0.00
42	科威特	35.00		101	布隆迪	0.00
43	波多黎各	33.00		101	柬埔寨	0.00
44	乌拉圭	29.00		101	喀麦隆	0.00
45	卡塔尔	28.00		101	中国	0.00
45	斯洛伐克共和国	28.00		101	埃塞俄比亚	0.00
45	特立尼达和多巴哥	28.00		101	肯尼亚	0.00
48	立陶宛	26.00		101	利比亚	0.00
49	土耳其	25.00		101	马达加斯加	0.00
50	南非	24.00		101	马里	0.00
51	智利	22.00		101	莫桑比克	0.00
51	韩国	22.00		101	尼日利亚	0.00
53	牙买加	18.00		101	巴基斯坦	0.00
53	毛里求斯	18.00		101	塞内加尔	0.00
55	马来西亚	17.00		101	叙利亚	0.00
56	巴西	16.00		101	坦桑尼亚	0.00
56	苏里南	16.00		101	乌干达	0.00
58	阿根廷	12.00		101	越南	0.00
59	保加利亚	11.00		101	赞比亚	0.00
60	墨西哥	10.00		101	津巴布韦	0.00
61	纳米比亚	8.00		n/a	乍得	n/a
62	罗马尼亚	7.00		n/a	莱索托	n/a
63	哥伦比亚	6.00		n/a	塔吉克斯坦	n/a
63	多米尼加共和国	6.00				

资料来源：世界银行：《世界发展指标（2007）》。

3.03 发电量（统计数据）

人均发电量（千瓦时）（2004 年或最近的年份）

排名	国家或经济体	统计数据
1	冰岛 [1]	29356.09
2	挪威	23976.48
3	加拿大	18706.43
4	瑞典	16870.55
5	科威特	16792.03
6	芬兰	16411.32
7	卡塔尔 [1]	16382.15
8	美国	14124.16
9	阿拉伯联合酋长国	12129.63
10	澳大利亚	11910.21
11	巴林 [1]	11001.98
12	新西兰	10292.02
13	法国	9370.30
14	中国台湾 [1]	9248.74
15	巴拉圭	8966.67
16	新加坡	8678.63
17	瑞士	8606.69
18	日本	8382.91
19	捷克共和国	8210.05
20	比利时	8099.03
21	斯洛伐克共和国	7661.49
22	爱沙尼亚	7635.29
23	韩国	7624.47
24	奥地利	7535.44
25	丹麦	7498.33
26	德国	7392.51
27	以色列	7216.87
28	沙特阿拉伯	7097.52
29	英国	6571.51
30	西班牙	6490.68
31	俄罗斯	6464.37
32	波多黎各 [2]	6380.21
33	爱尔兰	6193.93
34	荷兰	6190.89
35	卢森堡 [1]	6178.51
36	斯洛伐克共和国	5666.62
37	马耳他	5604.01
38	立陶宛	5472.12
39	中国香港	5390.40
40	保加利亚	5320.65
41	希腊	5315.49
42	南非	5224.33
43	意大利	5036.53
44	塞浦路斯 [1]	4953.39
45	特立尼达和多巴哥	4918.16
46	阿曼	4538.64
47	哈萨克斯坦	4456.14
48	葡萄牙	4265.85
49	波兰	3996.65
50	乌克兰	3836.34
51	委内瑞拉	3770.05
52	利比亚	3519.10
53	匈牙利	3334.32
54	马来西亚	3330.12
55	马其顿	3299.68
56	智利	3225.01
57	波斯尼亚和黑塞哥维那	3222.92
58	克罗地亚	2971.03
59	吉尔吉斯共和国	2964.97
60	牙买加	2725.21
61	塔吉克斯坦	2690.39
62	阿根廷	2613.89
63	罗马尼亚	2605.49
64	阿塞拜疆	2600.40
65	墨西哥	2195.98
66	土耳其	2118.06
67	巴西	2107.01
68	巴西	2032.17
69	亚美尼亚	1982.75
70	泰国	1973.50
71	哥斯达黎加	1928.05
72	巴拿马	1826.54
73	阿尔巴尼亚	1799.66
74	叙利亚	1727.48
75	乌拉圭	1715.37
76	中国	1696.96
77	约旦	1682.24
78	多米尼加共和国	1573.92
79	格鲁吉亚	1527.22
80	埃及	1394.51
81	突尼斯	1318.92
82	哥伦比亚	1117.67
83	阿尔及利亚	967.30
84	厄瓜多尔	966.26
85	秘鲁	881.65
86	摩尔多瓦	853.51
87	纳米比亚	846.07
88	津巴布韦	749.85
89	赞比亚	740.48
90	博茨瓦纳	734.84
91	洪都拉斯	695.20
92	菲律宾	686.13
93	萨尔瓦多	650.66
94	摩洛哥	647.13
95	印度	618.51
96	莫桑比克	602.35
97	危地马拉	569.34
98	巴基斯坦	563.59
99	越南	559.87
100	印度尼西亚	552.42
101	尼加拉瓜	546.58
102	玻利维亚	488.40
103	斯里兰卡	411.06
104	喀麦隆	255.64
105	塞内加尔	210.79
106	肯尼亚	167.33
107	尼日利亚	156.94
108	孟加拉国	154.44
109	尼泊尔	86.50
110	坦桑尼亚	66.44
111	柬埔寨	57.98
112	埃塞俄比亚	35.73
113	贝宁	12.23
n/a	巴巴多斯	n/a
n/a	布基纳法索	n/a
n/a	布隆迪	n/a
n/a	乍得	n/a
n/a	冈比亚	n/a
n/a	圭亚那	n/a
n/a	莱索托	n/a
n/a	马达加斯加	n/a
n/a	马里	n/a
n/a	毛里塔尼亚	n/a
n/a	毛里求斯	n/a
n/a	蒙古	n/a
n/a	苏里南	n/a
n/a	乌干达	n/a

注：1 代表 2003 年数据，2 代表 2006 年数据。

资料来源：世界银行：《世界发展指标（2007）》。

3.04 科学家和工程师的可利用性

你所在国家的科学家和工程师 （1＝不存或罕见，7＝利用广泛）

排名	国家或经济体	分值	平均值：4.36
1	芬兰	6.04	
2	日本	5.95	
3	以色列	5.92	
4	印度	5.29	
5	捷克共和国	5.76	
6	瑞典	5.76	
7	法国	5.68	
8	加拿大	5.66	
9	突尼斯	5.65	
10	瑞士	5.64	
11	丹麦	5.61	
12	美国	5.60	
13	韩国	5.52	
14	中国台湾	5.47	
15	爱尔兰	5.44	
16	德国	5.44	
17	希腊	5.41	
18	比利时	5.34	
19	波多黎各	5.32	
20	冰岛	5.29	
21	马来西亚	5.28	
22	新加坡	5.28	
23	挪威	5.25	
24	斯洛伐克共和国	5.19	
25	阿尔及利亚	5.16	
26	奥地利	5.13	
27	印度尼西亚	5.05	
28	英国	5.04	
29	埃及	5.00	
30	荷兰	4.99	
31	智利	4.94	
32	葡萄牙	4.93	
33	塞浦路斯	4.91	
34	澳大利亚	4.90	
35	中国香港	4.90	
36	摩洛哥	4.89	
37	俄罗斯	4.87	
38	约旦	4.82	
39	哥斯达黎加	4.76	
40	匈牙利	4.74	
41	土耳其	4.74	
42	泰国	4.73	
43	立陶宛	4.72	
44	斯里兰卡	4.72	
45	西班牙	4.71	
46	克罗地亚	4.69	
47	罗马尼亚	4.61	
48	意大利	4.59	
49	科威特	4.58	
50	肯尼亚	4.57	
51	阿塞拜疆	4.56	
52	蒙古	4.55	
53	利比亚	4.54	
54	越南	4.53	
55	叙利亚	4.50	
56	沙特阿拉伯	4.47	
57	亚美尼亚	4.45	
58	贝宁	4.43	
59	巴西	4.42	
60	新西兰	4.42	
61	马达加斯加	4.40	
62	巴巴多斯	4.40	
63	马其顿	4.38	
64	保加利亚	4.36	
65	特立尼达和多巴哥	4.36	
66	卡塔尔	4.33	
67	爱沙尼亚	4.33	
68	塞内加尔	4.30	
69	乌克兰	4.30	
70	马耳他	4.29	
71	乌拉圭	4.28	
72	孟加拉国	4.26	
73	波兰	4.25	
74	马里	4.20	
75	阿根廷	4.19	
76	尼日利亚	4.17	
77	中国	4.16	
78	委内瑞拉	4.16	
79	阿拉伯联合酋长国	4.07	
80	喀麦隆	4.07	
81	卢森堡	4.06	
82	哥伦比亚	4.06	
83	乌干达	4.05	
84	阿曼	4.05	
85	巴基斯坦	4.04	
86	坦桑尼亚	4.00	
87	赞比亚	3.98	
88	牙买加	3.97	
89	秘鲁	3.89	
90	格鲁吉亚	3.86	
91	斯洛文尼亚	3.85	
92	菲律宾	3.85	
93	墨西哥	3.82	
94	巴拿马	3.80	
95	哈萨克斯坦	3.77	
96	危地马拉	3.74	
97	毛里塔尼亚	3.73	
98	巴林	3.69	
99	尼泊尔	3.69	
100	摩尔多瓦	3.63	
101	南非	3.62	
102	拉脱维亚	3.61	
103	毛里求斯	3.48	
104	洪都拉斯	3.47	
105	波斯尼亚和黑塞哥维那	3.44	
106	津巴布韦	3.43	
107	布基纳法索	3.41	
108	阿尔巴尼亚	3.37	
109	苏里南	3.37	
110	厄瓜多尔	3.36	
111	塔吉克斯坦	3.36	
112	尼加拉瓜	3.35	
113	博茨瓦纳	3.33	
114	吉尔吉斯共和国	3.33	
115	多米尼加共和国	3.32	
116	萨尔瓦多	3.29	
117	布隆迪	3.15	
118	埃塞俄比亚	3.09	
119	莫桑比克	3.08	
120	冈比亚	3.02	
121	玻利维亚	3.00	
122	莱索托	2.95	
123	乍得	2.95	
124	圭亚那	2.88	
125	柬埔寨	2.82	
126	巴拉圭	2.74	
127	纳米比亚	2.69	

资料来源：世界经济论坛，问卷调查，2006~2007。

3.05 科研机构质量

你所在国家的科研机构（如大学实验室、政府实验室等）（1＝不存在，7＝所在领域属于国际一流水平）

排名	国家或经济体	分值	排名	国家或经济体	分值
1	瑞士	6.22	65	特立尼达和多巴哥	3.77
2	美国	6.13	66	阿拉伯联合酋长国	3.75
3	以色列	6.04	67	毛里求斯	3.74
4	英国	5.92	68	拉脱维亚	3.70
5	德国	5.82	69	斯洛伐克共和国	3.68
6	芬兰	5.71	70	罗马尼亚	3.68
7	比利时	5.69	71	巴基斯坦	3.68
8	加拿大	5.67	72	保加利亚	3.68
9	瑞典	5.64	73	布基纳法索	3.63
10	荷兰	5.57	74	希腊	3.61
11	韩国	5.56	75	塞浦路斯	3.60
12	日本	5.56	76	塔吉克斯坦	3.58
13	新加坡	5.54	77	马耳他	3.58
14	丹麦	5.52	78	埃塞俄比亚	3.58
15	澳大利亚	5.52	79	摩洛哥	3.58
16	爱尔兰	5.39	80	津巴布韦	3.55
17	马来西亚	5.31	81	亚美尼亚	3.54
18	新西兰	5.21	82	乌拉圭	3.51
19	法国	5.18	83	菲律宾	3.48
20	奥地利	5.18	84	马里	3.48
21	挪威	5.08	85	阿根廷	3.48
22	印度	5.06	86	哥伦比亚	3.48
23	中国台湾	4.97	87	马其顿	3.44
24	匈牙利	4.90	88	冈比亚	3.44
25	中国香港	4.80	89	叙利亚	3.40
26	爱沙尼亚	4.80	90	埃及	3.40
27	南非	4.70	91	阿尔及利亚	3.39
28	印度尼西亚	4.70	92	越南	3.37
29	冰岛	4.65	93	巴拿马	3.36
30	捷克共和国	4.63	94	意大利	3.36
31	肯尼亚	4.57	95	蒙古	3.33
32	葡萄牙	4.49	96	赞比亚	3.32
33	斯洛文尼亚	4.45	97	孟加拉国	3.27
34	哥斯达黎加	4.43	98	苏里南	3.27
35	波多黎各	4.41	99	利比亚	3.26
36	突尼斯	4.41	100	危地马拉	3.22
37	乌干达	4.29	101	尼泊尔	3.20
38	阿曼	4.29	102	贝宁	3.19
39	牙买加	4.28	103	马达加斯加	3.18
40	斯里兰卡	4.26	104	委内瑞拉	3.17
41	巴西	4.26	105	格鲁吉亚	3.13
42	立陶宛	4.24	106	莫桑比克	3.09
43	俄罗斯	4.24	107	圭亚那	3.07
44	泰国	4.22	108	摩尔多瓦	3.06
45	卡塔尔	4.14	109	纳米比亚	3.01
46	科威特	4.12	110	吉尔吉斯共和国	2.99
47	坦桑尼亚	4.12	111	秘鲁	2.99
48	西班牙	4.10	112	喀麦隆	2.90
49	土耳其	4.04	113	巴林	2.89
50	智利	4.03	114	波斯尼亚和黑塞哥维那	2.89
51	巴巴多斯	4.01	115	柬埔寨	2.85
52	沙特阿拉伯	4.01	116	厄瓜多尔	2.83
53	克罗地亚	4.01	117	洪都拉斯	2.80
54	卢森堡	4.01	118	萨尔瓦多	2.77
55	中国	3.98	119	多米尼加共和国	2.76
56	阿塞拜疆	3.97	120	莱索托	2.69
57	尼日利亚	3.95	121	布隆迪	2.58
58	乌克兰	3.94	122	尼加拉瓜	2.57
59	约旦	3.92	123	玻利维亚	2.55
60	塞内加尔	3.90	124	乍得	2.51
61	哈萨克斯坦	3.87	125	毛里塔尼亚	2.15
62	波兰	3.82	126	阿尔巴尼亚	2.15
63	墨西哥	3.81	127	巴拉圭	2.08
64	博茨瓦纳	3.77			

平均值：3.96

资料来源：世界经济论坛，问卷调查，2006~2007。

3.06 高等教育入学率（统计数据）

高等教育入学率（2005 年或最近的年份）

排名	国家或经济体	统计数据
1	芬兰	91.69
2	韩国[6]	91.04
3	希腊	89.10
4	美国	82.72
5	中国台湾	82.02
6	新西兰	81.93
7	瑞典	81.66
8	斯洛文尼亚	81.19
9	丹麦	80.46
10	挪威	79.66
11	立陶宛	76.04
12	拉脱维亚	74.36
13	澳大利亚	71.83
14	冰岛	71.20
15	俄罗斯	71.04
16	乌克兰	68.96
17	西班牙	66.87
18	爱沙尼亚	65.74
19	意大利	65.62
20	匈牙利	65.22
21	阿根廷[5]	65.03
22	波兰	63.41
23	比利时	63.01
24	加拿大[5]	62.34
25	荷兰	60.71
26	英国	59.71
27	爱尔兰	59.31
28	以色列	57.87
29	葡萄牙	56.47
30	法国	56.39
31	利比亚[4]	56.24
32	日本	55.31
33	哈萨克斯坦	53.00
34	德国[4]	51.00
35	奥地利	50.27
36	捷克共和国	47.99
37	智利	47.83
38	瑞士	47.42
39	新加坡[5]	47.00
40	格鲁吉亚	46.13
41	罗马尼亚	44.79
42	巴拿马	43.89
43	保加利亚	43.64
44	蒙古	43.20
45	泰国[6]	42.74
46	克罗地亚[5]	41.80
47	吉尔吉斯共和国	41.45
48	波多黎各[3]	41.42
49	委内瑞拉[5]	41.15
50	斯洛伐克共和国	40.63
51	玻利维亚[5]	40.62
52	乌拉圭[5]	40.51
53	约旦	39.19
54	巴巴多斯[2]	37.75
55	巴林	35.51
56	摩尔多瓦	33.94
57	埃及	33.91
58	秘鲁	33.45
59	塞浦路斯	33.22
60	多米尼加共和国[5]	32.89
61	马来西亚[5]	32.01
62	马耳他	31.82
63	中国香港	31.39
64	土耳其	31.19
65	突尼斯	30.78
66	马其顿	29.70
67	哥伦比亚	29.27
68	沙特阿拉伯	28.41
69	菲律宾	28.08
70	亚美尼亚	28.03
71	哥斯达黎加	25.34
72	巴拉圭[5]	24.45
73	墨西哥	23.99
74	巴西[5]	23.78
75	阿拉伯联合酋长国[4]	22.49
76	阿尔及利亚	20.43
77	中国	20.31
78	科威特	19.53
79	阿尔巴尼亚[5]	19.28
80	萨尔瓦多	19.01
81	牙买加[4]	18.99
82	卡塔尔	18.56
83	阿曼	18.36
84	尼加拉瓜[4]	17.87
85	塔吉克斯坦	17.26
86	印度尼西亚	17.06
87	毛里求斯	16.86
88	洪都拉斯[5]	16.42
89	越南	15.97
90	南非	15.30
91	阿塞拜疆	14.92
92	苏里南[3]	12.44
93	卢森堡[5]	12.39
94	特立尼达和多巴哥	12.14
95	印度	11.41
96	摩洛哥	11.27
97	斯里兰卡[3]	11.00
98	尼日利亚[5]	10.48
99	圭亚那	9.86
100	危地马拉[4]	9.58
101	孟加拉国	6.49
102	纳米比亚[5]	6.11
103	喀麦隆	6.10
104	尼泊尔[5]	5.64
105	塞内加尔	5.40
106	博茨瓦纳	5.08
107	巴基斯坦	4.65
108	津巴布韦[4]	3.67
109	乌干达[5]	3.44
110	莱索托	3.43
111	柬埔寨	3.35
112	毛里塔尼亚	3.18
113	贝宁[2]	3.05
114	肯尼亚[5]	2.76
115	埃塞俄比亚	2.68
116	马达加斯加	2.61
117	马里	2.56
118	布基纳法索	2.38
119	布隆迪	2.33
120	赞比亚[1]	2.33
121	莫桑比克	1.47
122	坦桑尼亚	1.39
123	乍得	1.21
124	冈比亚[5]	1.20
n/a	波斯尼亚和黑塞哥维那	n/a
n/a	厄瓜多尔	n/a
n/a	叙利亚	n/a

注：1、2、3、4、5、6 分别代表 2000 年、2001 年、2002 年、2003 年、2004 年、2006 年的数据。
资料来源：联合国教科文组织，统计研究所（2007 年 6 月）；国家资料。

3.07 教育支出（统计数据）

教育支出占国民总收入的百分比（2005 年）

排名	国家或经济体	统计数据		排名	国家或经济体	统计数据
1	丹麦	8.09		65	斯洛伐克共和国	4.08
2	瑞典	8.04		66	哥斯达黎加	4.04
3	冰岛	7.62		67	特立尼达和多巴哥	4.01
4	以色列	7.31		68	印度	3.99
5	纳米比亚	7.28		69	乌干达	3.98
6	新西兰	7.23		70	毛里求斯	3.93
7	沙特阿拉伯	7.19		71	布隆迪	3.92
8	挪威	7.03		72	智利	3.92
9	巴巴多斯	6.99		73	中国香港	3.75
10	科威特	6.87		74	塞内加尔	3.73
11	津巴布韦	6.87		75	韩国	3.73
12	莱索托	6.69		76	卢森堡	3.72
13	肯尼亚	6.57		77	洪都拉斯	3.55
14	玻利维亚	6.32		78	俄罗斯	3.54
15	芬兰	6.04		79	阿塞拜疆	3.50
16	摩洛哥	6.03		80	土耳其	3.49
17	突尼斯	5.91		81	保加利亚	3.48
18	匈牙利	5.82		82	罗马尼亚	3.24
19	马来西亚	5.77		83	毛里塔尼亚	3.23
20	立陶宛	5.72		84	喀麦隆	3.20
21	葡萄牙	5.66		85	日本	3.12
22	塞浦路斯	5.63		86	希腊	3.11
23	波兰	5.62		87	亚美尼亚	3.05
24	约旦	5.62		88	比利时	3.04
25	博茨瓦纳	5.62		89	埃塞俄比亚	2.96
26	拉脱维亚	5.57		90	赞比亚	2.91
27	奥地利	5.57		91	尼加拉瓜	2.91
28	蒙古	5.38		92	格鲁吉亚	2.90
29	斯洛文尼亚	5.35		93	秘鲁	2.88
30	英国	5.33		94	阿尔巴尼亚	2.84
31	南非	5.29		95	菲律宾	2.82
32	墨西哥	5.25		96	越南	2.81
33	加拿大	5.23		97	萨尔瓦多	2.78
34	法国	5.16		98	马里	2.72
35	爱沙尼亚	5.14		99	新加坡	2.70
36	牙买加	5.05		100	乌拉圭	2.65
37	瑞士	5.03		101	塔吉克斯坦	2.65
38	荷兰	4.91		102	尼泊尔	2.61
39	马其顿	4.90		103	叙利亚	2.60
40	哥伦比亚	4.90		104	斯里兰卡	2.55
41	圭亚那	4.81		105	马达加斯加	2.53
42	美国	4.79		106	坦桑尼亚	2.39
43	爱尔兰	4.78		107	布基纳法索	2.38
44	澳大利亚	4.76		108	贝宁	2.36
45	泰国	4.75		109	冈比亚	2.04
46	意大利	4.61		110	中国	1.97
47	阿尔及利亚	4.47		111	柬埔寨	1.83
48	巴拿马	4.42		112	莫桑比克	1.80
49	哈萨克斯坦	4.41		113	孟加拉国	1.70
50	埃及	4.41		114	巴基斯坦	1.63
51	乌克兰	4.41		115	危地马拉	1.57
52	马耳他	4.40		116	乍得	1.44
53	吉尔吉斯共和国	4.39		117	厄瓜多尔	1.38
54	巴林	4.36		118	多米尼加共和国	1.20
55	委内瑞拉	4.35		119	印度尼西亚	0.86
56	德国	4.31		120	尼日利亚	0.85
57	阿曼	4.20		n/a	波斯尼亚和黑塞哥维那	n/a
58	巴拉圭	4.20		n/a	利比亚	n/a
59	捷克共和国	4.16		n/a	波多黎各	n/a
60	摩尔多瓦	4.16		n/a	卡塔尔	n/a
61	克罗地亚	4.15		n/a	苏里南	n/a
62	西班牙	4.12		n/a	中国台湾	n/a
63	巴西	4.09		n/a	阿拉伯联合酋长国	n/a
64	阿根廷	4.09				

资料来源：世界银行：《世界发展指标（2007）》。

支柱体系 4：个人就绪度

4.01 数学和科学的教育质量

你所在国家学校的数学和科学教育质量（1＝远落后于大多数其他国家，7＝世界领先者之一）

排名	国家或经济体	分值
1	新加坡	6.34
2	比利时	6.29
3	芬兰	6.17
4	中国香港	5.85
5	瑞士	5.72
6	法国	5.71
7	突尼斯	5.62
8	中国台湾	5.59
9	捷克共和国	5.53
10	韩国	5.46
11	印度	5.38
12	罗马尼亚	5.37
13	马来西亚	5.36
14	荷兰	5.27
15	加拿大	5.21
16	巴巴多斯	5.19
17	立陶宛	5.19
18	塞浦路斯	5.18
19	丹麦	5.17
20	爱尔兰	5.16
21	爱沙尼亚	5.14
22	匈牙利	5.12
23	澳大利亚	5.11
24	卡塔尔	5.07
25	奥地利	5.06
26	斯洛伐克共和国	5.05
27	克罗地亚	5.05
28	日本	5.03
29	新西兰	4.97
30	以色列	4.94
31	印度尼西亚	4.94
32	瑞典	4.81
33	冰岛	4.80
34	马耳他	4.79
35	德国	4.79
36	斯洛文尼亚	4.78
37	俄罗斯	4.72
38	卢森堡	4.68
39	泰国	4.63
40	摩洛哥	4.62
41	拉脱维亚	4.61
42	乌克兰	4.59
43	美国	4.54
44	英国	4.54
45	约旦	4.53
46	波兰	4.52
47	阿拉伯联合酋长国	4.52
48	保加利亚	4.51
49	马其顿	4.49
50	希腊	4.47
51	挪威	4.44
52	波斯尼亚和黑塞哥维那	4.44
53	斯里兰卡	4.43
54	特立尼达和多巴哥	4.41
55	中国	4.38
56	贝宁	4.28
57	意大利	4.27
58	土耳其	4.26
59	摩尔多瓦	4.25
60	毛里求斯	4.20
61	蒙古	4.17
62	亚美尼亚	3.98
63	阿曼	3.95
64	沙特阿拉伯	3.94
65	哥斯达黎加	3.93
66	西班牙	3.93
67	哈萨克斯坦	3.92
68	叙利亚	3.91
69	肯尼亚	3.90
70	津巴布韦	3.90
71	阿尔巴尼亚	3.90
72	哈萨克斯坦	3.87
73	科威特	3.85
74	格鲁吉亚	3.85
75	塞内加尔	3.85
76	越南	3.83
77	巴林	3.78
78	哥伦比亚	3.78
79	博茨瓦纳	3.78
80	马达加斯加	3.74
81	阿塞拜疆	3.69
82	阿尔及利亚	3.67
83	乌拉圭	3.63
84	喀麦隆	3.61
85	苏里南	3.59
86	布基纳法索	3.56
87	波多黎各	3.51
88	布隆迪	3.44
89	葡萄牙	3.43
90	圭亚那	3.39
91	赞比亚	3.38
92	阿根廷	3.32
93	尼泊尔	3.26
94	冈比亚	3.25
95	利比亚	3.23
96	埃塞俄比亚	3.22
97	尼日利亚	3.17
98	巴基斯坦	3.12
99	萨尔瓦多	3.10
100	马里	3.09
101	乌干达	3.08
102	牙买加	3.08
103	埃及	3.06
104	智利	3.04
105	毛里塔尼亚	3.04
106	菲律宾	2.95
107	坦桑尼亚	2.93
108	巴拿马	2.92
109	委内瑞拉	2.92
110	墨西哥	2.81
111	莫桑比克	2.81
112	洪都拉斯	2.78
113	孟加拉国	2.77
114	巴西	2.76
115	柬埔寨	2.73
116	厄瓜多尔	2.72
117	莱索托	2.71
118	危地马拉	2.70
119	塔吉克斯坦	2.68
120	尼加拉瓜	2.61
121	乍得	2.56
122	玻利维亚	2.55
123	纳米比亚	2.52
124	多米尼加共和国	2.43
125	南非	2.35
126	巴拉圭	2.31
127	秘鲁	2.00

平均值：4.07

资料来源：世界经济论坛，问卷调查，2006~2007。

4.02 教育系统质量

你所在国家的教育系统（1 = 不能满足竞争性经济的需求，7 = 能够满足竞争性经济的需求）

排名	国家或经济体	分值	1　　平均值：3.73　　7
1	新加坡	6.04	
2	芬兰	6.01	
3	瑞士	5.83	
4	丹麦	5.79	
5	比利时	5.74	
6	冰岛	5.71	
7	爱尔兰	5.62	
8	澳大利亚	5.34	
9	中国香港	5.33	
10	挪威	5.29	
11	加拿大	5.28	
12	突尼斯	5.25	
13	荷兰	5.21	
14	奥地利	5.20	
15	马来西亚	5.19	
16	瑞典	5.17	
17	美国	5.09	
18	中国台湾	5.06	
19	韩国	4.98	
20	巴巴多斯	4.96	
21	新西兰	4.91	
22	德国	4.88	
23	塞浦路斯	4.87	
24	卡塔尔	4.87	
25	以色列	4.84	
26	马耳他	4.80	
27	法国	4.78	
28	日本	4.69	
29	印度尼西亚	4.61	
30	英国	4.59	
31	印度	4.49	
32	捷克共和国	4.44	
33	肯尼亚	4.42	
34	爱沙尼亚	4.31	
35	哥斯达黎加	4.30	
36	约旦	4.28	
37	卢森堡	4.23	
38	阿拉伯联合酋长国	4.22	
39	津巴布韦	4.22	
40	泰国	4.14	
41	拉脱维亚	4.14	
42	斯洛文尼亚	4.14	
43	立陶宛	4.07	
44	俄罗斯	4.01	
45	乌克兰	3.97	
46	特立尼达和多巴哥	3.97	
47	波兰	3.97	
48	阿曼	3.92	
49	冈比亚	3.91	
50	西班牙	3.81	
51	毛里求斯	3.80	
52	菲律宾	3.79	
53	斯里兰卡	3.79	
54	博茨瓦纳	3.78	
55	马其顿	3.75	
56	罗马尼亚	3.74	
57	哥伦比亚	3.72	
58	波多黎各	3.68	
59	克罗地亚	3.68	
60	赞比亚	3.68	
61	斯洛伐克共和国	3.67	
62	哈萨克斯坦	3.66	
63	匈牙利	3.60	
64	巴林	3.57	

排名	国家或经济体	分值	1　　平均值：3.73　　7
65	葡萄牙	3.54	
66	乌拉圭	3.52	
67	土耳其	3.51	
68	尼日利亚	3.47	
69	吉尔吉斯共和国	3.45	
70	中国	3.43	
71	乌干达	3.43	
72	摩尔多瓦	3.40	
73	保加利亚	3.38	
74	意大利	3.37	
75	智利	3.36	
76	沙特阿拉伯	3.36	
77	科威特	3.33	
78	塞内加尔	3.33	
79	圭亚那	3.30	
80	希腊	3.28	
81	喀麦隆	3.24	
82	波斯尼亚和黑塞哥维那	3.23	
83	坦桑尼亚	3.22	
84	萨尔瓦多	3.19	
85	巴基斯坦	3.17	
86	阿尔巴尼亚	3.16	
87	摩洛哥	3.08	
88	牙买加	3.05	
89	墨西哥	3.04	
90	格鲁吉亚	3.02	
91	亚美尼亚	3.01	
92	柬埔寨	3.01	
93	贝宁	3.01	
94	埃塞俄比亚	2.96	
95	阿塞拜疆	2.94	
96	尼泊尔	2.93	
97	莱索托	2.90	
98	马达加斯加	2.90	
99	叙利亚	2.89	
100	阿尔及利亚	2.87	
101	南非	2.84	
102	澳大利亚	2.83	
103	巴拿马	2.80	
104	孟加拉国	2.80	
105	马里	2.79	
106	塔吉克斯坦	2.70	
107	布隆迪	2.67	
108	蒙古	2.67	
109	越南	2.67	
110	布基纳法索	2.65	
111	危地马拉	2.65	
112	莫桑比克	2.63	
113	委内瑞拉	2.63	
114	洪都拉斯	2.61	
115	纳米比亚	2.58	
116	埃及	2.51	
117	巴西	2.50	
118	苏里南	2.49	
119	厄瓜多尔	2.41	
120	尼加拉瓜	2.36	
121	拉脱维亚	2.31	
122	玻利维亚	2.30	
123	毛里塔尼亚	2.28	
124	多米尼加共和国	2.25	
125	乍得	2.16	
126	秘鲁	2.09	
127	巴拉圭	2.06	

资料来源：世界经济论坛，问卷调查，2006~2007。

4.03 校园互联网使用情况

学校互联网接入（1＝非常有限，7＝广泛——大多数学生都可经常使用）

排名	国家或经济体	分值		排名	国家或经济体	分值
1	冰岛	6.50		65	毛里求斯	3.44
2	芬兰	6.35		66	巴拿马	3.43
3	瑞典	6.34		67	越南	3.42
4	韩国	6.31		68	巴基斯坦	3.40
5	丹麦	6.21		69	巴西	3.31
6	爱沙尼亚	6.19		70	乌拉圭	3.30
7	中国香港	6.12		71	特立尼达和多巴哥	3.26
8	奥地利	6.09		72	格鲁吉亚	3.24
9	新加坡	6.07		73	哥斯达黎加	3.19
10	瑞士	6.01		74	秘鲁	3.17
11	荷兰	5.98		75	哥伦比亚	3.16
12	美国	5.84		76	斯里兰卡	3.16
13	加拿大	5.83		77	乌克兰	3.16
14	英国	5.78		78	萨尔瓦多	3.12
15	澳大利亚	5.69		79	阿塞拜疆	3.12
16	中国台湾	5.69		80	吉尔吉斯共和国	3.11
17	以色列	5.62		81	埃及	3.07
18	马耳他	5.51		82	委内瑞拉	3.07
19	卢森堡	5.51		83	阿根廷	3.01
20	斯洛文尼亚	5.47		84	南非	3.01
21	挪威	5.47		85	多米尼加共和国	2.99
22	新西兰	5.43		86	波斯尼亚和黑塞哥维那	2.99
23	捷克共和国	5.26		87	摩尔多瓦	2.94
24	德国	5.22		88	塞内加尔	2.90
25	比利时	5.20		89	塔吉克斯坦	2.81
26	日本	5.15		90	博茨瓦纳	2.79
27	匈牙利	5.09		91	纳米比亚	2.74
28	法国	5.05		92	危地马拉	2.69
29	葡萄牙	5.02		93	阿尔及利亚	2.67
30	阿拉伯联合酋长国	5.00		94	马里	2.65
31	马来西亚	4.96		95	冈比亚	2.64
32	立陶宛	4.88		96	洪都拉斯	2.60
33	突尼斯	4.85		97	蒙古	2.60
34	拉脱维亚	4.82		98	马其顿	2.58
35	卡塔尔	4.76		99	尼泊尔	2.54
36	斯洛伐克共和国	4.69		100	尼日利亚	2.50
37	泰国	4.60		101	柬埔寨	2.41
38	爱尔兰	4.57		102	厄瓜多尔	2.38
39	智利	4.53		103	坦桑尼亚	2.33
40	巴林	4.40		104	亚美尼亚	2.30
41	西班牙	4.39		105	尼加拉瓜	2.28
42	克罗地亚	4.25		106	贝宁	2.24
43	塞浦路斯	4.25		107	圭亚那	2.19
44	巴巴多斯	4.24		108	津巴布韦	2.18
45	科威特	4.24		109	乌干达	2.12
46	中国	4.03		110	肯尼亚	2.07
47	约旦	3.91		111	莫桑比克	2.07
48	波兰	3.87		112	埃塞俄比亚	2.05
49	罗马尼亚	3.72		113	马达加斯加	2.02
50	哈萨克斯坦	3.81		114	玻利维亚	2.00
51	阿曼	3.80		115	苏里南	1.99
52	土耳其	3.73		116	毛里塔尼亚	1.93
53	保加利亚	3.71		117	阿尔巴尼亚	1.88
54	意大利	3.69		118	叙利亚	1.84
55	俄罗斯	3.68		119	喀麦隆	1.83
56	印度	3.68		120	赞比亚	1.81
57	波多黎各	3.57		121	孟加拉国	1.77
58	菲律宾	3.51		122	布基纳法索	1.75
59	沙特阿拉伯	3.50		123	利比亚	1.69
60	摩洛哥	3.49		124	巴拉圭	1.68
61	希腊	3.47		125	莱索托	1.56
62	墨西哥	3.46		126	布隆迪	1.34
63	牙买加	3.46		127	乍得	1.29
64	印度尼西亚	3.44				

平均值：3.70

资料来源：世界经济论坛，问卷调查，2006~2007。

4.04 买方成熟度

你所在国家买方作出购买决策（1=完全基于最低价格，7=基于复杂的业绩分析）

排名	国家或经济体	分值	1 平均值：3.89 7
1	瑞士	5.72	
2	韩国	5.67	
3	日本	5.64	
4	中国香港	5.63	
5	瑞典	5.53	
6	奥地利	5.44	
7	比利时	5.38	
8	芬兰	5.38	
9	印度尼西亚	5.37	
10	爱尔兰	5.36	
11	荷兰	5.34	
12	美国	5.32	
13	丹麦	5.32	
14	卢森堡	5.31	
15	德国	5.31	
16	中国台湾	5.29	
17	加拿大	5.28	
18	英国	5.28	
19	新加坡	5.27	
20	澳大利亚	5.27	
21	法国	5.25	
22	挪威	5.20	
23	新西兰	5.12	
24	马来西亚	5.04	
25	冰岛	4.93	
26	以色列	4.93	
27	斯洛文尼亚	4.81	
28	突尼斯	4.73	
29	智利	4.73	
30	西班牙	4.71	
31	印度	4.67	
32	意大利	4.56	
33	南非	4.55	
34	波多黎各	4.54	
35	哥斯达黎加	4.50	
36	巴林	4.48	
37	阿拉伯联合酋长国	4.46	
38	塞浦路斯	4.46	
39	中国	4.34	
40	巴巴多斯	4.32	
41	泰国	4.28	
42	巴拿马	4.26	
43	斯里兰卡	4.25	
44	卡塔尔	4.25	
45	葡萄牙	4.16	
46	捷克共和国	4.16	
47	爱沙尼亚	4.14	
48	科威特	4.13	
49	阿曼	4.13	
50	哈萨克斯坦	4.12	
51	希腊	4.12	
52	菲律宾	4.11	
53	马耳他	4.09	
54	墨西哥	4.04	
55	越南	4.01	
56	牙买加	4.00	
57	立陶宛	3.99	
58	俄罗斯	3.95	
59	特立尼达和多巴哥	3.95	
60	土耳其	3.92	
61	阿根廷	3.91	
62	萨尔瓦多	3.91	
63	毛里求斯	3.86	
64	秘鲁	3.84	

排名	国家或经济体	分值	1 平均值：3.89 7
65	巴西	3.83	
66	拉脱维亚	3.81	
67	多米尼亚共和国	3.74	
68	纳米比亚	3.70	
69	克罗地亚	3.69	
70	柬埔寨	3.67	
71	罗马尼亚	3.66	
72	哥伦比亚	3.64	
73	危地马拉	3.64	
74	波兰	3.63	
75	乌拉圭	3.61	
76	斯洛伐克共和国	3.56	
77	阿尔及利亚	3.52	
78	委内瑞拉	3.52	
79	阿塞拜疆	3.52	
80	乌克兰	3.48	
81	博茨瓦纳	3.48	
82	摩洛哥	3.45	
83	沙特阿拉伯	3.44	
84	尼日利亚	3.43	
85	肯尼亚	3.40	
86	坦桑尼亚	3.38	
87	格鲁吉亚	3.31	
88	保加利亚	3.29	
89	匈牙利	3.25	
90	约旦	3.24	
91	巴基斯坦	3.22	
92	亚美尼亚	3.18	
93	洪都拉斯	3.18	
94	孟加拉国	3.18	
95	蒙古	3.14	
96	津巴布韦	3.08	
97	冈比亚	3.05	
98	阿尔巴尼亚	2.97	
99	尼加拉瓜	2.92	
100	厄瓜多尔	2.92	
101	波斯尼亚和黑塞哥维那	2.88	
102	马其顿	2.86	
103	贝宁	2.86	
104	吉尔吉斯共和国	2.84	
105	圭亚那	2.84	
106	塔吉克斯坦	2.83	
107	苏里南	2.79	
108	利比亚	2.77	
109	乌干达	2.76	
110	尼泊尔	2.75	
111	巴拉圭	2.74	
112	摩尔多瓦	2.73	
113	叙利亚	2.65	
114	毛里塔尼亚	2.65	
115	莱索托	2.65	
116	马里	2.61	
117	塞内加尔	2.58	
118	埃及	2.56	
119	喀麦隆	2.55	
120	埃塞俄比亚	2.53	
121	布基纳法索	2.53	
122	玻利维亚	2.47	
123	莫桑比克	2.45	
124	马达加斯加	2.45	
125	赞比亚	2.37	
126	布隆迪	2.28	
127	乍得	1.96	

资料来源：世界经济论坛，问卷调查，2006~2007。

4.05　住宅电话连接费（统计数据）

住宅电话连接费占人均 GDP 的百分比（2005 年或最近年份）

排名	国家或经济体	统计数据		排名	国家或经济体	统计数据
1	中国香港	0.00		65	阿根廷	1.10
1	西班牙[2]	0.00		66	波兰	1.16
3	瑞士	0.07		67	立陶宛	1.20
4	冰岛	0.09		68	阿尔及利亚[2]	1.21
5	卢森堡	0.09		69	保加利亚	1.26
6	新加坡[2]	0.09		70	纳米比亚[2]	1.28
7	美国	0.10		71	捷克共和国	1.36
8	卡塔尔	0.10		72	墨西哥	1.39
9	特立尼达和多巴哥[1]	0.11		73	乌克兰[2]	1.46
10	土耳其	0.11		74	马基斯坦[2]	1.52
11	新西兰	0.12		75	匈牙利	1.55
12	加拿大	0.13		76	亚美尼亚	1.78
13	希腊	0.14		77	赞比亚	1.79
14	阿拉伯联合酋长国	0.15		78	哥伦比亚	1.94
15	法国	0.20		79	哈萨克斯坦	1.99
16	阿曼	0.22		80	厄瓜多尔	2.13
17	德国	0.22		81	约旦	2.20
18	罗马尼亚	0.22		82	洪都拉斯	2.27
19	比利时	0.23		83	印度尼西亚	2.32
20	波多黎各	0.23		84	毛里塔尼亚	2.86
21	圭亚那	0.23		85	泰国	3.08
22	挪威	0.23		86	菲律宾	3.13
23	萨尔瓦多	0.24		87	印度	3.19
24	巴林[2]	0.26		88	摩洛哥	3.46
25	马来西亚	0.26		89	越南[2]	3.46
26	以色列	0.28		90	危地马拉[2]	3.52
27	牙买加	0.30		91	埃及[2]	3.56
28	芬兰[2]	0.31		92	玻利维亚	3.70
29	爱尔兰	0.31		93	波斯尼亚和黑塞哥维那	3.96
30	瑞典	0.33		94	苏里南	4.33
31	丹麦	0.33		95	俄罗斯	4.78
32	奥地利	0.33		96	阿尔巴尼亚[1]	4.92
33	塞浦路斯[2]	0.34		97	莫桑比克[2]	5.00
34	韩国	0.36		98	蒙古	5.07
35	巴巴多斯	0.43		99	格鲁吉亚	5.21
36	斯洛伐克共和国	0.44		100	肯尼亚	5.32
37	科威特	0.44		101	阿塞拜疆	5.41
38	利比亚[2]	0.45		102	塞内加尔	5.97
39	马耳他	0.46		103	柬埔寨	6.60
40	澳大利亚	0.46		104	尼泊尔	7.10
41	智利	0.49		105	喀麦隆	8.02
42	突尼斯[2]	0.50		106	马达加斯加[2]	8.07
43	巴西	0.50		107	布隆迪	8.65
44	委内瑞拉	0.52		108	马里	8.76
45	斯洛文尼亚	0.53		109	莱索托	7.78
46	秘鲁[2]	0.54		110	巴拉圭	9.42
47	英国[2]	0.58		111	尼日利亚	10.17
48	博茨瓦纳[2]	0.58		112	坦桑尼亚	10.54
49	沙特阿拉伯	0.59		113	布基纳法索	11.05
50	中国台湾	0.60		114	尼加拉瓜	14.02
51	意大利	0.61		115	吉尔吉斯共和国	15.20
52	葡萄牙	0.62		116	乍得	15.45
53	爱沙尼亚	0.63		117	摩尔多瓦	16.19
54	毛里求斯	0.69		118	斯里兰卡	16.38
55	南非	0.77		119	孟加拉国[2]	17.46
56	巴拿马[2]	0.77		120	贝宁	18.90
57	多米尼加共和国[2]	0.82		121	埃塞俄比亚[2]	19.77
58	哥斯达黎加	0.84		122	乌干达[2]	20.72
59	马其顿[2]	0.86		n/a	中国	n/a
60	乌拉圭	0.86		n/a	冈比亚	n/a
61	拉脱维亚	0.89		n/a	荷兰	n/a
62	日本	0.94		n/a	叙利亚	n/a
63	克罗地亚	0.96		n/a	津巴布韦	n/a
64	塔吉克斯坦	1.06				

注：1、2 分别代表 2004 年和 2006 年数据。
资料来源：国际电信联盟：《世界电信指标（2007）》；国际货币基金组织：《世界经济展望在线数据库》（2007 年 10 月）；国家资料。

4.06 住宅电话月租费（统计数据）

住宅电话月租费占月人均 GDP 的百分比（2005 年或最近年份）

排名	国家或经济体	统计数据
1	阿拉伯联合酋长国	0.15
2	中国台湾	0.17
3	利比亚[1]	0.18
4	巴林[1]	0.18
5	卡塔尔	0.21
6	新加坡[1]	0.22
7	阿尔巴尼亚	0.22
8	卢森堡	0.33
9	波多黎各[1]	0.36
10	韩国	0.37
11	科威特	0.38
12	苏里南	0.43
13	挪威	0.45
14	萨尔瓦多	0.46
15	芬兰	0.47
16	冰岛	0.47
17	瑞士	0.47
18	澳大利亚	0.49
19	丹麦	0.50
20	瑞典	0.51
21	日本	0.52
22	中国香港	0.53
23	阿塞拜疆	0.54
24	加拿大	0.56
25	以色列	0.58
26	法国	0.60
27	马耳他	0.60
28	英国	0.61
29	奥地利	0.62
30	希腊	0.70
31	比利时	0.70
32	沙特阿拉伯	0.70
33	德国	0.71
34	美国	0.71
35	西班牙[1]	0.72
36	阿尔及利亚	0.73
37	毛里求斯	0.74
38	爱尔兰	0.74
39	斯洛文尼亚	0.76
40	意大利	0.77
41	塞浦路斯[1]	0.77
42	蒙古	0.77
43	阿曼	0.78
44	突尼斯	0.85
45	爱沙尼亚	0.90
46	巴拿马[1]	0.93
47	塔吉克斯坦	0.95
48	哥斯达黎加	1.01
49	博茨瓦纳[1]	1.06
50	拉脱维亚	1.08
51	泰国	1.10
52	阿根廷	1.16
53	新西兰	1.27
54	斯洛伐克共和国	1.31
55	葡萄牙	1.31
56	立陶宛	1.33
57	罗马尼亚	1.34
58	捷克共和国	1.35
59	智利	1.36
60	克罗地亚	1.38
61	马来西亚	1.57
62	俄罗斯	1.59
63	亚美尼亚	1.60
64	波斯尼亚和黑塞哥维那	1.62
65	埃及[1]	1.71
66	乌克兰[1]	1.71
67	格鲁吉亚	1.78
68	委内瑞拉	1.82
69	巴巴多斯	1.83
70	匈牙利	1.86
71	波兰	1.89
72	土耳其	2.03
73	乌拉圭	2.08
74	中国	2.13
75	洪都拉斯	2.22
76	保加利亚	2.27
77	墨西哥	2.31
78	厄瓜多尔	2.56
79	摩尔多瓦	2.59
80	纳米比亚[1]	2.70
81	牙买加	2.73
82	圭亚那	2.78
83	越南[1]	2.80
84	巴拉圭	3.01
85	危地马拉	3.03
86	印度尼西亚	3.08
87	南非	3.18
88	约旦	3.25
89	马其顿[1]	3.31
90	吉尔吉斯共和国	3.37
91	巴西	4.01
92	巴基斯坦[1]	4.24
93	布隆迪	4.36
94	印度	4.60
95	多米尼加共和国[1]	4.87
96	斯里兰卡	4.93
97	玻利维亚	5.27
98	秘鲁	6.10
99	埃塞俄比亚[1]	6.22
100	孟加拉国[1]	6.29
101	尼加拉瓜	6.40
102	喀麦隆	7.21
103	塞内加尔	7.39
104	摩洛哥	7.47
105	哥伦比亚	7.55
106	柬埔寨	7.92
107	赞比亚	8.57
108	毛里塔尼亚	8.93
109	尼泊尔	9.46
110	尼日利亚	9.49
111	贝宁	11.23
112	菲律宾	12.29
113	乍得	12.36
114	布基纳法索	13.26
115	坦桑尼亚	13.44
116	肯尼亚	13.88
117	莱索托	16.71
118	马达加斯加[1]	19.54
119	乌干达	20.72
120	马里[1]	21.21
121	莫桑比克[1]	27.66
122	津巴布韦	34.58
n/a	冈比亚	n/a
n/a	哈萨克斯坦	n/a
n/a	荷兰	n/a
n/a	叙利亚	n/a
n/a	特立尼达和多巴哥	n/a

329

注：1 代表 2006 年数据。

资料来源：国际电联：《世界电信指标（2007）》；国际货币基金组织：《世界经济展望在线数据库》（2007 年 10 月）；国家资料。

4.07 高速宽带月租费

高速宽带月租费占月人均 GDP 的百分比（2006 年）

排名	国家或经济体	统计数据
1	马耳他	0.12
2	美国	0.55
3	荷兰	0.83
4	瑞士	0.88
5	日本	1.04
6	德国	1.06
7	卢森堡	1.19
8	挪威	1.21
9	法国	1.23
10	加拿大	1.35
11	波多黎各	1.36
12	意大利	1.42
13	英国	1.56
14	丹麦	1.58
15	爱尔兰	1.58
16	比利时	1.61
17	瑞典	1.62
18	中国台湾	1.69
19	澳大利亚	1.73
20	新西兰	1.85
21	冰岛	1.86
22	卡塔尔	2.09
23	奥地利	2.11
24	西班牙	2.15
25	中国香港	2.24
26	芬兰	2.59
27	韩国	2.81
28	阿拉伯联合酋长国	2.95
29	新加坡	3.07
30	以色列	3.51
31	斯洛文尼亚	3.57
32	爱沙尼亚	3.85
33	立陶宛	3.93
34	希腊	4.73
35	塞浦路斯	4.96
36	葡萄牙	4.99
37	阿根廷	5.55
38	马来西亚	5.72
39	匈牙利	6.04
40	捷克共和国	6.15
41	特立尼达和多巴哥	6.27
42	罗马尼亚	7.02
43	巴林	7.71
44	约旦	7.95
45	克罗地亚	8.27
46	中国	8.96
47	科威特	9.30
48	智利	9.72
49	泰国	10.07
50	波兰	10.49
51	博茨瓦纳	11.40
52	波斯尼亚和黑塞哥维那	15.47
53	乌克兰	15.47
54	巴巴多斯	17.48
55	保加利亚	18.51
56	巴西	20.21
57	牙买加	21.65
58	斯洛伐克共和国	21.81
59	多米尼加共和国	22.59
60	秘鲁	24.27
61	格鲁吉亚	24.28
62	哥伦比亚	25.56
63	南非	26.30
64	巴拿马	27.64

排名	国家或经济体	统计数据
65	印度	27.82
66	委内瑞拉	29.09
67	厄瓜多尔	31.36
68	乌拉圭	38.53
69	印度尼西亚	39.83
70	拉脱维亚	42.69
71	土耳其	43.75
72	苏里南	43.89
73	毛里求斯	47.95
74	摩洛哥	50.08
75	俄罗斯	50.11
76	阿曼	56.11
77	斯里兰卡	56.96
78	突尼斯	61.18
79	墨西哥	62.69
80	阿塞拜疆	67.44
81	危地马拉	74.05
82	哥斯达黎加	80.64
83	菲律宾	86.34
84	马其顿	94.93
85	尼加拉瓜	100.35
86	埃及	100.46
87	塞内加尔	160.95
88	阿尔巴尼亚	200.82
89	玻利维亚	205.91
90	越南	242.46
91	吉尔吉斯共和国	265.69
92	蒙古	294.74
93	阿尔及利亚	309.84
94	摩尔多瓦	449.06
95	肯尼亚	885.46
96	冈比亚	920.35
97	哈萨克斯坦	965.63
98	喀麦隆	1446.75
99	巴基斯坦	1608.59
100	柬埔寨	1633.66
101	津巴布韦	2955.74
102	奥地利	3248.37
103	贝宁	3678.97
104	布基纳法索	4090.85
105	莫桑比克	5757.37
106	孟加拉国	5959.18
107	毛里塔尼亚	8904.40
108	乌干达	21852.81
109	埃塞俄比亚	31103.21
n/a	布隆迪	n/a
n/a	乍得	n/a
n/a	萨尔瓦多	n/a
n/a	圭亚那	n/a
n/a	洪都拉斯	n/a
n/a	莱索托	n/a
n/a	利比亚	n/a
n/a	马达加斯加	n/a
n/a	马里	n/a
n/a	纳米比亚	n/a
n/a	尼泊尔	n/a
n/a	尼日利亚	n/a
n/a	巴拉圭	n/a
n/a	沙特阿拉伯	n/a
n/a	叙利亚	n/a
n/a	塔吉克斯坦	n/a
n/a	坦桑尼亚	n/a
n/a	赞比亚	n/a

资料来源：国际电信联盟：《世界电信指标（2007）》；国际货币基金组织：《世界经济展望在线数据库》（2007 年 10 月）；国家资料。

4.08　宽带最低费用（统计数据）

保持速率为 100kb/s 的最低费用占月收入的百分比（GNI）（2006 年）

排名	国家或经济体	统计数据	排名	国家或经济体	统计数据
1	日本	0.00	65	牙买加	2.41
1	荷兰	0.00	66	土耳其	2.51
3	芬兰	0.01	67	拉脱维亚	2.70
3	法国	0.01	68	南非	2.78
3	意大利	0.01	69	阿曼	2.83
3	韩国	0.01	70	格鲁吉亚	3.10
3	新加坡	0.01	71	斯里兰卡	3.27
3	瑞典	0.01	72	特立尼达和多巴哥	3.29
3	美国	0.01	73	萨尔瓦多	3.35
10	德国	0.02	74	秘鲁	3.48
10	中国台湾	0.02	75	印度尼西亚	4.98
10	英国	0.02	76	巴拿马	5.06
13	冰岛	0.03	77	哥伦比亚	5.40
13	马耳他	0.03	78	巴拉圭	5.49
13	瑞士	0.03	79	埃及	5.84
16	比利时	0.04	80	突尼斯	5.92
16	加拿大	0.04	81	印度	5.93
16	中国香港	0.04	82	阿尔巴尼亚	6.78
16	挪威	0.04	83	越南	6.90
20	卢森堡	0.05	84	厄瓜多尔	7.12
21	葡萄牙	0.07	85	俄罗斯	7.57
22	丹麦	0.08	86	圭亚那	7.12
23	爱尔兰	0.09	87	危地马拉	9.38
23	新西兰	0.09	88	利比亚	12.46
25	斯洛文尼亚	0.10	89	洪都拉斯	13.13
26	奥地利	0.11	90	苏里南	13.77
27	立陶宛	0.12	91	塞内加尔	14.52
27	卡塔尔	0.12	92	尼加拉瓜	19.31
29	澳大利亚	0.13	93	哈萨克斯坦	21.57
30	捷克共和国	0.16	94	阿塞拜疆	24.81
31	以色列	0.19	95	马达加斯加	34.60
32	阿拉伯联合酋长国	0.20	96	阿尔及利亚	37.69
33	波兰	0.21	97	玻利维亚	46.41
34	西班牙	0.23	98	摩尔多瓦	49.40
35	匈牙利	0.33	99	蒙古	50.78
36	塞浦路斯	0.35	100	喀麦隆	55.91
37	巴西	0.42	101	沙特阿拉伯	58.30
38	斯洛伐克共和国	0.43	102	吉尔吉斯共和国	63.92
39	波斯尼亚和黑塞哥维那	0.45	103	冈比亚	138.16
40	克罗地亚	0.48	104	巴基斯坦	186.06
41	爱沙尼亚	0.52	105	肯尼亚	194.96
42	马来西亚	0.64	106	亚美尼亚	203.07
43	希腊	0.65	107	柬埔寨	215.56
44	阿根廷	0.66	108	贝宁	219.75
45	罗马尼亚	0.67	109	布基纳法索	224.15
46	智利	0.72	110	津巴布韦	425.96
47	约旦	0.78	111	孟加拉国	1028.74
48	科威特	0.91	112	莫桑比克	1400.63
49	巴巴多斯	1.00	113	毛里塔尼亚	1456.59
50	中国	1.01	114	尼泊尔	1661.39
51	墨西哥	1.03	115	埃塞俄比亚	1683.59
52	保加利亚	1.07	116	乌干达	4821.43
53	泰国	1.12	117	布隆迪	7593.75
54	乌克兰	1.13	n/a	乍得	n/a
55	摩洛哥	1.52	n/a	莱索托	n/a
56	巴林	1.69	n/a	马里	n/a
57	菲律宾	1.75	n/a	纳米比亚	n/a
58	委内瑞拉	1.78	n/a	尼日利亚	n/a
59	博茨瓦纳	1.94	n/a	波多黎各	n/a
60	哥斯达黎加	2.09	n/a	叙利亚	n/a
61	乌拉圭	2.11	n/a	塔吉克斯坦	n/a
62	马其顿	2.14	n/a	坦桑尼亚	n/a
63	毛里求斯	2.15	n/a	赞比亚	n/a
64	多米尼加共和国	2.28			

资料来源：国际电信联盟：《世界信息社会报告（2007）》。

4.09 移动电话费用（统计数据）

通话高峰期三分钟本地电话的成本占月人均 GDP 的百分比（2005 年或最近年份）

排名	国家或经济体	统计数据		排名	国家或经济体	统计数据
1	埃及	0.00		65	牙买加	0.16
2	意大利	0.00		66	哥伦比亚	0.17
3	中国香港	0.00		67	泰国	0.17
4	阿拉伯联合酋长国	0.00		68	叙利亚	0.17
5	卢森堡[2]	0.01		69	博茨瓦纳	0.19
6	瑞典	0.01		70	多米尼加共和国	0.20
7	挪威	0.01		71	危地马拉[2]	0.21
8	拉脱维亚	0.01		72	亚美尼亚	0.21
9	丹麦	0.01		73	阿塞拜疆	0.23
10	芬兰	0.01		74	苏里南	0.24
11	卡塔尔	0.01		75	哈萨克斯坦	0.25
12	冰岛	0.01		76	智利	0.29
13	萨尔瓦多	0.01		77	保加利亚	0.29
14	塞浦路斯	0.01		78	南非	0.30
15	斯洛文尼亚	0.02		79	波斯尼亚和黑塞哥维那	0.30
16	新加坡[2]	0.02		80	委内瑞拉	0.30
17	英国	0.02		81	斯里兰卡	0.33
18	巴林	0.02		82	巴拉圭	0.33
19	加拿大	0.02		83	巴西	0.34
20	瑞士[2]	0.02		84	阿尔巴尼亚	0.34
21	韩国	0.02		85	乌克兰	0.38
22	波多黎各	0.02		86	格鲁吉亚	0.39
23	毛里求斯[2]	0.03		87	尼泊尔[2]	0.40
24	沙特阿拉伯	0.03		88	秘鲁[2]	0.43
25	爱尔兰	0.03		89	巴基斯坦	0.43
26	葡萄牙	0.03		90	菲律宾	0.45
27	阿曼	0.03		91	纳米比亚	0.47
28	以色列	0.04		92	柬埔寨	0.49
29	西班牙	0.04		93	马其顿[2]	0.57
30	美国	0.04		94	吉尔吉斯共和国	0.60
31	奥地利	0.04		95	圭亚那	0.62
32	荷兰	0.04		96	蒙古[2]	0.63
33	爱沙尼亚	0.04		97	摩洛哥[2]	0.63
34	中国台湾	0.04		98	厄瓜多尔	0.64
35	捷克共和国	0.04		99	塔吉克斯坦	0.66
36	比利时	0.05		100	越南[2]	0.71
37	巴巴多斯	0.05		101	玻利维亚	0.74
38	利比亚[2]	0.05		102	洪都拉斯	0.82
39	哥斯达黎加	0.05		103	孟加拉国	0.84
40	德国	0.05		104	塞内加尔[2]	0.89
41	立陶宛	0.06		105	莱索托	0.91
42	法国	0.06		106	毛里塔尼亚	0.93
43	匈牙利	0.06		107	莫桑比克	1.32
44	希腊	0.06		108	肯尼亚	1.33
45	墨西哥	0.07		109	赞比亚[1]	1.53
46	特立尼达和多巴哥	0.08		110	喀麦隆[2]	1.58
47	澳大利亚	0.08		111	尼日利亚	1.59
48	克罗地亚	0.08		112	尼加拉瓜	1.73
49	阿尔及利亚[2]	0.09		113	乍得[2]	1.84
50	阿根廷	0.09		114	贝宁	1.84
51	俄罗斯	0.10		115	马达加斯加[2]	1.86
52	马来西亚	0.10		116	埃塞俄比亚	1.92
53	波兰	0.11		117	马里[2]	2.10
54	印度尼西亚[1]	0.11		118	布基纳法索	2.16
55	约旦	0.11		119	摩尔多瓦	2.16
56	印度	0.11		120	坦桑尼亚	2.47
57	斯洛伐克共和国	0.12		121	乌干达	2.65
58	巴拿马	0.12		122	布隆迪	5.87
59	新西兰[1]	0.13		123	津巴布韦[2]	23.58
60	科威特	0.14		n/a	冈比亚	n/a
61	突尼斯	0.14		n/a	日本	n/a
62	马耳他	0.14		n/a	土耳其	n/a
63	罗马尼亚	0.15		n/a	乌拉圭	n/a
64	中国	0.15				

注：1、2 分别代表 2004 与 2006 年数据。

资料来源：国际电信联盟：《世界电信指标（2007）》；国际货币基金组织：《世界经济展望在线数据库》（2007 年 10 月）；国家资料。

第二部分 就绪度构成

支柱体系 5：企业就绪度

5.01 员工培训程度

你所在国家的公司对人力资源常采用的方法（1＝对培训和员工发展投资极少，7＝大量投资用于招聘、培训和保留员工）

排名	国家或经济体	分值
1	丹麦	5.95
2	瑞士	5.90
3	瑞典	5.80
4	日本	5.64
5	韩国	5.61
6	奥地利	5.58
7	新加坡	5.57
8	荷兰	5.52
9	德国	5.50
10	挪威	5.43
11	美国	5.42
12	比利时	5.37
13	芬兰	5.32
14	冰岛	5.29
15	爱尔兰	5.18
16	马来西亚	5.18
17	英国	5.16
18	卢森堡	5.15
19	中国台湾	5.14
20	澳大利亚	5.05
21	南非	5.02
22	新西兰	4.97
23	以色列	4.97
24	法国	4.95
25	加拿大	4.94
26	波多黎各	4.81
27	哥斯达黎加	4.76
28	中国香港	4.74
29	毛里求斯	4.68
30	爱沙尼亚	4.66
31	菲律宾	4.57
32	突尼斯	4.56
33	印度	4.56
34	印度尼西亚	4.52
35	捷克共和国	4.52
36	泰国	4.44
37	斯洛文尼亚	4.44
38	阿曼	4.44
39	阿拉伯联合酋长国	4.37
40	智利	4.33
41	立陶宛	4.33
42	巴巴多斯	4.23
43	马耳他	4.23
44	斯洛伐克共和国	4.21
45	巴西	4.19
46	卡塔尔	4.18
47	土耳其	4.04
48	科威特	4.01
49	拉脱维亚	3.99
50	西班牙	3.97
51	斯里兰卡	3.94
52	特立尼达和多巴哥	3.92
53	葡萄牙	3.90
54	肯尼亚	3.90
55	希腊	3.89
56	巴拿马	3.89
57	约旦	3.89
58	纳米比亚	3.89
59	巴林	3.84
60	克罗地亚	3.83
61	中国	3.81
62	危地马拉	3.78
63	津巴布韦	3.77
64	博茨瓦纳	3.76
65	墨西哥	3.76
66	波兰	3.74
67	牙买加	3.73
68	萨尔瓦多	3.72
69	哥伦比亚	3.69
70	洪都拉斯	3.65
71	塞浦路斯	3.64
72	摩洛哥	3.62
73	匈牙利	3.61
74	阿根廷	3.61
75	尼日利亚	3.60
76	沙特阿拉伯	3.56
77	冈比亚	3.56
78	马其顿	3.55
79	意大利	3.54
80	埃及	3.54
81	乌干达	3.54
82	越南	3.53
83	罗马尼亚	3.52
84	阿塞拜疆	3.50
85	秘鲁	3.47
86	委内瑞拉	3.46
87	格鲁吉亚	3.40
88	乌拉圭	3.38
89	莫桑比克	3.37
90	多米尼加共和国	3.36
91	坦桑尼亚	3.35
92	哈萨克斯坦	3.34
93	蒙古	3.32
94	圭亚那	3.31
95	俄罗斯	3.30
96	乌克兰	3.25
97	柬埔寨	3.19
98	阿尔巴尼亚	3.17
99	叙利亚	3.17
100	塔吉克斯坦	3.17
101	摩尔多瓦	3.16
102	毛里塔尼亚	3.13
103	莱索托	3.13
104	利比亚	3.11
105	马达加斯加	3.07
106	波斯尼亚和黑塞哥维那	3.00
107	尼加拉瓜	2.98
108	塞内加尔	2.98
109	苏里南	2.95
110	阿尔及利亚	2.92
111	亚美尼亚	2.91
112	喀麦隆	2.89
113	厄瓜多尔	2.89
114	贝宁	2.85
115	巴基斯坦	2.85
116	保加利亚	2.84
117	布基纳法索	2.80
118	巴拉圭	2.79
119	埃塞俄比亚	2.68
120	玻利维亚	2.67
121	吉尔吉斯共和国	2.64
122	马里	2.59
123	孟加拉国	2.57
124	尼泊尔	2.55
125	赞比亚	2.51
126	布隆迪	2.34
127	乍得	2.22

平均值：3.93

资料来源：世界经济论坛，问卷调查，2006~2007。

5.02 当地研究和培训能力

你所在国家的专业研究和培训服务（1＝难以利用，7＝利用来自世界级水平的本地机构）

排名	国家或经济体	分值	1 平均值：4.00 7
1	瑞士	5.99	
2	美国	5.99	
3	德国	5.98	
4	瑞典	5.89	
5	英国	5.87	
6	日本	5.82	
7	荷兰	5.81	
8	比利时	5.73	
9	芬兰	5.71	
10	加拿大	5.68	
11	丹麦	5.65	
12	法国	5.59	
13	以色列	5.51	
14	韩国	5.33	
15	奥地利	5.32	
16	澳大利亚	5.20	
17	新加坡	5.16	
18	挪威	5.10	
19	中国香港	5.08	
20	中国台湾	5.05	
21	马来西亚	4.99	
22	冰岛	4.97	
23	爱尔兰	4.96	
24	新西兰	4.85	
25	捷克共和国	4.82	
26	突尼斯	4.81	
27	爱沙尼亚	4.80	
28	意大利	4.78	
29	印度尼西亚	4.74	
30	波多黎各	4.72	
31	印度	4.71	
32	巴西	4.67	
33	南非	4.64	
34	智利	4.63	
35	斯洛文尼亚	4.60	
36	哥斯达黎加	4.49	
37	葡萄牙	4.45	
38	克罗地亚	4.39	
39	中国	4.38	
40	西班牙	4.38	
41	波兰	4.37	
42	肯尼亚	4.35	
43	土耳其	4.34	
44	卢森堡	4.29	
45	阿根廷	4.26	
46	塞内加尔	4.24	
47	斯洛伐克共和国	4.21	
48	立陶宛	4.19	
49	罗马尼亚	4.15	
50	阿拉伯联合酋长国	4.14	
51	科威特	4.14	
52	墨西哥	4.13	
53	危地马拉	4.10	
54	阿曼	4.09	
55	卡塔尔	4.07	
56	尼日利亚	4.05	
57	摩洛哥	4.00	
58	约旦	3.97	
59	牙买加	3.97	
60	匈牙利	3.97	
61	泰国	3.97	
62	菲律宾	3.94	
63	乌干达	3.94	
64	拉脱维亚	3.94	

排名	国家或经济体	分值	1 平均值：4.00 7
65	斯里兰卡	3.93	
66	沙特阿拉伯	3.88	
67	巴拿马	3.87	
68	塞浦路斯	3.87	
69	哥伦比亚	3.79	
70	洪都拉斯	3.78	
71	乌拉圭	3.77	
72	越南	3.77	
73	希腊	3.76	
74	保加利亚	3.75	
75	阿塞拜疆	3.74	
76	秘鲁	3.74	
77	俄罗斯	3.73	
78	巴巴多斯	3.67	
79	坦桑尼亚	3.66	
80	哈萨克斯坦	3.63	
81	埃及	3.62	
82	萨尔瓦多	3.61	
83	乌克兰	3.57	
84	特立尼达和多巴哥	3.53	
85	马里	3.51	
86	布基纳法索	3.47	
87	毛里求斯	3.47	
88	蒙古	3.46	
89	巴林	3.43	
90	贝宁	3.40	
91	马耳他	3.36	
92	巴基斯坦	3.34	
93	马其顿	3.33	
94	多米尼亚共和国	3.33	
95	波斯尼亚和黑塞哥维那	3.31	
96	叙利亚	3.28	
97	尼加拉瓜	3.28	
98	厄瓜多尔	3.26	
99	委内瑞拉	3.24	
100	喀麦隆	3.24	
101	摩尔多瓦	3.16	
102	阿尔及利亚	3.15	
103	博茨瓦纳	3.14	
104	柬埔寨	3.13	
105	马达加斯加	3.09	
106	冈比亚	3.02	
107	玻利维亚	2.95	
108	亚美尼亚	2.92	
109	埃塞俄比亚	2.88	
110	乍得	2.87	
111	利比亚	2.86	
112	莫桑比克	2.85	
113	格鲁吉亚	2.85	
114	巴拉圭	2.83	
115	吉尔吉斯共和国	2.82	
116	赞比亚	2.82	
117	津巴布韦	2.79	
118	塔吉克斯坦	2.62	
119	苏里南	2.59	
120	尼泊尔	2.59	
121	圭亚那	2.54	
122	莱索托	2.53	
123	阿尔巴尼亚	2.50	
124	毛里塔尼亚	2.50	
125	孟加拉国	2.43	
126	纳米比亚	2.36	
127	布隆迪	2.23	

资料来源：世界经济论坛，问卷调查，2006~2007。

5.03 管理学院质量

你所在国家的管理学院或商学院（1＝很有限或质量差，7＝世界一流水平）

排名	国家或经济体	分值
1	法国	6.01
2	比利时	5.97
3	瑞士	5.97
4	加拿大	5.91
5	西班牙	5.76
6	美国	5.75
7	新加坡	5.71
8	印度	5.67
9	丹麦	5.63
10	英国	5.59
11	荷兰	5.59
12	芬兰	5.53
13	瑞典	5.47
14	爱尔兰	5.47
15	以色列	5.46
16	澳大利亚	5.42
17	中国香港	5.39
18	突尼斯	5.37
19	智利	5.29
20	冰岛	5.26
21	挪威	5.26
22	南非	5.24
23	马来西亚	5.22
24	奥地利	5.17
25	德国	5.11
26	韩国	5.09
27	哥斯达黎加	5.08
28	新西兰	5.02
29	中国台湾	4.96
30	阿根廷	4.94
31	爱沙尼亚	4.92
32	印度尼西亚	4.86
33	泰国	4.80
34	葡萄牙	4.75
35	菲律宾	4.74
36	摩洛哥	4.74
37	卡塔尔	4.73
38	捷克共和国	4.67
39	波多黎各	4.66
40	塞内加尔	4.64
41	马耳他	4.63
42	巴巴多斯	4.57
43	特立尼达和多巴哥	4.57
44	斯洛文尼亚	4.56
45	拉脱维亚	4.56
46	哥伦比亚	4.51
47	秘鲁	4.45
48	立陶宛	4.44
49	墨西哥	4.42
50	波兰	4.41
51	乌拉圭	4.37
52	意大利	4.37
53	塞浦路斯	4.36
54	土耳其	4.34
55	贝宁	4.33
56	斯里兰卡	4.31
57	匈牙利	4.31
58	阿拉伯联合酋长国	4.30
59	牙买加	4.28
60	危地马拉	4.27
61	阿曼	4.27
62	委内瑞拉	4.24
63	萨尔瓦多	4.16
64	约旦	4.16
65	巴西	4.15
66	斯洛伐克共和国	4.15
67	日本	4.11
68	科威特	4.09
69	肯尼亚	4.06
70	克罗地亚	4.01
71	尼加拉瓜	3.90
72	马达加斯加	3.85
73	沙特阿拉伯	3.82
74	布基纳法索	3.80
75	希腊	3.79
76	俄罗斯	3.79
77	巴基斯坦	3.76
78	罗马尼亚	3.74
79	冈比亚	3.72
80	巴拿马	3.71
81	保加利亚	3.71
82	乌克兰	3.68
83	津巴布韦	3.67
84	巴林	3.65
85	尼日利亚	3.64
86	毛里求斯	3.62
87	中国	3.62
88	卢森堡	3.60
89	多米尼加共和国	3.59
90	赞比亚	3.57
91	马其顿	3.56
92	哈萨克斯坦	3.53
93	洪都拉斯	3.52
94	马里	3.51
95	喀麦隆	3.51
96	厄瓜多尔	3.49
97	埃及	3.49
98	叙利亚	3.47
99	阿尔及利亚	3.41
100	乌干达	3.40
101	波斯尼亚和黑塞哥维那	3.40
102	博茨瓦纳	3.39
103	苏里南	3.39
104	埃塞俄比亚	3.33
105	圭亚那	3.27
106	摩尔多瓦	3.25
107	孟加拉国	3.24
108	尼泊尔	3.23
109	坦桑尼亚	3.22
110	玻利维亚	3.18
111	格鲁吉亚	3.12
112	阿尔巴尼亚	3.10
113	柬埔寨	3.08
114	吉尔吉斯共和国	3.07
115	阿塞拜疆	3.00
116	巴拉圭	2.99
117	越南	2.97
118	亚美尼亚	2.93
119	布隆迪	2.76
120	蒙古	2.74
121	莫桑比克	2.69
122	莱索托	2.68
123	利比亚	2.67
124	塔吉克斯坦	2.57
125	纳米比亚	2.50
126	乍得	2.49
127	毛里塔尼亚	2.44

平均值：4.18

资料来源：世界经济论坛，问卷调查，2006~2007。

5.04 公司研发支出

你所在国家的公司（1＝不对研发支出，7＝相对于国际竞争对手而言对研发大量支出）

排名	国家或经济体	分值
1	瑞士	6.12
2	美国	5.81
3	日本	5.79
4	德国	5.78
5	瑞典	5.71
6	韩国	5.56
7	以色列	5.54
8	丹麦	5.47
9	芬兰	5.31
10	新加坡	5.08
11	马来西亚	4.99
12	英国	4.95
13	荷兰	4.91
14	奥地利	4.86
15	比利时	4.84
16	爱尔兰	4.82
17	法国	4.78
18	中国台湾	4.77
19	挪威	4.62
20	冰岛	4.57
21	加拿大	4.52
22	卢森堡	4.51
23	中国香港	4.41
24	斯洛文尼亚	4.22
25	澳大利亚	4.21
26	南非	4.20
27	印度尼西亚	4.16
28	印度	4.15
29	捷克共和国	3.99
30	哥斯达黎加	3.97
31	肯尼亚	3.91
32	中国	3.90
33	阿曼	3.89
34	波多黎各	3.86
35	巴西	3.84
36	突尼斯	3.82
37	爱沙尼亚	3.82
38	新西兰	3.81
39	斯里兰卡	3.78
40	卡塔尔	3.61
41	波兰	3.55
42	泰国	3.55
43	牙买加	3.51
44	尼日利亚	3.50
45	沙特阿拉伯	3.46
46	克罗地亚	3.44
47	西班牙	3.42
48	立陶宛	3.42
49	俄罗斯	3.42
50	阿塞拜疆	3.41
51	斯洛伐克共和国	3.38
52	菲律宾	3.36
53	阿拉伯联合酋长国	3.31
54	葡萄牙	3.30
55	巴巴多斯	3.28
56	越南	3.27
57	拉脱维亚	3.27
58	马耳他	3.27
59	智利	3.26
60	坦桑尼亚	3.25
61	土耳其	3.24
62	摩洛哥	3.21
63	危地马拉	3.19
64	哈萨克斯坦	3.18
65	柬埔寨	3.18
66	乌克兰	3.16
67	匈牙利	3.15
68	墨西哥	3.14
69	埃及	3.10
70	科威特	3.09
71	意大利	3.09
72	巴基斯坦	3.08
73	秘鲁	3.07
74	约旦	3.06
75	哥伦比亚	3.05
76	特立尼达和多巴哥	3.02
77	巴拿马	3.02
78	塞内加尔	3.01
79	津巴布韦	3.00
80	塞浦路斯	2.99
81	毛里塔尼亚	2.98
82	委内瑞拉	2.98
83	希腊	2.96
84	马达加斯加	2.95
85	阿根廷	2.91
86	乌干达	2.90
87	罗马尼亚	2.89
88	纳米比亚	2.86
89	阿尔及利亚	2.85
90	苏里南	2.82
91	博茨瓦纳	2.80
92	乌拉圭	2.78
93	圭亚那	2.77
94	波斯尼亚和黑塞哥维那	2.77
95	蒙古	2.77
96	布基纳法索	2.76
97	多米尼亚共和国	2.73
98	洪都拉斯	2.72
99	马里	2.72
100	保加利亚	2.71
101	叙利亚	2.71
102	贝宁	2.70
103	塔吉克斯坦	2.69
104	马其顿	2.69
105	萨尔瓦多	2.66
106	巴林	2.64
107	亚美尼亚	2.63
108	喀麦隆	2.62
109	厄瓜多尔	2.57
110	格鲁吉亚	2.51
111	冈比亚	2.49
112	摩尔多瓦	2.48
113	尼泊尔	2.46
114	吉尔吉斯共和国	2.46
115	莫桑比克	2.43
116	孟加拉国	2.43
117	利比亚	2.42
118	尼加拉瓜	2.38
119	玻利维亚	2.35
120	乍得	2.23
121	莱索托	2.23
122	布隆迪	2.22
123	埃塞俄比亚	2.21
124	赞比亚	2.20
125	乌拉圭	2.17
126	阿尔巴尼亚	2.13
127	毛里塔尼亚	2.03

平均值：3.44

资料来源：世界经济论坛，问卷调查，2006~2007。

5.05 高校与产业合作研究

在研发活动中，企业和当地大学合作研究（1＝最少或不存在，7＝广泛持续合作）

排名	国家或经济体	分值		排名	国家或经济体	分值
1	美国	5.64		65	菲律宾	3.08
2	瑞士	5.58		66	巴巴多斯	3.08
3	瑞典	5.55		67	约旦	3.05
4	芬兰	5.48		68	摩洛哥	3.03
5	韩国	5.37		69	哈萨克斯坦	3.01
6	德国	5.31		70	意大利	3.00
7	新加坡	5.28		71	科威特	2.99
8	以色列	5.16		72	特立尼达和多巴哥	2.96
9	中国台湾	5.10		73	塞浦路斯	2.95
10	比利时	5.10		74	委内瑞拉	2.90
11	丹麦	5.02		75	毛里求斯	2.90
12	英国	5.01		76	越南	2.90
13	荷兰	4.96		77	马耳他	2.89
14	日本	4.88		78	阿根廷	2.88
15	加拿大	4.87		79	马其顿	2.88
16	马来西亚	4.86		80	希腊	2.88
17	挪威	4.82		81	巴拿马	2.85
18	爱尔兰	4.82		82	津巴布韦	2.83
19	奥地利	4.77		83	埃及	2.82
20	冰岛	4.65		84	塞内加尔	2.82
21	中国香港	4.62		85	博茨瓦纳	2.81
22	澳大利亚	4.38		86	蒙古	2.79
23	新西兰	4.36		87	罗马尼亚	2.75
24	南非	4.20		88	纳米比亚	2.71
25	中国	4.13		89	乌拉圭	2.70
26	波多黎各	4.10		90	柬埔寨	2.69
27	捷克共和国	4.08		91	洪都拉斯	2.69
28	泰国	4.07		92	保加利亚	2.68
29	阿曼	3.94		93	马达加斯加	2.68
30	法国	3.87		94	莫桑比克	2.61
31	突尼斯	3.87		95	多米尼加共和国	2.60
32	爱沙尼亚	3.87		96	苏里南	2.60
33	斯洛文尼亚	3.79		97	厄瓜多尔	2.60
34	匈牙利	3.75		98	秘鲁	2.58
35	哥斯达黎加	3.67		99	布基纳法索	2.56
36	斯洛伐克共和国	3.66		100	塔吉克斯坦	2.52
37	克罗地亚	3.64		101	亚美尼亚	2.49
38	斯里兰卡	3.61		102	叙利亚	2.47
39	葡萄牙	3.59		103	赞比亚	2.46
40	卢森堡	3.59		104	波斯尼亚和黑塞哥维那	2.45
41	卡塔尔	3.54		105	贝宁	2.44
42	智利	3.51		106	冈比亚	2.39
43	印度	3.51		107	埃塞俄比亚	2.39
44	西班牙	3.41		108	马里	2.37
45	巴西	3.41		109	吉尔吉斯共和国	2.36
46	肯尼亚	3.40		110	阿尔及利亚	2.34
47	牙买加	3.36		111	尼加拉瓜	2.33
48	土耳其	3.32		112	萨尔瓦多	2.32
49	沙特阿拉伯	3.28		113	摩尔多瓦	2.31
50	立陶宛	3.27		114	圭亚那	2.29
51	哥伦比亚	3.25		115	格鲁吉亚	2.27
52	乌干达	3.21		116	喀麦隆	2.22
53	阿拉伯联合酋长国	3.21		117	巴林	2.19
54	坦桑尼亚	3.21		118	尼泊尔	2.18
55	危地马拉	3.20		119	玻利维亚	2.10
56	波兰	3.19		120	孟加拉国	2.10
57	墨西哥	3.19		121	利比亚	2.09
58	阿尔拜疆	3.18		122	布隆迪	2.03
59	俄罗斯	3.17		123	莱索托	2.00
60	巴基斯坦	3.17		124	毛里塔尼亚	1.91
61	拉脱维亚	3.15		125	巴拉圭	1.88
62	印度尼西亚	3.13		126	乍得	1.87
63	乌克兰	3.13		127	阿尔巴尼亚	1.69
64	尼日利亚	3.09				

平均值：3.31

资料来源：世界经济论坛，问卷调查，2006~2007。

5.06 企业电话连接费用（统计数据）

企业电话连接费占人均 GDP 的百分比（2005 年或最近年份）

排名	国家或经济体	统计数据
1	中国香港	0.00
1	西班牙[2]	0.00
3	瑞士	0.07
4	冰岛	0.09
5	卢森堡	0.09
6	卡塔尔	0.10
7	土耳其	0.11
8	新加坡[2]	0.11
9	希腊	0.14
10	新西兰	0.15
11	阿拉伯联合酋长国	0.15
12	美国	0.19
13	法国	0.20
14	阿曼	0.22
15	德国	0.22
16	罗马尼亚	0.22
17	比利时	0.23
18	挪威	0.23
19	萨尔瓦多	0.24
20	巴林[2]	0.26
21	马来西亚	0.26
22	以色列	0.28
23	芬兰[2]	0.31
24	爱尔兰	0.31
25	丹麦	0.33
26	塞浦路斯[2]	0.34
27	韩国	0.36
28	牙买加	0.43
29	巴巴多斯	0.43
30	斯洛伐克共和国	0.44
31	澳大利亚	0.46
32	智利	0.49
33	英国[2]	0.49
34	突尼斯[2]	0.50
35	巴西	0.50
36	斯洛文尼亚	0.53
37	奥地利	0.54
38	秘鲁[2]	0.54
39	沙特阿拉伯	0.59
40	中国台湾	0.60
41	意大利	0.61
42	葡萄牙	0.62
43	爱沙尼亚	0.63
44	委内瑞拉	0.69
45	南非	0.77
46	波多黎各[2]	0.77
47	巴拿马	0.83
48	哥斯达黎加	0.84
49	博茨瓦纳[2]	0.86
50	马其顿[2]	0.86
51	乌拉圭	0.86
52	拉脱维亚	0.89
53	马耳他	0.91
54	日本	0.94
55	科威特	0.95
56	克罗地亚	0.96
57	阿根廷	1.10
58	波兰	1.16
59	立陶宛	1.20
60	阿尔及利亚[2]	1.21
61	多米尼加共和国[2]	1.23
62	保加利亚	1.26
63	纳米比亚[2]	1.28
64	捷克共和国	1.36
65	毛里求斯	1.38
66	圭亚那	1.39
67	墨西哥	1.39
68	巴基斯坦[2]	1.52
69	利比亚[2]	1.62
70	哥伦比亚	1.94
71	亚美尼亚	2.13
72	厄瓜多尔	2.13
73	毛里塔尼亚	2.86
74	泰国	3.08
75	印度	3.19
76	匈牙利	3.43
77	越南[2]	3.46
78	印度尼西亚	3.54
79	玻利维亚	3.70
80	波斯尼亚和黑塞哥维那	3.96
81	苏里南	4.33
82	约旦	4.39
83	塔吉克斯坦	4.43
84	危地马拉	4.55
85	莫桑比克[2]	5.00
86	格鲁吉亚	5.21
87	肯尼亚	5.32
88	洪都拉斯	5.32
89	赞比亚	5.36
90	菲律宾	5.49
91	蒙古	5.53
92	乌克兰[2]	5.83
93	塞内加尔	5.97
94	哈萨克斯坦	6.36
95	摩洛哥	6.92
96	尼泊尔	7.10
97	埃及[2]	7.12
98	俄罗斯	7.17
99	喀麦隆	8.02
100	马达加斯加[2]	8.07
101	阿塞拜疆	8.11
102	马里	8.76
103	莱索托	8.78
104	巴拉圭	9.42
105	尼日利亚	10.17
106	坦桑尼亚	10.54
107	布基纳法索	11.05
108	柬埔寨	13.21
109	乍得	15.45
110	摩尔多瓦	16.19
111	斯里兰卡	16.38
112	吉尔吉斯共和国	17.36
113	贝宁	18.90
114	埃塞俄比亚[2]	19.77
115	乌干达	20.72
116	尼加拉瓜	21.33
117	孟加拉国[2]	34.92
118	布隆迪	51.91
n/a	阿尔巴尼亚	n/a
n/a	加拿大	n/a
n/a	中国	n/a
n/a	冈比亚	n/a
n/a	荷兰	n/a
n/a	瑞典	n/a
n/a	叙利亚	n/a
n/a	特立尼达和多巴哥	n/a
n/a	津巴布韦	n/a

339

注：1、2 分别代表 2004 年与 2006 年数据。
资料来源：国际电信联盟：《世界电信指标（2007）》；国际货币基金组织：《世界经济展望在线数据库》（2007 年 10 月）；国家资料。

5.07 企业电话月租费（统计数据）

企业电话月租费占月人均 GDP 的百分比（2005 年或最近年份）

排名	国家或经济体	统计数据	排名	国家或经济体	统计数据
1	波多黎各[1]	0.11	65	危地马拉[1]	3.28
2	阿拉伯联合酋长国	0.15	66	乌克兰[1]	3.34
3	卢森堡	0.33	67	纳米比亚[1]	3.57
4	新加坡[1]	0.37	68	保加利亚	3.57
5	韩国	0.37	69	巴拿马	3.74
6	巴林	0.38	70	乌拉圭	3.93
7	苏里南	0.43	71	多米尼加共和国	4.16
8	挪威	0.45	72	喀麦隆	4.21
9	瑞士	0.47	73	巴拉圭	4.22
10	丹麦	0.50	74	南非	4.23
11	芬兰[1]	0.50	75	布隆迪	4.36
12	以色列	0.58	76	格鲁吉亚	4.46
13	法国	0.60	77	摩尔多瓦	4.53
14	冰岛	0.65	78	波斯尼亚和黑塞哥维那	4.76
15	中国香港	0.66	79	巴基斯坦	4.82
16	希腊	0.70	80	厄瓜多尔	5.12
17	比利时	0.70	81	印度尼西亚	5.44
18	沙特阿拉伯	0.70	82	洪都拉斯	5.55
19	德国	0.71	83	阿塞拜疆	5.68
20	中国台湾	0.71	84	亚美尼亚	5.75
21	卡塔尔	0.72	85	巴巴多斯	5.98
22	西班牙	0.73	86	塔吉克斯坦	6.17
23	澳大利亚	0.74	87	马其顿[1]	6.25
24	爱尔兰	0.74	88	巴西	6.48
25	斯洛文尼亚	0.76	89	孟加拉国[1]	6.55
26	阿曼	0.78	90	摩洛哥	6.64
27	萨尔多瓦	0.78	91	牙买加	6.82
28	阿尔及利亚[1]	0.80	92	秘鲁[1]	7.03
29	日本	0.80	93	土耳其	7.06
30	塞浦路斯[1]	0.81	94	约旦	7.34
31	英国	0.81	95	塞内加尔	7.39
32	突尼斯[1]	0.83	96	玻利维亚	7.40
33	科威特	0.88	97	吉尔吉斯共和国	7.60
34	澳大利亚	0.92	98	印度	7.66
35	加拿大	1.02	99	圭亚那	8.33
36	泰国	1.10	100	毛里塔尼亚	8.93
37	爱沙尼亚	1.11	101	尼泊尔	9.46
38	哥斯达黎加	1.17	102	尼日利亚	9.49
39	美国	1.26	103	摩洛哥	9.97
40	意大利	1.30	104	贝宁	11.23
41	葡萄牙	1.31	105	乍得	12.36
42	智利	1.36	106	斯里兰卡	12.44
43	马耳他	1.55	107	布基纳法索	13.26
44	克罗地利	1.61	108	坦桑尼亚	13.44
45	立陶宛	1.62	109	肯尼亚	13.88
46	俄罗斯	1.67	110	埃塞俄比亚[1]	15.06
47	斯洛伐克共和国	1.83	111	莱索托	16.71
48	博茨瓦纳[1]	1.85	112	尼加拉瓜	17.06
49	毛里塔尼亚	1.86	113	赞比亚	17.15
50	新西兰	1.86	114	柬埔寨	17.17
51	利比亚[1]	1.92	115	马达加斯加	20.78
52	拉脱维亚	2.16	116	乌干达	21.62
53	罗马尼亚	2.19	117	菲律宾	23.72
54	阿尔巴尼亚	2.25	118	马里[1]	23.82
55	匈牙利	2.40	119	莫桑比克	28.69
56	哥伦比亚	2.41	n/a	冈比亚	n/a
57	捷克共和国	2.41	n/a	哈萨克斯坦	n/a
58	阿根廷	2.65	n/a	荷兰	n/a
59	埃及	2.73	n/a	波兰	n/a
60	马来西亚	2.83	n/a	瑞典	n/a
61	委内瑞拉	2.92	n/a	叙利亚	n/a
62	墨西哥	2.93	n/a	特立尼达和多巴哥	n/a
63	中国	2.99	n/a	津巴布韦	n/a
64	越南[1]	3.18			

注：1 代表 2006 年数据。

资料来源：国际电信联盟：《世界电信指标（2007）》；国际货币基金组织：《世界经济展望在线数据库》（2007 年 10 月）；国家资料。

5.08 当地供应商质量

你所在国家当地供应商的质量（1＝差，因为供应商不充分且技术设施不足；7＝非常好，因为处于国际竞争状态且有助于产品开发）

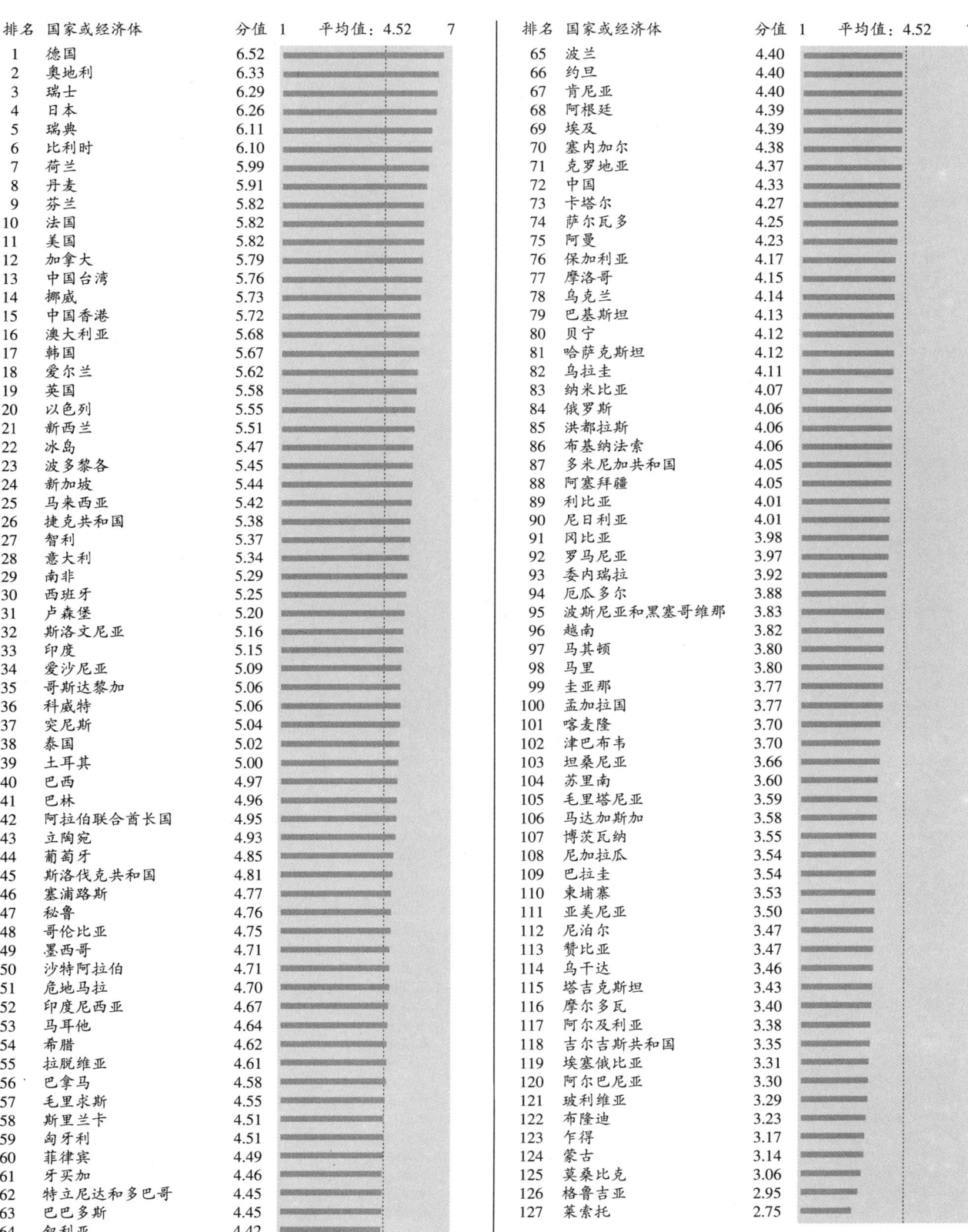

排名	国家或经济体	分值	排名	国家或经济体	分值
1	德国	6.52	65	波兰	4.40
2	奥地利	6.33	66	约旦	4.40
3	瑞士	6.29	67	肯尼亚	4.40
4	日本	6.26	68	阿根廷	4.39
5	瑞典	6.11	69	埃及	4.39
6	比利时	6.10	70	塞内加尔	4.38
7	荷兰	5.99	71	克罗地亚	4.37
8	丹麦	5.91	72	中国	4.33
9	芬兰	5.82	73	卡塔尔	4.27
10	法国	5.82	74	萨尔瓦多	4.25
11	美国	5.82	75	阿曼	4.23
12	加拿大	5.79	76	保加利亚	4.17
13	中国台湾	5.76	77	摩洛哥	4.15
14	挪威	5.73	78	乌克兰	4.14
15	中国香港	5.72	79	巴基斯坦	4.13
16	澳大利亚	5.68	80	贝宁	4.12
17	韩国	5.67	81	哈萨克斯坦	4.12
18	爱尔兰	5.62	82	乌拉圭	4.11
19	英国	5.58	83	纳米比亚	4.07
20	以色列	5.55	84	俄罗斯	4.06
21	新西兰	5.51	85	洪都拉斯	4.06
22	冰岛	5.47	86	布基纳法索	4.06
23	波多黎各	5.45	87	多米尼加共和国	4.05
24	新加坡	5.44	88	阿塞拜疆	4.05
25	马来西亚	5.42	89	利比亚	4.01
26	捷克共和国	5.38	90	尼日利亚	4.01
27	智利	5.37	91	冈比亚	3.98
28	意大利	5.34	92	罗马尼亚	3.97
29	南非	5.29	93	委内瑞拉	3.92
30	西班牙	5.25	94	厄瓜多尔	3.88
31	卢森堡	5.20	95	波斯尼亚和黑塞哥维那	3.83
32	斯洛文尼亚	5.16	96	越南	3.82
33	印度	5.15	97	马其顿	3.80
34	爱沙尼亚	5.09	98	马里	3.80
35	哥斯达黎加	5.06	99	圭亚那	3.77
36	科威特	5.06	100	孟加拉国	3.77
37	突尼斯	5.04	101	喀麦隆	3.70
38	泰国	5.02	102	津巴布韦	3.70
39	土耳其	5.00	103	坦桑尼亚	3.66
40	巴西	4.97	104	苏里南	3.60
41	巴林	4.96	105	毛里塔尼亚	3.59
42	阿拉伯联合酋长国	4.95	106	马达加斯加	3.58
43	立陶宛	4.93	107	博茨瓦纳	3.55
44	葡萄牙	4.85	108	尼加拉瓜	3.54
45	斯洛伐克共和国	4.81	109	巴拉圭	3.54
46	塞浦路斯	4.77	110	柬埔寨	3.53
47	秘鲁	4.76	111	亚美尼亚	3.50
48	哥伦比亚	4.75	112	尼泊尔	3.47
49	墨西哥	4.71	113	赞比亚	3.47
50	沙特阿拉伯	4.71	114	乌干达	3.46
51	危地马拉	4.70	115	塔吉克斯坦	3.43
52	印度尼西亚	4.67	116	摩尔多瓦	3.40
53	马耳他	4.64	117	阿尔及利亚	3.38
54	希腊	4.62	118	吉尔吉斯共和国	3.35
55	拉脱维亚	4.61	119	埃塞俄比亚	3.31
56	巴拿马	4.58	120	阿尔巴尼亚	3.30
57	毛里求斯	4.55	121	玻利维亚	3.29
58	斯里兰卡	4.51	122	布隆迪	3.23
59	匈牙利	4.51	123	乍得	3.17
60	菲律宾	4.49	124	蒙古	3.14
61	牙买加	4.46	125	莫桑比克	3.06
62	特立尼达和多巴哥	4.45	126	格鲁吉亚	2.95
63	巴巴多斯	4.45	127	莱索托	2.75
64	叙利亚	4.42			

资料来源：世界经济论坛，问卷调查，2006~2007。

5.09 当地供应商数量

你所在国家的当地供应商（1=基本不存在，7=很多并且包括最重要的材料、部件、设备和服务）

排名	国家或经济体	分值	1　平均值：4.74　7
1	德国	6.29	
2	日本	6.28	
3	奥地利	5.96	
4	瑞士	5.94	
5	法国	5.86	
6	印度	5.79	
7	韩国	5.75	
8	比利时	5.74	
9	美国	5.73	
10	瑞典	5.72	
11	中国香港	5.69	
12	科威特	5.67	
13	加拿大	5.66	
14	荷兰	5.60	
15	西班牙	5.59	
16	马来西亚	5.56	
17	捷克共和国	5.52	
18	中国台湾	5.51	
19	丹麦	5.48	
20	意大利	5.47	
21	巴西	5.43	
22	土耳其	5.39	
23	挪威	5.37	
24	智利	5.35	
25	芬兰	5.35	
26	南非	5.34	
27	英国	5.32	
28	冰岛	5.29	
29	泰国	5.27	
30	突尼斯	5.26	
31	印度尼西亚	5.25	
32	叙利亚	5.24	
33	澳大利亚	5.24	
34	爱尔兰	5.21	
35	中国	5.20	
36	巴林	5.13	
37	埃及	5.12	
38	斯洛伐克共和国	5.10	
39	沙特阿拉伯	5.08	
40	哥斯达黎加	5.08	
41	新西兰	5.08	
42	以色列	5.05	
43	葡萄牙	5.05	
44	塞内加尔	5.03	
45	波多黎各	5.02	
46	秘鲁	5.01	
47	肯尼亚	5.00	
48	巴基斯坦	5.00	
49	立陶宛	5.00	
50	新加坡	4.99	
51	约旦	4.99	
52	阿拉伯联合酋长国	4.99	
53	爱沙尼亚	4.91	
54	哥伦比亚	4.87	
55	马耳他	4.86	
56	危地马拉	4.84	
57	摩洛哥	4.84	
58	斯洛文尼亚	4.81	
59	尼日利亚	4.81	
60	菲律宾	4.80	
61	巴拿马	4.80	
62	毛里求斯	4.78	
63	阿根廷	4.74	
64	乌克兰	4.73	
65	斯里兰卡	4.73	
66	墨西哥	4.73	
67	卡塔尔	4.72	
68	卢森堡	4.71	
69	匈牙利	4.69	
70	保加利亚	4.68	
71	希腊	4.68	
72	布基纳法索	4.67	
73	俄罗斯	4.67	
74	利比亚	4.65	
75	乌干达	4.61	
76	塞浦路斯	4.58	
77	波兰	4.57	
78	特立尼达和多巴哥	4.56	
79	哈萨克斯坦	4.55	
80	马里	4.55	
81	克罗地亚	4.54	
82	越南	4.51	
83	牙买加	4.50	
84	阿曼	4.47	
85	阿塞拜疆	4.46	
86	喀麦隆	4.46	
87	罗马尼亚	4.44	
88	多米尼加共和国	4.41	
89	拉脱维亚	4.36	
90	萨尔瓦多	4.35	
91	乍得	4.33	
92	马达加斯加	4.33	
93	孟加拉国	4.32	
94	洪都拉斯	4.30	
95	坦桑尼亚	4.28	
96	巴巴多斯	4.28	
97	冈比亚	4.27	
98	阿尔及利亚	4.25	
99	圭亚那	4.24	
100	马其顿	4.24	
101	乌拉圭	4.21	
102	厄瓜多尔	4.18	
103	毛里塔尼亚	4.16	
104	津巴布韦	4.10	
105	贝宁	4.06	
106	阿尔巴尼亚	3.99	
107	亚美尼亚	3.99	
108	巴拉圭	3.97	
109	委内瑞拉	3.93	
110	尼泊尔	3.92	
111	波斯尼亚和黑塞哥维那	3.89	
112	布隆迪	3.87	
113	尼加拉瓜	3.81	
114	埃塞俄比亚	3.81	
115	苏里南	3.81	
116	摩尔瓦多	3.79	
117	塔吉克斯坦	3.74	
118	柬埔寨	3.66	
119	莫桑比克	3.65	
120	吉尔吉斯共和国	3.64	
121	赞比亚	3.62	
122	纳米比亚	3.57	
123	玻利维亚	3.47	
124	博茨瓦纳	3.45	
125	蒙古	3.37	
126	格鲁吉亚	3.21	
127	莱索托	3.00	

资料来源：世界经济论坛，问卷调查，2006~2007。

5.10 计算机、通信和其他服务进口（统计数据）

计算机、通信和其他服务占商业服务进口总额的百分比（2005 年或最近年份）

排名	国家或经济体	统计数据
1	阿塞拜疆	77.38
2	爱尔兰	73.00
3	哈萨克斯坦	71.00
4	沙特阿拉伯	67.60
5	尼日利亚	64.20
6	奥地利	56.05
7	克罗地亚	54.80
8	荷兰	54.60
9	匈牙利	54.10
10	苏里南	53.72
11	芬兰	51.30
12	印度尼西亚	51.10
13	巴西	50.06
14	瑞典	49.60
15	意大利	46.50
16	捷克共和国	45.50
17	西班牙	44.40
18	印度	43.10
19	巴基斯坦	42.60
20	斯洛伐克共和国	42.40
20	斯洛文尼亚	42.40
22	马其顿	42.20
23	马来西亚	41.40
24	罗马尼亚	41.30
25	以色列	40.30
26	波兰	40.10
27	新加坡	39.40
28	中国台湾[1]	38.40
29	比利时	38.29
30	加拿大	37.90
30	法国	37.90
32	日本	37.80
33	德国	37.70
34	韩国	37.50
35	瑞士	37.40
36	乌干达	35.20
37	纳米比亚[1]	35.10
38	俄罗斯	35.00
39	丹麦[1]	34.84
40	马达加斯加	34.70
40	阿曼	34.70
42	葡萄牙	33.50
43	埃及	33.30
44	爱沙尼亚	32.70
45	莫桑比克	32.20
46	牙买加	32.10
47	吉尔吉斯共和国	31.50
47	英国	31.50
49	中国	30.80
50	圭亚那	30.16
51	美国	30.00
52	新西兰	29.50
53	肯尼亚	29.20
54	毛里求斯	28.90
55	阿根廷	28.74
56	挪威	27.60
57	马耳他	27.05
58	摩洛哥	26.80
59	拉脱维亚	25.80
60	塞内加尔[1]	25.60
61	乌克兰	24.90
62	卢森堡	24.83
63	泰国	24.80
64	保加利亚	24.27

排名	国家或经济体	统计数据
65	秘鲁	24.00
66	冰岛	23.87
67	埃塞俄比亚	23.50
68	中国香港[1]	23.40
69	摩尔多瓦	22.80
70	厄瓜多尔	22.60
71	智利	22.30
72	博茨瓦纳	22.19
73	哥伦比亚	22.00
74	柬埔寨	21.83
75	委内瑞拉	21.70
76	澳大利亚	21.32
77	南非	21.10
78	洪都拉斯	20.40
79	哥斯达黎加	20.30
80	突尼斯	20.10
81	塔吉克斯坦	20.00
82	阿尔巴尼亚	19.51
83	坦桑尼亚	19.20
84	巴巴多斯	19.16
85	希腊	18.90
85	乌拉圭	18.90
87	菲律宾	18.80
88	玻利维亚	18.26
89	特立尼达和多巴哥[1]	17.70
90	萨尔瓦多	17.60
91	尼泊尔	17.30
92	塞浦路斯	17.02
93	斯里兰卡	16.90
94	布隆迪	16.67
95	马里	16.00
96	立陶宛	15.90
96	尼加拉瓜	15.90
98	波斯尼亚和黑塞哥维那	15.26
99	巴拿马	14.90
100	贝宁	14.70
101	约旦	13.30
102	蒙古[1]	12.80
103	利比亚	11.80
104	亚美尼亚	11.46
105	格鲁吉亚	11.40
105	土耳其	11.40
107	孟加拉国	8.39
108	多米尼加共和国	6.60
109	墨西哥	6.40
110	巴林	6.40
111	叙利亚	6.30
112	危地马拉	5.70
113	巴拉圭	3.10
114	冈比亚	2.20
115	科威特	1.80
116	莱索托	0.02
n/a	阿尔及利亚	n/a
n/a	布基纳法索	n/a
n/a	喀麦隆	n/a
n/a	乍得	n/a
n/a	毛里塔尼亚	n/a
n/a	波多黎各	n/a
n/a	卡塔尔	n/a
n/a	阿拉伯联合酋长国	n/a
n/a	越南	n/a
n/a	赞比亚	n/a
n/a	津巴布韦	n/a

注：1 代表 2004 年数据。

资料来源：世界银行：《世界发展指标（2007）》。

第二部分　就绪度构成

支柱体系 6：政府就绪度

6.01 政府对 ICT 重视程度

政府对信息和通信技术（计算机、互联网等）的优先支持程度（1 = 强烈反对，7 = 强烈支持）

排名	国家或经济体	分值	排名	国家或经济体	分值
1	新加坡	6.33	65	斯洛文尼亚	4.55
2	马来西亚	6.02	66	阿曼	4.54
3	丹麦	6.01	67	布基纳法索	4.54
4	爱沙尼亚	5.95	68	博茨瓦纳	4.53
5	马耳他	5.91	69	哥伦比亚	4.52
6	韩国	5.89	70	叙利亚	4.52
7	阿拉伯联合酋长国	5.87	71	西班牙	4.51
8	葡萄牙	5.84	72	匈牙利	4.50
9	中国台湾	5.78	73	墨西哥	4.47
10	卡塔尔	5.75	74	中国	4.47
11	瑞典	5.67	75	土耳其	4.46
12	芬兰	5.64	76	捷克共和国	4.45
13	突尼斯	5.60	77	哥斯达黎加	4.45
14	冰岛	5.56	78	摩尔多瓦	4.45
15	日本	5.47	79	乌拉圭	4.44
16	印度	5.46	80	阿尔巴尼	4.44
17	中国香港	5.43	81	莫桑比克	4.42
18	美国	5.42	82	柬埔寨	4.40
19	毛里求斯	5.41	83	圭亚那	4.39
20	毛里塔尼亚	5.38	84	尼日利亚	4.37
21	英国	5.33	85	塞浦路斯	4.37
22	挪威	5.30	86	尼泊尔	4.36
23	约旦	5.27	87	埃塞俄比亚	4.35
24	瑞士	5.23	88	斯洛伐克共和国	4.32
25	冈比亚	5.21	89	拉脱维亚	4.31
26	以色列	5.20	90	危地马拉	4.26
27	奥地利	5.19	91	洪都拉斯	4.25
28	泰国	5.18	92	马其顿	4.25
29	巴巴多斯	5.17	93	赞比亚	4.25
30	蒙古	5.15	94	希腊	4.25
31	德国	5.14	95	孟加拉国	4.24
32	荷兰	5.13	96	特立尼达和多巴哥	4.22
33	巴林	5.11	97	科威特	4.21
34	加拿大	5.07	98	俄罗斯	4.20
35	越南	5.05	99	保加利亚	4.19
36	阿塞拜疆	5.05	100	巴西	4.18
37	卢森堡	5.05	101	罗马尼亚	4.17
38	巴基斯坦	5.03	102	委内瑞拉	4.15
39	多米尼加共和国	5.02	103	肯尼亚	4.13
40	智利	5.00	104	菲律宾	4.12
41	立陶宛	5.00	105	格鲁吉亚	4.11
42	马里	4.99	106	亚美尼亚	4.07
43	法国	4.99	107	巴拿马	4.00
44	牙买加	4.97	108	波斯尼亚和黑塞哥维那	3.99
45	塔吉克斯坦	4.93	109	利比亚	3.95
46	塞内加尔	4.92	110	意大利	3.94
47	斯里兰卡	4.92	111	吉尔吉斯共和国	3.91
48	澳大利亚	4.91	112	乌克兰	3.90
49	奥地利	4.90	113	秘鲁	3.90
50	沙特阿拉伯	4.90	114	喀麦隆	3.89
51	贝宁	4.88	115	纳米比亚	3.86
52	爱尔兰	4.88	116	莱索托	3.86
53	马达加斯加	4.88	117	尼加拉瓜	3.82
54	比利时	4.85	118	玻利维亚	3.54
55	坦桑尼亚	4.84	119	阿根廷	3.43
56	哈萨克斯坦	4.80	120	波兰	3.25
57	埃及	4.79	121	布隆迪	3.21
58	新西兰	4.79	122	津巴布韦	3.11
59	萨尔瓦多	4.73	123	乍得	3.02
60	南非	4.71	124	印度尼西亚	3.00
61	克罗地亚	4.66	125	苏里南	2.88
62	波多黎各	4.59	126	巴拉圭	2.87
63	摩洛哥	4.58	127	厄瓜多尔	2.86
64	乌干达	4.57			

资料来源：世界经济论坛，问卷调查，2006~2007。

6.02 政府对高科技产品的采购

政府对于高科技产品采购的购买决策（1＝基于价格确定，7＝基于技术绩效和创新性确定）

排名	国家或经济体	分值	排名	国家或经济体	分值
1	新加坡	5.53	65	印度尼西亚	3.64
2	韩国	5.29	66	巴西	3.63
3	马来西亚	5.10	67	哥伦比亚	3.62
4	突尼斯	5.03	68	阿尔及利亚	3.61
5	美国	4.94	69	牙买加	3.61
6	瑞典	4.87	70	印度	3.61
7	以色列	4.80	71	塔吉克斯坦	3.59
8	中国台湾	4.77	72	土耳其	3.59
9	卢森堡	4.65	73	乌干达	3.58
10	德国	4.64	74	乌克兰	3.57
11	芬兰	4.64	75	斯洛文尼亚	3.56
12	瑞士	4.60	76	博茨瓦纳	3.55
13	丹麦	4.56	77	塞浦路斯	3.54
14	法国	4.53	78	巴拿马	3.53
15	中国香港	4.51	79	克罗地亚	3.50
16	日本	4.49	80	科威特	3.49
17	阿拉伯联合酋长国	4.49	81	罗马尼亚	3.48
18	卡塔尔	4.48	82	俄罗斯	3.43
19	荷兰	4.42	83	保加利亚	3.43
20	挪威	4.36	84	危地马拉	3.42
21	奥地利	4.31	85	匈牙利	3.42
22	中国	4.26	86	斯洛伐克共和国	3.40
23	爱沙尼亚	4.25	87	洪都拉斯	3.38
24	泰国	4.17	88	波兰	3.37
25	爱尔兰	4.17	89	萨尔瓦多	3.36
26	英国	4.16	90	乌拉圭	3.35
27	澳大利亚	4.15	91	多米尼加共和国	3.31
28	加拿大	4.15	92	墨西哥	3.31
29	马里	4.13	93	叙利亚	3.30
30	葡萄牙	4.12	94	拉脱维亚	3.30
31	沙特阿拉伯	4.12	95	意大利	3.26
32	巴林	4.08	96	埃塞俄比亚	3.26
33	冰岛	4.04	97	希腊	3.25
34	毛里塔尼亚	4.03	98	特立尼达和多巴哥	3.25
35	越南	3.99	99	菲律宾	3.21
36	阿曼	3.98	100	莫桑比克	3.18
37	阿塞拜疆	3.92	101	喀麦隆	3.17
38	约旦	3.91	102	纳米比亚	3.16
39	智利	3.88	103	委内瑞拉	3.14
40	马耳他	3.87	104	蒙古	3.10
41	尼日利亚	3.86	105	马其顿	3.05
42	摩洛哥	3.85	106	格鲁吉亚	3.04
43	塞内加尔	3.85	107	乍得	3.04
44	布基纳法索	3.85	108	圭亚那	3.03
45	捷克共和国	3.83	109	亚美尼亚	3.03
46	贝宁	3.82	110	尼加拉瓜	3.02
47	柬埔寨	3.81	111	阿根廷	3.01
48	巴基斯坦	3.81	112	秘鲁	2.93
49	比利时	3.80	113	莱索托	2.92
50	新西兰	3.79	114	利比亚	2.85
51	南非	3.79	115	布隆迪	2.83
52	马达加斯加	3.77	116	孟加拉国	2.79
53	斯里兰卡	3.77	117	厄瓜多尔	2.78
54	肯尼亚	3.77	118	尼泊尔	2.68
55	西班牙	3.75	119	波斯尼亚和黑塞哥维那	2.67
56	坦桑尼亚	3.75	120	赞比亚	2.67
57	埃及	3.74	121	摩尔多瓦	2.62
58	冈比亚	3.73	122	苏里南	2.59
59	波多黎各	3.72	123	津巴布韦	2.56
60	哥斯达黎加	3.71	124	吉尔吉斯共和国	2.56
61	哈萨克斯坦	3.69	125	巴拉圭	2.43
62	立陶宛	3.67	126	玻利维亚	2.41
63	毛里求斯	3.65	127	阿尔巴尼亚	2.40
64	巴巴多斯	3.65			

平均值：3.68

资料来源：世界经济论坛，问卷调查，2006~2007。

6.03 政府未来愿景中 ICT 的重要性

政府对于如何利用 ICT 来提高国家整体竞争力有明确的实施计划 （1 = 强烈反对，7 = 强烈支持）

排名	国家或经济体	分值
1	新加坡	6.28
2	葡萄牙	5.73
3	马耳他	5.70
4	阿拉伯联合酋长国	5.65
5	马来西亚	5.62
6	丹麦	5.51
7	韩国	5.50
8	卡塔尔	5.46
9	爱沙尼亚	5.40
10	冰岛	5.37
11	突尼斯	5.35
12	中国香港	5.21
13	芬兰	5.10
14	中国台湾	5.05
15	挪威	5.01
16	瑞典	4.98
17	泰国	4.98
18	马里	4.88
19	毛里塔尼亚	4.84
20	智利	4.82
21	印度	4.80
22	奥地利	4.71
23	约旦	4.68
24	阿曼	4.68
25	日本	4.68
26	以色列	4.65
27	巴林	4.64
28	美国	4.64
29	中国	4.63
30	卢森堡	4.56
31	法国	4.56
32	冈比亚	4.54
33	布基纳法索	4.53
34	爱尔兰	4.51
35	沙特阿拉伯	4.48
36	埃及	4.47
37	越南	4.46
38	斯洛文尼亚	4.46
39	瑞士	4.45
40	澳大利亚	4.43
41	哈萨克斯坦	4.42
42	英国	4.41
43	多米尼加共和国	4.38
44	萨尔瓦多	4.36
45	摩洛哥	4.32
46	荷兰	4.31
47	加拿大	4.31
48	毛里求斯	4.30
49	乌干达	4.25
50	塞内加尔	4.24
51	新西兰	4.24
52	坦桑尼亚	4.23
53	蒙古	4.21
54	斯里兰卡	4.21
55	阿塞拜疆	4.20
56	牙买加	4.19
57	比利时	4.18
58	巴巴多斯	4.15
59	贝宁	4.15
60	马达加斯加	4.14
61	阿尔及利亚	4.13
62	墨西哥	4.13
63	德国	4.12
64	匈牙利	4.08

排名	国家或经济体	分值
65	巴基斯坦	4.06
66	埃塞俄比亚	4.06
67	肯尼亚	4.02
68	尼日利亚	3.99
69	西班牙	3.99
70	危地马拉	3.98
71	土耳其	3.98
72	哥伦比亚	3.97
73	立陶宛	3.95
74	塞浦路斯	3.95
75	巴西	3.93
76	克罗地亚	3.90
77	柬埔寨	3.89
78	博茨瓦纳	3.87
79	马其顿	3.86
80	巴拿马	3.85
81	罗马尼亚	3.82
82	塔吉克斯坦	3.82
83	莫桑比克	3.80
84	叙利亚	3.80
85	南非	3.73
86	希腊	3.73
87	斯洛伐克共和国	3.73
88	摩尔瓦多	3.60
89	哥斯达黎加	3.59
90	保加利亚	3.59
91	菲律宾	3.56
92	意大利	3.55
93	拉脱维亚	3.52
94	乌拉圭	3.50
95	阿尔巴尼亚	3.42
96	赞比亚	3.40
97	波多黎各	3.39
98	尼加拉瓜	3.38
99	科威特	3.37
100	洪都拉斯	3.34
101	特立尼达和多巴哥	3.32
102	秘鲁	3.28
103	捷克共和国	3.25
104	委内瑞拉	3.18
105	俄罗斯	3.17
106	孟加拉国	3.14
107	亚美尼亚	3.12
108	波兰	3.10
109	格鲁吉亚	3.09
110	尼泊尔	3.06
111	拉脱维亚	3.02
112	喀麦隆	2.92
113	纳米比亚	2.91
114	印度尼西亚	2.89
115	圭亚那	2.88
116	乌克兰	2.82
117	玻利维亚	2.79
118	乍得	2.76
119	莱索托	2.73
120	阿根廷	2.68
121	厄瓜多尔	2.66
122	布隆迪	2.56
123	吉尔吉斯共和国	2.53
124	巴拉圭	2.47
125	波斯尼亚和黑塞哥维那	2.39
126	苏里南	2.01
127	津巴布韦	1.97

资料来源：世界经济论坛，问卷调查，2006～2007。

6.04 电子政务就绪度指数（统计数据）

电子政务就绪度指数基于网站评估、通信基础设施和人力资源禀赋评估电子政务就绪度，2007 年

排名	国家或经济体	统计数据
1	瑞典	0.92
2	丹麦	0.91
3	挪威	0.89
4	美国	0.86
5	荷兰	0.86
6	韩国	0.83
7	加拿大	0.82
8	澳大利亚	0.81
9	法国	0.80
10	英国	0.79
11	日本	0.77
12	瑞士	0.76
13	爱沙尼亚	0.76
14	卢森堡	0.75
15	芬兰	0.75
16	奥地利	0.74
17	以色列	0.74
18	新西兰	0.74
19	爱尔兰	0.73
20	西班牙	0.72
21	冰岛	0.72
22	德国	0.71
23	新加坡	0.70
24	比利时	0.68
25	捷克共和国	0.67
26	斯洛文尼亚	0.67
27	意大利	0.67
28	立陶宛	0.66
29	马耳他	0.66
30	匈牙利	0.65
31	葡萄牙	0.65
32	阿拉伯联合酋长国	0.63
33	波兰	0.61
34	马来西亚	0.61
35	塞浦路斯	0.60
36	拉脱维亚	0.59
37	墨西哥	0.59
38	斯洛伐克共和国	0.59
39	阿根廷	0.58
40	智利	0.58
41	乌克兰	0.57
42	巴林	0.57
43	保加利亚	0.57
44	希腊	0.57
45	巴西	0.57
46	巴巴多斯	0.57
47	克罗地亚	0.57
48	乌拉圭	0.56
49	约旦	0.55
50	罗马尼亚	0.54
51	哥伦比亚	0.53
52	卡塔尔	0.53
53	特立尼达和多巴哥	0.53
54	秘鲁	0.53
55	科威特	0.52
56	哥斯达黎加	0.51
57	俄罗斯	0.51
58	南非	0.51
59	委内瑞拉	0.51
60	毛里求斯	0.51
61	泰国	0.50
62	中国	0.50
63	菲律宾	0.50
64	萨尔瓦多	0.50
65	多米尼加共和国	0.49
66	沙特阿拉伯	0.49
67	玻利维亚	0.49
68	马其顿	0.49
69	厄瓜多尔	0.48
70	土耳其	0.48
71	埃及	0.48
72	哈萨克斯坦	0.47
73	蒙古	0.47
74	巴拿马	0.47
75	阿曼	0.47
76	牙买加	0.47
77	阿尔巴尼亚	0.47
78	巴拉圭	0.47
79	阿塞拜疆	0.46
80	格鲁吉亚	0.46
81	越南	0.46
82	摩尔多瓦	0.45
83	波斯尼亚和黑塞哥维那	0.45
84	圭亚那	0.44
85	危地马拉	0.43
86	斯里兰卡	0.42
87	吉尔吉斯共和国	0.42
88	亚美尼亚	0.42
89	印度尼西亚	0.41
90	洪都拉斯	0.40
91	印并	0.38
92	莱索托	0.38
93	尼加拉瓜	0.37
94	博茨瓦纳	0.36
95	叙利亚	0.36
96	利比亚	0.35
97	阿尔及利亚	0.35
98	肯尼亚	0.35
99	苏里南	0.35
100	突尼斯	0.35
101	纳米比亚	0.34
102	巴基斯坦	0.32
103	塔吉克斯坦	0.32
104	乌干达	0.31
105	吉尔吉斯共和国	0.31
106	尼日利亚	0.31
107	柬埔寨	0.30
108	津巴布韦	0.30
109	摩洛哥	0.29
110	孟加拉国	0.29
111	坦桑尼亚	0.29
112	喀麦隆	0.29
113	尼泊尔	0.27
114	莫桑比克	0.26
115	塞内加尔	0.25
116	赞比亚	0.23
117	冈比亚	0.23
118	毛里塔尼亚	0.20
119	贝宁	0.19
120	埃塞俄比亚	0.19
121	布隆迪	0.18
122	马里	0.16
123	布基纳法索	0.15
124	乍得	0.10
n/a	中国香港	n/a
n/a	波多黎各	n/a
n/a	中国台湾	n/a

资料来源：联合国：《全球电子政务调查（2008）》。

支柱体系7：个人应用

7.01 移动电话用户数（统计数据）

每100名居民所拥有移动电话用户数（2006年或最近年份）

排名	国家或经济体	统计数据		排名	国家或经济体	统计数据
1	卢森堡	151.61		65	哥伦比亚	64.31
2	立陶宛	138.06		66	厄瓜多尔	63.23
3	中国香港	131.45		67	泰国	63.02
4	特立尼达和多巴哥	126.42		68	阿尔及利亚	62.95
5	爱沙尼亚	125.19		69	毛里塔尼亚	61.50
6	意大利[1]	123.08		70	博茨瓦纳	55.68
7	以色列	122.74		71	危地马拉	55.60
8	巴林	121.71		72	萨尔瓦多	55.03
9	捷克共和国	119.01		73	哈萨克斯坦	52.86
10	阿拉伯联合酋长国	118.51		74	墨西哥	52.63
11	英国	116.39		75	加拿大[1]	52.51
12	葡萄牙	115.95		76	巴拿马[1]	52.46
13	奥地利	112.80		77	摩洛哥	52.07
14	爱尔兰	111.40		78	巴拉圭	51.31
15	冰岛	110.58		79	多米尼加共和国	51.05
16	卡塔尔	109.60		80	菲律宾	50.75
17	新加坡	109.34		81	阿尔巴尼亚	48.89
18	挪威	108.57		82	波斯尼亚和黑塞哥维那	48.26
19	芬兰	107.76		83	巴西[1]	46.25
20	保加利亚	107.59		84	阿塞拜疆	39.23
21	丹麦	107.25		85	格鲁吉亚	38.43
22	乌克兰	106.72		86	圭亚那	37.46
23	西班牙	106.39		87	中国	34.83
24	瑞典	105.92		88	毛里塔尼亚	33.57
25	牙买加[1]	105.78		89	哥斯达黎加	32.82
26	瑞士	102.12		90	尼加拉瓜	32.68
27	中国台湾	101.97		91	摩尔多瓦	32.38
28	德国	101.92		92	洪都拉斯	30.44
29	希腊	99.62		93	秘鲁	29.95
30	匈牙利	98.95		94	玻利维亚	28.85
31	克罗地亚	98.11		95	印度尼西亚	28.30
32	荷兰[1]	97.15		96	冈比亚	25.99
33	澳大利亚	97.02		97	斯里兰卡	25.88
34	波兰	95.45		98	塞内加尔	24.99
35	拉脱维亚	95.13		99	纳米比亚[1]	24.37
36	斯洛文尼亚	92.56		100	埃及	24.33
37	比利时	92.55		101	尼日利亚	24.05
38	塞浦路斯	92.06		102	叙利亚	23.96
39	斯洛伐克共和国	90.60		103	巴基斯坦	21.98
40	科威特[1]	88.57		104	蒙古[1]	21.05
41	新西兰[1]	87.62		105	肯尼亚	18.47
42	马耳他	85.96		106	越南	18.17
43	法国	85.08		107	印度	14.83
44	波多黎各	84.80		108	坦桑尼亚	14.78
45	韩国	83.77		109	赞比亚	14.02
46	俄罗斯[1]	83.62		110	莱索托[1]	13.92
47	阿根廷	80.52		111	喀麦隆[1]	13.80
48	罗马尼亚	80.45		112	孟加拉国	13.25
49	日本	79.32		113	贝宁	12.13
50	沙特阿拉伯	78.05		114	莫桑比克	11.61
51	美国	77.40		115	马里	10.87
52	巴巴多斯[1]	76.65		116	亚美尼亚[1]	10.54
53	智利	75.62		117	吉尔吉斯共和国[1]	10.29
54	马来西亚	75.45		118	柬埔寨	7.94
55	约旦	74.40		119	布基纳法索	7.46
56	突尼斯	71.88		120	乌干达	6.73
57	南非[1]	71.60		121	津巴布韦	6.36
58	土耳其	71.00		122	马达加斯加	5.47
59	苏里南	70.80		123	乍得	4.65
60	阿曼	69.59		124	塔吉克斯坦[1]	4.07
61	马其顿	69.56		125	尼泊尔	3.76
62	委内瑞拉	69.04		126	布隆迪[1]	2.03
63	乌拉圭	66.83		127	埃塞俄比亚	1.09
64	利比亚	65.81				

注：1 代表 2005 年数据。

资料来源：国际电信联盟：《世界电信指数标（2007）》。

7.02 个人电脑数 (统计数据)

每100名居民所拥有个人电脑数 (2005年或最近年份)

排名	国家或经济体	统计数据
1	以色列	122.52
2	加拿大	87.31
3	瑞士	86.18
4	荷兰	85.55
5	瑞典	83.49
6	澳大利亚	76.61
7	英国	76.52
8	美国 [1]	76.22
9	丹麦	69.46
10	新加坡	68.02
11	日本	67.45
12	卢森堡	62.37
13	奥地利	61.12
14	德国	60.47
15	挪威	59.41
16	中国香港	59.26
17	法国	57.86
18	中国台湾	57.52
19	韩国	53.19
20	爱尔兰	52.99
21	新西兰	51.55
22	芬兰	50.01
23	爱沙尼亚	48.91
24	冰岛	48.30
25	斯洛文尼亚	41.08
26	比利时	37.62
27	意大利	36.99
28	斯洛伐克共和国	35.72
29	塞浦路斯	33.41
30	西班牙	28.11
31	捷克共和国	27.40
32	拉脱维亚	24.53
33	波兰	23.99
34	阿拉伯联合酋长国	23.35
35	哥斯达黎加	23.11
36	科威特	22.33
37	马其顿	22.17
38	马来西亚	21.54
39	克罗地亚	19.42
40	卡塔尔	18.64
41	立陶宛	17.98
42	巴林	17.62
43	毛里求斯	16.87
44	马耳他	16.61
45	巴西	16.09
46	匈牙利	14.90
47	巴巴多斯	14.87
48	智利	14.75
49	乌拉圭	13.85
50	葡萄牙	13.40
51	墨西哥	13.08
52	罗马尼亚	12.96
53	蒙古	12.85
54	南非	12.82
55	纳米比亚	12.26
56	俄罗斯	12.13
57	秘鲁	10.01
58	特立尼达和多巴哥	9.88
59	亚美尼亚	9.85
60	委内瑞拉	9.25
61	希腊	9.17
62	阿根廷	9.07
63	南非	8.36
64	摩尔多瓦	8.28
65	巴拉圭	7.47
66	泰国	6.86
67	牙买加	6.75
68	津巴布韦 [2]	6.61
69	厄瓜多尔	6.55
70	保加利亚	6.34
71	约旦	6.22
72	突尼斯 [2]	6.22
73	土耳其	5.56
74	波斯尼亚和黑塞哥维那	5.43
75	菲律宾	5.37
76	萨尔瓦多	5.09
77	阿曼	5.06
78	博茨瓦纳	4.87
79	格鲁吉亚	4.70
80	乌克兰 [2]	4.61
81	巴拿马	4.56
82	苏里南	4.45
83	埃及 [2]	4.27
84	中国	4.22
85	叙利亚	4.20
86	哥伦比亚	4.15
87	圭亚那	3.86
88	尼加拉瓜	3.77
89	斯里兰卡	3.54
90	毛里塔尼亚	2.56
91	摩洛哥	2.46
92	孟加拉国 [2]	2.42
93	玻利维亚	2.40
94	多米尼加共和国	2.32
95	阿塞拜疆	2.31
96	利比亚	2.22
97	塞内加尔	2.14
98	危地马拉	2.08
99	吉尔吉斯共和国	1.90
100	阿尔巴尼亚	1.73
101	乌干达 [2]	1.67
102	洪都拉斯	1.67
103	中国台湾	1.65
104	印度	1.54
105	印度尼西亚	1.47
106	肯尼亚	1.44
107	莫桑比克	1.43
108	越南	1.39
109	塔吉克斯坦	1.30
110	喀麦隆	1.23
111	赞比亚	1.12
112	阿尔及利亚	1.06
113	坦桑尼亚	0.93
114	尼日利亚	0.91
115	波多黎各	0.83
116	布隆迪	0.73
117	马达加斯加	0.55
118	巴基斯坦	0.52
119	尼泊尔	0.49
120	贝宁	0.43
121	马里	0.40
122	埃塞俄比亚	0.39
123	柬埔寨	0.31
124	布基纳法索	0.24
125	乍得	0.16
126	莱索托	0.08
n/a	哈萨克斯坦	n/a

注：1、2分别代表2004年和2006年数据。

资料来源：国际电信联盟：《世界电信指标 (2007)》。

353

7.03 宽带用户数（统计数据）

每100名居民所拥有宽带用户数（2006年或最近年份）

排名	国家或经济体	统计数据		排名	国家或经济体	统计数据
1	丹麦	31.74		65	波斯尼亚和黑塞哥维那	1.02
2	荷兰	31.72		66	科威特[2]	0.93
3	冰岛	29.53		67	沙特阿拉伯	0.87
4	瑞士	29.47		68	约旦	0.83
5	韩国	29.27		69	摩洛哥	0.82
6	挪威	27.54		70	多米尼加共和国	0.74
7	芬兰	27.14		71	萨尔瓦多[2]	0.61
8	瑞典	25.87		72	格鲁吉亚	0.61
9	中国香港	25.24		73	越南	0.61
10	加拿大	23.57		74	阿尔及利亚[2]	0.59
11	英国	21.71		75	苏里南	0.59
12	法国	20.91		76	阿曼	0.58
13	以色列	20.75		77	巴拿马[2]	0.54
14	日本	20.09		78	摩尔多瓦	0.52
15	卢森堡	19.80		79	马达加斯加[1]	0.50
16	中国台湾	19.76		80	南非[2]	0.35
17	美国	19.31		81	尼加拉瓜	0.34
18	澳大利亚	19.15		82	埃及	0.34
19	比利时[2]	19.13		83	圭亚那[2]	0.27
20	新加坡	18.19		84	巴拉圭	0.25
21	奥地利	17.41		85	塞内加尔	0.24
22	爱沙尼亚	17.22		86	危地马拉[2]	0.22
23	德国	17.03		87	哈萨克斯坦	0.21
24	西班牙	15.34		88	印度	0.21
25	意大利	14.86		89	厄瓜多尔	0.20
26	新西兰	14.18		90	突尼斯[2]	0.17
27	葡萄牙	13.85		91	泰国[2]	0.16
28	斯洛文尼亚	13.41		92	菲律宾[2]	0.15
29	爱尔兰	12.29		93	斯里兰卡	0.14
30	巴巴多斯[2]	11.87		94	玻利维亚	0.12
31	立陶宛	10.79		95	博茨瓦纳	0.09
32	捷克共和国	10.64		96	津巴布韦	0.08
33	马耳他	10.44		97	蒙古[2]	0.07
34	匈牙利	9.70		98	亚美尼亚[2]	0.07
35	罗马尼亚	8.18		99	印度尼西亚[2]	0.05
36	波兰	6.86		100	吉尔吉斯共和国[2]	0.05
37	智利	5.94		101	巴基斯坦[2]	0.03
38	塞浦路斯	5.87		102	叙利亚	0.03
39	斯洛伐克共和国	5.87		103	阿塞拜疆[2]	0.03
40	卡塔尔	5.57		104	毛里塔尼亚	0.02
41	克罗地亚	5.53		105	马里	0.02
42	巴林	5.23		106	赞比亚	0.02
43	阿拉伯联合酋长国	5.17		107	布基纳法索	0.01
44	保加利亚	5.01		108	阿尔巴尼亚[2]	0.01
45	拉脱维亚	4.78		109	柬埔寨[2]	0.01
46	希腊	4.38		110	冈比亚	0.00
47	阿根廷	4.01		111	乌干达	0.00
48	中国	3.85		112	莱索托[2]	0.00
49	土耳其	3.74		113	贝宁	0.00
50	马来西亚	3.48		114	喀麦隆[2]	0.00
51	墨西哥	3.44		115	塔吉克斯坦[2]	0.00
52	乌拉圭	3.07		116	尼日利亚[2]	0.00
53	波多黎各[2]	2.99		117	埃塞俄比亚[2]	0.00
54	巴西[2]	2.35		118	孟加拉国[2]	0.00
55	俄罗斯	2.03		118	布隆迪	0.00
56	委内瑞拉	1.97		118	乍得[2]	0.00
57	马其顿	1.79		118	洪都拉斯[2]	0.00
58	毛里求斯	1.74		118	肯尼亚[2]	0.00
59	秘鲁	1.71		118	利比亚[2]	0.00
60	牙买加	1.70		118	莫桑比克[2]	0.00
61	特立尼达和多巴哥	1.57		118	纳米比亚[2]	0.00
62	乌克兰	1.37		118	尼泊尔[2]	0.00
63	哥伦比亚	1.36		118	坦桑尼亚[2]	0.00
64	哥斯达黎加	1.34				

注：1、2分别为2004年和2005年数据。

资料来源：国际电信联盟，《世界电信指标（2007）》。

7.04 互联网用户数（统计数据）

每100名居民所拥有互联网用户数（2006年或最近年份）

排名	国家或经济体	统计数据
1	荷兰	88.87
2	新西兰	78.77
3	瑞典	76.97
4	澳大利亚	75.12
5	卢森堡	72.01
6	韩国	71.11
7	美国	69.10
8	日本	68.27
9	加拿大[1]	67.89
10	冰岛	65.30
11	中国台湾	63.68
12	斯洛文尼亚	63.62
13	瑞士	60.02
14	巴巴多斯[1]	59.48
15	挪威	58.48
16	丹麦	58.23
17	厄瓜多尔	57.36
18	英国	56.03
19	芬兰[1]	53.34
20	中国香港	52.97
21	奥地利	51.19
22	意大利	49.63
23	法国	49.57
24	德国	46.67
25	拉脱维亚	46.65
26	牙买加[1]	56.48
27	比利时[1]	45.67
28	马来西亚	43.77
29	西班牙	42.83
30	塞浦路斯	42.23
31	斯洛伐克共和国	41.76
32	新加坡	39.21
33	阿拉伯联合酋长国	36.69
34	匈牙利	34.75
35	捷克共和国	34.69
36	克罗地亚	34.60
37	卡塔尔	34.55
38	爱尔兰	34.13
39	罗马尼亚	32.36
40	马耳他[1]	31.73
41	立陶宛	31.69
42	葡萄牙	30.47
43	科威特	29.53
44	波兰	28.57
45	哥斯达黎加	27.61
46	智利	25.24
47	波多黎各	25.00
48	以色列	24.43
49	保加利亚	24.38
50	波斯尼亚和黑塞哥维那	24.28
51	多米尼加共和国	22.17
52	秘鲁	21.49
53	巴林[1]	21.33
54	圭亚那[1]	21.30
55	阿根廷	20.91
56	乌拉圭[1]	20.55
57	摩洛哥	19.85
58	沙特阿拉伯	18.66
59	俄罗斯	18.02
60	希腊	18.00
61	摩尔多瓦	17.35
62	巴西[1]	17.24
63	越南	17.21
64	墨西哥[1]	16.90

排名	国家或经济体	统计数据
65	土耳其	16.56
66	委内瑞拉	15.21
67	阿尔巴尼亚	14.98
68	毛里求斯	14.49
69	哥伦比亚	14.49
70	约旦	13.65
71	马其顿	13.16
72	泰国	13.07
73	突尼斯	12.68
74	特立尼达和多巴哥[1]	12.48
75	阿曼	12.22
76	乌克兰	12.06
77	厄瓜多尔	11.54
78	南非	10.75
79	中国	10.35
80	危地马拉	10.22
81	蒙古	10.14
82	阿塞拜疆	9.79
83	津巴布韦	9.32
84	萨尔瓦多[1]	9.26
85	哈萨克斯坦	8.42
86	埃及	8.11
87	贝宁	8.04
88	肯尼亚	7.89
89	叙利亚	7.69
90	巴基斯坦	7.64
91	格鲁吉亚	7.49
92	阿尔及利亚	7.38
93	印度尼西亚[1]	7.18
94	苏里南	7.12
95	巴拿马	6.69
96	玻利维亚	6.20
97	亚美尼亚	5.75
98	吉尔吉斯共和国	5.60
99	菲律宾[1]	5.48
100	塞内加尔	5.45
101	印度	5.44
102	洪都拉斯	4.58
103	赞比亚	4.22
104	巴拉圭	4.13
105	纳米比亚[1]	3.97
106	利比亚	3.96
107	冈比亚	3.82
108	尼日利亚	3.80
109	博茨瓦纳[1]	3.40
110	毛里塔尼亚	3.17
111	莱索托[1]	2.87
112	尼加拉瓜	2.77
113	乌干达	2.51
114	喀麦隆	2.23
115	斯里兰卡	2.05
116	坦桑尼亚	1.00
117	尼泊尔	0.90
118	莫桑比克[1]	0.90
119	布隆迪	0.77
120	乍得	0.60
121	布基纳法索	0.59
122	马达加斯加	0.54
123	马里	0.50
124	柬埔寨	0.31
125	孟加拉国	0.31
126	塔桑尼亚	0.30
127	埃塞俄比亚[1]	0.21

355

注：1 为 2005 年数据。

资料来源：国际电信联盟：《世界电信指标（2007）》。

7.05 互联网带宽（统计数据）

每 10000 名居民所拥有互联网带宽（2006 年或最近年份）

排名	国家或经济体	统计数据
1	丹麦[2]	349.00
2	荷兰[2]	205.26
3	瑞典[2]	175.16
4	牙买加[2]	155.56
5	英国[2]	130.69
6	中国香港	129.79
7	澳大利亚	117.65
8	爱沙尼亚	115.38
9	比利时[1]	112.52
10	瑞士[2]	97.90
11	挪威[2]	93.52
12	新加坡[2]	71.21
13	德国[2]	68.45
14	加拿大[2]	67.34
15	奥地利[2]	66.60
16	爱尔兰[2]	59.97
17	芬兰[2]	43.49
18	冰岛[1]	42.32
19	美国[1]	33.06
20	法国[2]	33.06
21	卢森堡[1]	32.40
22	拉脱维亚	32.12
23	中国台湾[1]	31.44
24	斯洛伐克共和国	29.07
25	西班牙[2]	27.95
26	立陶宛	27.10
27	以色列[2]	25.37
28	巴巴多斯[2]	22.22
29	捷克共和国[2]	21.77
30	阿拉伯联合酋长国[2]	21.44
31	意大利[2]	20.62
32	马耳他[1]	19.38
33	保加利亚	17.54
34	罗马尼亚	15.03
35	斯洛文尼亚[2]	12.55
36	新西兰[2]	11.44
37	克罗地亚[2]	10.37
38	韩国	10.37
39	日本[2]	10.35
40	匈牙利	9.90
41	葡萄牙[2]	8.33
42	智利[2]	7.79
43	阿根廷	6.91
44	卡塔尔[1]	6.25
45	土耳其	6.20
46	希腊[2]	5.87
47	巴林[2]	5.60
48	波兰[2]	5.55
49	哥伦比亚	5.51
50	波多黎各[2]	5.00
51	乌拉圭	4.57
52	特立尼达和多巴哥[2]	3.77
53	塞浦路斯[1]	3.72
54	摩洛哥	3.61
55	秘鲁[2]	3.57
56	科威特[2]	3.27
57	巴拿马[2]	2.89
58	厄瓜多尔	2.24
59	中国	1.94
60	哥斯达黎加	1.76
61	阿曼	1.70
62	泰国	1.53
63	巴西[2]	1.50
64	毛里求斯	1.48

排名	国家或经济体	统计数据
65	摩尔多瓦	1.35
66	马来西亚[2]	1.26
67	突尼斯	1.25
68	埃及	1.24
69	沙特阿拉伯	1.18
70	墨西哥[2]	1.05
71	塞内加尔	1.04
72	苏里南	1.03
73	俄罗斯[2]	1.00
74	越南	0.83
75	巴拉圭	0.79
76	哈萨克斯坦	0.65
77	危地马拉[2]	0.56
78	约旦	0.54
79	委内瑞拉	0.50
80	圭亚那[2]	0.48
81	玻利维亚	0.43
82	波斯尼亚和黑塞哥维那[2]	0.40
83	菲律宾[2]	0.39
84	吉尔吉斯共和国[2]	0.38
85	阿塞拜疆[2]	0.36
86	毛里塔尼亚	0.28
87	印度	0.24
88	斯里兰卡	0.24
89	马里	0.22
90	萨尔瓦多	0.22
91	肯尼亚	0.22
92	利比亚	0.21
93	南非	0.19
94	纳米比亚	0.18
95	乌克兰	0.18
96	马其顿	0.17
97	博茨瓦纳	0.17
98	布基纳法索	0.16
99	蒙古[2]	0.13
100	赞比亚	0.11
101	喀麦隆	0.10
102	亚美尼亚[1]	0.09
103	孟加拉国	0.09
104	叙利亚	0.08
105	格鲁吉亚[2]	0.07
106	印度尼西亚[2]	0.07
107	多米尼加共和国	0.07
108	冈比亚[2]	0.06
109	洪都拉斯[2]	0.06
110	贝宁	0.05
111	阿尔及利亚[2]	0.05
112	尼泊尔	0.05
113	巴基斯坦[2]	0.05
114	乌干达	0.04
115	津巴布韦	0.04
116	阿尔巴尼亚[2]	0.04
117	莱索托	0.02
118	马达加斯加	0.02
119	柬埔寨[2]	0.01
120	尼日利亚	0.01
121	尼加拉瓜	0.01
122	莫桑比克	0.01
123	乍得	0.01
124	布隆迪[2]	0.01
125	坦桑尼亚[2]	0.00
126	塔吉克斯坦[2]	0.00
127	埃塞俄比亚[2]	0.00

注：1、2 分别为 2004 年和 2005 年数据。

资料来源：国际电信联盟：《世界电信指标（2007）》。

支柱体系 8：商业应用

8.01　外国技术牌照的流行度

你所在国家的外国技术牌照（1 = 不常见，7 = 获得新技术的常用手段）

排名	国家或经济体	分值	排名	国家或经济体	分值
1	新加坡	5.92	65	乌干达	4.55
2	瑞典	5.76	66	塞浦路斯	4.54
3	加拿大	5.75	67	委内瑞拉	4.53
4	印度尼西亚	5.74	68	沙特阿拉伯	4.51
5	中国台湾	5.72	69	阿曼	4.49
6	荷兰	5.70	70	巴巴多斯	4.42
7	葡萄牙	5.67	71	摩洛哥	4.40
8	澳大利亚	5.66	72	冈比亚	4.35
9	丹麦	5.60	73	赞比亚	4.35
10	马来西亚	5.60	74	尼日利亚	4.32
11	南非	5.60	75	萨尔瓦多	4.32
12	日本	5.59	76	拉脱维亚	4.27
13	新西兰	5.57	77	危地马拉	4.24
14	以色列	5.57	78	罗马尼亚	4.22
15	英国	5.56	79	博茨瓦纳	4.21
16	中国香港	5.56	80	毛里塔尼亚	4.18
17	冰岛	5.55	81	阿根廷	4.16
18	瑞典	5.54	82	波兰	4.15
19	阿拉伯联合酋长国	5.54	83	阿塞拜疆	4.11
20	德国	5.50	84	哥伦比亚	4.09
21	卡塔尔	5.48	85	叙利亚	4.09
22	印度	5.48	86	乌拉圭	4.08
23	美国	5.46	87	中国	4.04
24	挪威	5.46	88	阿尔巴尼亚	4.02
25	巴林	5.42	89	津巴布韦	4.01
26	比利时	5.41	90	塞内加尔	3.99
27	韩国	5.38	91	哈萨克斯坦	3.93
28	芬兰	5.35	92	坦桑尼亚	3.93
29	泰国	5.33	93	洪都拉斯	3.91
30	西班牙	5.31	94	秘鲁	3.91
31	约旦	5.23	95	利比亚	3.83
32	波多黎各	5.20	96	莫桑比克	3.80
33	爱尔兰	5.19	97	马里	3.71
34	奥地利	5.17	98	保加利亚	3.70
35	马耳他	5.17	99	尼泊尔	3.68
36	突尼斯	5.13	100	孟加拉国	3.66
37	斯洛伐克共和国	5.03	101	马其顿	3.65
38	科威特	5.01	102	格鲁吉亚	3.59
39	捷克共和国	5.00	103	阿尔及利亚	3.58
40	智利	4.98	104	蒙古	3.56
41	土耳其	4.96	105	俄罗斯	3.54
42	卢森堡	4.95	106	波斯尼亚和黑塞哥维那	3.54
43	希腊	4.95	107	贝宁	3.49
44	法国	4.94	108	布基纳法索	3.48
45	克罗地亚	4.93	109	喀麦隆	3.47
46	巴拿马	4.86	110	埃塞俄比亚	3.45
47	菲律宾	4.83	111	乌克兰	3.38
48	肯尼亚	4.83	112	亚美尼亚	3.38
49	巴西	4.80	113	厄瓜多尔	3.36
50	爱沙尼亚	4.78	114	莱索托	3.35
51	牙买加	4.75	115	柬埔寨	3.33
52	匈牙利	4.74	116	塔吉克斯坦	3.30
53	特立尼达和多巴哥	4.73	117	马达加斯加	3.22
54	埃及	4.73	118	越南	3.13
55	毛里求斯	4.71	119	尼加拉瓜	3.03
56	意大利	4.71	120	摩尔多瓦	2.98
57	哥斯达黎加	4.71	121	圭亚那	2.98
58	斯洛文尼亚	4.66	122	吉尔吉斯共和国	2.96
59	斯里兰卡	4.65	123	苏里南	2.92
60	立陶宛	4.63	124	巴拉圭	2.87
61	墨西哥	4.62	125	布隆迪	2.74
62	多米尼加共和国	4.60	126	玻利维亚	2.49
63	纳米比亚	4.58	127	乍得	2.45
64	巴基斯坦	4.55			

平均值：4.47

资料来源：世界经济论坛，问卷调查，2006~2007。

8.02 公司层面技术引进

你所在国家的公司 （1 = 不能引进新技术，7 = 广泛引进新技术）

排名	国家或经济体	分值		排名	国家或经济体	分值
1	冰岛	6.49		65	拉脱维亚	4.71
2	瑞典	6.29		66	印度尼西亚	4.70
3	日本	6.25		67	埃及	4.65
4	美国	6.11		68	巴基斯坦	4.62
5	以色列	6.11		69	马达加斯加	4.62
6	瑞士	6.10		70	特立尼达和多巴哥	4.61
7	芬兰	6.08		71	委内瑞拉	4.59
8	中国台湾	6.05		72	毛里求斯	4.59
9	新加坡	6.05		73	赞比亚	4.58
10	丹麦	6.02		74	哈萨克斯坦	4.55
11	挪威	6.00		75	波兰	4.51
12	奥地利	6.00		76	冈比亚	4.49
13	韩国	5.96		77	马里	4.46
14	德国	5.98		78	意大利	4.45
15	马来西亚	5.78		79	尼日利亚	4.44
16	中国香港	5.77		80	亚美尼亚	4.44
17	阿拉伯联合酋长国	5.72		81	贝宁	4.43
18	澳大利亚	5.66		82	布基纳法索	4.43
19	英国	5.64		83	罗马尼亚	4.42
20	波多黎各	5.63		84	博茨瓦纳	4.42
21	加拿大	5.60		85	萨尔瓦多	4.41
22	印度	5.58		86	纳米比亚	4.39
23	爱尔兰	5.54		87	墨西哥	4.38
24	塞内加尔	5.52		88	坦桑尼亚	4.37
25	新西兰	5.49		89	希腊	4.37
26	爱沙尼亚	5.48		90	乌克兰	4.37
27	荷兰	5.45		91	秘鲁	4.33
28	法国	5.39		92	克罗地亚	4.32
29	土耳其	5.38		93	喀麦隆	4.28
30	南非	5.38		94	哥伦比亚	4.23
31	比利时	5.35		95	阿曼	4.22
32	科威特	5.35		96	阿尔及利亚	4.20
33	卡塔尔	5.30		97	阿根廷	4.18
34	斯洛伐克共和国	5.28		98	洪都拉斯	4.18
35	多米尼加共和国	5.27		99	乌拉圭	4.16
36	卢森堡	5.25		100	柬埔寨	4.15
37	突尼斯	5.24		101	俄罗斯	4.15
38	智利	5.24		102	叙利亚	4.12
39	毛里塔尼亚	5.23		103	乌干达	4.10
40	巴林	5.20		104	孟加拉国	4.05
41	马耳他	5.18		105	蒙古	3.98
42	约旦	5.17		106	利比亚	4.92
43	葡萄牙	5.17		107	格鲁吉亚	3.88
44	泰国	5.16		108	摩尔多瓦	3.83
45	立陶宛	5.09		109	厄瓜多尔	3.81
46	越南	5.08		110	阿尔巴尼亚	3.79
47	沙特阿拉伯	5.04		111	尼泊尔	3.73
48	匈牙利	5.02		112	布隆迪	3.71
49	巴拿马	5.00		113	塔吉克斯坦	3.71
50	中国	5.00		114	圭亚那	3.70
51	摩洛哥	4.98		115	莱索托	3.68
52	菲律宾	4.94		116	莫桑比克	3.61
53	牙买加	4.94		117	保加利亚	3.60
54	巴西	4.89		118	津巴布韦	3.59
55	布基纳法索	4.88		119	埃塞俄比亚	3.55
56	肯尼亚	4.87		120	吉尔吉斯共和国	3.52
57	巴巴多斯	4.85		121	苏里南	3.52
58	阿塞拜疆	4.85		122	乍得	3.51
59	危地马拉	4.82		123	尼加拉瓜	3.49
60	西班牙	4.80		124	波斯尼亚和黑塞哥维那	3.46
61	斯洛文尼亚	4.78		125	马其顿	3.38
62	多米尼加共和国	4.77		126	巴拉圭	3.35
63	斯里兰卡	4.73		127	玻利维亚	3.20
64	塞浦路斯	4.73				

平均值：4.76

资料来源：世界经济论坛，问卷调查，2006~2007。

8.03 创新能力

公司获取技术 （1 = 仅仅来自技术许可或模仿外国公司，7 = 自主研发领先获得新产品）

排名	国家或经济体	分值	排名	国家或经济体	分值
1	德国	6.08	65	尼日利亚	3.08
2	瑞典	5.88	66	秘鲁	3.05
3	日本	5.85	67	牙买加	3.04
4	瑞士	5.80	68	贝宁	3.03
5	芬兰	5.78	69	塞浦路斯	3.03
6	丹麦	5.54	70	巴基斯坦	3.03
7	韩国	5.50	71	亚美尼亚	3.02
8	法国	5.50	72	摩尔多瓦	3.01
9	美国	5.44	73	希腊	2.97
10	以色列	5.41	74	乌拉圭	2.97
11	奥地利	5.38	75	巴巴多斯	2.96
12	荷兰	5.31	76	阿拉伯联合酋长国	2.95
13	比利时	5.12	77	埃及	2.95
14	英国	5.10	78	保加利亚	2.94
15	挪威	4.96	79	塔吉克斯坦	2.93
16	中国台湾	4.82	80	阿根廷	2.92
17	加拿大	4.77	81	吉尔吉斯共和国	2.91
18	卢森堡	4.72	82	布基纳法索	2.91
19	斯洛文尼亚	4.70	83	马其顿	2.90
20	意大利	4.66	84	洪都拉斯	2.91
21	冰岛	4.55	85	摩洛哥	2.89
22	马来西亚	4.50	86	萨尔瓦多	2.89
23	新加坡	4.50	87	乌干达	2.89
24	爱尔兰	4.39	88	卡塔尔	2.86
25	捷克共和国	4.27	89	马里	2.85
26	中国香港	4.24	90	马达加斯加	2.84
27	新西兰	4.23	91	冈比亚	2.84
28	突尼斯	4.05	92	塞内加尔	2.81
29	巴西	4.03	93	毛里塔尼亚	2.81
30	澳大利亚	4.01	94	毛里求斯	2.74
31	印度	4.01	95	蒙古	2.73
32	阿曼	3.97	96	苏里南	2.71
33	葡萄牙	3.87	97	多米尼加共和国	2.70
34	中国	3.83	98	格鲁吉亚	2.69
35	西班牙	3.82	99	厄瓜多尔	2.69
36	斯里兰卡	3.79	100	坦桑尼亚	2.67
37	哥斯达黎加	3.73	101	圭亚那	2.67
38	匈牙利	3.72	102	巴拿马	2.66
39	爱沙尼亚	3.69	103	埃塞俄比亚	2.61
40	乌克兰	3.69	104	叙利亚	2.60
41	越南	3.67	105	尼加拉瓜	2.59
42	南非	3.66	106	科威特	2.57
43	波兰	3.65	107	博茨瓦纳	2.56
44	立陶宛	3.63	108	波斯尼亚和黑塞哥维那	2.54
45	阿塞拜疆	3.63	109	特立尼达和多巴哥	2.50
46	土耳其	3.57	110	柬埔寨	2.50
47	克罗地亚	3.48	111	乍得	2.50
48	沙特阿拉伯	3.47	112	委内瑞拉	2.50
49	智利	3.47	113	莫桑比克	2.48
50	印度尼西亚	3.44	114	玻利维亚	2.47
51	波多黎各	3.44	115	纳米比亚	2.46
52	斯洛伐克共和国	3.40	116	巴拉圭	2.41
53	俄罗斯	3.40	117	喀麦隆	2.41
54	拉脱维亚	3.35	118	赞比亚	2.36
55	泰国	3.34	119	孟加拉国	2.35
56	肯尼亚	3.31	120	布隆迪	2.34
57	墨西哥	3.30	121	尼泊尔	2.33
58	危地马拉	3.18	122	莱索托	2.29
59	菲律宾	3.15	123	阿尔及利亚	2.28
60	马耳他	3.14	124	巴林	2.22
61	约旦	3.13	125	津巴布韦	2.18
62	罗马尼亚	3.13	126	利比亚	2.17
63	哈萨克斯坦	3.11	127	阿尔巴尼亚	1.91
64	哥伦比亚	3.10			

平均值：3.45

资料来源：世界经济论坛，问卷调查，2006~2007。

8.04　新电话线的可用性

你所在公司新电话线（1＝很少并且难以获得，7＝普及使用且质量可靠）

排名	国家或经济体	分值	1　　平均值：5.48　　7
1	瑞士	6.86	
2	芬兰	6.84	
3	德国	6.83	
4	丹麦	6.82	
5	冰岛	6.82	
6	新加坡	6.82	
7	瑞典	6.80	
8	日本	6.79	
9	中国香港	6.78	
10	法国	6.78	
11	奥地利	6.76	
12	挪威	6.73	
13	荷兰	6.72	
14	以色列	6.69	
15	加拿大	6.69	
16	比利时	6.64	
17	阿拉伯联合酋长国	6.57	
18	约旦	6.55	
19	英国	6.55	
20	智利	6.52	
21	斯洛伐克共和国	6.49	
22	美国	6.45	
23	匈牙利	6.42	
24	爱沙尼亚	6.39	
25	萨尔瓦多	6.37	
26	韩国	6.37	
27	捷克共和国	6.35	
28	危地马拉	6.33	
29	马耳他	6.32	
30	中国台湾	6.30	
31	葡萄牙	6.30	
32	乌拉圭	6.28	
33	印度	6.25	
34	塞浦路斯	6.24	
35	突尼斯	6.24	
36	多米尼加共和国	6.22	
37	埃及	6.20	
38	卢森堡	6.20	
39	澳大利亚	6.20	
40	巴林	6.17	
41	克罗地亚	6.16	
42	摩洛哥	6.12	
43	马来西亚	6.10	
44	泰国	6.05	
45	西班牙	6.04	
46	土耳其	6.03	
47	新西兰	6.02	
48	立陶宛	6.02	
49	哥伦比亚	6.00	
50	巴西	5.98	
51	科威特	5.97	
52	斯洛文尼亚	5.96	
53	拉脱维亚	5.94	
54	巴拿马	5.91	
55	秘鲁	5.89	
56	希腊	5.87	
57	毛里求斯	5.86	
58	斯里兰卡	5.78	
59	沙特阿拉伯	5.76	
60	毛里塔尼亚	5.72	
61	墨西哥	5.70	
62	卡塔尔	5.70	
63	马其顿	5.69	
64	波多黎各	5.66	
65	越南	5.57	
66	塞内加尔	5.56	
67	牙买加	5.56	
68	叙利亚	5.54	
69	巴巴多斯	5.53	
70	意大利	5.50	
71	中国	5.49	
72	阿根廷	5.48	
73	爱尔兰	5.47	
74	菲律宾	5.45	
75	阿尔及利亚	5.41	
76	波斯尼亚和黑塞哥维那	5.33	
77	纳米比亚	5.32	
78	巴基斯坦	5.31	
79	马里	5.28	
80	保加利亚	5.28	
81	摩尔多瓦	5.28	
82	阿塞拜疆	5.27	
83	乌干达	5.25	
84	委内瑞拉	5.22	
85	格鲁吉亚	5.14	
86	罗马尼亚	5.12	
87	冈比亚	5.11	
88	尼日利亚	5.06	
89	莫桑比克	5.06	
90	塔吉克斯坦	5.05	
91	印度尼西亚	5.03	
92	哈萨克斯坦	5.03	
93	坦桑尼亚	4.99	
94	俄罗斯	4.99	
95	玻利维亚	4.97	
96	赞比亚	4.84	
97	南非	4.77	
98	阿曼	4.70	
99	波兰	4.68	
100	博茨瓦纳	4.68	
101	乌克兰	4.65	
102	布基纳法索	4.61	
103	埃塞俄比亚	4.57	
104	特立尼达和多巴哥	4.52	
105	蒙古	4.42	
106	洪都拉斯	4.40	
107	吉尔吉斯共和国	4.37	
108	尼泊尔	4.32	
109	尼加拉瓜	4.26	
110	柬埔寨	4.24	
111	亚美尼亚	4.23	
112	马达加斯加	4.21	
113	肯尼亚	4.17	
114	喀麦隆	4.06	
115	厄瓜多尔	4.06	
116	布隆迪	3.94	
117	哥斯达黎加	3.92	
118	巴拉圭	3.85	
119	乍得	3.73	
120	阿尔巴尼亚	3.70	
121	莱索托	3.63	
122	利比亚	3.60	
123	圭亚那	3.44	
124	苏里南	3.23	
125	孟加拉国	3.00	
126	贝宁	2.84	
127	津巴布韦	2.21	

资料来源：世界经济论坛，问卷调查，2006~2007。

8.05 互联网商用程度

你所在国家的公司广泛使用互联网买卖商品和服务并与消费者进行互动（1＝强烈反对，7＝强烈支持）

排名	国家或经济体	分值	1 平均值：4.04 7	排名	国家或经济体	分值	1 平均值：4.04 7
1	韩国	6.12		65	克罗地亚	3.90	
2	爱沙尼亚	6.10		66	巴巴多斯	3.89	
3	瑞典	5.96		67	菲律宾	3.89	
4	英国	5.95		68	萨尔瓦多	3.87	
5	德国	5.90		69	乌拉圭	3.82	
6	美国	5.87		70	秘鲁	3.78	
7	丹麦	5.81		71	哥斯达黎加	3.78	
8	瑞士	5.69		72	多米尼加共和国	3.75	
9	日本	5.67		73	阿根廷	3.74	
10	冰岛	5.64		74	哥伦比亚	3.73	
11	加拿大	5.63		75	肯尼亚	3.71	
12	荷兰	5.62		76	乌克兰	3.70	
13	芬兰	5.60		77	哈萨克斯坦	3.66	
14	以色列	5.52		78	罗马尼亚	3.65	
15	挪威	5.52		79	特立尼达和多巴哥	3.65	
16	奥地利	5.48		80	委内瑞拉	3.63	
17	中国台湾	5.45		81	尼日利亚	3.61	
18	澳大利亚	5.38		82	波斯尼亚和黑塞哥维那	3.61	
19	新加坡	5.28		83	巴林	3.57	
20	捷克共和国	5.27		84	乌干达	3.57	
21	波多黎各	5.20		85	巴基斯坦	3.55	
22	中国香港	5.18		86	冈比亚	3.53	
23	法国	5.09		87	保加利亚	3.49	
24	爱尔兰	5.03		88	毛里求斯	3.47	
25	新西兰	5.01		89	马里	3.45	
26	比利时	4.94		90	坦桑尼亚	3.44	
27	智利	4.85		91	赞比亚	3.43	
28	巴西	4.84		92	纳米比亚	3.40	
29	马来西亚	4.81		93	毛里塔尼亚	3.39	
30	卢森堡	4.76		94	圭亚那	3.37	
31	泰国	4.75		95	格鲁吉亚	3.36	
32	马耳他	4.71		96	塔吉克斯坦	3.35	
33	立陶宛	4.67		97	希腊	3.30	
34	斯洛文尼亚	4.58		98	布基纳法索	3.29	
35	印度	4.57		99	柬埔寨	3.29	
36	葡萄牙	4.50		100	蒙古	3.23	
37	危地马拉	4.46		101	越南	3.18	
38	波兰	4.42		102	博茨瓦纳	3.16	
39	拉脱维亚	4.34		103	尼泊尔	3.14	
40	巴拿马	4.33		104	贝宁	3.14	
41	约旦	4.27		105	摩洛哥	3.11	
42	阿拉伯联合酋长国	4.23		106	埃塞俄比亚	3.08	
43	牙买加	4.23		107	厄瓜多尔	3.08	
44	阿曼	4.21		108	尼加拉瓜	3.06	
45	南非	4.20		109	亚美尼亚	3.05	
46	西班牙	4.20		110	孟加拉国	3.05	
47	突尼斯	4.18		111	叙利亚	2.97	
48	塞浦路斯	4.18		112	苏里南	2.96	
49	斯洛伐克共和国	4.18		113	莫桑比克	2.94	
50	匈牙利	4.17		114	玻利维亚	2.93	
51	沙特阿拉伯	4.17		115	阿尔巴尼亚	2.92	
51	塞内加尔	4.17		116	吉尔吉斯共和国	2.92	
53	俄罗斯	4.11		117	利比亚	2.90	
54	意大利	4.10		118	马达加斯加	2.89	
55	土耳其	4.07		119	摩尔多瓦	2.85	
56	印度尼西亚	4.06		120	津巴布韦	2.77	
57	埃及	4.05		121	巴拉圭	2.74	
58	斯里兰卡	4.00		122	莱索托	2.71	
59	卡塔尔	3.98		123	马其顿	2.62	
60	中国	3.97		124	喀麦隆	2.58	
61	科威特	3.96		125	布隆迪	2.36	
62	阿塞拜疆	3.95		126	阿尔及利亚	2.23	
63	洪都拉斯	3.95		127	乍得	2.22	
64	墨西哥	3.94					

资料来源：世界经济论坛，问卷调查，2006~2007。

支柱体系9：政府应用

9.01 政府在 ICT 推广方面所获得的成功

政府推广信息和通信技术的使用（1 = 不太成功，7 = 十分成功）

排名	国家或经济体	分值	排名	国家或经济体	分值
1	新加坡	6.04	65	克罗地亚	4.18
2	突尼斯	5.64	66	多米尼加共和国	4.18
3	马耳他	5.64	67	肯尼亚	4.17
4	爱沙尼亚	5.57	68	巴西	4.16
5	马来西亚	5.56	69	叙利亚	4.15
6	阿拉伯联合酋长国	5.53	70	波多黎各	4.12
7	韩国	5.49	71	博茨瓦纳	4.12
8	瑞典	5.41	72	土耳其	4.08
9	中国台湾	5.39	73	罗马尼亚	4.07
10	丹麦	5.36	74	喀麦隆	4.07
11	卡塔尔	5.36	75	塞浦路斯	4.06
12	毛里塔尼亚	5.25	76	哥伦比亚	4.05
13	冰岛	5.21	77	南非	4.03
14	马里	5.20	78	莫桑比克	4.02
15	芬兰	5.16	79	墨西哥	4.00
16	葡萄牙	5.14	80	新西兰	3.99
17	中国香港	5.11	81	菲律宾	3.97
18	印度	5.03	82	哥斯达黎加	3.96
19	冈比亚	5.02	83	匈牙利	3.95
20	以色列	5.02	84	乌拉圭	3.93
21	美国	5.00	85	埃塞俄比亚	3.88
22	约旦	5.00	86	科威特	3.86
23	挪威	4.95	87	特立尼达和多巴哥	3.84
24	塞内加尔	4.94	88	柬埔寨	3.80
25	巴林	4.93	89	西班牙	3.80
26	奥地利	4.91	90	危地马拉	3.80
27	法国	4.86	91	布隆迪	3.78
28	布基纳法索	4.82	92	马其顿	3.78
29	卢森堡	4.79	93	摩尔多瓦	3.73
30	泰国	4.78	94	圭亚那	3.73
31	马达加斯加	4.77	95	斯洛伐克共和国	3.71
32	瑞士	4.76	96	保加利亚	3.69
33	阿塞拜疆	4.74	97	意大利	3.67
34	日本	4.74	98	拉脱维亚	3.65
35	沙特阿拉伯	4.71	99	希腊	3.65
36	摩洛哥	4.69	100	尼泊尔	3.63
37	越南	4.68	101	洪都拉斯	3.61
38	埃及	4.68	102	格鲁吉亚	3.59
39	德国	4.64	103	捷克共和国	3.58
40	毛里求斯	4.63	104	巴拿马	3.56
41	巴巴多斯	4.61	105	利比亚	3.54
42	加拿大	4.60	106	俄罗斯	3.50
43	荷兰	4.58	107	乌克兰	3.47
44	贝宁	4.57	108	赞比亚	3.44
45	立陶宛	4.55	109	亚美尼亚	3.40
46	澳大利亚	4.53	110	委内瑞拉	3.39
47	阿尔及利亚	4.51	111	纳米比亚	3.35
48	中国	4.51	112	莱索托	3.30
49	乌干达	4.50	113	秘鲁	3.30
50	爱尔兰	4.50	114	印度尼西亚	3.23
51	坦桑尼亚	4.50	115	尼加拉瓜	3.21
52	哈萨克斯坦	4.45	116	孟加拉国	3.13
53	智利	4.45	117	波斯尼亚和黑塞哥维那	3.12
54	英国	4.44	118	波兰	3.04
55	巴基斯坦	4.44	119	阿根廷	3.01
56	阿曼	4.41	120	乍得	3.00
57	蒙古	4.38	121	阿尔巴尼亚	2.99
58	牙买加	4.38	122	吉尔吉斯共和国	2.94
59	斯里兰卡	4.37	123	津巴布韦	2.89
60	塔吉克斯坦	4.28	124	玻利维亚	2.85
61	比利时	4.26	125	厄瓜多尔	2.63
62	斯洛文尼亚	4.25	126	苏里南	2.56
63	尼日利亚	4.24	127	巴拉圭	2.45
64	萨尔瓦多	4.24			

平均值：4.23

资料来源：世界经济论坛，问卷调查，2006~2007。

9.02 政府在线服务能力

你所在的国家政府在线服务比如个人所得税、汽车注册、护照申请、企业年检和电子购票（1 = 不使用，7 = 普及使用）

排名	国家或经济体	分值	1 平均值：3.70 7
1	爱沙尼亚	6.48	
2	新加坡	6.31	
3	丹麦	6.13	
4	瑞典	5.90	
5	爱尔兰	5.82	
6	马耳他	5.79	
7	冰岛	5.76	
8	奥地利	5.72	
9	韩国	5.69	
10	美国	5.69	
11	挪威	5.67	
12	智利	5.64	
13	中国香港	5.63	
14	英国	5.54	
15	澳大利亚	5.48	
16	加拿大	5.46	
17	芬兰	5.38	
18	新西兰	5.38	
19	马来西亚	5.32	
20	法国	5.22	
21	瑞士	5.20	
22	中国台湾	5.20	
23	卡塔尔	5.17	
24	荷兰	5.15	
25	阿拉伯联合酋长国	5.13	
26	葡萄牙	5.12	
27	以色列	5.09	
28	巴西	5.05	
29	泰国	4.83	
30	阿曼	4.81	
31	德国	4.60	
32	西班牙	4.58	
33	比利时	4.53	
34	立陶宛	4.51	
35	斯洛文尼亚	4.46	
36	突尼斯	4.46	
37	多米尼加共和国	4.44	
38	卢森堡	4.37	
39	中国	4.32	
40	墨西哥	4.32	
41	危地马拉	4.30	
42	委内瑞拉	4.24	
43	萨尔瓦多	4.24	
44	印度	4.16	
45	牙买加	4.13	
46	塞浦路斯	4.11	
47	波多黎各	4.10	
48	匈牙利	4.09	
49	日本	4.08	
50	乌拉圭	3.99	
51	巴林	3.98	
52	秘鲁	3.97	
53	土耳其	3.93	
54	哈萨克斯坦	3.93	
55	巴拿马	3.86	
56	乌干达	3.81	
57	保加利亚	3.75	
58	意大利	3.73	
59	阿根廷	3.70	
60	沙特阿拉伯	3.69	
61	埃及	3.65	
62	南非	3.64	
63	哥伦比亚	3.57	
64	尼日利亚	3.53	
65	玻利维亚	3.52	
66	毛里求斯	3.43	
67	阿塞拜疆	3.43	
68	希腊	3.37	
69	克罗地亚	3.35	
70	哥斯达黎加	3.35	
71	斯里兰卡	3.34	
72	菲律宾	3.31	
73	罗马尼亚	3.29	
74	拉脱维亚	3.28	
75	摩洛哥	3.25	
76	毛里塔尼亚	3.24	
77	洪都拉斯	3.20	
78	肯尼亚	3.17	
79	斯洛伐克共和国	3.15	
80	厄瓜多尔	3.15	
81	乌克兰	3.14	
82	冈比亚	3.10	
83	约旦	3.09	
84	捷克共和国	3.07	
85	尼加拉瓜	3.06	
86	塞内加尔	3.03	
87	印度尼西亚	3.01	
88	巴基斯坦	2.95	
89	马其顿	2.89	
90	马里	2.88	
91	波兰	2.87	
92	俄罗斯	2.82	
93	贝宁	2.77	
94	博茨瓦纳	2.77	
95	越南	2.73	
96	坦桑尼亚	2.73	
97	科威特	2.65	
98	布基纳法索	2.65	
99	埃塞俄比亚	2.63	
100	乍得	2.59	
101	赞比亚	2.56	
102	巴巴多斯	2.56	
103	塔吉克斯坦	2.52	
104	马达加斯加	2.51	
105	巴拉圭	2.51	
106	纳米比亚	2.48	
107	莱索托	2.34	
108	蒙古	2.32	
109	波斯尼亚和黑塞哥维那	2.31	
110	摩尔多瓦	2.31	
111	阿尔及利亚	2.29	
112	格鲁吉亚	2.19	
113	吉尔吉斯共和国	2.17	
114	布隆迪	2.10	
115	尼泊尔	2.07	
116	喀麦隆	2.05	
117	莫桑比克	2.02	
118	柬埔寨	2.01	
119	特立尼达和多巴哥	1.98	
120	亚美尼亚	1.86	
121	圭亚那	1.85	
122	阿尔巴尼亚	1.77	
123	叙利亚	1.72	
124	津巴布韦	1.60	
125	利比亚	1.56	
126	孟加拉国	1.51	
127	苏里南	1.41	

资料来源：世界经济论坛，问卷调查，2006~2007。

9.03 ICT 应用和政府效率

你认为政府应用 ICT 已经提高了政府服务的效率，并且便利了与企业国内公民的互动（1 = 强烈反对，7 = 强烈支持）

排名	国家或经济体	分值	平均值: 4.22
1	新加坡	6.14	
2	爱沙尼亚	6.11	
3	丹麦	5.90	
4	冰岛	5.81	
5	意大利	5.76	
6	马耳他	5.73	
7	瑞典	5.72	
8	中国香港	5.70	
9	智利	5.64	
10	葡萄牙	5.64	
11	阿拉伯联合酋长国	5.64	
12	韩国	5.63	
13	马来西亚	5.60	
14	中国台湾	5.49	
15	卡塔尔	5.48	
16	芬兰	5.44	
17	奥地利	5.43	
18	爱尔兰	5.41	
19	挪威	5.39	
20	美国	5.35	
21	以色列	5.25	
22	泰国	5.23	
23	法国	5.20	
24	加拿大	5.15	
25	瑞士	5.14	
26	突尼斯	5.13	
27	巴西	5.11	
28	荷兰	5.04	
29	澳大利亚	4.98	
30	印度	4.89	
31	多米尼加共和国	4.85	
32	西班牙	4.78	
33	英国	4.77	
34	毛里塔尼亚	4.77	
35	德国	4.76	
36	新西兰	4.68	
37	墨西哥	4.66	
38	中国	4.62	
39	危地马拉	4.60	
40	土耳其	4.60	
41	卢森堡	4.57	
42	牙买加	4.53	
43	乌拉圭	4.51	
44	立陶宛	4.51	
45	萨尔瓦多	4.49	
46	斯洛文尼亚	4.49	
47	塞浦路斯	4.47	
48	约旦	4.44	
49	巴林	4.43	
50	阿塞拜疆	4.40	
51	马耳	4.40	
52	阿曼	4.38	
53	比利时	4.37	
54	马达加斯加	4.35	
55	秘鲁	4.29	
56	冈比亚	4.27	
57	哈萨克斯坦	4.26	
58	柬埔寨	4.26	
59	埃及	4.23	
60	布基纳法索	4.21	
61	匈牙利	4.21	
62	摩洛哥	4.18	
63	哥伦比亚	4.14	
64	巴基斯坦	4.13	

排名	国家或经济体	分值	平均值: 4.22
65	日本	4.12	
66	巴拿马	4.11	
67	乌干达	4.10	
68	菲律宾	4.10	
69	希腊	4.08	
70	沙特阿拉伯	4.06	
71	罗马尼亚	4.06	
72	肯尼亚	4.05	
73	尼日利亚	4.05	
74	斯里兰卡	4.04	
75	越南	4.04	
76	拉脱维亚	4.04	
77	委内瑞拉	4.02	
78	塞内加尔	4.00	
79	斯洛伐克共和国	3.99	
80	贝宁	3.96	
81	坦桑尼亚	3.92	
82	克罗地亚	3.92	
83	波多黎各	3.88	
84	阿根廷	3.86	
85	南非	3.85	
86	毛里求斯	3.84	
87	玻利维亚	3.84	
88	洪都拉斯	3.75	
89	埃塞俄比亚	3.75	
90	塔吉克斯坦	3.74	
91	乌克兰	3.74	
92	阿尔及利亚	3.74	
93	哥斯达黎加	3.72	
94	尼加拉瓜	3.66	
95	俄罗斯	3.65	
96	格鲁吉亚	3.65	
97	保加利亚	3.65	
98	科威特	3.63	
99	巴巴多斯	3.57	
100	厄瓜多尔	3.49	
101	捷克共和国	3.45	
102	马其顿	3.44	
103	博茨瓦纳	3.41	
104	蒙古	3.41	
105	尼泊尔	3.38	
106	莫桑比克	3.28	
107	波兰	3.26	
108	摩尔多瓦	3.22	
109	孟加拉国	3.18	
110	叙利亚	3.13	
111	喀麦隆	3.08	
112	乍得	3.04	
113	巴拉圭	3.03	
114	亚美尼亚	3.02	
115	印度尼西亚	2.97	
116	特立尼达和多巴哥	2.96	
117	纳米比亚	2.90	
118	布隆迪	2.89	
119	哈萨克斯坦	2.89	
120	波斯尼亚和黑塞哥维那	2.87	
121	莱索托	2.81	
122	圭亚那	2.80	
123	赞比亚	2.75	
124	利比亚	2.48	
125	苏里南	2.48	
126	阿尔巴尼亚	2.44	
127	津巴布韦	2.01	

资料来源：世界经济论坛，问卷调查，2006~2007。

9.04 政府办公中ICT的使用

你所在国家政府办公中信息和通信技术的使用（1＝很少使用，7＝普及使用）

排名	国家或经济体	分值	1 平均值：4.34 7	排名	国家或经济体	分值	1 平均值：4.34 7
1	新加坡	6.41		65	哈萨克斯坦	4.32	
2	爱沙尼亚	6.30		66	阿尔及利亚	4.31	
3	韩国	6.11		67	布基纳法索	4.27	
4	瑞士	5.97		68	毛里求斯	4.25	
5	丹麦	5.95		69	摩洛哥	4.25	
6	瑞典	5.90		70	墨西哥	4.25	
7	奥地利	5.86		71	巴巴多斯	4.25	
8	冰岛	5.83		72	波多黎各	4.19	
9	芬兰	5.82		73	乌拉圭	4.17	
10	中国香港	5.71		74	乌干达	4.16	
11	挪威	5.67		75	博茨瓦纳	4.14	
12	马耳他	5.63		76	捷克共和国	4.14	
13	中国台湾	5.61		77	塞浦路斯	4.12	
14	马来西亚	5.58		78	科威特	4.11	
15	澳大利亚	5.54		79	危地马拉	4.06	
16	荷兰	5.53		80	哥斯达黎加	4.02	
17	阿拉伯联合酋长国	5.53		81	多米尼加共和国	4.02	
18	美国	5.44		82	斯里兰卡	3.98	
19	新西兰	5.42		83	亚美尼亚	3.96	
20	德国	5.34		84	坦桑尼亚	3.93	
21	加拿大	5.33		85	希腊	3.90	
22	英国	5.32		86	格鲁吉亚	3.88	
23	突尼斯	5.30		87	埃及	3.87	
24	爱尔兰	5.29		88	哥伦比亚	3.84	
25	智利	5.28		89	巴基斯坦	3.82	
26	卡塔尔	5.26		90	马达加斯加	3.76	
27	斯洛文尼亚	5.25		91	巴拿马	3.74	
28	葡萄牙	5.16		92	马其顿	3.72	
29	立陶宛	5.13		93	尼日利亚	3.63	
30	卢森堡	5.11		94	菲律宾	3.54	
31	以色列	5.09		95	尼加拉瓜	3.53	
32	斯洛伐克共和国	5.09		96	洪都拉斯	3.52	
33	拉脱维亚	5.08		97	肯尼亚	3.52	
34	克罗地亚	5.07		98	圭亚那	3.47	
35	罗马尼亚	5.05		99	埃塞俄比亚	3.47	
36	泰国	5.02		100	特立尼达和多巴哥	3.46	
37	日本	5.00		101	纳米比亚	3.44	
38	西班牙	5.00		102	俄罗斯	3.43	
39	法国	4.95		103	秘鲁	3.42	
40	中国	4.92		104	乌克兰	3.39	
41	阿塞拜疆	4.89		105	塔吉克斯坦	3.36	
42	巴林	4.86		106	叙利亚	3.34	
43	毛里塔尼亚	4.82		107	莫桑比克	3.34	
44	保加利亚	4.82		108	波兰	3.29	
45	约旦	4.71		109	委内瑞拉	3.26	
46	冈比亚	4.66		110	阿根廷	3.23	
47	摩尔多瓦	4.62		111	波斯尼亚和黑塞哥维那	3.23	
48	蒙古	4.59		112	喀麦隆	3.22	
49	贝宁	4.57		113	柬埔寨	3.19	
50	匈牙利	4.57		114	利比亚	3.05	
51	牙买加	4.52		115	印度尼西亚	3.02	
52	萨尔瓦多	4.51		116	玻利维亚	2.99	
53	巴西	4.48		117	赞比亚	2.99	
54	意大利	4.46		118	尼泊尔	2.89	
55	阿尔巴尼亚	4.45		119	乍得	2.88	
56	印度	4.45		120	厄瓜多尔	2.86	
57	马里	4.43		121	布隆迪	2.79	
58	塞内加尔	4.43		122	哈萨克斯坦	2.77	
59	土耳其	4.41		123	莱索托	2.72	
60	沙特阿拉伯	4.40		124	孟加拉国	2.69	
61	南非	4.39		125	巴拉圭	2.67	
62	越南	4.36		126	津巴布韦	2.58	
63	阿曼	4.36		127	苏里南	2.32	
64	比利时	4.34					

资料来源：世界经济论坛，问卷调查，2006~2007。

9.05 电子参与指数（统计数据）

电子参与指数用来评估政府网站向人民提供在线信息、参与工具和服务的质量、相关性、用途和意愿（2007 年）

排名	国家或经济体	统计数据	排名	国家或经济体	统计数据
1	美国	1.00	65	智利	0.18
2	韩国	0.98	65	卡塔尔	0.18
3	丹麦	0.93	67	喀麦隆	0.16
3	法国	0.93	67	德国	0.16
5	澳大利亚	0.89	69	孟加拉国	0.14
6	新西兰	0.80	69	巴巴多斯	0.14
7	墨西哥	0.75	69	克罗地亚	0.14
8	爱沙尼亚	0.73	69	哈萨克斯坦	0.14
9	瑞典	0.66	69	马达加斯加	0.14
10	新加坡	0.64	69	秘鲁	0.14
11	加拿大	0.61	69	土耳其	0.14
11	日本	0.61	76	贝宁	0.11
11	卢森堡	0.61	76	厄瓜多尔	0.11
14	乌克兰	0.57	76	牙买加	0.11
15	约旦	0.55	76	毛里塔尼亚	0.11
16	荷兰	0.52	76	毛里求斯	0.11
16	挪威	0.52	76	巴拿马	0.11
16	越南	0.52	82	波斯尼亚和黑塞哥维那	0.09
19	奥地利	0.48	82	塞浦路斯	0.09
19	中国	0.48	82	希腊	0.09
19	立陶宛	0.48	82	哈萨克斯坦	0.09
22	阿根廷	0.45	82	莱索托	0.09
22	巴西	0.45	82	马里	0.09
24	哥伦比亚	0.43	82	巴基斯坦	0.09
24	莫桑比克	0.43	82	俄罗斯	0.09
24	英国	0.43	82	乌干达	0.09
27	比利时	0.41	91	圭亚那	0.07
27	玻利维亚	0.41	91	冰岛	0.07
27	瑞士	0.41	91	科威特	0.07
30	萨尔瓦多	0.39	91	摩尔多瓦	0.07
30	马耳他	0.39	91	尼日利亚	0.07
32	哥斯达黎加	0.36	91	巴拉圭	0.07
32	西班牙	0.36	91	斯洛伐克共和国	0.07
34	巴林	0.34	91	斯里兰卡	0.07
34	委内瑞拉	0.34	91	乌拉圭	0.07
36	多米尼加共和国	0.32	100	亚美尼亚	0.05
36	以色列	0.32	100	保加利亚	0.05
36	沙特阿拉伯	0.32	100	布隆迪	0.05
39	博茨瓦纳	0.30	100	格鲁吉亚	0.05
39	马来西亚	0.30	100	危地马拉	0.05
39	泰国	0.30	100	印度尼西亚	0.05
39	阿拉伯联合酋长国	0.30	100	肯尼亚	0.05
43	芬兰	0.27	100	纳米比亚	0.05
43	洪都拉斯	0.27	100	罗马尼亚	0.05
43	蒙古	0.27	100	叙利亚	0.05
43	菲律宾	0.27	110	阿尔巴尼亚	0.02
47	阿塞拜疆	0.25	110	阿尔及利亚	0.02
47	埃及	0.25	110	冈比亚	0.02
47	印度	0.25	110	马其顿	0.02
47	爱尔兰	0.25	110	尼泊尔	0.02
47	葡萄牙	0.25	110	坦桑尼亚	0.02
47	南非	0.25	110	突尼斯	0.02
53	柬埔寨	0.23	117	乍得	0.00
53	意大利	0.23	117	埃塞俄比亚	0.00
53	拉脱维亚	0.23	117	摩洛哥	0.00
53	波兰	0.23	117	尼加拉瓜	0.00
53	斯洛文尼亚	0.23	117	苏里南	0.00
58	布基纳法索	0.20	117	塔吉克斯坦	0.00
58	捷克共和国	0.20	117	赞比亚	0.00
58	匈牙利	0.20	117	津巴布韦	0.00
58	利比亚	0.20	n/a	中国香港	n/a
58	阿曼	0.20	n/a	波多黎各	n/a
58	塞内加尔	0.20	n/a	中国台湾	n/a
58	特立尼达和多巴哥	0.20			

资料来源：联合国：《全球电子政务调查（2008）》。

第五部分

附　录

附录一

中国基础电信业 2010 年可持续发展报告

中国移动集团公司（China Mobile）

一、市场与业务概览

截至 2010 年年底，中国移动集团客户总数达到 5.84 亿户，年增长率为 11.8%；总通话分钟数达到 34616 亿分钟，年增长率为 18.6%；使用增值业务客户达到 5.23 亿户，年增长率为 12.9%；短信使用量近 7110 亿条，年增长率为 4.4%；增值业务收入达到人民币 1514 亿元，年增长率为 15.2%；增值业务收入占营运收入的比例达到 31.2%，较去年提高 2.1 个百分点。

中国移动集团主要营运数据

	2010 年	2009 年
客户总数（百万户）	584.0	522.3
净增客户数（百万户）	61.7	65.0
总通话分钟数（十亿分钟）	3461.6	2918.7
平均每月每户通话分钟数（MOU）（分钟/户/月）	521	494
平均每月每户收入（ARPU）（元/户/月）	73	77
短信使用量（十亿条）	711.0	681.2
彩铃订购次数（百万次）	1598	1684
彩信使用量（十亿条）	53.1	45.4
数据流量（十亿 MB）	103.1	48.6

客户总数
（百万户）

拓展蓝海，保持增长

2010 年，中国移动集团加强新客户的拓展和存量客户的经营，成效显著。截至 2010 年 12 月 31 日，中国移动集团客户总数达到 5.84 亿户，全年净增客户数达到 6173 万户，净增客户市场份额继续保持行业领先地位。农村、流动人口等市场继续成为重要的增长点。中高端客户基础稳定。集团客户规模继续扩大，截至 2010 年年底，集团客户数达到 293 万家，覆盖了政府以及金融、能源、制造等各行业，纳入集团管理的个人客户数占客户总数的比例达到 36.1%。中国移动集团深挖行业价

值，大力推广行业信息化应用，校讯通客户数超过

4400 万户，银信通客户数超过 1500 万户。

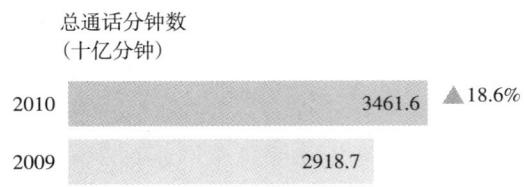

2010 年，中国移动集团积极开展话务营销，进一步把握客户需求，挖掘长途、漫游等话务潜力，话音业务继续增长。总通话分钟数达到 34616 亿分钟，年增长率为 18.6%；平均每月每户通话分钟数（MOU）为 521 分钟，比 2009 年的 494 分钟上升 5.4%；话音业务收入达到 3338 亿元，比 2009 年增长 4.1%。

中国移动集团增值业务快速发展。2010 年增值业务收入达到 1514 亿元，比 2009 年增长 15.2%，增值业务收入占营运收入的比例进一步提高，达到 31.2%。短信、彩铃、彩信等业务继续在增值业务收入中发挥重要作用。2010 年，短信使

用量近 7110 亿条，收入达到 526 亿元，无线音乐（含彩铃）收入超过 203 亿元，彩信收入（含手机报）超过 35 亿元。手机报、飞信等业务已形成一定规模。手机报注册客户达 7279 万户（其中中央平台付费客户达 4153 万户），收入近 20 亿元。飞信活跃客户数达 7842 万户，收入达到 6.42 亿元。手机阅读、手机支付业务于 2010 年实现商用后，快速发展。数据流量业务迅猛增长，达到 1031 亿元，比 2009 年增长 112.3%，收入达到 305 亿元，比 2009 年增长 49.4%，实现了量收健康发展，成为驱动增值业务增长的重要来源。

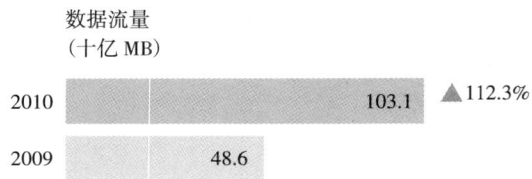

中国移动集团努力增强在移动互联网领域的竞争力，从改善客户体验、创造客户价值出发，加快业务整合，加强协同效应。移动应用商场（Mobile Market）快速规模发展，累计注册客户 3500 万户，累计应用下载量达到 1.1 亿次，经过"百万青年创业计划"的推广和发展，累计开发者达到 110 万，提供各类应用 5 万件。积极推进 139 小区实现从市场培育到规模发展的跨越。针对 WLAN，以客户体验为核心，不断提升产品质量，重点从简化认证、统一门户等方面进行突破，业务呈现迅猛增长，有效吸收数据流量。努力推进仓储式、低成本 IDC 的建设，重视优质网站资源的引入和维系，贡献数据流量占比不断上升。

中国移动集团不断充实完善家庭、集团产品，努力探索和创新物联网应用，推出宜居通、车务通、电梯卫士等物联网应用，大力推广远程电力抄表、远程视频监控、金融无线 POS 等物联网应用，推进物联网的规模化发展，M2M 终端数超过 690

万台。中国移动集团积极研究开发机器卡、物联通、千里眼等物联网标准产品及多个行业的应用模版。推动与地方政府建设无线城市，城市管理、智能交通、工业控制等物联网应用快速发展。

中国移动集团努力探索新的运营模式，南方基地、国际信息港、新产品基地的建立，规范了集中化运营，发挥了规模效应。同时，中国移动集团坚持开放、合作、共赢，积极探索新的业务模式。继续开展品牌创新合作。通过移动梦网创新模式，绑定优质资源，开创与内容和渠道的直接合作，与移动应用商场协同发展，形成资源互补、共同发展的合作模式。

提升质量，增强能力

中国移动集团坚持"网络质量是通信企业生命线"的理念，继续保持网络能力和质量的整体领先。2G 基站总数（55.4 万个）、基站自有光缆接入比例（96.2%）及 WLAN 投入运行的无线接入点

（54.5万个）等方面显示本集团领先的网络规模和能力。无线接通率（99.26%）、掉话率（0.54%）和短信接通率（99.69%）等网络质量指针在高数据流量的情况下仍保持领先的水平。

中国移动集团初步建立了面向客户感知的网络质量评价体系，从客户体验出发，改善网络质量，确保客户满意。组织开展网络质量竞赛，查找影响质量的关键问题和解决措施，推进网络优化，解决一批质量提升技术难题。开展"确保计费无差错"活动，异常话单管理的死循环工作机制初步形成。实施集中化，业务支撑能力不断提升。组织开展增值业务产品质量提升举措，端到端的产品质量得到进一步改善。增值业务质量管理体系和自动测试系统初步建立。网络和业务质量的提升，为集团在复杂竞争环境下保持业务发展打下了坚实的基础。

改善服务，提高满意度

中国移动集团坚持"客户为根、服务为本"，努力建立服务方面的新优势。大力发展电子渠道，业务办理量占比稳步提升。基本实现"统一门户、统一导航"。开展服务质量提升活动，营业厅排队、10086呼叫热线接通率、垃圾短信清理等重点问题得到进一步改善。优化资费套餐设计，推出"业务扣费主动提醒、增值业务统一查询和退订"服务举措，确保客户明白消费、放心消费。2010年，客户满意度、百万客户申诉率为内地全行业最好水平。

推进3G建设运营，实现融合发展

中国移动集团继续采取租用母公司3G无线网络容量的方式进行TDSCDMA标准的3G网络运营。发挥与母公司的协同效应，实现2G和3G的融合发展。网络覆盖范围不断扩大，投入使用的3G基站总数达到13.5万个，基本实现全部县级以上城市（656个）的覆盖。继续加大技术创新，开展网络优化，有效解决一些技术难题，网络质量达到良好水平。发挥规模效应，实施集中终端采购，降低了供货价格，提高了产品质量，保证了业务发展。推广手机电视及其他业务，取得良好成效。2010年12月，中国移动集团3G客户数为2070万户，取得了领先的3G市场份额。中国移动集团配合母公司积极推动TD-LTE标准和产业的发展，上海世博会和广州亚运会成功开通TD-LTE演示网，广受关注和好评。TD-LTE六个城市的规模试验和北京演示网的准备工作顺利展开。

推动集中化、标准化和信息化，实施低成本高效运营

中国移动集团进一步完善管理体系和制度流程，加强集中化管理。继续深化财务集中管理，探索实践多维度成本管理。继续推进网络运维集中化，在实现以省为单位的集中运维基础上，扩展集中运维工作内容，初步形成以省为单位的网络集中优化模式。集中采购范围进一步扩大，大幅降低了采购成本。国际信息港、仓储物流五个大区中心等启动，南方基地支撑系统集中化建设取得成效。

中国移动集团继续大力推行标准化，继续将标准化应用在业务模型、设备配置、建设规范、产品服务、业务流程、企业管理等各个方面，提高效率和质量，最终降低成本。与此同时，本集团的信息化工作也取得了很好的成效，运营和管理信息化的支撑服务能力得到系统提升。经营分析、渠道管理等业务支撑系统帮助实现了精确营销、精准服务，管理信息系统提高了运营管理的效率。

集中化、标准化、信息化的实施，构成了低成本高效运营的基础，使集团能够更快地适应复杂环境的变化，更好地满足客户的需求，更有效地提升企业的核心竞争力。

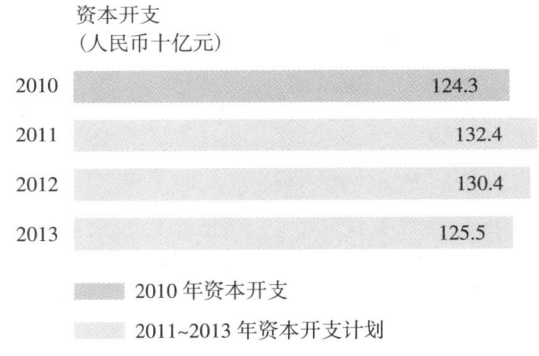

稳健合理投资，满足发展需求

为了满足新客户、新话务和新业务的增长，抓住移动互联网、物联网迅猛发展的机遇，积极发展有价值的数据流量业务，确保网络质量和运营支撑能力的整体领先，进而保证收入和利润的稳定增长，中国移动集团继续稳健合理投资，并努力保证投资回报和长期效益。

中国移动集团2010年资本开支约为1243亿元，主要用于基础网络（44%）、支撑系统（7%）、

373

传输（23%）等方面的建设和新技术新业务的发展（13%）。本集团新确定的 2011-2013 年资本开支计划分别为 1324 亿元、1304 亿元和 1255 亿元。2011 年的资本开支主要用于基础网络（53%）、支撑系统（7%）、传输（11%）等方面的建设和新技术新业务的发展（14%）。

推动"移动改变生活"，实现可持续发展

面向未来，中国移动集团将继续拓展蓝海市场，充分挖掘增长潜力。扩大对个人客户的"生活服务份额"，抓住移动通信网络宽带化和个人终端智能化的契机，大力发展移动互联网，推动手机媒体化、多用化，使手机更好地融入人们的工作、学习、娱乐和生活；同时，扩大对社会各行各业的"信息服务份额"，搭建"无线城市"平台，大力发展物联网应用，推动社会信息化，使移动通信服务和信息化产品更广泛深入地融入各行各业。努力推动"移动改变生活"的战略愿景，实现可持续发展。

二、财务概览

2010 年，中国经济较快增长、经济结构不断改善以及国家致力于推动经济社会各领域信息化的相关举措，为公司发展注入动力；但移动普及率持续攀升、电信市场竞争日趋激烈、新技术与新的商业模式不断涌现，也给公司运营带来诸多挑战。中国移动集团以"移动改变生活"为总体运营目标，采取理性竞争、努力拓展新领域、积极探索新模式，坚持"客户为根，服务为本"，充分发挥庞大的客户规模、优质的网络质量与服务水平、强大的品牌影响力等既有优势，保持业务与经营业绩持续平稳健康发展，同时凭借卓有成效的精细化管

理，打造低成本高效运营体系，不断巩固市场领先地位。

得益于客户基础稳固、新增客户规模依然可观、话务量较快增长、增值业务拉动作用明显，中国移动集团 2010 年营运收入达到人民币 4852 亿元（如未特别注明，本财务概览以下金额均以人民币列示），比上年增长 7.3%。为支撑客户、话务量和新业务的良好发展，应对市场竞争并保持持续的竞争优势和健康发展能力，集团进一步加强资源优化配置，在加大对营销渠道、客户服务、网络优化、支撑系统、研发等方面投入的同时，不断提升资源使用效率和效益，2010 年营运支出近 3345 亿元，比上年增长 9.6%。集团盈利水平继续处于同业领先，股东应占利润达到 1196 亿元，比上年增长 3.9%，股东应占利润率达到 24.7%；EBITDA 近 2394 亿元，比上年增长 4.5%，EBITDA 利润率达到 49.3%；每股基本盈利为 5.96 元，比上年增长 3.9%。

健康良好的业务增长、科学精细的成本管控、理性高效的资本开支投入以及持续彰显的规模效益令本集团继续保持了强劲的现金流。2010 年中国移动集团经营业务现金流入净额和自由现金流分别约 2314 亿元和 1070 亿元；总借款占总资本比重和利息保障倍数均保持良好水平；穆迪公司和标普公司在本年度内分别将中国移动公司的企业债信评级随同中国国家主权评级调升而再次同步予以调升，目前公司拥有穆迪 Aa3/前景正面和标普 AA-/前景稳定评级，分别保持与中国国家主权评级相同。

中国移动集团一贯稳健的资本结构、雄厚的财务实力和强劲的现金流产生能力为抵御风险、实现可持续健康发展奠定了稳固基础。

营运收入构成

营运收入

2010 年，中国移动集团客户规模继续稳步扩大、话务量持续较快增长、增值业务拉动作用明显，集团营运收入达到 4852 亿元，比上年增长 7.3%。集团一贯倡导和践行理性竞争，积极开拓创新，不断优化客户服务体系，构建差异化竞争优势，在继续大力拓展农村市场的同时，着力开拓家庭和集团客户市场，深度运营存量客户，积极维系高价值客户，2010 年净增客户 6173 万户；集团稳步推进资费结构和漫游、长途资费调整，有效实施话务量的精确营销，带动话务量实现较快增长，总通话分钟数达到 34616 亿分钟，比上年增长 18.6%。客户基础的继续巩固和话务量的稳定增长保证了收入的持续增长。

中国移动集团积极进行增值业务产品创新与业务推广，增值业务呈现良好的发展势头，对收入增长的贡献日益明显，2010 年增值业务收入达到 1514 亿元，比上年增长 15.2%，占总营运收入比重提升至 31.2%。短信业务在经历多年高速增长后有所回落，但仍维持可观的规模，并且未来随着物联网相关业务发展，短信业务还将具有发展空间；2010 年短信数据业务收入达 526 亿元，占增值业务收入比重为 34.7%。移动互联网业务发展迅速，2010 年移动数据流量增幅达 112.3%，数据流量业务收入实现 305 亿元，比上年增长 49.4%，占增值业务收入比重为 20.2%。无线音乐、彩信等数据增值业务对收入的贡献日益显著；飞信、手机邮箱、12580 综合信息服务等业务也保持高速增长；2010 年其他数据业务收入近 381 亿元，占增值业务收入比重为 25.1%。增值业务收入的结构得到进一步优化。

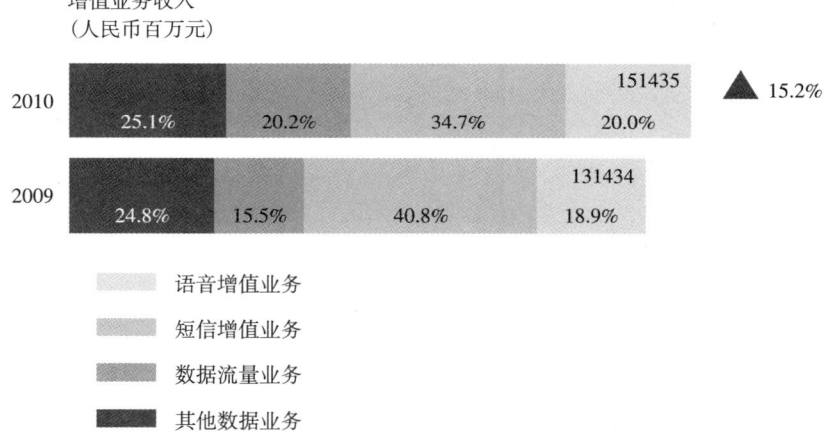

增值业务收入
（人民币百万元）

2010	25.1% 20.2% 34.7% 20.0% 151435	▲ 15.2%
2009	24.8% 15.5% 40.8% 18.9% 131434	

- 语音增值业务
- 短信增值业务
- 数据流量业务
- 其他数据业务

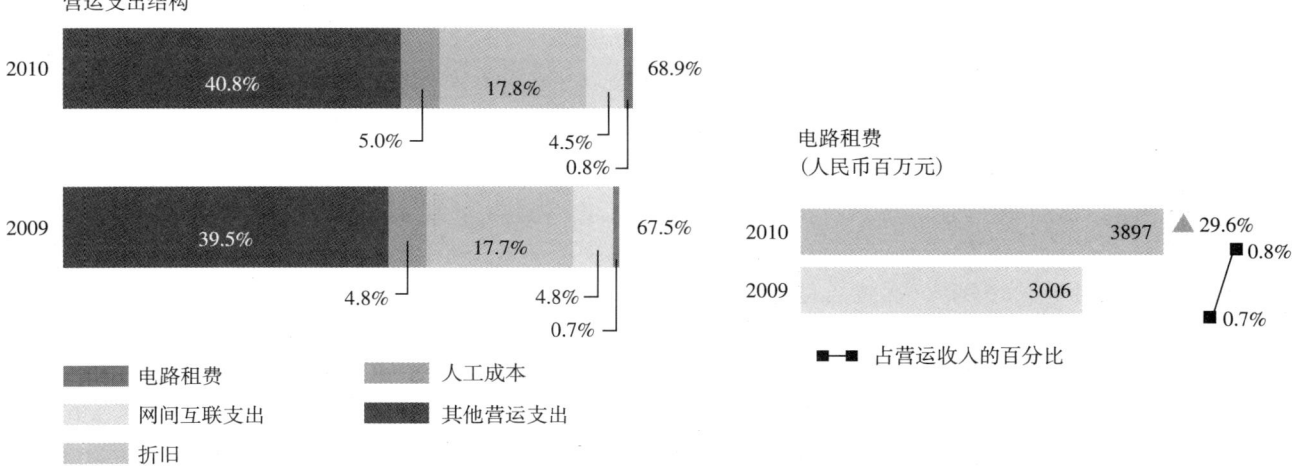

营运支出结构

2010	40.8%　5.0%　17.8%　4.5%　0.8%	68.9%
2009	39.5%　4.8%　17.7%　4.8%　0.7%	67.5%

电路租费
（人民币百万元）

2010	3897	▲ 29.6%　0.8%
2009	3006	0.7%

■—■ 占营运收入的百分比

- 电路租费
- 人工成本
- 网间互联支出
- 其他营运支出
- 折旧

注：以上各比重数据为占营运收入的百分比。

营运支出

为不断巩固在移动通信市场的领先地位以及着眼于提升公司未来竞争力，中国移动集团始终坚持理性投入、有效配置、前瞻规划、精细管理的成本资源配置原则，加强向集中化、标准化和信息化经营转变，着力增强核心能力，在采购、运维、业务支撑、财务管理等方面推行集中化，不断提升管理效率，实现低成本高效运营。2010年营运支出近3345亿元，比上年增长9.6%，占总营运收入的比重为68.9%；规模优势不断彰显，平均每月每户营运支出为50元，比上年下降2.6%；平均每分钟营运支出为0.097元，比上年下降7.6%。中国移动集团将不断强化精细管理，持续优化成本结构，提升成本投入的效率和效益，以实现成本的最佳收益。

● 电路租费

中国移动集团持续优化网络结构，及时投入使用新建电路，自建及合建电路已经达到一定规模，电路租费规模已经较小。随着租用母公司TD无线网络开展3G业务运营，集团2010年支付给母公司的TD网络容量租赁费达到5.78亿元，并且互联网业务发展相关的互联网端口租赁费也有所增长，2010年电路租费占营运收入的比重较上年有所上升。

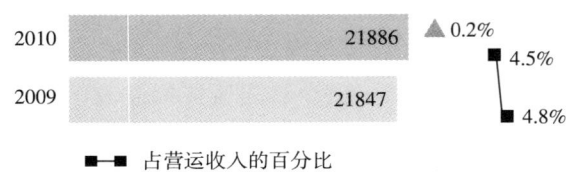

网间互联支出
（人民币百万元）

● 网间互联支出

2010年中国移动集团网间互联支出比上年略增0.39亿元。集团继续加大网络路由组织力度，通过营销策略精心安排话务的流量流向，网内话务量比重持续提高。

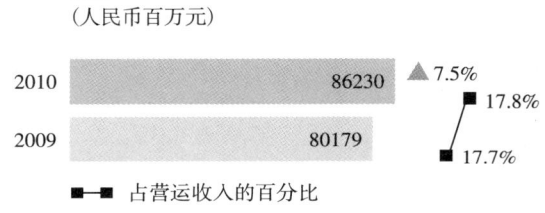

折旧
（人民币百万元）

● 折旧

为继续保持网络领先优势，有效支撑客户和话务量增长，以及更好满足各类新型数据及信息业务的发展，特别是支持移动数据流量业务爆发式增长，中国移动集团继续投入必要的资本开支，以进行相关的网络建设与优化，相应的折旧费用有所增加，2010年折旧费用比上年增加约61亿元，但优质的网络提高了客户的忠诚度、支撑了新业务的持续发展和良好的财务业绩，同时得益于理性的资本开支、不断优化的投资结构以及规模效益的呈现，每分钟折旧比上年下降9.3%，反映出良好的投资效益。

● 人工成本

中国移动集团持续强化高效的人才管理和激励机制，不断提升人力资源管理水平，在继续保持企业人才竞争力的前提下，充分发挥全面预算管理和绩效考核制度的积极作用，合理控制人工成本支出。2010年，为支撑业务良好发展，中国移动集

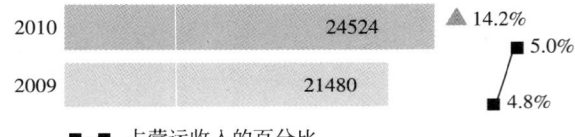

人工成本
（人民币百万元）

团进一步充实各方面人才力量，员工数有所增长，截至2010年12月31日，中国移动集团共雇用员工164336名；2010年人工成本约245亿元，占营运收入比重较上年略有上升。

其他营运支出

2010年其他营运支出（主要包括销售及推广费用、网络维护费、经营租赁费、劳务派遣制用工费用、坏账、资产注销处置、行政管理及其他）比上年增加近194亿元。为有效应对市场竞争并着眼于提升未来的竞争力，中国移动集团适度加大了对营销渠道、客户服务、网络优化、支撑系统和研发等方面的投入，以全力支撑持续稳定的业务增长，相应的销售推广支出、客户服务费、网络维护费、经营租赁费等有所增长；中国移动集团2010年年底劳务派遣制用工人数达到313143名，所支付劳务派遣制用工费用约156亿元；同时，由于集团持续关注客户信用的管理，严格管控客户欠费，坏账

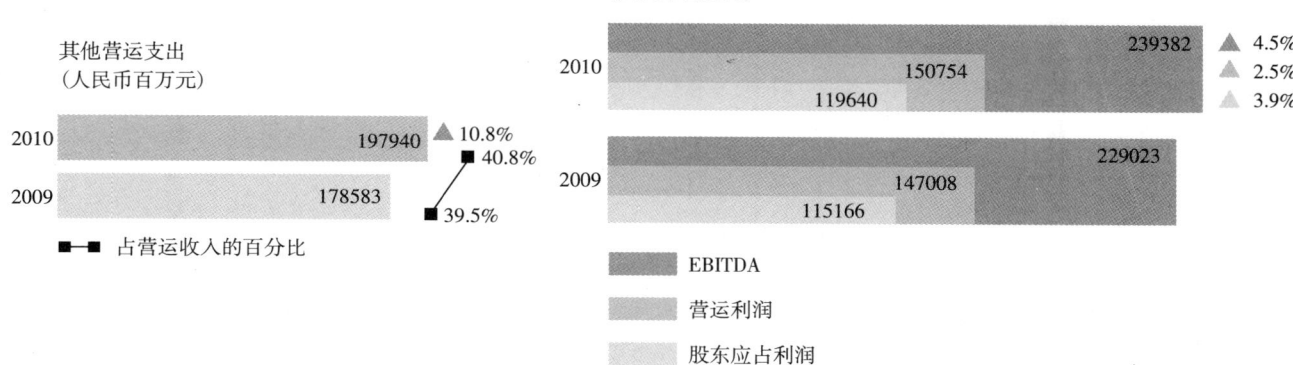

其他营运支出
（人民币百万元）

2010　197940　▲10.8%
■40.8%
2009　178583
■39.5%

■—■ 占营运收入的百分比

EBITDA、营运利润及股东应占利润
（人民币百万元）

2010　239382　▲4.5%
150754　▲2.5%
119640　▲3.9%

2009　229023
147008
115166

■ EBITDA
■ 营运利润
■ 股东应占利润

支出继续得到良好控制，2010 年坏账率为 0.83%，继续管控在较好水平。在营运收入平稳增长的背景下，中国移动集团进一步提升成本使用效率和效益，严格控制行政管理费增长，大力倡导全员理财观念，着力打造低成本高效运营体系。

EBITDA、营运利润及股东应占利润

中国移动集团盈利能力继续保持同业较高水平，2010 年股东应占利润率和 EBITDA 利润率分别达到 24.7% 和 49.3%；营运利润近 1508 亿元；EBITDA、股东应占利润和每股基本盈利分别为 2394 亿元、1196 亿元和 5.96 元。集团在营运收入稳定增长的基础上，不断加强对营运支出的优化配置及有效管理，充分发挥规模优势，集团整体运营效率和效益不断提升。中国移动集团始终致力于保持良好的盈利能力以不断为股东创造价值。

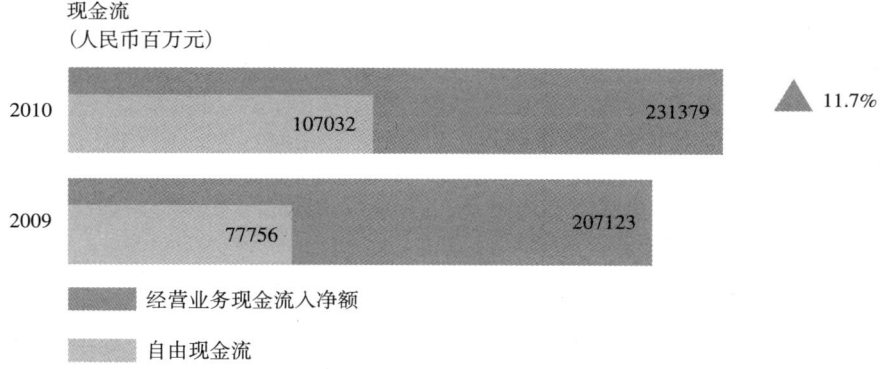

现金流
（人民币百万元）

2010　107032　231379　▲11.7%

2009　77756　207123

■ 经营业务现金流入净额
■ 自由现金流

资金管理和现金流

中国移动集团一贯坚持稳健审慎的财务政策和严格的资金管理制度。为进一步保障现金安全、提升资金使用效率并降低资金成本，集团继续加大资金集中管理力度，合理调度整体资金，使内部资金得以更加充分有效运用。中国移动集团通过高度集中的投融资管理，严格控制对外投资，确保资金的安全与完整。

2010 年度，中国移动集团继续保持了强劲的现金流，经营业务现金流入净额近 2314 亿元，自由现金流达到 1070 亿元。截至 2010 年末本集团现金及银行结存余额约为 2923 亿元，其中人民币资金占 98.7%，美元资金占 0.2%，港币资金占 1.1%。稳健的资金管理和充裕的现金流为集团的长远发展奠定了良好的基础。

资本结构

2010 年年末，中国移动集团长、短期借款合计约为 342 亿元，总借款占总资本的比重（总资本为总借款与股东权益之和）为 5.6%，反映出集团财务状况继续处于十分稳健的水平。

总借款中，人民币借款（主要为人民币债券）占 30.8%，美元借款（主要为收购八省、十省的递延对价的结余）占 69.2%。中国移动集团所有借款中 83.9% 为浮动利率借款。集团于 2010 年实际的

平均借款利息率约为 2.68%，实际的利息保障倍数（息税前利润与利息支出的比率）约为 171 倍，反

映出中国移动集团一贯审慎的财务风险管理政策、强劲的现金流及雄厚的偿债能力。

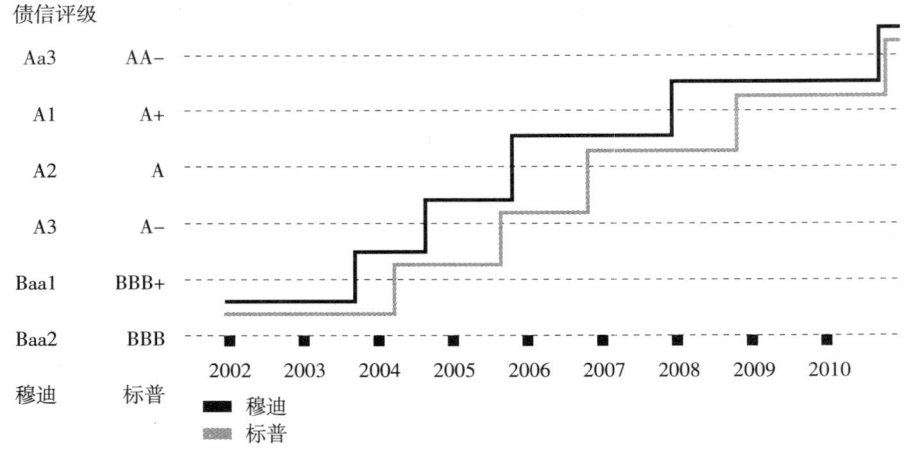

债信评级

2010 年，穆迪公司和标普公司分别将本公司的企业债信评级随同中国国家主权评级调升而同步予以调升，目前公司拥有穆迪 Aa3/前景正面和标普 AA-/前景稳定的评级，分别保持与中国国家主权评级相同，印证了中国移动集团雄厚的财务实力、良好的业务潜力和稳健的财务管理已得到市场更深层次的认可。

公司股息

基于 2010 年全年良好的经营业绩以及考虑到公司未来的长期发展，按照 2010 年全年 43% 的利润派息计划，董事会建议就截至 2010 年 12 月 31 日的财政年度派发末期股息每股 1.597 港元，连同已派发的中期股息每股 1.417 港元，全年股息每股共 3.014 港元。

2011 年，考虑到各项相关因素，包括公司整体财务状况、现金流产生能力和未来持续发展的需要，公司计划 2011 年全年的利润派息率为 43%。

董事会相信本公司良好的经营业绩与强劲的现金流产生能力，将为公司未来发展提供充足的支持，同时为股东带来良好的回报。

总之，中国移动将继续坚持审慎的财务政策，严密管控财务风险，致力于持续保持稳定的盈利能力和强劲的现金流产生能力，前瞻优化配置资源，保持稳健债务水平，持续为股东创造价值。

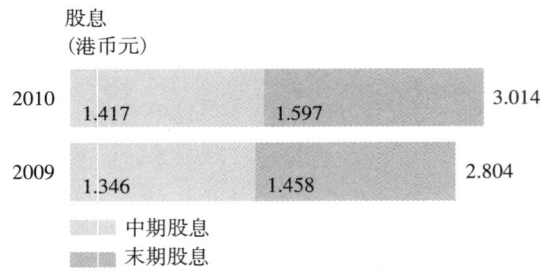

三、经营与财务绩效指标

中国移动 2010 年度经营与财务绩效指标概览表　　　　单位：百万元

经营与财务绩效指标	2010 年
收入	485231
总资产	861935
EBITDA	239382
EBITDA 率	49.33%
净利润	119889
净利润率	24.71%
总资产报酬率（ROA）	13.91%
净资产报酬率（ROE）	20.76%

经营与财务绩效指标	2010 年
资本性支出（CAPEX）	124300
CAPEX 占收比	25.62%
经营活动净现金流	231379
每股经营活动净现金流	11.53
自由现金流（FCF）	107032
自由现金流占收比	22.06%
销售现金比率	47.68%
资产现金回收率	26.84%
EVA	63985
EVA 率	11.31%
每股盈利（EPS）	5.96
每股股利（DPS）（单位：港元）	3.014
股利支付率	43%
主营业务收入增长率	7.33%
总资产增长率	14.72%
净利润增长率	3.83%
经营活动现金流增长率	11.71%
每股盈余增长率	3.83%
资产负债率	33.01%
流动比率	125.92%
利息保障倍数	177.35
总资产周转率	0.56
固定资产周转率	1.26
坏账发生率	38.86%
折旧与摊销	86292
股息	51818
内部融资额	154363
折旧摊销率	17.78%
付现成本率	51.15%
营销、一般及管理费用率	18.67%

四、发展展望

当前，终端制造、业务应用开发、互联网服务等多角色融合的创新型技术公司不断涌现，各种互联网商业模式不断出现，使传统的电信行业生态系统面临挑战。移动电话普及率的持续升高，使电信企业市场竞争加剧。同时，国家加快推进经济发展方式转入科技引领、创新驱动轨道，重视发展新一代信息技术等新兴产业，积极扩大内需，将极大激发社会对通信和信息服务的需求。随着智能终端日益普及和移动网络宽带化，移动互联网爆发出巨大的生机和活力；传感技术的发展和通信网络覆盖的不断扩大，物联网也呈现蓬勃发展势头。这些都为公司的可持续发展带来广阔的空间。

面对机遇与挑战，中国移动公司将全面实施可持续发展战略，坚持创新拓展，再造核心能力，铸就国际领先，积极向"移动改变生活"的战略愿景迈进。移动公司将深化落实"一个中国移动"卓越工程。移动公司将拓展新领域，推动移动互联网和物联网的规模发展；探索新模式，打造综合业务平台，创建未来竞争优势；强化以客户为导向进行业务与服务创新，巩固市场领先地位；保持网络领先，构建面向未来，融合开放的通信网络；同时推进自主创新，配合母公司大力推进 3G 的建设、经营和演进，发挥国际影响力，推动和加快 TD-LTE技术产业的发展。

中国移动公司将遵循积极谨慎的原则寻找合适的投资机会，拓展更广泛的通信市场。

五、财务报告

1. 合并资产负债表

	2010 年 12 月 31 日（人民币百万元）	2009 年 12 月 31 日（人民币百万元）
非流动资产		
物业、厂房及设备	385296	360075
在建工程	54868	46094
预付土地租赁费	12040	11201
商誉	36894	36894
其他无形资产	813	727
联营公司权益	40175	—
合营公司权益	8	6
递延税项资产	9720	8939
已抵押银行存款	162	—
其他金融资产	77	77
	540053	464013
流动资产		
存货	4249	3847
应收账款	7632	6405
其他应收款	7076	3490
预付款及其他流动资产	10151	9064
应收最终控股公司款项	293	25
预付税款	135	17
银行存款	204803	185613
现金及现金等价物	87543	78894
	321882	287355
流动负债		
应付账款	111646	95985
应付票据	502	642
递延收入	43489	35573
应计费用及其他应付款	85716	69335
应付最终控股公司款项	15	4
应付直接控股公司款项	35	119
带息借款	4981	—
融资租赁承担	68	68
税项	9178	8079
	255630	209805
净流动资产	66252	77550
资产总值减流动负债结转	606305	541563
承前资产总值减流动负债	606305	541563
非流动负债		
带息借款	(28615)	(33551)
递延收入（不包括即期部分）	(248)	(317)
递延税项负债	(39)	(61)
	(28902)	(33929)
资产净值	577403	507634
资本及储备		
股本	2139	2139
储备	574018	504609
本公司股东应占总权益	576157	506748
非控制性权益	1246	886
总权益	577403	507634

2. 合并损益表

	2010 年（人民币百万元）	2009 年（人民币百万元）
营运收入（营业额）		
通话费及月租费	312349	300632
增值业务收入	151435	131434
其他营运收入	21447	20037
	485231	452103
营运支出		
电路租费	3897	3006
网间互联支出	21886	21847
折旧	86230	80179
人工成本	24524	21480
其他营运支出	197940	178583
	334477	305095
营运利润	150754	147008
其他收入净额	2336	1780
营业外收入净额	685	359
利息收入	5658	5940
融资成本	(902)	(1243)
应占联营公司利润	558	
应占合营公司亏损	(18)	(8)
除税前利润	159071	153836
税项	(39047)	(38413)
本年度利润	120024	115423
本年度其他收益：		
境外企业的财务报表汇兑差额	(135)	42
本年度总收益	119889	115465
股东应占利润：		
本公司股东	119640	115166
非控制性权益	384	257
本年度利润	120024	115423
股东应占总收益：		
本公司股东	119505	115208
非控制性权益	384	257
本年度总收益	119889	115465
每股盈利——基本	人民币 5.96 元	人民币 5.74 元
每股盈利——摊薄	人民币 5.89 元	人民币 5.67 元

3. 合并权益变动表

| | 本公司股东应占权益 | | | | | | | | 非控制性权益（人民币百万元） | 总权益（人民币百万元） |
	股本（人民币百万元）	股本溢价（人民币百万元）	资本储备（人民币百万元）	一般储备（人民币百万元）	汇兑储备（人民币百万元）	中国法定储备（人民币百万元）	保留利润（人民币百万元）	总计（人民币百万元）		
于 2009 年 1 月 1 日 2009 全年的权益变动：	2138	386237	(291965)	72	(1081)	106841	237780	440022	629	440651
本年利润	—	—	—	—	—	—	115166	115166	257	115423
其他综合收益	—	—	—	—	42	—	—	42	—	42
本年度总收益	—	—	—	—	42	—	115166	115208	257	115465
上年度核准的股息	—	—	—	—	—	—	(24823)	(24823)	—	(24823)
本年度宣布分派的股息	—	—	—	—	—	—	(23791)	(23791)	—	(23791)
根据认股权计划发行的股份	1	138	(7)	—	—	—	—	132	—	132
转入中国法定储备	—	—	—	—	—	23077	(23077)	—	—	—
于 2009 年 12 月 31 日	2139	386375	(291972)	72	(1039)	129918	281255	506748	886	507634
于 2010 年 1 月 1 日 2010 全年的权益变动：	2139	386375	(291972)	72	(1039)	129918	281255	506748	886	507634
本年利润	—	—	—	—	—	—	119640	119640	384	120024
其他综合收益	—	—	—	—	(135)	—	—	(135)	—	(135)
本年度总收益	—	—	—	—	(135)	—	119640	119505	384	119889
上年度核准的股息	—	—	—	—	—	—	(25651)	(25651)	—	(25651)
本年度宣布分派的股息	—	—	—	—	—	—	(24550)	(24550)	(24)	(24574)
根据认股权计划发行的股份	—	101	(8)	—	—	—	—	93	—	93
转入中国法定储备	—	—	—	—	—	24260	(24248)	12	—	12
于 2010 年 12 月 31 日	2139	386476	(291980)	72	(1174)	154178	326446	576157	1246	577403

4. 合并现金流量表

	2010 年（人民币百万元）	2009 年（人民币百万元）
经营业务		
除税前利润	159071	153836
调整：		
一物业、厂房及设备折旧	86230	80179
一其他无形资产摊销	62	56
一预付土地租赁费摊销	298	261
一出售物业、厂房及设备亏损		−11
一物业、厂房及设备注销	2763	4493
一呆账减值亏损	4019	4503
一存货减值亏损	55	16
一利息收入	(5658)	(5940)
一融资成本	902	1243

	2010 年（人民币百万元）	2009 年（人民币百万元）
一非上市证券之股息收入	(17)	(18)
一应占联营公司利润	(558)	—
一应占合营公司亏损	18	8
一未实现汇兑亏损/(收益) 净额	6	(3)
营运资金变动前的经营业务现金流	247191	238645
存货增加	(457)	(569)
应收账款增加	(5232)	(3945)
其他应收款减少	170	127
预付款及其他流动资产增加	(1087)	(1423)
应收最终控股公司款项（增加）/减少	(268)	84
应付账款增加	5704	2598
应付票据（减少）/增加	(1)	25
递延收入增加	7847	2376
应计费用及其他应付款增加	16369	11946
应付最终控股公司款项增加/(减少)	11	(2)
经营业务现金流入	270247	250062
税项		
一已付香港利得税	(99)	(80)
一已付中国企业所得税	(38769)	(42859)
经营业务现金流入净额结转	231379	207123
承前经营业务现金流入净额	231379	207123
投资业务		
资本开支	(113203)	(115314)
预付土地租赁费	(1135)	(1361)
购置其他无形资产所付款项	(162)	(484)
出售物业、厂房及设备所得款项	12	13
银行存款增加	(19190)	(54780)
已抵押银行存款的增加	(162)	—
应收委托贷款的增加	(2700)	—
已收利息	4588	5988
支付联营公司的投资款项	(39617)	—
支付合营公司的投资款项	(20)	(7)
已收非上市证券之股息	17	18
投资业务现金流出净额	(171572)	(165927)
融资业务		
行使认股权计划发行股份所得款项	93	132
已付利息	(919)	(1292)
已付本公司股东股息	(50201)	(48614)
已付非控股股东股息	(24)	—
融资业务现金流出净额	(51051)	(49774)
现金及现金等价物净增加/(减少)	8756	(8578)
年初现金及现金等价物	78894	87426
外币汇率变动的影响	(107)	46
年末现金及现金等价物	87543	78894

中国电信集团公司 （China Telecom）

一、市场与业务概览

2010年，中国电信公司深入推进战略转型，加大创新力度，坚持融合差异化发展，移动业务规模迅速扩大，产业链日趋成熟，宽带和综合信息服务业务快速增长，公司的业务收入结构持续优化，基本形成了移动、宽带、增值及综合信息服务和固网语音等四大业务协调发展的新格局，盈利能力明显反弹，成功开创全业务规模化发展的良好局面。

经营业绩表现

2010年，中国电信公司发展取得喜人成绩，经营收入达到人民币2198.64亿元。扣除初装费因素后，经营收入达到人民币2193.67亿元，同比增长5.4%，移动、宽带、增值及综合信息服务业务收入的占比持续提升；EBITDA为人民币884.95亿元，同比增长7.7%，EBITDA率为40.3%；中国电信公司股东应占利润为人民币152.62亿元，每股基本净利润为人民币0.19元，同比增长15.0%，有力促进了企业价值的提升；资本开支为人民币430.37亿元；自由现金流为人民币271.07亿元。

董事会在考虑到股东回报、公司现金流水平以及公司计划于2012年向母公司收购移动网络资产等资金需求后，决定向股东大会建议按照相当于每股0.085港元的标准宣派股息，保持派息水平与去年持平。

公司运营状况

● 融合创新，以差异化推动规模发展

2010年，中国电信坚持融合发展，从客户感知出发，进一步加大语音、宽带等管道类业务与增值及综合信息服务业务的融合力度，努力提升市场竞争能力，推动全业务规模化发展。

全力推进移动业务特别是3G业务的规模化拓展。中国电信加大品牌宣传力度，继续保持"天翼"3G品牌的行业领先地位；引导产业链加大投入，推出多款明星3G智能手机，并实施向3G终端倾斜的差异化终端补贴策略；聚焦白领、青年学生等重点用户市场，加大差异化应用开发和推广，以丰富的移动互联网应用产品改善用户体验，激发数据流量。2010年中国电信公司移动业务实现规模化发展，净增移动用户3443万户，用户总量达到9052万户，用户市场份额超过10%，较2008年底提升6个百分点，其中净增3G用户822万户，用户总量达1229万户，新增3G用户数量呈持续增长趋势；移动服务收入实现人民币477.22亿元，同比增长59.1%。

以宽带为核心加强融合拓展。为应对三网融合的新形势，中国电信公司全面启动了"宽带中国·光网城市"工程，加大了城镇地区光纤入户的建设改造力度，积极实施宽带提速工程，为用户提供高价值的差异化宽带体验，进一步巩固有线宽带业务的市场主导地位。在此基础上，在宽带产品中叠加互联网视频、游戏娱乐等流量型业务，以丰富应用产品保护宽带价值。2010年有线宽带用户净增1002万户，用户总量达到6348万户，用户市场份额基本保持稳定；有线宽带接入收入完成人民币541.27亿元，同比增长15.0%。

推动综合信息服务业务持续增长。中国电信公司发挥产品基地的集约研发优势，不断推出内容丰富的移动互联网应用产品，竞争优势逐步显现：保密通信、"天翼黑莓"和"天翼对讲"等新产品正式推出，"爱音乐"、"天翼视讯"和"天翼空间"的业务量均成倍增长。中国电信公司规模化复制与推广政务监管、交通物流、数字医院、综合办公翼机通等政企行业类应用，大力推进物联网、云计算等新兴技术的拓展，并积极布局移动支付和移动定位等特色应用服务领域，持续提升在综合信息服务市场的竞争能力，同时有效带动了移动和宽带业务的规模化发展。

以融合差异化保护存量价值。面对互联网新技术和移动业务替代等因素的严峻挑战，中国电信公司积极开展固网语音业务的存量保有工作，加大资源投入，有针对性地开展在网客户关怀，并以融合差异化为手段，提高客户黏性，努力缓解固网语音业务的下滑。2010年中国电信公司固定电话用户减少1351万户，用户总数为1.75亿户，扣除初装费后的固网业务收入同比下降4.2%。随着近年来小灵通用户迁转的持续推进，小灵通业务的经营风险已基本得到释放。

● 强基固本，构建全方位竞争实力

中国电信公司不断强化网络、终端、渠道和服务等方面的能力建设，坚持不懈地夯实发展基础，不断提升全方位的竞争实力。

网络优势不断增强。中国电信公司不断提升网络承载能力和管道价值，进一步扩大 3G 网络覆盖范围，不断优化移动网络质量，移动网络质量达到业内标杆水平；在热点区域强化 WiFi 覆盖，采取"CDMA+WiFi"协同策略，为用户提供高速便捷的无线接入体验；加大资本开支投入，加快推进接入网光纤化改造和光纤到户建设，在南方城市地区已全面实现了 4M 带宽接入能力，20M 带宽接入能力的比例达到 58%，较年初提升了 22 个百分点，有力支撑了全业务规模化发展。

终端瓶颈有效缓解。中国电信公司积极推动 CDMA 终端产业链加速壮大，主推 3G 智能手机，并强化业务适配和预装，满足 3G 业务发展需求。截至 2010 年底，3G 手机已超过 300 款，较年初增加 200 余款，其中有竞争力的明星机型和千元智能手机不断涌现，品种不断丰富，性价比进一步提升。

渠道能力迅速提升。中国电信公司强化渠道建设，与国内知名的电器连锁销售商的上千家门店开展合作，进行终端和业务的代理销售，社会渠道短板得到有效改善，终端销售的社会化占比超过 60%；中国电信公司积极提升电子渠道的使用比例，优化网上营业厅的界面与功能，有效节约了公司的运营成本，提升了营销效率。

服务体系日趋完善。中国电信公司全面推进全业务客户服务标准的落实，积极实施 10000 号客服专线的省级集中运营，不断强化 IT 系统的客服支撑能力，着力提升移动业务的服务能力，业务受理时长、服务响应时长、用户投诉率等服务指针均明显改善，客户感知明显提升，用户离网率得到有效控制。

● 创新模式，着手布局信息流量经营

中国电信公司着眼于移动互联网时代的到来，积极打造信息流量经营的新模式，提升网络的承载控制能力，提供开放的综合业务平台，借助外力推动内容应用产品开发，聚焦高价值信息流量的经营。

扩大合作开放。中国电信公司进一步扩大与优秀互联网内容提供商合作，借助产品基地的平台，汇聚音乐、游戏、视讯等高价值的流量资源，吸引用户使用。同时中国电信公司进一步向合作伙伴开放综合平台资源，为其提供认证、计费、定位等服务，鼓励其利用综合平台开发新的应用业务，率先在全浏览、搜索、实时通信、电子商务等热门领域引入有竞争力的应用产品，并嵌入中国电信公司的基础通信能力，为用户提供差异化服务。

强化集约运营。中国电信公司加强对移动互联网产品的引导开发和部署推广的集约管理，突破传统地域分割经营的界限，实现"一点接入、快速加载、全网服务"，大力提升产品上线速度和开通效率，有效支撑移动互联网产品在全网的快速推广。

创新机制体制。中国电信公司对移动支付、天翼视讯新兴业务实施公司化运作试点，作为利润中心，实行市场化运作，努力建立与移动互联网业务发展相适应的组织体制和激励机制，激励创业精神，增强发展活力，有力促进新兴业务的更好发展。

● 优化管理，着力提升企业和员工价值

强化财务运作管理与资源配置。中国电信公司进一步优化成本及投资的资源配置，科学、统筹安排各项支出，有效支撑新兴业务、战略性业务和重点业务的规模发展；深化财务转型，积极实施省级财务集中核算，有效防范内控风险，提升管理效率；加强资金集中管理，有效节约财务费用；积极实施精细化运营，努力提升投资回报水平，不断促进企业价值的提升。

促进员工价值与企业价值共同成长。中国电信公司创新人力资源管理机制，加大管理人员的竞争选拔力度；以价值提升为导向，完善全员业绩考核体系；加快人力资源结构优化，重点打造职业化的经营管理队伍、高层次的技术专家队伍和高技能的销售维护队伍，满足综合信息服务和移动互联网运营需要。

主要业务表现

2010 年，面对复杂多变的宏观经济形势和更加激烈的市场竞争环境，中国电信公司抓住机遇，依托全业务经营优势，加快移动业务发展，强化固网、移动与互联网业务的融合，移动业务持续高速增长，固网风险得到有效释放。同时中国电信公司加大 3G 业务发展力度，移动互联网经营快速展开，市场竞争能力不断提高。

	单位	2008 年	2009 年	2010 年	2010 年较 2009 年的变化率
移动用户数	百万户	27.91	56.09	90.52	61.4%
其中：3G 用户数	百万户	—	4.07	12.29	202.0%
有线宽带用户数	百万户	44.27	53.46	63.48	18.7%
固定电话用户数	百万户	208.35	188.56	175.05	(7.2%)
移动语音通话总分钟数	百万分钟	26375	155410	295885	90.4%
移动短信条数	百万条	2028	15136	33116	118.8%
移动彩铃用户数	百万户	8.64	32.63	54.15	66.0%
本地语音通话总次数	百万次	372477	320585	251425	(21.6%)
固定电话来显用户数	百万户	146.74	128.45	118.99	(7.4%)
我的 e 家套餐数	百万套	23.93	36.36	48.45	33.3%
商务领航客户数	百万户	2.53	4.36	4.99	14.4%

注：由于公司自 2008 年第四季度开始经营移动业务，因此，2008 年移动业务相关数据只包含 2008 年第四季度。

2010 年，中国电信公司实现经营收入人民币 2198.64 亿元，扣除初装费后，全年经营收入为人民币 2193.67 亿元，同比增长 5.4%。公司整体业务结构得到进一步优化，移动、宽带等战略成长性业务占比近 50%。

移动业务保持高速增长态势。2010 年中国电信公司加强针对目标客户群的营销能力，通过推广行业应用、发展 3G 业务和强化重点目标市场营销积极拓展移动用户规模。移动用户达到 9052 万户，较年初增长 61.4%。移动服务收入达到人民币 477.22 亿元，同比增长 59.1%，MOU 基本保持稳定。

宽带业务稳健增长。2010 年中国电信公司持续加大宽带业务的发展力度，结合接入网的光纤化改造及三网融合试点，以提速提高竞争优势、以融合促进价值稳定，确保宽带业务领域的优势竞争地位。2010 年有线宽带用户净增 1002 万户，达到 6348 万户，同比增长 18.7%，有线宽带接入收入实现人民币 541.27 亿元，同比增长 15.0%。

2010 年固网增值及综合信息服务业务继续保持增长态势。通过深化集约运营，着力打造差异化服务，号码百事通业务保持快速增长，通过融合多业务渠道，商旅应用实现了新的突破。固网增值及综合信息服务业务实现收入人民币 283.12 亿元，同比增长 1.2%，在不含初装费的经营收入中占比达到 12.9%。

2010 年固网语音业务实现收入人民币 624.98 亿元，占不含初装费经营收入的比例为 28.5%。通过深化融合，推广固话包月为基础的话务量经营，因势引导小灵通用户迁转等举措，固话用户流失趋缓，小灵通用户占比逐步减小，固话业务的经营风险已逐步得到释放。

业务经营策略

2010 年，中国电信公司坚持贯彻"差异化融合创新，有效益规模发展"的经营思路，持续提升融合经营、行业应用拓展、3G 与移动互联网经营、渠道社会化、产业链辐射等方面的能力，重点实施了五大经营策略：

第一，深化融合经营，差异化发展取得阶段性成效。深化推进移动业务与宽带、固话、综合信息应用等业务的深度融合，以统一账号、时长共享、应用整合等手段扩大销售，以融合套餐营销为主，辅以向中高端倾斜的补贴政策和终端策略，引导低端用户向高端迁移，稳定并提升用户价值，增强客户黏性，有效促进用户数量和业务收入的增长。截至 2010 年年底，中国电信公司移动业务融合用户占比达到 53.0%，较 2009 年年底提升 3 个百分点；"我的 e 家"套餐数在住宅电话用户中的占比达到 44.0%，较 2009 年年底提升 11.6 个百分点；"商务领航"客户数达到 499 万户，较 2009 年年底增长 14.4%。

第二，聚焦重点行业应用拓展，带动中高端移动用户规模发展。2010 年，中国电信公司采取集中策略，集全公司之力，集中推广政务监管、交通物流、数字医院、翼机通等四项行业应用，满足了客户移动办公、物流查询、数字挂号、远程医疗等方面的需求，推动了相关领域的信息化建设。行业应用发展力度逐月快速提升，有效带动中高端移动用户的规模发展。

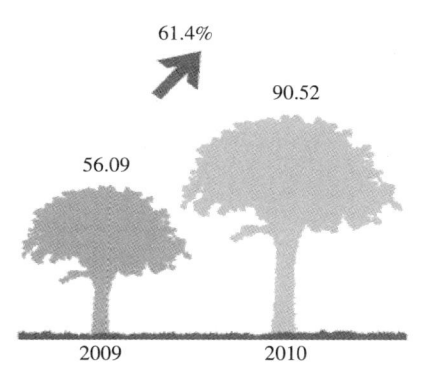

61.4%

56.09　90.52

2009　2010

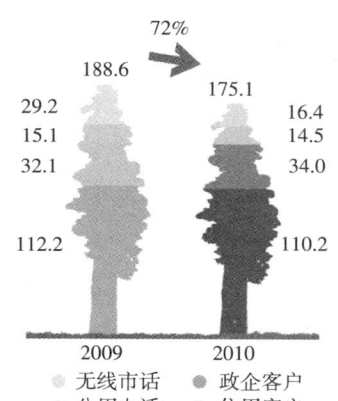

72%

188.6　175.1

29.2　16.4
15.1　14.5
32.1　34.0

112.2　110.2

2009　2010

○ 无线市话　● 政企客户
○ 公用电话　● 住用客户

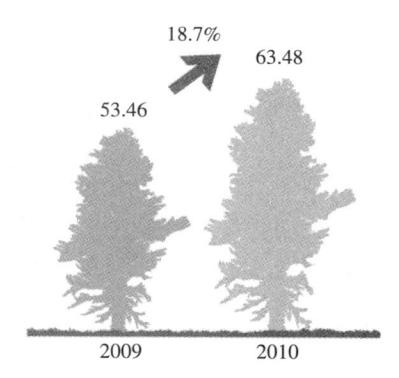

18.7%

53.46　63.48

2009　2010

第三，加快 3G 发展，布局移动互联网流量经营。通过 3G 套餐优化突出手机上网和 3G 增值业务填充的 3G 特色，补贴成本向 3G 发展倾斜，聚焦商务精英、时尚白领和校园市场发展 3G 用户，全年 3G 用户净增 822 万户。构建 3G 重点产品体系，实施基地化运营，基地产品不断优化完善；与强势互联网公司深入合作，引入优势移动互联网应用，3G 重点产品所汇聚的流量显著增长，应用活跃度持续改善，流量价值稳步提升，3G 客户的价值和稳定性远高于 2G 用户，流量经营效果初步显现。

第四，优化渠道体系，社会渠道贡献逐步提高。2010 年，中国电信公司全力推动社会渠道建设，采取卖场突破，引商入店，终端直供等举措，社会渠道短板得到有效改善。终端社会渠道销售实现大连锁破冰，在国美、苏宁、乐语、迪信通上千家门店实现终端和业务销售，地方前十大社会渠道进驻两家的目标全面完成。社会渠道的终端销售占比超过 60%，发展移动用户占比达到 50%，社会渠道对移动规模发展体现出越来越重要的作用。

第五，规模带动与策略引导相结合，终端产业链热情高涨。2010 年，中国电信公司通过移动用户规模增长来拉动终端产业链的发展，采取补贴激励、终端直供等举措推动终端供销的进一步规范。终端款型进一步丰富，性价比持续提升。全年共销售 CDMA 终端约 4500 万台，其中，EV-DO 手机销量近千万台。3G 终端超过 300 款，主推的千元智能机（中兴 N600、华为 C8500），摩托罗拉 XT800、三星（W799 和 i909）等 3G 明星机取得了良好的市场反应，终端结构进一步优化，性价比持续提升，终端可选择性大幅改善。

网络及运营支撑

2010 年根据中国电信公司深化转型的总体要求，坚持投资向高成长业务和高回报地区倾斜，进一步突出投资效益与风险控制，优化资源配置。公司在提升网络能力、强化平台支撑、推进网络演进及深化精确管理等方面都取得了很好的成效。

2010 年全年公司资本性支出实际完成人民币 430.37 亿元，较上年增长 13.1%；资本支出占不含初装费的经营收入比为 19.6%，较 2009 年增加了 1.3 个百分点。为有效支撑公司转型，中国电信公司适时调整投资结构，进一步加大宽带及增值业务投资比重，有力支撑了转型业务规模发展。在移动网方面，积极与母公司协商规划，持续推进网络优化和质量的提升，推进 WiFi 与 EV-DO 有效协同，不断提升网络资源利用率和流量价值；承载网方面，加快推进 IP、传输骨干网和城域网的扩容优化，积极开展下一代互联网试点，做好网络与技术演进的储备。在宽带网方面，系统实施接入网的光纤化改造，规模部署光纤到户（FTTH），大幅提升了用户接入带宽。2010 年，公司用于宽带互联网的投资为人民币 276.30 亿元，投资比重达到 64.2%，较上年提升 10.1 个百分点。2010 年底，公司累计新增宽带接入能力 1790 万端口；城市地区（含县城）宽带线路 20M、4M 带宽覆盖率分别为 58% 和 98%，比 2009 年底分别提升 22 个百分点和 3 个百分点。同时，为充分发挥 WiFi 网络作为固定宽带的延伸和 3G 网络的补充作用，结合 WiFi 分流 EV-DO 策略，继续加大 WiFi 网络投入，截至 2010 年底，全网 WiFi 热点数量达到 10 万个。

二、财务概览

2010 年，中国电信集团公司通过积极开展全业务经营，大力推进聚焦客户的信息化创新战略，落实差异化发展经营策略，实现了收入和利润双提升，盈利状况明显改善，初步实现了有效益规模发展新局面。2010 年，集团的经营收入为人民币 2198.64 亿元，较 2009 年增长 5.0%；经营费用为人民币 1958.48 亿元，较 2009 年增长 4.9%；本公司股东应占利润为人民币 157.59 亿元，每股基本净利润为人民币 0.19 元；EBITDA[①] 为人民币 889.92 亿元，EBITDA 率为 40.5%。

若扣除一次性初装费收入摊销额因素后，中国电信 2010 年的经营收入为人民币 2193.67 亿元，较 2009 年增长 5.4%；公司股东应占利润为人民币 152.62 亿元，较 2009 年增长 15.0%，每股基本净利润为人民币 0.19 元；EBITDA 为人民币 884.95 亿元，EBITDA 率为 40.3%。

经营收入

2010 年，面对频发的自然灾害、激烈的市场竞争以及固网业务不断下滑的挑战，中国电信集团持续深化企业转型，大力实施融合差异化的发展策略，保持了全业务发展良好势头，经营收入稳步增长。2010 年经营收入为人民币 2198.64 亿元，较 2009 年增长了 5.0%。若扣除一次性初装费收入的摊销额人民币 4.97 亿元，2010 年经营收入为人民币 2193.67 亿元，较 2009 年增长 5.4%。其中：移动业务收入为人民币 539.53 亿元，较 2009 年增长 51.5%；扣除一次性初装费收入摊销额后的固网收入为人民币 1654.14 亿元，较 2009 年下降 4.2%，固网非语音收入占扣除一次性初装费收入摊销额后固网收入的比重逐年提高，2010 年达到 62.2%，比 2009 年提高 7.6 个百分点。集团收入结构持续优化，发展方式进一步转变，未来抗风险能力进一步增强。

下表列示 2009 年和 2010 年中国电信集团公司各项经营收入的金额和变化率：

分别截至各年度 12 月 31 日

（除百分比数字外，单位皆为人民币百万元）	2010 年	2009 年	变化率
固网语音	62498	78432	(20.3%)
移动语音	28906	20027	44.3%
互联网	63985	51567	24.1%
增值服务	22571	21533	4.8%
综合信息应用服务	15519	12659	22.6%
基础数据及网元出租	12389	11499	7.7%
其他	13499	12502	8.0%
一次性初装费收入	497	1151	(56.8%)
经营收入合计	219864	209370	5.0%

● 固网语音

虽然中国电信公司采用融合经营模式努力减少固网传统业务的下滑趋势，但由于移动业务及 VOIP 等通信方式对固网语音的分流持续加剧以及小灵通业务的下滑，固网语音业务收入持续下降。2010 年，固网语音业务收入为人民币 624.98 亿元，较 2009 年的人民币 784.32 亿元下降 20.3%，占经营收入的比重为 28.4%。

● 移动语音

2010 年，移动语音收入为人民币 289.06 亿元，较 2009 年的人民币 200.27 亿元增长 44.3%，占经营收入的比重为 13.1%。经过两年多的全业务运营，集团成功进入移动市场，移动业务实现快速发展，2010 年年底移动用户达到 9052 万户，较年初增长 61.4%。

● 互联网

2010 年，互联网接入业务收入为人民币 639.85 亿元，较 2009 年的人民币 515.67 亿元增长 24.1%，占经营收入的比重为 29.1%。集团通过网络提速、融合发展等方式，不断扩大宽带用户的市场规模，带动了互联网接入业务收入的持续快速增长。截至 2010 年年底，集团有线宽带用户达到

---

① EBITDA 计算方法为经营收入扣除经营成本加上折旧及摊销费和 CDMA 网络容量租赁费。由于电信业是资本密集型产业，资本开支、债务水平和财务费用可能对其有类似经营成果的公司净利润产生重大影响。因此，我们认为，对于像中国电信这样的电信公司而言，EBITDA 有助于对公司经营成果的分析。虽然 EBITDA 在世界各地的电信业被广泛地用作反映经营业绩、借债能力和流动性的指标，但是按公认会计原则，它不作为衡量经营业绩和流动性的尺度，也不代表经营活动产生的净现金流量。此外，中国电信的 EBITDA 也不一定与其他公司的类似指标具有可比性。

6348 万户，较 2009 年底增加 1002 万户，增长 18.7%。移动互联网接入收入为人民币 90.20 亿元，较 2009 年增长 139.9%。

● 增值服务

2010 年，增值服务收入为人民币 225.71 亿元，较 2009 年的人民币 215.33 亿元增长 4.8%，占经营收入的比重为 10.3%。增长主要得益于移动增值服务业务高速发展，移动增值服务收入为人民币 78.58 亿元，较 2009 年增长 40.3%。但由于小灵通业务的下滑，固网增值业务总体出现了负增长。

● 综合信息应用服务

2010 年，综合信息应用服务收入为人民币 155.19 亿元，较 2009 年的人民币 126.59 亿元增长 22.6%，占经营收入的比重为 7.1%。增长主要得益于 IT 服务及应用、号百信息服务等业务的快速发展。移动综合信息应用服务收入为人民币 19.20 亿元，较 2009 年增长 216.3%。

● 基础数据及网元出租

2010 年，基础数据及网元出租业务收入为人民币 123.89 亿元，较 2009 年的人民币 114.99 亿元增长 7.7%，占经营收入的比重为 5.6%。增长原因是客户对网络资源及信息化的需求不断增加，使得出租电路收入、IP-VPN 业务收入、系统集成和全球眼出租设备收入增长较快。移动基础数据及网元出租业务收入为人民币 0.18 亿元。

● 其他

2010 年，其他业务收入为人民币 134.99 亿元，较 2009 年的人民币 125.02 亿元增长 8.0%，占经营收入的比重为 6.1%。增长主要来自移动终端设备、系统集成设备的销售收入。移动其他业务收入为人民币 62.31 亿元，较 2009 年增长 10.9%。

● 一次性初装费收入

一次性初装费收入是用户初次使用本集团固定电话服务时缴纳的初始连接费的摊销额。集团对向用户收取的初装费按预计的十年服务期限摊销。自 2001 年 7 月起，集团对新客户不再收取初装费。2010 年摊销的初装费收入为人民币 4.97 亿元，比 2009 年的人民币 11.51 亿元下降 56.8%。

一次性初装费收入摊销截止期为 2011 年 7 月。2011 年度应摊销的初装费收入为人民币 0.98 亿元。

经营费用

中国电信集团 2010 年的经营费用为人民币 1958.48 亿元，较 2009 年增长 4.9%，经营费用占经营收入的比重为 89.1%，与 2009 年相比略有下降。集团通过积极的成本策略，统筹安排资源，成本向重点客户和高价值业务倾斜，严格控制低端用户及投资回报率低的项目的资源投入，有效促进了全业务的发展。

下表列示 2009 年和 2010 年中国电信集团各项经营费用的金额和变化率：

分别截至各年度 12 月 31 日

（除百分比数字外，单位皆为人民币百万元）	2010 年	2009 年	变化率
折旧及摊销	51656	52243	(1.1%)
网络运营及支撑成本	47288	42903	10.2%
销售、一般及管理费用	42130	40507	4.0%
人工成本	35529	32857	8.1%
其他经营费用	19106	17449	9.5%
物业、厂房及设备的减值损失	139	753	(81.5%)
经营费用合计	195848	186712	4.9%

● 折旧及摊销

2010 年，折旧及摊销为人民币 516.56 亿元，较 2009 年的人民币 522.43 亿元下降 1.1%，占经营收入的比重为 23.6%。下降的原因是中国电信集团持续加强资本支出管控。

● 网络运营及支撑成本

2010 年，网络运营及支撑成本为人民币 472.88 亿元，较 2009 年的人民币 429.03 亿元增长 10.2%，占经营收入的比重为 21.5%。增长的原因是 CDMA 网络容量租赁费的增加以及中国电信集团加大了对转型业务的成本投入，其中，2010 年 CDMA 网络容量租赁费为人民币 133.20 亿元，较 2009 年增长 58.9%。

● 销售、一般及管理费用

2010 年，销售、一般及管理费用为人民币 421.30 亿元，较 2009 年的人民币 405.07 亿元增长 4.0%，占经营收入的比重为 19.2%。增长的主要原因是适度加大市场拓展和渠道建设的投入。同时，集团严格控制行政费用和非生产性成本支出，一般及管理费用同比下降8.0%。

● 人工成本

2010年，人工成本为人民币355.29亿元，较2009年的人民币328.57亿元增长8.1%，占经营收入的比重为16.2%。增长的主要原因是集团适当增加了人才激励和引进力度以及对基层员工的绩效激励。

● 其他经营费用

2010年，其他经营费用为人民币191.06亿元，较2009年的人民币174.49亿元增长9.5%，占经营收入的比重为8.7%。增长的主要原因是移动网间结算支出的增加，2010年移动网间结算支出为人民币58.21亿元，同比增长67.9%。

财务成本净额

2010年，中国电信集团财务成本净额为人民币36.00亿元，较2009年的人民币43.75亿元下降17.7%，其中净利息支出减少人民币9.29亿元。减少的原因是集团2010年偿还银行及其他贷款较2009年有所增加。2010年汇兑净损失为人民币0.92亿元，2009年汇兑净收益为人民币0.67亿元，汇兑净损益变动主要是人民币对日元汇率贬值所致。

盈利水平

● 所得税

中国电信集团的法定所得税率为25%。2010

年，集团所得税费用为人民币50.31亿元，实际税率为24.1%。集团实际税率与法定税率间的差距，主要是因为集团一次性初装费收入免征所得税及部分处于经济特区的分公司及西部分公司享受所得税率22%或15%的优惠政策。

● 本公司股东应占利润

2010年，中国电信公司股东应占利润为人民币157.59亿元，较2009年的人民币144.22亿元增长9.3%。若扣除一次性初装费收入的摊销额因素，公司股东应占利润为人民币152.62亿元，较2009年的人民币132.71亿元增长15.0%。

资本支出及现金流量

● 资本支出

2010年，中国电信集团为加快宽带业务发展，加大光纤化改造和宽带能力建设的投入，同时继续做好资本支出管控，严格控制传统固网语音等业务投资。2010年集团资本支出为人民币430.37亿元，较2009年的人民币380.42亿元增长13.1%。

● 现金流量

2010年，中国电信集团的现金及现金等价物净减少为人民币89.34亿元，2009年的现金及现金等价物净增加为人民币69.40亿元。

下表列示2009年和2010年集团的现金流情况：

分别截至各年度12月31日

（人民币百万元）	2010年	2009年
经营活动产生的现金流量净额	75571	74988
投资活动所用的现金流量净额	(45734)	(43255)
融资活动所用的现金流量净额	(38771)	(24793)
现金及现金等价物净（减少）/增加	(8934)	6940

2010年，经营活动产生的净现金流入为人民币755.71亿元，较2009年的人民币749.88亿元增加人民币5.83亿元。

2010年，投资活动所用的净现金流出为人民币457.34亿元，较2009年的人民币432.55亿元增加人民币24.79亿元。现金净流出增加的主要原因是中国电信集团增加资本支出。

2010年，融资活动所用的净现金流出为人民币387.71亿元，较2009年的人民币247.93亿元增加人民币139.78亿元。现金净流出增加主要原因是中国电信集团2010年偿还银行及其他贷款较2009年有所增加。

● 营运资金

2010年底，中国电信集团的营运资金（即总流动资产减总流动负债）为短缺人民币716.78亿元，比2009年短缺人民币825.45亿元减少人民币108.67亿元，短缺减少的主要原因是集团2010年经营收入同比增加人民币104.94亿元。截至2010

年 12 月 31 日，集团未动用信贷额度为人民币 985.76 亿元（2009 年为人民币 1025.55 亿元）。

2010 年年底，集团拥有的现金及现金等价物为人民币 258.24 亿元，其中人民币现金及现金等价物占 91.2%（2009 年占 94.7%）。

资产负债情况

2010 年，中国电信集团继续保持了稳健的资本结构。截至 2010 年底，集团的总资产由 2009 年底的人民币 4265.20 亿元减少至人民币 4073.55 亿元；总债务由 2009 年底的人民币 1059.23 亿元减少至人民币 735.76 亿元。总债务对总资产的比例由 2009 年底的 24.8% 降低到 2010 年底的 18.1%。

● 债务

中国电信集团于 2009 年年底和 2010 年年底的债务分析如下：

分别截至各年度 12 月 31 日

（人民币百万元）	2010 年	2009 年
短期贷款	20675	51650
一年内到期的长期贷款	10352	1487
一年内到期的融资租赁应付款	—	18
长期贷款（不包括一年内到期的部分）	42549	52768
总债务	73576	105923

2010 年年底，中国电信集团的总债务为人民币 735.76 亿元，较 2009 年底减少了人民币 323.47 亿元，减少的主要原因是集团偿还了部分银行及其他贷款。集团的总债务中，人民币贷款、美元贷款、日元贷款、欧元贷款分别占 96.0%（2009 年为 96.9%）、1.0%（2009 年为 0.8%）、2.2%（2009 年为 1.7%）和 0.8%（2009 年为 0.6%）。债务中固定利率贷款占 98.5%（2009 年为 95.7%），其余为浮动利率贷款。

于 2010 年 12 月 31 日，集团并无抵押任何资产作债务之抵押品（2009 年无）。

集团大部分业务获得的收入和支付的费用都以人民币进行交易，因此集团并无任何外汇波动引致的重大风险。

● 合约承诺

| （人民币百万元） | 总额 | 各期间到期应付款项 | | | | |
		2011 年 1 月 1 日至 2011 年 12 月 31 日内	2012 年 1 月 1 日至 2012 年 12 月 31 日内	2013 年 1 月 1 日至 2013 年 12 月 31 日内	2014 年 1 月 1 日至 2014 年 12 月 31 日内	其后
短期贷款	20924	20924	—	—	—	—
长期贷款	59560	12802	13261	11435	21022	1040
经营性租赁承诺	27180	13525	11531	577	439	1108
资本承诺	5124	5124	—	—	—	—
合约承诺总额	112788	52375	24792	12012	21461	2148

注：短期贷款、长期贷款包括已确认及未确认的应付利息，上述列示金额并未折现。

三、经营与财务绩效指标

中国电信 2010 年度经营与财务绩效指标概览表　　　　单位：百万元

经营与财务绩效指标	2010 年
收入	219864
总资产	407355
EBITDA	88495
EBITDA 率	40.25%
净利润	15888
净利润率	7.23%
总资产报酬率（ROA）	3.90%

续表

经营与财务绩效指标	2010 年
净资产报酬率（ROE）	6.85%
资本性支出（CAPEX）	43037
CAPEX 占收比	19.57%
经营活动净现金流	75571
每股经营活动净现金流	0.93
自由现金流（FCF）	27107
自由现金流占收比	12.33%
销售现金比率	34.37%
资产现金回收率	18.55%
EVA	−13468
EVA 率	−4.20%
每股盈利（EPS）	0.19
每股股利（DPS）（单位：港元）	0.0850
股利支付率	45%
主营业务收入增长率	5.01%
总资产增长率	−4.49%
净利润增长率	8.63%
经营活动现金流增长率	0.78%
每股盈余增长率	5.56%
资产负债率	43.06%
流动比率	43.53%
利息保障倍数	9.71
总资产周转率	0.54
固定资产周转率	0.80
坏账发生率	10.46%
折旧与摊销	51656
股息	5778
内部融资额	73322
折旧摊销率	23.49%
付现成本率	65.58%
营销、一般及管理费用率	19.16%

四、发展展望

2011 年，面对移动互联网将进入快速成长期的发展机遇以及存量市场和新兴业务竞争迅速加剧的严峻挑战，中国电信公司将继续坚持"聚焦客户的信息化创新"战略，按照"智能管道的主导者、综合平台的提供者、内容和应用的参与者"的发展定位，全力推动用户规模提升，深入推进融合发展，持续优化业务结构，稳步促进公司向移动互联网经营模式转变。具体而言，中国电信公司将进一步聚焦 3G 业务发展，突出打造差异化优势；不断提升行业应用的规模化发展能力，带动政企客户中高端移动用户群体拓展；全力推动宽带提速，保持宽带业务优势竞争地位；进一步管控好固网语音业务的流失风险，推进全业务协调发展。同时，中国电信公司也将继续强化网络优化和运行维护工作，进一步提升全业务服务能力，全面实现创新型、差异化的服务竞争优势。

自 2004 年以来，中国电信公司率先提出战略转型，转变经营理念和发展方式，走出了一条以转型促发展的新路；特别是在完成移动业务收购以后，迅速建立了全业务运营体系，成功进入移动市场，赢得全业务经营良好开局，初步实现了有效益规模化发展。

未来两到三年将是中国电信公司发展的重要战略机遇期：产业融合将成为通信信息行业的发展趋势，物联网、云计算等新一代信息技术将催生新的应用，移动互联网将进入快速成长期，有线宽带业务仍具有较大发展空间，这些都将为公司带来更加广阔的发展前景。但同时公司也将面临着新兴业务市场竞争日趋激烈、存量市场竞争迅速加剧的严峻挑战。

面对未来，中国电信充满信心。将继续坚持"聚焦客户的信息化创新"战略，大力拓展移动、宽带和行业应用的业务规模，努力做好存量业务保有，持续优化收入结构；积极推动公司步入深化转型阶段，定位于"智能管道的主导者、综合平台的提供者、内容和应用的参与者"，坚持高价值信息流量经营策略，促进公司向移动互联网经营模式转变，为客户和股东创造更多的价值。

五、财务报告

1. 合并资产负债表

	2010 年 12 月 31 日（人民币百万元）	2009 年 12 月 31 日（人民币百万元）
资产		
非流动资产		
物业、厂房及设备净额	275248	286328
在建工程	14445	11567
预付土地租赁费	5377	5517
商誉	29920	29922
无形资产	9968	12311
所拥有联营公司的权益	1123	997
投资	854	722
递延税项资产	10779	12898
其他资产	4396	5322
非流动资产合计	352110	365584
流动资产		
存货	3170	2628
应收所得税	1882	1714
应收账款净额	17328	17438
预付款及其他流动资产	5073	3910
原限期为三个月以上的定期存款	1968	442
现金及现金等价物	25824	34804
流动资产合计	55245	60936
资产合计	407355	426520
负债及权益		
流动负债		
短期贷款	20675	51650
一年内到期的长期贷款	10352	1487
应付账款	40039	34321
预提费用及其他应付款	52885	52193
应付所得税	327	395
一年内到期的融资租赁应付款	—	18
一年内摊销的递延收入	2645	3417
流动负债合计	126923	143481
净流动负债	(71678)	(82545)
资产合计扣除流动负债	280432	283039
非流动负债		
长期贷款	42549	52768
递延收入	3558	5045
递延税项负债	2361	2613
非流动税项负债	48468	60426

393

	2010 年 12 月 31 日（人民币百万元）	2009 年 12 月 31 日（人民币百万元）
负债合计	175391	203907
权益		
股本	80932	80932
储备	231468	221732
非控制性权益	496	881
权益合计	231964	222613
负债及权益合计	407355	426520

2. 合并损益表

（除每股数字外，以百万元列示）

	2010 年（人民币百万元）	2009 年（人民币百万元）
经营收入	219864	209370
经营费用		
折旧及摊销	(51656)	(52243)
网络运营及支撑成本	(47288)	(42903)
销售、一般及管理费用	(42130)	(40507)
人工成本	(35529)	(32857)
其他经营费用	(19106)	(17449)
物业、厂房及设备的减值损失	(139)	(753)
经营费用合计	(195848)	(186712)
经营收益	24016	22658
投资收益	361	791
应占联营公司的收益	131	101
税前利润	20908	19175
所得税	(5031)	(4549)
本年利润	15877	14626
本年其他综合收益		
可供出售股权证券公允价值的变动	132	538
可供出售股权证券公允价值的变动的递延税项	(48)	(120)
换算中国大陆境外附属公司财务报表的汇兑差额	(48)	(2)
应占联营公司的其他综合收益	(25)	—
税后的本年其他综合收益	11	416
本年综合收益合计	15888	15042
股东应占利润		
本公司股东应占利润	15759	14422
非控制性权益股东应占利润	118	204
本年利润	15877	14626
股东应占综合收益		
本公司股东应占综合收益	15770	14763
非控制性权益股东应占综合收益	118	204
本年利润	15877	14626
股东应占综合收益		
本公司股东应占综合收益	15770	14763
非控制性权益股东应占综合收益	118	279
本年综合收益合计	15888	15042
每股基本净利润	0.19	0.18
加权平均股数（百万股）	80932	80932

3. 合并权益变动表
截至 2010 年 12 月 31 日年度
（以人民币百万元列示）

	本公司股东应占权益									非控制性权益	权益合计
	股本	资本公积	股本溢价	重估盈余	法定储备	其他储备	汇兑储备	留存收益	合计		
2009 年 1 月 1 日余额	80932	(2804)	10746	11410	56085	2856	(665)	54746	213036	1512	214548
本年利润	—	—	—	—	—	—	—	14422	14422	204	14626
其他综合收益	—	—	—	—	—	343	(2)	—	341	75	416
综合收益合计	—	—	—	—	—	343	(2)	14422	14763	279	15042
已实现物业、厂房及设备重估											
增值的递延税项	—	—	—	—	—	125	—	(125)	—	—	—
已实现重估增值	—	—	—	(547)	—	—	—	547	—	—	—
已实现土地使用权的递延税项	—	—	—	—	—	(147)	—	147	—	—	—
分配予非控制性权益	—	—	—	—	—	—	—	—	—	(867)	(867)
处置附属公司	—	—	—	—	—	—	—	—	—	(43)	(43)
股息	—	—	—	—	—	—	—	(6067)	(6067)	—	(6067)
利润分配	—	—	—	—	4521	—	—	(4521)	—	—	—
2009 年 12 月 31 日余额	80932	(2804)	10746	10863	60606	2907	(667)	59149	221732	881	222613
本年利润	—	—	—	—	—	—	—	15759	15759	118	15877
其他综合收益	—	—	—	—	—	59	(48)	—	11	—	11
综合收益合计	—	—	—	—	—	59	(49)	15759	15770	118	15888
已实现物业、厂房及设备重估											
增值的递延税项	—	—	—	—	—	118	—	(118)	—	—	—
已实现重估增值	—	—	—	(524)	—	—	—	(524)	—	—	—
已实现土地使用权的递延税项	—	—	—	—	—	(168)	—	168	—	—	—
分配予非控制性权益	—	—	—	—	—	—	—	—	—	(110)	(110)
取得非控制性权益	—	—	—	—	—	(3)	—	—	(3)	(41)	(44)
处置附属公司	—	—	—	—	—	—	—	—	—	(352)	(352)
股息	—	—	—	—	—	—	—	(6031)	(6031)	—	(6031)
利润分配	—	—	—	—	2028	—	—	(2028)	—	—	—
2010 年 12 月 31 日余额	80932	(2804)	10746	10339	62634	2913	(715)	67423	231468	496	231964

4. 合并现金流量表

	2010 年（人民币百万元）	2009 年（人民币百万元）
经营活动产生的现金净额	75571	74988
投资活动产生/(所用) 的现金流量		
资本支出	(41597)	(40311)
购买投资支付的现金	(41)	(23)
预付土地租赁费所支付的现金	(111)	(94)
报废物业、厂房及设备所收到的现金	2738	393
转让预付土地租赁费所收到的现金	176	380
出售投资所收到的现金	1	735

	2010 年（人民币百万元）	2009 年（人民币百万元）
到期日在三个月以上的定期存款投资额	(1968)	(442)
到期日在三个月以上的定期存款到期额	442	397
收购 CDMA 业务支付的现金，扣除收购取得的现金	(5374)	(4290)
投资活动所用的现金净额	(45734)	(43255)
融资活动产生/（所用）的现金流量		
融资租赁所支付的本金	(18)	(22)
取得银行及其他贷款所收到的现金	53518	88958
发行中期票据所收到的现金	—	29906
偿还银行及其他贷款所支付的现金	(86001)	(111084)
偿还短期融资券所支付的现金	—	(10000)
偿还由于第二次收购应付中国电信集团的款项	(5608)	(6493)
由于第四次收购而分配予中国电信集团的款项	(535)	—
取得非控制性权益支付的款项	(27)	—
分配予非控制性权益的净现金	(100)	(908)
融资活动所用现金净额	(38771)	(24793)
现金及现金等价物（减少）/增加净额	(8934)	6940
于 1 月 1 日的现金及现金等价物	34804	27866
汇率变更的影响	(46)	(2)
于 12 月 31 日的现金及现金等价物	28524	34804
税前利润	20908	19175
调整：		
折旧及摊销	51656	52243
物业、厂房及设备的减值损失	139	753
呆坏账的减值损失	1593	1791
存货的减值损失	87	108
投资收益	(361)	(791)
应占联营公司的收益	(131)	(101)
利息收入	(287)	(282)
利息支出	3795	4724
未实现的汇兑亏损/（收益）	92	(67)
报废和处置物业、厂房及设备的（收益）/损失	(435)	1352
营运资金变动前的经营利润	77056	78905
应收账款增加	(1475)	(1906)
存货增加	(629)	(175)
预付款及其他流动资产增加	(1203)	(78)
其他资产减少	928	1290
应付账款增加	4120	2178
预提费用和其他应付款增加	6003	7105
递延收入减少	(2259)	(2982)
经营产生的现金	82541	84337
收到的利息	292	271
支付的利息	(3824)	(5053)
取得的投资收益	10	58
支付的所得税	(3448)	(4625)
经营活动产生的现金净额	75571	74988

中国联通集团公司 (China United Telecom)

一、市场与业务概览

市场概览

● 财务表现

2010 年，中国联通公司实现营业收入人民币 1761.7 亿元，同比增长 11.2%，其中通信服务收入人民币 1665.3 亿元，剔除初装费递延收入后，营业收入和通信服务收入分别同比增长 11.5% 和 8.5%。移动业务实现营业收入（附注 1）人民币 918.7 亿元，同比增长 24.4%；固网业务实现营业收入（附注 1）人民币 825.0 亿元，剔除初装费递延收入后，同比下降 1.2%。

得益于收入的快速增长，2010 年公司实现 EBITDA 人民币 596.3 亿元，调整后 EBITDA（附注 4）同比增长 2.3%。但主要由于网络规模扩大及 3G 业务仍处于运营初期，公司盈利面临较大压力，全年实现净利润人民币 36.7 亿元，其中归属于母公司的净利润为人民币 12.3 亿元，基本每股收益为人民币 0.058 元，调整后净利润实现人民币 34.8 亿元，比上年下降 56.3%。

截至 2010 年 12 月 31 日，公司实现经营现金流人民币 682.1 亿元，同比增长 15.0%；资本性支出人民币 701.9 亿元，同比下降 37.6%；资产负债率为 53.1%，资产负债状况保持稳健。

● 业务表现

2010 年，中国联通公司整体业务实现了快速增长。其中，移动业务在 3G 业务带动下加速增长，通信服务收入规模首次超过固网业务，占整体通信服务收入的比例达到 50.8%；固网业务基本保持平稳，通信服务收入占整体通信服务收入的比例从上年的 53.1% 下降到 48.7%。在收入快速增长的同时，用户结构逐步改善，业务结构和收入结构更趋合理。

1. 移动业务。2010 年，中国联通公司移动业务实现通信服务收入 845.1 亿元，同比增长 18.1%。收入结构持续改善，移动非语音业务收入占移动通信服务收入的比例达到 32.0%，同比提高 4.4 个百分点。移动用户总数达到 16742.6 万户，同比增长 13.4%；移动用户综合 ARPU 为人民币 43.7 元，同比提高 5.0%。

（1）3G 业务加速增长——2010 年，中国联通公司坚持"品牌、业务、包装、资费、终端政策、服务标准"统一的 3G 经营策略，充分发挥 WCDMA 产业链优势，创新业务发展模式，在 3G 业务领域形成了差异化的竞争优势。

年内，中国联通公司积极适应市场和客户需求变化，丰富 3G 套餐体系，逐步扩大目标用户群。同时，积极营造开放的合作环境，推出百余款 3G 定制终端，成功引入 iPhone4，满足了不同消费能力的用户对终端产品的需求，拉动用户快速增长；在渠道体系建设方面积极突破，建立了同苏宁、国美等主流社会渠道的战略合作关系，全年 3G 业务社会渠道销售占比超过 40%；推出了电子阅读、沃商店等内容应用产品，手机报、手机音乐、手机电视等内容不断丰富，用户渗透率大幅提升，全年户月均数据流量达到 178M，用户数据业务消费习惯正逐步形成。

2010 年，中国联通公司 3G 业务实现通信服务收入人民币 119.3 亿元，季度平均环比增长 40.2%。3G 用户累计净增 1131.8 万户，达到 1406.0 万户，其中，手机用户占比达到 90.4%。用户 ARPU 为人民币 124 元。

（2）GSM 业务保持稳定——2010 年，中国联通公司积极转变 GSM 业务发展模式，发挥全业务资源优势积极推广融合业务，增强发展有效性。GSM 业务全年实现通信服务收入人民币 725.8 亿元，同比增长 2.6%。GSM 用户累计净增 852.1 万户，用户总数达到 15336.6 万户，同比增长 5.9%。用户 ARPU 为人民币 39.5 元，同比下降 4.1%。

2. 固网业务。2010 年，剔除初装费递延收入后，公司固网业务实现通信服务收入人民币 810.5 亿元，同比下降 0.5%。固网业务结构持续改善，固网非语音业务收入规模首次超过语音业务收入，占固网通信服务收入的比例达到 55.2%，同比提高 7.1 个百分点。固网宽带业务持续快速增长：2010 年，公司继续实施宽带升级提速，积极拓展增量市场，加大内容应用营销，固网宽带业务保持快速增长，全年实现收入人民币 307.3 亿元，同比增长 24.7%。截至 2010 年年底，固网宽带用户总数达到 4722.4 万户，同比增长 22.5%。用户 ARPU 为人民币 57.1 元，同比基本持平。

固话业务下滑趋缓：2010 年，公司积极推广融合业务，开展话务量营销，努力减缓固话业务下滑，固话业务（包含本地语音、长途、固网增值和网间结算业务）全年实现收入人民币 413.1 亿元，同比下降 13.3%。本地电话用户全年累计流失 618.7 万户，用户总数达到 9663.5 万户。其中无线市话用户流失 531.9 万户，用户总数为 1342.3 万户。本地电话用户 ARPU 为人民币 28.9 元，同比下降 8.0%。

3. 融合业务及行业应用。2010 年，中国联通公司加大行业应用产品的培育和推广力度，优化集团客户组织机构，提升前台销售能力和行业应用解决方案的提供能力，年内，推出了视频监控、智能公交等 22 个行业应用产品，在移动办公、手机证券等行业应用推广方面取得突破性进展，带动集团客户业务快速增长。

面向家庭客户，公司重点推广共享时长、合单缴费等融合产品，融合业务套餐用户快速增长。年底，公司推出了"沃·家庭"，向用户提供基于 3G 和宽带一体化的业务体验，将有助于拉动固网宽带和移动用户增长，增强固话用户黏性，提升固网价值。

● 网络建设

2010 年，中国联通公司着力优化 3G 网络的广度和深度覆盖，持续完善 GSM 网络，加快宽带网络升级提速，网络能力不断增强，为业务发展提供了有力支撑。截至 2010 年 12 月 31 日，3G 基站数量达到 18.3 万个，同比增长 70.8%；GSM 基站数量达到 32.9 万个，同比增长 15.5%。3G 网络已覆盖全国县级以上城市和东部发达乡镇；GSM 网络已覆盖除边远地区外的所有乡镇，行政村覆盖率达到 79%。固网宽带接入端口总数达到 6583 万个，同比增长 29.3%，其中，20M 以上端口占比 38%。

● 管理变革

2010 年，中国联通公司坚持体制和机制创新，优化面向公众客户和集团客户的营销架构，整合新产品运营机构，有效提升了市场响应速度和产品支撑能力；在全国范围内实施了 ERP 核心系统，建立了本地网成本评价体系，为精细化管理和科学有效的资源分配奠定了良好的基础。

适应用户结构和用户消费习惯的变化，公司迅速推动客户服务变革，率先实施了 3G 专属服务模式，建立了全国统一的网上营业厅、手机营业厅等服务新渠道，着力提升面向高端用户的服务能力，增强融合业务和新业务服务能力，客户感知不断提升。

2010 年，伴随"沃"品牌的广泛传播，以及网络质量、产品和服务体验的不断提升，公司"沃"品牌的影响力不断扩大。

业务概览

2010 年，中国联通公司持续创新经营模式，加大市场拓展力度。3G 和固网宽带业务快速发展，GSM 和固话业务保持平稳，总体业务发展呈现积极向好趋势。

● 移动业务

1. 3G 业务。2010 年，公司坚持"品牌、业务、资费、包装、终端政策、服务标准"统一策略，适应市场和客户需求变化，科学调整和优化营销政策，丰富 3G 套餐，完善补贴模式，优化终端产品体系，创新发展体现 3G 速率优势的移动互联网和内容应用业务，促进上网业务发展；推出沃商店，提升用户 3G 应用体验；规模发展手机音乐、手机电视等资源聚类型业务，发展手机阅读、即时通信等社区交互类业务，加快培育用户数据消费习惯。3G 业务快速发展。截至 2010 年底，全国 3G 用户净增 1131.8 万户，达到 1406.0 万户，其中，无线上网卡用户达到 135.3 万户。3G 用户通信使用量达到 554.7 亿分钟，平均每用户每月数据流量达到 178M，平均每用户每月收入（ARPU）为人民币 124.0 元。手机电视用户达到 240.7 万户，手机阅读业务注册用户超过 700 万户。

2. GSM 业务。2010 年，公司积极转变 GSM 业务发展模式，持续推进固网移动产品融合，加强精细化营销管理，GSM 业务整体保持稳定增长。全年 GSM 用户净增 852.1 万户，达到 15336.6 万户，比上年增长 5.9%。GSM 用户通信使用量达到 4710.0 亿分钟，比上年增长 11.3%，平均每月每用户通话分钟数（MOU）为 262.9 分钟，比上年增长 4.3%；平均每用户每月收入（ARPU）为人民币 39.5 元，比上年下降 4.1%。

2010 年，公司继续大力发展增值业务，积极推广移动数据及信息业务，炫铃、手机上网等增值业务持续快速增长。炫铃业务用户净增 1804.1 万户，达到 6726.1 万户，比上年增长 36.7%，用户渗透率从上年的 34.0% 上升到 43.9%。手机上网用户净增 1102.3 万户，达到 5581.2 万户，比上年增长 24.6%，用户渗透率从上年的 30.9% 上升到 36.4%。

● 固网业务

1. 固网宽带及数据通信业务。2010 年，中国联通公司加快实施宽带"提速增收"行动，推进常态化社区营销，积极发展家庭网关，提升高速率带宽用户占比，固网宽带业务保持快速发展。全年固网宽带用户净增 867.4 万户，达到 4722.4 万户，比上年增长 22.5%。2M 及以上固网宽带用户占比达到 86.8%，比上年提高 3.6 个百分点。4M 及以上固网宽带用户占比达到 29.6%。固网宽带内容和应用业务用户达到 1860.6 万户，占固网宽带用户比例达到 39.4%。固网宽带平均每用户每月收入（ARPU）为人民币 57.1 元，与上年基本持平。

2. 固话业务。2010 年，公司坚持发展与维系并重，发挥全业务经营优势，加强驻地网、农村等聚类市场拓展，强化融合业务营销，减缓固话业务下滑。全年本地电话用户比上年减少 618.7 万户，达到 9663.5 万户，比上年下降 6.0%。其中，无线市话用户比上年减少 531.9 万户，达到 1342.3 万户。平均每月每用户本地电话通话次数（MOU）（不含拨号上网）为 128.8 次，比上年下降 10.2%；平均每用户每月收入（ARPU）为人民币 28.9 元，比上年下降 8.0%。

● 网络能力

2010 年，中国联通公司着力优化 3G 网络的广度和深度覆盖，持续优化 GSM 网络，加快宽带网络升级提速，积极推进信息系统建设，网络能力不断增强。

GSM/3G 网络协调建设，网络质量进一步改善。全年新增 3G 基站 7.6 万个，基站数量达到 18.3 万个，3G 网络覆盖全国县级以上城市和东部发达乡镇。WCDMA 网络系统接通率由年初的 96.7% 提高到 12 月的 97.6%。新增 GSM 基站 4.4 万个，基站数量达到 32.9 万个，除西部部分地区外，GSM 网络基本覆盖了所有乡镇，东中部行政村覆盖率达到 82% 以上。GSM 网络系统接通率由年初的 96.2% 提高到 12 月的 97.6%。

公司加快光纤接入网建设，全年新增宽带接入端口 1493 万个，达到 6583 万个。继续提升骨干网络能力，全年新增 China169 骨干网出省带宽 7600G，达到 14000G。新增省际 40GWDM 容量 12 万波道公里，达到 13 万波道公里。省际 10G WDM 容量新增 134 万波道公里，达到 498 万波道公里。

公司努力扩大国际网络覆盖范围，加大国际网络的建设，保障了公司国际业务的拓展。截至 2010 年 12 月 31 日，互联网国际出口带宽达到 339G；国际海缆总容量达到 1539G，国际陆缆总容量达到 1893G。

● 市场营销

1. 品牌策略。2010 年，中国联通公司深入贯彻全业务品牌战略，逐步推进品牌经营。借力 3G 新业务推出、3G 资费优化、系列客户活动的推广等，"沃"品牌知名度不断提升。"创新"的企业形象逐步得到认同。

2. 营销策略。2010 年，中国联通公司移动业务坚持 GSM/3G 区隔化定位、差异化运营，规模发展 3G，稳健发展 GSM，实现移动业务协调发展。在 3G 业务发展上，充分利用 WCDMA 产业链优势，通过明星终端、创新资费、卓越移动互联网业务体验等扩大 3G 影响力，实现用户规模化发展。通过大力发展宽带业务提升公司固网价值，面向三网融合，加快宽带接入覆盖与能力建设，强化北方主导地位，加快南方发展速度；结合沃家庭，选择性规模发展高清视频、家庭安防、可视电话等宽带增值应用。

2010 年，公司全面开放终端产业链合作，丰富终端产品体系，满足 3G 用户对高中低各价位段终端产品的需求。全年定制 3G 终端过百款，其中智能终端 50 余款。

2010 年，公司按照补贴成本与收入相匹配的原则，积极实施补贴政策，充分发挥终端补贴和话费补贴两种模式的优势，着力发展合约计划。补贴成本的投入快速拉动了 3G 用户发展，提升了用户质量，延长了用户在网时长，对 3G 收入贡献显著。

2010 年，公司抓住政府、企业信息化组网需求快速增长的机遇，聚焦汽车、航空、保险、证券等重点行业推出移动 OA、智能公交等 22 个行业应用产品，实施行业应用项目 4000 多个，发展行业应用超过 100 万户。公司发展行业应用得到政府和社会认可，获得"2010 中国城市信息化杰出服务商"、"2010 中国城市信息化卓越企业奖"等奖项。

3. 营销渠道。2010 年，中国联通公司继续完善面向全业务营销渠道体系，增强各类渠道的销售能力。加快自有渠道建设，实施自有营业厅效能评估，加大体验式营销培训力度，全面提升自有渠道的销售能力；拓展社会渠道，重点突破手机、家电连锁、IT 等主流社会渠道，与苏宁、国美、五星、话机世界和京东商城及各省级连锁企业建立了战略合作关系，全面提升了社会渠道的覆盖规模和销售能力，全年社会渠道发展 3G 用户占比达到 40.5%；加速推进渠道电子化进程，建立了行业领先的，由网上营业厅、手机营业厅、短信营业厅、自助终端等组成的全国一级架构电子渠道系统，业务高速发展，2010 年实现营业额 124 亿元，比上年增长218%；使用用户数超过 7500 万户，比上年增长155%。

4. 客户服务。2010 年，中国联通公司开展服务质量持续改善行动，创建 3G 专属服务模式，建设 VIP 客户经理队伍，推动服务维系营销一体化进程，推进客服信息化建设，夯实服务基础，提升高端服务能力，为市场经营提供服务保障。

二、财务概览

2010 年，中国联通公司 3G 和宽带业务实现快速增长，GSM 业务稳中有升，固网业务保持平稳，经营活动现金流较快增长，资本开支占收比下降，资产负债状况保持稳健。

2010 年，中国联通公司营业收入达到人民币1761.7 亿元，比去年增长 11.2%，实现净利润人民币 36.7 亿元，比去年下降 60.8%，其中归属于母公司的净利润人民币 12.3 亿元，基本每股收益为人民币 0.058 元。剔除固话初装费递延收入因素影响后，全年营业收入完成人民币 1759.8 亿元，其中通信服务收入人民币 1663.4 亿元，比上年（附注2）增长 8.5%。剔除固话初装费递延收入、衍生金融工具公允值变动之已实现盈利等不可比因素影响（以下简称"调整后"），调整后（附注3）净利润

为人民币 34.8 亿元，比上年下降 56.3%，调整后EBITDA（附注 4）为人民币 594.4 亿元，比上年增长 2.3%。

2010 年，中国联通公司经营活动现金流量净额为人民币 682.1 亿元，比上年增长 15.0%，资本开支为人民币 701.9 亿元，所占调整后营业收入（附注 2）的比重为 39.9%，比上年下降 31.4%，自由现金流（经营活动现金流减资本开支）由上年的人民币 -531.6 亿元改善至人民币 -19.8 亿元。截至2010 年底，公司的资产负债率（附注 5）由上年底的 50.2% 变化至 53.1%。

营业收入

剔除固话初装费递延收入人民币 1.9 亿元后，2010 年中国联通公司调整后营业收入（附注2）完成人民币 1759.8 亿元，比上年增长 11.5%。其中，调整后通信服务收入（附注 2）达到人民币 1663.4亿元，比上年增长 8.5%；销售通信产品收入达到人民币 74.6 亿元，比上年增长 234.1%；信息通信技术服务收入和其他服务收入分别为人民币 11.4亿元和人民币 10.4 亿元。

下表反映了中国联通公司 2010 年和 2009 年通信服务收入构成的变化情况及各业务分部占通信服务收入的百分比情况。

（人民币百万元）	2010 年		2009 年	
	累计完成	占调整后通信服务收入百分比（%）	累计完成	占调整后通信服务收入百分比（%）
调整后通信服务收入	166339	100.0	153332	100.0
其中：移动业务	84508	50.8	71555	49.7
其中：3G 服务	11930	7.2	791	0.5
固网业务	81050	48.7	81465	53.1
其中：宽带服务	30730	18.5	24643	16.1

● 移动业务

2010 年中国联通公司移动业务实现较快增长，移动业务营业收入（附注 1）完成人民币 918.7 亿元，比上年增长 24.4%，其中通信服务收入完成人民币 845.1 亿元，比上年增长 18.1%。公司继续大力发展手机上网等增值业务，全年移动增值服务收入达到人民币 265.4 亿元，比上年增长 35.7%，所占移动业务通信服务收入的比重由上年的 27.3% 上升至 31.4%。全年移动用户净增 1983.9 万户，年末用户总数达到 16742.6 万户，移动用户平均每月每

户收入（ARPU）为人民币 43.7 元，比上年提升人民币 2.1 元。

公司自 2009 年 10 月正式推出 3G 业务后，收入呈现快速增长，2010 年 3G 业务通信服务收入完成人民币 119.3 亿元，所占移动业务通信服务收入的比重由上年的 1.1% 上升至 14.1%。全年 3G 用户净增 1131.8 万户，年末用户总数达到 1406.0 万户，3G 业务 ARPU 为人民币 124.0 元。

● 固网业务

2010 年本公司积极调整固网业务结构，加大

宽带业务及融合业务的拓展力度，努力减缓传统固网语音业务下滑幅度，固网业务收入总体保持平稳。剔除固话初装费递延收入后，全年固网业务营业收入（附注1）完成人民币823.0亿元，其中通信服务收入人民币810.5亿元，比上年略降0.5%。

随着移动对固网业务的替代以及固网资费水平的下降，2010年公司本地电话用户净减少618.7万户，其中无线市话用户净减少531.9万户，本地电话业务通信服务收入为人民币359.4亿元，比上年下降14.3%。

中国联通公司固网宽带业务继续保持快速发展，在继续大力推进提速提价的同时，采取多业务融合策略，加快用户发展，稳定用户ARPU。全年宽带用户净增867.4万户，年末用户总数达到4722.4万户；宽带用户ARPU为人民币57.1元，与上年基本持平；宽带业务通信服务收入达到人民币307.3亿元，比上年增长24.7%，所占固网业务通信服务收入的比重由上年的30.2%上升至37.9%。

成本费用

2010年中国联通公司成本费用合计为人民币1652.1亿元，比上年增长16.7%。

下表列出了2010年和2009年公司成本费用项目以及每个项目所占营业收入的百分比变化情况：

（人民币百万元）	2010年		2009年	
	累计完成	占调整后营业收入百分比（%）	累计完成	占调整后营业收入百分比（%）
合计	165205	93.9	141602	89.7
其中：网间结算支出	13727	7.8	12955	8.2
折旧及摊销	54786	31.1	47898	30.3
网络、营运及支撑成本	26383	15.0	23728	15.0
雇员薪酬及福利开支	23331	13.3	21934	13.9
销售费用	23733	13.5	20957	13.3
管理费用及其他	10038	5.7	9659	6.1
信息通信技术成本	895	0.5	839	0.5
销售通信产品支出	10688	6.1	2689	1.7
财务费用	1625	0.9	944	0.6

● 网间结算支出

2010年公司网间结算支出发生人民币137.3亿元，比上年增长6.0%，所占调整后营业收入的比重由上年的8.2%下降至7.8%。

● 折旧及摊销

2010年公司着力完善3G网络广度和深度覆盖，持续优化GSM网络，加快宽带网络升级提速，随着网络规模扩大及网络资产增加，全年折旧及摊销发生人民币547.9亿元，比上年增长14.4%，所占调整后营业收入的比重由上年的30.3%上升至31.1%。

● 网络、营运及支撑成本

受基站规模扩大、网络设备增加以及水电燃油及租金上涨等因素影响，2010年公司网络、运营及支撑成本发生人民币263.8亿元，比上年增长11.2%，所占调整后营业收入的比重与上年持平。

● 雇员薪酬及福利开支

随着社会平均工资增长导致社保及公积金缴存基数的提高，2010年公司雇员薪酬及福利开支发生人民币233.3亿元，比上年增长6.4%，所占调整后营业收入的比重由上年的13.9%下降至13.3%。

● 销售费用

2010年公司积极应对市场和客户需求变化，持续优化营销策略，加大3G、宽带等重点业务市场推广力度，加强客户维系，全年销售费用发生人民币237.3亿元，比上年增长13.2%，所占调整后营业收入的比重由上年的13.3%上升至13.5%。

● 信息通信技术成本

2010年公司信息通信技术成本发生人民币9.0亿元，比上年增长6.7%。同期信息通信技术收入完成人民币11.4亿元，比上年增长5.6%。

● 管理费用及其他

公司继续加大力度严格控制管理费用，2010年公司管理费用及其他为人民币100.4亿元，比上年增3.9%，低于同期收入增幅，所占调整后营业收入的比重为5.7%，比上年下降0.4个百分点。

● 销售通信产品支出

2010 年公司推出包括 iPhone 4 在内的百余款 3G 定制终端，积极实施"预存话费送手机"等终端补贴政策，大力发展 3G 合约计划用户。为适应国际准则发展变化趋势，并为捆绑业务提供更相关的信息，公司自 2010 年第四季度起对"预存话费送手机"业务采用"公允价值法"进行财务处理并追溯调整至 2010 年 1 月 1 日。采纳"公允价值法"后，全年销售通信产品支出发生人民币 106.9 亿元，比上年增长 297.5%，同期销售通信产品收入为人民币 74.6 亿元，同比增长 234.1%，销售亏损为人民币 32.3 亿元，其中 3G 终端销售亏损（"3G 手机补贴成本"）为人民币 31.7 亿元，一至四季度分别为人民币 1.0 亿元、3.9 亿元、7.7 亿元和 19.1 亿元。

● 财务费用

2010 年公司积极采取短期融资券、中期票据及可转换债券等合理的融资方式，综合融资成本由上年的 4.1% 下降至 3.2%，但受带息债务规模上升等因素影响，全年财务费用由上年的人民币 9.4 亿元增加至 16.2 亿元。

投资收益

2010 年公司实现投资收益人民币 4.8 亿元，比上年增加人民币 2.7 亿元，主要为公司持有对西班牙电信等公司的可供出售金融资产所取得的股利收益。

盈利水平

● 利润总额

2010 年公司利润总额实现人民币 46.5 亿元，调整后（附注3）利润总额为人民币 44.5 亿元，比上年下降 57.4%，主要是公司 3G 业务处于发展初期，收入尚未能弥补折旧摊销、网络、营运及支撑成本以及 3G 手机补贴成本等市场相关费用的增加。

● 所得税

2010 年公司的所得税为人民币 9.8 亿元，全年实际税率为 21.0%，实际税率较低主要受子公司以前年度亏损抵扣本年应纳税所得以及其他税务优惠等因素影响。

● 年度盈利

2010 年公司净利润实现人民币 36.7 亿元，比上年下降 60.8%，其中归属于母公司的净利润为 12.3 亿元，基本每股收益为人民币 0.058 元；调整后净利润实现人民币 34.8 亿元，比上年下降 56.3%，其中归属于母公司的净利润为 11.6 亿元。

● 调整后 EBITDA

2010 年公司调整后 EBITDA（附注4）为人民币 594.4 亿元，比上年增长 2.3%。调整后 EBITDA 率（调整后 EBITDA 占调整后营业收入的百分比）为 33.8%。

资本开支及现金流

2010 年公司的各项资本开支合计人民币 701.9 亿元，主要用于 3G 及 GSM 网络、宽带及数据和基础设施及传送网建设等方面，完成年度预算目标的 95.5%，资本开支的节约主要得益于本公司通过集中采购、共建共享等手段有效降低了建设成本。其中，移动网络资本开支为人民币 231.7 亿元，宽带及数据业务资本开支为人民币 224.5 亿元，基础设施及传送网资本开支为人民币 169.6 亿元。宽带及数据业务资本开支较年初预算提高了 71.5 亿元，增加的原因是由于市场对宽带及数据业务的需求增加较快因而加大了对宽带及数据业务的资本开支。

2010 年公司经营活动现金流量净额为人民币 682.1 亿元，资本开支为人民币 701.9 亿元，自由现金流为人民币 -19.8 亿元，比上年改善人民币 511.9 亿元。

下表列出中国联通公司 2010 年主要资本开支项目和 2011 年预计资本开支情况。

（人民币亿元）	2010 年		2009 年	
	累计完成	占比（%）	累计完成	占比（%）
合计	701.9	100.0	738.0	100.0
其中：移动网络	231.7	33.0	228.8	26.4
宽带及数据	224.5	32.0	187.5	17.2
基础设施及传输网	169.6	24.2	194.8	25.4
其他	76.1	10.8	126.9	31.0

2011 年公司资本开支预算为人民币 738.0 亿元,其中为完善移动网络覆盖资本开支约为人民币 228.8 亿元,宽带及数据业务资本开支约为人民币 187.5 亿元,基础设施及传送网资本开支约为人民币 194.8 亿元。

资产负债情况

截至 2010 年年底,中国联通公司的资产总额由上年底的人民币 4192.3 亿元增至人民币 4434.7 亿元,负债总额由上年底的人民币 2103.9 亿元增至人民币 2352.9 亿元,资产负债率由上年底的 50.2%变化至 53.1%。

截至 2010 年年底,公司的流动负债净额(即流动负债减流动资产)为人民币 1556.0 亿元,比上年底的人民币 1688.9 亿元减少人民币 132.9 亿元。考虑到公司经营活动净现金流入保持稳定以及良好的信贷信用,相信中国联通公司应有足够的运营资金满足生产经营需要。

为了使投资者加深了解本公司的业绩,剔除不被视为本公司营运表现的不可比影响因素。对于调整后年度盈利和调整后 EBITDA,详情请分别参阅以下附注 3 及附注 4。

附注 1:移动业务营业收入、固网业务营业收入即从外部顾客取得的收入,不包括分部间收入。

附注 2:为保持收入数据可比性,对本年及上年数据中所包含的不可比因素加以剔除调整作额外分析目的:2010 年固话初装费递延收入人民币 1.9 亿元,2009 年固话初装费递延收入人民币 4.9 亿元。

附注 3:为反映公司正常经营状况下的利润总额和净利润,对本年及上年数据中所包含的以下不可比因素加以剔除调整作额外分析目的:

(1)2010 年固话初装费递延收入人民币 1.9 亿元,2009 年固话初装费递延收入人民币 4.9 亿元;

(2)2009 年衍生金融工具公允值变动之已实现盈利人民币 12.4 亿元。

附注 4:EBITDA 反映了加回(减去)财务费用(收入)、所得税、营业成本及管理费用中的折旧及摊销的营业利润。调整后 EBITDA 反映了剔除固话初装费递延收入影响后实现的 EBITDA。由于电信业是资本密集型产业,资本开支和财务费用可能对具有类似经营成果的公司本期盈利产生重大影响。因此,我们认为,对于像我们这样的电信公司而言,EBITDA 有助于对公司经营成果分析。

调整后 EBITDA 反映了剔除固话初装费递延收入、2009 年衍生金融工具公允值变动之已实现盈利等不可比影响因素后实现的 EBITDA。由于从现金流量及持续经营角度而言,上述不可比影响因素并不被视为本公司的营运表现,因此,本公司相信剔除上述不可比影响因素的调整后 EBITDA 不仅可向管理层及投资者提供更有意义的补充信息,也便于他们评价公司的营运表现及流动性。

虽然 EBITDA 及调整后 EBITDA 在世界各地的电信业被广泛地用作为反映经营业绩、财务能力和流动性的指标,但是由于在公认会计准则下并不存在 EBITDA 的标准定义,因此在考察公司的财务表现和流动性时,应与在公认会计准则下的类似指标一并考虑,且不应被视为可替代或优于在公认会计准则下的财务表现指标。此外,我们的 EBITDA 及调整后 EBITDA 也不一定与其他公司的类似指标具有可比性。

附注 5:资产负债率即总负债除以总资产。

三、经营与财务绩效指标

中国联通 2010 年度经营与财务绩效指标概览表　　　　　　　　　　　　　　单位:元

经营与财务绩效指标	2010 年
收入	176168361570
总资产	443466253707
EBITDA	619634617287
EBITDA 率	3.517286599
净利润	3671276307
净利润率	2.08%
总资产报酬率(ROA)	0.83%
净资产报酬率(ROE)	1.76%
资本性支出(CAPEX)	70190000000

续表

经营与财务绩效指标	2010 年
CAPEX 占收比	39.84%
经营活动净现金流	68209960601
每股经营活动净现金流	3.217967608
自由现金流（FCF）	−1980039399
自由现金流占收比	−1.12%
销售现金比率	38.72%
资产现金回收率	15.38%
EVA	−17673360895
EVA 率	−7.83%
每股盈利（EPS）	0.0579
每股股利（DPS）（单位：港元）	0.026
股利支付率	44.91%
主营业务收入增长率	11.24%
总资产增长率	5.78%
净利润增长率	−60.84%
经营活动现金流增长率	15.01%
每股盈余增长率	−60.88%
资产负债率	53%
流动比率	21%
利息保障倍数	3.860192416
总资产周转率	0.39725314
固定资产周转率	58%
坏账发生率	28%
折旧与摊销	48097129450
股息	1424411278
内部融资额	50343994479
折旧摊销率	27.30%
付现成本率	39.14%
营销、一般及管理费用率	22.62%

四、发展展望

信息通信技术产业正经历重大创新和变革，产业的跨界融合以及移动互联网的飞速发展催生众多拥有巨大发展潜力的新商机。中国联通公司将牢牢抓住宝贵的战略机遇，深化实施"3G 领先及一体化创新战略"，努力实现发展规模的新突破和综合实力的全面提升，加快成为"信息生活的创新服务领导者"。2011 年，中国联通公司的主要经营措施和目标包括：

一是确保 3G、宽带等重点业务发展取得规模性突破，整体收入实现更快增长，盈利得到逐步改善。

二是公司将进一步优化产品结构、强化终端拉动、发挥融合优势，实现 3G 业务收入和用户的突破性发展；做好 GSM 业务的精细化营销，确保GSM 业务平稳发展；保持固网宽带业务快速增长，固网业务结构持续改善。积极推进移动、固网的融合发展，面向行业、家庭和个人提供更加丰富多元的信息服务，满足客户全方位的一站式信息服务需求，实现融合业务和重点行业应用的规模发展和新突破。

三是紧紧抓住信息网络新技术新业务发展的重大机遇，加快发展新兴信息服务业，加大移动电子商务、视频、阅读、社交等重点内容应用产品开发推广，加强新一代移动通信、下一代互联网、物联网、云计算等关键技术的成果转换和应用推广，以差异化的服务和丰富的内容应用，激发用户数据业务消费，实现非语音业务收入占比的进一步提升，推动公司发展实现转型。以构建下一代信息通信基础设施为契机，继续打造 3G 精品网络，加快WLAN 建设，保持 3G 网络业内领先；持续完善

GSM 网络；加速实施宽带升级提速，推进全光网络建设。

四是在 2011 年，公司将在重点城市开通 HSPA+，网络下行速率将由目前的 14.4M 提升至 21M。公司还将积极推动服务创新，进一步提升服务能力；加快信息支撑系统建设，为业务、销售服务和管理的持续变革提供坚实保障；深化实施本地网成本评价管理，不断优化资源配置；积极探索创新的体制和机制，为公司发展注入新的活力。

五、财务报告

1. 合并资产负债表

资产	附注	2010 年 12 月 31 日 合并	2009 年 12 月 31 日 合并	2010 年 12 月 31 日 公司	2009 年 12 月 31 日 公司
流动资产					
货币资金	五（1），十六（1）	22790656271	8828101716	22094474	11533374
应收票据	五（2）	61453402	24522070	—	—
应收账款	五（3）	10407880852	9870653801	—	—
预付款项	五（5）	3066549854	1853329628	—	—
应收利息	五（39）	1654138	6874902	—	—
应收股利	十六（2）	—	—	423498119	307361297
其他应收款	五（4）	1616611493	6667416291	1840968	2002560
存货	五（6）	3728424300	2412408382	—	—
其他流动资产	五（21）	619616472	1059443471	—	—
流动资产合计		42292846782	30722750261	447433561	320897231
非流动资产					
可供出售金融资产	五（7）	6213538603	7976911996	—	—
长期股权投资	五（8），十六（3）	47713824	15000000	38538133791	38538133791
固定资产	五（9）	304422521027	285035422340	6352817	5898094
在建工程	五（10）	55861735600	57843899232	—	—
工程物资	五（11）	3366788885	6291784814	—	—
无形资产	五（12）	19869756964	19645275246	10999555	11247662
长期待摊费用	五（13）	7723855943	7620496398	—	—
递延所得税资产	五（45）	3667496079	4080756622	—	—
非流动资产合计		401173406925	388509546648	38555486163	38555279547
资产总计		443466253707	419232296909	39002919724	38876176778
负债和股东权益	附注	2010 年 12 月 31 日 合并	2009 年 12 月 31 日 合并	2010 年 12 月 31 日 公司	2009 年 12 月 31 日 公司
流动负债					
短期借款	五（15）	36726520000	63908500000	—	—
应付短期债券	五（16）	23000000000	—	—	—
应付票据	五（17）	585181600	1380861045	—	—
应付账款	五（18）	93695041747	100567494864	—	—
预收款项	五（19）	29971070505	21135828170	—	—
应付职工薪酬	五（20）	3402371265	3598220139	—	—
应交税费	五（21）	1483998972	911986749	28281	96292
应付利息	五（22）	743909825	216387694	—	—
应付股利	五（23）	24118117	24133609	61049	76541
其他应付款	五（24）	8077305416	7780884818	5823876	7409145
一年内到期的非流动负债	五（25）	184035033	88098747	—	—
流动负债合计		197893552480	199612395835	5913206	7581978
非流动负债					
长期借款	五（26）	1462239790	759455307		

负债和股东权益	附注	2010年12月31日 合并	2009年12月31日 合并	2010年12月31日 公司	2009年12月31日 公司
应付债券	五（27）	33557754642	7000000000	—	—
长期应付款	五（28）	161603695	190913424	—	—
其他非流动负债（递延收益）	五（29）	2170526901	2557781469	—	—
递延所得税负债	五（45）	40130185	266278342	—	—
非流动负债合计		37392255213	10774428542	—	—
负债合计		235285807693	210386824377	5913206	7581978
股东权益					
股本	五（30）	21196596395	21196596395	21196596395	21196596395
资本公积	五（31）	27818940772	28060074201	17111103108	17111103108
盈余公积	五（32），十六（4）	684955035	558500106	684955035	558500106
未分配利润	五（33）	21153277236	21188259723	4351980	2395191
外币报表折算差额		（17733819）	（19544587）	—	—
归属母公司股东权益合计		70836035619	70983885838	38997006518	38868594800
少数股东权益	五（34）	137344410395	137861586694	—	—
股东权益合计		208180446014	208845472532	38997006518	38868594800
负债和股东权益总计		443466253707	419232296909	39002919724	38876176778

2. 合并损益表

项目	附注	2010年度合并	2009年度合并	2010年度公司	2009年度公司
一、营业收入	五（35）	176168361570	158368819533	—	—
减：营业成本	五（35）	（123734874682）	（105653764889）	—	—
营业税金及附加	五（36）	（4870685998）	（4487042060）	—	—
销售费用	五（37）	（23732607298）	（20956737441）	—	—
管理费用	五（38），十六（5）	（16112717598）	（14047876509）	（10442402）	（13410954）
财务费用（加：收入）	五（39）	（1624542243）	（943518133）	（2422076）	534500
资产减值损失	五（42）	（2663931281）	（2375636936）		
加：公允价值变动收益	五（40）	—	1239125224		
投资收益	五（41），十六（6）	484626759	212157048	1277413763	1596772574
二、营业利润		3913629229	11355525837	1264549285	1583896120
加：营业外收入	五（43）	1060149128	1100637091		
减：营业外支出	五（44）	（327274954）	（275186614）		
三、利润总额		4646503403	12180976314	1264549285	1583896120
减：所得税费用	五（45）	（975227096）	（2807082528）	—	—
四、净利润		3671276307	9373893786	1264549285	1583896120
归属于母公司普通股股东净利润		1227610009	3137024492	1264549285	1583896120
少数股东损益	五（34）	2443666298	6236869294	不适用	不适用
五、同一控制下企业合并中被合并方在合并前实现的净利润	四（3）	—	117276255	不适用	不适用
六、每股收益（归属于母公司普通股股东）					
基本每股收益	五（47）	0.0579	0.1480	不适用	不适用
稀释每股收益	五（47）	0.0576	0.1472	不适用	不适用
七、其他综合收益	五（48）	（1334815631）	（37472362）	—	—
八、综合收益总额		2336460676	9336421424	1264549285	1583896120
归属于母公司普通股股东综合收益总额		775317974	3124117937	1264549285	1583896120
归属于少数股东的综合收益总额		1561142702	6212303487	不适用	不适用

406

3. 合并现金流量表

项目	附注	2010 年度合并	2009 年度合并	2010 年度公司	2009 年度公司
一、经营活动产生的现金流量—持续经营业务					
销售商品、提供劳务收到的现金		170173835063	146940734972	—	—
收到的税款返还		97762455	5459142	—	—
收到其他与经营活动有关的现金	五（49）	1882406374	419096390	—	—
经营活动现金流入小计		172154003892	147365290504	—	—
购买商品、接受劳务支付的现金		(73707882256)	(56170245012)	(8549309)	(8789379)
支付给职工以及为职工支付的现金		(23478996907)	(22111777965)	(2898004)	(3227353)
支付的各项税费		(6757164128)	(9774448064)		
经营活动现金流出小计		(103944043291)	(88056471041)	(11447313)	(12016732)
经营活动产生的现金流量净额（减：支付）		68209960601	59308819463	(11447313)	(12016732)
二、投资活动产生的现金流量					
处置固定资产、无形资产和其他长期资产所收回的现金净额		374591782	611015242	—	—
收回投资所收到的现金		—	1370989		
取得投资收益所收到的现金		561683784	271580498	1158858348	1438948918
收到其他与投资活动有关的现金	五（49）	1200945107	238259536	—	—
持续经营业务投资活动现金流入小计		2137220673	1122226265	1158858348	1438948918
购建固定资产、无形资产和其他长期资产所支付的现金		(78082801607)	(81540256970)	(696878)	(59784)
投资所支付的现金		(46275271)	—		
企业合并所支付的现金	四（3）	—	(3895085620)		
支付的其他与投资活动有关的现金	五（49）	(477672520)	(897650802)		
持续经营业务投资活动现金流出小计		(78606749398)	(86332993392)	(696878)	(59784)
持续经营业务投资活动产生的现金流量净额（减：支付）		(76469528725)	(85210767127)	1158161470	1438889134
终止经营业务投资活动产生的现金流量净额（减：支付）		5121123007	(5039198272)	—	—
投资活动产生的现金流量净额（减：支付）		(71348405718)	(90249965399)	1158161470	1438889134
三、筹资活动产生的现金流量—持续经营业务					
子公司吸收少数股东投资所收到的现金	五（46）	405515	—	—	—
发行可转换债券所收到的现金		12143781219	—	—	—
发行债券收到的现金		37881800000	—	—	—
取得借款所收到的现金		114981978200	98317901438	—	—
筹资活动现金流入小计		165007964934	98317901438	—	—
偿还债务所支付的现金		(141451449465)	(54485351743)		
分配股利、利润或偿付利息所支付的现金		(5732243210)	(6504947640)	(1136153057)	(1426113884)
向 SKT 回购联通红筹公司股份所支付的现金		—	(8801661273)		
筹资活动现金流出小计		(147183692675)	(69791960656)	(1136153057)	(1426113884)
筹资活动产生的现金流量净额（减：支付）		17824272259	28525940782	(1136153057)	(1426113884)
四、汇率变动对现金的影响					
五、现金及现金等价物净增加（减少）额	五（50）	14685827142	(2415205154)	10561100	758518
持续经营业务期末现金及现金等价物净增加额		9564704135	2623993118	10561100	758518
终止经营业务期末现金及现金等价物净增加（减少）额		5121123007	(5039198272)	—	—
加：年初现金及现金等价物余额	五（50）	7832048194	10247253348	11533374	10774856
六、年末现金及现金等价物余额	五（50）	22517875336	7832048194	22094474	11533374

附录二

中国基础电信业 2010 年
(1~11 月) 统计数据

指标名称	单位	本年本月止累计到达	比上年同期累计（±%）	比上年末新增
电信营业收入	亿元	8713.7	7.0	
其中：电信主营业务收入	亿元	8190.3	6.6	
电信固定资产投资完成额	亿元	2484.0	−10.4	
固定电话用户合计	万户	29834.1		−1539.1
无线市话用户	万户	3034.7		−1564.7
公用电话用户	万部	2606.7		−102.2
城市电话用户	万户	19922.6		−1267.4
住宅电话用户	万户	12178.3		−791.3
农村电话用户	万户	9911.5		−271.7
住宅电话用户	万户	8458.5		−354.9
移动电话用户合计	万户	85028.7		10307.3
互联网拨号用户	万户	612.2		−142.1
互联网宽带接入用户	万户	12488.9		2091.1
其中：xDSL 用户	万户	9978.2		1600.0
本地网内区间电话通话量	万次	5245611.9	−14.2	
本地网内区内电话通话量	万次	34557193.6	−19.3	
本地网内拨号上网通话量	万次	441995.4	−46.8	
固定传统长途电话通话时长合计	万分钟	6713984.1	−11.6	
国内长途电话通话时长	万分钟	6615768.0	−12.0	
国际电话去话通话时长	万分钟	53958.4	35.2	
港澳台电话去话通话时长	万分钟	44257.7	26.8	
IP 电话通话时长合计	万分钟	9157913.4	−15.8	
IP 电话国内长途通话时长	万分钟	9058475.5	−15.7	
IP 电话国际电话通话时长	万分钟	62326.6	−22.9	
IP 电话港澳台电话通话时长	万分钟	37111.3	−29.9	
移动电话通话时长合计（含本地）	万分钟	393079116.4	22.7	
移动电话国内长途通话时长	万分钟	74439529.1	41.8	
移动电话国际电话通话时长	万分钟	551702.3	5.9	
移动电话港澳台电话通话时长	万分钟	354802.7	47.0	
移动短信业务量	万条	75185194.6	6.8	
固定电话普及率	部/百人	22.6		
移动电话普及率	部/百人	62.5		
已通电话的行政村比重	%	99.86		

注：1. 收入增长率按可比口径计算。

2. 移动电话国内长途、国际、港澳台电话通话时长的统计口径有所调整，增长率按可比口径计算。

3. 已通电话的行政村比重为 2009 年底数据。

附录三

中国 2010 年国民经济和社会发展统计公报

中华人民共和国 2010 年国民经济和社会发展统计公报

中华人民共和国国家统计局

2011 年 2 月 28 日

2010 年，面对复杂多变的国内外经济环境和各种重大挑战，全国各族人民在党中央、国务院的坚强领导下，以邓小平理论和"三个代表"重要思想为指导，深入贯彻落实科学发展观，坚持实施应对国际金融危机冲击的一揽子计划，加快转变经济发展方式和经济结构战略性调整，国民经济保持了平稳较快发展，各项社会事业取得新的进步。

一、综合

初步核算，全年国内生产总值 397983 亿元，比上年增长 10.3%。其中，第一产业增加值 40497 亿元，增长 4.3%；第二产业增加值 186481 亿元，增长 12.2%；第三产业增加值 171005 亿元，增长 9.5%。第一产业增加值占国内生产总值的比重为 10.2%，第二产业增加值比重为 46.8%，第三产业增加值比重为 43.0%。

居民消费价格一季度同比上涨 2.2%，二季度上涨 2.9%，三季度上涨 3.5%，四季度上涨 4.7%，全年平均比上年上涨 3.3%，其中食品价格上涨 7.2%。固定资产投资价格上涨 3.6%。工业品出厂价格上涨 5.5%。原材料、燃料、动力购进价格上涨 9.6%。农产品生产价格上涨 10.9%。

70 个大中城市房屋及新建商品住宅销售价格月度同比涨幅呈现先上升后回落趋势。

全年城镇新增就业 1168 万人，比上年增加 66 万人。年末城镇登记失业率为 4.1%，比上年末下降 0.2 个百分点。全年农民工总量为 24223 万人，比上年增长 5.4%。其中，外出农民工 15335 万人，增长 5.5%；本地农民工 8888 万人，增长 5.2%。

年末国家外汇储备 28473 亿美元，比上年末增加 4481 亿美元。年末人民币汇率为 1 美元兑 6.6227 元人民币，比上年末升值 3.0%。

全年财政收入 83080 亿元，比上年增加 14562 亿元，增长 21.3%；其中税收收入 73202 亿元，增加 13680 亿元，增长 23.0%。

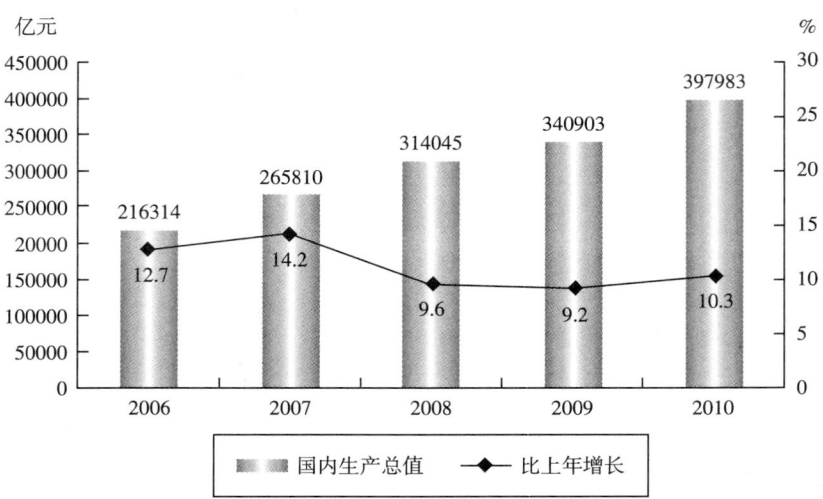

图 1　2006~2010 年国内生产总值及其增长速度

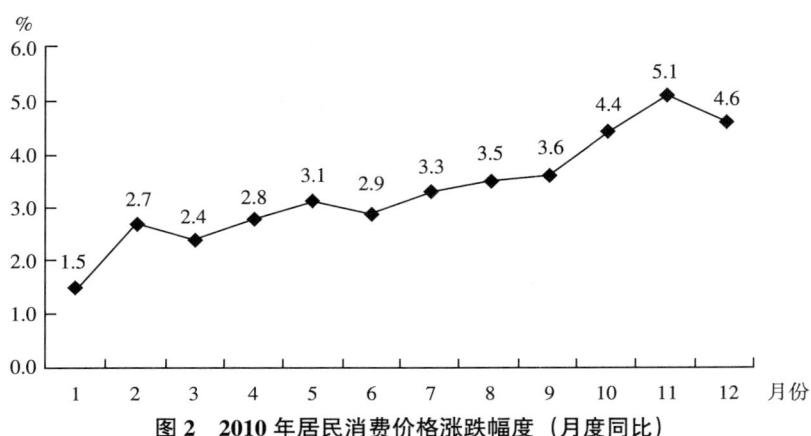

图 2　2010 年居民消费价格涨跌幅度（月度同比）

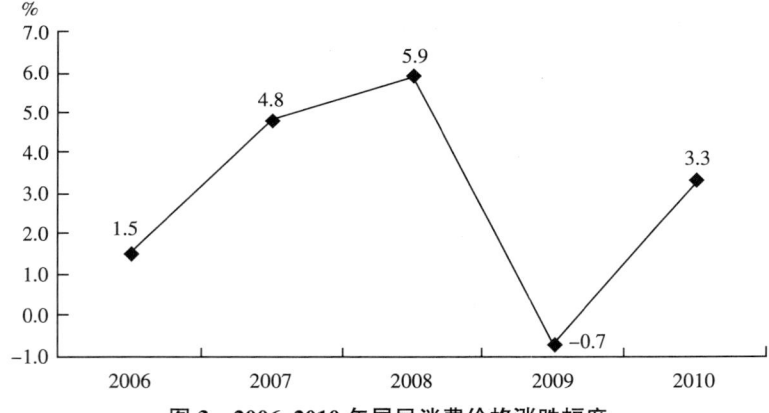

图 3　2006~2010 年居民消费价格涨跌幅度

表 1　2010 年居民消费价格比上年涨跌幅度　　　　　　　　单位：%

指　标	全　国	城　市	农　村
居民消费价格	3.3	3.2	3.6
食品	7.2	7.1	7.5
其中：粮食	11.8	11.5	12.3
肉禽及其制品	2.9	2.6	3.5

续表

指　标	全　国	城　市	农　村
油脂	3.8	3.4	4.4
蛋	8.3	8.4	8.2
鲜菜	18.7	17.8	21.3
鲜果	15.6	15.0	17.5
非食品	1.4	1.3	1.8
其中：家庭设备用品及维修服务	0.0	−0.1	0.1
医疗保健和个人用品	3.2	3.2	3.2
交通和通信	−0.4	−0.6	0.3
居住	4.5	4.5	4.5

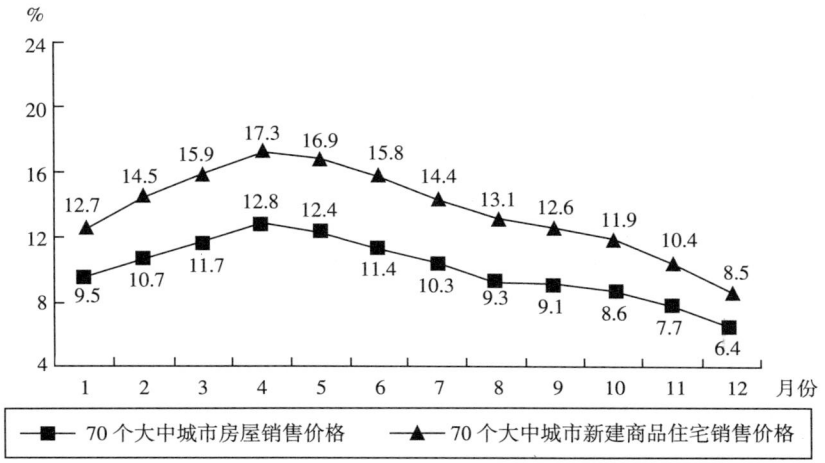

图 4　2010 年 70 个大中城市房屋及新建商品住宅销售价格涨跌幅度（月度同比）

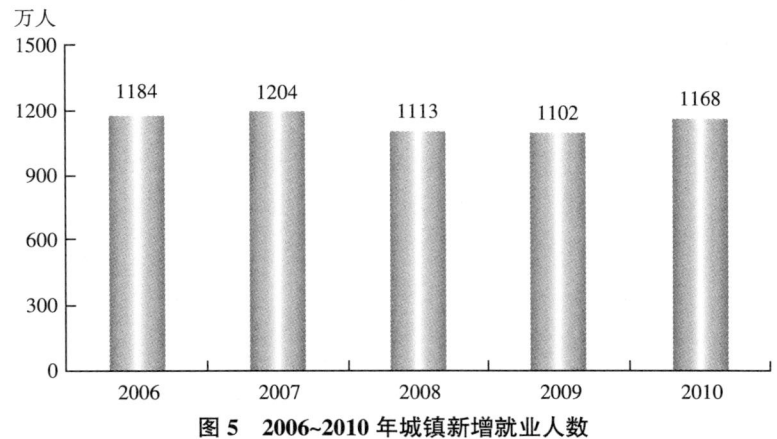

图 5　2006~2010 年城镇新增就业人数

二、农业

全年粮食种植面积 10987 万公顷，比上年增加 89 万公顷；棉花种植面积 485 万公顷，减少 10 万公顷；油料种植面积 1397 万公顷，增加 32 万公顷；糖料种植面积 192 万公顷，增加 3 万公顷。

全年粮食产量 54641 万吨，比上年增加 1559 万吨，增产 2.9%。其中，夏粮产量 12310 万吨，减产 0.3%；早稻产量 3132 万吨，减产 6.1%；秋粮产量 39199 万吨，增产 4.8%。

全年棉花产量 597 万吨，比上年减产 6.3%。油料产量 3239 万吨，增产 2.7%。糖料产量 12045 万吨，减产 1.9%。烤烟产量 271 万吨，减产 3.9%。茶叶产量 145 万吨，增产 6.4%。

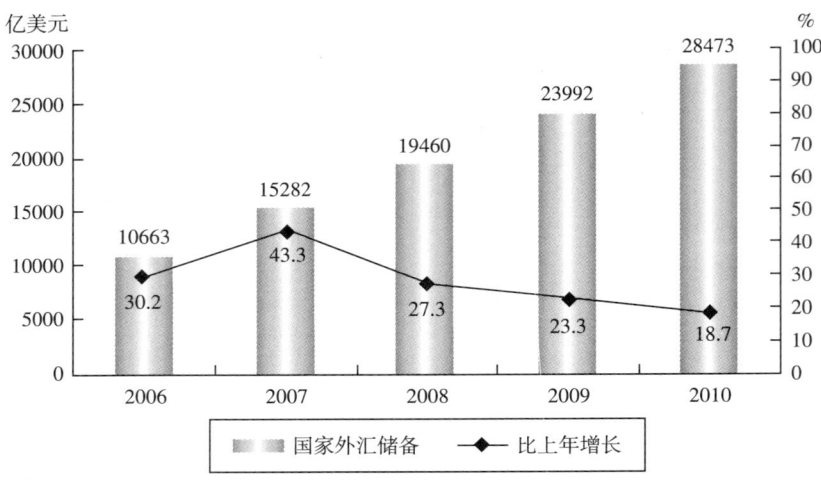

图6　2006~2010年年末国家外汇储备及其增长速度

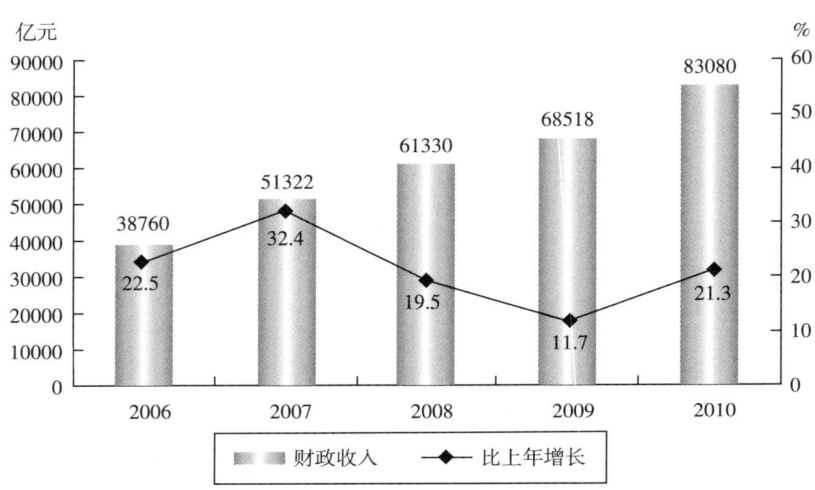

图7　2006~2010年财政收入及其增长速度

全年肉类总产量7925万吨，比上年增长3.6%。其中，猪肉产量5070万吨，增长3.7%；牛肉产量653万吨，增长2.7%；羊肉产量398万吨，增长2.2%。生猪年末存栏46440万头，下降1.2%；生猪出栏66700万头，增长3.3%。禽蛋产量2765

万吨，增长0.8%。牛奶产量3570万吨，增长1.5%。

全年水产品产量5366万吨，增长4.9%。其中，养殖水产品产量3850万吨，增长6.3%；捕捞水产品产量1516万吨，增长1.4%。

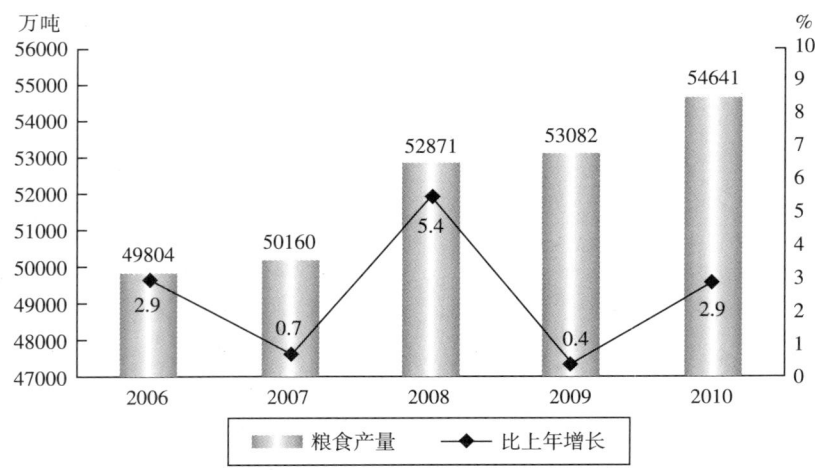

图8　2006~2010年粮食产量及其增长速度

全年木材产量 7284 万立方米，比上年增长 3.1%。

全年新增有效灌溉面积 163.4 万公顷，新增节水灌溉面积 197.5 万公顷。

三、工业和建筑业

全年全部工业增加值 160030 亿元，比上年增长 12.1%。规模以上工业增加值增长 15.7%。在规模以上工业中，国有及国有控股企业增长 13.7%；集体企业增长 9.4%，股份制企业增长 16.8%，外商及港澳台商投资企业增长 14.5%；私营企业增长 20.0%。轻工业增长 13.6%，重工业增长 16.5%。

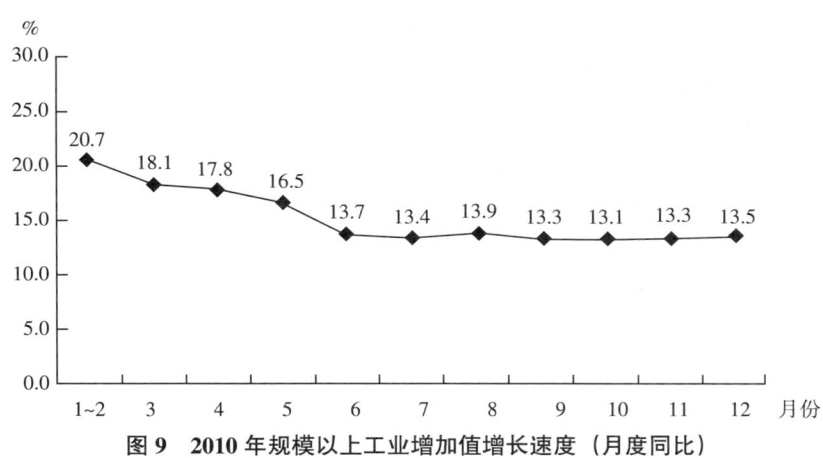

图 9　2010 年规模以上工业增加值增长速度（月度同比）

全年规模以上工业中，农副食品加工业增加值比上年增长 15.0%；纺织业增长 11.6%；通用设备制造业增长 21.7%；专用设备制造业增长 20.6%；交通运输设备制造业增长 22.4%，其中汽车制造增长 24.8%，铁路运输设备制造增长 25.4%；通信设备、计算机及其他电子设备制造业增长 16.9%；电气机械及器材制造业增长 18.7%。六大高耗能行业比上年增长 13.5%，其中，非金属矿物制品业增长 20.3%，化学原料及化学制品制造业增长 15.5%，有色金属冶炼及压延加工业增长 13.2%，黑色金属冶炼及压延加工业增长 11.6%，电力、热力的生产和供应业增长 11.0%，石油加工、炼焦及核燃料加工业增长 9.6%。高技术制造业增加值比上年增长 16.6%。

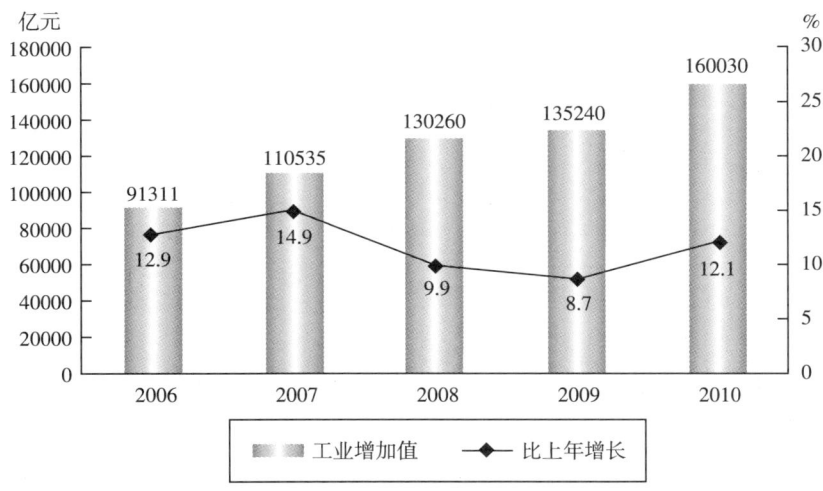

图 10　2006~2010 年全部工业增加值及其增长速度

413

表 2 2010 年主要工业产品产量及其增长速度

产品名称	单位	产量	比上年增长（%）
纱	万吨	2717.0	13.5
布	亿米	800.0	6.2
化学纤维	万吨	3090.0	12.5
成品糖	万吨	1102.9	-17.6
卷烟	亿支	23752.6	3.7
彩色电视机	万台	11830.0	19.5
其中：液晶电视机	万台	8937.5	32.1
家用电冰箱	万台	7300.8	23.1
房间空气调节器	万台	10899.6	34.9
一次能源生产总量	亿吨标准煤	29.9	8.7
原煤	亿吨	32.4	8.9
原油	亿吨	2.03	7.1
天然气	亿立方米	967.6	13.5
发电量	亿千瓦小时	42065.4	13.2
其中：火电	亿千瓦小时	33301.3	11.6
水电	亿千瓦小时	7210.2	17.1
核电	亿千瓦小时	738.8	5.3
粗钢	万吨	62695.9	9.6
钢材	万吨	79775.5	14.9
十种有色金属	万吨	3092.6	16.8
其中：精炼铜（电解铜）	万吨	457.3	10.6
原铝（电解铝）	万吨	1565.0	21.4
氧化铝	万吨	2893.9	21.6
水泥	亿吨	18.8	14.4
硫酸	万吨	7090.8	19.0
纯碱	万吨	2029.3	4.3
烧碱	万吨	2086.7	13.9
乙烯	万吨	1418.9	32.3
化肥（折 100%）	万吨	6740.6	5.6
发电机组（发电设备）	万千瓦	12880.2	9.8
汽车	万辆	1826.99	32.4
其中：轿车	万辆	957.6	27.9
大中型拖拉机	万台	38.4	3.3
集成电路	亿块	652.5	57.4
程控交换机	万线	3133.3	-24.5
移动通信手持机	万台	99827.4	46.4
微型计算机设备	万台	24584.5	35.0

1~11 月规模以上工业企业累计实现利润 38828   亿元，比上年同期增长 49.4%。

表 3 2010 年 1~11 月规模以上工业企业实现利润及其增长速度   单位：亿元

指标	利润总额	比上年同期增长（%）
规模以上工业	38828	49.4
其中：国有及国有控股企业	11924	59.1
其中：集体企业	689	34.6
股份制企业	21100	49.4
外商及港澳台商投资企业	11131	46.3
其中：私营企业	10430	49.4

全年全社会建筑业增加值 26451 亿元，比上年增长 12.6%。全国具有资质等级的总承包和专业承包建筑业企业实现利润 3422 亿元，增长 25.9%，其中国有及国有控股企业 990 亿元，增长 35.0%。

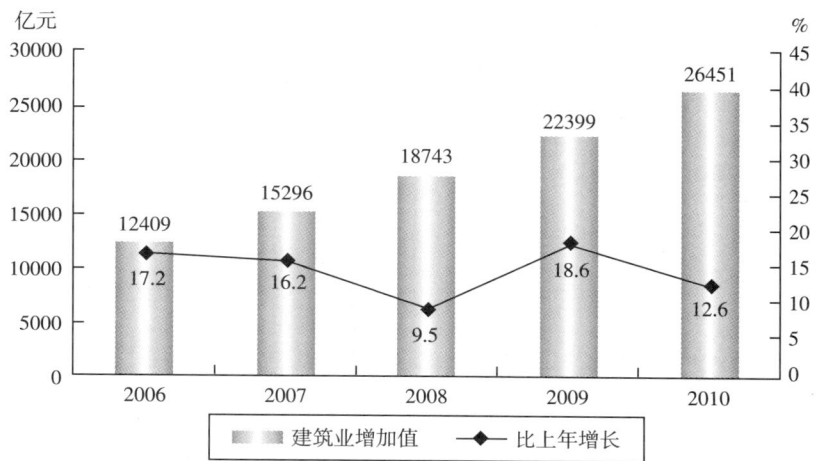

图 11　2006~2010 年建筑业增加值及其增长速度

四、固定资产投资

全年全社会固定资产投资 278140 亿元，比上年增长 23.8%，扣除价格因素，实际增长 19.5%。其中，城镇投资 241415 亿元，增长 24.5%；农村投资 36725 亿元，增长 19.7%。东部地区投资 115970 亿元，比上年增长 21.4%；中部地区投资 62894 亿元，增长 26.2%；西部地区投资 61875 亿元，增长 24.5%；东北地区投资 30726 亿元，增长 29.5%。

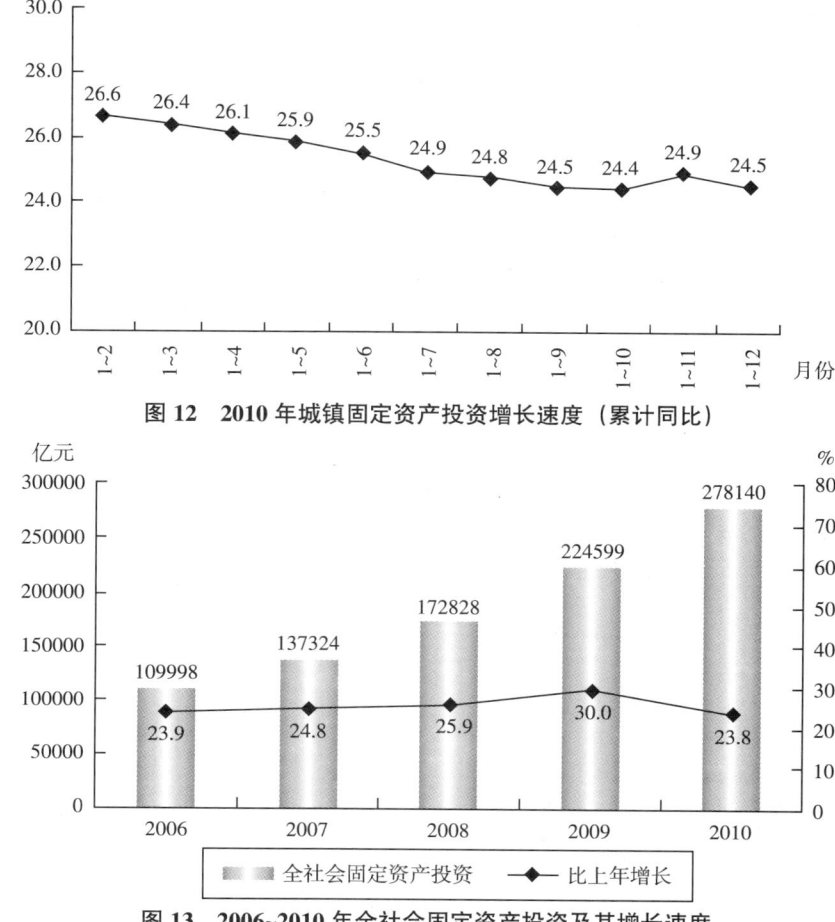

图 12　2010 年城镇固定资产投资增长速度（累计同比）

图 13　2006~2010 年全社会固定资产投资及其增长速度

表 4　2010 年分行业城镇固定资产投资及其增长速度　　　　　　　　　单位：亿元

行业	投资额	比上年增长（%）
总计	241415	24.5
农、林、牧、渔业	3966	18.2
采矿业	9653	18.1
其中：煤炭开采及洗选业	3770	23.3
石油和天然气开采业	2893	3.6
制造业	74528	27.0
其中：农副食品加工业	3626	28.1
食品制造业	1944	28.8
纺织业	2230	26.4
纺织服装、鞋、帽制造业	1412	34.4
石油加工、炼焦及核燃料加工业	2076	12.9
化学原料及化学制品制造业	6863	14.8
非金属矿物制品业	7556	28.0
黑色金属冶炼及压延加工业	3465	6.1
有色金属冶炼及压延加工业	2924	35.8
金属制品业	3622	28.6
通用设备制造业	5459	22.4
专用设备制造业	4154	35.1
交通运输设备制造业	6554	31.7
电气机械及器材制造业	4996	40.4
通信设备、计算机及其他电子设备制造业	3889	48.2
电力、燃气及水的生产和供应业	14535	7.3
其中：电力、热力的生产与供应业	11869	6.6
建筑业	2332	48.6
交通运输、仓储和邮政业	27820	19.5
信息传输、计算机服务和软件业	2392	-6.0
批发和零售业	5216	16.2
住宿和餐饮业	2971	27.6
金融业	476	36.5
房地产业	57557	33.5
租赁和商务服务业	2490	32.4
科学研究、技术服务和地质勘查业	1288	18.8
水利、环境和公共设施管理业	22261	24.5
居民服务和其他服务业	758	46.1
教育	3717	14.6
卫生、社会保障和社会福利业	1967	15.9
文化、体育和娱乐业	2596	22.1
公共管理和社会组织	4891	21.2

在城镇投资中，第一产业投资 3966 亿元，比上年增长 18.2%；第二产业投资 101048 亿元，增长 23.2%；第三产业投资 136401 亿元，增长 25.6%。

表5　2010年固定资产投资新增主要生产能力

指标	单位	绝对数
新增发电机组容量	万千瓦	9118
新增22万伏及以上变电设备	万千伏安	25816
新建铁路投产里程	公里	4986
其中：高速铁路	公里	1554
增建铁路复线投产里程	公里	3747
电气化铁路投产里程	公里	5948
新建公路	公里	104457
其中：高速公路	公里	8258
港口万吨级码头泊位新增吞吐能力	万吨	27202
新增光缆线路长度	万公里	166
新增数字蜂窝移动电话交换机容量	万户	6433

全年房地产开发投资48267亿元，比上年增长33.2%。其中，商品住宅投资34038亿元，增长32.9%；办公楼投资1807亿元，增长31.2%；商业营业用房投资5599亿元，增长33.9%。

全年各类保障性住房和棚户区改造住房开工590万套，基本建成370万套。

表6　2010年房地产开发和销售主要指标完成情况

指标	单位	绝对数	比上年增长（%）
投资完成额	亿元	48267	33.2
其中：商品住宅	亿元	34038	32.9
其中：90平方米以下住宅	亿元	10665	27.4
房屋施工面积	万平方米	405539	26.6
其中：商品住宅	万平方米	314943	25.3
房屋新开工面积	万平方米	163777	40.7
其中：商品住宅	万平方米	129468	38.8
房屋竣工面积	万平方米	75961	4.5
其中：商品住宅	万平方米	61216	2.7
商品房销售面积	万平方米	104349	10.1
其中：商品住宅	万平方米	93052	8.0
本年资金来源	亿元	72494	25.4
其中：国内贷款	亿元	12540	10.3
其中：个人按揭贷款	亿元	9211	7.6
本年购置土地面积	万平方米	40970	28.4
完成开发土地面积	万平方米	21254	-7.7
土地购置费	亿元	9992	65.9

五、国内贸易

全年社会消费品零售总额156998亿元，比上年增长18.3%，扣除价格因素，实际增长14.8%。按经营地统计，城镇消费品零售额136123亿元，增长18.7%；乡村消费品零售额20875亿元，增长16.2%。按消费形态统计，商品零售额139350亿元，增长18.4%；餐饮收入额17648亿元，增长18.1%。

在限额以上企业商品零售额中，汽车类零售额比上年增长34.8%，粮油类增长27.9%，肉禽蛋类增长21.7%，服装类增长25.8%，日用品类增长25.1%，文化办公用品类增长23.5%，通信器材类增长21.8%，化妆品类增长16.6%，金银珠宝类增长46.0%，中西药品类增长23.5%，家用电器和音像器材类增长27.7%，家具类增长37.2%，建筑及装潢材料类增长32.3%。

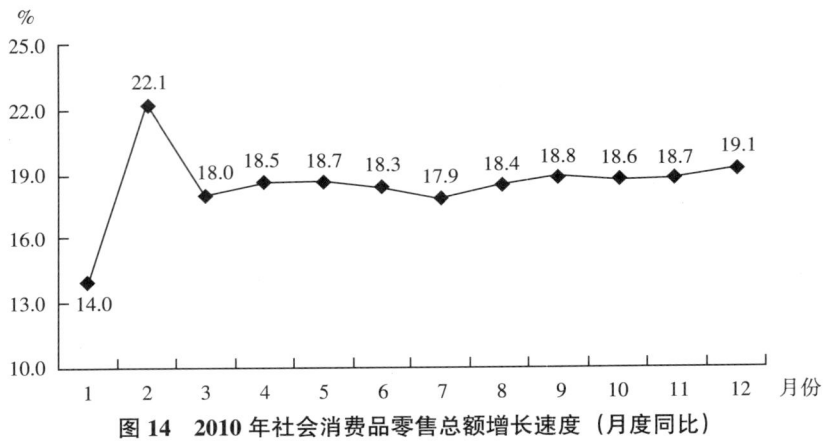

图14　2010年社会消费品零售总额增长速度（月度同比）

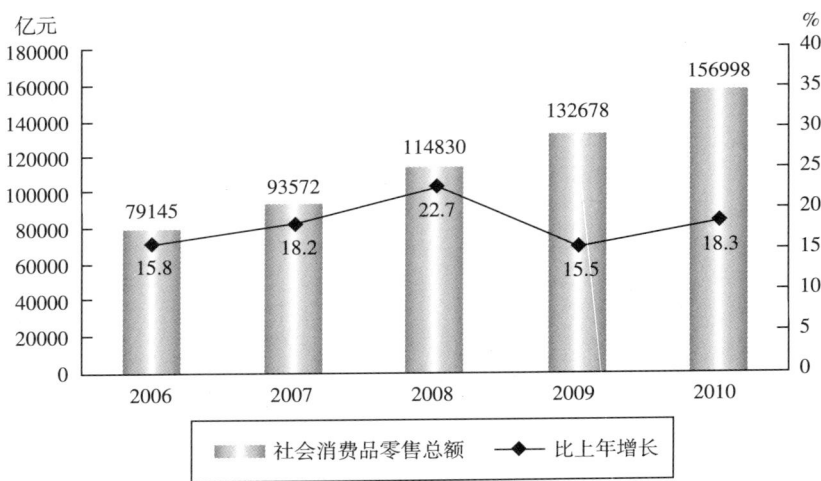

图15　2006~2010年社会消费品零售总额及其增长速度

六、对外经济

全年货物进出口总额29728亿美元，比上年增长34.7%。其中，货物出口15779亿美元，增长31.3%；货物进口13948亿美元，增长38.7%。进出口差额（出口减进口）1831亿美元，比上年减少126亿美元。

表7　2010年货物进出口总额及其增长速度　　　　　　　　　　　　　　　　　　　　　单位：亿美元

指标	绝对数	比上年增长（%）
货物进出口总额	29728	34.7
货物出口额	15779	31.3
其中：一般贸易	7207	36.0
加工贸易	7403	26.2
其中：机电产品	9334	30.9
高新技术产品	4924	30.7
其中：国有企业	2344	22.7
外商投资企业	8623	28.3
其他企业	4813	42.2
货物进口额	13948	38.7
其中：一般贸易	7680	43.7
加工贸易	4174	29.5
其中：机电产品	6603	34.4

指标	绝对数	比上年增长（%）
高新技术产品	4127	33.2
其中：国有企业	3876	34.3
外商投资企业	7380	35.3
其他企业	2693	56.6
进出口差额（出口减进口）	1831	—

表8　2010年主要商品出口数量、金额及其增长速度

商品名称	单位	数量	比上年增长（%）	金额（亿美元）	比上年增长（%）
煤	万吨	1903	−15.0	23	−5.2
钢材	万吨	4256	73.0	368	65.3
纺织纱线、织物及制品	—	—	—	771	28.4
服装及衣着附件	—	—	—	1295	20.9
鞋类	—	—	—	356	27.1
家具及其零件	—	—	—	330	30.3
自动数据处理设备及其部件	万台	166724	27.4	1640	34.0
手持或车载无线电话	万台	75789	30.0	467	18.2
集装箱	万个	250	263.7	72	274.9
液晶显示板	万个	224976	16.9	265	37.7
汽车（包括整套散件）	万辆	54	53.2	62	32.1

表9　2010年主要商品进口数量、金额及其增长速度

商品名称	数量（万吨）	比上年增长（%）	金额（亿美元）	比上年增长（%）
谷物及谷物粉	571	81.2	15	70.1
大豆	5480	28.8	251	33.5
食用植物油	687	−15.8	60	2.2
铁矿砂及其精矿	61863	−1.4	794	58.4
氧化铝	431	−16.1	15	14.9
煤	16478	30.9	169	60.1
原油	23931	17.5	1352	51.4
成品油	3688	−0.1	223	31.3
初级形状的塑料	2391	0.4	436	25.2
纸浆	1137	−16.9	88	28.8
钢材	1643	−6.8	201	3.3
未锻造的铜及铜材	429	0.0	327	44.4

表10　2010年对主要国家和地区货物进出口额及其增长速度

单位：亿美元

国家和地区	出口额	比上年增长（%）	进口额	比上年增长（%）
欧盟	3112	31.8	1685	31.9
美国	2833	28.3	1020	31.7
中国香港	2183	31.3	123	40.9
东盟	1382	30.1	1546	44.8
日本	1211	23.7	1767	35.0
韩国	688	28.1	1384	35.0
印度	409	38.0	208	51.8
中国台湾	297	44.8	1157	35.0
俄罗斯	296	69.0	258	21.7

全年非金融领域新批外商直接投资企业 27406 家，比上年增长 16.9%。实际使用外商直接投资金额 1057 亿美元，增长 17.4%。

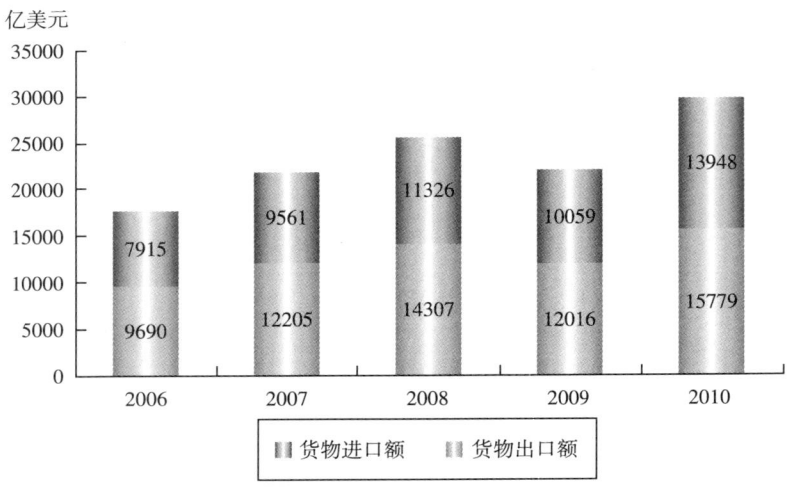

图 16　2006~2010 年货物进出口总额

表 11　2010 年非金融领域外商直接投资及其增长速度

行业	企业数（家）	比上年增长（%）	实际使用金额（亿美元）	比上年增长（%）
总计	27406	16.9	1057.4	17.4
其中：制造业	11047	13.1	495.9	6.0
电力、燃气及水的生产和供应业	210	-11.8	21.2	0.6
交通运输、仓储和邮政业	396	0.3	22.4	-11.2
信息传输、计算机服务和软件业	1046	-3.2	24.9	10.7
批发和零售业	6786	33.1	66.0	22.4
房地产业	689	21.1	239.9	42.8
租赁和商务服务业	3418	19.3	71.3	17.3
居民服务和其他服务业	217	4.8	20.5	29.4

全年非金融类对外直接投资额 590 亿美元，比上年增长 36.3%。

全年对外承包工程业务完成营业额 922 亿美元，比上年增长 18.7%；对外劳务合作完成营业额 89 亿美元，与上年持平。

七、交通、邮电和旅游

全年货物运输总量 320 亿吨，比上年增长 13.4%。货物运输周转量 137329 亿吨公里，增长 12.4%。

表 12　2010 年各种运输方式完成货物运输量及其增长速度

指标	单位	绝对数	比上年增长（%）
货物运输总量	亿吨	320.3	13.4
铁路	亿吨	36.4	9.3
公路	亿吨	242.5	14.0
水运	亿吨	36.4	14.0
民航	万吨	557.4	25.1
管道	亿吨	4.9	10.3
货物运输周转量	亿吨公里	137329.0	12.4
铁路	亿吨公里	27644.1	9.5
公路	亿吨公里	43005.4	15.6
水运	亿吨公里	64305.3	11.7
民航	亿吨公里	176.6	39.9
管道	亿吨公里	2197.6	8.7

表 13　2010 年各种运输方式完成旅客运输量及其增长速度

指标	单位	绝对数	比上年增长（%）
旅客运输总量	亿人	328.0	10.2
铁路	亿人	16.8	9.9
公路	亿人	306.3	10.2
水运	亿人	2.2	-0.7
民航	亿人	2.7	15.8
旅客运输周转量	亿人公里	27779.2	11.9
铁路	亿人公里	8762.2	11.2
公路	亿人公里	14913.9	10.4
水运	亿人公里	71.5	3.1
民航	亿人公里	4031.6	19.4

全年规模以上港口完成货物吞吐量 80.2 亿吨，比上年增长 15.0%，其中外贸货物吞吐量 24.6 亿吨，增长 13.6%。港口集装箱吞吐量 14500 万标准箱，增长 18.8%。

年末全国民用汽车保有量达到 9086 万辆（包括三轮汽车和低速货车 1284 万辆），比上年末增长 19.3%，其中私人汽车保有量 6539 万辆，增长 25.3%。民用轿车保有量 4029 万辆，增长 28.4%，其中私人轿车 3443 万辆，增长 32.2%。

全年完成邮电业务总量 32940 亿元，比上年增长 20.6%。其中，邮政业务总量 1985 亿元，增长 21.6%；电信业务总量 30955 亿元，增长 20.5%。

全年局用交换机容量减少 2707 万门，总容量 46559 万门；新增移动电话交换机容量 6433 万户，达到 150518 万户。固定电话年末用户 29438 万户。其中，城市电话用户 19662 万户，农村电话用户 9776 万户。新增移动电话用户 11179 万户，年末达到 85900 万户。其中，3G 移动电话用户 4705 万户。年末全国固定及移动电话用户总数达到 115339 万户，比上年末增加 9244 万户。电话普及率达到 86.5 部/百人。互联网上网人数 4.57 亿人，其中宽带上网人数 4.50 亿人；互联网普及率达到 34.3%。

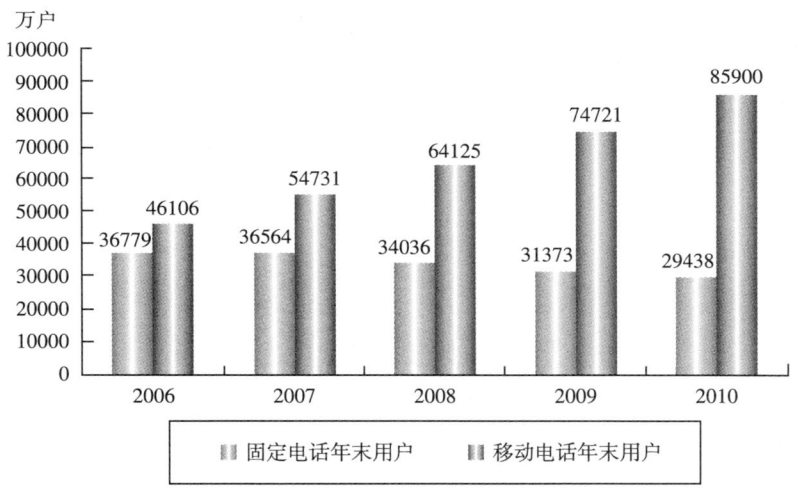

图 17　2006~2010 年年末电话用户数

全年国内出游人数达 21.0 亿人次，比上年增长 10.6%；国内旅游收入 12580 亿元，增长 23.5%。入境旅游人数 13376 万人次，增长 5.8%。其中，外国人 2613 万人次，增长 19.1%；香港、澳门和台湾同胞 10764 万人次，增长 3.0%。在入境旅游者中，过夜旅游者 5566 万人次，增长 9.4%。国际旅游外汇收入 458 亿美元，增长 15.5%。国内居民出境人数达 5739 万人次，增长 20.4%。其中因私出境 5151 万人次，增长 22.0%，占出境人数的 89.8%。

八、金融

年末广义货币供应量（M2）余额为 72.6 万亿元，比上年末增长 19.7%；狭义货币供应量（M1）余额为 26.7 万亿元，增长 21.2%；流通中现金（M0）余额为 4.5 万亿元，增长 16.7%。

年末全部金融机构本外币各项存款余额 73.3 万亿元，比年初增加 12.1 万亿元。其中人民币各项存款余额 71.8 万亿元，增加 12.0 万亿元。全部金融机构本外币各项贷款余额 50.9 万亿元，增加 8.4 万亿元。其中人民币各项贷款余额 47.9 万亿元，增加 7.9 万亿元。

表 14 2010 年全部金融机构本外币存贷款及其增长速度   单位：亿元

指标	年末数	比上年末增长（%）
各项存款余额	733382	19.8
其中：企业存款	252960	12.7
城乡居民储蓄存款	307166	16.0
其中：人民币	303302	16.3
各项贷款余额	509226	19.7
其中：短期贷款	171236	13.1
中长期贷款	305127	29.5

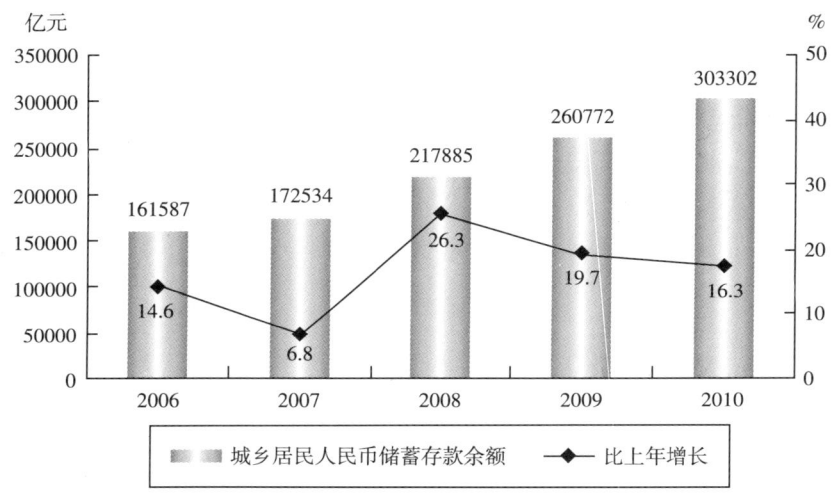

图 18 2006~2010 年城乡居民人民币储蓄存款余额及其增长速度

全年农村金融合作机构（农村信用社、农村合作银行、农村商业银行）人民币贷款余额 5.7 万亿元，比年初增加 9655 亿元。全部金融机构人民币消费贷款余额 7.5 万亿元，增加 18866 亿元。其中，个人短期消费贷款余额 1.0 万亿元，增加 2935 亿元；个人中长期消费贷款余额 6.5 万亿元，增加 15931 亿元。

全年上市公司通过境内市场累计筹资 10257 亿元，比上年增加 5666 亿元。其中，首次公开发行 A 股 347 只，筹资 4883 亿元，增加 3004 亿元；A 股再筹资（包括配股、公开增发、非公开增发、认股权证）筹资 4072 亿元，增加 2057 亿元；上市公司通过发行可转债、可分离债、公司债筹资 1320 亿元，增加 605 亿元。全年公开发行创业板股票 117 只，筹资 963 亿元。

全年发行非上市公司企业（公司）债券 3627 亿元，比上年减少 625 亿元。企业发行短期融资券 6742 亿元，增加 2130 亿元；中期票据 4924 亿元，减少 1961 亿元。发行中小企业集合票据 47 亿元。

全年保险公司原保险保费收入 14528 亿元，比上年增长 30.4%，其中寿险业务原保险保费收入 9680 亿元；健康险和意外伤害险业务原保险保费收入 952 亿元；财产险业务原保险保费收入 3896 亿元。支付各类赔款及给付 3200 亿元，其中寿险业务给付 1109 亿元；健康险和意外伤害险赔款及给付 335 亿元；财产险业务赔款 1756 亿元。

九、教育、科学技术和文化

全年研究生教育招生 53.8 万人，在学研究生 153.8 万人，毕业生 38.4 万人。普通高等教育本专科招生 661.8 万人，在校生 2231.8 万人，毕业生 575.4 万人。各类中等职业教育招生 868.1 万人，在校生 2231.8 万人，毕业生 659.2 万人。全国普通

高中招生 836.2 万人，在校生 2427.3 万人，毕业生 794.4 万人。全国初中招生 1716.6 万人，在校生 5279.3 万人，毕业生 1750.4 万人。普通小学招生 1691.7 万人，在校生 9940.7 万人，毕业生 1739.6 万人。特殊教育招生 6.5 万人，在校生 42.6 万人。幼儿园在园幼儿 2976.7 万人。

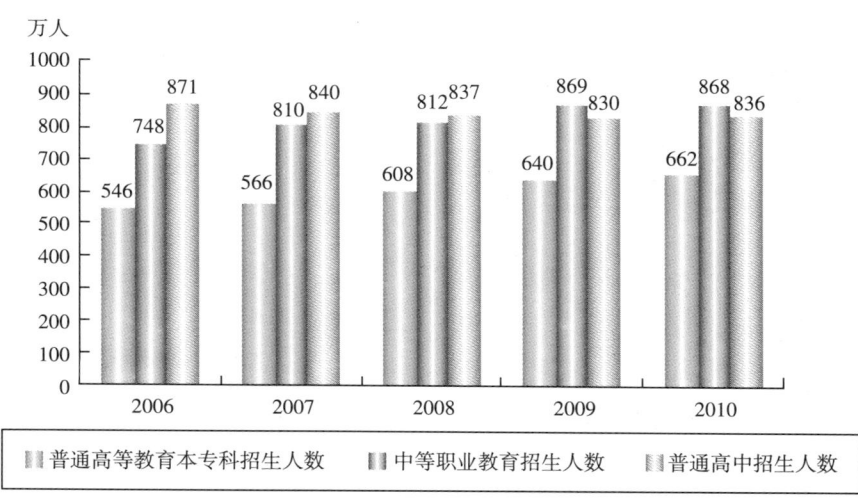

图 19　2006~2010 年普通高等教育、中等职业教育及普通高中招生人数

全年研究与试验发展（R&D）经费支出 6980 亿元，比上年增长 20.3%，占国内生产总值的 1.75%，其中基础研究经费 328 亿元。全年国家安排了 326 项科技支撑计划课题，308 项 "863" 计划课题。累计建设国家工程研究中心 127 个，国家工程实验室 91 个。国家认定企业技术中心达到 729 家。省级企业技术中心达到 5532 家。实施新兴产业创投计划，累计支持设立 20 家创业投资企业，投资创业企业 46 家。全年受理境内外专利申请 122.2 万件，其中境内申请 108.4 万件，占 88.7%。受理境内外发明专利申请 39.1 万件，其中境内申请 28.1 万件，占 71.9%。全年授予专利权 81.5 万件，其中境内授权 71.9 万件，占 88.2%。授予发明专利权 13.5 万件，其中境内授权 7.4 万件，占 54.8%。截至年底，有效专利 221.6 万件，其中境内有效专利 173.2 万件，占 78.2%；有效发明专利 56.5 万件，其中境内有效发明专利 23.0 万件，占 40.7%。全年共签订技术合同 23.0 万项，技术合同成交金额 3906 亿元，比上年增长 28.5%。全年成功发射卫星 15 次。嫦娥二号卫星成功发射。

年末全国共有产品检测实验室 27000 个，其中国家检测中心 443 个。全国现有产品质量、体系认

证机构 171 个，已累计完成对 79850 个企业的产品认证。全国共有法定计量技术机构 3309 个，全年强制检定计量器具 4467 万台（件）。全年制定、修订国家标准 2860 项，其中新制定 2123 项。全年中央气象台和省级气象台共发布气象预警信号 5149 次，警报 6559 次。全国共有地震台站 1477 个，地震遥测台网 32 个。全国共有海洋观测站 71 个。测绘部门公开出版地图 1944 种，测绘图书 806 种。

年末全国文化系统共有艺术表演团体 2515 个，博物馆 2141 个，全国共有公共图书馆 2860 个，文化馆 3258 个。广播电台 227 座，电视台 247 座，广播电视台 2120 座，教育电视台 44 个。有线电视用户 18730 万户，有线数字电视用户 8798 万户。年末广播节目综合人口覆盖率为 96.8%；电视节目综合人口覆盖率为 97.6%。全年生产电视剧 436 部 14685 集，动画电视 221456 分钟。全年生产故事影片 526 部，科教、纪录、动画和特种影片 95 部。出版各类报纸 448 亿份，各类期刊 32 亿册，图书 74 亿册（张）。年末全国共有档案馆 4077 个，已开放各类档案 9035 万卷（件）。

全年运动健儿在 22 个项目中共获得 108 个世界冠军，8 人 5 队 15 次创 15 项世界纪录。在第十

六届广州亚运会上，中国体育代表团共获得199枚金牌、119枚银牌、98枚铜牌，奖牌总数416枚。在广州亚残运会上，中国体育代表团共获得185枚金牌、118枚银牌、88枚铜牌，奖牌总数391枚。

新中国第一次承办了世界博览会。上海世博会历时184天，共有246个国家和国际组织参展，其中国家190个，国际组织56个。全国31个省（区、市）和港澳台地区全部参展。累计参观者7308万人次。

十、卫生和社会服务

年末全国共有卫生机构93.9万个，其中医院、卫生院6.0万个，社区卫生服务中心（站）3.1万个，诊所（卫生所、医务室）17.4万个，村卫生室65.1万个，疾病预防控制中心3491个，卫生监督所（中心）2851个。卫生技术人员584万人，其中执业医师和执业助理医师237万人，注册护士205万人。医院和卫生院床位437万张。乡镇卫生院3.8万个，床位100万张，卫生技术人员96.4万人。全年甲、乙类法定报告传染病发病人数341.4万例，报告死亡15950人；报告传染病发病率

255.80/10万，死亡率1.20/10万。

年末全国共有各类提供住宿的收养性社会服务机构4.0万个，床位312.3万张，收养各类人员236.5万人。其中，农村养老服务机构3.1万个，床位213.9万张，收养各类人员170.4万人。各类社区服务设施18.0万个，其中，社区服务中心11400个，社区服务站5.1万个。全年救助城市医疗困难群众373.6万人次，救助农村医疗困难群众813.8万人次；资助1237.4万城镇困难群众参加城镇医疗保险，资助4223.7万农村困难群众参加新型农村合作医疗。

十一、人口、人民生活和社会保障

初步预计，年末全国总人口134100万人。

全年农村居民人均纯收入5919元，剔除价格因素，比上年实际增长10.9%；城镇居民人均可支配收入19109元，实际增长7.8%。农村居民家庭食品消费支出占消费总支出的比重为41.1%，城镇为35.7%。按2010年农村贫困标准1274元测算，年末农村贫困人口为2688万人，比上年末减少909万人。

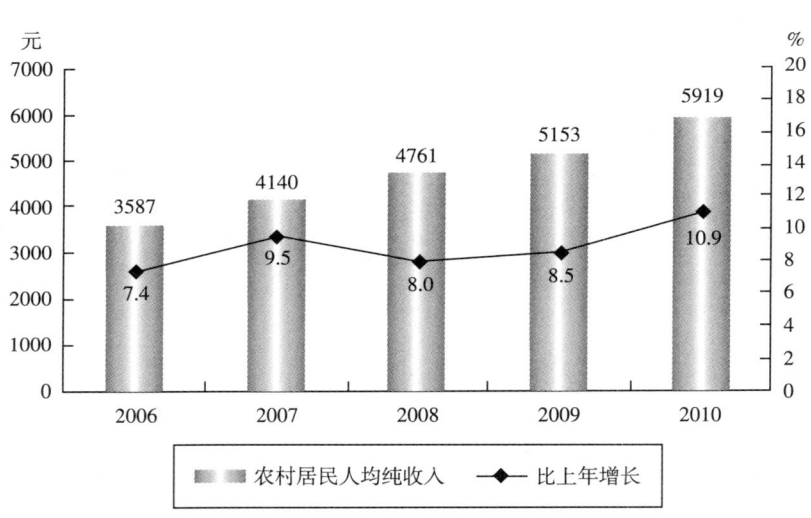

图20 2006~2010年农村居民人均纯收入及其增长速度

年末全国参加城镇基本养老保险人数25673万人，比上年末增加2123万人。其中参保职工19374万人，参保离退休人员6299万人。参加城镇基本医疗保险的人数43206万人，增加3059万人。其中，参加城镇职工基本医疗保险人数23734万人，参加城镇居民基本医疗保险人数19472万人。参加城镇医疗保险的农民工4583万人，增加249万人。参加失业保险的人数13376万人，增加660万人。参加工伤保险的人数16173万人，增加1278万人。其中参加工伤保险农民工6329万人，增加741万人。参加生育保险的人数12306万人，增加1430万人。2678个县（市、区）开展了新型农村合作医疗工作，新型农村合作医疗参合率96.3%。新型农村合作医疗基金支出总额为832亿元，累计受益7.0亿人次。全国列入国家新型农村社会养老保险试点地区参保人数10277万人。年末

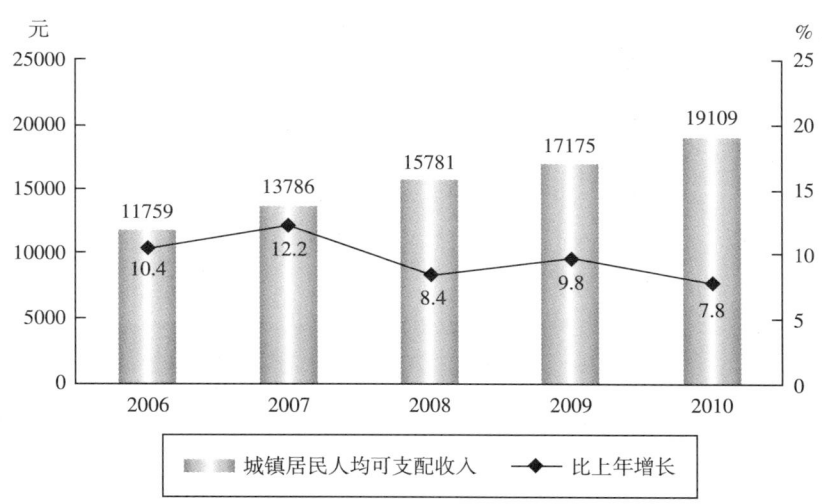

图 21 2006~2010 年城镇居民人均可支配收入及其增长速度

全国领取失业保险金人数为 209 万人。

全年 2311.1 万城市居民得到政府最低生活保障，比上年减少 34.5 万人；5228.4 万农村居民得到政府最低生活保障，增加 468.4 万人；554.9 万农村居民得到政府五保救济，增加 1.5 万人。

十二、资源、环境和安全生产

全年全国国有建设用地土地供应总量 42.8 万公顷，比上年增长 18.4%。其中，工矿仓储用地 15.3 万公顷，增长 7.9%；商服用地 3.9 万公顷，增长 40.4%；住宅用地 11.4 万公顷，增长 40.3%；基础设施等其他用地 12.2 万公顷，增长 10.2%。全年全国 105 个重点监测城市综合地价比上年上涨 8.6%，其中商业地价上涨 10.0%，居住地价上涨 11.0%，工业地价上涨 5.3%。

全年水资源总量 28470 亿立方米，比上年增加 17.7%。全年平均降水量 682 毫米，增加 15.4%。年末全国 422 座大型水库蓄水总量 2091 亿立方米，比上年末多蓄水 284 亿立方米。全年总用水量 5990 亿立方米，比上年增加 0.4%。其中，生活用水增加 2.9%，工业用水增加 1.4%，农业用水减少 0.6%，生态补水增加 6.8%。万元国内生产总值用水量 190.6 立方米，比上年下降 9.1%。万元工业增加值用水量 105.0 立方米，下降 9.6%。

全年完成造林面积 592 万公顷，其中人工造林 389 万公顷。林业重点工程完成造林面积 346 万公顷，占全部造林面积的 58.4%。截至年底，自然保护区达到 2588 个，其中国家级自然保护区 319 个。新增综合治理水土流失面积 4.2 万平方公里，新增实施水土流失地区封育保护面积 2.5 万平方公里。

截至年底，已确权集体林地面积为 16204 万公顷，其中发放林权证的面积为 13396 万公顷。

全年平均气温为 9.5℃，共有 7 个台风登陆。

初步核算，全年能源消费总量 32.5 亿吨标准煤，比上年增长 5.9%。煤炭消费量增长 5.3%；原油消费量增长 12.9%；天然气消费量增长 18.2%；电力消费量增长 13.1%。全国万元国内生产总值能耗下降 4.01%。主要原材料消费中，钢材消费量 7.7 亿吨，增长 12.4%；精炼铜消费量 792 万吨，增长 5.1%；电解铝消费量 1526 万吨，增长 6.0%；乙烯消费量 1419 万吨，增长 32.3%；水泥消费量 18.6 亿吨，增长 14.5%。

七大水系的 408 个水质监测断面中，I ~ III 类水质断面比例占 59.6%，比上年提高 2.2 个百分点；劣 V 类水质断面比例占 16.4%，下降 2.0 个百分点。七大水系水质总体上持续好转，部分流域污染仍然严重。

近岸海域 298 个海水水质监测点中，达到国家一、二类海水水质标准的监测点占 62.8%，比上年下降 10.1 个百分点；三类海水占 14.1%，上升 8.1 个百分点；四类、劣四类海水占 23.2%，上升 2.1 个百分点。

在监测的 330 个城市中，有 273 个城市空气质量达到二级以上（含二级）标准，占监测城市数的 82.7%；有 53 个城市为三级，占 16.1%；有 4 个城市为劣三级，占 1.2%。在监测的 331 个城市中，城市区域声环境质量好的城市占 6.3%，较好的占 67.4%，轻度污染的占 25.4%，中度污染的占 0.9%。

年末城市污水处理厂日处理能力达 10262 万立

方米，比上年末增长 13.4%；城市污水处理率达到 76.9%，提高 1.6 个百分点。集中供热面积 39.1 亿平方米，增长 3.0%。建成区绿地率达到 34.5%，提高 0.3 个百分点。

全年各类自然灾害造成直接经济损失 5340 亿元，比上年增加 1.1 倍。全年农作物受灾面积 3743 万公顷，减少 20.7%。其中，绝收 486 万公顷，减少 1.1%。全年因洪涝、滑坡和泥石流灾害造成直接经济损失 3505 亿元，增加 4.4 倍；死亡 3101 人。全年因旱灾造成直接经济损失 757 亿元，下降 31.2%。全年因低温冷冻和雪灾造成直接经济损失 318 亿元，死亡 51 人。全年因海洋灾害造成直接

经济损失 149.4 亿元，增加 49.1%。全年累计发生赤潮面积 10892 平方公里，减少 22.8%。全年大陆地区共发生 5 级以上地震 17 次，成灾 10 次，造成直接经济损失 235.7 亿元，死亡 2705 人。全年共发生森林火灾 7723 起，下降 12.8%。

全年各类生产安全事故共死亡 79552 人，比上年下降 4.4%。亿元国内生产总值生产安全事故死亡人数为 0.201 人，下降 19.0%；工矿商贸企业就业人员 10 万人生产安全事故死亡人数为 2.13 人，下降 11.3%；道路交通万车死亡人数为 3.2 人，下降 11.1%；煤矿百万吨死亡人数为 0.749 人，下降 16.0%。

附录四

2010年中国电信业统计公报

2010年，在党中央、国务院的正确领导下，我国电信业以科学发展观为主导，围绕加快转变发展方式的主线，积极推动行业转型发展，3G建设和业务发展稳步推进，移动互联网业务蓬勃发展，市场竞争格局进一步优化，全行业回升调整趋势明显，总体继续保持平稳健康运行，在推动两化融合和支撑国民经济社会发展中发挥重要的作用。

一、总体情况

初步核算，2010年累计完成电信业务总量30955亿元，同比增长20.5%；实现电信主营业务收入8988亿元，同比增长6.4%；完成电信固定资产投资3197亿元，同比下降14.2%。

2010年，电信综合价格水平同比下降11.7%。

二、电信用户

2010年，全国电话用户净增9244万户，总数达到115339万户。其中，移动电话用户85900万户，在电话用户总数中所占的比重达到74.5%，是固定电话用户的3倍左右。

（一）移动电话用户

2010年，全国移动电话用户净增11179万户，创历年净增用户新高，累计达到85900万户。其中，3G用户净增3473万户，累计达到4705万户。移动电话普及率达到64.4部/百人，比上年底提高8.1个百分点。

移动增值业务发展较快，移动个性化回铃业务用户达到57408万户，渗透率达到66.8%；移动短信业务用户达到70062万户，渗透率达到81.6%；移动彩信业务用户达到18037万户，渗透率达到21.0%。

（二）固定电话用户

2010年，全国固定电话用户减少1935万户，达到29438万户。其中，城市电话用户减少1528万户，达到19662万户；农村电话用户减少407万户，达到9776万户。固定电话普及率达到22.1部/百人，比上年底下降1.5个百分点。

固定电话用户中，传统固定电话用户减少199万户，达到26575万户；无线市话用户减少1736万户，达到2863万户。无线市话用户在固定电话用户中所占的比重从上年底的14.7%下降到9.7%。

固定电话用户中，住宅电话用户达到20298万户，政企电话用户达到6555万户，公用电话用户达到2585万户。与上年相比，各类电话用户所占

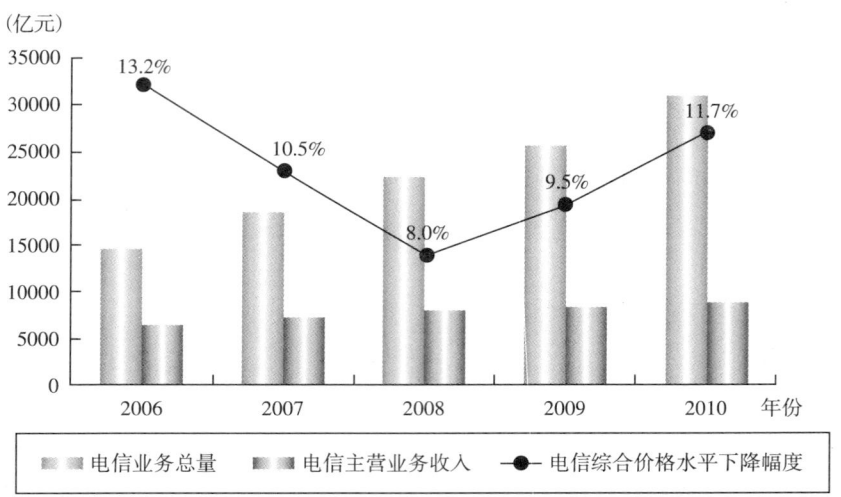

图1　2006~2010年电信综合价格水平下降情况

表1　2006~2010年电话用户到达数和净增数

	单位	2006 年	2007 年	2008 年	2009 年	2010 年
到达数	万户	82884	91273	98160	106095	115339
净增数	万户	8499	8389	6866	7934	9244

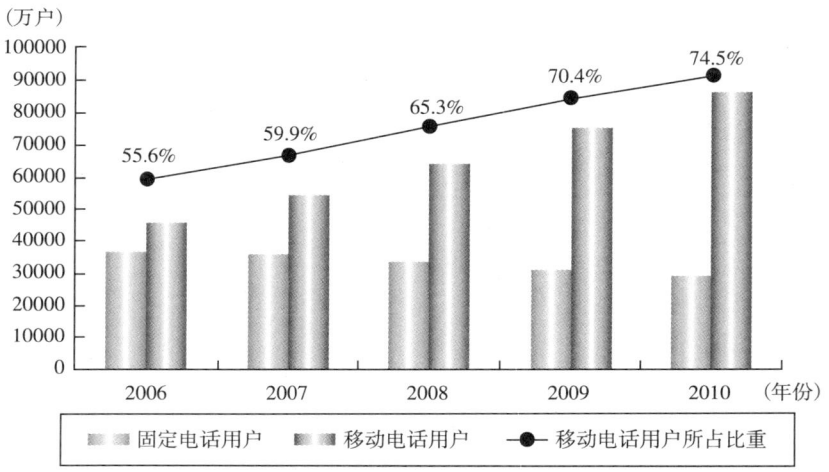

图2　2006~2010年移动电话用户所占比重

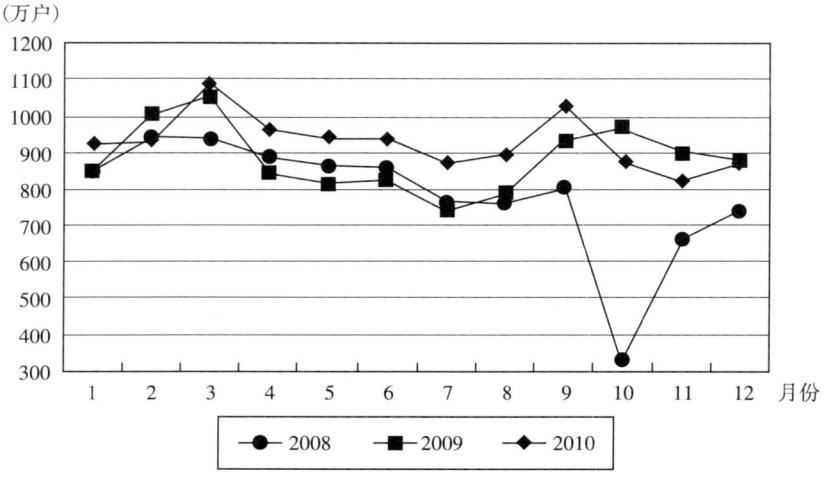

图3　2008~2010年移动电话用户各月净增比较

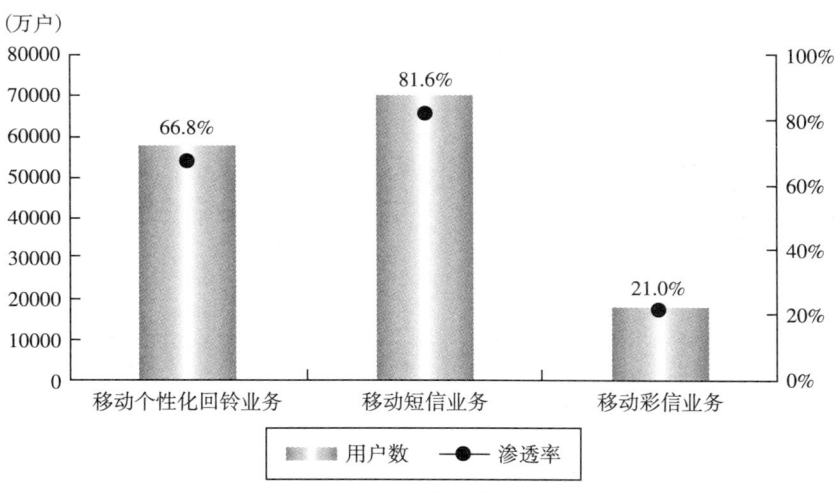

图4 2010年主要移动增值业务发展情况

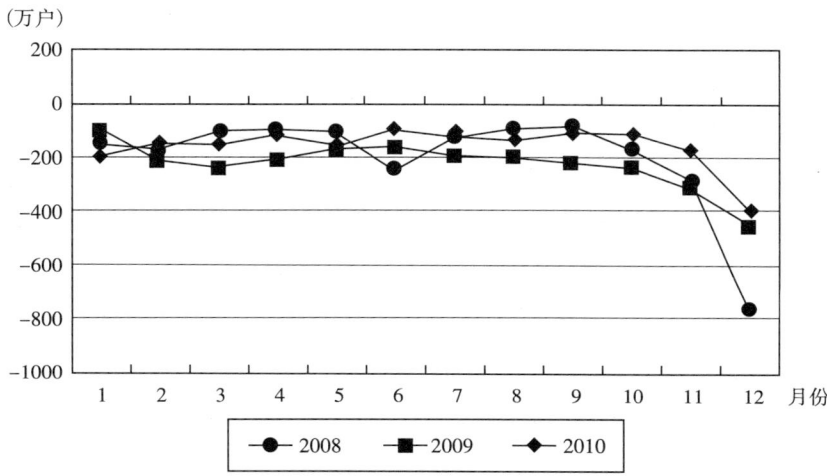

图5 2008~2010年固定电话用户各月净增比较

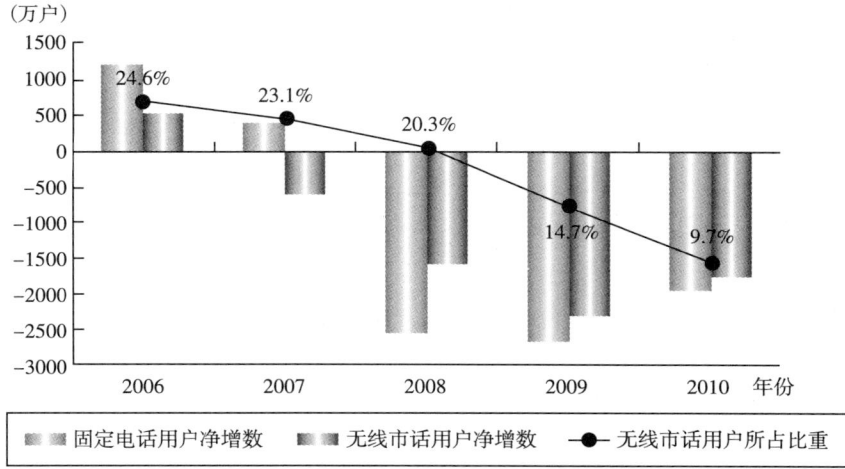

图6 2006~2010年无线市话用户所占比重

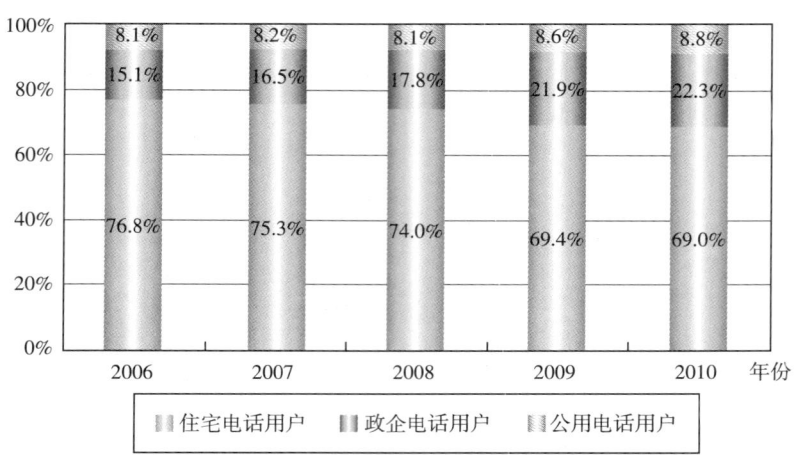

图7　2006~2010年公用、政企、住宅电话用户所占比重

比重基本保持稳定。

（三）互联网用户

2010年，全国网民数净增0.73亿人，累计达到4.57亿。其中宽带网民数净增1.04亿人，达到4.5亿人，占网民总数的98.3%；手机网民数净增0.69亿人，达到3.03亿人，占网民总数的66.2%；农村网民数净增0.18亿人，达到1.25亿人，占网民总数的27.3%。互联网普及率达到34.3%，比上年底提高5.4个百分点。

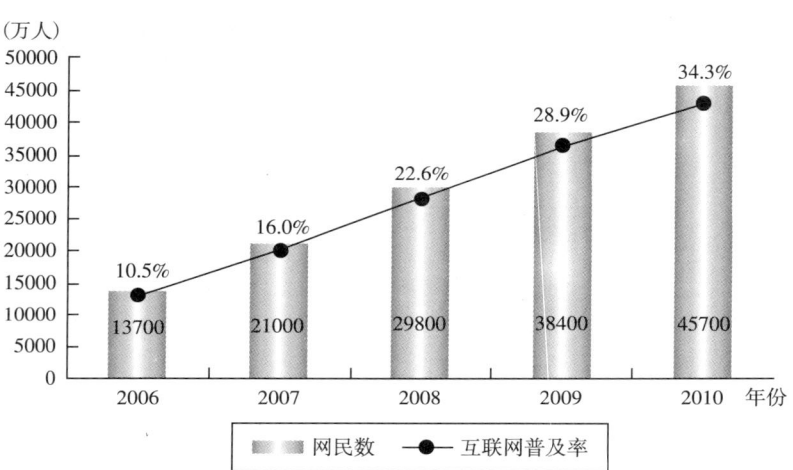

图8　2006~2010年网民数和互联网普及率

2010年，基础电信企业的互联网拨号用户减少164万户，达到590万户，而互联网宽带接入用户净增2236万户，达到12634万户。

三、业务使用情况

（一）移动电话业务

2010年，全国移动电话通话时长累计达到43261亿分钟，同比增长22.4%。其中，非漫游通话时长40520亿分钟，漫游出访通话时长2741亿分钟。

（二）固定电话业务

2010年，固定本地电话通话量累计达到4369亿次，同比下降19.1%。其中，本地网内区间通话量569亿次，下降14.2%；区内通话量3753亿次，下降19.2%；拨号上网通话量47亿次，下降47.0%。固定本地通话中，传统电话通话量3774亿次，下降10.6%；无线市话通话量596亿次，下降49.4%。

2010年，固定传统长途电话通话时长累计达到729亿分钟，同比下降11.7%。

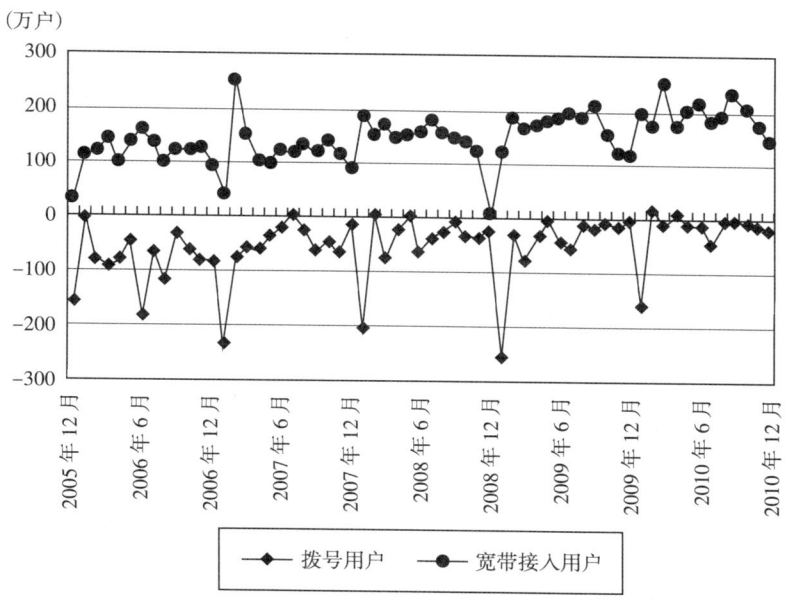

图9 2006~2010年各月互联网拨号、宽带接入用户净增比较

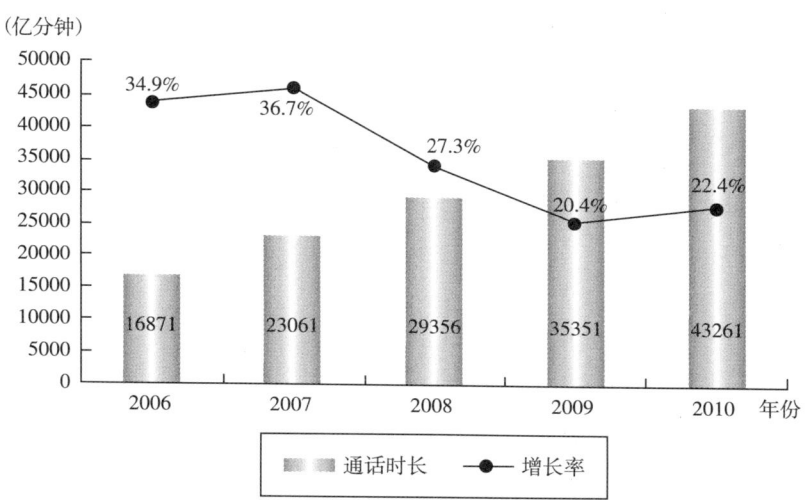

图10 2006~2010年移动电话通话时长

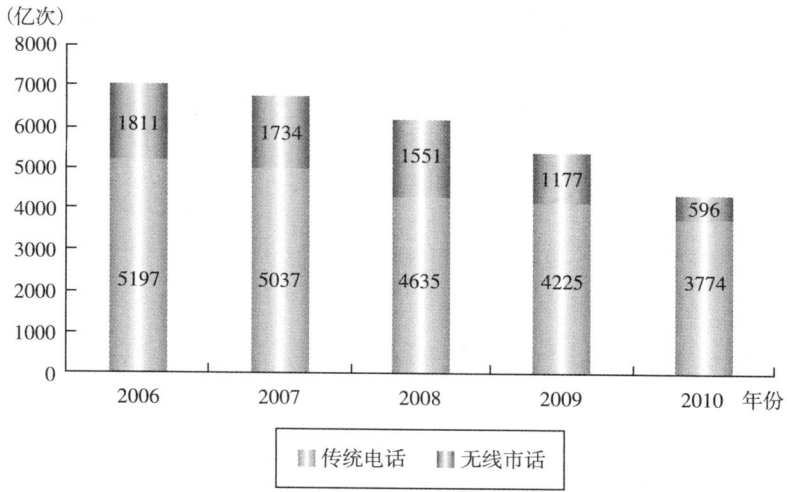

图11 2006~2010年固定本地电话通话量

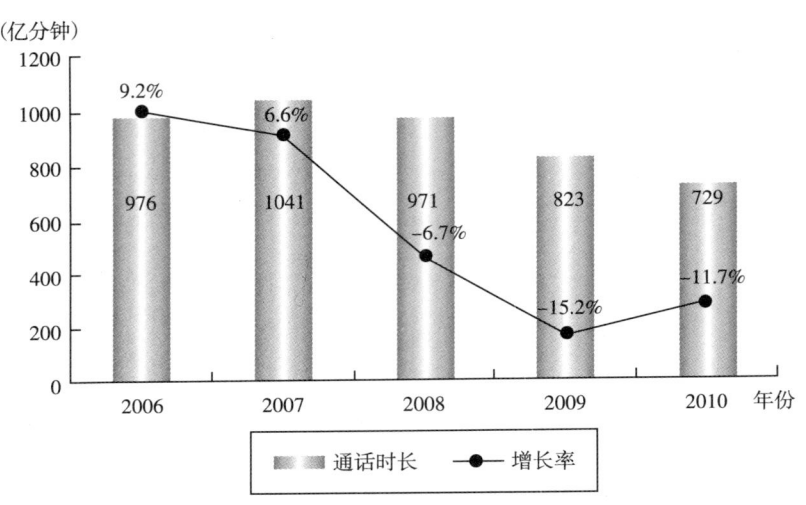

图12　2006~2010年固定传统长途电话通话时长

（三）IP电话业务

2010年，全国IP电话通话时长累计达到998亿分钟，同比下降15.8%。其中，从固定电话终端发起的通话时长342亿分钟，同比下降30.4%；从移动电话终端发起的通话时长655亿分钟，同比下降5.6%。通过移动电话终端发起的IP电话所占比重从上年底的57.8%上升到65.7%。

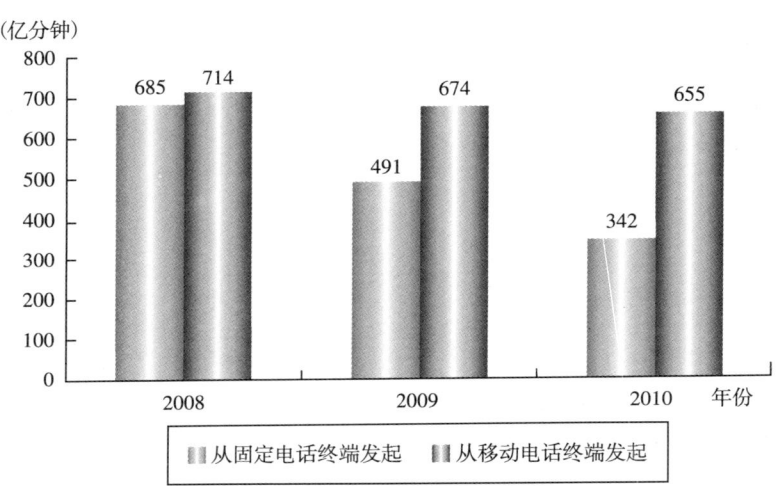

图13　2008~2010年IP电话发起方式

（四）短信业务

2010年，各类短信发送量达到8317亿条，同比增长6.1%。其中，无线市话短信业务量67亿条，下降47.6%；移动短信业务量8250亿条，增长7.0%。

四、经济效益

2010年，全国电信主营业务收入累计完成8988亿元，同比增长6.4%。其中，移动通信业务收入6282亿元，增长11.2%，占主营业务收入的比重上升到69.9%；固定通信业务收入2707亿元，下降3.3%。

电信主营业务收入中，非话音业务收入3801亿元，同比增长11.3%，占主营业务收入的比重上升到42.3%；话音业务收入5187亿元，同比增长3.1%。话音业务收入中，移动话音业务收入4265亿元，增长9.4%；固定话音业务收入922亿元，下降18.7%。

2010年，完成电信固定资产投资3197亿元，同比下降14.2%。

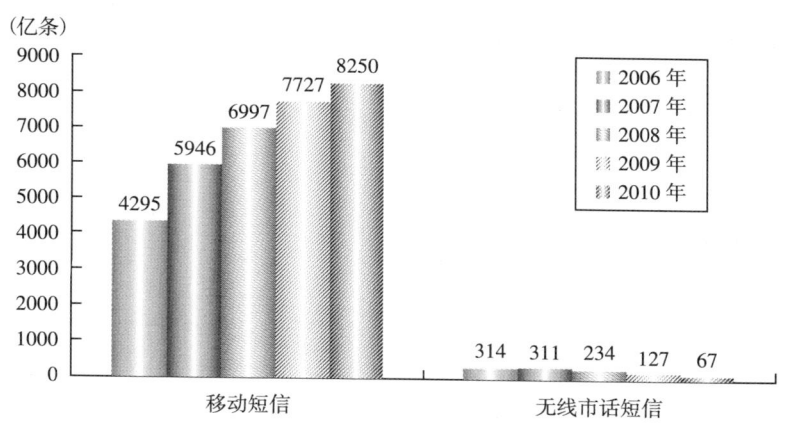

图 14 2006~2010 年短信业务发展情况

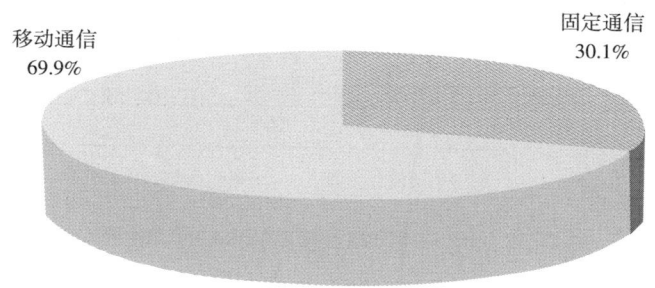

图 15 2010 年电信主营业务收入构成

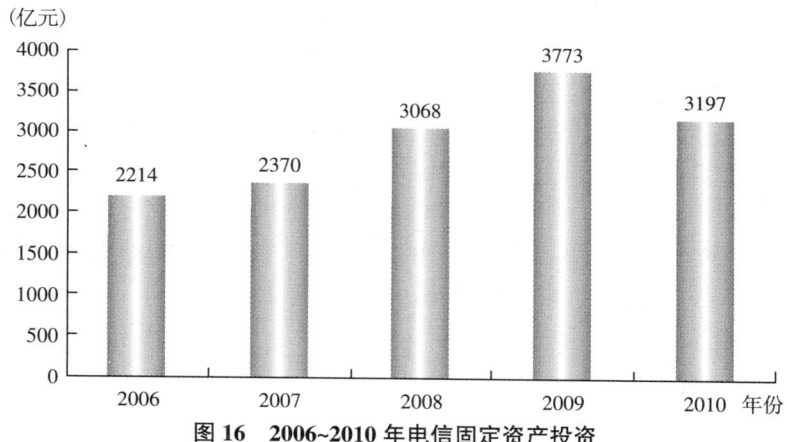

图 16 2006~2010 年电信固定资产投资

五、电信能力建设

2010 年，全国光缆线路长度净增 166 万公里，达到 995 万公里。固定长途电话交换机容量减少 41 万路端，达到 1644 万路端；局用交换机容量（含接入网设备容量）减少 2707 万门，达到 46559 万门。移动电话交换机容量净增 6433 万户，达到 150518 万户。基础电信企业互联网宽带接入端口净增 4924 万个，达到 18760 万个。全国互联网国际出口带宽达到 1098957Mbps，同比增长 26.8%。

表 2 2010 年主要电信能力指标增长情况

指标名称	单位	2010 年	比上年末净增
光缆线路长度	万公里	995	166
固定长途电话交换机容量	万路端	1644	−41
局用交换机容量	万门	46559	−2707
移动电话交换机容量	万户	150518	6433
互联网宽带接入端口	万个	18760	4924
互联网国际出口带宽	Mbps	1098957	232590

六、增值电信业务

2010 年，基础电信企业实现增值电信业务收入 2175 亿元，同比增长 15.7%，占主营业务收入的比重上升到 24.2%。其中，移动增值业务收入 1947 亿元，增长 19.0%；固定增值业务收入 227 亿元，下降 7.0%。

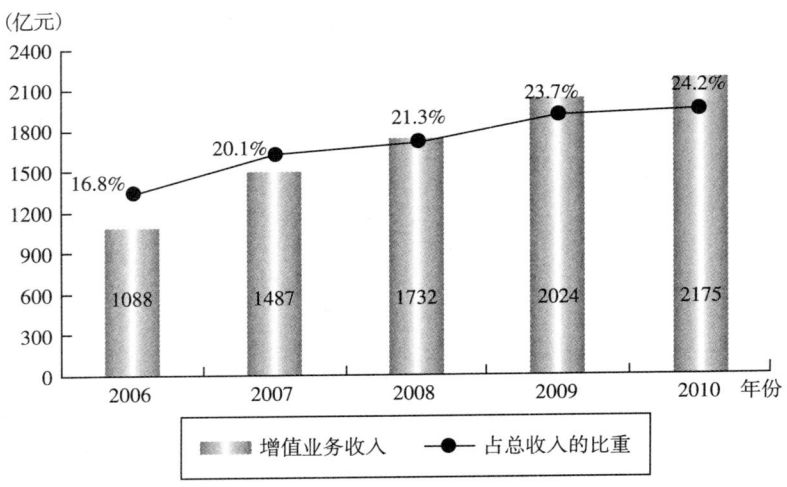

图 17 2006~2010 年基础电信企业的增值业务收入

七、村村通工程与农村信息化建设

2010 年，我国电信业从建设基础设施、推广信息服务两方面大力发展农村信息通信，消除城乡数字鸿沟，以信息化手段促进农村经济社会发展。

"村村通电话、乡乡能上网"的"十一五"农村通信发展规划目标全面实现。全国范围内 100% 的行政村通电话，100% 的乡镇通互联网（其中 98% 的乡镇通宽带），94% 的 20 户以上自然村通电话，全国近一半乡镇建成乡镇信息服务站和县、乡、村三级信息服务体系。此外，已有 19 个省份实现所有自然村通电话，75% 的行政村基本具备互联网接入能力。

"信息下乡"进展明显，建成"农信通"、"信息田园"、"金农通"等全国性农村综合信息服务平台，涉农互联网站接近 2 万个。建成乡镇信息服务站 20229 个、行政村信息服务点 117281 个，网上建成乡镇涉农信息库 14137 个、村信息栏目 135478 个。

附表：2010 年电信业主要指标分省情况

表 3 2010 年电信业务总量、收入、投资分省情况

	电信业务总量		电信主营业务收入		电信固定资产投资	
	2010 年	比上年	2010 年	比上年	2010 年	比上年
	（亿元）	（±%）	（亿元）	（±%）	（亿元）	（±%）
全国	30954.9	20.5	8988.3	6.4	3196.7	−14.2
北京	1069.9	21.2	430.6	6.9	107.8	−21.6
天津	428.4	18.2	132.6	6.7	49.4	−15.6
河北	1386.8	20.4	378.5	7.3	123.3	−23.3
山西	714.5	18.8	214.8	4.3	79.1	−23.7
内蒙古	662.4	22.4	167.8	14.5	80.8	−13.1
辽宁	1122.7	23.5	359.1	4.1	113.7	−26.8
吉林	631.2	23.3	151.6	6.8	66.2	−25.8
黑龙江	778	17.2	211.7	6	80.9	−23.1
上海	969.1	15.5	448	7.3	120.8	−20.5
江苏	2006.3	21	687.1	7.3	212.7	−7
浙江	1922.9	18.4	616.7	5.6	183.9	−19

	电信业务总量		电信主营业务收入		电信固定资产投资	
	2010 年	比上年	2010 年	比上年	2010 年	比上年
	（亿元）	（±%）	（亿元）	（±%）	（亿元）	（±%）
安徽	804.4	20.7	264.5	10.6	106.3	−7.8
福建	1157.5	20.6	349.2	7.9	113.4	−9.9
江西	660.2	12.2	181.2	7	78.3	10.1
山东	1926.2	20.1	538.4	6	154.3	−22
河南	1430.2	16.6	382	9.1	131.8	−21.5
湖北	972.4	21.9	301	6.9	106.1	−15.5
湖南	1048.1	21.6	309.7	5.9	112.9	−13.1
广东	4697.8	22.1	1258.3	3.9	356.3	−10.8
广西	779.2	15.7	216.2	7.6	84.5	−12.8
海南	228.2	23.6	67.6	14.1	32.1	−11.4
重庆	566.8	22.1	160	8.3	67.1	−7.7
四川	1411.1	25.6	391.5	9.1	149.1	−18.9
贵州	567.6	19.9	147.3	7.5	56.3	−14.8
云南	804.7	21.1	210.8	9.4	83.8	−6.1
西藏	62.3	22.4	22	9.8	18.7	20.6
陕西	863.4	20.2	233.2	11.5	88.3	−2.8
甘肃	448.2	26.2	117.7	14.5	54.4	−18
青海	119.9	37.1	32	6.8	19.5	−20.4
宁夏	149.4	27.6	40.4	13.3	20.9	−5.4
新疆	565.2	21.2	140.2	11.5	74.2	−7.3

表 4 2010 年电信用户分省情况

	固定电话用户		移动电话用户		互联网宽带接入用户	
	2010 年	比上年	2010 年	比上年	2010 年	比上年
	（万户）	（万户）	（万户）	（万户）	（万户）	（万户）
全国	29438.3	−1934.9	85900.3	11178.9	12633.7	2235.9
北京	885.6	−7.5	2129.8	304.3	498.4	46.4
天津	366.8	−18.5	1089.8	97.3	173	13.6
河北	1251.4	−92.6	4353.5	570.3	667	143.7
山西	720.7	−38.1	2205.2	252.9	353.1	73.1
内蒙古	414.1	−27.5	2034	418	190.5	32
辽宁	1428	−101.2	3341.8	459.7	595.6	92.7
吉林	595.2	13.9	1805.4	231.1	285.1	56.9
黑龙江	813.5	−56.7	2072	206.1	326.1	48.6
上海	935.9	0.4	2361.6	248.4	486.7	35.3
江苏	2498.8	−163.6	5923.1	982.8	1048.4	93.7
浙江	1985.5	−145.5	5047.3	591.1	869.5	50.2
安徽	1231	−36.3	2798.7	644.1	341.9	82.4
福建	1045.7	−199.1	3021.8	382.7	471.6	101.9
江西	709.6	−39	1811.3	263.3	253.4	14.7
山东	1992.3	−225.1	6190.4	855.9	966.9	207.6
河南	1426.9	−33.7	4402	414.8	642.5	138.6
湖北	1026.4	−61.9	3454.7	317.8	459.4	97.2
湖南	1077	−90	3257	504.6	374.5	88.4
广东	3169.1	−197.5	9624.6	701.4	1400	276
广西	708.9	−78.7	2214.5	254.3	330.1	81.8

	固定电话用户		移动电话用户		互联网宽带接入用户	
	2010 年	比上年	2010 年	比上年	2010 年	比上年
	（万户）	（万户）	（万户）	（万户）	（万户）	（万户）
海南	179.8	−3	594.3	97.9	67.6	18.4
重庆	582.7	−45	1664.4	223.5	263.1	61.3
四川	1419.1	−132.1	4156.4	689.6	526.4	128.2
贵州	431.2	−19.9	1800.6	347.2	149.7	36.5
云南	562.5	−20.6	2244.5	308.2	224.1	50
西藏	43.9	−10.1	157.6	33.6	10.4	1.6
陕西	781.9	−33.1	2518.2	180.9	308.3	85.8
甘肃	411.9	−42	1390.1	195.4	112.2	25.5
青海	103.2	−6.1	397.8	96.8	34.9	7
宁夏	111.9	−2.6	437.3	54.5	43	9
新疆	528	−22.5	1359.9	246.9	160.4	37.8

表 5　2010 年电信能力、电话普及率分省情况

	光缆线路长度	互联网宽带接入端口	局用交换机容量	移动电话交换机容量	固定电话普及率	移动电话普及率
	（公里）	（万个）	（万门）	（万户）	（部/百人）	（部/百人）
全国	9951278	18759.5	46558.8	150517.5	22.1	64.4
北京	123530	633.4	1412.9	4134	50.5	121.4
天津	67098	230	534	1910	29.9	88.7
河北	455763	920.8	1739.6	8080	17.8	61.9
山西	493559	502.8	1009.3	4176.5	21	64.3
内蒙古	201308	260.5	711.5	3565.4	17.1	84
辽宁	344936	793.4	1958.6	5425	33.1	77.4
吉林	187688	362	837	3340	21.7	65.9
黑龙江	306330	498.4	1326.8	4493.1	21.3	54.2
上海	153365	819.1	1338.6	3995	48.7	122.9
江苏	814464	1806.3	4288.2	8795.1	32.3	76.7
浙江	646457	1316.5	3061.4	8666.2	38.3	97.4
安徽	402326	609.5	1528.8	6058.6	20.1	45.6
福建	392803	747.1	1807.2	6282.2	28.8	83.3
江西	364374	358.9	1125.4	3603	16	40.9
山东	452552	1424	2737	10484.7	21	65.4
河南	394814	869.5	1989.2	7948	15	46.4
湖北	379836	588.4	1690.8	5862.7	17.9	60.4
湖南	313591	468.2	1750.4	4719	16.8	50.8
广东	761532	2184.8	5334.5	14766.9	32.9	99.9
广西	322789	493.9	1380	3567.1	14.6	45.6
海南	58536	111.3	290.7	1099.4	20.8	68.8
重庆	258550	401.1	1150.3	2746.2	20.4	58.2

	光缆线路长度	互联网宽带接入端口	局用交换机容量	移动电话交换机容量	固定电话普及率	移动电话普及率
	（公里）	（万个）	（万门）	（万户）	（部/百人）	（部/百人）
四川	562131	767.8	2107.9	9624.1	17.3	50.8
贵州	236684	226.2	885.3	2724.5	11.4	47.4
云南	329785	325.9	1010.8	4364.3	12.3	49.1
西藏	37504	17.8	128.1	199	15.1	54.4
陕西	293513	484.9	1302.7	3724.1	20.7	66.8
甘肃	224483	172.3	807.2	1940	15.6	52.8
青海	71471	51.6	161.7	549	18.5	71.4
宁夏	41471	56.6	223.4	823.4	17.9	70
新疆	258040	256.6	927.3	2851	24.5	63

注：1. 对于本公报所披露的数据，2009 年及以前的数据为年报最终核算数，2010 年的数据为快报初步核算数。2010 年的最终核算数及分省、分企业数据将在 2011 年年中出版的《中国通信统计年度报告（2010）》中公布。

2. 本公报电信综合指标是基础电信企业的合计数，未包括增值电信企业。增值电信企业年报数据将在 2011 年年中出版的《中国通信统计年度报告（2010）》中公布。

3. 网民数、互联网普及率、互联网国际出口带宽等数据取自中国互联网络信息中心（CNNIC）发布的《中国互联网络发展状况统计报告（2011 年 1 月）》。

作者简介

哈莎·Al-贾巴尔 (Hessa Al-Jaber)

哈莎·Al-贾巴尔是 ictQATAR（卡塔尔信息通信最高理事会）秘书长，其主要职责包括起草与电信有关的法律、法规，确立、维护并实施 ICT 的目标、战略及主要的计划，以促进国家社会经济的发展。这使得她在 ICT 发展方面有丰富的商业与学术经验。在做秘书长之前，贾巴尔博士是战略 ICT 委员会成员，负责制定卡塔尔国家 ICT 战略。贾巴尔博士之前是卡塔尔电信的 IT 顾问及卡塔尔大学计算机科学系主任，她还与卡塔尔的其他主要机构合作过，包括哈马德综合医院。贾巴尔博士目前是几个机构的成员，包括卡塔尔大学评议会、多哈美国学院董事会以及新建的卡塔尔金融市场监管机构。最近，她是 2006 年在多哈举办的世界电信发展会议的主持人。在华盛顿特区获得乔治华盛顿大学计算机科学硕士和博士学位之前，她就读于科威特大学。作为一些出版物及学术论文的合著者，贾巴尔博士在中东、美国和韩国的会议及座谈会上都陈述过其研究。

斯科特·比尔兹利 (Scott C. Beardsley)

斯科特·比尔兹利是麦肯锡公司布鲁塞尔办事处主任。自 1989 年加盟该公司以来，他主要从事全球电信、技术和媒体部门客户的战略、监管、声誉与利益相关者管理、绩效转化及销售与营销等相关方面的工作，最近主持了好多内部研究项目。过去十年里，他服务了中东、非洲、东欧、拉丁美洲和亚洲的新兴经济体的很多固定和移动电话公司，还有西方的很多电信公司及一个全球主要的设备供应商。他是麦肯锡全球电信业务主管，引导着麦肯锡公司在欧洲、中东和非洲的战略实施。作为一名作者和公共演说人，他的写作主题包括电信、宽带、媒体和战略。他与他人合著了几版全球经济论坛的《全球信息技术报告》系列中的几章，提交了数字就绪度与电信部门改革及电信管制的未来的报告。加盟麦肯锡之前，比尔兹利先生是《MIT 斯隆管理评论》的编辑和营销管理者，并从事半导体产

业先进的微型设备和模拟设备的战略营销和产品营销。比尔兹利先生因其出色的学术表现被评为麻省理工斯隆管理学院的亨利·S.杜邦Ⅲ奖学者（最高荣誉），并获得了企业战略和市场营销的工商管理硕士学位。他还以优等成绩获得了塔夫斯大学电子工程的硕士学位。

艾克·毕扬 (Ilke Bigan)

艾克·毕扬是麦肯锡公司伊斯坦布尔办事处的一名合作伙伴。他于 1998 年进入麦肯锡并先后在土耳其、意大利、德国、英国、希腊及中东地区工作过。2003 年，毕扬先生被调往麦肯锡公司慕尼黑办事处。其主要负责电信行业，包括移动和全业务运营商，服务的客户项目主题包括组织、流程设计、产品开发、定价及监管战略。既涉及发达市场，也涉及新兴市场。毕扬先生还是麦肯锡电信实践成员。另外，他还有与石油、高技术、媒体和零售部门客户合作的丰富经验。他以优异的成绩获得了美国凯洛格管理学院工商管理硕士学位及土耳其比尔肯特大学经济学学士学位。

大卫·博耶 (David Boyer)

大卫·博耶是亚美亚公司统一通信软客户部门总建筑师。其目前的主要职责包括亚美亚服务器及亚美亚 X 通信装置的设计与生产。在进入亚美亚 CTO 组织及随后的亚美亚统一通信部做亚美亚设计师、研究 FMC 系统之前，他用了 17 年的时间在 AT&T、贝尔通信研究中心（现在的泰尔科迪亚）、朗讯科技公司及亚美亚做研究员。在泰尔科迪亚，他是影像网络部门及无线网络应用部门主任，在那里他为基于目标的会议影像开发出了中软基础设施、应用和技术。在朗讯和亚美亚，他为基于市场的系统开发了中软服务与应用。他还开发了协作影像环境和供应链例外会议系统。博耶先生拥有 19 项专利及 40 多部出版物。他因其在贝尔通信研究中心个人业务系统的工作荣获 1992 年的"研发100 强"及 1991 年的"ACM 多媒体会议最佳论文奖"两项大奖。他获得杜克大学生物医学工程学士

学位及北卡罗来纳州立大学计算机科学硕士学位。

桑德尔·博伊森 (Sandor Boyson)

桑德尔·博伊森有 20 余年从事战略技术计划、系统开发/管理及企业流程一体化的经验，所以在技术管理和供应链管理方面是专家。他曾在很多单位担任技术和战略顾问，公共机构包括世界银行、美国国防部；私人机构包括克劳格布朗路特公司、联合信号公司、休斯网络系统公司及芝加哥论坛报。他目前是供应链管理中心副主任及马里兰大学帕克分校 Robert H. Smith 商学院的研究教授。他还在商学院做了 4 年的首席信息官并为学院建立了目前风靡美国、欧洲及亚洲的综合网络社区和学习环境。他对技术和供应链管理的研究已经写成了 2 本书，一本是《逻辑与延伸的企业》（1999 年版），已被译为中文在中国机械工业出版社出版；另一本是《在真实的时间里》（普雷格出版社，2005 年版）；还有很多专业著作。除了供应链和技术的工作，他还为波多黎各、美国北卡罗来纳州、印度尼西亚、巴拿马及加沙/西岸的行政决策制定者做过技术发展顾问。博伊森博士获得了英国苏塞克斯大学发展研究学院的哲学硕士学位及苏塞克斯大学科技研究领域的博士学位。

马特·布罗斯 (Matt Bross)

马特·布罗斯是英国电信集团的首席技术官，负责制定技术战略及 BT 创新的目标与方向。在英国电信，布罗斯先生负责公司全球的研究与投资。他是英国电信 21 世纪网络转型数十亿英镑背后的领导力量，引导着英国电信的创新。他是很多公司董事会成员，引导战略技术和业务。2005 年 12 月，他成为全球信息基础设施委员会（GIIC）委员，兼欧洲区指导者。GIIC 是部门中层主管的一个同盟，从事 ICT 服务及产品的开发、部署、运营、财务及应用。布罗斯先生还是电信产业解决方案联盟（ATIS）成员——一个致力于制定并推广全球通信和相关信息技术产业的技术、运营标准的建在美国的团体。布罗斯先生是全球创新研究中心（GIRC）咨询委员会主席，这一组织曾培养了马来西亚政府、工业和教育部门的创新。他在媒体和电信问题上被认可为有远见的发言人。基于此，布罗斯先生最近因其在 MIS & IT 执行方面的优异表现被授予"史蒂维国际商务奖"。

苏米特拉·杜德 (Soumitra Dutta)

苏米特拉·杜德是欧洲工商管理学院商务和技术专业的罗兰贝格讲席教授和外部关系的院长。他目前研究企业和国家政策层面的技术策略和革新。除这篇报告以外，他最新的书是《2006~2007 年全球信息技术报告：连接网络经济》（Palgrave，2007 年 3 月）和《变大的欧洲的信息社会》（Springer，2006 年 2 月）。杜德博士还写了几本其他的书，并获得了有关研究和教育的几项大奖。他还积极研究国家和欧洲层面上的政策发展。他目前是卡塔尔政府 ICT 咨询委员会的成员并就 ICT 政策问题向其他国家政府提建议。他还是欧洲委员会的欧洲 ICT 部门变革板块的主席。他的研究成果在国际媒体上发布，他还曾经给世界各地的国际公司授课和做咨询。他还是"世界经济论坛"的成员。

达纳·埃莱夫泰里亚多 (Dana Eleftheriadou)

达纳·埃莱夫泰里亚多是希腊帕特雷大学计算机工程的在读博士，获得了布鲁塞尔商学院工商管理硕士学位。她在欧洲企业家委员会做 eBSN（SMEs 的欧洲电子商务支撑网）的调节者，eBSN 是一个政策制定者和专家制定公共政策以支持 ICT 及欧洲 SMEs 电子商务创新应用的网络。先前的职位包括参与欧盟与美国就电子商务的对话及处理各种电子商务问题，包括电子商务的部门影响、涉及电子商务的目标明确活动、SMEs 对电子商务的促进、电子商务政策标杆及产业与国际论坛的联系，比如，经济合作与发展组织（OECD）、穿越太平洋的商务对话（TABD）及世界贸易组织（WTO）。

路易斯·恩里克斯 (Luis Enriquez)

路易斯·恩里克斯是麦肯锡公司布鲁塞尔办事处的主要负责人，在那里他主要从事关于公司财务、战略和电信领域的工作。他在电信领域有丰富的经验，专注于企业融资、战略、运营和监管。在加入麦肯锡之前，恩里克斯博士也曾对电信自由化和监管问题有过广泛的研究。1994 年，他协助捷克财务部制定价格法规，以促成 Cesky 电信（当时的 SPT 电信）私有化，还为该部门人员和其他业界人士开设课程和研讨会。他曾参与过墨西哥、阿根廷、波兰及其他东欧和拉丁美洲国家的自由化和私有化进程。他曾在互联互通、普遍服务补贴和开发争端解决机制领域协助过美国联邦通信委员会的首席经济学家，他也与美国现任和新监管者一起研究过各种监管问题。恩里克斯博士有哈佛大学经济学学士学位及美国加州大学伯克利分校经济学博士学位，其研究重点是电信网络互联的经济动态。

穆罕默德·古文迪 (Mehmet Guvendi)

穆罕默德·古文迪是麦肯锡公司伊斯坦布尔办事处主任。他1999年3月加盟该公司。在麦肯锡公司工作期间，他从事过很多不同部门的战略、监管、运营及IT等工作。尤其，他在电信部门监管方面有丰富的经验，这方面，他合作过欧洲、亚洲和中东地区的客户。加入麦肯锡之前，古文迪先生是宝洁公司的一名IT集团经理。他在西欧、北美和土耳其做了6年的IT经理。他领导多功能全球程序设计小组计划，并管理过几个全球主要的飞行员项目。古文迪先生还管理过一个数据中心和一个跨国交流网络，并在多个生产点负责IT系统及运营。古文迪先生是土耳其国家五年发展计划电信特别专家委员会的成员。他还是比尔肯特大学工业工程部咨询委员会的成员。古文迪先生拥有土耳其比尔肯特大学工业工程最高荣誉的硕士学位。

孔翰宁 (Henning Kagermann)

孔翰宁是德国思爱普集团执行委员会主席及首席执行官 (CEO)。1998~2003年，他与思爱普集团的合创者哈索·普拉特纳一起担任思爱普执行委员会主席及CEO。在2003年5月思爱普最高董事会主席换届选举中，孔翰宁成为思爱普执行委员会的独立主席及CEO。孔翰宁博士全权负责思爱普的战略及业务发展并统管发展、全球通信、内部审计和高级人才管理领域。孔翰宁博士1982年加入思爱普，最初负责成本会计及控制的产品开发。随后，他统管一切管理解决方案的开发，包括人力资源及为银行、保险、公共部门、医疗保健等特殊产业的开发。其研究包括财务与管理及所有思爱普区域管理。自1991年以来，他成为思爱普执行委员会的成员。孔翰宁博士曾在布伦瑞克及慕尼黑学习物理学。他在德国布伦瑞克理工大学获得了理论物理学博士学位，1985年成为那儿的教授。1980~1992年，他在德国布伦瑞克理工大学和曼海姆大学教物理和计算机科学。孔翰宁博士获得了德国马格德堡大学荣誉博士学位，2001~2007年是慕尼黑理工大学的一名理事。他还是林道诺贝尔基金会的荣誉理事会成员。

孔翰宁博士目前是德意志银行、慕尼黑再保险公司及诺基亚高级理事会成员。

坎·肯迪 (Can Kendi)

坎·肯迪是麦肯锡公司伊斯坦布尔办事处的一名项目经理。他于2003年加入麦肯锡，主要从事电信、银行和石油部门的项目，包括土耳其、希腊、意大利及中东地区的客户的战略、监管、财务、运营和组织问题。在加入麦肯锡之前，肯迪先生是土耳其商业银行 Tepe-Turner Steiner 合资企业总部项目的一名建设经理，还是 Akfen 控股的一名业务开发经理，涉及建筑、能源及房地产部门。他有在土耳其、中东及中欧工作的丰富经验。肯迪先生以优异的成绩获得了美国密歇根大学工商管理硕士学位，主要关注企业战略与财务，美国伊利诺伊理工大学建筑工程与管理的硕士学位及土耳其中东理工大学建筑学学士学位。

布鲁诺·朗文 (Bruno Lanvin)

布鲁诺·朗文是欧洲工商管理学院电子实验室的执行总裁，管理着欧洲工商管理学院在枫丹白露、新加坡及阿布扎比的小组。2000~2007年，朗文先生就职于世界银行，作为电子战略的高级顾问及ICT和电子政府问题的区域（欧洲和中亚）协调者。他还引导着世界银行全球ICT部门的能力培养实践，并且是世界银行电子论题小组主席。2001年6月到2003年12月，他是信息促进发展项目 (infoDev) 经理。2000年，朗文先生被任命为八国集团数字机会工作小组行政秘书。在这之前，他是在日内瓦举行的联合国贸易与发展会议 (UNCTAD) 电子贸易的领导，还担任很多高级职位，包括纽约联合国处长内阁总管及战略计划总监，随后又成为 UNCTAD/SITE 的 SME 贸易竞争力总裁。他是2000年1月出版的《建立信心：电子商务及发展》的主要起草者、团队领导及编辑。他与人合著了《全球信息技术报告》系列的2003年和2004年版。他获得了法国瓦朗谢讷大学数学及物理学学士学位、巴黎高级商业研究学院 (HEC) 工商管理硕士学位及法国巴黎索邦大学经济学博士学位。

菲利普·雷 (Philip Lay)

菲利普·雷是 TCG 咨询的合伙人和管理总裁。25年在 IT 行业做创业者和总裁的成功经验，雷先生与执行团队及技术公司董事会一道认识市场上影响其成功的战略挑战。8 年前，他写作并出版了一篇名为《嗡嗡声下》的电子邮件简讯，被从事技术的人员及专家广为阅读。他还是国内外会议的优秀主旨发言人和小组仲裁员。

米盖尔·卢卡斯（Miguel Lucas）

米盖尔·卢卡斯是麦肯锡公司里斯本办事处的一名合伙人。他是欧洲电信实践的领导。他于 1989 年进入麦肯锡公司里斯本办事处，做了各种有关金融机构、电信和运输的方案。对于电信部门的有线运营商，他的经验包括引导 SMEs 战略的重新制定及全球组织结构的重新设计；支持绩效考核体系及欧洲一个主导运营商经理激励体系目标的设计；支持电信数据攻击者的发行；审查来自销售前台的数据文件和报告、引导发布统一费用；以及支持固话变革战略的制定。对于无线运营商，他的经验包括支持两家为全球居民、企业及分销渠道产品修改的移动运营商的转变；当国外的竞争对手进入市场时，引导 5 家区域运营商迅速合并为一家国内运营商。卢卡斯先生还积极发展监管领域、公司、定价及移动取代固话方面的电信知识，其中在监管领域，他带过一个由欧洲指令构建新的监管框架的项目。卢卡斯先生获得了葡萄牙建筑大学管理学士学位及哈佛商学院工商管理硕士学位。

艾琳·米亚（Irene Mia）

艾琳·米亚是世界经济论坛全球竞争力网络的副主任与高级经济学家。她的任务包括研究竞争力问题。她还负责世界经济论坛中拉丁美洲和西伯利亚的竞争力研究。作为很多地区及热门竞争力论文与报告的主要作者与编辑，她在与国家竞争力有关的问题上广泛写作与演讲，尤其，她还是《全球信息技术报告》系列的合作编辑。在加入该论坛之前，她在巴黎苏达梅利斯银行总部工作了好多年，在国际事务及国际贸易部门担任过各种职位。其研究的主要兴趣在发展、国际贸易与经济一体化（尤其是拉丁美洲地区）及竞争力领域。米亚博士获得了伦敦大学拉丁美洲研究学院拉丁美洲研究的硕士学位及意大利博克尼大学国际经济与贸易法的博士学位。

杰弗里·摩尔（Geoffrey Moore）

杰弗里·摩尔是一个畅销书作家、TCG 咨询的总裁及合伙人以及 Mohr-Davidow 风投（MDV）的投资合伙人。作为公司面临难对付的战略问题时公认的杰出业务咨询师，摩尔先生以 TCG 咨询总裁的身份服务过很多刚成立的公司。他出版过《跟随达尔文：伟大的企业在其进化的每个阶段如何进行变革》及 4 本顶级商学院的指定读物。他还是很多 MDV 合作公司的顾问。摩尔先生是公认的主旨发言人和小组仲裁员，也是世界经济论坛的一名成员。

伊万·莫里森（Ewan Morrison）

伊万·莫里森于 2006 年加入思科行政思想领导小组（ETL），做了一名编辑。其职责包括编写以思科高级行政小组及 ETL 初步研究为特色的内容。他于 2001 年进入思科 iQ 杂志做编辑，在调到 ETL 之前做到了总编。在其 20 年的编辑生涯中，莫里森先生担任过各种报纸、主流消费者杂志及公司出版物的写作与编辑职务。他获得了加州大学河滨分校的英语学士学位。

吴雪径（Ng Cher Keng）

吴雪径是新加坡信息通信发展部（IDA）战略计划主任。IDA 的战略计划部管理并分析国内外 ICT 市场趋势及发展以供制定政策作参考。Ng 女士获得了新加坡国民大学经济学学士学位和公共政策硕士学位。

李宛陵（Ong Ling Lee）

李宛陵是新加坡信息通信发展部（IDA）战略计划副主任。Ong 女士获得了南洋理工大学工程学学士学位和美国麻省理工学院斯隆管理学院的工商管理硕士学位。

卡洛斯·奥索里奥－乌尔苏亚（Carlos Osorio-Urzúa）

卡洛斯·奥索里奥–乌尔苏亚是阿道夫·伊班奈兹大学管理学院创新系的教授及主管。他还是哈佛大学法学院伯克曼互联网与社会研究中心成员及 Orkestra 巴斯克竞争力协会的一名研究员。他目前的教学及研究工作主要聚焦在创新与协作网络的流程及复杂系统的构建。他还出版过几本关于隐私与安全技术、电子政府及信息技术经济的作品。其中，他与简·芳汀合著过美国第一本有关数字政府影响的研究，还与马文·席尔布、莎伦·吉莱特、威廉·赖尔合著过美国第一本关于宽带的经济效应的计量经济学研究。奥索里奥-乌尔苏亚博士还是麻省理工学院媒体实验室的一名访问科学家及哈佛大学国际开发中心的一名研究助理。他获得了麻省理工学院技术、管理与政策的博士学位及技术与政策的硕士学位，还作为富布莱特学者获得哈佛肯尼迪政府学院公共政策硕士学位，还有智利大学工业工程学士学位。

帕米拉·S.帕斯曼 （Pamela S. Passman）

帕米拉·S.帕斯曼是微软公司副总裁及副总顾问，引导着微软的全球事务。她主管四部分：为业务小组提供监管建议及在诸如知识产权、隐私、互联网安全、国际贸易、准入及电信等公共政策问题上建立公司的地位；加强政府与产业的联系；发展与政府、国际组织、非营利组织及产业的合作关系；监督微软公益慈善的投资与拓展。帕斯曼女士还引导着微软跨公司、全球公司员工及微软无线潜能——一个把技术利益带给另外 50 亿人的承诺。1996 年 10 月到 2002 年 4 月，帕斯曼女士在东京做副总顾问，负责微软在日本、韩国、中国台湾、中国内地及中国香港的法律与公司事务。在进入微软之前，她在 Covington & Burling——一家总部在华盛顿的国际法律公司工作。她还在日本的 Nagashima & Ohno 工作过两年，并在伊藤忠商事公司总裁执行办公室政策与经济研究中心做特别顾问。帕斯曼女士还是信息技术产业协会执行委员会成员，并在社会责任事务委员会、美国西雅图美术馆及亚洲研究局任职。她还是对外关系协会及国际政策亚洲协会成员。帕斯曼女士是拉斐特学院及弗吉尼亚法学院在读博士。她还获得了日本托马斯·约翰·沃森基金会一年的独立研究奖金。

罗伯特·佩珀 （Robert Pepper）

罗伯特·佩珀是思科全球高新技术政策中心的高级主管。他带领着一个决定思科在诸如宽带、IP 服务、无线、安全、隐私及 ICT 发展领域的高新技术政策全球日程的团队。2005 年，他从美国联邦通信委员会跳到思科，从 1989 年起，他就在美国联邦通信委员会做计划与政策中心主管及政策发展中心主管。其主要关注电信监管、频谱政策及推动互联网发展的政策。在进入政府部门之前，他曾在宾夕法尼亚州大学、爱荷华州及印第安纳州大学工作过，并做过哈佛大学的研究员。他还曾在美国电信培训机构 （USTTI） 董事会、哥伦比亚大学咨询委员会及密歇根大学工作，而且还是阿斯彭协会的通信项目研究员。他是美国商务频谱管理咨询委员会及英国通信管理局频谱咨询委员会成员。佩珀博士获得了美国威斯康星大学的学士及博士学位。

恩里克·J.鲁埃达－塞巴特 （Enrique J. Rueda－Sabater）

恩里克·J.鲁埃达-塞巴特于 2006 年进入思科，目前是新兴市场战略与业务发展中心主任。其职责包括制定一个独特的"双赢"战略：思科在新兴市场的业务将随着其帮助这些国家利用 IT 及网络连接潜力以提高经济增长、竞争力及社会包容力的活动而获得增长。进入思科之前，鲁埃达-塞巴特先生曾在世界银行工作过 20 年。其最后的职务是战略与综合风险管理总裁。进入世界银行的初期，做过政策方面的工作、资金筹措活动及东亚、非洲一些国家及前苏联的运营工作。他是西班牙人，拥有商务与经济学位。他早期曾在宝洁公司工作，并向全球的学术界、智囊团及商业人士做演讲 （包括其将在 2020 年做全球秘书）。他目前是运输与战略非营利中心副主席。

塞尔吉奥·桑多瓦尔 （Sergio Sandoval）

塞尔吉奥·桑多瓦尔是麦肯锡公司布鲁塞尔办事处的一名项目经理。自 2001 年加盟该公司以来，他为欧洲、中东、亚洲电信、银行及电子部门的客户做过战略、监管和利益相关者管理方面的服务。他还是麦肯锡战略实践的成员，主要开发关键监管方面的知识。在加盟麦肯锡之前，桑多瓦尔先生是哥伦比亚财务部宏观经济政策问题的顾问。另外，他还是哥伦比亚共和国总统的宏观经济顾问。桑多瓦尔先生获得了哥伦比亚安第斯大学经济学学士学位 （最高荣誉） 和宏观经济学硕士学位 （最高荣誉）。他还获得了比利时索尔韦商学院工商管理硕士学位 （最高荣誉）。

阿什·莎玛 （Ashish Sharma）

阿什·莎玛是麦肯锡公司新加坡办事处的一名项目经理。莎玛先生有与全球多元化监管者合作的丰富经验，尤其是在亚洲及中东的新兴市场，在修订政策以鼓励宽带发展方面。他还与很多移动、固定及电缆运营商在市场战略、运营及网络技术迁移方面有过合作。进入麦肯锡之前，莎玛先生在工业与咨询业均工作过。他获得了印度管理学院加尔各

443

答分校工商管理硕士学位并以优异的成绩获得德里大学数学学士学位。他曾在新加坡、印度、美国等国居住、生活。

庄唐 (Tanya Tang)

庄唐是新加坡信息通信发展部（IDA）政策与竞争发展小组的一名助理经理，负责解决新加坡由于 ICT 技术及市场的快速发展带来的政策问题，并为 ICT 系统及服务的应用初拟 ICT 政策框架。Tang 女士之前是 IDA's iN2015 秘书处成员，协调新加坡第 6 项 ICT 主计划——iN2015 的形成与启动。她获得了芝加哥大学经济学学士学位及斯坦福大学国际政策研究硕士学位。

奥列格·季姆琴科 (Oleg Timchenko)

奥列格·季姆琴科是麦肯锡公司基辅办事处副主任。1999 年进入公司以来，他已与金属、运输、银行、电信及零售行业的客户合作过。其最近的工作主要是有关电信部门的。进入麦肯锡之前，季姆琴科先生在联合金融集团做过证券分析师。他作为帕尔默学者获得了宾夕法尼亚大学沃顿商学院的工

商管理硕士学位，并获得了基辅大学国际关系学院国际经济学学士与硕士学位。

格雷汉姆·维克瑞 (Graham Vickery)

格雷汉姆·维克瑞是经济合作与发展组织（OECD）信息、计算机与通信政策部信息经济小组组长，研究信息技术、电子商务及 ICT 产业。他在 OECD 编著了很多有关信息经济、技术战略与政府政策的出版物。他获得了墨尔本大学经济学学士学位及澳大利亚阿德莱德大学化学博士学位。

萨沙·翁施-文森特 (Sacha Wunsch-Vincent)

萨沙·翁施-文森特是经济合作与发展组织（OECD）信息、计算机与通信政策部在巴黎的一名经济学家。他最近写过一部关于中国在 ICT 产业的角色的 OECD 研究及一系列有关数字广播内容的 OECD 研究。他获得了荷兰马斯特里赫特大学国际经济硕士学位与圣加仑大学（瑞士）经济学博士学位。他是国际经济学院的访问学者，在巴黎政治学院及世界银行学院教授国际经济学。